우리 말글에 쏟은 정성과 노력

리의도

- 춘천교육대학교 명예교수.
- 한글학회 이사, 사단법인 세종대왕기념사업회 이사, 재단법인 외솔회 이사.
- 『우리말 이음씨끝의 통시적 연구』, 『오늘의 국어 무엇이 문제인가』, 『이야기 한글 맞춤법』, 『올바른 우리말 사용법』, 『한글학회 110년의 역사』 등을 지어 펴냈다.
- 「띄어쓰기 방법의 변해 온 발자취」, 「비례법 이음씨끝의 역사」, 「우리 말글살이의 현실 문제에 대한 종합적 연구」, 「한국어 말소리와 한글 기호의 상관성」, 「한국어 한글 표기법의 변천」, 「한국 언론매체의 말글과 어문 규범」, 「한글의 문자적 다중성」, 「헌법 조문의 말글 가다듬기 방안」 등의 논문을 발표하였다.
- 한글학회 연구원과 춘천교육대학교 교수로 복무했으며, 초등국어 교과서 집필위원 및 심의 위원, 국어심의회 위원, 중앙선거관리위원회 자문위원, 춘천문화방송 시청자위원 등으로 봉사하였다.

우리 말글에 쏟은 정성과 노력

초판 인쇄 2022년 2월 15일
초판 발행 2022년 2월 22일

지 은 이 리의도
펴 낸 이 박찬익

펴 낸 곳 ㈜ **박이정**
주소   경기도 하남시 조정대로45 미사센텀비즈 7층 F749호
전화   02-922-1192~3 / 031-792-1193, 1195
전송   02-928-4683
누리집   www.pjbook.com
전자우편 pijbook@naver.com

등록   2014년 8월 22일 제2020-000029호
제작처   제삼P&B

ISBN 979-11-5848-672-3 93710

* 책값은 뒤표지에 있습니다.

주시경과 그 후계 학자들

우리
말글에
쏟은
정성과
노력

리의도

(주)박이정

일러두기

1. 본문에는 한글만 사용한다. 참고로 한자를 병기할 때에는 해당 부분의 오른쪽에 ( ) 없이 작은 글씨로 표시한다.
2. 강조하거나 주의가 필요한 부분은 따옴표(' ')나 흰고리점(°), 또는 밑줄(__)로 표시한다.
3. 간행된 책이나 그에 버금가는 문건은 『 』를 둘러 표시하고, 논문과 글을 비롯하여 문건이나 법령 등은 「 」로 둘러 표시한다.
4. 지명을 비롯하여 학교, 제도, 직업 등의 명칭은 특별한 맥락을 제외하고는 사용 당시에 통용되던 것을 쓴다.
5. 나이 계산은 오늘날 법적 나이를 셈하는 방법으로 하며, '월'을 기준으로 한다.
6. 각주 번호는 장마다 따로 붙이며, 참고 문헌의 목록도 장마다 각각 올린다.
7. 곳곳에 사용한 '☞~'는 '~을 참조하라'는 뜻이다.
8. 따온글(인용문)은 원문대로 올리되, 아래와 같이 바꾸거나 다듬는다.
   (1) 세로판은 가로판으로 바꾼다.
   (2) 한자는 되도록이면 한글로 바꾼다. 다만, 당시의 표기나 표현 양상을 보일 필요가 있을 때에는 그대로 올리되, 위 1의 요령에 따라 한글을 병기한다.
   (3) 한글 표기와 띄어쓰기는 오늘날의 규정에 맞게 다듬는다. 다만, 원문의 특징을 보일 필요가 있을 때에는 다듬지 않는다. 북한 간행물에서 따온 글도 다듬지 않는다.
   (4) 문장부호는 특별한 맥락이 아니면 오늘날(남한)의 규정에 맞게 바꾸며, 원문에 없더라도 적절히 삽입한다.

책을 펴냄에 즈음하여

지난날 우리 배달겨레는 우리말을 쉽고 자유로이 표기하는 문자를 가지지 못하였다. 오랜 시간 이웃의 한자·한문을 빌려 써야 했으니, 그 어려움으로 민중의 대다수는 글살이(문자생활)의 밖에 있었다. 그러한 생활이 지속되면서 수많은 한자말이 들어오고 만들어지고 득세하게 되었으며, 그에 비례하여 우리 말살이(언어생활)의 계층화와 이중화가 심화하였다.

15세기 중엽에 이르러 주체적이며 창의적인 임금, 세종이 배달말을 쉽고 자유로이 표기할 수 있는 문자, 훈민정음을 겨레 앞에 내놓았다. 그럼에도 네온 해가 흐르도록 훈민정음은 나라 문자로 자리잡지 못하고 표기법까지 혼란했으니, 글살이의 불평등과 말살이의 이중성은 해소되지 않았다. 그렇게 배달겨레는 오랜 기간 평등하고 자유로운 말글살이를 영위하지 못하였다.

20세기의 갓밝이, 대한제국의 주권이 스러져 갈 즈음, 탁월한 언어학자 한힌샘 주시경이 등장하였다. 그는 배달말과 훈민정음을 과학적으로 연구하여 우리 말글살이의 바람직한 방향과 그 방안을 제시하였다. 그것은 다만 말글살이의 발전에서만 그치는 것이 아니라, 우리 겨레의 참다운 삶을 가꾸고 온 겨레의 힘을 아우르는 밑바탕이라고 믿었으며, 그러한 신념과 방향과 방법을 줄기차게 펼치고 가르쳤다.

점차 한힌샘의 제안과 호소에 공감하는 사람이 늘어나고, 조선반도 곳곳의 젊은이들이 그의 가르침을 받고자 모여들었다. 그들은 한힌샘의 정신과 열정에 감복하며 스승의 가르침을 성실히 받아 대중 속으로 파고들었다. 그러는 과정에서 한힌샘은 그들과 함께 '국어연구학회'를 창립했으니, 그 학회는 '배달말글몯음/조선언문회'로, '한글모'로, 나중에는 '조선어연구회'로, '조선어학회'로, 다시 '한글학회'로 발전하면서, 배달겨레의 말과 글을 수호하고 겨레의 말글살이를 갈닦고 빛내는 중심체 구실을 하였다.

오늘날 우리 배달겨레가 누리고 있는, 편의하고 자유롭고 평등한 말글살이는 그러한 노력과 정성의 덕택이요 결실이다.

이 책은 배달겨레의 말과 글을 수호하고 겨레의 더 나은 말글살이를 이룩하기 위하여, 한힌샘 주시경과 그 후계 학자들이 쏟은 정성과 노력을 살펴본 글 아홉 편을 묶은 것이다. 그 후계 학자는 백연 김두봉, 외솔 최현배, 건재 정인승, 석인 정태진, 무돌 김선기이며, 그들 활동의 중심체였던 조선어학회~한글학회에 관한 글도 함께 묶었다. 전반적으로 각 편은 이들 학자와 학회의 노력과 활동을 추적하거나 말글 정책론의 내용을 구체적으로 드러내어 논의하는 데에 초점이 맞추어져 있다.

물론 여기 아홉 편은 기획하여 쓴 것이 아니다. 맨 뒤에 묶은 하나를 빼고는 때에 따라 정해진 주제의 청탁에 응하여 썼으며, 또 여덟은 기존의 간행물에도 실리었다. 이제 시간이 나서 자료들을 들추어 보니 주제와 내용이 비슷하기에 단행본으로 엮기로 한 것이다. 무엇보다 스승들의 정성과 선구적인 노력을 두루 공유하고 싶은 발심이 있었고, 티끌만큼이라도 은혜 갚음이 되지 않을까 하는 생각에서였다.

각 편에서 다룬 기간을 연이으면 온 해가 넘는데, 그 가운데서 1930~1950년은 여덟 편에 중첩된다. 그것은 배달겨레가 국권을 잃고 암흑 속에서 신음하던 동안이며, 8·15 광복과 6·25 전쟁으로 혼란과 비극이 계속되던 시기이니, 이 책에서 다룬 내용의 많은 부분이 배달겨레의 굴곡 많은 현대사와 궤를 같이한다.

원글을 발표한 시점을 보면 가장 먼저로는 1994년이며 가장 나중은 2014년이다. 20년의 시차가 있는, 각각의 글들을 단일한 이름의 단행본으로 묶으려니 손볼 점이 적지 않았다. 각 편 사이의 통일성과 각 편의 완결성을 아울러 고려하면서, 원글의 제목을 바꾸기도 하고, 뒤됨이를 조정도 하고, 겹치는 내용은 덜어내고 모자라는 것은 보충하였다. 그리고 원글을 쓸 때에 미처 살피지 못했던 논저와 자료들을 더 찾아 살폈으며, 곳곳의 내용과 표현을 고치고 가다듬었다. 이렇게 함으로써 전체적으로 분량이 늘어났고, 두어 편은 원글과 적잖이 달라졌다.

아홉 편을 배열한 순서는 학자의 출생 시기를 기준으로 하였으며, 맨 뒤에 조선어학회를 놓았다. 여기 여섯 학자 외에도 배달겨레의 더 나은 말글살이를 위하여 애쓴 학자가 많은데 함께 다루지 못하여 아쉽고, 한편으로는 죄송스럽다. 이 책의 곳곳에서 언급한 것으로 앞가림하며 나머지는 후학들이 채워 줄 것으로 믿는다.

이 책의 출판을 기꺼이 맡아 준 ㈜박이정의 박찬익 사장과, 모든 일을 앞바라지해 준 심재진 본부장, 그리고 쉽지 않은 원고의 편집을 맡아 고생한 편집부 여러분에게 감사한다.

우리 말글살이의 소통력과 지속 가능성을 생각하며

2021년 11월 15일
리의도

목 차

① 우리 말글살이의 새 길을 닦은 한힌샘 주시경

② 조선 어문에 쏟은 백연 김두봉의 정성과 노력

③ 외솔 최현배의 우리 말글 정책론

6 우리 말글에 기울인 석인 정태진의 정성과 노력

7 석인 정태진의 말글 정책론

8 무돌 김선기의 말글 운동과 말글 정책론

9 어문 규범 갖추기에 쏟은 조선어학회의 노력

우리 말글살이의 새 길을 닦은
한힌샘 주시경

"말은 사람과 사람의 뜻을 통하는 것이라. 한 말을 쓰는 사람끼리는 그 뜻을 통하여 살기를 서로 도와주므로 그 사람들이 절로 한 덩이가 되나니라."

"글은 말을 담는 그릇이니, 이지러짐이 없고 자리를 반듯하게 잡아 굳게 선 뒤에야 그 말을 잘 지키나니라. 글은 또한 말을 닦는 기계니, 기계를 먼저 닦은 뒤에야 말이 잘 닦아지나니라."

"우리 나라의 뜻있는 이들이여, 우리 나라 말과 글을 다스리어 주시기를 바라노라." (1910.06)

쥬시경

1. 머리말

나라 잃은 지 4년이 되어 가던 1914년 7월 27일 아침 6시에 한힌샘 주시경은 갑작스럽게 이승을 떠났다. 누린 나이 겨우 서른 아홉이었다. 당시의 유력한 일간신문 『매일신보』는 7월 28일치에 그 소식을 곧바로 보도하고, 29일치에는 장문의 후속 기사를 실었는데 그 첫머리는 아래[1]와 같았다.

"朝鮮語조선어 學界학계의 不幸불행

朝鮮語 研究界연구계에 覇王패왕 되는 周時經주시경 氏씨가 再昨재작 二十七日이십칠일에 溘然합연 長逝장서흠은 昨報작보에 略記약기ᄒ얏거니와, 此차 報보를 接접ᄒ고 京城경성 西部서부 內需司내수사에 在재흔 氏의 本邸본저를 訪방흔즉, 一家일가의 風色풍색은 慘憺참담을 極극ᄒ야 四,五사오 人인의 書生서생은 大廳대청에서 葬禮장례 準備준비에 奔忙분망ᄒ고, 未亡人미망인 及급 遺孤유고 子女자녀는 皆개 哀淚애루를 抑制억제ᄒ며 送終衣송종의를 裁縫재봉ᄒ니, 可가히 氏의 平日평일 貧窮빈궁흔 學者학자 生活생활을 推測추측하겟더라."(每日申報 1914.07.29)

조선어 연구계의 '패왕'의 장례 준비 상황을 위와 같이 전하고, 중반 이후에서는 가까이 지낸 휘문의숙장 박중화朴重華와 조선광문

---

1 20세기 초엽까지의 대다수 문서에는 띄어쓰기와 문장부호가 거의 없었으며 한자가 많았다. 이 글에 올리는 대다수 따온글도 그러하니 문자 사용의 당시 양상을 보이기 위하여 원문대로 올리되, 다만 읽기의 편의를 고려하여 오늘날 규정에 따라 띄어서 쓰고 문장부호도 적절히 삽입하며, 한자 옆에는 작은 한글로 음을 표기하기로 한다. 다만, 한힌샘의 「국문론」과 「한나라말」, 그리고 『국어 문법』 일부의 원문에서는 띄어쓰기를 했으니 그대로 올린다.

회 설립자 최남선의 애통해하는 말을 자세히 싣는 것으로 사회의 분위기를 전하였다. 그리고 9월 19일치에는 추도회 소식도 실었다.

그 슬픈 소식은 한반도 밖의 동포들에게도 전해졌다. 러시아 블라디보스톡의 『권업신문』은 열흘쯤 뒤인 8월 9일치 지면에 소식을 올렸으며, 16일치에서는 "지는달 31일에 쟝례식을 셔울 샹동례빅당에서 거힝ᄒ얏는듸, 일반 교육쟈와 각학교 남녀 학싱과 죵교계 듸표쟈와 지우知友 병並ᄒ야 여러 빅 명이 모혀 엄슉비이흔 의식으로 쟝례를 맛쳤다더라."라고 쟝례 소식까지 보도하였다. 미국 샌프란시스코의 『신한민보』는 9월 3일치 세 면에 3건의 기사를 실어 슬픈 소식을 전하면서 한힌샘의 '수정水晶 같은' 업적을 기리었다.

개인이 쓴 글도 여럿인데, 샌프란시스코에 사는 동해슈부東海水夫 홍언洪焉은 위의 9월 3일치 『신한민보』 제4면에 '우리 일반 사림의 아프도록 슬픈 눈물이 거의 바다를 이룬다.'는 내용의 글을 발표하였다. 중앙학교의 제자 백남규는 스승의 별세 소식을 접한 7월 19일 일기에 '이는 꿈에도 생각하지 못한 일인지라 놀라움을 이기지 못하겠습니다. 하늘이 어찌 이와 같을 수 있습니까? 우리들은 복이 없습니다. 저문 길에 촛불을 잡을 분이 누구이겠습니까? 긴 밤에 목탁을 누가 두드리겠습니까? 아아, 슬픕니다.'[2](백남규 1929.09:9)라고 적었다. 그런가 하면 신문관新文館 주인 최남선은 그해 10월 창간한 잡지 『청춘』에 권덕규가 쓴 「주시경 선생 역사」을 실었으니, 한힌샘에 관한 최초의 전기傳記였다.

---

2 한힌샘 15주기를 맞이하여 쓴 글의 끝에 소개한 한문 일기(1914년 7월 19일)를 번역한 것이다. 백남규는 한힌샘 사후에 한글배곧(☞ ②의 2.1.2) 고등과 제4회(1915.04.~1916.03.)를 수학한다.

올해 2014년 7월 27일로, 한힌샘이 그처럼 갑작스럽게 한겨레의 곁을 떠난 지 꼭 100년이 되었다. 그 100년 동안 곳곳의 각종 지면에 그를 추앙하거나 그의 업적을 다룬, 다양한 글들이 꾸준히 발표되었다. 한힌샘의 업적이 높고 넓고 많음의 방증이라 할 수 있겠는데, 주로 일간신문과 잡지와 같은 대중매체에 실린 글들의 제목을 손에 잡히는 대로 올려 보면 아래와 같다.[3]

"한글 운동의 首唱者수창자" (동아일보 1930.11.19)
"한글학의 先驅선구" (김선기 1932.07)
"한글 운동의 선구자" (이윤재 1935.10)
"한글 운동의 선도자" (조선중앙일보 1935.10.28)
"조선어의 은인" (최현배 1936.01)
"세종 이후 우리글의 거인" (자유신문 1945.10.09)
"한글의 은인" (민중일보 1945.11.16)
"무명옷에 짚신 신은 한글의 아버지" (이봉구 1970.03)
"한글 연구 통해 민족의식 발양한 한힌샘" (국가보훈처 1999.07)
"국어 교육의 선구자" (북한연구소 2006.10)

이처럼 한겨레는 그동안 한힌샘에게 '수창자·선구(자)·선도자', '거인', '은인', '아버지' 등의 이름을 붙여 왔다. 열 가운데 여덟에 '한글'이 들어가 있는 것도 눈길을 끄는데, 대중은 '한힌샘 주시경'이라 하면 주로 한글을 떠올리는 현실의 방증일 수 있다.[4] 또,

---

3 1977년의 1월 4일에는 멀리 모스크바방송에서, 한힌샘 탄생 100돌을 맞아, 어문학자 주시경의 업적을 찬양하는 방송을 하였다 (동아일보 1977.01.06).
4 대중의 이러한 인식이 아주 부당하다 할 수는 없지만, '한글' 쪽에 치우쳐 있음은 충분한 이해라 할 수 없다. 한글과 조선어(한국어)는 차원이 다를뿐더러, 한힌샘이 '조선어'에 끼친 공적이 또한 매우 크기 때문이다. 다만 여기에

한편에서는 많은 연구자가 언어학자 한힌샘의 학문을 다각도로 연구하고 분석하고 발전시켜 왔다. 수많은 논문이 나왔으며, 정기 간행물 『한힌샘 연구』와 『주시경 학보』가 창간되기도 하였다.

이처럼 한힌샘은 서른 아홉이라는 길지 않은 생애를 살았음에도, 활동하던 당시부터 별세한 후로 100년이 지난 오늘날까지, 한반도 안팎의 많은 겨레로부터 한국어학의 창시자로, 한글 현대화의 은인으로, 한글 운동의 선도자로, 우리 말글 교육의 선구자로, 겨레의 선각자로 추앙 받고 있다.

이 글에서는 한힌샘이 한겨레 말글살이(어문생활)의 발전을 위하여 연구하고 제안하고, 교육하고 실천한 내용을 간략히 살펴보기로 한다. 한힌샘이 한겨레의 말글살이에 끼친 영향은 넓고 다양하므로 그 내용들을 아우르고 정리하는 방법도 다양할 수 있겠는데, 이 자리에서는 '훈민정음을 한글로 자리매김하다', '조선어의 한글 표기법을 정립하다', '조선어를 국어로 높이고 가다듬다'의 셋으로 가름하여 진행하기로 하겠다.

2. 훈민정음을 '한글'로 자리매김하다

2.1. 한글의 가치를 재발견하고 선전함

20세기 초엽까지도 조선 사회의 주류 문자는 한자이고, 절대다

잡힌 제목이 주로 대중매체에 실린 것들이라는 점에서 너그럽게 이해할 여지는 있다.

수의 문장은 한문이었다. 조선 문자 훈민정음은 제대로 된 대접을 받지 못했다. 그런 상황에서, 1894년 11월 21일 대한제국大韓帝國 황제는 칙령 제1호를 공포하였다. 공문에 관한 규정 「公文式공문식」이었는데, 제14조에서 "法律勅令總以國文爲本漢文附譯或混用國漢文"이라고 규정하였다. 참으로 혁신적인 내용이었다. 다섯 달 반쯤 지난 1895년 5월 8일 공포한 칙령 제86호의 「公文式」에서는, 그 조항의 표현을 "法律법률命令명령은 다 國文국문으로써 本본을 삼고 漢譯한역을 附부ᄒ며 或혹 國漢文국한문을 混用혼용홈."(頒布式반포식의 제9조)으로 바꾸었다. 대한제국의 모든 법령은 '국문으로 본'을 삼고 한문 번역을 붙이거나, 국문과 한자를 혼용한다는 것이었다. 그렇게 국가에서 '국문' 위주의 문자 정책을 선언했지만, 공식 문건은 말할 것도 없고, 대중매체의 지면도 일부 소설류를 빼고는 앞의 머리말에 올린, 한힌샘의 별세를 알리는 보도문과 같은 한자·한문투성이였다. 서양 선교사들이 성경을 한글 전용으로 간행되기도 했으나 아직 그 영향은 미미하였다.

한힌샘도 그런 관습과 환경 속에서 어릴 적부터 한자·한문을 익혔으며, 처음에는 여느 사람과 같은 글살이를 하였다.[5] 그러다가 배재학당에서 공부하고 독립신문사에 근무하면서 새로운 문자관을 정립하게 되었다. 1897년 4월, 20살 청년으로 『독립신문』에 게재한 「국문론」에 그 문자관이 잘 드러나 있다. 그것은 한힌샘이 대중 앞에 공표한 최초의 글이기도 한데, 첫머리를 다음[6]과 같이

---

5 1893년에 시작하여 1898년에 완성했다(주시경 1909.10:72후면)는 『국어문법』의 초고만 하더라도 여느 사람의 글과 같이 한자·한문투성이였다.
6 「국문론」(을 비롯하여 『독립신문』 지면)의 띄어쓰기는 오늘날의 그것과 흡사한데, 한힌샘의 손을 거친 결과였다.

시작하였다.

　"사름들 샤는 짜 뎡이 우희 다섯 큰 부쥬 안에 잇는 나라들이 졔 각금 본토 말들이 잇고, 졔 각금 본국 글즈들이 잇셔셔 각기 말과 일을 긔록 ᄒ고, 혹간 말과 글즈가 남의 나라와 ᄀᆺ흔 나라도 잇는듸, 그즁에 말 ᄒ는 음듸로 일을 긔록 ᄒ야 표 ᄒ는 글즈도 잇고, 무슴 말은 무슴 표라고 그려 놋는 글즈도 잇는지라." - 「국문론」 1897.04.22.

나라마다 제각각 말과 일을 기록하는 문자가 있는데, '음대로 일을 기록하여 표하는 글자'와 '무슨 말은 무슨 표라고 그려 놓는 글자' 가 있다는 진술이다.[7] 오늘날 흔히 '표음문자'와 '표의문자' ─ 표의 문자보다 '단어문자'가 더 적절함 ─로 일컫는 것을 그렇게 진술한 것이다.

　뒤이어 두 종류의 문자를 비교하였다. '무슨 말은 무슨 표라고 그려 놓는 글자', 곧 단어문자에 대하여 물건들의 이름과 말하는 것마다 제각각 표를 만들어야 하니 표가 몇만 개가 되고, 또 그 많은 모양을 다 다르게 그리자니 획수가 많아져서, 그 몇만 가지 그림들을 다 배우자면 몇 해 동안 애를 써야 하고, 또 획수가 많으니 쓰기가 더디고 거북하다고 평가하였다. 그에 반하여, 표음문자 는 음을 좇아 만들었기 때문에 수효가 적음에도 어떤 말의 음이든 지 기록하지 못할 것이 없고 배우기와 쓰기가 쉬우므로 여러 나라 에서 사용하는데, 그 사례로 옛적 '헤늬쉬아'(페니키아)에서 만들어

---

7 그 이후 서우학회 회보 『西友서우』 제2호(1907.01)에 발표한 「국어와 국문의 필요」에서는 두 가지 문자를 각각 '말을 표ᄒᆞ는 글'과 '형상을 표ᄒᆞ는 글'이라 했는데, 그보다 앞서 『대한 국어문법』(1906.06:3)에서는 더 압축하여 각각 '말표'와 '그림'이라 하였다.

오늘날 유럽과 아메리카의 여러 나라에서 사용하는 문자(로마자)를 들었다.

그리고 아래와 같이, 조선 문자를 그 문자와 비교하였다.

"죠션 글즈가 헤늬쉬아에서 믄든 글즈 보다 더 유죠 ᄒ고 규모가 잇게 된거슨 즈모 음을 아조 합 ᄒ야 믄드럿고, 단지 밧침믄 림시 ᄒ야 너코 아니 너키를 음의 도라 가는듸로 쓰나니, 헤늬쉬아 글즈 모양으로 즈모 음을 올케 모아 쓰랴는 수고가 업고, 또 글즈의 즈모 음을 합 ᄒ야 믄든거시 격식과 문리가 더 잇서 빗호기가 더욱 쉬으니, 우리 싱각에는 죠션 글즈가 셰계에 뎨일 조코 학문이 잇는 글즈로 녁히노라." -「국문론」 1897.04.22.

'자모 음을 아주 합하여' 만든 점에서 조선 문자는 '헤늬쉬아 글즈', 곧 오늘날의 로마자보다 '격식과 문리'가 더 있고, 그렇기 때문에 배우기가 더욱 쉬우니, 세계에서 가장 좋은 문자라고 평가하였다.

1897년 4월 22일치 『독립신문』 제1면에 실린 「국문론」의 첫머리.

'자子모母 음을 아주 합하였다' 함은, 자음자子音字와 모음자母音字를 제각각 적고 마는 것이 아니라, 그들을 합하여 음절(이나 형태) 단위로 모아쓰는 점을 지적한 것이다.

흔히들 로마자와 한글을 한데 묶어 표음문자라고 하지만, 실제로 기호를 적는 방법이 적잖게 다르다. 예컨대 말소리 /saŋ/을 적는 방법으로써 간단히 비교하여 보면 아래와 같다.

오늘날 (가) 수준의 기호 s, a, n, g, ㅅ, ㅏ, ㅇ 들을 '낱자'(字母, letter)라 하고, (나) 수준의 기호 "상, 고, 우, 닭" 들을 '글자'(syllabo-gram)라 한다. 낱자는 대개 음소를 표기하며, 글자는 기본적으로 음절에 대응한다. (가) 줄에서 보듯이 로마자는 음소를 적는 것으로 표기가 완결되므로 음소문자(alphabet)라 하면 그만이지만, 한글은 그렇지가 않다. 한글 표기는 음소를 지나 (나) 수준, 곧 음절을 표기하는 단계에까지 나아가므로 '음소음절문자(alphasyllabary)'가 합리적인 명칭이다. 이처럼 로마자와 한글은 동일한 부류가 아닌데, 한힌샘은 「국문론」에서 바로 이 점을 지적하면서 음절 단위로 모아쓰는 한글이 더 좋은 문자라고 평가한 것이다.[8]

---

8 일본의 가나문자에는 (가) 수준의 기호가 따로 없고, 하나하나가 음절을 표기하니 음절 기호(syllabogram), 곧 글자이다. 이런 점은 한자도 같다.

그리고 한힌샘은 교사로서, 또는 계몽가로서 한글의 장점과 가치를 널리 선전하였다. 예컨대 청년학원의 강의 교재 『대한 국어문법』(☞ ⑨의 각주 5)에서 아래와 같은 기술을 접할 수 있다.

"우리글의 모음의 원소原素는 ㅏ ㅓ ㅗ ㅜ ㅡ ㅣ 이 여섯 주쑨이라. 이 글이 간략ᄒ나 모든 모음을 돌라씀이 무궁ᄒ여 긔록지 못홀 것이 업스니, 우리 나라 무등ᄒ 보비쑨 안이라 실로 세계에 큰 보비요, 텬하 음학을 빅호는 쟈의 큰 션싱이니라." -『대한 국어문법』1906. 06:50.

우리글의 모음자가 '음학을 배우는 자의 큰 선생'이라 한 부분이 특히 눈길을 끈다. 한글에서는 모음자의 응용이 무궁하여 말소리 연구자가 스승으로 삼아야 할 정도로 우수한 문자라는 것이다. 사실 한국어 말소리(음소 및 음절)와 한글 기호의 대응 관계는 매우 체계적이고 과학적인데, 한힌샘은 일찍이 이 점에 주목했던 것이다.

2.2. 한글만 쓰기를 주장하고 실행함

한힌샘은 또 「국문론」에서, 문자라 하는 것은 말만 적으면 충분함에도 '한문 글자에는 꼭 무슨 조화가 붙은 줄로 여기고' 생업을 팽개친 채 한자·한문 배우기에 평생을 허비해 온, 조상들의 지난날을 비판하였다. 앞으로는 배우기 쉽고 쓰기도 쉬운 우리 문자로 모든 일을 기록하고, 한자·한문 배우는 데에만 아까운 시간을 허비하지 말고 '실상 사업'에 유익한 학문을 익혀 "우리 나라 독립에 기동과 주초가 되어 ~ 우리 나라의 부강ᄒ 위엄과 문명ᄒ 명예가 세계에 빗나게 ᄒ는거시 맛당 ᄒ도다"(1897.04.24)라고 호소하였다.

사전을 편찬할 때에도, 예컨대 /음식/이라 하면 '마실 飮음'과 '밥 食식'을 모르는 이라도 사람의 먹거리임을 다 알므로, 이런 것은 조선말이니 '飮食'으로 적지 말고 '음식'으로 적는 것이 마땅하다 하고, /문/(門), /산/(山), /강/(江) 등이 모두 그러하다고 하였다. 사전 편찬할 때의 유의점으로 언급한 것인데, 그 후로 이런 제안과 주장을 글살이 전반으로 확대하였다.

하지만 그런 주장을 몸소 실행하기까지는 시간이 좀 더 필요했다. 1896년 4월부터 1898년 9월까지 독립신문사의 사원으로서 한글 전용 신문의 발행에 깊이 참여했으나, 문자 사용의 개인적 습관을 하루아침에 변혁하기는 어려웠다. 1887년에 『예수성교 전서』, 1897년 1월에 『국문 정리』 등이 순한글로 발행되었으나, 한힌샘은 1897년 4월 「국문론」을 발표한 후에도 수년 동안 앞에 보인 『매일신보』와 같은 문체를 답습하였다. 1898년에 완성했다는 『국어 문법』의 초고도 전반부는 한문투 표현과 한자 위주로 작성하였다.

『대한 국어문법』의 본문 첫장.

그러다가 1906년 6월, 손수 써서 등사謄寫한 강의 교재 『대한국어문법』에서 한글 전용을 단행하였다. 32쪽의 그림에서 보듯이 이 교재는 문답식 구성인데, 꼭 필요한 경우와 원전 인용의 경우를 제외하고는 전체적으로 한글만 사용하였다. 그때부터 한힌샘의 한글만 쓰기는 일상화했으니, 전문서임에도 불구하고 『국어 문법』(1910.04)의 후반부, 곧 기난갈과 짬듬갈 부분에서 전면 한글만 쓰기를 감행하였다. 그로부터 「한나라말」(1910.06)을 비롯하여(☞ 4.1) 생애 마지막 저서인 자필 석판본 『말의 소리』(1914.04)에 이르기까지 한글만 쓰기를 충실히 실행하였다. 그러한 선택과 실행은 많은 지식인과 후학, 그리고 대중매체에 큰 영향을 끼쳤다.

2.3. 세로 글줄의 오른쪽 옮겨 가기를 제안함

조선의 글줄은 오래 전부터 세로 글줄, 곧 내리쓰기였다. 중국의 한문 쓰기도 그러했고 일본도 마찬가지였는데, 또 하나의 공통점은 글줄이 왼쪽으로(←) 옮겨 가는 것이었다.

그에 반하여, 한힌샘은 「국문론」(1897.09.28)에서 내리쓰기의 글줄도 오른쪽으로 옮겨 가기를 제안하였다. 내리쓰기에서 왼쪽으로 옮겨가기의 약점으로 글씨 쓰는 손에 먹이 묻을뿐더러, 먼저 쓴 글줄이 손에 가려져 여러 불편이 생겨남을 지적하고, 오른편으로 옮겨 가기는 그런 점을 해소할 수 있는, 편리한 방법이라고 하였다. 하지만 한힌샘도 자신의 필기에서 이 방법을 실행할 기회를 가지지 못하였다. 당시 일반의 인쇄물에서도 실행한 사례가 거의 없는데, 인쇄에서는 한힌샘이 지적한 사항이 약점으로 작용하지 않기 때문이었을 것이다.

오늘날은 물론 오른쪽으로의 가로 글줄이 주류를 이루고 있는데, 더러 거기에 세로 글줄을 삽입하는 일이 있다. 그런 때에 대개 세로 글줄은 (지난날의 신문 지면에서처럼) 여전히 왼쪽으로 옮겨 가기를 한다. 한 평면에서 가로 글줄은 오른쪽으로, 세로 글줄은 왼쪽으로 진행하게 되는데, 그것은 부자연스럽고 불합리하다. 안구의 움직임에 혼란을 준다. 그러므로 삽입하는 세로 글줄의 진행도 한힌샘의 제안대로 오른쪽으로 옮겨 가기를 하는 것이 합리적이다. 흔히 세로로 적는 표어나 알림막도 마찬가지이다.

2.4. 한글의 가로 풀어쓰기를 제창하고 연구함

앞에서 보았듯이 「국문론」(1897.04.22)에서는 모아쓰기가 조선 문자의 장점이라고 평가했는데, 10여 년 후에는 그와 다른 견해를 진술하였다. 국문연구소 위원으로서 작성한 연구보고서 「국문 연구」에서 아래와 같이 제안한 것이다.

> "子母자모 字자를 各各각각 橫書횡서홈이 亦역 當당ᄒ니, 此차는 或 橫혹횡 或從혹종홈보다 發音발음의 先後선후가 順순ᄒ고 教曉교효ᄒ기가 亦역 便편ᄒ며 鑄刊주간ᄒ기에 至要지요ᄒ지라. 故고로 一例일례로 '우리 나라가 밝고 곱다라 홈을 左좌에 橫書횡서홈.
> **ㄱㄹㅣ ㄴㅏㄹㅏ ㄱㅏ ㅂㅏㄹㄱ ㄱㅗ ㄱㅗㅂㄴ ㄷㅏ**
> ㄱㄹㅣ ㄴㅏㄹㅏ ㄱㅏ ㅂㅏㄹㄱ ㄱㅗ ㄱㅗㅂㄴ ㄷㅏ "

—「국문 연구」 1908.12.

여기 '횡서'는 글줄의 가로쓰기가 아니라 '가로 풀어쓰기' — 한힌샘이 명시하지 않았으나, 첫 줄은 인쇄체, 둘째 줄은 필기체에 해당함 — 를 가리키니, 「국문론」에서 진술한 견해와는 다르다.

국문연구소의 제10회 회의(1909.12.27?)의 의결록議決錄에 보면 '횡서'를 또 하나의 철자법으로 의결한 것으로 기록되어 있는데, 최종 보고서인 「국문연구 議定案의정안」에는 그 내용이 담기지 않았다. 그 연유를 알 수 없으나, 한힌샘 외에는 횡성에 능동적 관심을 보인 위원이 없었던 것은 분명하다. 어떻든 한힌샘은 그 후로 우리글의 풀어쓰기를 꾸준히 다루었고, 생애 최후의 저서인 『말의 소리』(1914.04) 마지막 쪽에도 「우리글의 가로 쓰는 익힘」이라는 이름으로, 자신이 고안한 풀어쓰기 글씨(인쇄체)를 가득 올려 두었다. 한 부분을 올리면 아래와 같다.

ㅁㄹ ㅎㄴ ㅂㄴㄷㅅㅣ ㄷㅏㄷㅁㅇ ㅓㅑ ㅈㅗㅎ ㅎㄴ
ㅁㄹ ㅎㄹ ㅣㄹㄱ ㄱㅗ ㅈㅗㅎ ㅎㄴ ㅁㄹ ㅎㄹ ㅈㅓㄱ ㅓㅑ
ㅈㅗㅎ ㅎㄴ ㄱㅎㄹ ㅣ ㄷ ㄴㅏㄴㄹ
ㄱㅎㄹ ㅎㅣ ㄱㅏㅈㅏㅇ ㅈㅗㅎ ㄱㅎ ㄱㅓㅅ ㅎㄴ ㄱㅎ ㄱㅏㅈㅏㅇ
ㅈㅏㄹ ㄷㅏㄷㅁㅇ ㅎㄴ ㅁㄹ ㅎㄹ ㅈㅓㄱ ㅎㄴ ㄱㅓㅅ ㅣㅗ
ㄸㅣ ㅣ ㄹㅎㄹ ㄱㅏ ㄹㅣ ㅆㅎ ㄴㅎㄴ ㄱㅓㅅ ㅣㄴㅣㄹㅏ

-『말의 소리』 1914.04: 끝.

위를 모아쓰기로 옮기면 이러하다 : "말 은 반드시 다듬 어야 좋은 말 을 이루 고 좋 은 말 을 적 어야 좋은 글 이 되 나니라", "글 의 가장 좋은 것 은 그 가장 잘 다듬 은 말 을 적은 것 이오 또 이 를 가로 쓰는 것 이니라". 위의 두 따온글에서 보듯이, 가로 풀어쓰기 글에서는, 모아쓰기 글에서와 달리, 토씨와 씨끝도 꼬박꼬박 떼어서 썼다.

앞쪽의 「국문 연구」에서 보듯이, 한힌샘은 풀어쓰기를 해야 할 이유로 '발음의 순서에 맞음'(發音의 先後가 順흠), '가르치고 깨치

기에 편함'(敎曉ᄒ기가 便홈), '활자 만들기와 인쇄하기에 요긴함'
(鑄刊ᄒ기에 至要홈)을 들었다.[9] '발음의 순서에 맞음'이란, 발음은
선-후, 곧 가로로만 진행되는데, 표기 기호를 세로로 배치하는 것
은 순리에 맞지 않으니, 발음에 맞추어 모두 한 방향으로 표기해야
한다는 것이었다. 그런 관점에서 보면 중성자를 초성자 아래에
표기하는 "으, 고, 누, 봐, 춰, 괘, 풰, 희" 등의 글자와, 받침이 있는
"악, 냥, 삶, 읍, 꽹, 흙" 등의 글자들이 발음 순리에 맞지 않은 것에
속하겠는데, 시각적으로는 그런 점이 있으나 적는 순서는 발음 순
서와 비례하는데, 그 점에 대해서는 따로 언급하지 않았다. '가르치
고 깨치기 쉬움'에 관해서는 다른 의견이 제기될 여지가 없지 않다.
'인쇄에 요긴함'은 당시의 인쇄술 수준을 감안할 때에 충분히 이해
할 만하다. 로마자와 같이 풀어쓰기를 하면 수십 개 활자로 글자
1벌이 완성되지만, 모아쓰기에서는 글자 1벌을 갖추려면 1,000개
넘는 활자를 만들어야 했으니 활자 만들기(鑄造주조)가 여간 어려
운 것이 아니었다. 새로운 글씨를 개발하는 일은 더욱 어려운 일이
었다.

한힌샘은 풀어쓰기의 보급과 실행에도 앞장섰으니, 조선어강습
원(☞②의 2.1.1)의 '스승'으로서 1913년 3월과 1914년 3월에 수여한
수업受業증서 '배혼보람'과 졸업증서 '맞힌보람'을 온전히 가로 풀어
쓰기로 도안하여 인쇄하였다.[10] 한힌샘이 작성하여 수여한, 그 맞

---

9 『말의 소리』(1914.04) 마지막 쪽에 붙인 「우리글의 가로 쓰는 익힘」에서는,
  가로 풀어쓰기가 좋은 이유로 '쓰기'와 '보기'와 '박기'(인쇄)의 편리함을
  들었다.
10 37쪽의 그림이 그 때의 '맞힌보람'인데, 수를 포함하여 문안은 온통 토박이말
  로 되어 있다. 그 보람들은 '어린 솔벗메'와 '스승 한힌샘' 명의로 발행하였으니,

1913년 3월 2일 수여한 졸업증서 '맞힌보람'.

힌보람을 받은 졸업생이 김두봉·최현배·신명균·권덕규·이병기
·정렬모 등이고, 그 배혼보람을 받은 수업생은 이세정·신태호·
김두종 등이었다.

　한힌샘의 뒤를 이어 풀어쓰기 글씨를 연구하는 후학이 적지 않
았으나, 공식으로 실행된 적은 없다. 컴퓨터 사용의 일반화로, 판
짜기와 인쇄 방법이 아주 달라지고 모아쓰기 체제에서도 글씨꼴
개발이 한결 쉬워지면서 풀어쓰기에 대한 관심은 잦아들었다. 하
지만 우리 글살이의 발전을 위하여 쉼 없이 도전한 한힌샘의 단심
까지 잊어서는 안 될 것이다.

'어런'(어른)은 '원장'을 가리키고, '솔벗메'는 남형우南亨祐에게 한힌샘이 붙여
준 토박이말 이름이었다.

3. 조선어의 한글 표기법을 정립하다

3.1. 올바른 표기법 사용을 호소함

온 세상에 새 물결이 몰아치던 19세기 말엽까지도, 조선어의 한글 표기법은 표준이 없을뿐더러 조선어를 제대로 적지 못하고 있었다. 번역 성경들이 간행·보급되면서 조선어 표기법은 다소 정제되었지만 여전히 부족한 점이 많았다. 최초로 간행된 한국어판 신약 전서全書로, 당시에 꽤 널리 보급된『예수성교 젼서』의 아래와 같은 지면은 그런 사정을 잘 보여 준다.

> "또 늬게 싱명의 물노써 보이미 그 말근 슈졍 갓고 하나님과 고양의 위로 나아와 걸이 가온데 이스니 긔굴자 우에 싱명의 나무 이서 열두 가지 열음이 밋치고 달마당 그 열음이 미치며 그 닙피 열어 나라롤 낫게 흐미 되느니라. 다시 미워홀 쟈 업고 하나님과 고양의 위가 그 속에 이스미니 그 죵덜이 더롤 셤기고 그 낫츨 보며 그 일홈이 뎌덜의 니마에 이스리니 밤이 다시 업고 히와 등빗츨 쓰지 <u>은</u>으문 쥬 하나님이 빗츠로 더롤 주고 뎌덜이 길이 다사리라 흐더라."(『예수성교젼서』 1887 : 338)

더 말할 것도 없이 밑줄 친 부분이 특히 문제인데, 일반 문서에서는 정도가 훨씬 심하였다. 한힌샘은 그런 표기 실태를 심각하게 인식하고 있었는데, 20살을 갓 지난 무렵 기회를 만나게 되었다. 1896년 4월 창간하는『독립신문』의 교보원校補員이 된 것이다. 그 신문은 영어판과 한글 전용의 조선어판으로 발행되었는데, 한힌샘에게 주어진 일은 조선어판에 실리는 글들의 표기법과 표현을 가

다듬는 것이었다. 통일된 표기법이 없는 상황이었으니 그것은 아무나 할 수 있는 일이 아니었다. 그러니 표기법은 한힌샘에게 나날의 문제가 되었고, 그는 문제 해결을 위하여 본격적으로 움직여야 했다.[11]

그러한 경험[12]을 통하여 조선어 표기법의 기본 방향을 잡았으니, 아래에서 그 일단을 엿볼 수 있다.

　　"속에서 이런 말을 씀은 원톄와 본음과 법식에 하나도 옳을 것이 업고, 쏘 규모가 불일ᄒ여 천만 언을 싸라 변톄ᄒ니, 번잡홈이 측량 홀 수 업슨즉, 이를 곳쳐 발으게 ᄒ고자 ᄒ면 불가불 법이란 줄대로 홀 수밖에 업도다. 〔줄임〕 씀을 곳치고 속을 발으게 ᄒ지 안으면 남의 뒤에나 알에를 면치 못ᄒ리니, 우리 대한으로 사실 이들이여, 나라와 동포를 사랑ᄒ여 한 가지식이라도 ᄒ여 모도면 저절로 앞과 우에로 이르리이다." -『대한 국어문법』 1906.06 : 42.

『예수셩교 젼셔』에서와 본 바와 같은 '닙피', '빗츠로', '이스미니' 등과 '말근', '갓고', '이서' 따위로 표기하는 것은 '톄'體와 본음本音과 법식法式에 옳을 것이 없고 매우 번잡하므로 바로잡아야 하는데, 그러려면 법대로 할 수밖에 없다고 하였다. 그리고 동포를 향하여,

---

11　1896년 5월부터 1898년 겨울―1906년 겨울로 보는 설도 있음―까지 국문동식 회國文同式會를 조직하여 회원들과 함께 표기법에 관해 논의하기도 했다.
12　독립신문사 직원으로 일한 기간은 2년 반 가량인데, 그동안에 다른 신문과 잡지의 일도 보았다. 1898년 1월(창간)부터 4월(종간)까지는 한글 전용의 주간신문 『협성회 회보』의 '찬술원撰述員'을 맡았다. 1898년 10월부터는 그해 8월에 창간된, 한글 전용의 일간신문 『뎨국신문帝國新聞』의 기재記載로 일했으며, 1906년 5-8월에는 한글 전용의 월간잡지 『가정잡지』의 교보원으로 일하였다. 찬술원과 기재의 임무도 글을 쓰고 다듬는 것이었다.

남의 나라에 뒤지지 않고 살기를 바란다면 표기 통일에 참여할 것을 호소하였다. 기회 있을 때마다, 아니 기회를 만들어서 그렇게 웅변하였다.

그처럼 한힌샘이 표기법의 확립에 심혈을 기울인 배경에는 확고한 깨달음과 믿음이 있었다. 「한나라말」(1910.06 :86)의 "글은 말을 담는 그릇이니, 이즐어짐이 없고 자리를 반듯하게 잡아 굳게 선 뒤에야 그 말을 잘 직히나니라. 글은 또한 말을 닦는 긔계니, 긔계를 몬저 닦은 뒤에야 말이 잘 닦아지나니라."라고 한 대목에서 그것을 읽어 낼 수 있다.

글은 말을 담는 그릇이며 또한 말을 닦는 기계라는 인식과 논리는 탁월하다. '담는 그릇'이란 문자의 수동적인 기능을 지적한 것이니, 말을 제대로 지키려면 그것을 담은 그릇인 글이 반듯해야 한다는 뜻이다. 그 다음에 '닦는 기계'가 이어진다. '담'의 받침을 ㄲ으로 교체하고, '그릇'은 (ㄱ으로 시작하는 공통점은 유지하면서) '기계'로 바꾸었다. '그릇'과 '긔계'는 발음과 글자가 같은 듯하면서 다르고 다른 듯하면서도 닮았는데, '기계'는 문자의 능동적·적극적인 작용을 포착하여 나타낸 것으로 보인다. "문자는 말을 가만히 담고만 있는 데서 그치는 아니라, 그 말을 닦는 기계이다. 기계가 좋으면 잘 닦이겠지만, 기계가 좋지 않으면 잘못 닦일 것이고 아주 망칠 수도 있을 것이다. 그러니 말을 잘 다스리려면 글을 이지러짐이 없게, 반듯하게, 굳게 세우는 일이 시급하다." —이것이 한힌샘의 철학이고, 믿음이었다. 그 믿음을 실천하기 위하여 조선어 표기법 연구에 매달렸던 것이고, 그 결과로 오늘날 한겨레가 두루 지키고 있는 한글맞춤법의 기초가 되는 형태주의 표기법을 정립한 것이다.

3.2. 체언과 조사, 어간과 어미를 구분하여 표기함

한힌샘이 먼저 주목한 것은 체언류와 조사를 구분하지 않고 '닙피', '빗츠로', '이스미니' 따위로 적는 것이었다. 「국문론」에서 아래와 같이 주장하였다.

"아즉 글ᄌ들을 올케 쓰지 못 ᄒᄂᆫ것들이 만으니, 셜령 '이것이' 홀 말을 '이것이' 이러케 쓰는 사름도 잇고 '이거시' 이러케 쓰는 사름도 잇스니, 이는 문법을 몰으는 연괴라. 〔줄임〕이 아리 몃 가지 말을 긔록 ᄒᆞ여 노으니, 이 몃 가지만 가지고 밀으어 볼것 ᄀᆞᆺᄒᆞ면 달은것도 ᄯᅩᄒᆞᆫ 이와 갓 홀지라. 셜령 '墨묵 먹으로' 홀것을 '머그로' ᄒᆞ지 말고, '手수 손에' 홀것을 '소네' ᄒᆞ지 말고, '足죡 발은' 홀것을 '바른' ᄒᆞ지 말고, '心심 맘이' 홀것을 '마미' ᄒᆞ지 말고, '飯반 밥을' 홀것을 '바블' ᄒᆞ지 말고, '筆필 붓에' 홀것을 '부세' ᄒᆞ지 말 것이니, 이런 말의 경계들을 다 올케 차자 써야 ᄒᆞ겟고" -「국문론」 1897.09.28.

다음 항에서 살펴볼 내용도 마찬가지인데, 위의 주장은 엄밀한 형태 분석의 결론이었다. /붓筆-에/를 '부세'와 같이 발음대로 적거나, 거기에 종성 표기를 첨가하여 '붇세'로 적는 것을 비판하고, '붓에'로 적는 것이 옳다고 주장하였다. 다시 말하면 체언류와 조사의 경계가 글자 단위로 구분되게 표기(이른바 '분철')하자는 것인데, 이 제안은 비교적 쉬이 대중의 공감을 얻었다.

가장 고심한 대목은 용언의 활용형, 곧 '말근'(清), '갓고'(同), '이서'(有) 따위의 표기였다. 『대한 국어문법』에서는 다음과 같이 주장하였다.

"셩왕의 문ᄌᆞ가 본릭에는 엇던 ᄌᆞ音들은 초죵셩에 통용ᄒᆞ고 엇던 ᄌᆞ音들은 초셩에만 쓰라 홈이 안이어늘 ㅋ ㅌ ㅍ ㅈ ㅊ ㅿ ㆁ ㆅ 八팔ᄌᆞ를 초셩에만 쓰라 홈은 즁엽에 긇읏 됨인 줄을 ᄭᆡ듯겟고, 〔줄임〕 각 ᄌᆞ音들은 훈민졍음딕로 초죵셩에 다 통용ᄒᆞ여야 말과 글이 샹좌되지 안코 법과 音이 다 합당ᄒᆞᆯ 터이니 〔줄임〕 가령

먹어도 먹으면 먹고 먹는

말에 '먹'은 喫끽 ᄌᆞ와 ᄀᆞᆺ으니 그 죵셩이 ᄌᆞ音이요 '어도'는 그 ᄯᅳᆺ이 雖슈 ᄌᆞ와 ᄀᆞᆺ고, 〔줄임〕 '는'은 그 ᄯᅳᆺ이 之지 ᄌᆞ와 ᄀᆞᆺ으니, 다 ᄌᆞ音을 알에 통용ᄒᆞ는 것인딕, 이는 쇽에서도 이러케 씀이 옳은 줄 아ᄂᆞ니" -『대한 국어문법』 1906.06 : 33~34.

요컨대, 용언의 어간과 어미를 표기할 때에, 그 각각의 형태가 시각적으로 구분되게끔 표기하는 것이 옳다는 것인데, 그 이유는 어간과 어미는 제각각 언제나 일정한 뜻을 지니고 있기 때문이라 하였다. 형태주의 표기 원리를 다시 한번 명료하게 지적한 것이다.

그리고 35~36쪽에 法법(옳음)과 俗속(옳지 않음)의 보기를 들어 놓았는데, 두 가지만 올려 본다.

法	俗			法	俗		
믿어도	미더도	믿더도	밋어도	맡아도	마타도	맛하도	맛타도
믿으면	미드면	믿드면	밋으면	맡으면	마트면	맛흐면	맛트면
믿고	밋고	밋고	밋고	맡고	맛고	맛고	맛고
믿는	밋는	밋는	밋는	맡는	맛는	맛는	맛는

당시에는 대다수가 [마트면]이라 발음하는 말을 '마트면', '맛흐면', '맛트면' 등으로 적고, [만는]을 '맛는'으로 적었다. 그 중에서도 '맛흐면'이 매우 특이한데, 변동의 과정을 [맛흐면→맏흐면→마트면]

으로 이해한 결과였다. 이에 대하여 한힌샘은 원톄原體와 본음本音을 밝혀 '맑으면'과 '맑는'으로 적는 것이 법식에 옳은 것이라고 하였다. 곧, 형태주의 표기법을 지지하고 실행한 것이다. 오늘날의 눈으로 보면 매우 상식적인 설명이지만, 당시의 대중을 설득하는 것은 말처럼 쉬운 일이 아니었다.

한힌샘은 위와 같은, 조선어의 형태주의 표기법을 일찍이 『독립신문』에서부터 실행했으며, 그 보급과 교육에 많은 시간과 뜨거운 노력을 쏟았다.

3.3. 받침을 조선어 말소리에 맞추어 확장함

『대한 국어문법』 42~43쪽에서는 '종성'의 목록과 각각의 보기 낱말을 품사별로 제시했는데, 제시한 목록은 ㅅ, ㄷ, ㅌ, ㅈ, ㅊ, ㅍ, ㅎ, ㄲ, ㄺ, ㄼ, ㄻ, ㅀ 들이었다. 이전부터 종성 표기에 사용해 오던 ㄱ, ㄴ, ㄹ, ㅁ, ㅂ, ㅅ, ㅇ 외에 11개를 더 보였는데, ㅅ을 함께 제시한 것은 ㄷ 종성과의 차이를 명확히 보이고자 했기 때문이다. 당시에는 '脫탈'을 뜻하는 활용형 [버서]와 '蔓만'을 뜻하는 [버더]를 똑같이 '벗어'로 표기하는 일이 예사였다.

제시한 내용을 전체적으로 보건대, 한힌샘은 최초의 저서인 이 『대한 국어문법』(1906.06)에서 이미 종성의 목록을 거의 다 파악한 것을 확인할 수 있다. '읊-'을 ㄼ의 보기로 제시한 것은 실수이니, 그 후의 『국어문전 음학』(1908.11:57)에서는 ㄿ을 별개 항목으로 제시하였다. 다만 '有유'를 뜻하는 동사의 어간을 여전히 '잇-'으로 설정하였으며, '鼎정'을 뜻하는 낱말은 '솣'과 '솥', '苗두'을 뜻하는 낱말은 '팟'과 '팣' 사이에서 정확한 결과를 얻지 못하였다. '痛통'을 뜻하는 형용사의 어간으로 '앒-'을 설정했는데, 그것은 원형을 '앒으다'로 설정했던 때문이다.

국문연구소에 제출한 개인 보고서 「국문 연구」(1907.10)에도 이와 같은 제안을 올렸는데, 종성의 목록(과 보기 낱말)에 ㅋ(ㅋ 종성의 보기 낱말은 없음), ㄶ, ㄶ, ㅄ, ㄵ, ㄾ, ㄳ도 추가하였다. 이러한 내용은 국문연구소의 최종 보고서인 「국문연구 議定案의정안」(1909.12)에서도 그대로 채택되었다. 오늘날의 목록과 비교하면 27개 가운데서 ㅆ, ㄽ만 빠졌으니, 그때 받침의 목록을 93% 완성한 셈이 된다. ㅆ, ㄽ은 한힌샘의 이론을 이어받은 후학들에 의하여 1933년 「한글마춤법 통일안」에서 채워졌다.

3.4. 불규칙 활용의 표기에도 형태주의를 적용함

불규칙 활용 용언의 표기에 대한, 한힌샘의 처리는 특이하였다. 자필 등사본謄寫本인 『대한 국어문법』(1906.06)을 보면 "넓리 펴고"(3쪽), "국문 만들신 ㅅ젹"(11쪽), "그 알에 닭 음이 근지 안이ᄒ니"(29쪽)와 같은 표기들이 있는데, '넓-'의 ㅂ, '들'과 '닭'의 ㄹ에 \(빗금)을 그어 놓았다.[13] 발음하지 않는다는 뜻이었다. 어간 끝이 ㄼ인 활용형의 발음 [널리]를 '넓리'로,[14] ㄹ 불규칙 활용형 [만드신]을 '만들신'으로, [단]을 '닭'으로 표기한 것이다. 이렇게 표기한 의도는 어간의 원형태 '넓-', '만들-', '달-'이 시각적으로 드러나게

---

13 나중의 『국어 문법』 원고(1909.10)에서는 자필임에도 빗금을 긋지 않는다.
14 한힌샘의 분석과 달리, 오늘날 대다수 한국어사전에서 부사 '널리'는 형용사 '너르-'에서 파생된 것(너르-+-이→널리)으로 처리한다.

끔 하려는 데에 있었다. 이렇게 하면 불규칙 활용도 어느 정도는 규칙적으로 표기할 수 있다고 판단했던 것이다.

비슷한 선상에 있는 ㅂ 불규칙 활용형과 ㅅ 불규칙 활용형, 그리고 어간 끝의 ㅡ 탈락 활용형의 표기에 대해서도 고심을 거듭한 것을 엿볼 수 있다. 여러 표기 사례로 미루어보건대 이들 경우도 발음대로 적기보다는 원형태를 유지하는 표기에 더 무게를 두었던 것이 분명하다. 하지만 이 방법은 그 후로 계승되지 않았다. 다만, 광복 직후에 평양의 「조선어 신철자법(1948)」에서 새로운 낱자 6개를 도입한 적이 있다(☞ ②의 4.3.3). 그 표기법은 한힌샘의 직계 제자인 김두봉이 주도하여 마련한 것인데, 스승의 가르침과 시도를 과감히 구체화하고 정밀화한 것이라 볼 수 있다.

3.5. ·와 ㆁ은 버리고, 된소리는 쌍낱자로 표기함

·(아래 아)는 당시 지식인들의 중요한 논쟁거리의 하나였다. 이와 관련하여 한힌샘도 최초의 저서인 『대한 국어문법』(1906.06) 28~33쪽에서부터 매우 적극적으로 풀이했는데, 그 표기에 관해서는 「국문 연구」(1908.10)에서 '·자로 적던 말이 ㅡ ㅓ ㅜ의 3가지 음으로 발음되며, 혹 ㅣㅡ의 합음으로 발음되나 그러함을 아는 이가 없을뿐더러, ㅣㅡ의 합음이 아니라 하여도 국어를 적음에 그 해가 없으므로' 실지에는 쓰지 않음이 옳다고 결론하였다. 하지만 「국문 연구 의정안」(1909.12)에서는 ·의 폐지가 채택되지 않았으며, 「한글마춤법 통일안(1933)」에 이르러서야 그렇게 하기로 결정하였다.

그리고, 한힌샘은 ㆁ(꼭지 이응)은 사용하지 말자고 하였다. ㆁ과 ㅇ 중에서 획이 간단하여 쓰기 편한 ㅇ을 취하여 초성 표기와 종성 표기에 두루 쓰는 것이 좋겠다는 의견을 낸 것이다. 이 역시 「국문연구 의정안」에서는 채택되지 않았지만, 1933년 「한글마춤법 통일안」에서 채택되었다. 그런데, 나중의 한글 가로 풀어쓰기 글씨에서는, 초성 표기자 ㅇ은 아예 쓰지 않고, 15세기의 표기와 같이 종성 표기자로만 ㆁ을 사용하였다(☞ 2.4에 올린 따온글).

그리고, 된소리 표기 기호 ㅄ, ㅲ, ㅷ, ㅺ, ㅅ 등을 버리고, 이른바 同字竝書동자병서, 곧 쌍낱자인 ㅆ, ㄸ, ㅉ, ㅆ, ㄲ로 적을 것을 주장하였다. 이 제안은 「국문연구 의정안」에도 그대로 채택되었고, 1933년 「한글마춤법 통일안」에도 그대로 계승되었다.

한글 낱자의 명칭 및 배열 순서와 관련해서 색다른 제안을 했는데, 「국문연구 의정안」에도 채택되지 않았고, 「한글마춤법 통일안」에도 반영되지 않았다.

4. 조선어를 '국어'로 높이고 가다듬다

4.1. 일상말의 글을 쓰고 조선 토박이말을 애용함

한힌샘 주시경은 우리말을 과학적으로 탐구하여 창의적인 언어학의 탑을 높이 쌓았다. 나날의 말살이는 연륜이 쌓일수록 일상말 위주로 옮겨갔고, 한자낱말보다 토박이낱말을 애용하였다. 즐겨 사용하는 문자는 물론 한글이었고, 특히 조선어의 문법에 맞는 글쓰기를 강조하였다. 그러한 주장과 실천은 이미 앞에서도 확인했는데, 다음에 『보중친목회보』 제1호(1910.06)에 실린 「한나라말」의 첫머리를 다시 한번 올려[15] 본다.

한힌샘 주시경.

한나라말

周時經

말은 사람과 사람의 뜻을 통하는것이라

「한나라말」의 첫 쪽.

한나라말

말은 사람과 사람의 뜻을 통하는것이라. 한 말을 쓰는 사람끼리는 그 뜻을 통하여 살기를 서로 돕아 줌으로 그 사람들이 절로 한 덩이가 지고, 그 덩이가 점점 늘어 큰 덩이를 일우나니, 사람의 데일 큰 덩이는 나라라. 그러함으로 말은 나라를 일우는 것인데, 말이 오르면 나라도 오르고 말이 나리면 나라도 나리나니라. 이러함으로 나라마다 그 말을 힘쓰지 안이할수 없는 바니라.

글은 말을 담는 그릇이니, 이즐어짐이 없고 자리를 반듯하게 잡아 굳게 선 뒤에야 그 말을 잘 직히나니라. 글은 또한 말을 닦는 긔게니, 긔계를 몬저 닦은 뒤에야 말이 잘 닦아지나니라.

---

15 한힌샘은 「한나라말」에서 띄울 자리에 모점(、)을 썼다. 여기서는 그 점 찍은 자리를 띄우며, 원문에 없는 문장부호를 적절히 삽입하였다. (이보다 앞서 『국어 문법』의 많은 지면에서는 고리점(°)으로 띄어쓰기 표시를 했었다.) 점찍기 방법은 한힌샘의 창안은 아니다(리의도 1983.12).

그 말과 그 글은 그 나라에 요긴함을 이로 다 말할 수가 없으나, 다스리지 안이하고 묵히면 덕거칠어지어 나라도 점점 나리어 가나니라. 말이 거칠면 그 말을 적는 글도 거칠어지고, 글이 거칠면 그 글로 쓰는 말도 거칠어지나니라. 말과 글이 거칠면 그 나라 사람의 뜻과 일이 다 거칠어지고, 말과 글이 다스리어지면 그 나라 사람의 뜻과 일도 다스리어지나니라. 이러함으로 나라를 나아가게 하고자 하면 나라 사람을 열어야 되고, 나라 사람을 열고자하면 몬저 그 말과 글을 다스린 뒤에야 되나니라.

또 그 나라 말과 그 나라 글은 그 나라, 곳 그 사람들이 무리진 덩이가 텬연으로 이 땅 덩이 우에 홀로 서는 나라가 됨의 특별한 빗이라. 이 빗을 밝히면 그 나라의 홀로 서는 일도 밝아지고, 이 빗을 어둡게하면 그 나라의 홀로 서는 일도 어둡어 가나니라. 우리 나라에 뜻 있는 이들이여, 우리 나라 말과 글을 다스리어 주시기를 바라노라. -『普中친목회보』 제1호(1910.06):86~87.

수백 년 누적된 한자·한문 위주의 말글살이 속에서, 대다수 지식인에게 '말대로 글 쓰기'(언문일치)가 까마득하던 때에 한힌샘은 위와 같은 글살이를 실행하였다. 한문투의 표현이 전혀 없고 보통 사람들의 일상말 그대로다. '-이라', '-나니라', '-노라' 등의 어미만 바꾼다면 100년이 더 지난, 오늘날의 글이라 해도 손색이 없을 정도이다. 선택한 낱말은 어린아이도 다 알 수 있을 정도로 쉽고 누이처럼 친근한데, 게다가 절대다수가 토박이낱말이다. 흔히 쓰던 '융성하-', '쇠퇴하-', '발전하-', '독립하-', '국민'까지도 '오르-', '내리-', '나아가-', '홀로 서-', '나라 사람'으로 대체하였다. 한자낱말은 통틀어 여덟 군데 썼는데, 그 또한 '통通', '데일(제일)', '긔계(기계)', '요긴', '텬연(천연)', '특별'로, 누구나 알 수 있을 만큼 평범한 낱말이다.[16]

그뿐만 아니라 자신이 주도하여 운영한 학회와 그 교육기관을
각각 '배달말글몯음→한글모', '한글배곧→한말익힘곳'이라 이름
하였다. 『조선어 문법』(1913.09)의 마지막 쪽에 붙인 후기에서는
본인의 성명 '쥬시경周時經'까지도 '한힌샘'—오늘날은 호號로 쓰임
—으로 고쳤으며, 언어학 용어도 처음에는 한자식 용어를 짓거나
그대로 사용했지만 나중에는 대다수를 토박이말로 지어 갈음했는
데, 몇 가지 보기를 들면 이러하다.

(1) 母音모음·子音자음 → 웃듬소리·붙음소리 → 닷소리·홀소리
(2) 單音단음·合音합음 → 홋소리·거듭소리
(3) 發音발음 → 낫내
(4) 名字명자 → 임, 動字동자 → 움, 形字형자 → 엇, 引接인접/關聯관련
    → 겻, 間接간접 → 잇, 形名형명 → 언, 形成형성 → 억, 感歎감탄
    → 놀, 完句완구 → 끗.
(5) 主者주자 → 임이, 物者물자 → 씀이, 成者성자/說者설자 → 남이.
(6) 音學음학 → 소리갈, 字分學자분학 → 기난갈/씨난갈, 格學격학 →
    짬듬갈.

이밖에 '고나', '늣씨' 등의 토박이말 용어를 지어 사용하였다.
100년을 더 앞선 탁월한 안목, 왕성한 창의력, 단호한 실행력의
결정체라 하겠는데, 오늘날 절대다수가 묻히고 '닿소리'와 '홀소리',
'낱내' 정도가 겨우 얼굴을 내밀고 있으니 안타깝고 한스럽다. 이에
비하여 다른 분야, 예컨대 식물학·동물학이나 음악 분야에서나마
토박이말 용어가 주류를 이루고 있으니, 부럽기도 하고 다행스럽

---

16 이 「한나라말」의 구성과 내용 또한 정치하고 심오한데, 여기서는 더 다루지
   않기로 한다.

기도 하다.

이처럼 용어를 창작해서 사용한 것과 관련하여, 『국어 문법』(1910.04:27)에서 "學術학술에 쓰는 말은 반듯이 俗語속어로 다하지 못할 것이요 또 맞지 안이함과 便편하지 안이함이 잇음으로 여기에는 글말로 쓰되 없는 말은 새로 表표를 짓어 쓰노라."라고 밝힌 바 있다. 없는 학술 용어는 새로 지어 썼다는 것인데, 일상어에 관해서도 아래와 같이 가르쳤다.

> "[문] 이 나라에 업는 말이 달은 나라에 잇으면 엇지 흠이 좋으뇨?
> [답] 그 말을 이 나라 말로 쓰던지, 그 말 뜻으로 특별이 새말을 만듦이 좋으면 [?] 이 나라에 그런 말이 잇는 것을 알지 못ᄒ고 또 더ᄒ는 것은 불가ᄒ나이다. 그런고로 이 나라 말을 다 잘 알지 못ᄒ면 이런 폐가 만으니이다." -『대한 국어문법』 1906.06:6.

외래 낱말의 수용 태도에 관한 문답인데, [?] 부분에 들어갈 문구가 빠진 듯하여 전체 정보를 명료하게 파악하기는 어려우나 무조건적인 수용을 경계한 것은 분명하다. 밖에서 새로운 낱말이 들어오면 먼저 제 겨레말로 바ᄭ어 쓰고, 새말을 만들어야 할 것 같으면 그렇게 하되, 만들기 전에 이미 그런 낱말이 있는지부터 잘 살펴보라는 것이다.

한편, 같은 책 5쪽에서는, 외국어 교육은 언어공동체 상호간에 뜻을 통하게 하여 사회를 넓게 하므로 유익하다고 하였다. 「국어와 국문의 필요」(1907.01:33)에서는, 여러 외국어를 배우는 이도 반드시 있어야겠지만, "젼국 인민의 ᄉ샹을 돌니며 지식을 다 널펴 주랴면 불가불 국문으로 각식 학문을 겨슐ᄒ며 번역ᄒ어"야 할 것이라 하였다.

4.2. 조선어사전 편찬의 첫발을 내디딤

한힌샘은 일찍이 「국문론」(1897.09.25)에서 사전에 관해서도 지적하였다. "불가불 국문으로 옥편을 만들어야 홀지라."라고 한 부분이 그것인데, 거기서 '옥편'은 한자사전이 아니라 조선어사전을 가리킨다. 『대한 국어문법』(1906.6)에서는 '옥편'이라 하던 것을 '말ㅈ던'이라 일컫고, 그 필요성을 좀 구체적으로 언급했는데, 아래에서 보듯이, 말을 '如一여일하게'(일정하게) 사용하고, 말의 잃어버림을 막기 위하여 사전이 필요하다고 하였다.

"말ㅈ던이 업스면 그 분별ᄒᆞ여 뎡흔 뜻을 증거흘 바이 업슴으로 쓰는 길이 여일치 못ᄒᆞ고 일어ᄇᆞ리는 말이 만으니이다." -『대한 국어 문법』 1906.06:7~8.

한힌샘은 이런 가르침을 지속적으로 베풀었으니, 『국어 문법』(1910.04)의 머리말에서도 "有志유지 諸公제공은 我아 文문을 深究심구 精硏정연하여 字典자전 文典문전을 制제하며 後生후생을 장려하여 我아 民國민국의 만행이 되게 하소서."라고 부탁하였고, 맨 끝에 붙인 '이 온글의 잡이'에서 또 다시 "우리 나라 말의 字典을 만들고자 하시는 이들에게 감히 이 글을 들이노니 ~ 우리 나라 글이 잘 되게 하여 주시기를" 바란다고 호소하였다.

그렇게 한힌샘은 기회 있을 때마다 조선어사전의 중요성과 필요성을 제자들과 지식인에게 전파하였다. 그즈음 다른 언어공동체의 상황을 접하면서 조선어사전의 필요성을 깨달은 지식인이 더 있었겠지만, 그런 문제를 가장 적극적으로 제기하고 전파한 이는 한힌샘이었다. 한힌샘이 주도하여 운영한 학회, 곧 국어연구학회~배달말글몯음/조선언문회~한글모에서는 사전 편찬의 기초 작업으로 옛말과 방언을 수집하기도 하였다(☞ ⑨의 2.2). 1911년 무렵에는 조선광문회(☞ ②의 2.2.1)에서 조선어사전『말모이』편찬 사업에 착수했는데,[17] 그 편찬 작업을 한힌샘이 맡아 직계 제자인 김두봉·권덕규·이규영과 함께 진행하였다. 그러나 1914년 7월 한힌샘이 별세하고, 뒤이어 김두봉이 상해로 망명하고 이규영마저 세상을 떠나게 되면서 1920년 무렵에 모든 일은 중단되고 말았다.

하지만 그 후학들은 사전 편찬에 대한 의지와 노력을 결코 포기하지 않았다. 여기에 다 적을 수 없는 숱한 고난과 역경을 거쳐, 드디어 1947년 한글날 조선어학회에서는『조선말 큰사전』첫째 권을 겨레 앞에 내놓았다. '조선어학회'는 한힌샘이 살아 있을 적의 '한글모'가 1919년 가을 '조선어연구회'로 재출발한 뒤에 다시 이름을 바꾼 학회이며, 한힌샘의 정신을 이어받은 직계 제자와 동지들의 결집체였다. 1949년에는 이름을 '한글학회'로 바꾸지 않을 수 없었으며, 비극적인 한국전쟁을 겪으면서도 둘째~다섯째 권을 펴내고, 1957년 한글날에는 마지막 권인 여섯째 권을 발행하였다(☞ ⑨의 6.4).

그로써 40여 년의 거족적인 대장정을 끝냈으니, 그 장정의 결과로 얻은 것은 한겨레 최초의 대사전『(조선말) 큰사전』이었다. 그것은 참으로 한겨레의 지력·금력·심력이 융합된 결정체이고

---

17 조선광문회에서는『말모이』편찬에 앞서, 1910년 10월 한자사전 편찬을 먼저 시작했는데, 한힌샘은 그 작업에서부터 한자의 조선어 訓釋훈석, 곧 뜻풀이를 맡았다.

(리의도 2013.12 :179), 그 이후 한국인 말글살이의 굳건한 바탕이 되었는데, 그 씨앗을 뿌린 이는 한힌샘이었다.

5. 마무리

한힌샘 주시경은 훈민정음이 반포되고 사백삼십 년이 흐른 1876년 12월에 태어나 서른여덟 해를 살았다. 열여덟 살 무렵부터 오로지 조선의 말과 글을 연구하고 가다듬고, 널리 펴고 가르치는 일에 정성을 다하였다. 특히 한겨레 말글살이의 새로운 길을 닦는 일에 신명을 바쳤다.

한자·한문만을 숭상하며 부자유스럽고 불평등한 말글살이를 지속해 온 지난날을 청산하고, 일상의 조선말과 조선 문자로 말글살이를 할 것을 주장하고 호소하였다. 조선어 표기법을 과학화하고, 조선어를 북돋우고 가다듬는 데에 온 정성과 있는 힘을 다하였다. 그리고 연구하고 정립한 내용은 스스로 실행하며, 보급과 일반화에 정성과 노력을 쏟아 부었다. 또한 신문과 서적 발행의 일선에서 겨레 말글을 가다듬는 일에도 시간과 힘을 아낌없이 나누었다. 조선어와 한글을 다루는 곳이면 어디든 주시경이 필요했고, 주시경은 조선어와 한글 사용의 전범이요 길잡이였다.

그렇게까지 조선어와 한글에 매달린 까닭은 무엇일까?— 이런 물음에 대하여 한힌샘은 "그 말과 그 글은 쓰는 인민은 곳 그 나라에 속ᄒᆞ여 ᄒᆞᆫ 단테 되는 표라. 그럼으로 남의 나라ᄒᆞᆯ 쎗앗고져 ᄒᆞᄂᆞᆫ 쟈ㅣ 그 말과 글을 업시ᄒᆞ고 제 말과 제 글을 ᄀᆞᄅᆞ치려 ᄒᆞ며, 그 나라ᄒᆞᆯ 직히고져 ᄒᆞᄂᆞ 쟈ᄂᆞᆫ 제 말과 제 글을 유지ᄒᆞ여 발

<u>달코져 흐는</u> 것은 고금턴하 사긔史記에 만히 나타난 바"(국어와
국문의 필요 1907.01:32)라고 가르쳤다.

참고 문헌

1) 한힌샘 주시경의 논저

쥬샹호. 1897.04.22/24. 「국문론」. 『독립신문』 제2권 제47호 제1~2면 / 제
    48호 제1면.

쥬샹호. 1897.09.25/28. 「국문론」. 『독립신문』 제2권 제114호 제1~2면 /
    제115호 제1면.

쥬시경. 1906.06. 『대한 국어문법』. 등사본謄寫本. *김민수 등 엮음. 『역대
    문법 대계』 제1부 제3책(1985.04). 탑출판사.

쥬시경. 1907.01. 「국어와 국문의 필요」. 『西友』 제2호 31~34쪽. 서우학회.

주시경. 1907.10.~1908.12. 「국문 연구」. 『국문연구소 보고서』. 육필본.
    *이기문. 『개화기의 국문 연구』(1970.05). 영인影印 204~308쪽. 일조각.

주시경. 1909.10. 『국어 문법』. 원고본.

주시경. 1910.04. 『국어 문법』. 박문서관.

주시경. 1913.09. 『조선어 문법』 재판. 신구서림新舊書林.

주시경. 1914.04. 『말의 소리』. 신문관.

주시경. 1914.04. 「우리글의 가로 쓰는 익힘」. 『말의 소리』. 신문관.

주시경. 1914.06. 「한나라말」. 『보중 친목회보』 제1호 86~92쪽. 普中보중
    친목회.

2) 참고 논저 및 자료

국가보훈처. 1999.07. 「한글 연구 통해 민족의식 발양한 한힌샘 주시경
    선생」. 월간 『통일로』 제131호 126쪽. 안보문제연구원.

국문연구소. 1909.12.28. 「의결록」. 『국문연구소 보고서』. 육필본. *이기

문. 『개화기의 국문 연구』(1970.05). 영인影印 25~28쪽. 일조각.

국문연구소. 1909.12.28. 「국문연구 議定案의정안」. 『국문연구소 보고서』. 육필본. *이기문. 위의 책. 영인 4~24쪽. 일조각.

권덕규. 1914.10. 「주시경 선생 역사」. 『청춘』 창간호 162~167쪽. 新文館 신문관.

권업신문. 1914.08.09. 「오호, 쥬시경 씨 셔셰逝世」. 『勸業新聞』 제123호 제2면. 블라디보스톡 : 권업신문사.

권업신문. 1914.08.16. 「주시경 씨의 쟝식葬式」. 『勸業新聞』 제124호 제2면. 블라디보스톡 : 권업신문사.

김선기. 1932.07. 「한글학의 先驅선구」. 『동광』 제35호 512쪽. 동광사.

동아일보. 1930.11.19. 「한글 운동의 首唱者수창자」. 『동아일보』 제3552호 제4면.

동아일보. 1977.01.06. 「모스크바방송, 주시경 선생 찬양」. 『동아일보』 제17003호 제1면.

동해슈부. 1914.09.03. 「다 갓치 흘니는 눈물」. 『신한민보』 제337호 제4면. 샌프란시스코 : 신한민보사.

로쓰(John Ross)·이응찬 등 번역. 1887. 『예수성교 젼셔』. 경성 : 문광셔원.

리의도. 1983.12. 「띄어쓰기 방법의 변해 온 발자취」. 『한글』 제182호 195~224쪽. 한글학회.

리의도. 2013.12. 「어문규범 갖추기에 쏟은 조선어학회의 노력」. 『국제어문』 제59집 137~185쪽. 국제어문학회.

매일신보. 1914.07.28. 「죽은 사롬」. 『每日申報』 제2643호 제3면.

매일신보. 1914.07.29. 「朝鮮語조선어 學界학계의 不幸불행」. 『每日申報』 제2644호 제2면.

민중일보. 1945.11.16. 「한글의 은인」. 제32호 제1면.

백남규. 1929.09. 「주시경 선생을 추억함」. 『新生』 제2-9호 8~9쪽. 신생사.

북한연구소. 2006.10. 「국어교육의 선구자」. 월간 『북한』 제48호 182쪽. 북한연구소.

신한민보. 1914.09.03. 「국문 픠왕 셔셰」. 『新韓民報』 제337호 제1면.

샌프란시스코 : 신한민보사.

신한민보. 1914.09.03. 「국어 패왕 長逝장서－국어계에 밋친 슈정－」. 『新韓民報』 제337호 제4면. 샌프란시스코 : 신한민보사.

신한민보. 1914.09.03. 「쥬시경 션싱 유업」. 『新韓民報』 제337호 제3면.

이봉구. 1970.03. 「무명옷에 짚신 신은 한글의 아버지」. 『교육평론』 제137호 174쪽. 교육평론사.

이윤재. 1935.10. 「한글 운동의 선구자」. 『삼천리』 제7-9호 90쪽. 삼천리사.

자유신문. 1945.10.09. 「세종 이후 우리글의 거인」. 제5호 제1면.

조선중앙일보. 1935.10.28. 「한글 운동의 선도자」. 제2747호 제4면.

최현배. 1936.01. 「조선어의 은인」. 월간 『조광』 제2-1호 59쪽. 조선일보사 출판부.

이 글 [1]은 한국어문기자협회 회보 『말과 글』 제140호(2014.09)에 게재된 「최초의 어문기자 주시경」의 제목을 바꾸고, 그 내용을 제목에 맞게끔 다듬고 보충한 것이다.

조선 어문에 쏟은
백연 김두봉의 정성과 노력

"얻씨에 본이 없이 쓰이는 것도 있으니, 이를테면 「걸-」에 「-고」 토를 달면 ㄹ 소리가 나고 「-니」 토를 달면 ㄹ 소리가 아니 나며, 또 「춥」에 「-고」 토를 달면 ㅂ 소리가 나고 「-어서」 토를 달면 ㅜ 소리가 나는 따위니라. 그러나 「걸-」과 「춥」으로 본을 삼음이 좋으니라." (1916.04)

김두봉

"한글의 창제자인 세종이 그렇듯 선견의 명을 가지고 한글을 만들었지마는, 철자에 있어서까지도 혁명적인 처리를 하지 못하고, 한자의 영향을 받아 글자를 네모 안에 들도록 좌우 상하로 쓰게 한 것이 유감이 아닐 수 없다. 'ㄷㅏㄹㄱ'이라고 못 쓰고 '닭'이라고 쓴 것이 자기 모순의 발단이다." (1949.05)

1. 머리말

김두봉金枓奉은 1889년 2월 16일 조선반도의 동남단, 경상남도 기장현 읍내면[1] 동부리에서 김돈홍의 큰아들로 태어났다. 집안은 넓고 부유한 편이었는데, 성장 과정에 대해서는 알려진 것이 많지 않다. 아버지와 집안의 영향으로 일찍부터 엄격한 민족의식을 갖게 되었으며, 늦은 나이에 기장향교에서 설립·운영하는 보명普明학교[2]에 다녔다(박지홍 1993.08:11). 널리 쓰인 호는 '백연白淵'인데, 토박이말로 '배못'이나 '희못'이라 하기도 한다.

18살이 될 때까지는 기장에서 산 듯하며, 19살에 한성[3]으로 이사하여[4] 10년쯤 살았다. 삼일항쟁에 참여한 후에 중국으로 망명하여, 처음에는 상해에서 나중에는 남경·무한·중경·연안 등지에서, 평생의 1/3도 훨씬 넘는 스물일곱 해쯤 살았으며, 8·15 광복 후에는 북쪽의 평양으로 귀국하여 열네 해쯤 살고는 1961년 일흔두 살로 굴곡 많은 일생을 마감한 것으로 알려져 있다.

암울한 민족사와 격변하는 시대 상황에 맞서 백연은 한평생 다양한 활동을 하였다. 조선어사전 편찬과 잡지·신문 편집에 종사했으며, 조선 어문의 연구와 그 발전을 위한 노력을 끊임없이 하였다.

---

1 '기장현'은 1895년 '기장군'으로 이름이 바뀌었고, 그 후로도 몇 차례의 개편을 거쳐 '읍내면'은 오늘날의 '부산광역시 기장군 기장읍'이 되었다.

2 『대한민일신보』 1907년 12월 13일치에 그 학교의 개교 소식이 실렸는데, 개교 당시의 학도는 '륙칠십' 명이었다.

3 1910년 8월 29일 대한제국의 주권을 강탈한 일제는 그해 10월 1일 행정구역을 개편하였다. 그로써 '漢城府한성부'는 '京城府경성부'가 되었으며, 법적 지위가 낮아지고 구역도 축소되었다.

4 온 가족이 한성으로 이사한 것으로 추정된다.

교원으로서 민족 교육에 힘썼고, 민족종교 대종교大倧敎의 중추 교인이었으며, 또한 항일 운동가로, 혁명가로, 정치인으로 활약하였다.

이 글에서는, 백연이 한겨레 말살이와 글살이의 개선과 발전을 위하여 기울인 정성과 애쓴 노력에 관하여 살펴보고자 한다. 살펴봄은 그가 살았던 곳을 기준으로 경성, 중국, 평양의 셋으로 마디지어 진행하기로 하겠는데, 그것은 시간 흐름과 대체로 비례한다.

2. 경성(1908~1918년)에서의 활동과 노력

백연 김두봉이 한성살이를 시작한 것은 19살 때였다. 1908년 6월 20일 새로 문을 연 기호畿湖학교[5]의 특별과에 입학한 것이다. 그 특별과는 수업 연한 1년 6달의 교사 양성 과정으로, 첫 입학생이 90명이었다. 백연은 그 가운데 한 사람으로 입학하여 모든 과정을 이수하고 1910년 1월 10일 졸업하였다.[6]

2.1. 한글모와 한글배곧의 기둥

2.1.1. **국어연구학회와 백연**   1909년 11월 7일 국어연구학회는

---

5 기호학교는 곧이어 '융희학교'를 흡수하여 1910년 9월 11일 '중앙학교'로 이름을 바꾸었으며, 세월이 흘러 오늘날의 중앙중학교와 중앙고등학교로 발전하였다.

6 모두 61명이 졸업했는데, 중앙고등학교의 역사에서 그들을 '제1회 졸업생'으로 기록하고 있다(중앙교우회 2008.12:27,40). 더러 "1908년 보성고등보통학교 졸업"이라고 기록된 데가 있는데 큰 착오이다. 또 "배재학당으로 진학"(서울신문 1946.03:205)이라는 기록도 있으나 확실한 증거를 접하지 못했다.

부설 교육기관으로 '국어강습소'를 설립하였다.7 백연이 기호학교를 졸업하기 두 달 전이요, 경술년의 수모를 당하기 열 달 전이었다. 그 국어강습소는 조선어학의 개척자 한힌샘 주시경 선생이 대학 수준의 강의를 베푸는 교육기관으로, 수업 연한은 1년, 개강 시간은 일요일이었다. 백연은 기호학교를 졸업하고 아홉 달쯤 지난 1910년 10월 그 강습소에 제2회로 입학하여 한힌샘 주시경의 감동적인 가르침을 받고 50명 동료와 함께 1911년 6월 27일 졸업하였다. 22살 때였다.

다음해 4월 조선어강습원8에 '고등과'가 개설되자 제1회로 입학하여 1913년 3월 2일 졸업하였다.9 그때 백연을 포함하여 졸업생 서른셋은 스승 주시경으로부터 특이한 졸업증서(☞ 37쪽의 그림)를 받았으니, 그것은 역사상 최초로 한글 가로 풀어쓰기 글씨로 도안하여 인쇄한 문서였다. 모든 표현이 조선 토박이말로 된 점도 최초였다.

---

7 한힌샘 주시경이 몇 유지와, 자신이 가르친 '하기夏期국어강습소' 졸업생들과 함께 1908년 8월 31일 한성(서울)에서 창립했으니, 한글학회의 시작이었다.

8 국어연구학회는 1911년 9월 '배달말글몯음/조선언문회言文會'로 이름을 바꾸었으며(☞ ⑨의 1.1), 곧이어 '국어강습소'도 '조선어강습원'으로 이름을 바꾸고 편제도 고쳤다.

9 기장군의 이웃인 울산군에서 올라와 관립 한성고등학교(☞ 171쪽의 각주 1)에 입학한, 여섯 살 아래의 최현배를 한힌샘 앞으로 인도하여, 국어강습소 제2회와 조선어강습원 고등과 제1회 동기생으로 같이 공부하였다. 최현배는 나중에 이렇게 회고한다 : "나는 이 중등학교에 다니게 된 때부터 동향 선배 김아무를 따라 박동 보성학교에 차린, 주시경 스승님의 조선어강습원에 일요일마다 빠지지 않고 조선어를 배우러 다녔다."(최현배 1955.06:29). 여기서 '김아무'는 김두봉이니, 그는 오랫동안 남쪽(대한민국)에서는 '김아무'나 '김○○'로 기록되거나 불리었다.

백연은 한힌샘 주시경의 가르침을 받으며, 조선어와 한글에 관한 과학적 지식을 성실히 쌓았다. 그리고 1913년부터는 의사원議事員의 일원으로 스승을 도와 학회 운영에 적극 참여하였다. 1911년 배달말글몯음(조선언문회)으로 이름을 고친 학회는 1913년 3월 '한글모'로 다시 이름을 바꾸고 한힌샘을 회장으로 모셨으며, 의사원을 새로 선출한 것이었다.[10]

20대 후반의 백연 김두봉.

2.1.2. **주시경의 맏제자 백연**　산같이 많은 일을 남겨 두고 1914년 7월 27일 한힌샘 주시경이 갑자기 이승을 떠났다. 4월에 개강한 한글배곧(조선어강습원)[11]의 강의를 진행하는 것이 당장 문제가 되었다. 이에 백연은 스승이 맡았던 고등과(제3회) 강의를 이어받고, 중등과(제4회)를 이규영에게 맡겼다. 그럼으로써 한힌샘은 떠났으나 학회의 교육기관 한글배곧은 큰 차질 없이 운영할 수 있었다.

그리고 1914학년도 말(1915년 3월)에 수여한 수업증서(중등과)와 졸업증서(고등과)도 가다듬었다. 수업증서의 이름은 '닦은 보람'으로, 졸업증서의 이름은 '마친 보람'으로 바꾸고, 각각의 문안도 고쳤으며, 글씨도 더 다듬었다. 그 증서의 서식이 『한글모 죽보

10　1913년의 의사원은 주시경·김두봉·윤창식·신명균·이규영이었다. 한힌샘이 별세한 뒤인 1916년에는 김두봉·신명균·이규영을 포함하여 10명으로 늘렸다.

11　1913년 3월 학회 이름을 '한글모'로 바꾼 후, 1914년 4월에는 교육기관의 명칭도 '한글배곧'으로 바꾸었다.

기』[12]에 기록되어 있는바, '닦은 보람'을 보이면 아래[13]와 같다.

위의 글씨꼴 가운데서 ㅐ, ㅣ, ㅐ, ㅔ가 다듬은 글씨이다. 2년
전, 한힌샘 생존 때에 수여한 보람(증서)에서 각각 ㅡ, ㅣ, ㅐ, ㅔ로
썼던 것을 각각 이렇게 고친 것이니, 그것은 한힌샘이 「우리글의
가로 쓰는 익힘」(1914.04)에 남긴 글씨였다. 그 두 증서만이 아니
라 「강습원 규칙」에서 규정했던 '勤業證근업증'과 '褒賞證포상증'도
수업증서·졸업증서에 준하여 고쳤다. 출석 상장인 근업증은 '부지
런 보람', 우등 상장인 포상증은 '솟재 보람'이라 이름하고, 문안도

---

12 『한글모 죽보기』는 한글학회의 초창기인 1908~1917년 동안의 여러 가지를
　적은 필사본인데, 「연혁」, 「회록」, 「회칙」, 「院則원칙」, 「회 임원 일람」, 「회원
　일람」, 「院원 임원 일람」, 「강습생 일람」, 「증서 일람」으로 구성되어 있다.
13 본문(가운데 2줄)을 모아쓰기로 바꾸어 올리면 아래와 같다.
　　"우 사람이 우리 배곧 가온벌의 배감을 다 닦았기에 이 보람을 줌"
　졸업증서(마친 보람)에는 '가온' 대신에 '높은'을 쓰고, '닦았' 자리에 '마치었'
　을 써서 차별화하였다. '가온벌'과 '높은벌'은 교육 내용의 수준을 나타낸
　것이니, '가온'을 '중간'을 의미한다. '배감'은 '배울 감'을 줄인 것으로, '배울
　거리', 곧 '학습 내용'을 뜻한다. 그리고 맨 아래 줄은 "서울 한글 배곧 어른
　솔벗메"이니, '서울 한글배곧'은 강습원의 명칭이요, '어른 솔벗메'는 '원장
　남형우'를 토박이말로 바꾸어 적은 것이다.

거기에 맞게 토박이낱말로 지어서 가로 풀어 썼다.

스승 한힌샘이 이승을 떠났음에도 그처럼 창의적인 실천을 계속할 수 있었던 것은 백연 김두봉이 있었기 때문이다. 한힌샘의 문하를 거친 사람은 매우 많은데, 스승과 가장 가까이에서, 가장 오랜 시간을 함께한 사람은 백연이었다. 그런 만큼 백연은 스승의 사상과 속내를 누구보다도 잘 알았으며, 주변에서도 그렇게 믿고 인정하였다. 후일 최현배가 "주 스승이 세상 떠나신 뒤에는, 그 수제자 김○○이 그 자리를 이어 조선어강습원에서 한글을 가르치고"(1965.09:143)라고 회고한 대목에서 그런 사정을 짐작할 수 있으며, 아래 김윤경의 글에서 더 분명히 확인할 수 있다.

> "오늘날 우리 한글학계에 이름을 드러낸 이 치고서 주시경 선생의 門人문인 아닌 이가 없을 만치 선생의 이 학설은 널리 씨를 뿌리고 깊이 뿌리를 박아 놓은 것입니다. 그 학설을 받은 여러 門人 중에서 선생의 학설을 더 깊이 천명한 이는 아마 김두봉 氏씨라 하겠습니다.
> 김 氏의 『조선말본』은 周주 선생의 학설보다 더 깊이 들어갔고, 또 필자의 생각으로는 아직까지 발표된 조선문법학으로서는 이에 지날 만한 체계를 세운 이가 없다고 생각합니다. 그러하나 그 根據근거 學理학리에 있어서는 주 선생의 것으로 터를 잡은 것임은 물론입니다. 주 선생 在世재세 당시에도 手下수하 門人 중에서 혹 難問題난문제를 물으면 선생은 설명하다가 '자세한 것은 김두봉 선생에게 물어 보시오. 그가 나보다 더 잘 알으십니다.' 하는 때가 있었습니다."(김윤경 1932.10:38)

스승이 농담 삼아 한 말일 수도 있겠으나, 설령 그렇다 하더라도 그런 농담에 터무니가 아주 없지는 않았을 것이며, 한편으로는 백연을 그만큼 믿었다는 방증일 수도 있다. 그러니 늘 옆에 두었을

것이다.[14]

2.2. 『말모이』 편찬의 중심

2.2.1. 『말모이』와 백연   조선광문회[15]에서는 먼저 자전字典(한자사전) 편찬을 시작하고, 이어서 1911년 조선어사전 편찬 사업에 착수하였다. 그리고 구체적인 편찬 작업은 한힌샘 주시경에게 일임하였다. 그럼으로써 백연은 한자사전의 뜻풀이[16]에 이어, 스승의 지도 아래 조선어사전 편찬에도 참여하게 되었으며, 조선어강습원 동문인 이규영·권덕규와 함께 그 일에 매진하였다.[17]

1914년 7월 27일 스승이 갑작스럽게 이승을 떠났음에도 원고

---

14 한편, 백연은 일찍부터 항일 민족종교인 대종교大倧教에 입교하여 교인으로 활동했는데, 직분이 尙教상교에 이르렀다. 6명 시봉자侍奉者의 일원으로, 1916년 음력 8월 都司教도사교, 곧 교주 나철羅喆을 따라 황해도 구월산 삼성사三聖祠에 가서 수행하다가, 추석날 대종사의 순교를 목격하기도 하였다. 1916년 9월 제2대 都司教에 취임한 김교헌金教獻과도 일찍부터 가까이 지냈으니, 『조선말본』의 초고도 그의 시골집에서 지었다.

15 조선광문회朝鮮光文會는, 국권을 강탈당한 경술년(1910년) 12월, 최남선이 중심이 되어 옛문헌의 보존과 간행 및 조선문화의 선양을 목적으로, 신문관 안에 설립한 단체였다. 그보다 앞서, 최남선은 1907년 도쿄의 와세다대학에서 퇴학하고 한성으로 돌아와 1908년 출판사 '신문관新文館'을 설립하여 경영하던 터였다.

16 조선광문회의 자전 편찬 과정에서 한자의 조선어 訓釋훈석, 곧 뜻풀이를 한힌샘과 백연이 맡아 진행하던 중이었다. 그 작업의 결과물은 계획대로 1915년 11월 『新字典신자전』으로 출판되었다.

17 한편으로 모교인 중앙학교를 비롯하여 보성고등보통학교와 휘문의숙에 나가 조선어를 가르쳤다. 요즈음으로 치면 겸직인데, 당시에는 그것이 특별한 일이 아니었다. 김민수(1980.06:64)에서는 백연이 휘문의숙 교원이었던 시기를 "1913년 9월부터 1917년 9월까지"라고 하였다.

작성을 계속하여 일단락한 듯한데, 그 원고 묶음이 『말모이』[18]이다. 배달겨레의 기획과 재정으로, 배달겨레의 머리와 손으로 편찬한, 최초의 조선어사전으로 알려져 있다. 하지만 안타깝게도 출판 단계에서 사업이 주춤거리다가, 1919년 4월 백연까지 중국으로 망명하면서 끝내 출판되지 못하고 말았다.[19] 『말모이』의 온전한 원고는 전해오지 않으며, 그 원고의 첫째 묶음, 곧 'ㄱ'부터 '갈죽' 항까지(모두 153면)의 내용이 이병근(1986.12)[20]에 의하여 세상에 공개되었다.

그 『말모이』는 누가 집필했을까? 흔히 한힌샘 주시경으로 알고 있으나, 김민수(1983.10:36)에서는 필적을 검토하여 『말모이』의 집필자는 백연일 개연성이 높다고 하였다. 그 후 안병희(2001.03: 109~110)에서는 몇 가지 정황과 사전의 풀이 내용에 근거하여 『말모이』는 백연이 집필한 원고가 틀림없다고 단언하였다. 그 정황으로, 원고를 집필할 무렵 한힌샘은 여러 학교로 다니며 수업하기에 바빠[21] 『말모이』 원고 집필에 전념할 수 있는 상황이 아니었다는

---

18 '말모이'는 새로 만든 토박이말로, 한자어 '사전辭典'을 갈음한 것이다(김두봉 1922ㄹ:101). 당시에 그런 낱말을 만든 것도 예사롭지 않으며, '말모음'이라 하지 않고 '말모이'라 한 것도 그러하다.

19 김민수(1983.10)에서는 '가칭 「辭典」'의 원고 묶음 1권(모두 668면)이 있음을 소개하고, 『말모이』와 비교하여 한힌샘 사후에 김두봉·이규영·권덕규가 편찬한 것으로 추정하였다. 그 원고 묶음이 공개되어 내용에 대한 정밀한 검토가 이루어지기를 기대한다.

20 원고의 내용을 전부 활자화하여 183~220쪽에 실었는데, 원고는 띄어쓰기 없이 작성되어 있음에 반하여 오늘날의 기준에 맞게 띄어쓰기를 하였다. 이 글에서는 그 활자화한 자료를 이용한다. 따라서 표기한 쪽수도 대다수가 이병근(1986.12)의 그것이다.

21 백연도 『조선말본』(1916.04)의 머리말에서 이렇게 적은 바 있다 : "스승님이 계실 때에 이미 박아 낸 『조선말 글본』이 있엇으나, 이는 짓은 지 넘우 오랜 것이므로 늘 고치어 만드시려다가 가르치시는 일에 넘우 바쁘어서

점, 백연이 지은 『조선말본』의 초고를 정서한 김두종이 '『말모이』
원고의 글씨는 백연의 필적'이라고 증언(고영근 녹취)했다는 사실
등을 들었다. 김두종은 백연의 강의를 직접 받은, 한글배곧의 고등
과 제3회 졸업생이다.

위의 두 논문에서 지적한 내용에 더하여, 조선광문회와 한 몸이
나 마찬가지인 신문관이 백연에게 직장이었다는 점을 들 수 있다.
그는 출판사 신문관에서 간행한 여러 출판물에 관여하였다. 한자
사전 편찬 과정에서 한힌샘과 함께 한자의 뜻풀이를 하였으며, 어
린이신문(월 2회 발행) 『붉은 져고리』(1912.08.~ 1913.01.), 월간 어
린이잡지 『아이들 보이』(1913.09.~1914.09.), 월간 종합잡지 『청춘』
(1914.10.~1918.09.) 등의 편집에도 관여하였다. 그러니 1910년대
전반의 대여섯 해 동안은 신문관과 조선광문회가 백연의 주된 근
무처였던 것이 분명하다. 그런 점을 감안할 때에 조선광문회의
중요 사업인 『말모이』 편찬 업무를 백연이 주도적으로 챙겼을 개
연성이 매우 높다.

더 결정적인 사실은, 한힌샘이 별세한 뒤에 간행한 백연의 저서
『조선말본』(1916.04)에서 찾을 수 있다. 머리말(1915년에 쓴 듯)에
서 그 말본책을 『말모이』에 쓰려고 1913년에 처음 만들었던 것이
라 했으며, '알기'에서 "『말모이』에 쓰랴고 만들었던 것"이라고 재
차 밝힌 것이다. 중요한 사항은 스승이 지도하고 결정했겠지만,
원고 작성의 일선에서는 백연이 주도적인 구실을 했으며 『말모이』
편찬에 필요한 언어학 이론과 체계도 그가 정리했음을 충분히 확

마침내 이루지 못하시고 돌아가시었으므로 이제에 말본이 매우 우숩을뿐더러".
여기 『조선말 글본』은 『조선어 문법』을 가리킨다.

인할 수 있다. 치밀한 그의 성향에 비추어 보건대 그 개연성이 매우 높다.

『말모이』원고에서 그러한 흔적을 찾아보면 우선 '맺'이라는 용어가 있다. 한힌샘이 '끗'[22]이라 한 것을 백연은 『조선말본』에서 '맺'이라 했는데, 『말모이』에는 '맺'으로 되어 있다. 그 하나의 예로서 '-가'에 대한 풀이를 올리면 아래와 같다.

o『말모이』의 '-가'에 대한 풀이
"가 (<u>맺</u>)꼭 알지 못함을 말할 때에 어느 「때토」와 어울어 남이 밑에
　쓰는 토(그이가 누군-. 쇠가 물에 뜰-)."

위의 풀이에 등장한 '때토'도 한힌샘의 저술에는 보이지 않는다. 『조선말본』에서는 '겻'과 '잇'과 '맺'을 통틀어 '토(씨)'라 하고, '-ㄴ가'나 '-ㄹ지'의 'ㄴ'와 'ㄹ'를 '때를 나타내는 것'이라 했으니, 위의 풀이는 백연의 처리와 동일하다. 그리고, 위에서 용례로 제시한 '누군가'와 '뜰가'는 각각 '누구+ㄴ+가'와 '뜨+ㄹ+가'로 분석한 셈인데, 한힌샘의 『국어 문법』 등에서는 '-은가'와 '-을가'를 더 분석하지 않았다.

풀이 내용 중에도 『조선말본』의 기술과 아주 비슷한 것들이 있다. 먼저 『말모이』의 'ㄱ'에 대한 풀이와, 백연이 『조선말본』에서 기술한 /ㄱ/의 발음법을 비교해 본다.

---

22 『국어 문법』(1910.04)에서 '끗'이라 했으며, 1913년 9월부터 『말모이』 편찬에 동참한 이규영도 「말듬」(1913 추정)에서 '끗'이라 하였다. (주시경 최후의 저서 『말의 소리』(1914.04)에 붙인 '씨난의 틀'에는 '긋'으로 표기되어 있다.)

○ㄱ에 대한 풀이 비교
- "ㄱ 닷소리의 첫재 소리니 서바닥 뒤를 입천정 뒤에 닿이고 어느 홀소리와 어울어 목으로 붙어 제 소리만은 낼 수 없으므로 홀소리 「ㅣ」와 「ㅡ」를 어울어 「기윽」이라 이름함." -『말모이』.
- "ㄱ은 혀뿌리를 목젖에 닿이어 막고 내 쉬는 숨으로 이를 헤치어 내는 닿소리니, 이를 혀뿌리 헤치소리라 하노라. 제 혼자는 나지 못하고 반듯이 어느 홀소리에 기대어 나며 또 「기윽」이라 함은 부르는 이름이요 제 소리는 아니니"[23] -『조선말본』 20쪽.

'서바닥'은 중앙어의 '혀바닥'에 대응하는 경상도 낱말이니, 두 내용이 아주 비슷하다.

그리고 합성어와 관련된 사이ㅅ의 처리도 백연의 『조선말본』과 동일하다. 한힌샘은 앞말이 홀소리인 경우에 ㅅ을 그 받침으로 덧붙였지만 백연은 그렇게 하지 않았는데, 『말모이』는 백연의 처리 방법을 따른 것이다. 몇 가지 보기를 찾아 올리면 아래와 같다.

○합성어 표기의 비교
- 한힌샘 : "어젯날, 벼룻돌, 바닷물, 햇빗" -『국어 문법』 108쪽.
- 백연 : "어제밤에(86쪽), 처음 돋는 해빛(87), 초불 같다(164), 김치국(185)" -『조선말본』.
- 『말모이』 : "예적에(184쪽), 빛은 재빛(187), 오래동안(189), 내물에 나는 게(193), 담배대(219)"

백연은 '햇빛'이 아니라 '해빛'으로, '어젯밤'이 아니라 '어제밤'으로 표기하는 것이 합리적이며 유용하다고 판단한 것이다. 한가지 의

---

23 『조선말본』에서는 띄어쓰기를 전혀 하지 않았으나, 여기서는 오늘날의 규정대로 띄어 써 올린다.

미를 지닌 형태를 두 가지로 적는 것은 불합리하며, 의미 파악에 부정적인 요인이 된다고 보았다.

또, 한힌샘은 '~하다' 용언의 변격 활용형은 변격된 대로 표기했는데, 『말모이』에서는 그것도 규칙화하여 표기하였다(☞ 78쪽). 스승 한힌샘의 처리 방법이나 표기를 고칠 수 있는 사람은 백연뿐이었다.

2.2.2. 『말모이』의 알기   『말모이』의 알기에는 눈길을 끄는 내용이 있으니, 그 모두를 올리면 아래와 같다. '알기'라는 낱말은 백연이 처음 사용한 것으로 보이며, '일러두기'나 '범례'에 해당한다.

ㅇ『말모이』의 알기
"ㄱ. 이 글은 낯말[24]을 모으고 그 밑에 풀이를 적음.
ㄴ. 낯말을 벌이(어) 놓은 자리는 「가나…하」의 자리대로 함.
ㄷ. 뜻같은말의 몸이 여럿 될 때에는 다 그 소리대로만 딴 자리를 두되, 그 가온대에 가장 흖이 쓰이고 소리 좋은 말 밑에 풀이를 적음.
ㄹ. 몸같은말의 뜻이 여럿 될 때에는 다 딴 자리를 두되, 제 뜻에 여러 가지가 잇는 것은 「㉠㉡㉢…㉪㉫」의 보람을 두어 풀이 함.
ㅁ. 말소리의 높고 낮은 것은 「ˇ, ¨」의 보람을 두고 흖이 쓰이는 이사소리는 보람을 아니 둠. (벼슬을 갊。 논을 갊。 칼을 갈).
ㅂ. 한문말과 다른 나라 말을 「+, ×」의 보람을 두어 알아보기에 쉽도록 함. (+강산(江山), ×까스(gas))."

---

24 처음에는 '낯말'로 썼다가 나중에 '낯' 위에 '낱'을 덧썼는데, ㄴ항의 '낯말'은 그대로이다. 『조선말본』에서는 '낱말'로 표기되어 있다.

위의 여섯 항 가운데서 먼저 ㅁ항을 살펴보기로 하자. 그것은 홀소리의 높이를 "높(高)-예사(平)-낮(低)"의 세 등분으로 구분하고, 부가점으로 그 정보를 밝힌다는 내용이다.[25] 움직씨 '갈다'를 예로 하면 "벼슬을 갈다"(점 하나)는 높음이고, "칼을 갈다"(점 없음)는 예사이고, "논을 갈다"(점 둘)는 낮음이다. 내용은 다르나 점으로써 우리말의 운소를 표시한 방법은 『훈민정음』의 「해례」와 같다. 그런데 놀라운 사실은 부가점을 정확히 홀소리낱자(모음자) 위에 찍었다는 것이다. 높이가 얹히는 지점이 홀소리임을 나타내려 한 것이 분명하다. 『말모이』 편찬에 기울인 정성이 어느 정도였는지를 보여 주는 대표적인 사례라 할 수 있다.

소리의 높이와 관련한, 이러한 내용은 대체로 백연의 저서 『조선말본』 44쪽(과 『깁더 조선말본』)에 그대로 옮겨져 있다. 안병희(2001.03:108)에서도 이런 점을 들어 『말모이』 원고는 백연이 집필한 것이라고 확정하였다. 사실 『조선말본』에는 부가점에 대한 언급만 없을 뿐이며, 평음을 '이사소리'라고 한 것까지도 서로 같다. 그리고 『말모이』 편찬원 가운데 높이가 음소의 가치를 가진 지역에서 나고 자란 사람은 백연뿐이었다. 그러니 그가 높이에 관한 처리를 적극적으로 했을 개연성이 매우 높다.

후일 조선어학회의 『(조선말) 큰사전』(1947~1957)에서도 운소를 표시했는데, 『말모이』의 영향일 수 있다. 『말모이』에서는 '높이'

---

25 일찍부터 한힌샘은 "(조선말의) 옥편을 믄드랴면 각식 말의 글ᄌᆞ들을 다 모으고, 글ᄌᆞ들마다 쓰들도 다 ᄌᆞ셰히 낼연니와, 불가불 글ᄌᆞ들의 음을 분명ᄒᆞ게 표ᄒᆞ여야"(쥬상호 1897.09.25) 함을 지적했었다. 거기서 '옥편'은 조선어 사전을 가리키고 '글ᄌᆞ'는 낱말을 가리키는바, 사전에서는 낱말의 뜻과 함께 소리도 밝혀 주어야 한다는 진술이었다.

로 파악하고 부가점(ˊ)으로 표시한 데 비하여, 조선어학회에서는 '길이'로 파악하여 긴소리로 발음되는 글자 위에 덧줄(ˉ)을 부가한 차이는 있다. (두루 접하는 바와 같이『조선말 큰사전』후로는 덧줄 대신에 한동안 'ː'으로 표시해 왔다.)

북한의 사전 편찬에도 한동안 그러한 영향이 남아 있었다. 예컨대『조선말 대사전』(1992.11)에서 소리의 높이와 길이를 표시한 것이 그것이다. 높이는 ①, ②, ③의 숫자로 표시했으며, 거기에 긴소리까지 표시했으니, 그것은 해당 숫자 뒤에 두점(:)을 찍어 표시했다. 또 하나, 종래와 크게 다른 점은 "발그레하다②③③:②①"에서 보듯이 모든 음절의 높이와 길이를 표시한 것이다. "발그레하다②③③②①"가 지시하는 내용은 '발②그③레③하②다①'이다. (그런데 2006년 12월 간행한 그 증보판에서는 일체의 운소 표시를 없앴다.)

또 하나, 풀이 체제도『말모이』와 조선어학회의『(조선말) 큰사전』이 아주 흡사하다. 앞에 올린 알기의 ㄷ항과 ㄹ항을 보기로 하자.

ㄷ항은 뜻같은말(동의어)의 처리 방법을 일러둔 것이니, 아래와 같이 처리한다는 것이다. 표준말을 '가마기'로 잡은 것만 차이가 날 뿐, 기본은『(조선말) 큰사전』, 나아가 오늘날의 여러 사전과 다르지 않음을 알 수 있다. 그림(삽화)까지 넣을 계획이었음도 확인된다.

ㅇ『말모이』에서의 동의어 처리
가마괴 (제)「가마기」에 보임."
가마귀 (제)「가마기」에 보임."

"**가마기** (제)사람의 집 가깝은 곧에 깃들이는 새니, 꼴은 좀 크고
부리는 굳세고 그 부리 곁에 악센 털이 잇어 코구녁을 가리엇으며
노래청은 없어 다만 외소리만 내며 깃과 털은 다 검고 번치리한
빛이 잇으며, 꼴이 서로에 비슷한 새 따위도 많음[그림]."

ㄹ항에서 "몸같은말의 뜻이 여럿 될 때 다 딴 자리를 두되"라고
한 것은 몸같은말(동형어)들은 제각각 표제어로 올린다는 뜻이며,
"제 뜻에 여러 가지가 잇는 것~"이란 부분은 다의어 처리 방법에
대한 내용이다. 아래[26]가 다의어 처리의 보기이다.

ㅇ『말모이』에서의 다의어 처리
"**가** (안)[27]㉠저쪽으로 옴김 ㉡맘이 끌림 ㉢때가 지남 ㉣일이 틀림
㉤죽음 ㉥일움(되어-) ㉦닿임(손-) ㉧높아짐(갑-)."

개별 뜻풀이에 오늘날은 아라비아숫자 ①, ②, ③의 번호를 붙이는
것이 예사임에 비하여 『말모이』에서는 ㉠, ㉡, ㉢으로 했음이 다를
뿐이다.
그리고, ㅂ항이 특히 눈길을 끈다. '한문말'과 '다른 나라 말'에
특별한 표시를 한다는 것이니, 조선 토박이낱말을 대하는, 『말모
이』 편찬자들의 속셈과 기대를 엿볼 수 있다.[28]

---

26 용례를 보일 때에 올림말 자리를 -(줄표)로 표시하였다. 『말모이』의 독창적
   인 처리 방법은 아닌데, 후일 『(조선말) 큰사전』에서도 그렇게 처리한다.
27 '(안)'은 '內動詞내동사'를 나타내는 약호이다. 주시경과 김두봉이 '제움'(自動
   詞)이라 하던 것을 '안움'으로 바꾼(이병근 1977.06:80) 셈인데, 그 배경은
   분명하지 않다.
28 백연은 1922년 간행하는 글에서 '한문말'과 '다른 나라 말'에 관하여 이렇게
   말한다 : "(한문말은) 한문 모르는 많은 사람들이 알아보기에나 배화서 긔억

2.2.3. 『말모이』와『조선말 큰사전』 『말모이』와 조선어학회 지은『조선말 큰사전』(1947.10) 사이에는 뜻풀이 내용이 비슷한 것도 적지 않다. 먼저 '가(可)'에 대한 풀이를 본다.

  ○'가'의 뜻풀이 비교 (1)
  • "＋가 〔可〕(억)㉠을만하(－知) ㉡넉넉이(－成). －하 (엇)옳음."
      -『말모이』.
  • "가(可)【이】 ① 무던하게 옳음. 무던하게 좋음. ② 의안(議案)을
      표결(表決)할 때, 찬성하는 의사(意思)의 표시. －－하다【어】
      무던하게 옳다. 무던하게 좋다." -『조선말 큰사전』.

'가(可)'에서 파생한 '가하다'를 별도의 올림말로 처리하지 않고, '가(可)' 항에서 함께 풀이한 것이 동일하다.[29] 그리고 그 표시 방법도 '－하'와 '－－하다'로, 매우 비슷하다.

  또, 토박이말 이름씨 '가'와 한자말 '가변'에 대한 풀이를 올려 보면 각각 아래와 같다.

  ○'가'의 뜻풀이 비교 (2)
  • "가 (제)㉠끝 ㉡둘레 ㉢곁(그 －에도 못 가게 하). 또「갓」." -『말모

하기에 쉽을 만한 우리말로 이것을 옮김(옮기어도 마찬가지로 어렵을 것은 굳해 옮기지는 아니함)어서 이것으로 표준말을 삼으되, 한문음으로 된 말도 아직은 갑자기 없애자 함이 아니라 차츰 없어지게 하자 함이요, 또한 한문말뿐이 아니라 어느 나라말로 된 것이든지 위에 말함과 같이 많은 사람들에게 편리하지 못한 것은 편리하도록 옮기자 함이라." -김두봉 1922ㄹ:100.

29 '가(可)'를『말모이』에서는 '억', 곧 부사로 처리하고,『조선말 큰사전』에서는 '이(름씨)', 곧 명사로 처리한 점은 다르다. 그에 반하여, '가하다'에 대한 풀이를 보면 그 씨를 각각 '엇'과 '어'로 매겼으니, 다 같이 형용사로 처리하였다.

이』.

- "**가 【이】** 바닥의 복판으로부터 바깥쪽으로 향하여 끝진 곳. 또는
  그 끝진 곳의 앞짝. (갓)." -『조선말 큰사전』.

○ '가변'의 뜻풀이 비교
- "**+가변** 〔家變〕(제)집안變故." -『말모이』.
- "**가변**(家變) 【이】 집안의 변고." -『조선말 큰사전』.

'가'에 대한 풀이에서는 운소를 표시하고, 끝에 '갓'을 제시한 것이
서로 같다. '가변'의 뜻풀이는 아주 같다. 전체를 통틀어 이러한
사례가 적지 않을 것이다.

그리고『말모이』에서 세우고 실행한 낱말의 배열은 아래와 같은
낱자 순서에 따랐다. 이것은 '말모이'라 이름한 원고용지의 난외(위
쪽·왼쪽·오른쪽)에 인쇄되어 있다.

○『말모이』의 낱말 배열 기준
　◦ 첫소리 : ㄱ(ㄲ) ㄴ ㄷ(ㄸ) ㄹ ㅁ ㅂ(ㅃ) ㅅ(ㅆ) ㅇ ㅈ(ㅉ) ㅊ
　　　　　　ㅋ ㅌ ㅍ ㅎ
　◦ 가온대소리 : ㅏ(·) ㅐ(·ㅣ) ㅑ ㅒ ㅓ ㅔ ㅕ ㅖ ㅗ ㅚ ㅛ ㅙ ㅜ
　　　　　　ㅟ ㅠ ㅞ ㅡ ㅓ ㅣ ㅘ ㅙ ㅝ ㅞ
　◦ 받힘 : ㄱ(ㄲ) ㄴ ㄷ(ㄸ) ㄹ ㅁ ㅂ(ㅃ) ㅅ(ㅆ) ㆁ ㅈ(ㅉ) ㅊ ㅋ
　　　　　ㅌ ㅍ ㅎ　(두 받힘은 첫 받힘 자리대로 둠)

그런데 위의 순서는 한힌샘 주시경이 주장한 바와 다르고, 백연이
『조선말본』에서 기술한 홀소리·닿소리의 순서와도 다르다.『훈몽
자회』(1527) 이후 민간에 두루 통용되어 온 순서와 비슷하다. 닿소
리낱자의 순서는『훈몽자회』의 것을 그대로 채택하였으며, 홀소리
낱자도 그것을 기본으로 하고, 합성낱자 각각을 독립적으로 처리

했는데 ㅏ ㅐ ㅓ ㅔ는 맨 뒤에 따로 놓았다.

위와 같은 순서는 언어와 문자를 엄격히 구분한 바탕에서 선택한 결과라 할 수 있다. 소리를 기준으로 하면 용도와 목적에 따라 그 순서가 가변적일 수 있지만, 낱자의 순서는 하나로 고정할 수가 있으니 이미 일반화된 것을 채택한 것으로 이해된다. 사전은 여러 사람이 두루 사용하는 책일뿐더러 종이사전은 눈으로 찾는 것이니, 그것은 당연하고 합리적인 선택이었다. 후일 조선어학회의 『조선말 큰사전』에서도 위의 순서와 방법을 그대로 채용한다. 다만 ㅏ ㅐ ㅓ ㅔ의 위치만 조정했으니, ㅏ ㅐ는 ㅗ 바로 뒤에 놓고, ㅓ ㅔ는 ㅜ 바로 뒤에 놓는다.

지금까지 보았듯이, 『말모이』의 체제나 풀이 방법과 풀이 내용이 후일 조선어학회에서 편찬한 『(조선말) 큰사전』(1947~1957)과 닮은 점이 많다. 그것은 우연한 결과가 아니라 조선어학회의 후배들이 『말모이』의 그것을 믿고 채용한 결과일 수 있다. 스승 한힌샘의 사상과 가르침을 잘 받들어 온 백연이 치밀하고 합리적으로 설계하고 실행한 내용이었기 때문이다.

물론 『말모이』와 『조선말 큰사전』의 처리에는 차이점도 적지 않다. 품사의 이름이 다 다르며, 특히 형태구조 분석이 다르다. 특히 그림씨(형용사)와 움직씨(동사)를 올림말로 등재할 경우, 『말모이』에서는 줄기만 보였지만, 두루 아는 바와 같이 『조선말 큰사전』에서는 오늘날 대중들에게 익숙한 '-다' 꼴로 올렸다.

2.2.4. 『말모이』의 철자법　『말모이』 편찬에 적용한 표기법은 한힌샘 주시경이 새롭게 제안한 표기법이었다. 국가 수준의 조선어 표기법이 없는 상황에서, 사전 편찬 작업에 적용할 만한, 과학적

인 표기법은 그것뿐이었다. 400년 넘게 이어져 온 비효율과 혼란을 반성하고, 발음보다 의미의 측면을 우위에 두는 '형태주의 표기법'이었다(☞ ①의 3).

오래도록 그 가치를 모르고 버려 두었던 많은 받침을 사용했으며, 형태를 분석하여 줄기(어간)와 씨끝(어미), 뿌리(어근)와 가지(접사)를 구분하고 토씨도 구분하여 표기하였다. 모든 형태는 최대한 어원을 밝히거나 형태의 균일성을 유지하는 방향으로 나아갔다. 오랜 기간 이어져 온 상식(?)을 뒤집는 일이었다. 그러한 표기 가운데서 『말모이』 이전의 일반적인 표기, 또는 오늘날 대한민국의 규정과 차이가 큰 사례 몇몇을 찾아 올리면 아래와 같다.

○『말모이』의 표기 (1)
◦ 줄기와 씨끝의 구분 표기
  기름을 짜아서(214쪽), 다른 나라가 오아서 침(202), 허물을 고치어(215), 두어 낱식 달리엇으며(189).
◦ 뿌리와 가지의 구분 표기
  간질업-(201쪽), 감앓-(207), 감으스럼(207), 검으스럼하며(188), 붉으스럼(214).
◦ 합성어 표기에 사이ㅅ 안 쓰기
  예적에(184쪽), 빛은 재빛인데(187), 오래동안(189), 내물에 나는 게(193), 담배대(219).
◦ 한자말 머리의 ㄴ, ㄹ 표기
  단단하고 령락(零落) 없음(199쪽).

위에서 보듯이, 줄기-씨끝, 뿌리-가지의 형태가 제각각 언제나 일정하게 유지되게끔 표기하였다. 용언의 활용형들을 '짜서', '와서', '고쳐'로 적지 않았으며, 오늘날 흔히 '간지럽-', '가맣-', '불그

스름'으로 통용하는 것도 각각 '간질업-', '감앙-', '붉으스럼'과 같이 표기하였다. 형태소마다 그 표기 형태를 고정한 것이다. 합성어의 표기에서도 어떤 경우이든 사이ㅅ을 쓰지 않았으며, '령락(零落)'에서 보듯이 한자말 머리의 ㄹ을 살려 표기하였다. 지금까지 알려진 자료에서는 사례가 발견되지 않으나, ㄴ도 그렇게 표기했을 것이 분명하다.

그리고 이른바 '변격'[30] 용언들도 규칙적으로 표기하였다. 그런 용례를 찾아 올리면 아래와 같다.

○『말모이』의 표기 (2)
　◦'ㅅ 변격' 활용형의 표기
　　붓은 것 낮추기(207쪽), 가죽으로 짓은 저구리(211), 홀소리를 잇어 낼 때(216), 조금만 넣어도 곳 낮음(207).
　◦'ㅂ 변격' 활용형의 표기
　　곱은 꼴(202쪽), 더럽은 그릇(220), 좀스럽은 것(200), 무겁어서(220), 밉어하는 것(223), 아름답음(182), 어렵음(185).
　◦'ㄹ 변격' 활용형의 표기
　　가늘은 씨(216쪽), 舖포를 열는 것(219), 만들음(183), 사람의 짓이 잘음(184).
　◦'르 변격' 활용형의 표기
　　사이를 지르어(203쪽), 어찌 할 줄을 모르어(204), 왼몸둥이 가에 두르엇으며(192).
　◦'여 변격' 활용형의 표기
　　짐작하아 헤알리는 것(187쪽), 統一통일하기 爲위하아(205), 넘우 感動김동하아(208), 알지 못하아 애쓰임(209), 비슷하아(216).

---

30 『말모이』의 처리 방법에서 보면 '변격'이 아니지만, 소통의 편의를 고려하여 이렇게 일컫기로 한다.

◦어간 말음 ― 탈락의 표기

기름에 담그어(217쪽), 트어지게 하는(219), 눈을 뜨엇다가(206).

위에서 보듯이, 『말모이』에서는 '이어'(ㅅ 변격)가 아니라 '잇어'
로, '고운'(ㅂ 변격)이 아니라 '곱은'으로, '가는'(ㄹ 변격)이 아니라
'가늘은'으로, '질러'(르 변격)가 아니라 '지르어'로, '터지게'(어간 말
음 ―의 탈락)가 아니라 '트어지게'로 표기한 것이다. 그러한 표기들
은 한힌샘 주시경이 시작했는데, 『말모이』의 그것은 한힌샘의 저
술에서보다 광범위하고 철저하였다. 예컨대 '~하다' 용언의 표기
만 하더라도 한힌샘은 『국어 문법』에서 '더하여'(142쪽)로 표기했
었는데,[31] 『말모이』에서는 그런 것까지도 '~하아'[32]로 규칙화하였
다. 백연의 처리임이 분명하다. 줄기와 씨끝, 제각각의 형태를 일
관되게 유지하려고 애쓴 것이다. 발음까지 그렇게 인도한 것은
아니지만, 표기에서만은 변격 용언을 인정하지 않았다.

지금 전해 오는 『말모이』원고에는 위와 같은 표기 방법이 매우
철저히 실행되어 있다. 간혹 원칙을 벗어난 데가 있으나, 그것은
원고 작성에 복수의 인원이 참여한 데서 빚어진 착오이거나 교정
의 미흡이지, 원칙이 흔들린 것은 아니었다. 스승이 실행한 표기이
더라도 원칙을 벗어났다고 판단하면 고쳐 쓰기도 하였다. 그 중심
에 백연이 있었던 것이다.

그런데 다른 표기들과는 달리, 앞의 (1)~(2)에 보인 『말모
이』의 표기 내용은 후일 조선어학회에서 제정하는 「한글마춤법[33]

---

31 한힌샘은 최후의 저서 『말의 소리』에서도 '덧하여 거듭하는', '짝하여 거듭하
　는'(ㄹ후면) 등으로 표기하였다.
32 '지도하야'(216)와 같은 표기도 간혹 발견된다.

(조선어철자법) 통일안(1933)」에 수용되지 않으며(☞ 8의 4.1.2),
8·15 광복 직후 평양의 조선어문연구회에서 발표하는 「조선어 신
철자법」에는 그대로 수용된다(4.3에서 상세히 다룸).

2.3. 『조선말본』을 지어 펴냄

2.3.1. 『조선말본』의 역사적 의의

백연 김두봉은 1916년 4월,
생애 최초의 저서 『조선말본』을 경성의 새글집[34]에서 간행하였다.
스승 한힌샘이 별세하고 1년 8달이 지난 후였다. 그 책의 들머리에
적은 알기에서 "그러게 여름에 열물앞, 무원[35] 어른 시골집에서
만들었던 것을 지난 가을붙어 이를 좀더 다스리어 이제에 마친
것이니라."라고 하였다. 1914년 여름에 초고를 쓰고 1915년 가을
부터 다듬어 원고를 완성했다는 것이다. 초고 집필 당시에는 『말
모이』 편찬에 사용할 것을 목표로 했었다.

그 책은 본문이 128쪽인데, 표지부터 내용까지 전체를 한글 전용
으로 간행하였다. 다만, 띄어쓰기는 전혀 하지 않았으며, 세로짜기
판이었다. 꼭 필요한 한자는 한글의 오른쪽 — 가로짜기 판으로 치면
위쪽 — 에 작은 활자로 나란히 두었다. 학술서임에도 그렇게 전면
적으로 한글 전용을 실행했으니, 당시로서는 가히 혁명적인 일이

---

33 1933년 한글날 처음 발표한 첫판(1933)과 그 후의 고친판(1937)에서는
'마춤법'으로 표기했는데, 1940년 10월 간행한 '새판'에서부터 '맞춤법'으로
표기를 바꾸었다. 이 글에서는 '마춤법'도 되도록이면 '맞춤법'으로 바꾸어
표기하되, 원래 표기를 밝혀야 할 맥락에서는 원문대로 표기하기로 한다.
34 '새글집'은 2.2.1의 '新文館'을 조선 토박이말로 바꾸어 쓴 것이었다.
35 여기 '무원'은 '茂園'으로, 65쪽의 각주 14에 적은 김교헌을 가리킨다. '열물앞'
이 어디인지는 아직 확인하지 못했다.

었다. 게다가 학술용어까지도 토박이낱말을 애용했으며, 없는 것은 만들어 사용하였다(☞ 2.3.2). 문체도 예사를 넘어선 것이었으니, "문장 형식에 있어 당시 조선에 새로 대두한 언문일치 문장의 대표적인 것으로서, 문학사 위에서도 중요한 위치를 차지하는 것"(김수경 1949.06:3)이라는 평가도 있었다.

백연은 그 책의 머리말에서 "이로써 스승님의 여시던 길[36]을 넉넉이 더 열엇다 함이 아니요, 다만 그 길이 묻히지나 아니하게 하는 김에 힘 자라는 대까지 조곰조곰씩이라도 더 열어 가면서 이 다음에 참 훌륭한 사람이 나시기를 기다리는 뜻이로라." 하였는데, 이 같은 겸사와는 달리 그 책은 한국어학사에서 차지하는 의의가 매우 크다. 앞의 2.1.2에서 보았듯이, 일찍이 김윤경(1932.10)은 그때까지 발표된 조선문법학으로서 『조선말본』을 뛰어넘을 만한 체계를 세운 이가 없다고 평가하였다.

『조선말본』(1916.04)의 내용은 '소리갈', '씨갈', '월갈'의 세 부분으로 짜여 있다. 스승 한힌샘이 지어 펴낸 『국어 문법』(1910.04)의 기본틀, 곧 '국문의 소리'[37], '기난갈', '짬듬갈'[38]의 짜임을 계승한 셈이다. 그런데 내용을 들여다보면 세 부분이 균형을 이루었을뿐

---

36 박지홍(1991.12:168)에서는 한힌샘을 뒤이은 백연의 말본에 관하여 "히못 김두봉은 형태론에 있어서는 스승의 충실한 제자였으나, 통어론에 있어서 크게 생각을 달리하였다."고 평가하였다.

37 『국어 문법』(1910.04) 이후에 '국문의 소리' 부분을 아주 새로 저술하여 1912년 『소리갈』이란 이름으로 등사본謄寫本을 펴냈으며, 다시 그것을 더 가다듬어 간행한 것이 1914년 4월의 『말의 소리』이다.

38 '갈'은 한힌샘이 사용하기 시작했으니 "硏연의 뜻과 같은 말이니, '배호-'나 '알아내-'의 뜻. 곧 學학이나 硏究연구의 뜻과 한가지"(주시경 1910.04:27)라고 하였다. 움직씨 '갈(닦)-'의 머리를 딴 것이 분명하다.

더러, 세부 내용도 한층 충실해지고 정제되었으며, 용어도 통일성을 갖추었다. 소리갈에서 그런 면이 두드러진다. 그러니 백연의 『조선말본』은 말본의 3대 부문, 곧 음운론(소리갈), 형태론(씨갈), 통어론(월갈)의 내용을 균형있게 갖춘, 최초의 한국어학서라 할 수 있다.

광복 이후 북쪽의 조선어문연구회에서 최초로 간행한 문법서인 『조선어 문법』(1949.12)을 지을 때에도 "선구 학자들의 모든 긍정적인 유산을 계승했다"고 했는데, 거기서 말한 '선구 학자들의 유산'의 중심은 역시 백연의 말본이 자리하고 있었다.

2.3.2. **백연의 소리갈** 『조선말본』의 소리갈에 대하여, 북쪽의 김수경(☞ 123쪽의 각주 78)은 1949년 3월 23일의 '김두봉 탄생 60주년 기념 회합'에서 아래와 같이 평가하였다.

"이리하여 『조선 말본』은 선언서적 의의를 가질 뿐만 아니라, 그 이전의 조선어학사에는 볼 수 없었던 근대적 과학 방법, 그 중에도 일반언어학적 방법이 그것에 채택되어 있습니다. 이 사실은 특히 그중 첫편을 이루는 '소리갈'에서 어음을 분류하고 해설함에 있어 매개 어음마다 하나하나 생리학적 발음기관도를 첨부한 것으로써 증명됩니다마는, 이러한 과학적 어음 리론에 기초를 둔 조선어학서 로는 이 『조선 말본』이 처음인 것입니다."(김수경 1949.06:3)

그로부터 40년 후, 남쪽의 김차균은 『조선말본』(과 『깁더 조선 말본』)에 관하여 아래와 같이 평가하였다.

"훈민정음 창제에 직접 참여하였던 학자들이나 최세진의 음성과학적인 업적에는 독창적인 면도 많았으나, 소리의 분류에 있어서는 중국의 성운학의 테두리를 멀리 벗어나지 못하였다. 그러다가 현대적인 조음음성학을 국어 연구에 체계적으로 도입한 것은 김두봉 선생이 처음이라고 해도 과언이 아니다."(김차균 1989.09:120)

"선생은 국어 음운학의 연구에 처음으로 현대 음성학을 도입하여 그 기초를 완성했으며, 스승의 음운학을 계승 발전시켜서 오늘날의 생성음운론 비슷한 수준에 올려놓음으로써 우리의 맞춤법 확립에 없어서는 안 될 큰 힘이 되었다."(위의 글 146)

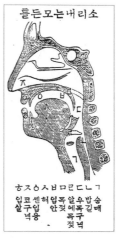

『조선말본』 4쪽의 그림.

남과 북, 두 연구자의 평가가 크게 다르지 않다. 과학적이고 현대적인, 한국어의 조음음성학의 기초를 최초로 완성했다는 것이다. 두 연구자가 기술한 구체적인 내용은 대개 이러하다 : ① 발음기관의 부분에 대한 이름을 찾거나 붙여 주었고, ② 말소리 하나하나마다 생리학적 발음기관 그림을 제시했으며, ③ 닿소리는 '방법'과 '자리'에 따라 그 바탕을 하나하나 밝히고, 다시 후두 자질인 기(aspiration)와 성(voice), 그리고 조음부의 긴장 여부에 따라 분류했으며, ④ 홀소리는 혀의 최고점의 자리와 간극, 그리고 입술모양에 따라 분류하고 기술하였다.

『조선말본』과 『깁더 조선말본』에서 백연이 찾거나 붙여 준 발음기관의 이름을 찾아 올리면 아래와 같다.

○ 백연이 사용한 발음기관의 이름
◦ 『조선말본』과 『깁더』에 동일한 이름

내쉬는숨〔호기呼氣〕　　부하〔폐장肺臟〕　　숨그릇〔호흡기呼吸器〕

숨길〔기도氣道〕　　숨대〔기관氣管〕　　숨대머리〔후두喉頭〕

소리구녁〔성문聲門〕　목젖〔현옹수懸壅垂〕　밥길〔식도食道〕

입안〔구강口腔〕　　센입웅〔경구개硬口蓋〕　여린입웅〔연구개軟口蓋〕

혀끝〔설첨舌尖〕　　혀몸〔설체舌體〕　　혀뿌리〔설근舌根〕

코구녁〔비강鼻腔〕　알에목젖/아래목젖〔회염연골會厭軟骨〕

◦『조선말본』에서 사용한 이름

혀바닥 뒤〔설舌의 후부後部〕

혀바닥 앞〔설舌의 전부前部〕

돌소리청〔가성대假聲帶〕

◦『깁더』에서 고쳐 사용한 이름

소리내는틀→소리내틀〔발음기관發音器官〕

소리청→목청〔성대聲帶〕

잔골여린뼈→잔골뼈〔배상연골杯狀軟骨〕

◦『깁더』에서 처음 사용한 이름

니몸〔치조齒槽〕

코길〔비도鼻道〕

발음기관 곳곳의 이름을 이렇게 모두 토박이말로 짓거나 붙였다. 백연의 토박이말 애용과 한글만 쓰기는 학문과 일상[39]을 가리지 않고 매우 철저하였다. 그에 뒤이어 최현배는『우리말본–첫째매–』(1929.04), 곧「소리갈」에서 위의 토박이말 용어를 그대로 사

---

[39] 백연과 가까이 지내며『말모이』편찬을 함께 했던 검돌 이규영이 1920년 1월 3일 갓 서른에 세상을 떠났다. 상해에서 그 슬픈 소식을 접한 백연은 2월 14일 그곳에서 추도회를 열었는데, 거기에 필요한 말과 문구는 모두 토박이말로 지어서 사용했다. 정면에는 "검돌 스승을 울음"이라 써 붙였고, '애도사' 대신에 '섧글', '역사' 대신에 '악이', '애도가' 대신에 '섧노래', '감상담感想談' 대신에 '늣기말'이라 하였다(독립신문 1920.02.17).

용하기도 하고 고쳐 사용하기도 하였다.[40] 백연이 터 놓은, 소리갈 분야의 토박이말 용어 사용의 전통은 그 후로도 이극로(1932.05)로, 더 후로는 허웅(1958.02)으로 이어졌다.

2.3.3. 백연의 씨갈 및 월갈　백연의 씨갈에 대하여 김수경은 일찍이 아래와 같이 평가하였다.

　"씨갈에 있어 문장론적 관점으로부터 토를 분류하여, 토와 각종 체언 및 용언과의 호상 결합 상태를 남김없이 제시하여, 조선어 형태 구조가 가지는 다양성을 예리하게 해부한 것도 선생이 학설상 고주 시경 선생의 영향 밑에 있으면서도 이를 훨씬 릉가 발전시킨 단적 증거로 되는 것입니다."(김수경 1949.06:3)

　그러한 평가에 이어 40여 년이 흐른 후, 남쪽의 박선자는 『깁더 조선말본』을 고찰하고 아래와 같이 평가하였다.

　"이에 반해 김두봉은 주시경의 분석주의를 이어받아 체계화시켰을 뿐 아니라 분석 기준의 일관성을 유지하고, 분석 결과의 대상이 되는 구조적 단위에 대한 단위성을 철저하게 인식하고 있으므로 보다 발전적인 분석주의라 할 수 있다. 〔줄임〕 따라서 『깁더 조선말 본』은 형태론이 말본의 중심일 수밖에 없는 우리 말본의 특성에 맞

---

40 최현배는 "목젖, 밥길, 입안(→입굴), 혀끝, 혀뿌리, 센이붕, 여린이붕, 소리내는틀, 목청, 잔골여린뼈, 코길" 등은 그대로 쓰고, 상당수는 고쳐 사용했는데 그것을 올리면 이러하다 : "내쉬는숨→날숨, 돌소리청→거짓목청, 부하→허파, 소리구녁→소리문, 숨그릇→숨틀, 숨대→울대, 숨대머리→울대머리, 아래목젖→울대마개, 코구녁→코안(→코굴), 혀몸→헛바닥, 혀바닥 뒤→혀뒷바닥, 혀바닥 앞→혀앞바닥"

추어 형태론 발전에 있어서 형태론에 걸맞은 관점과 기술 방법의 체계화를 이룸으로써, 형태론의 대상과 방법에 대한 학문적 기술의 출발이 된 것이다."(박선자 1993.08:19)

　두 연구자의 평가가 다르지 않다. 백연은 스승 주시경의 언어학을 이어받되, 더욱 과학적인 방법으로 조선어의 형태구조를 예리하게 분석하여 조선어 형태론의 체계화를 이루었다고 하였다.
　백연의 월갈에 대하여, 김봉모는 "주시경의 이론을 깁고 보태어 그의 학설을 비교적 충실하게 계승·발전시켰으며, 최현배에게도 적지 않은 영향을 미친 것"으로 보았으며, 특히 '마디'와 관련해서는 아래와 같이 평가하였다.

　"김두봉(1916)은 통어론적 단위를 '씨·감·마디' 들로 세웠다. 여기서 주목할 점은 '마디'에 대한 것이다. 마디를 "월의 으뜸감, 곧 임자감과 풀이감을 갖호고도 오히려 월의 한 조각이 되는 것"이라 정의하고 이를 하위 구분하고 있는데, 월성분에서 마디를 설정한 것은 국어학사상 처음이다."(김봉모 1993.08:109)

　한편, 박종갑은 백연의 말본과 한힌샘의 말본을 비교하여 살핀 다음에 아래와 같이 결론하였다.

　"김두봉의 『조선말본』은 주시경 『국어 문법』을 발전적으로 계승하고자 한 것이고, '발전'의 핵심은 통사론 중심의 문법 모형에서 '형태론과 통사론의 자립적 연계성'을 지향한 문법 모형으로 변화한 것이다."(박종갑 2005.03:171)

2.3.4. 『조선말본』의 철자법　앞의 2.2.4에서 『말모이』의 철자법

에 대하여 살펴보았는데, 백연은 『조선말본』(1916.04)에서 그 철자법을 더욱 철저히 실행했으며, 특히 변격 용언에 관한 견해를 아래와 같이 명시적으로 밝혔다.

○ 변격 활용에 대한, 백연의 견해

(1) "서울말도 본法에 맞지 아니한 것은 좇지 아니하엿노니, 이를터면 「더우니」를 아니 좇고 「덥으니」를 좇은 따위이라." -『조선말본』 1916.04 : 알기1.

(2) "언씨에 본이 없이 쓰이는 것도 있으니, 이를터면 「길長」에 「고」 토를 달면 ㄹ 소리가 나고 「니」 토를 달면 ㄹ 소리가 아니 나며, 또 「칩寒」에 「고」 토를 달면 ㅂ 소리가 나고 「어서」 토를 달면 ㅜ 소리가 나는 따위니라. 그러나 「길」과 「칩」으로 본을 삼음이 좋으니라." -위의 책 78.

(3) "움씨에 본이 없이 쓰이는 것도 있으니, 이를터면 「짓長」에 「고」 토를 달면 ㅅ 소리가 나고 「으면」 토를 달면 ㅅ 소리가 아니 나며, 또 「오르ㅗ」에 「고」 토를 달면 ― 소리가 나고 「아서」 토를 달면 ― 소리가 아니 나고 ㄹ 소리를 더하여 「올라서」가 되는 따위니라. 그러나 「짓」과 「오르」로 본을 삼는 것이 좋으니라." -위의 책 93.

(4) "「뜨어 가지고」를 「떠 가지고」라 하며, 「건느어 가고」를 「건너 가고」라 함이, 말에 「어」는 다른 말에도 다 쓰이는 토므로 「뜨어」와 「건느어」가 옳은 줄을 알며" -위의 책 51.

(1)과 (2)는 ㅂ 변격, (2)는 ㄹ 변격, (3)은 ㅅ 변격과 '러' 변격 용언에 관한 내용이고, (4)는 어간 말음 ―의 탈락과 관련한 내용이다. 어느 경우이든 줄기(어간)와 씨끝(어미)의 형태를 각각 고정하는 것을 본으로 삼는 것이 좋다고 주장하였다. 변격 활용은 본에 맞지 않으므로 따르지 말고, 예컨대 '덥으니', '짓으면', '오르아', '뜨어'

등을 본으로 삼아야 한다는 것이었다. 그리고 책 전부에 걸쳐 그러한 표기 원칙을 철저히 실행하였다.

그런데 'ㄹ 변격' 활용은, 『말모이』에서와 달리 표기했으니, 그것을 비교하여 올리면 아래와 같다.

ㅇ'ㄹ 변격' 활용형의 표기 비교
• 『말모이』: 가늘은 씨(216쪽), 舖포를 열는 것(219), 만들음(183).
• 『조선말본』: 깊소리(43쪽), 눈 멎 탓(190), 물결이 달기어 듧다
  (147), 떡잎붙어 앒다(185).

위에서 보듯이, 백연은 『조선말본』에서 '길은소리'가 아니라 '깊소리'로, '알은다'가 아니라 '앒다'로, '만들음'이 아니라 '만듦'[41]으로 표기 방법을 바꾸었다.

지금까지 보았듯이, 백연은 스승 한힌샘 주시경이 제시하고 시범한 철자법을 온전히 구현하기 위하여 노력하였다. 자신의 저서 『조선말본』(1916.04)에서 엄격한 형태주의 표기법을 주장하고 철저히 실행하였다. 한힌샘과 백연이 주장하고 실행한 내용은 후일 「한글마춤법(조선어철자법) 통일안(1933)」의 튼튼한 뼈대가 되지만. 그런데 '변격 용언의 규칙화'를 비롯하여 원형을 고정하여 표기하는 내용은 포함되지 않는다. 그러니 백연의 눈에 「통일안」은 매우 불충실한 형태주의 표기법이었다(☞ 4.3).

---

41 『조선말본』에서는 표기 사례가 찾아지지 않는데, 『깁더 조선말본』에 "좋도록 만듦에 있지 아니한가"(2쪽), "줄이어 만듦은 좋지 못함"(붙임 102쪽) 등의 사례가 있다.

3. 중국(1919~1945년)에서의 활동과 노력

기미년 1919년 3월, 백연 김두봉은 몇몇 동지와 함께 항일 만세 운동에 참여했으니,[42] 그로써 일본 경찰에 쫓기는 신세가 되었다. 한 달쯤 숨어 지내다가 신의주를 거쳐 대한민국 임시정부가 있던 중국 상해로 망명하여 항일 운동을 계속하였다. 신채호가 창간하여 주필을 맡고 있던 주간신문 『신대한新大韓』의 편집인으로, 조선인 학교의 교장으로, 대한민국 임시의정원 의원으로, 그리고 정당인으로 다방면의 활동을 하였다.

중일전쟁이 터지고 일본군이 중국 해안으로 진격해 오자, 1937년 이후에는 일본군을 피하여 내륙 도시 남경·무한으로 근거지를 옮겼다가 1940년에는 임시정부가 있는 중경重慶[43]으로 다시 옮겼다. 1941년에는 중경을 떠나 항일 무장 투쟁의 최전선이던 섬서성陝西省 연안延安으로 활동 무대를 옮겼으며, 다음해 7월 조선독립동맹의 주석으로 추대되어 무장 투쟁의 앞장에 섰다. 8·15 광복이 되자 그는 1945년 12월 평양으로 돌아왔다.

이처럼 백연은 스물일곱 해가 넘는 동안 중국살이를 했으니, 평생의 1/3이 훨씬 넘는다. 이 장에서는, 그 중국살이 동안에 그가 우리의 말과 글에 쏟은 정성과 노력을 살펴볼 차례이다. 그런데 1920년대 상해에서 활동하던 시기를 제외하고는, 중국살이 동안의 어문 활동에 관한 구체적인 자료나 기록은 매우 드물다.

---

42 삼일항쟁이 있기 약 1년 전, 1917년 12월 24일 경성여고보 출신 조봉원趙鳳元과 혼례를 올렸다.

43 그동안 대한민국 임시정부는 중국 장개석蔣介石의 국민정부를 따라 근거지를 몇 차례 옮겼으니, 1940년 9월부터는 중경에 있었다.

3.1.『깁더 조선말본』을 펴냄

3.1.1.『깁더 조선말본』의 발간 경위　　상해에 도착한 백연 김두봉은 대한민국 임시정부를 중심으로 활동하였다. 앞날이 불투명한 시대 상황에다 남의 나라에 있었으니 안팎으로 불편한 일이 많았지만, 시간을 쪼개어 1922년『깁더 조선말본』을 상해에서 간행하였다. 1916년의『조선말본』과는 달리 전면 가로판이었고, 물론 한글 전용이었다. 띄어쓰기는『조선말본』에서와 마찬가지로 하지 않았는데,[44] 하지만 풀어쓰기에서는 낱말마다 띄어 썼다.

　그 책을 내게 된 경위와 어려움은 그 책의 머리말과 알기를 통하여 넉넉히 확인할 수 있다.

　○『깁더 조선말본』의 머리말
　　"『말본』을 박은 지 여듧[45] 해 만에야 이 책을 다시 박게 됨은 나의 성력이 모자람이 첫재 까닭이나 그 사이 바람을 겪고 물결에 밀리어 작은 힘을 댈 수 없음도 한 까닭이라. 가깝은 동안은 더욱 마음이 이 책 박는 대에는 있지 아니하엿더니, 지난봄에 병원 눕엇는데 봄샘 박분이 이 책 다시 박기를 말하거늘 느낀 바 있어 곳 허락하고, 수술 받은 이튿날붙어 병 자리에서 이 책을 만들기 시작하여, 여름에 병원을 나와 일변 식자를 하게 하고, 일변 책을 만들어 뒤를 대어서"
　　-『깁더 조선말본』1922ㄱ:(1).

44　하지만 이 글에서『깁더 조선말본』의 원문을 올릴 때에는, 읽기의 편의를 위하여 오늘날의 기준대로 띄어 쓴다.

45　여기『말본』은『조선말본』을 가리킨 것이 분명한데, 그 책을 낸 때가 1916년이니 '여덟 해' 만에 이 책을 낸다고 한 것은 아귀가 맞지 않는다. 착오가 있었던 것 같다. 2.3.1에서 확인했듯이『조선말본』의 초고를 쓴 것이 1914년이니, 그때부터 치면 셈이 맞는다.

위로써 그 책의 발행에 관한 몇 가지 사실을 확인할 수 있다. 1921년 봄, '박봄샘'⁴⁶의 제안을 받아들여 병상에서 원고를 정리하기 시작했으며, 원고 전부를 완성하지 못한 상태에서 여름에 어느 인쇄소에 판짜기(식자)를 맡겼다는 것이다. 그 책은 전반부와 후반부로 되어 있다. 전반부는 『조선말본』의 소리갈을 부분적으로 보충한 것인데, 전면 가로짜기로 바꾸어야 했으니 그것도 마냥 쉬운 작업은 아니었을 것이다. 그에 비하여, 후반부인 '붙암'은 전부 새로 저술한 내용인데, 특히 '가로쓰기'와 '날적'은 아주 새로운 내용이었으니 원고를 완성하는 데에 많은 시간과 공력을 들였을 것이다.

○『깁더 조선말본』의 알기
"4. 이 책은 인쇄를 부탁할 곧이 없어서 남의 땅에 힘없이 있는 처지인대도 할수없이 림시로 동모도 장만하고 활자도 만들며 그 남아 부속품까지 설비하노라 하야 생판 억지 일을 한 까닭에, 인쇄가 변변치 못한 가온대에 더욱 박음집의 까다롭음을 말미암아 준도 옳게 보지 못하고, 또 조각하는 사람을 잘못 만나서 목각 그림이 꼴같지 않게 되어서 책 보시는 여러분께 미안함을 이기지 못하노이다."
-위의 책 1922ㄱ:(2).

위의 진술에는 책을 만드는 과정의 어려움이 고스란히 드러나 있

---

46 머리말에서 '봄샘 박분'이라고 한 것은 '봄샘'이라 불리는 박씨 성을 가진 분'을 가리킨 것으로 보인다. 오늘날 흔히 일컫는 식으로 하면 '박봄샘 님'인 셈이다. 그런데 그는 출판사 '새글집'의 대표로 되어 있던 '박춘천朴春泉'이 분명하다. 백연은 '春泉'을 토박이말로 바꾸어 '봄샘'이라 했으며, 본인도 때론 그 이름을 썼으니 93쪽에 올리는 편지(태백서관 귀중)의 둘째 장에도 "Posam Park"이라 서명하였다. 그리고 '새글집'은 『조선말본』 발행처의 이름을 그대로 쓴 것인데, 내용상으로는 서로 무관했음이 분명하다.

다. 내용을 깁고 더하고, 짓는 일도 힘들었지만, 한글 활자가 없는 중국에서 기존의 모아쓰기 한글 활자에다 가로 풀어쓰기 활자, 또 '날적' 글씨를 비롯하여 여러 그림까지 있었으니, 판짜기 과정이 몹시 험난하였다. 게다가 인쇄소(박음집)의 까다로움으로 교정(준보기)도 제대로 못한 지경이었다.

3.1.2. 『깁더 조선말본』의 발간 시기 『깁더 조선말본』을 간행한 달이 언제인지 명확하지 않다. 우선 조선반도 안에서 당시의 자료를 찾아보면, 책이 간행된 1922년의 10월 11일치 『동아일보』의 '신간 소개'에 아래와 같은 기사가 있다.

> ○『동아일보』의 신간 소개
> "『깁더 조선말본』 此차 書서는 실로 我아 本본을 망각치 아니하려는 인사로서는 一讀일독치 아니치 못할 귀중한 책이니 고 白泉백천 주시경 씨의 後후를 繼계하야 당대 我 어문계에 牛耳우이를 執집하얏든 白淵백연 김두봉 씨가 這般저반 上海상해 旅寓여우에서 그의 曾著증저 『조선말본』을 증보하고 並병히 『좋을글』(理想的 言文論), 흘림글씨(草書), 날적(速記術)을 권말에 附부하야 특히 氏의 창작한 理想的이상적 신활자로써 在재上海상해 새글집에 맛기어 印出인출한 것이라."(동아일보 1922.10.11)

기사의 내용은 지금까지 알려진 것과 다르지 않으며, 그 책이 10월 11일보다 적어도 몇 달 전에 간행되었음을 확인시켜 준다.

그런데 이보다 여섯 달 앞서, 곧 4월 15일, 대한민국 임시정부에서 간행하는 『독립신문』 제123호에 다음의 광고가 실리었다. 한 번으로 그치지 않고 적어도 제130호까지 실은 듯하다.

○상해 『독립신문』의 광고

"김두봉 선생 著저 깁더 조선말본

본서는 이전의 「조선말본」을 개정 증보하고 編末편말에 「좋을글」(理想的 言文論)과 「날적」(速記術)과 및 표준말 잡을 요건을 附記부기 說明설명한 것인데, 「이상적 언문론」 중에도 我아 文문의 개량 실례(종횡서 및 초서)와 文의 勢세와 및 代言式대언식은 실지 응용에 適적하며, 「속기술」 중에도 速記속기 문자의 원리와 규칙적 簡語法간어법 등은 學학에 合합한 것이라. 〔줄임〕 上海상해 法國법국郵政信箱우정신상 106호, 샹해 새글집 朴春泉박춘천"(독립신문 1922.04.15)

또 그 비슷한 시기에 쓴, 『깁더 조선말본』의 출간을 알리고 널리 소개하여 주기를 요청한 편지가 있다. 박춘천이 태백서관에 보낸 것인데, 편지 쓴 날짜가 '오월 30일'이다.

○박춘천의 편지

"태백서관 귀중

〔줄임〕 엿줄 말슴은 오래동안 우리 國語學界국어학계에서 기다리든 김두봉 선생님 著저『조선말본』은 금번 當地당지에서 增補증보 出刊출간되었사오니, 도처 在留재류하시는 동포들의게 널리 소개하여 주시기를 바라옵난이다. 〔줄임〕 1922년 오월 30일 샹해 박춘천 謹啓근계"(독립기념관 공개 자료)

위의 기사와 자료의 내용들을 종합하면, 『깁더 조선말본』이 발행된 달은 4월쯤으로 추정된다.

3.1.3. 『깁더 조선말본』의 구성 『깁더 조선말본』이란 이름의 책은 통틀어(머리말·알기·벼리 포함) 288쪽인데, 물리적으로 보면

'깁더 조선말본'과 '붙임'의 두 부분으로 구분되어 있다. '깁더 조선말본' 부분은 앞서 경성에서 간행했던 『조선말본』(1916.04)의 내용을 깁고 더한 것으로, 통틀어 186쪽(빈쪽 둘 포함)이며, "얽말, 소리, 씨, 월"의 4개 엮(編)으로 구성되어 있다. 그리고, '붙임' 부분은 통틀어 102쪽인데, 쪽 번호가 '깁더 조선말본'과 별도로 매겨져 있으며, '좋을글'과 '날적'과 '표준말'의 셋으로 구분되어 있고, '좋을글'은 3개 매(章)로 나누어져 있다. 이러한 사항을 정리하여 보이면 아래[47]와 같다.

○ 책 『깁더 조선말본』의 외형적 구성

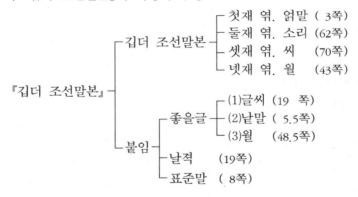

전반부 '깁더 조선말본'의 내용은 '얽말'(총론)을 새로 넣고 둘째 엮에 약간 추가한 것 외에는 첫판 『조선말본』과 거의 같다. 그에 비하여 후반부 '붙임'은 『조선말본』에는 아예 없던 것인데, '좋을글'·'날적'·'표준말'의 셋으로 짜여진 것처럼 되어 있다. 하지만

---

47 쪽수는 머리말과 알기와 벼리(목차)를 뺀 수이다. 그리고 (1), (2), (3)은 원문에는 없는데 편의상 붙였다.

내용을 들여다보면 사정이 복잡하다. 내세운 제목과 무관한 내용이 여기저기 뒤섞여 있는데, 붙임 가운데서 3~75쪽을 차지한 '좋을글'이 특히 그러하다.

백연이 애초에 '좋을글'에서 다루려 했던 내용은 "어떻어떠한 조건을 갖호아야 가장 좋은 글이 될가"(김두봉 1922ㄴ:1) 하는 것이었다. 앞에 올린, 『동아일보』의 신간 소개와 『독립신문』의 광고에서 '理想的이상적 言文論언문론'이라 한 것도 바로 그 점을 가리킨다. 그런데 실제 책의 내용을 보면, '(2)낱말'과 '(3)월'은 이상적 언문론과는 무관한 내용이다. (2)는 '깁더 말본'의 셋째 엮(씨)을 보충하고, (3)은 넷째 엮(월)을 보충하는 내용이다. 백연이 애초에 의도했던 '가장 좋은 글'에 관한 내용은 '(1)글씨'뿐이며, 이것은 말본과 상관없는 내용이다. 그래서 백연도 할 수만 있다면 『깁더 조선말본』과 '딴 책'으로 내려고 한 것이었다(☞97쪽의 따온글). 이러한 점들을 고려하면, 분량은 많지 않으나, (1)을 독립 저서로 보는 것이 옳다고 보며, 그래서 이 글에서는 『좋을글』로 표기하기로 한다.

그리고, 『동아일보』의 신간 소개에서 '速記術속기술'이라 한 데서도 짐작할 수 있듯이, '날적'도 말본과 상관없는 내용이다. 이 역시 '딴 책'으로 내려고 했던 것이니, 또 하나의 저서로 보아 『날적』으로 표기하기로 한다.

판짜기의 막바지에 추가한 것으로 보이는 '표준말'은 '(2)낱말'의 끝 항목인 '표준말'과 합쳐, '깁더 조선말본' 셋째 엮의 끝에 놓아야 할 내용이다.

이와 같은 내용들을 반영하여 책 『깁더 조선말본』의 구성을 조정하면 다음의 그림과 같이 된다.

○책『깁더 조선말본』의 내용 구성

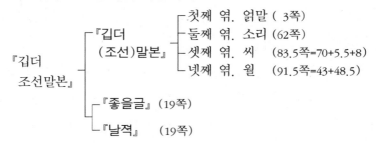

요컨대, 내용 중심으로 보면 이 책은『조선말본』(1916.04) 증보판도 아니며,『깁더 조선말본』도 아니다.『깁더 (조선)말본』[48](모두 240쪽)과『좋을글』(19쪽)과『날적』(19쪽), 곧 별개의 세 저서가 물리적으로 합본되어 있을 뿐이다.

셋 중의 하나인『깁더 (조선)말본』은『조선말본』의 깁더(증보)판인데,『조선말본』에 비하여 더해진 내용은 이러하다. "첫재 엮. 얽말" 3쪽을 새로 써 넣었으며, 둘재 엮(소리)에 '얽말' 13쪽, '표준소리' 0.5쪽, '보기틀과 버릇소리' 4쪽을 더하고, 셋재 엮(씨)에 '낱말의 빛갈/생김', '낱말과 소리', '몸뜻바꿈', '어우름', '표준말' 등 13.5쪽을 더했으며, 넷재 엮(월)에 '감'(성분)과 관련된 내용을 대폭 추가했으니 48.5쪽이나 된다.

그리고,『좋을글』과『날적』이『깁더 (조선)말본』과는 별개의 저서라는 점은 그 책의 알기에서도 아래와 같이 밝혀 두었다.

○『깁더 조선말본』의 알기
  "1. 이 책은「조선말본」의 잘못된 것을 깁고 모자람을 더하며, 그 끝에「좋을글」과「날적」을 붙인 것이라."

---

48 편의상 이렇게 표기하여 책『깁더 조선말본』과 구분하기로 한다.

"5. 「붙임」에 「좋을글」과 「날적」은 처음에 딴 책으로 좀 보암직하게 내려고 생각한 것인데, 우리의 힘에 어느 때에나 내게 될는지 앎 수 없으므로 위선 이 적은 종이에 갖호지 못한 몇 마디 말을 빛이라도 보이는 것이요, 딴 책은 다른 날을 기다림이라."

-『깁더 조선말본』 1922ㄱ: (1), (2).

『좋을글』과 『날적』에 관하여, 딴 책으로 보암직하게 내려고 생각했으나 미래를 알 수 없으므로 우선 빛이라도 보이기 위하여 『깁더 조선말본』에 함께 붙인 것이라 하였다. 한글 활자도 없는 남의 나라 중국에서 한글로 쓴 저서를 발행하는 것은 그야말로 난제였다. 물론 작업 기간도 촉박했다. 게다가 하루하루가 불안정하고 미래가 불투명한 시대 상황이었으니, 모처럼 발심하여 어렵게 착수한 것이니만큼 그렇게 여러 자료를 합하여 한 책으로 발행했던 것이다.

3.1.4. **『깁더 조선말본』과 조선어연구회~조선어학회** 『깁더 조선말본』의 발행지는 중국의 상해였지만, 백연이 겨냥한 독자는 조선 반도를 비롯한 세계 곳곳의 지식인이었다. 3.1.2에서 보았듯이 그 책은 발간 후에 곧바로 『동아일보』를 통하여 조선반도에 소개되었으며, 경성에서도 그 책을 들여와 판매하였다.[49]

실제로 『깁더 조선말본』은 조선반도의 조선어 학자들에게 적잖은 영향을 끼쳤다. 발행되고 네 해 남짓 지난 1927년 2월 동인지 『한글』이 창간되었는데, 그 창간호에 실린 정렬모의 글 중에는 "만

---

49 1924년 1월 11일과 13일치 『동아일보』의 광고란에 그 광고가 실렸는데, "조선 총발매소 平文館평문관"이라고 되어 있다.

일 자세한 지식을 요구하는 분이 있거든 김두봉씨의 『깁더 조선말본』의 소리갈을 참고하기 바란다."(정렬모 1927.02:61)는 구절이 있다. 또 그 제3호(1927.04)에는 백연에게 보내는, 이중건[50]의 편지글을 실었는데, 한 대목을 올리면 아래와 같다. 글 속의 '그것'은 '조선 말글'을 가리킨다.

　"『깁더 말본』의 간행을 보고는 아모리 流離유리 顚沛전패하는 동안에라도 그것만의 연구는 겨을리하지 않으신 줄 알았아오며, 그것을 박아낸 활자부터 字字자자이 心血심혈이 고였음을 못내 경탄하였읍니다. 우리가 남에게 자랑할 만한 世傳之物세전지물이 있다 하오면 그것이 先頭선두로 하나를 헤일 것이오, 또 무엇보다 실용에 切要절요하고 긴급한 것이니까 그것을 學的학적으로 연찬하야 실용과 보급을 圖도함이 그러ᄒ게 좀스럽고 상없는 짓이 안일가 하노이다. 그러므로 某某모모 畏友외우와 꾀하고 '한글'이란 연구기관을 맨든 것이 올시다. 〔줄임〕 또 형님께 指劃지획을 받아야만 하올 것이 어찌 한두 가지뿐이겠읍니까마는 이야말로 遠莫致之원막치지라 아츰해 저격놀에 西天서천을 바라 안타까운 꿈만 徒勞도로할 뿐이외다."(이중건 1927.04:11~12)

　위에서도 확인할 수 있듯이, 백연은 『한글』 동인[51]을 비롯하여

---

50 이중건은 동인지 『한글』의 실질적인 발행인이었다. 그 책에 발행소가 '한글사'로 인쇄되어 있는데, 실제로는 이중건이 경영하던 신소년사였다.

51 그 동인은 조선어연구회의 중추 회원 신명균(1889년 출생), 권덕규(1890년), 이병기(1891년), 최현배(1894년), 정렬모(1895년)였다. 모두 한힌샘 주시경의 문하생으로, 신명균·권덕규·이병기·최현배는 조선어강습원 중등과 제1회 및 고등과 제1회 동기생이고, 정렬모는 고등과 제2회 졸업생이었다. 백연(1889년 출생)은, 최현배와는 국어강습소 제2회와 고등과 제1회 동기생이고, 신명균·권덕규·이병기와는 고등과 제1회 동기생이었다.

조선어연구회(→조선어학회) 회원들과 참참이 소식을 주고받았으며, 그들에게 조언도 하고 자극도 주었다. 이극로를 비롯하여 조선어연구회 회원들이 주선하여 1929년 한글날 '조선어사전편찬회'를 발기할 때(☞ ⑨의 3.2)에도 발기인의 명단에 김두봉의 이름을 올렸다.

1929년 8월에는 이윤재 회원이 상해로 백연을 찾아가 조선어사전 편찬 문제를 비롯하여 여러 의견을 나누었으며,[52] 그때 들은 내용의 일부를 1930년 4월 12일 조선어연구회 월례회에서 「김두봉 씨의 '문자 및 철자법에 대한 신연구'」라는 제목으로 소개하였다. 발표 제목에 '신新'을 붙인 것으로 볼 때에, 그 내용이 일반의 상식과 적잖이 달랐음이 분명한데, 한글 풀어쓰기(문자 개혁)와 엄격한 형태주의 표기법에 관한, 백연의 이론과 방안을 소개했던 것으로 추정된다. 아울러 그때에 이미 그런 문제에 대한, 백연의 이론과 방안이 상당한 단계에 이르렀던 것으로 보인다.

3.2. 『좋을글』과 『날젹』을 지어 펴냄

3.2.1. 백연이 개척한 두 분야

백연이 지어 간행한 『좋을글』과 『날젹』은 조선어 공동체 글살이의 발전 방향과 그 방안을 모색한 연구서이다. 백연은 이들 저작에도 많은 시간과 공력을 들였는데, 지금까지 학계에서는 이 두 저작을 가벼이 보아 온 경향이 있다. 하지만 이 저서가 차지하는 역사적 무게는 결코 가볍지 않다.

---

52 『별건곤』 제24호(1929.12)에 실린 「한글 대가 김두봉 씨 방문기」가 그때의 방문기이다.

백연은 중국에서도 연구에만 머물지 않고 연구 내용을 보급하고 교육하는 데에도 힘썼다. 아래와 같은 기록이 그 일면을 보여 준다.

◦『깁더 조선말본』의 알기

"6. 지난 여름 한글익힘집에서 갈이킨 흘림글씨와 날적 글씨를 그대로 아니하고 얼마쯤 고친 것은 좀 나을 바를 보고 함이라." -『깁 더 조선말본』1922ㄱ:(2).

위의 '지난 여름'은 '1921년 여름'을 가리키는 듯하며, '한글익힘집' 은 '한글 강습소'를 의미하는 듯하다.[53] 그러니 1921년 여름에 강습 회가 있었고, 그 자리에서 백연이 한글의 흘림글씨와 날적 글씨를 가르쳤으며, 대중을 대상으로 가르쳐 본 결과를 반영하여 글씨를 조금씩 고쳤다는 것이다. 그 강습회가 한글의 글씨만을 교육하는 자리였는지 다른 내용들도 다루었는지는 알 수 없으나, 백연이 한 글의 풀어쓰기 흘림글씨와 날적을 교육한 것은 분명해 보인다.

그러한 노력의 결과로, 중국에 머물던 조선인, 특히 항일 투쟁가 들 사이에도 한글 풀어쓰기는 꽤 널리 보급되었다. 예컨대, 상해의 교민들이 삼일운동 기념 대회를 할 때에 대회장에 내건 표어[54]를

---

53 한글익힘집이 공식 명칭이었는지, 얼마나 존속했는지, 전체 교육과정이 어떠했는지는 알 수 없지만, 백연이 동포를 대상으로 종종 강의를 했던 것은 분명하다. 구익균(1994.10:114)의 이러한 증언이 있다 : "김두봉 교장 이 가끔 상해 교민들의 요청에 따라 한글 강의를 했었다. 그때마다 나는 모임에 참석해서 그 어른의 강의를 즐겨 들었다. 그때까지 한글을 체계적으로 배울 기회가 없었던 나로서는 김두봉 선생의 국어 강의에 깊은 감명을 받았 다." 구익균에 대한 참고 사항은 120쪽의 각주 75에 있다.

54 표어의 내용은 '인성학교 출신의 항일 혁명가 최재 동지의 말씀'이었다(허동 진 1998.10:342).

한글 가로 풀어쓰기로 썼으며(허동진 1998.10:342), 1938년 호북성 湖北省 무한에서 창설한 조선의용대義勇隊의 기旗에는 '조선의용대'를 풀어쓰기 글씨로 수를 놓았다.

3.2.2. 한글 풀어쓰기 연구서『좋을글』

이것은 백연이 한글의 나아갈 길이 풀어쓰기임을 논의하고 자신이 고안한 글씨꼴을 제시한 저서이다. 그가 한글 풀어쓰기에 관심을 기울이게 된 것은 한힌샘 주시경을 만나면서부터이다. 앞의 2.1.1에서 보았듯이, 1913년 3월 조선어강습원 제1회 졸업식(1913.03)에서 역사상 최초의 풀어쓰기 졸업증서 '맞힌 보람'을 스승으로부터 직접 받았다. 그 전후로부터 글씨를 연구하기[55] 시작하여 약 10 동안 노력한 결과를 압축한 것이『좋을글』이다. 한글 풀어쓰기에 관한 일반론에서 시작하여 자신의 글씨꼴이 나오게 된 배경 이론을 기술하고, 자신이 창안한 글씨꼴을 제시하였다. 한글 풀어쓰기에 관한 최초의 연구서였다.

백연은 글씨를 '낱글씨'와 '줄글씨'로 나누어 풀이하였다. 낱글씨는 개별 낱자(자모, letter)를 가리키고, 줄글씨는 낱글씨를 잇달아 쓴 것을 가리키는데, 줄글씨는 낱글씨를 벌이는 순서와 묶는 덩이에 따라 여러 가지가 생겨난다고 하였다.

---

55 조선광문회(와 신문관)에서『말모이』를 편찬하는 동안에도 늘 한글 풀어쓰기와 가까이 있었다. 제6호(1914.02)부터 '한글' 난─일정한 내용을 한글 풀어쓰기 글씨로 보여 줌─을 특설한, 신문관 발행의 잡지『아이들 보이』를 편집했으며(☞ 67쪽), 뒤이어『청춘』을 편집하면서는, 한힌샘이 이승을 떠난 직후인, 1915년 1월치에「한글 새로 쓰자는 말」을 발표하였다. 그 글에는 필자가 명기되어 있지 않으나 내용과 표현을 볼 때에 백연이 쓴 것이 분명하다.

소리글씨(표음문자)의 낱글씨를 평가하는 기준으로 소리결, 획, 꼴, 수효의 넷을 내세우고, 각각에 관하여 아래와 같이 진술하였다.

○ 좋은 낱글씨의 조건
  "소리글씨가 뜻글씨보다 좋다 할지라도 그 가온대에 또 어떠한 빛을 가지어야 가장 좋은 글씨가 될가. 첫재는 소리결에 맞아야 될 것이요, 둘재는 획이 쉽어야 될 것이요, 셋재는 꼴이 곱아야 될 것이요, 넷재는 슈효가 알맞아야 될지니" -『좋을글』, 1922ㄴ:3.

'소리결에 맞아야' 함에 관하여 설명하기를, 개별 낱자는 그 소리를 발음하는 데에 참여하는 소리내틀(음성기관)의 꼴을 본받아야 한다고 하였다. 닿소리낱자와 홀소리낱자는 구별되어야 좋으며, 홀소리(단음)를 두 낱자—예를 들면 영어의 [f]를 'ㅸ', 한국어의 [ㅇ=ŋ]을 'ng'—로 표기하는 것은 좋지 못하다고 하였다.

이어서 줄글씨는 벌이는 순서와 묶는 덩이가 좋아야 함을 말하고, 각각에 대하여 풀이하였다(1922ㄴ:5~6). 첫째, 낱글씨를 벌이는 순서와 관련해서는, 세상의 문자들을 두루 살펴, ① 가로 쓰는 문자와 세로 쓰는 문자가 있고, ② 왼쪽에서 오른쪽으로 쓰는 문자와 오른쪽에서 왼쪽으로 쓰는 문자가 있으며, ③ 로마자같이 자리대로 줄줄이 달아 쓰는 문자와 한글같이 옆으로 또는 밑으로 '묶어 쓰는'[56] 문자가 있는데, ①의 둘 중에서는, 눈이 가로 박히고 팔꿈치도 가로 돌므로 가로 쓰는 문자가 좋고,[57] ②의 둘 중에서는,

---

56 당시 백연은 오늘날 흔히 사용하는 '모아쓰기'를 '묶어쓰기'라고 한 셈이다.
57 가로 쓰는 문자라 하더라도, 기둥에 붙이는 글 같은 것을 생각하면, 세로 쓰는 방법도 있음이 좋다고 덧붙였다.

오른손을 흔히 쓰므로 왼쪽에서 오른쪽으로 쓰는 문자 좋으며, ③의 둘 중에는, 소리 나는 차례대로 줄줄이 달아 쓰는 문자가 좋다고 하였다. 둘째, 낱글씨를 묶는 덩이로 말하면, 로마자나 몽고문자같이 낱말 덩이로 묶는 것도 있고, 한글과 같이 소리의 낱내(음절)를 덩이로 한 것도 있는데, 낱말 덩이를 묶는 것이 좋다고 하였다.

그리고, 우리 문자는 낱글씨와 줄글씨에 제각각 고칠 점이 있는데, 줄글씨를 고치는 일이 더 시급함을 말하고, 개선 방향을 아래와 같이 제시하였다.[58]

○ 우리 줄글씨의 개선 방향
(1) 낱말을 덩이로 하여야 할 것
(2) 글씨의 자리를 소리의 나는 자리대로 하여야 할 것
(3) 쓰기에 쉽게 하여야 할 것
(4) 보기에 쉬워야 할 것
(5) 박기에 쉬워야 할 것
(6) 쓸대없는 어수선을 덜어야 할 것　　　　　　-위의 책 7~10.

여섯 가운데서 (3)~(5)는 매우 일반적인 내용이다. (1)은 음절로 덩이를 짓지 말고 낱말 단위로 덩이가 되게 써야 한다는 지적이다. (2)는 '고'와 같은 글자를 문제 삼은 것이다. '가'와 '고'를 비교해 보면, 소리 나는 순서는 'ㄱ→ㅏ'와 'ㄱ→ㅗ'로 동일한데, 쓰는 순서가 한결같지 않으니 좋지 않다는 것이다. 바꾸어 말하면, '고'를

---

58 그 골자는 1915년 1월치 『청춘』에 발표(☞ 각주 55)한 내용과 같으니, 그 글에서는 '한글을 새로 쓰자는 까닭'이라며 "(ㄱ) 글씨 자리를 한갈같이 씀, (ㄴ) 읽기에 좋음, (ㄷ) 쓰기에 좋음, (ㄹ) 박기에 좋음, (ㅁ) 낱말을 낱덩이로 함, (ㅂ) 말몸을 한갈같이 함"의 여섯을 말하였다.

쓸 때에 ㅗ를 ㄱ 아래(↓) 쓰는 것은 좋지 않다는 것이다. (6)은 '소리없음'을 표기하는 ㅇ과 ·(아래 ㅏ)는 쓰지 말아야 한다는 내용이다.[59]

위와 같은 방향에서 백연은 자신이 고안한 글씨와 그 쓰는 방법을 저서에 실어 공개하였다. 공개한 글씨는 두 벌이며, 각각 '박음글씨(정자)'와 '흘림글씨(초서)'라 이름했는데, 아래의 그림이 그것이다. 한힌샘이 남긴 박음글씨를 더 다듬었을 뿐만 아니라, 독창적인 흘림글씨를 두루 갖추어 내놓은 것이다.

-위의 책 18(백연이 고안한 박음글씨).

-위의 책 21(백연이 창안한 흘림글씨).

　박음글씨를 보면, 이전의 글씨꼴들에 비하여 더 정밀하고 세련미가 있다. 특히 U가 눈길을 끄는데, 그것은 기존의 낱자 —에 해당하는 가로쓰기 글씨로, 한힌샘이 「우리글의 가로 쓰는 익힘」 (1914.04)에서 H로 썼던 것을 다시 고친 것이다. 그러고 보면 그 제목을 "고침글 익힘(백연 고름)"이라 한 까닭을 이해할 수 있다. 새롭게 고안한 것이 아니고 스승이 남긴 것을 고쳤다는 사실을 밝혀 '고침글'이라 한 것이었다.

　흘림글씨는 앞서 한힌샘이 선보인 글씨(☞34쪽)와 적잖이 다르다. 상단은 '흘림-글씨'라는 제목 밑에 나열한 개별 낱자의 흘림글씨이고, 하단은 '익힘(리우상의 편지)'이라는 제목을 붙이고 리우상이라는 사람이 쓴 편지글을 흘림글씨로 써 보인 것이다.[60]

한편, 개별 회원의 연구와 별도로, 조선어학회 차원에서도 1920 년대 말엽부터 한글 가로쓰기 문제에 대하여 많은 관심과 노력을 기울였다. 1929년에는 두 번의 월례회(누적 10시간)를 그 문제에 관한 토론에 돌렸으며, 다음해 5월 월례회도 그에 대한 합동 토론 으로 갈음하였다. 1931년 1월 10일의 정기 총회에서도 '조선글 가 로쓰는 법을 정함'을 그해에 힘쓸 다섯 가지 사업의 하나로 정하였 다(동아일보 1931.01.12). 그로부터 5년 10달이 더 지난, 1936년 11 월 28일 임시 총회에서 마침내 '한글 풀어쓰기의 임시안案'을 결의 하였고, 『사정査定한 조선어 표준말 모음』 재판(1937)에서부터는 찾아보기에 그 글씨를 나란히 인쇄하였다.

기관지 『한글』 제4-11호(1936.12:28)에는 "한글 가로쓰기(橫綴횡 철)는 필요한가? 불필요한가? 만일 필요하다면, 그 자체(字體)는 어떻게 하며, 서법(書法)은 어떻게 할 것인가? 이에 대하여 연구하 신 것이 계시거든, 본사로 보내 주시면 감사하겠습니다. 한글사 사룀"이란 광고를 내었다. 그에 응하여 독자들이 글을 보내오자, 편집부에서는 김윤경 회원에게 청탁하여 「한글 가로쓰기의 史的사 적 고찰」이란 논문을 받아 제5-2호(1937.02)에 싣고서, 최현배의 글을 비롯하여 여러 편의 풀어쓰기 관련 글을 몇 호에 걸쳐 게재하 였다. 또, 1938년에는 『한글』에 「가로 맞춤 글씨」난을 마련하여

---

60 백연의 『좋을글』보다 앞서, 1914년 3~6월 러시아 치타에서 발행하는 『대한인 정교보』에 '우리글'이란 이름의 글을 3회 연재하였는데, 한글 풀어쓰기 글씨의 사용 예를 보인 것이었다. 내보인 글씨는 대부분이 인쇄체이지만, 간략히 '초草'까지 선보였다. 인쇄체 글씨는 한힌샘의 「우리글의 가로 쓰는 익힘」(1914.04)의 것과 더러 닮았으나 아주 다른 점도 있고, 용어는 아주 다르다. 최주한(2012.12)에서는 「우리글」의 필자와 거기 소개한 글씨는 이광수의 것이라고 하였다.

일곱 차례에 걸쳐 학회의 가로쓰기 글씨꼴을 소개하였다.

세월이 많이 흘렀어도 그런 노력은 끊어지지 않았다. 몇몇 회원이 1971년 10월 '한글풀어쓰기연구회'를 발기한 일이 있으며, 1982년 12월에는 한글학회 안에 '한글풀어쓰기 연구모임'을 결성하고 몇 차례 연구 발표회를 가졌다.

3.2.3. 조선어 속기법 연구서 『날적』

또 하나의 저서 『날적』은 백연이 조선어 속기법의 기초 이론을 베풀고 자신이 창안한 조선어 속기 글씨를 공개한 저서이다. '날적'은 한자어 '속기' 또는 '속기술速記術'을 대신하여 사용한 토박이말이었다. '날래다', '날쌔다' 등의 머리를 따고, '젹다'(필기)의 줄기를 취한 것이 분명하니(☞ 3.3.2), '날쌔게 적기'라는 의미이다.

백연은 날적(속기)에 알맞은 글씨는 아래와 같은 조건을 갖추어야 한다고 하였다.

ㅇ날적에 알맞은 글씨의 조건
(1) 획이 간단하여야 함.
(2) 잇달아 쓰는 법이 좋아야 함.
(3) 종류가 알아보기에 똑똑하여야 함.
(4) 글씨 종류의 수효가 알맞아야 함. -『날적』 1922ㄷ:77.

그러면서 이들 조건의 상호 관련에 대하여 아래와 같은 의견을 덧붙였으며, 위의 네 가지 조건 외에도 고려할 사항이 더 있음을 말하였다.

"아모리 획이 간단하여도 잇달아 쓰는 때에 시간이 들게 되거나

또는 넘우 헡어져 종이 넓이만 많이 차지하고 쓰기에 힘들게 되면
안 될 것이요, 획이 간단하고 잇달아 쓰기에 좋을지라도 여러 글씨를
분간하기에 섞갈리면 안 될 것이요. 이 세 가지 조건이 다 갖호앗다
할지라도, 글씨 종류의 수효가 넘우 많으면 배혼 뒤에 쓰기는 간단하
다 할지라도 배호기에 넘우 힘들 것이요, 글씨 종류의 수효가 작으면
배호기에는 쉽을지라도 쓰기에는 번번이 넘우 번다함이 있을지라.
이러하므로 이 네 가지 조건을 다 갖호아야 좋을 것이요. 딸아서
<u>같은 값이면 글씨의 꼴은 곱으되 소리결에 맞도록 되엇으면 좋을</u>
터이나, 이 두 조건이 이 위의 네 가지 조건과 밀릴 때에는 그만둘
수밖에 없으며, 또 왼 세계의 날적 글씨를 만듦다 하면 이 두 가지
조건을 될 수 있는 대까지 맞훌 것이나, 어느 결레의 말의 날적 글씨
를 만들랴면 이것보다 오히려 그 결레의 버릇에 쉽을 길을 찾음이
좋을지라. 이러하므로 이 날적 글씨는 <u>위의 네 가지 조건과 우리</u>
<u>결레의 버릇에 쉽음을 무겁게 보아서 만들노라.</u>" -위의 책 1922
ㄷ:77~78.

앞의 (1)~(4) 외에도 "(5) 글씨 꼴이 고와야 함"과 "(6) 글씨가 소리결
에 맞아야 함"의 두 조건을 고려하는 것이 좋겠으나, (5)나 (6)이
(1)~(4)와 상충할 때에는 (5)나 (6)을 버릴 수밖에 없다고 하였다.
그리고, (5)나 (6)보다 더 무겁게 고려해야 할 조건이 있으니, 그
글씨를 사용할 겨레(공동체)의 버릇에 쉬워야 한다고 강조하였다.
그러므로 자신은 (1)~(4)와 "우리 겨레의 버릇에 쉬워야 함"을 목표
로 우리 겨레말의 날적 글씨를 만들겠노라고 하였다. 여기서 '버릇'
이란 '글씨 쓰는 습관'을 가리키는 것으로 보인다.
  이러한 원리와 목표에 따라 조선말의 날적 글씨[61]를 창안하고

---

61 국회사무처(1969.12:38)에서는 날적의 글씨에 대하여 1588년 영국의 브라이
  트(Timothy Bright)가 창안했던 글씨와 비슷하다고 평가하였다. 대한속기협

그 실례實例를 보였으니, 올리면 아래[62]와 같다.

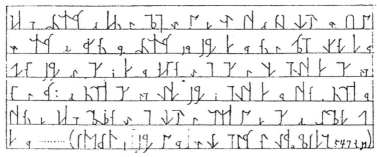

-위의 책 1922ㄷ : 94(백연이 창안한 '날적'으로 기록한 글).

한국어 속기법을 최초로 창안하여 공개한 사람은 박여일朴如日이며, 그 때는 1909년이고 곳은 하와이였다.[63] 조선반도 안에서는, 1910년대 중반부터 일본어 속기술이 속속 들어와 퍼져 나갔다.[64]

회(1998.12:41)의 그림을 보면, 1909년 박여일(☞ 각주 63)이 하와이에서 발표한 '조선어 속기법'의 부호와도 전혀 다르다.

62 문장의 내용을 한글로 표기하면 아래와 같다. '빈대', '물견', '징명'은 각각 표준말 '빈데', '물건', '증명'에 해당한다.

"우리가 '참빈대'라 이름은 공기만 없을 뿐 아니라 아무 물건이든지 아주 없는 빈대를 뜻함인데, 참 빈 때에도 에델이 있다 함은 생각지 못할 일이라. 설혹 에델이란 것이 있다 허락하면, 그것은 늘 가만이 있는 것인가, 혹은 때때로 움즉이는가. 만일 에델이 가만이 있지도 아니하고 움즉이지도 아니함을 우리가 징명하면 그런 물견은 반듯이 없을 것이라고 판정할 수 있습니다. (아인스타인의 '에델 없다'는 말 가온대의 한 마디. 동아일보에서)"

63 박여일은 경상도 출신인데 1904년 하와이로 옮겨가 살았다. 거기서 1909년 '조선어 속기법'을 창안하여 샌프란시스코에서 발행되던 『신한민보』에 발표했으며, 시카고에서 속기법 강의도 하였다(국회사무처 1969.12:37~38).

64 1916년 12월 5일치 『부산일보』─일본인이 부산에서 발행한 일본어 신문─에 일찍이 일본어 속기술을 창안한 田鎖綱紀전쇄강기가 조선에 온다는 기사가 실렸고, 1918년 5월 31일치 『매일신보』에는 조선총독부 속기사로 부임한

그 무렵 조선어 속기법과 관련된 기록으로는 1920년 5월부터 1921 년 1월 사이에 『매일신보』— 조선총독부의 기관지(조선어)— 에 실 린 3건의 글이 있다. 1920년 5월 8일과 1921년 1월 9일치 글에는 '조선문 속기 부호'(그림)가 함께 실렸는데, 그 부호는 다쿠사리 고우키(田鎖綱紀) 방식이었다(국회사무처 1969.12:38). 3건의 글 가운데 하나인 「조선어의 속기술」[65]에서 확인되듯이, 조선총독부 의 매일신보사에서 시작한 사업이었으니 당연한 결과였다.

상해에 있던 백연이 박여일의 글씨와 『매일신보』에 실린 내용들 을 접했는지는 알 수 없는데,[66] 글씨를 비교해 보면 아주 다르다. 글씨만이 아니라 그 바탕을 이루는 이론과 원리를 세워 함께 발표 하고 그 보급에도 힘썼으니, 한국어 속기법 역사의 새로운 새벽을 연 것이다.[67] 그때로부터 한국어 속기법의 연구와 보급이 매우 활

일본인이 야간에 일본어 속기술을 가르친다는 기사가 있다. 일본에서는, 1918년 귀족원과 중의원에 전문 속기사 양성소가 설치되고, 1920년 일본속기 사협회가 결성되었다.

65 그 글은 齋藤保偉재등보위(사이토 야스히데)가 쓴 것으로 되어 있는데, 그는 조선총독부의 기관지(일본어) 『경성일보』를 발행하는 경성일보사의 속기 업무를 맡은 일본인이었다. 그 글에는 매일신보사 간부 방태영方台榮, 조선은 행 사원 방익환方翼煥, 방두환方斗煥, 종로 기독교청년학원 교사 리원상李源祥 등이 등장한다. 내용인즉, 방태영은 일찍부터 조선어 속기술을 생각하고 있었는데, 일본어 속기사 사이토가 경성일보사─내용상으로는 매일신보사 와 같은 신문사였음─에 부임하자 그와 의논하여 조선어 속기술 제정을 매일신보사의 신규 사업으로 계획했고, 먼저 방익환으로 하여금 일본어 속기술 배우게 하였다. 그 후에 사이토와 방익환이 공동으로 조선어 속기술 제정에 착수하고, 리원상과도 협의하여, 1920년 5월에 이르러 대강의 조직이 되었는데, 아직 '창안'한 단계는 아니며, 많은 연습을 거쳐 실지 사용할 만한 하면 그 결과를 발표할 것이라는 것이었다.

66 일본인 다쿠사리의 부호를 답습한 속기 부호를 접하고서 민족적 자존심을 걸고 날적 창안에 몰두했을지도 모른다.

발해졌으며, 발전을 거듭하며 오늘에 이르렀다.

3.3. 조선어 낱말을 갈고 닦음

3.3.1. 표준말 선정의 기준 제시   백연은 『깁더 조선말본』의 후반부 '붙임'에서 표준말의 선정에 관하여 아래와 같이 언급하였다.

"같은 뜻을 가진 말이 여럿 될 때에는 그 가온대에 소리 좋은 것을 뽑아 표준말을 잡는 것이 좋고, 곧을 딸아 여럿 될 때에는 그 나라의 서울 말을 표준하는 것이 좋으며, 많은 규칙을 어기고 특별이 달리 쓰이는 말은 규칙을 딸아 바루 잡는 것이 좋으나 뜻 알기에 넘우 거북한 것은 얼마쯤 버릇을 좇음이 편하며" -『깁더 조선말본』 1922ㄱ: 붙임27.

'같은 뜻을 가진 말'(동의어)이 여럿인 경우에는 표준말을 선택해야 하는데, 같은 조건이면 '소리 좋은 말', '서울 말'을 선정해야 하며, '규칙을 어긴 것'은 바로잡되 뜻을 알기 거북한 것은 버릇을 따를 수도 있음을 말하였다. 그리고, 95~102쪽에서는 표준말을 사정査定할 때에 고려할 조건으로 '소리', '규칙', '말뿌리', '사토리', '앞길'의 다섯 가지를 들고, 그 각각에 대하여 보기를 들어 비교적 자세히 풀이하였다.

첫째의 '소리'와 관련해서는 '좋은 소리'[68]를 강조했으니, 발음하

---

67 매일신보사에서 주도하여 1919~1920년에 시작했던 연구는 지지부진하다가 방익환과 리원상이 마무리하여 1925년 7월에 이르러서야 『시대일보』에 그 결과물인 「조선어 속기술」을 발표한다.

68 '좋은 소리'에 대해서는 『말모이』에서부터 '풀이 적는 말', 곧 표준말을 선정하

기 쉬운 소리가 좋은 소리라면서, 겹소리보다 홑소리, 바뀌는 소리보다 안 바뀌는 소리가 좋다고 하였다. 그리고 '얼골'과 '낯'과 같이, 뜻이 같더라도 소리덩이가 아주 다르면 다 표준으로 두는 것이 좋다고 하였다. 그처럼 둘을 표준으로 두면 소리덩이를 맞추어야 하는 글을 짓는 데에 유익하다고도 하였다. 둘째의 '규칙'과 관련해서는, 예컨대 '덥-'이 씨끝 '-니', '-면', '-랴' 따위를 만날 때에 종성 ㅂ를 [ㅜ]로 바꾸는 것은 많은 규칙을 어기므로 이를 바로잡아야 한다고 하였다. 셋째의 '말뿌리'와 관련한 내용은 어원 밝히기에 관한 것이다. 원칙적으로 원형태나 본음으로 바로잡아야 하는데, 의미 파악에 오해를 줄 염려가 있는 경우는 그렇게 하지 않아야 한다고 하였다. 넷째의 '사토리'와 관련해서는, 같은 뜻을 가진 말이 지역에 따라 다를 때에는 서울말을 표준으로 잡아야 하지만, 서울말에도 사토리가 있으니 그런 것은 표준말로 선택하지 않아야 한다고 하였다.

마지막 조건으로 내세운 '앞길'에 관한 것은, 우리 겨레가 우리글을 많이 읽어 지식을 높여 나가야 하는데, 그러려면 대중에게 편하고 쉬운 말을 표준말로 잡아야 한다는 내용이다. 다음에서 보듯이, 특히 '학문의 말'(학술용어) 가운데 한문이나 남의 말의 음을 따서 표기한 것이 많으니, 그런 것을 편리한 말로 옮겨야 한다고 하였다. 일부의 걱정과는 달리, 옮긴 말이 원어보다 짧아지는 경우도 있음을 지적하고, 설령 짧아지지 않는다 하더라도 그런 길로 나아가야 함을 선언하였다.

는 중요 기준의 하나로 삼았으니, 그 '알기'에서 뜻같은말이 여럿일 때에는 "가장 흖이 쓰이고 소리 좋은 말 밑에 풀이를 적음."이라 하였다(☞ 2.2.2).

"또 이것[69]이 우리 앞길에 관계가 있다 함은 다름 아니라, 우리의 보통 국민은 지식을 우리글에서 얻게 되어야 남보다 뒤떨어지지 아니하겠는데, 이제 우리글에는 지식을 얻을 만한 학문을 담은 책이 없고, 또 있다 할지라도 <u>학문의 말을 한문 음이나 남의 말의 음을 따서 적은 것은 효력을 끼칠 수 없으므로, 많은 사람에게 편리한 말로 옮김이 좋다</u> 함이요, 또 우리말은 학문의 말 만들기에 넘우 길다고 걱정하는 이가 있으나, 「넷재 엮」에 보인 어우름(줄이어 만듦은 좋지 못함) 법으로 만들면 조금도 길지 아니할 뿐 아니라 돌이혀 한문 음으로 만드는 것보다 쩌른 것도 있으며, 또 <u>그렇지 아니할지라도 이렇게 아니할 수 없는 일이니라.</u>" -「표준말」 1922ㄹ :102.

이처럼, 백연은 조선반도를 떠나 있으면서도 조선 어문의 발전 방향을 끊임없이 탐색했으며, 조선어연구회~조선어학회의 활동에도 항상 관심을 두었으며, 그 임원과 회원들을 평생 동지로 여겼다. 학회에서도 그의 견해에 귀를 기울였으니, 위의 내용들은 1935~1936년 동안에 표준말을 사정하고 조선어사전을 편찬하는 데에 소중히 참고했을 것으로 짐작된다.

3.3.2. **말만들기의 새길 개척**　선언으로 그친 것이 아니라, 백연은 일찍부터 '한문 음으로 된 말'을 우리 토박이말로 바꾸어 쓰는 일을 매우 적극적으로, 꾸준히 실행하였다.[70] 그러한 사례의 하나로 소리갈의 용어를 2.3.2에서 확인한 바 있는데, 그밖에도 1932년

---

69 '이것'은 "많은 사람에게 쉽음을 끼치도록 표준말을 잡는 것"을 가리킨다.
70 『깁더 조선말본』(1922)의 첫머리에 써 둔 '알기'에서부터 "한문으로 된 말 가온대에 많은 사람이 못 알아볼 말, 곳 한문자 모르는 사람이 음만 듣고는 모를 말 따위는 우리말로 다시 옮기엇노라. '성대'를 '목청', '단어'를 '낱말'이라 한 따위라."라고 밝혔었다.

9월 간행된 『한글』 제1-4호에는 과학술어 531개가 소개되어 있다. 1929년 8월 이윤재가 상해로 건너가 백연을 만났을 때에 그 일부를 적어 온 것이었다. 그것은 한자에 기초한 과학술어 ─ 물리학 술어 384개, 화학 술어 39개, 수학 술어 108개 ─ 를 갈음할 용어로 만든 것인데, 몇몇을 보이면 아래와 같다.

○ 백연이 만든 토박이말 과학술어
◦ 물리학 용어

몬결갈〔물리학物理學〕	되짓〔반작용反作用〕	날틀〔비행기飛行機〕
돌움즉〔원운동圓運動〕	속찾힘〔구심력求心力〕	받힘저울〔천칭天秤〕
튀갈〔탄성彈性〕	뜨힘〔부력浮力〕	밋알덥〔원자열原子熱〕
늘〔팽창膨脹〕	소리굽쇠〔음차音义〕	달가림〔월식月蝕〕
빛모〔광각光角〕	굳몬〔고체固體〕	제빛몬〔자광체自光體〕

◦ 화학 용어

되결갈〔화학化學〕	밋감〔원소原素〕	밋알〔원자原子〕
낱알〔분자分子〕	모되〔화합化合〕	감갈몸〔동소체同素體〕
담이〔용적容積〕	부피〔체적體積〕	

◦ 수학 용어

셈켬〔수학數學〕	옹글수〔정수整數〕	쪽수〔분수分數〕
잘수〔소수小數〕	터수〔기수基數〕	열올림법〔십진법十進法〕
덧넣셈〔가법加法〕	빼셈〔감법減法〕	빼힘수〔피감수被減數〕
잉모〔연승連乘〕	뭉음〔문제問題〕	

백연의 토박이낱말 만들기에 보이는 중요한 특징은 풀이씨의 줄기(어간)를 이름씨처럼 부려쓴 점이다. 스승 한힌샘의 뒤를 이어 씨끝(어미)은 물론이요 파생가지 '-기'나 '-음'의 사용을 최소화하고, 실질형태소 중심의 만들기를 지향하고 실행하였다. 위에 올린

용어에도 그런 방법을 적용한 것이 10여 개 있다. '속찾힘'(←속을 찾아가려는 힘), '튀갈'(←튀려는 갈), '뜨힘'(←뜨려는 힘), '굳몬'(←굳은 몬), '감같몸'(←감이 같은 몸), '덧넣셈'(←덧넣는 셈), '빼셈'(←빼는 셈), '잊모'(←잊어서 하는 모셈) 들[71]에서는 풀이씨의 줄기(밑줄 친 부분)만 취하였다. '돌움즉', '밑알덥', '늘', '모되' 들의 말만들기는 더 혁명적이다. 각각 '돌면서 움즉임/움즉이기', '밋알의 덥음/덥기', '늘어남/늘어나기', '모여서 됨/되기'를 생각하여 만든 것으로 보이는데, 각각 어근이나 줄기 '움즉-', '덥-', '늘-', '되-' 등을 이름 씨처럼 사용한 것이다.

그런데 백연은 이러한 말만들기를 훨씬 전부터 과감히 실행하여 왔다. 『조선말본』(1916.04)에서 '돌이키힘'(탄력)과 '여닫'(개폐)을 썼으며, 씨의 이름으로 '얻'(어떠하-), '움'(움직이-), '잇'(잇-) 들을 사용하였다. 『깁더 조선말본』(1922)에서는 책 이름에서부터 보통사람이면 '깁고 더한'이라 했을 것을 '깁더'라 하고, '날쌔게 적기'도 '날적'이라 했으며, 『조선말본』에서 '소리내는틀'이라 했던 것도 '소리내틀'로 고쳤다. 그리고 '얽말'(총론), '살풀그림'(해부도 解剖圖), '닫홀소리', '말보글씨'(시화문자 視話文字) 등을 사용했으니, 각각 '얽는 말', '살을 풀어헤친 그림', '닫은 홀소리', '말을 보여 주는 글씨'를 생각하여 지은 것이었다. 그리고 "편編, 장章, 절節" 들을 대신하여 각각 "엮, 매, 묶"이라 하였다. 굳이 "엮음, 매음, 묶음"이나 "엮기, 매기, 묶기"와 같은 이름꼴을 취하지 않은 것이다.

물론 무조건 그런 방법을 적용한 것은 아니었다. '좋을글'이 그

---

71 여기에 쓰인 '속'은 중심, '갈'은 성질, '몬'은 물체, '감'은 재질, '모셈'은 곱셈을 가리킨다.

하나의 보기인데, 여느 경우와 같이 '좋글'이라 하지 않은 것은, 그가 또 한편으로 중요한 기준으로 삼은 '좋은 소리'를 고려한 결과로 이해된다. 다시 말하면, '좋글'은 [조클]로 발음될 것이기 때문에 '좋지 않은 소리' [조클]을 피하여 '좋을글'이라 한 것으로 보인다.

3.3.3. 조선어사전 편찬 계속   상해에 머무르는 동안에는 조선어 사전 편찬 작업도 꾸준히 하였다. 그것은 1929년 8월 8일 오후에 백연의 집을 방문한 이윤재와 주고받은 아래의 대화에서 확인할 수 있다.

"(백연이 仁性學校인성학교 교장을 辭職사직하려 한다는 말을 듣고) 그러면 선생은 무엇을 경영하십니까?"
"아직 말하기 어렵습니다. 그리고 또 5~6년간 힘써 오던 조선어사전도 얼른 끝을 내어 볼까 합니다."
"사전요? 내가 선생의 편지를 보고 그동안 사전 편찬에 무한히 애쓰시는 줄 알았습니다. 어떻게나 되었습니까?"
"대강이라도 보시겠습니까. 자, 이리 좀 오십시오."
하고 다락 구앙으로 올라간다. 먼지가 케케묵은 책광 속에 꽉 차 있는 카드 쪽을 몇 장 끌어내어 내게 보이며
"이것 보세요. 위선 이렇게 됐습니다."
"정리까지 다 됐습니까?"
"정리가 다 됐으면 무슨 걱정이겠습니까. 생활이 안전하지 못하니 이것을 어디다 벌여 놓고 손을 댈 수 있습니까. 그동안 해온 것은 다만 어휘 蒐集수집과 解說해설에만 전력하였습니다."
"얼마까지나 더하시면 정리까지 다 되겠습니까?"
"금후로는 1년만 더하면 이것의 정리는 대강이라도 될 것 같습니

다. 그리고 여기에 아직 부족한 古語고어, 方言방언, 新語신어를 더
보충하면 그러구러 사전이 하나 될 것 같기도 합니다."

"이것이 다 脫稿탈고가 되면 어디서 출판을 하시겠습니까?"

"어디서든지 출판하겠다 하면 맡기어 줄 작정입니다. 報酬보수라
든지 원고료도 일체 辭却사각하고 책만 내게 하겠습니다."

(이윤재 1929.12:15)

위의 대화에서 백연이 '5~6년간 힘써'라고 했으니, 1922년께부터
사전 편찬을 해 왔다는 말이 된다. 1922년은『깁더 조선말본』을
간행한 해이다. 그때부터 대여섯 해 동안 낱말을 모으고 풀이해
왔는데, 고어·방언·신어를 보충하여 체제를 잡으면 사전으로 낼
만하겠다는 말이었다. 이윤재는 그날부터 2주 동안 상해에 머물렀
는데, 백연과 몇 차례 더 만나서 조선어사전 문제에 관하여 많은
의견을 나누었으며, 그 사업이 완성되기를 빌었다. 경성으로 돌아
와서는, 11월 29일 기자와의 대담에서 "사전에 관한 일로 상해 김
두봉 씨를 찾아가서 만나보기까지 하였습니다마는, 그의 學的학적
태도나 조선어에 관한 丹誠단성은 가히 배움직하였습니다. 그리고
그 어휘가 수만을 돌파한 것도 해외에서 다망한 씨에게 있어서는
여간한 일이 아니었습니다."(신생사 일기자 1929.12:4~5)라고 찬탄
하였다.

상해에서 백연이 사전 편찬에 매진했음은 조선어학회와 관계가
깊지 않은 소설가 김광주의 회고로도 확인된다. 그는 1930년 초엽
상해에 있는 남양의과대학에 재학하면서 백연의 집을 드나들었으
며, 행사가 있을 때에 더러 백연의 일을 돕기도 하였다.

"그 당시의 김두봉 씨는 정말 韓僑한교 어린들에게 한글을 가르쳐

주기 위해서 태어난 사람이라 해도 과언이 아닌 만큼, 晝宵주소로 침식을 저버리고 育英육영의 길에 몰두했던 한글학자요 역사학자였다. 〔줄임〕 이 시절의 김두봉 씨는 한마디로 해서 골샌님이었다. 체구도 여자처럼 가냘프고 작은 데다가 얼굴 역시 홀쭉하고 갸름한데, 이마에는 노상 川 자를 그리고, 언제나 아래층 대청 한구석 책상에 쭈그리고 앉아서 어린아이 딱지 같은 데다가 한글 어휘를 한 마디씩 써 가지고 한장 한장 들여다보며 말을 고르고 말을 다듬고 하는 것이 생활의 전부였다."(김광주 1965.12 : 256~257)

상해 시절 이후의 작업에 대해서는 알려진 것이 없다. 남경·무한·중경·연안으로, 태항산으로, 그리고 평양으로 끊임없이 거처를 옮기며 격동의 생활을 계속했으니 낱말카드를 온전히 보존하기 어려웠을 것으로 추측된다.

3.3.4. **그밖의 활동과 민족 교육**　평양에서 활동한 김수경의 글에 따르면, 백연은 중국에 머무르던 동안에 아래와 같은 활동도 하였다.

"해외에 계시는 동안, 선생은 리 윤재, 리 극로 선생들을 통하여 국내 학자들에게도 부단히 자극을 주셨으나, 동시에 국제적으로도 선진 과학의 수입 및 조선문화의 소개에 적지 않은 노력을 기울이셨습니다. 즉 이 기간에 선생은 국제어음학협회 입회하여 그 종신 회원으로 되셨으며, 독일 국립 출판국 간행 『동서양 문자 도록』(백림, 1924)에는 조선 문자 해설 부분을 담당하시여 조선 문자의 우수성과 그 장래 발전에 관하여 널리 세계에 소개하신 것입니다. 또한 그후 남경, 무한, 중경, 연안 등지에서 반일 민족해방 투쟁을 계속하시는 도상, 조선사의 과학적 해명에 종사하심에 있어 특히 고대사의 부문에서 조선 고어 재료를 문헌학적 고고학적 자료와 함께 근본 사료로 간주하시어 이를 널리 원용하신 결과 적지 않은 새로운 발견을 하게 되셨습니다."(김수경 1949.06:4)

국제어음학협회(I.P.A.)에 가입하여 종신 회원이 되었으며, 독일 정부에서 『동서양 문자 도록』을 간행할 때에 조선 문자에 관한 해설을 집필했으며, 그리고 조선사의 과학적 해명에 힘썼는데, 고어 재료를 원용하여 '새로운 발견'을 했다는 것이다.[72] '새로운 발견'의 구체적인 내용은 확인하지 못했지만, 일찍부터 민족종교인 대종교大倧敎에 입교하여 교주 나철을 가까이에서 받든 점, 대종교 지도자이며 한겨레의 역사에 조예가 깊던 김교헌을 일찍부터 사사한 점, 상해에서 역사학자 신채호가 발행하는 주간신문 『신대한新大韓』을 편집한 점을 고려하면, 그 발언이 빈말이 아니었을 개연성이 높다.

백범 김구의 부인 최준례 여사 장례 때에는 무덤비석의 글씨를 직접 한글로 쓰기도 했다. 옆의 사진이 그

백연이 쓴, 백범 김구의 부인 최준례의 무덤비석.

---

72 1921년 상해에서 거행한 개천절 경축식에서 백연은 '개천절의 역사'에 대하여 연설했으니, 그 내용이 1921년 11월 11일치 『독립신문』에 실리었다. 그해의 경축식은 개천절 당일, 곧 '음력 10월 3일'(양력 11월 2일) 상해임시정부 군무총장 노백린, 독립투사 안창호를 비롯하여 상해에 머물던 남녀 동포 3~400명이 녕파회관에 모여 하오 2시부터 3시까지 거행하였다(독립신문 1921.11.11).

것인데, 오른쪽[73]에 보듯이 수까지도 한글로 표기하였다.

물론 백연 김두봉은 끊임없이 항일·광복 투쟁에도 참여했으며, 인성학교[74] 교장 직을 맡아 한동안 민족 교육에 정성을 다했다. 그 시절의 조선 어문 교육 활동에 관하여, 1930년대 초엽 그 학교를 직접 본 소설가 김광주는 30여 년이 흐른 후에 아래와 같이 술회하였다.

> "너무나 서글프고 처참하고 가엾은 교육기관이었다. 말이 학교이지 뭣이라 이름 붙이기도 어려운 학교였다. 〔줄임〕 그러나 이 인성학교가 상해 法법租界조계 韓僑한교들의 자녀들에게 끼쳐 준 공적은 실로 至大지대한 바 있다. 〔줄임〕 최소한도 내 나라글―한글만이라도 철저하게 기초를 닦을 수 있었다는 점에서, 그리고 이 위대한 공로는 교장 선생인 김두봉 씨에게로 돌려야 할 것이다."(김광주 1965.12:256)

또, 같은 시기에 항일 운동에 헌신한 구익균具益均[75]은 80대 후반의 노년기에 백연을 아래와 같이 평가하였다.

> "외국 땅에서 광복 운동을 하던 망명가들의 자녀들에게 나라의 글 한글을 심어 수백 명의 인재를 양성한 김두봉 선생은 조그마한 인성학교에서 한글로 독립운동을 한 것이다. 〔줄임〕 민족 독립운동사

---

73 비석의 오른쪽에 쓴 것은 "4222년 3월 19일 남. 대한민국 6년 1월 1일 죽음"이다. '대한민국 6년'은 1924년이다.

74 상해에 거류하는 조선인들이 설립한, 조선인 자녀를 위한 초등학교였다. '法법租界조계', 곧 법국(프랑스)의 관할지 안에 있었다.

75 구익균(1908~2013)은 1929년 상해로 망명하여 흥사단에 가입했으며, 1932년까지 도산 안창호의 비서를 지냈다. 윤봉길 의사의 거사로 도산이 일본 경찰에 붙들려 간 후에는 사상적으로나 인간적으로 백연(과 김원봉)을 버팀목으로 삼았다고 한다.

에 영원히 빛날 공적이 아닐 수 없다. 김두봉 선생의 독립운동은 한글 학자로서 한글을 가르치고 한글 교과서를 지은 일에서 시작되어 뒤에는 가장 진보적인 사상을 지닌 독립운동가로 활약하게 되었다. 한글의 우수성을 역설해서 우리 민족의 문화적 독창성과 위대성을 내세우면서도 국수주의적인 경향보다는 세계사의 진보적인 흐름을 꿰뚫어 보는 혁명가였다."(구익균 1994.10:116)

위의 평가대로, 백연이 조선 말글에 관하여 저술하고 교육한 행위는 궁극적으로 한겨레의 자립과 발전을 향한 투쟁이었다.

4. 평양(1946~1960년)에서의 활동과 노력

백연 김두봉은 1942년 무렵부터 중국 연안延安에서 항일 무장 투쟁의 지도자로 활약하였다. 8·15 광복이 되자 그는 조선의용군과 함께 평양으로 귀국하기로 결정하였다. 1945년 10월 신의주 건너편의 중국 안동(오늘날의 '단둥')에 도착했으나, 먼저 평양에 자리를 튼 소련 군정의 트집으로 '비무장'을 조건으로 12월에야 평양에 들어갈 수 있었다. 그렇게 백연이 평양에 자리를 잡은 후에 38선이 그어지고 6·25 전쟁까지 벌어지면서 남쪽에서는 짧지 않은 동안 그를 지우거나 잊어야 했다.

4.1. 평양의 조선어 학계와 백연

백연은 광복 직후의 북쪽 조선어 학계에서 어떠한 대우를 받았을까? 그 답은 조선어문연구회의 기관지『조선어 연구』창간호에 실린 글에서 엿볼 수 있으니, 그 부분을 올리면 아래와 같다.

"새로 발족한 조선 어문 연구회는 남북 조
선의 어학계의 권위가 집결되어 있다. 조국
해방을 위하여 왜적과 총칼을 겨누어 싸우
시면서도, 이국(異國) 땅에서 풍찬노숙(風
餐露宿)의 생활을 하시면서도 오히려 해방
후의 조국의 문화 건설을 앞에 보시고 조선
어문에 대한 연구를 꾸준히 계속하여 오신
공화국에 오직 한분이신 언어학 박사 김 두
봉 선생을 비롯하여"(조선어문연구회 1949.04
:134)

50대 후반의 백연. 북조선 로
동당 중앙당학교 제4기 1년
졸업기념 사진첩(1948.08.
10)에서.

여기서 확인되듯이, 백연은 '남북 어학계의 권위가 집결'된 학회의
회원들로부터 왜적과 치열히 싸우면서도 조선 어문에 대한 연구를
놓지 않은 선구자로, '공화국에서 오직 한 분'의 언어학 박사로 존
경과 대우를 받았다.

또 1949년 9월 5일에 열린, 조선어문연구회의 제11차 전문연구
위원회에서 사전편찬분과 위원장 김병제金炳濟[76]가 '조선말사전' 편
찬이 완료되었음을 보고했는데, 그 중에 아래와 같은 내용이 있다.

이러한 성과들은 우리의 스승이시며 영명한 령도자이신 김 일
성 장군의 주위에 굳게 뭉치여〔줄임〕또한 조선에 있어서 사전

---

76 김병제는 1905년 8월 경상북도 경주군에서 태어났다. 이윤재의 사위가 되어,
　　1930년대 중엽 이윤재가 맡았던, 조선어학회 기관지 『한글』 발행의 일을
　　도왔으며, 8·15 직후에는 조선어학회 사전 편찬 일을 일하였다. 1948년 김일성
　　대학 교원이 되었다.

편찬 사업의 창시자이시며, 조선 어문 연구에 있어 획시기적인 업적을 남기신 어학박사 김 두봉 선생께서 정무에 바쁘신 몸이심에도 불구하고 친절히 지도 편달하여 주심으로써이다."(김병제 1950. 02:77~78)

백연을 조선어사전 편찬의 창시자이며, 조선 어문 연구의 역사에 획기적인 업적을 남긴 어학박사라고 칭송하였다. 그런가 하면, 1952년 10월 9일에는, 「내각 결정 제183호」에 의하여 과학원(☞ 150~151쪽) '원사'로 임명되었다.[77] 과학원은 인민공화국 최고의 연구기관이었고, '원사'는 '과학 발전에 기여한, 우수한 학자'를 일컫는, 과학원 최고의 영예였다.

그러면, 위의 김병제(1950.02:78)에서 언급한 바, 언어학자 백연이 '친절히 지도 편달'한 내용은 무엇일까? 그 대강은 김수경金壽卿[78]의 아래 글에서 확인할 수 있다.

"민주 독립국가 건설을 위한 사업에서 선생은 조선어가 아직도 민족어로서의 최후적 완성에 도달하지 못한 것을 보시고, 조선어문

---

[77] 그때에 '원사'는 10명이었고, 그 아래 급으로 '후보원사' 15명을 임명하였다. 여러 분야를 망라했는데, 언어학자로는 원사에 김두봉, 후보원사에 리극로가 임명되었다.

[78] 김수경은 1918년 5월 강원도 통천군에서 태어나, 전라북도 군산에서 초등~중등학교를 마쳤다. 1934년 4월 경성제국대학 예과에 입학하여 그 과정을 마치고, 1937년 4월 법문학부 철학과에 입학하여 1940년 3월 졸업하였다. 그 다음달 도쿄제국대학 대학원(언어학 전공)에 들어가 수학하다가 1944년 3월 퇴학하였다. 경성으로 돌아와, 그해 4월부터의 경성제대 조선어학연구실 촉탁(임시직)을 시작으로 그 대학에서 연구와 강의를 병행하였다. 1946년 8월 20일 북조선 김일성대학 문학부 교원이 되고, 10월부터 그 대학 도서관 관장을 겸임하였다.

의 통일이 무엇보다도 급선무인 것을 깨달으셨습니다.

이리하여 1947년 2월 조선 어문 연구회가 조직되자, 이 회의 사업 진행에 부단한 관심을 돌리셨으며, 대단한 정무의 여가에는 삼십여 년간 연찬을 거듭하신 조선어 철자법과 문자 개혁안의 완성에 노력을 경주하셨습니다. 그러나 해방 이후에는 저술로써 선생의 사상을 체계화할 시간상 여유가 없으셨기 때문에 조선 어학에 관한 론지의 발표는 하시지 않으셨으나, 그 주요 사상의 발표는 각종 공식적 회합에서 몇 번인가 있었습니다."(김수경 1949.06:4~5)

최고인민회의 상임위원장(국가 수반) 등의 무거운 정무政務를 보면서도 조선어 철자법과 문자 개혁의 완성을 위하여 노력했으며, '각종 공식적 회합에서' 그런 문제에 관한 중요 사상을 발표했다는 것이다. 그런 발표들을 찾아 올리면 아래와 같다.

○1947~1949년 백연의 조선 어문 관련 활동
① 1947년 12월 26일 북조선 노동당 중앙위원회에서, '조선어 신철자법'에 관한 이론을 발표하다.
② 1948년 1월 9일 김일성대학에서 '조선어 신철자법'에 관한 이론을 발표하다.
③ 1948년 1월 15일 조선어문연구회의 「조선어 신철자법」 발표식에서, 대학교수 및 각계 인사들 앞에서 '문자 개혁안'에 관하여 보고하다.
④ 1948년 8월 중순 북조선 대학교수 하기 강습회에서, 사흘에 걸쳐 조선어학에 관하여 강의하다.
⑤ 1948년 11월 1일 조선어문연구회 전문위원 총회에서, 조선어문연구회의 성격에 관하여 말씀하다.
⑥ 1948년 11월 18일 중국 공청[79] 대표단과의 회담에서, '문자 개혁안'에 관하여 장시간에 걸쳐 자신의 연구 성과를 설명하다.

⑦ 1949년 1월 15일 훈민정음 창제 505주년 기념 보고 대회에서, 조선 어문의 연구 방향과 문자 개혁의 필요성에 대하여 말씀하다.

⑧ 1949년 7월 26일 조선어문연구회 제10차 전문위원회 자리에서, 주시경 선생 서거 34주년에 즈음하여 추모말씀을 하다.

⑨ 1949년 8월 4일 조선 어문에 관한 강연회에서, '「조선어 신철자 법」에 대하여'(오전 2시간)와 '문자 개혁안에 대하여'(저녁 2시간) 라는 제목으로 강연하다.

⑩ 1949년 10월, 조선어문연구회에서 진행 중인 『조선어 문법』 편수 및 조선말사전 편찬 사업에 대하여 간곡한 가르침을 주다.

위에서 보듯이, 평양에 들어간 백연은 급박히 돌아가는 정치 상황의 한복판에 있으면서도 조선 어문에 대한 열정을 식히지 않았으며, 특히 문자 개혁을 전제한, 새로운 철자법의 실현을 위하여 열렬히 노력하였다.

4.2. 한글 풀어쓰기 연구에 힘씀

백연은 조선어문연구회 기관지 『조선어 연구』 제1-2호의 머리에 실은 글에서 아래와 같이 썼다.

"본질적으로 이러한 우수한 성능을 가지고 있는데도 불구하고, 오늘날 알파베트에 비길 성능을 발휘하고 있지 못하는 원인은 어디에 있는가. 이것이야말로 한글이 내포(內包)하는 자기 모순의 가장 큰 하나이다. 한글의 창제자인 세종이 그렇듯 선견의 명을 가지고 한글을 만들었지마는, 철자에 있어서까지도 혁명적인 처리를 하지

---

79 '공청'은 '공산주의 청년단'의 줄임말인 듯하다.

못하고, 한자의 영향을 받아 글'자를 네모 안에 들도록 좌우 상하로 쓰게 한 것이 유감이 아닐 수 없다. "ㄷㅏㄹㄱ"이라고 못 쓰고 "닭"이라고 쓴 것이 자기모순의 발단이다. 이것은 그 시기에 있어서는 터럭 끝 같은 적은 일이였었을지 모르나, 500년의 세월이 흐른 오늘날에 있어서는 자모글'자를 음절(音節)글'자로 퇴보시키는 큰 결과를 가져왔다." -「한글의 나아갈 길」 1949.05:2.

세종이 선견先見으로 한글을 자모문자로 창제했는데, 철자법에서 그 좋은 자모를 한 방향(좌우)으로 쓰지 않고 상하(↓) 좌우(→)로 쓰게 한 것이 자기모순의 발단이라고 비판하였다. 그리고 이제 한글이 나아갈 길은 네모틀을 깨고 풀어서 가로 쓰는 것이라고 강력히 주장하였다.

김수경(1949.06:9)에서는 백연의 풀어쓰기 인쇄체는 이미 완성되었고, 그 필기체도 멀지 않아 완성될 것이라고 하였다. 그 말이 사실이라면, 1949년 당시에 박음글씨(인쇄체)는 앞의 104쪽에서 본 정도로 확정했으며, 흘림글씨(필기체)는 105쪽에 올린 것을 더 가다듬고 있었다는 말이 된다. 하지만 그 이후의 글씨꼴은 아직 접하지 못하였다.

4.3. 엄격한 형태주의 철자법의 완성과 시행

4.3.1. 「조선어 신철자법」의 제정 과정
항일 투쟁의 시기이던 1933년 한글날 「한글마춤법(조선어철자법) 통일안」이 발표되었고, 그로부터 8·15 광복 때까지 그것은 조선반도와 세계의 한겨레 공동체에서 표준 표기법으로 인정되고 통용되었다. 그런데 광복이 되고 두 해 남짓 지난 후, 북쪽에서 새로운 표기법 「조선어 신철자법」을 제정하고 시행하였다. 그 규정을 1950년에 책으로도 간행했으니, 그 머리말은 아래와 같았다.

○『조선어 신철자법』(1950.04)의 머리말[80]

"위대한 쏘베트 군대의 영웅적 승리로 말미암아 우리 조국이 일제 기반에서 해방되여, 자기의 언어와 문자를 자유롭이 사용할 수 있게 되자, 우리는 우리의 어문을 더한층 통일 발전시키ㄹ 온갖 방책을 강구할 필요성을 절실히 느끼게 되였다.

이에 북조선 인민 위원회는 1947년 2월 5일에 제175호 결정으로써 조선 어문 연구회를 조직하고, 이 연구회 전문 연구 위원들에게 철자 문제, 한'자 문제, 횡서 문제 등 조선 어문의 현재와 장래를 위하여, 반드시 해결해야 할 절실한 과업을 제시하였다. 이 결정으로 조선어 철자법 제정 사업에 궐기한 '조선 어문 연구회' 전문 연구 위원들은 우리의 진보적 어학자들이 30여년에 걸치여 이루어 놓은 학적 성과를 토대로 하고, 이에 심각한 연구와 엄격한 비판을 거듭한 결과 일단 성안을 얻어 1948년 1월 15일에 "조선어 신철자법"을 사회에 발표하였다. 그 후 수십회에 걸치ㄴ 각종 학술적 회합에서 각계 인사들의 토의 검토에 붙이였으며, 특히 1948년 10월 조선 민주주의 인민 공화국 내각 제10호 결'정서에 의하여, 남조선으로부터 래참한 어학자들도 망라하여 조선 어문 연구회가 재조직되자 1949년 7월 26일에는 전체 위원이 다시 이 "조선어 신철자법"을 검토하여 그곳에 기본적으로 그릇됨이 없음을 재확인하였다.

"조선어 신철자법"은 언어와 문자의 본질적인 사명에 립각하여 한편으로는 남조선 조선어 학회의 "한글 맞춤법 통일안"에 대한 비판으로부터 출발하였으며, 다른 한편으로는 멀지 않은 장래에 조선

---

80 그 머리말은 「조선어 신철자법」 규정에 따라 표기되어 있는바, "자유롭이, 발전시키ㄹ, 느끼게; 해방되여, 변혁이였다; 래참한, 립각하여, 철페; 문'자, 한'자, 발'전" 들이 그런 사례이다.

어문의 발전을 위하여 반드시 수행해야 할 한자 철폐와 문자 개혁(풀어서 가로 쓰기)을 예견하는 견지로부터 출발하였다.

그 결과 일정한 의미를 가지ㄴ 낱말을 고정적으로 표시하고 문자로 하여금 일정한 의사 표시의 도구로 삼게 하는 형태주의 원칙을 기본으로 삼아 종래의 철자법에 적지 않은 변동을 가하게 되였다. 그러나 이는 근본이 우수한 우리의 말과 글을 더욱 발전시키여 그 진가를 남기ㅁ없이 나타내게 하기 위하여는 반드시 필요한 변혁이였다.

이제 "조선어 신철자법"을 간행하면서 전체 인민이 조국의 문화 발전을 위하여 자기의 언어와 문자를 사랑하며 연구 비판하는 사업을 더 한층 높은 수준에서 전개하기를 바라는 바이다.

1950년 4월 15일

조선 어문 연구회"

위의 머리말에는 여러 내용이 담기어 있다. 먼저 「조선어 신철자법」의 이력부터 확인하기로 하겠는데, 머리말의 내용을 간추리고 관련 사항을 더 찾아 보태어 그 이력을 정리하면 아래와 같다.

o「조선어 신철자법」의 이력

① 1946년 7월 조선 어문에 관심이 큰 몇몇 유지의 발기로 조선어문 연구회를 발족하다.[81]

② 1947년 2월, 「북조선인민위원회의 결정 제175호」로 조선어문연구회(위원장 : 신구현[82])를 공립 기구로 개편하고, 그 본부를 김일

---

81 『조선어 연구』 창간호(1949.04) 133쪽의 기사에, "민간 자유 단체의 성격이었기 때문에 강력한 조직체를 이루지 못하고 볼 만한 성과를 거두지 못하였다."고 기록되어 있다.

82 신구현申龜鉉은 1912년 충청북도 진천군에서 태어났다. 1934년 4월 경성제국대학 예과에 입학하여 그 과정을 마치고, 1937년 4월 문학과에 입학하여 1940년 3월 졸업하였다. 김수경과 동기생이었는데, 나이는 여섯 살 더 많았다.

성대학(총장 : 김두봉)에 두다.

③ 그 연구회 전문 연구위원들이 심각한 연구와 엄격한 비판을 거듭
하여 「조선어 신철자법」을 성안하다.

④ 1948년 1월 14일 김일성이 조선어문연구회 위원장을 불러 '일부
사람들이 여섯 자모를 만들어 당장 쓰자는 데 대하여 옳지 않다'
는 견해를 밝히다.[83]

⑤ 1948년 1월 15일 조선어문연구회에서 「조선어 신철자법」의 정식
발표식을 가지다.

⑥ 1948년 10월 2일 공화국 내각 제4차 각의에서, 「북조선인민위원회
의 결정 제175호」를 폐지하고, 남조선으로부터 합류한 어학자도
망라하여 교육성敎育省 안에 조선어문연구회(위원장 : 리극로)를
설치하다.

⑦ 1948년 10월 13일, 조선어문연구회의 제1차 전문위원회[84]를 진행
하다.

⑧ 1949년 7월 26일 제10차 전문위원회에서, 다시 「조선어 신철자
법」을 검토하여 기본적으로 그릇됨이 없음을 재확인하다.

⑨ 1949년 9월 4일 제11차 전문연구위원회에서, 「조선어 신철자법」
을 적용하여 편찬한 조선말사전을 공간公刊할 것을 승인하다.[85]

전문 분야는 고전문학 연구였다.

83 그 발언 내용은 『김일성 전집』에 수록되어 있는데, 그대로 올리면 이러하다 :
"최근에 일부 사람들이 '6자모'라는 것을 만들어놓고 그것을 당장 쓰자고
한다고 하는데 국가적심의도 거치지 않고 '6자모'를 쓰자고 주장하는것은
옳지 않습니다. 작년 12월에 문자개혁문제와 관련하여 말한적이 있지만
언어는 민족을 특징짓는 중요한 징표의 하나입니다. 말과 글은 전민족이
일상적으로 사용합니다. 그렇기때문에 나라의 문자를 그 어떤 개인이 마음대
로 고칠수 없습니다."(김일성 1993.07 : 83~84)

84 전문위원회는 남북의 어문 학자 22명으로 구성했으며, 김두봉도 그 일원이었
다.

85 물론 그 사전은 조선어문연구회에서 주관하여 편찬했는데, 원고를 완성하기
까지 70여 명의 전문 학자와 30여 명의 대학생을 동원하였다(김병제

⑩ 1949년 10월 3일 제13차 전문연구위원회에서, 「조선어 신철자법」
을 적용하여 편수한 『조선어 문법』을 채택할 것을 결정하다.[86]
⑪ 1949년 10월 6일 조·소문화협회 사회과학 분과위원회에서, 「조선
어 신철자법」에 관한 강연회를 열다.
⑫ 1950년 4월 15일 조선어문연구회에서 책자 『조선어 신철자법』을
30,000부 간행하다.

위에서 보듯이, 평양에서 조선어 표기법 개정을 공론화하기 시
작한 때는 1946년 7월이다. 물밑에서는 더 일찍부터 움직였을 것
으로 보인다. 개정한 결과를 「조선어 신철자법」이라 명명하여 사
회에 발표한 때는 ⑤의 1948년 1월 15일이며, 책자로 간행한 것은
⑫의 1950년 4월이었다. ⑤의 원문을 접하지 못했으나 ⑫와 큰
다름이 없었던 듯하다.

「조선어 신철자법」을 제정하고 발표한 주체는 조선어문연구회
였다. 「조선어 신철자법」은 그 연구회의 "전문 위원들이 심각한
연구와 엄격한 비판을 거듭하여" 성안했으며(위의 ③), 그리고 남
북의 어문학자 22명이 그 내용에 "기본적으로 그릇됨이 없음"을

1950.02:77). 원고가 인쇄 단계로 넘어간 듯하나 간행에 이르지는 못하였다.
6·25 전쟁과 권력 투쟁의 결과였을 것으로 보인다. 평양에서 간행한, 최초의
우리말 사전은 「조선어 철자법(1954)」의 공포 이후 1956년 2월 간행한 『조선
어 소사전』으로 알려져 있다.
86 『조선어 문법』의 편수 위원은 이극로, 전몽수(위원장), 허익, 명월봉, 김룡성,
신구현, 홍기문, 김병제, 박종식, 박준영, 박상준, 김수경의 12명이었으며,
그 책은 1949년 12월에 간행하였다. 한편, 중국 연길시에 있는 연변대학
조선어문학부에서 자체 교재 『현대 조선어』를 편찬하여 1957년 간행하였는
데, 그 어음론은 여기 『조선어 문법』의 내용을 그대로 따랐으며, 「조선어
신철자법」에서 도입한 자모 ᄅ, ᄐ, ᅀ, ᅙ, ᄔ, ᅵ도 썼다(허동진 1998.10:349~
350).

재확인하였다(위의 ⑧). 「조선어 신철자법」은 한 개인의 저작이 아니라, 조선어문연구회의 전문 학자들이 집단 사고를 거듭하여 이루어 낸 결과물임을 강조한 것이다.

또 주목해야 할 것은 ④이니, 김일성은 애초부터 '여섯 자모의 제정'에 대하여 수차 반대 의견을 밝혔다는 것이다. 그럼에도 조선어문연구회에서 새로운 자모 6개의 사용을 포함한 「조선어 신철자법」의 제정과 시행을 강행한 것이 되는데, 김두봉이 그 중심에 있었기에 가능했을 것이다.[87]

그리고, 위의 ⑨와 ⑩에 올린 바와 같이, 조선어문연구회에서는 「조선어 신철자법」 규정을 기준으로 사전을 편찬하고 문법서를 편수하였다. 1949년 4월 창간한 기관지 『조선어 연구』의 게재물에도 「신철자법」의 표기 규정을 부분적으로 적용하다가 제2-2호(1950.05)와 제2-3호(1950.05)에는 전면적으로 확대하였다.[88] 기관지와 각종 인쇄물을 통하여 「조선어 신철자법」의 정당성과 합리성, 그리고 원리를 홍보했으며, 그 철자법의 빠른 정착을 위하여 수천 명의 학생과 교원과 문화일꾼을 모아 강습회도 열었다. 그러한 노력의 덕으로 지식인 사이에는 꽤 널리 새 표기법이 보급되었던 것으로 보인다. 하지만 일반 대중에게 새 낱자가 들어간 글자들이 여간 낯설지 않았을 것이며, 인쇄소에서는 여러 불비한 여건에서 6개 새 낱자가 들어간, 수많은 활자를 만들어 대기가 쉽지 않았

---

87 그 점과 관련하여 후일 최정후·김성근(2005.07:117)에서는 "반당종파분자들은 당시 자기의 직위를 악용하여 '6자모'에 의한 문자개혁을 실시하며 '6자모'를 포함시킨 맞춤법과 문법교과서, 뜻풀이사전들을 편찬하려고 책동하였다."고 기록하였다.

88 『조선어 연구』는 6·25 전쟁으로 발간을 중단한 것으로 보인다.

을 것이다.

4.3.2. 백연과 「조선어 신철자법」

광복 직후, 시대 상황이 회오리처럼 돌아가던 때에 조선어문연구회를 조직하고 「한글맞춤법 통일안」을 개정하려고 움직인 이는 백연 김두봉이었다. 회오리 같은 시대 상황에서, 그것은 아무나 발심할 수 있는 일이 아니었다. 표기법에 대한 이론과 새로운 표기법을 향한 집념과 정치적 영향력을 갖춘 백연이기에 가능한 일이었다.

앞의 2.3.4에서 살펴보았듯이 그는 엄격한 형태주의 표기법을 지향했으며, 그 실현을 위하여 꾸준히 노력하여 일찍부터 그 방안도 어느 정도 구체화하고 있었다. 이른바 '변격 활용'의 규칙화에 특히 관심이 컸으니, 2.3.4에서 살폈듯이 생애 최초의 저서인 『조선말본』(1916.04)에서부터 ㄹ 변격, ㅂ 변격, ㅅ 변격, '르' 변격들의 규칙화 표기 및 어간 말음 — 살려 적기를 실행하였다. 그 후로 표기와 현실 발음의 간극을 좁히는 방안을 끊임없이 모색하였다. 그리하여 『조선말본』을 간행하고 십년쯤 흐른 후에는, '짓음'으로 적었던 것을 '징음'으로 고쳐 썼으며, '묻-'(問)에서 파생한 이름씨는 '물음'이 아닌 '뭊음'으로 표기하였다.[89] 일찍이 새 낱자 ㆆ과 ㅿ을 도입한 것이다.[90]

---

89 1929년 8월 상해로 찾아간 이윤재에게 보여 준 '토박이말 과학술어' 가운데서 '잉모'(連乘)와 함께 '뭊음'(문제)을 확인할 수 있다(☞114쪽).

90 백연의 주장이나 실행 방법과 아주 비슷한 내용의 논문이 그 후에도 나왔다. 이탁의 「ㆆ, ㅿ, ◇을 다시 쓰자」(1932.09)가 그 가운데 하나인데, ㅅ 불규칙 용언의 받침에 ㆆ(여린 히읗)을, ㄷ 불규칙에 ㅿ(리읏)을, ㅂ 불규칙에 ◇(우읍)을 사용하자고 제안하였다. ㅅ과 ㄷ 불규칙에 관한 제안은 백연이 이미 실행하고 있던 것이었으나, ㅂ 불규칙에 ◇을 사용하여, 예컨대 [춥다, 추위

그러한 단계에서, 8·15 광복과 함께 확보한 영향력을 활용하여, 오래도록 갈망해 온, 엄격한 형태주의 표기법의 실현을 위하여 적극 나섰던 것이다. 조선어문연구회에서도 기관지『조선어 연구』에 게재한 글에서「조선어 신철자법」과 백연의 관계를 아래와 같이 분명히 공표하였다.

　"해방 후 1947년 북조선 인민 위원회의 결정에 의하여 조직된 조선 어문 연구회는 민족 공통어의 최후적 완성, 즉 조선 어문의 진정한 통일과 발전을 위하여, 한자 철폐와 문자 개혁을 예비하는 철자법의 새론ㄴ 제정을 자기의 당면 과업의 하나로 내세웠다.
　이것을 위하여서는 무엇보다도 주 시경 선생의 사상속에 배태되고 조선어 학회에 의하여 계승된 철자법상의 형태주의 원칙을 더 한층 발전시킬 것이 요구되었다. 이 요구에 부합한 것이 수10년 간의 학적 연구에서 완성된 김 두봉 선생의 문법 내지 철자법상의 새론ㄴ 견해를 토대로 하여 조선 어문 연구회는 1948년「조선어 신 철자법」을 발표하여 조선 어문 운동 사상에 또 하나의 비약의 발자국을 남기게 되었다."(조선어문연구회 1949.08:153~154)

그보다 앞서 김수경은, 1949년 3월 23일의 '김두봉 탄생 60주년 기념 회합'에서, 언어학자 백연 김두봉의 학적 활동을 세 시기로 나누어 볼 수 있다면서, 해방 이후의 대표적 업적은 "1948년의「조선어 신철자법」및 문자 개혁안"이라 하고, 이어서 다음과 같이 말하였다.

서]와 [곱지, 고와]를 각각 "춫다, 춫어서"와 "곻지, 곻아"로 표기하자는 것은 새로운 내용이었다. ◇은 자모로 채택되지 않았지만 '우읍'이란 이름은 「조선어 신철자법」에 그대로 반영되었다.

"1947년 2월 조선 어문 연구회가 조직되자, 이 회의 사업 진행에 부단한 관심을 돌리셨으며, 대단한 정무의 여가에는 삼십여년간 연찬을 거듭하신 조선어 철자법과 문자 개혁안의 완성에 노력을 경주하셨습니다."(김수경 1949.06:4~5)

위와 같은 기록과 발언들을 통하여 백연과 조선어문연구회, 그리고 백연과 「조선어 신철자법」과의 관계를 충분히 확인할 수 있다. 후일 중국의 동포 학자들이 지은 저서에서도 「조선어 신철자법」 사업은 김두봉이 주도했다는 기술을 접할 수 있으니, 예컨대 연변대학 교수를 지낸 허동진은 "김두봉이 새 문자 6자모를 만들어 그것을 언어 사용에 보급시키고자"(허동진 1998.10:371) 했다고 기술하였다.

그리고 앞의 따온글(1949.08:153~154)에서 보듯이, 조선어문연구회에서는 주시경 선생의 사상 속에 배태된 '철자법상의 형태주의 원칙'이 조선어학회의 「통일안」에 계승되어 있다고 인정하였다. 또한 그 역사적 의의에 대하여 "이로써 조선어 철자법에 있어 형태주의 원칙을 확고하게 그 뿌리를 박게 되고, 조선 어문 통일은 가일층 촉진되어 이 「통일안」이 조선 어학 사상에 가지는 의의는 실로 커다랗ㄴ 바가 있었다."(조선어문연구회 1949.08:152)고 평가하였다. 하지만 형태주의 원칙을 "더 한층 발전시킬 것이 요구"되어 「통일안」에 "적지 않은 변동을 가하여" 「조선어 신철자법」을 성안했다(조선어문연구회 1950.04:머리말)고 하였다. 다시 말하면 「조선어 신철자법」은 새로운 규정이 아니라, 기존의 「한글맞춤법(조선어철자법) 통일안」을 개정했다는 것을 공표한 것이다.

사실 「조선어 신철자법」은 체재를 비롯하여 기술 양식과 술어와 표기 문자 등이 「통일안」과 동일하다. 「통일안」에서 사용한 술어를 그대로 사용하고, 한자를 혼용하였다. 규정의 명칭이 아주 다른 것 같지만, 그것도 사실은 「통일안」의 이름을 계승한 것이다. 처음부터 '한글마춤법(조선어철자법) 통일안'이라는 두 이름으로 발표되었는데, 그 후에 흔히들 '한글' 쪽을 드러내어 '한글맞춤법 (통일안)'이라 일컬었음에 반하여, 조선어문연구회에서는 '조선어' 쪽을 선택하고 '신新'을 덧붙여 '조선어 신철자법'이라 명명한 것이었다. '한글맞춤법'이라는 용어보다 '조선어 철자법'이 더 합리적이라고 판단했던 것으로 이해할 수 있다.

그런데 백연을 비롯하여 조선어문연구회 사람들이 「통일안」에 '적지 않은 변동을 가한' 구체적인 이유는 무엇일까? 다시 말하면 「통일안」에 어떠한 결함이 있다고 보았을까? 이 물음에 대한 답은 아래의 진술에 잘 드러나 있다.

"그렇나 '한글 맞춤법 통일안'에 비판을 가하지 않을 수 없으니, 이에는 다음과 같은 몇가지 결함들이 있다.
첫째로, '한글 맞춤법 통일안'은 그 철자법의 기본 원칙이 무엇인지 명확히 인식하지 못하고 있다. 〔줄임〕
둘째로, 그 기본 원칙이 형태주의임에도 불구하고 중요한 조항에서는 표음주의에 빠지여 버렸다. 〔줄임〕
결국 '한글맞춤법 통일안'은 주 시경 선생의 학설을 계승하면서도 이를 더 앞으로 발전시키지 못하고, 단지 부분적인 개량에 그치고 만것이다."(조선어문연구회 1949.08:152~153)

형태주의를 기본 원칙으로 삼았으나, 형태주의 표기법에 대한 인식이 명확하지 못하며, 중요한 조항에서 오히려 표음주의에 빠져

버린 결함이 있다고 평가하였다. 김수경도 비슷한 평가를 했는데, 그 발언을 올리면 아래와 같다.

　　"이에 대하여 주 시경 선생의 학설을 계승하였다고 스스로 칭하는 남조선 '조선어 학회'에서는, 주 선생의 형태주의 원칙이 어떠한 리론적 근거를 가지는 것이며, 어떠한 사상적 기초위에 서있는 것인가를 명확히 인식하지 못한 결과, 언어 표기에 있어서의 표음성과 표의성이 기계적으로 분리되었다가는 또한 기계적으로 결합되어, 표음주의와 형태주의의 량 로선이 무원칙하게 혼동되고 있으며, 또한 어음론과 형태론 및 문장론과의 호상 관련성이 전연 거부되고 있습니다."(김수경 1949.06:7)

「통일안」에는 형태주의와 표음주의가 원칙 없이 뒤섞여 있으며, 어음론·형태론·문장론의 상호 관련성이 고려되어 있지 않다고 비판하였다.

　이와 같은 비판적 인식은 백연의 것이나 다름이 없었다. 백연은 위와 같은 「통일안」의 결함을 누구보다 일찍이, 그리고 깊고 넓게 인식하고 있었다. 그것을 바로잡으려고 꾸준히 연구해 오다가 마침내 8·15 광복과 함께 맞이한 기회를 놓치지 않고 자신의 지향을 반영한 「조선어 신철자법」을 이루어 낸 것이었다. 조선어문연구회에서 여러 절차를 거치기는 했으나 그 이론은 물론이요 구체적인 방법(의 일부)까지 백연이 내놓았으니, 김수경은 「조선어 신철자법」에 대하여 "김 두봉 선생의 리론을 구체화시킨 것"(김수경 1949.06:7)이라고 공개적으로 지적하였다.

　이제 다음의 4.3.3~4에서 「조선어 신철자법」의 중요 내용을 구체적으로 살펴보기로 한다.

4.3.3. 「조선어 신철자법」의 내용 : 용언 활용형의 규칙화　「조선어

신철자법」에서는 이른바 '변격 용언'들을 모두 규칙화하였다(제11

항). 바꾸어 말하면 변격되는 대로 표기하는 규정을 폐기한 것이

다. 10여 년 사용해 오던 「조선어철자법 통일안」과 비교할 때에

가장 혁명적인 내용은 이것이었고, 「조선어 신철자법」을 완성하는

과정에서 시간을 가장 많이 들인 것도 이 부분이었다.

변격 용언의 활용형들을 규칙화하여 표기하려니 새로운 자모가

필요했다. 최종적으로 ᄅ, ᄅ, ᄉ, ᅙ, ㅸ, 1의 여섯 자모를 새로

제정하고, 그 이름을 각각 이렇게 정하였다 : ᄅ는 '리을'[리으], ᄅ

은 '리을', ᄉ은 '싀읏'[리읃], ᅙ은 '히읗'[히으], ㅸ은 '우읍'[우읍][91]

또는 '반모음 ㅜ', 1는 '이' 또는 '반모음 ㅣ'.[92] 그런데 종래와 같이

모아쓰기를 하는 한에서는 그 여섯으로 끝나는 것이 아니고, 그

낱자가 들어간 수많은, 새로운 글자(활자)를 만들고 써야 했다.

이제 그 구체적인 내용을 「통일안」과 비교하면서 확인해 나가기로

한다.

첫째, 「통일안」에서 'ᄉ 변격'으로 처리했던 용언 "잇-, 긋-, 짓-,

젓-, 붓-, 낫-" 들의 어간 말음 ᄉ를 「신철자법」에서는 새로운

자모 ᅙ로 표기하였다. 일찍이 백연이 구안하여 실행하던 바(☞

114쪽)를 그대로 수용한 것이다. 그림씨에서 '낫-'(치유)을 가지고

두 표기법의 차이를 비교하여 보이면 다음과 같다.

---

91 여기 [ ] 속에 적은 것들은 발음을 가리킨다.

92 조선어문연구회(1950.05 : 34~37)에서, ᄅ는 설단-반전⟨⟩-유성음 [ɽ]을,
　ᄅ은 설단-설측-유성음 [l]을, ᄉ은 설단-마찰-유성음 [ʒ]을, ᅙ은 후두(성
　대)-파렬-무성음 [ʔ]을, ㅸ은 량순-마찰-유성음 및 연구개-마찰-유성음
　[w]를, 1는 설면-구개-마찰-유성음 [j]를 각각 가리킨다고 풀이하였다.

ㅇ'ㅅ 변격' 용언의 표기 비교

「통일안」		「신철자법」		
낫+다	→낫다	낳+다	→낳다	]ⓐ
낫+소	→낫소	낳+소	→낳소	
낫+는	→낫는	낳+는	→낳는	]ⓒ
낫+나?	→낫나	낳+나?	→낳나	
낫+으니	→나으니	낳+니	→낳니	
낫+으ㄹ	→나을	낳+ㄹ	→낳ㄹ	
낫+으면	→나으면	낳+면	→낳면	
낫+으ㅂ니다	→나웁니다	낳+ㅂ니다	→낳ㅂ니다	ⓑ
낫+으오	→나으오	낳+오	→낳오	
낫+아서	→나아서	낳+아서	→낳아서	
낫+으시+니	→나으시니	낳+시+니	→낳시니	

위에서 보듯이 「신철자법」에서는 '낫-'을 버리고 '낳-'을 원형原
形으로 잡았다. 그렇게 어간 말음을 ㅎ [?]로 설정함으로써 그 모든
활용형의 표기를 규칙화한 것이다. 그리고 ㅎ의 발음에 관하여
밝혔으니, ⓐ에서 보듯이 뒤따르는 자음을 된소리로 발음되게 하고,
ⓑ와 같은 몇몇 환경―ㄴ, ㄹ, ㅁ, ㅂ, 'ㅅ'와 모음의 앞―에서는
발음되지 않는데, 다만 ㄴ라 하더라도 ⓒ에서 보듯이 '-는', '-네',
'-느냐', '-늬', '-나?' 앞에서는 [?]로 발음된다고 하였다. 그런데
ⓑ의 여섯 표기는 각각의 현실 발음 [나으니, 나을, 나으면, 나웁니다,
나으오, 나으시니]와의 괴리가 적지 않아 보인다.

둘째, 이른바 'ㄷ 변격' 용언은 어간 말음을 「신철자법」에서는
새로운 자모 ㅿ으로 표기하였다. 이 역시 일찍이 백연이 구안하여
실행해 온 방법이었다(☞ 114쪽). 예컨대 '듣-'(聞) 대신에 '듶-'을
원형으로 잡아 다음과 같이 규칙화한 것이다.

○'ㄷ 변격' 용언의 표기 비교

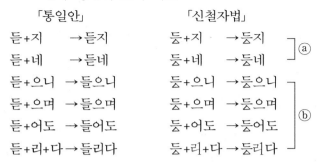

「통일안」　　　　　　　「신철자법」

듣+지	→듣지	듳+지	→듳지	ⓐ
듣+네	→듣네	듳+네	→듳네	
듣+으니	→들으니	듳+으니	→듳으니	ⓑ
듣+으며	→들으며	듳+으며	→듳으며	
듣+어도	→들어도	듳+어도	→듳어도	
듣+리+다	→들리다	듳+리+다	→듳리다	

이른바 'ㄷ 변격' 용언의 어간 말음을 ㄷ[t]가 아니라 △[ɜ]로 설정한 것이다. △의 발음에 관하여는, ⓐ에서 보듯이 자음 앞에서는 ㅅ와 비슷하게 발음하고, ⓑ에서 보듯이 모음 사이와 '-리-' 앞에서는 ㄹ와 비슷하게 발음된다고 하였다. 그러니 발음에 관한 것은 「통일안」과 다름이 없다.

셋째, 종래에 'ㅂ 변격' 용언으로 처리해 온 낱말들의 활용형은 새 자모 ㅸ을 사용하여 아래와 같이 적도록 하였다. 다시 말하면 어간 말음을 ㅂ가 아닌 ㅸ[w]로 설정한 것이다.

○'ㅂ 변격' 용언의 표기 비교

「통일안」　　　　　　　　「신철자법」

돕+다	→돕다	돟+다	→돟다	ⓐ
돕+지	→돕지	돟+지	→돟지	
돕+네	→돕네	돟+네	→돟네	ⓒ
돕+는	→돕는	돟+는	→돟는	
돕+으니	→도우니	돟+니	→돟니	ⓑ
돕+으르	→도울	돟+르	→돟르	
돕+으면	→도우면	돟+면	→돟면	

```
돕+읍니다   →도웁니다     돞+ㅂ니다→돞ㅂ니다
돕+으소서   →도우소서     돞+소서    →돞소서
돕+으시+니  →도우시니     돞+시+니   →돞시니
돕+아야     →도와야       돞+아야    →돞아야
```

ㅸ의 발음에 관해서도 규정하였다. ⓐ에서 보듯이 여러 자음 앞
에서는 [p]로 발음되지만, ⓑ와 같은 여러 환경─ㄴ, ㄹ, ㅁ, ㅂ,
ㅅ와 모음의 앞─에서는 [w]로 발음되는데, 다만 ㄴ라 하더라도
ⓒ에서 보듯이 '-는', '-네', '-느냐', '-늬', '-나?' 앞에서는 [p]로
발음된다고 하였다. 역시 발음에 관해서는 「통일안」과 달리 규정
한 것이 없다.

넷째, 이른바 'ㄹ 변격' 용언은 새 자모 ㅭ를 도입하여 규칙화하
였다. 예컨대 '갈-'의 종성을 [ɾ]로 보아, 그 말소리를 ㅭ로 표기하
여 '갏-'을 원형으로 삼은 것이다.

○'ㄹ 변격' 용언의 표기 비교
　　「통일안」　　　　　　　　「신철자법」
```
갈+고     →갈고      갏+고      →갏고      ⎤
갈+면     →갈면      갏+면      →갏면      ⎦ⓐ
갈+느냐   →가느냐    갏+느냐    →갏느냐    ⎤
갈+ㅂ니다 →갑니다    갏+ㅂ니다 →갏ㅂ니다  ⎥
갈+시+고  →가시고    갏+시+고  →갏시고    ⎥ⓑ
갈+오.    →가오      갏+오.     →갏오      ⎦
```

ㅭ[ɾ]는 일반적으로 자음 앞에서는 ㄹ과 비슷하게 발음된다고
하였다. ⓐ가 그 보기이다. 하지만 ⓑ들과 같은 환경─ㄴ, ㅂ, ㅅ,
ㅗ의 앞─에서는 발음되지 않는데, 그러므로 '죽는 ㄹ'이라는 이름

도 가지고 있다고 하였다. 결국 "갈느냐, 갈ㅂ니다, 갈시고, 갈오"는 각각 [가느냐, 갑니다, 가시고, 가오]를 표기한 것이라는 말이다.

다섯째, 종래의 '러 변격' 용언도 규칙화했으며, 여기에도 ㄹ를 사용하였다. 예컨대 종래의 '푸르-'를 버리고, '르'에 ㄹ를 받침으로 쓴 '푸를-'을 원형으로 삼았다.

o'러 변격' 용언의 표기 비교

　　「통일안」　　　　　　　　「신철자법」

　푸르+다　　→푸르다　　　푸를+다　　→푸를다

　푸르+어　　→푸르러　　　푸를+어　　→푸를어

　푸르+었+고→푸르렀고　　푸를+었+고→푸를었고

현실 발음 [이르다, 이르고]의 예를 보이며 어간 말음 ㄹ는 ㄴ, ㅂ, ㅅ 이외의 자음 앞에서도 발음하지 않는 때가 있으나, ㄹ대로 내는 것을 원칙으로 삼는다고 하였다. 그것은 "푸르다, 이르다"와 "푸를다[푸르다], 이를다[이르다]" 중에서 어느 쪽을 표준 낱말로 삼을 것이냐의 문제이기도 하다.

여섯째, 이른바 '르 변격' 용언은 ㅌ을 사용하여 아래와 같이 규칙화하였다. 예컨대 종래의 '가르-'에 ㄹ 대신에 ㅌ을 사용하여 '가ㅌ-'를 원형으로 잡은 것이다.

o'르 변격' 용언의 표기 비교

　　「통일안」　　　　　　　　「신철자법」

　가르+고　　→가르고　　　가ㅌ+고　　→가ㅌ고

　가르+어　　→갈라　　　　가ㅌ+아　　→가ㅌㅏ

　가르+었+지→갈랐지　　　가ㅌ+았+지→가ㅌㅏㅆ지

ᄙ은 [ㄹㄹ]를 가리키니, 「통일안」의 '갈라'는 '가ᄙ아'가 되고, '갈
랐다'는 '가ᄙ았다'가 된다. '갈라'로 표기하면 어간 '가르-'와 어미
'-아'의 표기 형태가 파괴되지만, '가ᄙ아'로 표기하면 어간 '가ᄙ-'와
어미 '-아' 각각의 형태가 유지된다고 본 것이니, 글자 'ᄙ아'에서
ㅡ는 어간의 끝소리이고 ㅏ는 어미의 첫소리이다. 여기 모음에
앞선 ㅡ는 시간적 간극이 있기 전에는 발음되지 않는다고 덧붙였
다. 바꾸어 말하면 '가ᄙ아'는 대다수의 경우에 ㅡ는 탈락하고 [가
라], 곧 [갈라]로 발음된다는 말이다. 그리고 어간 요소 'ᄙ'의 발
음에 관하여, [ᄙ]로 내는 것을 원칙으로 삼고 [르]로 내는 것도
허용한다고 했는데, 그것은 표준 발음의 문제이니, [갈르다]를 원
칙으로 삼고 [가르다]도 허용하는 셈이 된다.[93]

그런데 「신철자법」에 도입한 ᄙ은 갑작스러운 처리가 아니었
다. ᄙ은 이미 1920년대 초엽 외국어를 표기할 때에 더러 쓰였다.
예컨대 김억이 번역한, 타고르(R. Tagore)의 시집 *Gitanjali* 를 1923
년 4월 평양에서 간행했는데, 표지의 도안 글씨[94]가 'ᅁ탄자ᄙ'[95]
였다. Gitanjali의 'li'를 'ᄙ'로 한글화한 것으로, [l]을 ᄙ로 표기한
셈이니 「신철자법」과 다르지 않다. 그보다 앞서, 1922년 6월치 『신
생활』에는 '노아'가 번역한 것이 실렸는데 '기탄자ᄙ'로 인쇄되어
있다. 당시 지식인 중에 외국어의 [l]을 표기할 새로운 한글 낱자

---

93 한힌샘의 『국어 문법』(1910.04:12)에 보면 여러 움씨의 활용형을 예시한
가운데 "가르-, 두르-"와 "갈르-, 둘르-" 들을 나란히 올려 놓았다. 양쪽을
표준으로 인정한 것으로 이해할 수 있다.

94 하지만 활자로는 'ᄙ'로 인쇄되어 있다. 당시의 여건으로는 새로운 활자를
만들기가 쉽지 않았던 때문으로 볼 수 있다.

95 ㄱ 앞에 ㅇ을 덧붙여 'ᅁ'로 인쇄한 것은 Gitanjali의 'G'가 울림소리(유성음)임
을 드러내려 한 것이었다.

의 필요성을 느낀 이가 한둘이 아니었음을 보여 주는 사례인데, 8·15 광복 후, 국가 차원에서 제정한 최초의 외래어 표기법인 「들온말 적는 법(1948)」[96]에서도 [1]을 ㄹㄹ로 표기하도록 규정한다.

일곱째, 어간 말음이 ㅡ인 용언의 활용에서 그 ㅡ가 탈락하는 것도 허용하지 않았다(제56항). 다시 말하면, '르 변격' 용언만이 아니라 그 이외의 어간 말음 ㅡ의 탈락도 표기에는 반영하지 않았다. 아래의 비교에서 보듯이, 「통일안」에서는 탈락한 ㅡ는 적지 않음에 비하여 「신철자법」에서는 그 ㅡ를 살려 적기로 한 것이다.

ㅇ어간 말음이 ㅡ인 용언의 활용형 표기 비교

「통일안」		「신철자법」	
크+어	→ 커	크+어	→ 킈
치르+어	→치러	치르+어	→치릐
예쁘+었+지→예뻤지		예쁘+었+지 → 예뻤지	

백연은 일찍이 『조선말본』(1916.04)에서부터 "크어, 치르어, 예쁘었지" 식으로 적었었는데(☞ 2.3.4), 그것은 현실 발음과의 괴리가 크므로 위와 같이 바꾼 것으로 이해된다.

이와 같은, 어간 말음 ㅡ 살려 적기는 파생의 경우에도 적용했으니, "게으르-, 다르-, 바쁘-"에 접미사 '-이'가 붙어 파생한 부사들의 표기도 ("게을리, 달리, 바삐"가 아니라) "게으릐, 다릐, 바삑"로 규정하였다(제13항).

여덟째, 「신철자법」에서는 이른바 'ㅎ 변격' 용언의 표기도 다음과 같이 규칙화하였다(제11항).

---

96 「들온말 적는 법(1948)」에 관해서는 ⑧의 4.2.에서 자세히 다룬다.

'ㅇ·ㅎ 변격' 용언의 표기 비교

「통일안」	「신철자법」
하얗+고 →하얗고	하얗+고 →하얗고
하얗+니? →하야니	하얗+니?→하얗니
하얗+은 →하얀	하얗+ㄴ →하얗ㄴ
하얗+으면→하야면	하얗+면 →하얗면

아홉째, 어간 말음 ㅣ가 어미 '-어', '-었-' [97] 등의 첫머리 ㅓ와 어울려 한 음절로 발음되는 용언은, 그 말음을 1[ǰ]로 적기로 하였다(제7항). "끼-, 지-, 스미-, 고치-, 밝히-" 등, 종래에 어간 말음을 ㅣ로 적던 용언의 대다수가 여기에 들고, 높임어미 '-시-'도 여기에 든다. 「통일안」의 표기를 따르는 용언은 "아니-, 기-(포복), 미-(창호지를 찢-), 시-, 피-, 삐-, 띠-" 정도였다.

예를 들면 "치어, 스미어서, 밝히어, 오시었다" 등은 일상에서 흔히 [쳐(→처), 스며서, 발켜, 오셛다]로 발음하는데, 그런 경우 "쳐, 스며서, 밝혀, 오셨다"로 적는 것이 「통일안」의 규정이다. 어간 말음 ㅣ[i]와 어미의 ㅓ[ə]가 어울려 ㅕ[jə]로 발음되는 것으로 보며, 그 발음대로 적는다고 규정한 것이다. 이에 반하여 「신철자법」에서는, 그러한 표기는 '치-', '스미-', '밝히-', '-시-', '-어', '-었-'의 표기 형태를 파괴하므로 바람직스럽지 못하다고 결론하고, 어간 말음을 1[ǰ]로 적음으로써 그 문제를 해소하려 한 것이다. '가지-'의 활용형으로 비교하여 보이면 다음과 같다.

---

[97] 처음에는 '-여', '-였-'을 표준으로 삼았다가 1950년 6월 '-어', '-었-'으로 고쳤다(조선어문연구회 1950.06:93).

○활용에서 일어나는 [ㅣ+ㅓ→ㅕ]의 표기 비교

「통일안」		「신철자법」	
가지+고	→가지고	가지+고	→가지고
가지+며	→가지며	가지+며	→가지며
가지+어	→가져	가지+어	→가지어
가지+어야	→가져야	가지+어야	→가지어야
가지+었+다	→가졌다	가지+었+다	→가지었다

흔히 '가지-'로 적는 원형을 '가지-'로 바꾸고, "가져, 가졌다" 등의 표기를 "가지어, 가지었다" 등으로 바꾸었다. 어간의 말음을 1[j]로 설정함으로써 어간과 어미의 형태를 깨뜨리지 않고 이중모음 ㅕ[jə]로 발음되는 현상을 표기하려 한 것이었다. 그런데, 그러한 처리는 한국어의 음절 구조에 대한 상식의 수정을 동반한다. /지/의 음절 구조는 CC가 되고, /지고/는 CCCV, /지며/는 CCCCV가 되니, 한국어에서는 홀소리 사이에 닿소리가 3~4개 놓이는 경우가 흔하다고 기술해야 한다.

지금까지 우리는 「조선어 신철자법」에서 모든 용언 활용형의 표기를 규칙화한 내용을 살펴보았다. 낱자(자모) ㄹ, ㅌ, ㅿ, ㆆ, ㅸ, 1를 제정하여 이른바 '변격 용언'들의 어간을 새로 설정함으로써 변격을 규칙화하였다. 또한 어간 말음 ―의 탈락도 표기에 반영하지 않았다. 낱낱의 형태는 어떤 환경에서든 일정한 형태로 적어야 한다는, 형태주의 표기 원칙을 철저히 엄격히 적용하려 애쓴 결과였다. 그러한 방향과 방법은 백연 김두봉이 제시한 것인바, 김수경(1949.06:6)에서도 그 점을 분명히 밝힌 바 있다.

4.3.4. 「조선어 신철자법」의 내용 : 용언 활용 이외의 것들 변격 활용형의 규칙화 표기 외에도 「조선어 신철자법」에서 「통일안」과 다르게 고친 내용이 더 있다. 그 가운데서 몇 가지를 살펴본다.

첫째, 합성의 경계에서 된소리나 [ㄴ~ㄹ]가 덧나는 경우 절음부(')를 사용하기로 규정하였다(제31항). 그런데 그것은 일찍이 백연의 저술[98]과 『말모이』에서 아무런 표시를 하지 않았던 것과는 다른 내용이다. 예컨대 [코뜽, 손뜽], [나문닢, 꼰닢]으로 발음되는 합성어를 적을 때에, 「통일안」 새판(1940)에서 "코ㅅ등, 손ㅅ등", "나무ㅅ잎, 꽃ㅅ잎"으로 적기로 했던 것을 「신철자법」에서는 "코'등, 손'등", "나무'잎, 꽃'잎"으로 적기로 한 것이다.[99] 형태주의 표기 원칙의 엄격한 적용의 연장선에서, 앞뒤 요소의 표기 형태에 변형을 가하지 않으려 애쓴 결과로 이해할 수 있다.

그리고 「통일안」에 없는 내용을 추가했으니, 한자 요소끼리의 결합 경계에서 위와 같은 발음 현상이 있는 경우에도 절음부를 쓸 수 있다고 하였다. 예를 들면 [총무꽈, 문짜, 발쩐, 관절념]은

---

98 예외적으로 『조선말본』(1916.04:128)에 '붓대'로 표기한 것이 있는데, 그것은 동형어를 피하기 위한 방편이었다. 백연은 낱말을 바로잡거나 선택하는 기준으로 동형어 발생 여부를 중시하여, "마주치는 말이 있으면" 피하는 쪽으로 가야 한다(김두봉 1922ㄹ:98)고 하였다.

99 이런 부류의 처리는 매우 까다로운 문제이다. 「통일안」을 보더라도 첫판(1933)에서는, 동일한 변동이 일어나더라도 그 지점의 앞 소리가 홑소리인 경우에만 ㅅ을 받침으로 적기로 했었다. 현재의 남쪽 규정이기도 한데, "콧등(←코+등), 나뭇잎(←나무+잎)"과 "손등(←손+등), 꽃잎(←꽃+잎)"으로 차이를 둔 것이었다. 하지만 그러한 처리에 대하여, 제정 위원 중에서도 "재래의 慣習관습과 인쇄업의 다소의 便宜편의를 돌보아 처리한 데 불과하다." (이극로 1938.11:10), "재래의 적는 버릇과 찍는 편의를 보아서 된 일종의 假案가안"(최현배 1940.05:492) 등의 비판이 이어졌다. 결국 새판(1946)과 같이 수정했는데, 그 내용에도 만족스럽지 않아하는 연구자가 적지 않았다.

"총무'과, 문'자, 발'전, 관절'염"으로 쓸 수 있다는 것이었다. 선택 사항으로 규정했으나 「신철자법」 본문의 표기에서부터 철저히 그렇게 표기하였다.

그런데, 절음부의 사용은 백연이 제안한 것이 아니고 김수경의 견해를 수용한 것이었다. 김수경은 「『용비어천가』에 보이는 삽입 자모의 본질」(1949.05)[100]에서 『용비어천가』에 쓰인 삽입 자모字母는 단지 어음론적 사실 이외의 아무것도 아니라는 결론을 내리고, 러시아어 표기의 예를 들어 아래와 같이 제안하였다.

> "로씨야어의 Ь, Ъ가 고유의 음가는 가지지 않으나, Я, Ю, Е, Ё의 발음에 있어 이들을 선행 자음과 절연시키기 위한 것이다. 다시 말하면 문자 그 자체에는 고유의 음가는 없으나 機기에 임하여 連연의 어음의 발음에 있어 모종의 지시를 내리는 것으로 되는 것이다. 이리하여 문자 Ъ는 오늘날 그것이 '로써 대체될 수 있으며, 또한 分離符분리부라 명명되는 것으로서도 알리는 바와 같이, 문자라 하기보다는 차라리 한개의 부호에 지나지 않는다. 이와 마찬가지로 조선어의 삽입 字母자모의 경우에 있어서도 그 기능이 단일한 이상, 한개의 부호 내지 문자로써 표기한다 하더라도 그것으로써 충분 의도된 발음 행위는 수행될 것이다."(김수경 1949.05:31)

러시아어의 표기에서 Ъ 자모를 분리부(')로 대체한 것처럼 조선어의 표기에도 ㅅ 대신에 '를 표기하면 충분하다는 것이었다.[101]

---

100 서울에 있을 때에 『진단학보』 제15호(1947.05)에 발표한 「『용비어천가』 삽입자음考고」를 개고한 것이다.

101 일찍이 이극로(1938.11:11)에서는 '중간ㅅ' 대신에 ㆆ[?]을 쓰는 것이 가장 합리적이라 했으며, "다른 언어 문자에서도 1개의 子音이 한 단어가 되어 독립하여 쓰이는 것이 없지 아니하다."고 하였다. 최현배(1961.10:116~117)

「신철자법」에서는 이 제안을 그대로 반영한 것이 분명하다. 다만, '분리부'라는 이름은 '절음부'로 고쳤다.

둘째, 한자어의 머리소리 ㄴ와 ㄹ도 각각 그대로 표기하기로 규정하였다(제42항과 제43항). 곧, 어떤 한자의 초성 ㄴ와 ㄹ를 어중·어말에서 ㄴ와 ㄹ로 적으면 어두에서도 그렇게 적는 것으로 규정한 것이다. 그것 또한 형태주의 표기 원칙을 철저히 적용한 결과였다. 「통일안」에서 "쾌락(快樂)-낙원(樂園)", "행려(行旅)-여행(旅行)", "당뇨(糖尿)-요도(尿道)" 등으로 규정한 것, 바꿔 말하면 '낙원', '여행', '요도'와 같은 표기를 표음주의에 빠진 잘못된 표기라고 비판하고, 그것도 어말에 놓일 때의 '락', '려', '뇨'와 동일하게 '락원', '려행', '뇨도'와 적기로 하였다.

「신철자법」의 성안 과정에서 이 규정은 일찍 확정했으니, 그것은 새로운 내용이 아니고 어느 개인의 특별한 제안도 아니었다. 시간을 거슬러 올라가면 누구든 그렇게 발음하고 그렇게 표기했었다. 1930년대 초엽까지도 그렇게 표기하는 사람이 많았으며, 「통일안」 제정 과정에서도 그런 쪽을 지지한 위원이 적지 않았다.[102] 백연은 남쪽 출신이지만 일찍부터 어두, 곧 낱말 첫머리의 ㄴ와 ㄹ를 본음대로 표기하였다.

셋째, 용언의 어근에 '-브-'가 붙어서 파생한 용언은 원형을 밝

에서도 사이ㅅ의 여러 문제점을 지적하고, 훈민정음 초창기에 '끊음소리'를 나타내는 데에 사용했던 ㆆ을 쓰는 것이 편익이 많다며, ㅅ 대신 ㆆ 쓰기를 제안하였다.

102 「통일안」 제정 위원이었던 김선기는 40여 년이 지난 후에 이렇게 진술하였다 : "'합리'라고 쓰면 '리치'라고 하여 조금도 나쁠 것이 없는데 '이치'와 '합리'로 써서, 한 얼굴낱(형태소)을 두 가지로 적게 된 것은 언젠가는 바로잡아야 될 것이다."(김선기 1977.03:35~36).

혀 적기로 하였다(제18항). 갑자기 짜낸 생각이 아니고, 일찍이 한힌샘 주시경이 『국어 문법』(1910.04)에서 실행한 '깃ᄇ어'(111쪽), 그리고 백연이 『조선말본』(1916.04)에서 실행한 "낮ᄇ고나(137쪽), 깃ᄇ다(137쪽)"의 방향으로 되돌린 것이었다. 형태주의 표기 원칙을 엄격히 적용한 결과였으니, 현실적으로 보면 「통일안」의 "기쁘다, 나쁘다, 미쁘다, 바쁘다"를 각각 "깃브다, 낮브다, 믿브다, 밭브다"로 고친 것이다. 각각 "깃다, 낮다, 믿다, 밭다"에서 파생한 것으로 보아 그 형태를 밝혀 적은 것인데, 「통일안」 제정을 위한 토론 과정에서 논란이 많았던 듯하다.[103]

넷째, 접미사 '-앟/엏-'과 '-언-'의 원형을 밝혀 적기로 하였다(제28항). 일찍이 『말모이』에서 실행한 '감앟-', '간질업-'(☞77쪽), 그리고 『조선말본』(1916.04:103)에서 실행한 '믿업-' 쪽으로 되돌린 것이었다. 달리 보면, 「통일안」에서 "가맣다, 누렇다, 발갛다, 둥그렇다, 싸느렇다" 등으로 적던 것을 "감앟다, 밝앟다, 둥글엏다, 싸늘앟다"로, 「통일안」의 "간지럽다, 미덥다, 징그럽다"를 "간질언다, 믿언다, 징글언다"로 고친 셈이었다. 각각 "감다, 밝다, 둥글, 싸늘"과 "간질(간질), 믿다, 징글(징글)"과의 연관성을 유지하는 것을 중시한 결과였다.

다섯째, 한 단어의 두 모음 사이에서 아무 뜻 없이 나는 설측음은 새 자모 ㅌ로 적는다고 하였다(제4항). ㄹㄹ로 적던 것을 ㅌ로 바꾼 것이니, 예컨대 「통일안」의 "걸레, 벌레, 달래다, 진달래, 얼른" 등을

---

103 40여 년이 지났음에도 장지영과 김선기는 "깃브-, 낮브-" 쪽을 버린 것은 아주 잘못된 결정이며 연구 부족으로 그렇게 되었다고 함께 통탄하였다(김선기 1977.03:35).

버리고 각각 "거레, 버레, 다레다, 진다래, 어른"으로 적는다는 것이었다. 그러한 설측음의 표기도 일찍부터 백연의 관심사였으니, 『말모이』에 보이는 '버레'(187쪽), '아기버레'(215쪽), '옴버레'(217쪽)들과 『조선말본』에 보이는 '풀버레'(208쪽)로써 그 사실을 확인할 수 있다.

4.3.5. 「조선어 신철자법」의 폐기와 계승   1952년에 이르러 조선어문연구회는 큰 변화를 겪었다. 한 해 동안에 그 소관처가 교육성에서 '정치·경제학 아까데미야'로, 다시 과학원으로 이관되었고, 명칭도 '조선 어학 연구소'로, 다시 '조선어 및 조선 문학 연구소'로 바뀌었다. 모두 조선민주주의인민공화국 「내각 결정」에 의한 것이었다.

그렇게 과학원 산하의 기구로 개편된 '조선어 및 조선 문학 연구소'에서 1954년 9월 새로운 표기 규정 「조선어 철자법」을 발표하였다. '공화국' 명의로 공포한 최초의 표기법이었으니, 그 규정을 발표하기까지의 과정을 추적해 보면 아래와 같다.

○ 「조선어 철자법」의 제정 과정
① 1952년 4월의 「내각 결정」으로 조선어문연구회가 교육성敎育省 소관으로부터 내각內閣 직속의 '정치·경제학 아까데미야'로 이관되고 '조선 어학 연구소'로 개칭되다.
② 1952년 12월 내각 직속으로 최고 연구기관 '과학원科學院'이 개원하면서,[104] '조선 어학 연구소'는 그 산하의 '조선어 및 조선 문학

---

104 인민공화국 최고 연구기관으로 과학원을 창설하기로 결정한 것은 1952년 5월 6일 「내각 결정 제86호」였다. 그에 따라 10월 9일 「내각 결정 제183호」로

연구소'로 개편되다.

③ 1954년 초, 위의 연구소 안에 '조선어 철자법 규정 작성 위원회'를 조직하여 조선어 철자법 초안을 작성하게 하다.

④ 1954년 4월, 위의 연구소 일꾼들이 조선어 철자법의 초안 작성을 완료하다.

⑤ 위의 초안에 대하여 2달여 동안 수차례에 걸쳐 과학원 내외에서 공개적이며 집체적인 토의를 벌이다.

⑥ 1954년 9월 20일, 과학원 조선어 및 조선 문학 연구소 이름으로, 새로운 규정 『조선어 철자법』을 발행하고 공포하다. 그로써 「조선어 신철자법」은 폐기되다.

⑤의 '수차례 토의'에는 적어도 2번의 '공개 심의회'가 포함되는데, 그 첫 번째 회의를 1954년 6월 17일 가졌으니, 최고인민회의 상임위원회 및 내각의 기관지 『민조조선』에서는 그 회의와 관련하여 아래와 같이 보도하였다.

"회의에는 과학원 원사 김두봉 선생을 비롯하여 후보원사 리극로, 리청원, 동 언어학연구실 연구사 홍기문, 김병제, 김수경 등과 교육성 및 각 대학 기타 관계 부문 학자들, 문학가들, 출판계 인사들이 다수 참석하였다.

심의에 붙인 초안은 1933년 조선 어학회에서 출판한 『한글 맞춤법』과 1950년 조선 어문 연구소에서 출판한 『조선어 신 철자법』을 기본 자료로 하여 작성된 것이다.

조직에 관한 내용을 발표했으니, 사회과학, 자연과학·기술, 농학·의학 부문의 3개 위원회와 물리·수학, 화학, 농학, 의학, 경제·법학, 조선어 및 조선 문학, 물질문화사, 역사학의 8개 연구소로 출발하였다. '조선어 및 조선 문학 연구소'는 서너해 후에 '언어 문학 연구소'로 이름을 바꾸고, 사회과학위원회는 1964년 2월 17일 '사회과학원'으로 분리된다.

〔1개 단락 줄임〕

회의에서는 광범한 의견이 교환되었으며 초안의 각 부분에 걸친 세목들에 대하여 진지한 토의가 진행되었다.

심의는 오는 27일 다시 계속하기로 되었다."(민주조선 1954.06.20)

심의할 초안은 조선어학회의 『한글맞춤법 통일안(1933)』과 조선어문연구회의 『조선어 신철자법(1950)』을 기본 자료로 작성하였으며, 그 심의 회의에는 백연 김두봉을 비롯하여 리극로, 김병제, 김수경 등이 참석했다는 것이다. 「신철자법」 제정 과정에서 중추적인 구실을 한 사람들도 그 회의에 참석한 것인데, 그들이 초안 작성에도 참여했는지는 불분명하다. 그리고, 교육성과 대학 등에서 일하는 관계 부문 학자들, 문학가들, 출판계 인사들이 다수 참석했다는 것도 주목된다.

그런 방식으로 회의를 열어 광범위한 의견을 교환했다는 것인데,[105] 두 번째 회의는 6월 27일 연 것으로 보인다. 그럼에도 9월 10일치 『민조조선』에는 아래와 같은 보도 기사가 있다.

"과학원에서는 정확성과 과학성을 보장하고자 진지한 노력을 기울여 왔다. 종전의 한글맞춤법 통일안의 비과학성을 비판 시정하며 조선 인민의 문자 생활을 통일시킴에 크게 기여하게 될 조선어 철자법 규정은 머지않아 최종 심의를 끝마치게 될 것이다."(민주조선 1954.09.10)

6월 27일의 공개 심의회가 마지막 토의였던 것으로 보이는데, 위의

---

[105] 『조선어 철자법』(1954.09)의 머리말에서도 "2개 월여에 걸친 과학원 내외에서의 공개적이며 집체적인 신중한 토의"라고 썼다.

기사에서는, 그로부터 두 달을 넘겼음에도 최종 심의를 끝마치지 못했다고 하였다. 확정하기까지의 과정이 순탄하지 않았음을 짐작하게 하는데, 위와 같은 회의들에서 백연이 어떤 구실을 했는지는 알 수가 없다.

결국 모든 심의 절차는 끝이 나고, 그 결과는 9월 20일 「조선어 철자법」으로 공포되었다. 그 머리말에서는 "종래 조선어 철자법의 규준으로 인정되던 「한글 맞춤법 통일안」에 적지 않은 수정을 가하게 되었다."고 썼다. 앞에 올린 1954년 6월 20일치 『민조조선』에서의 보도와는 달리, 「조선어 신철자법」은 전혀 언급하지 않았다. 4.3.3과 4.3.4에서 살펴본 「조선어 신철자법」의 중요 내용 대부분을 폐기한 때문이었다. 그대로 수용한 것은 사이표(절음부) 사용[106]과 한자음 첫머리의 ㄴ~ㄹ 살려 적기 정도였다. 백연이 심혈을 기울였던 변격 용언의 규칙화는 그로써 짙은 어둠 속에 갇히고 말았다.

다만, 문자 개혁, 곧 풀어쓰기에 관해서는 『조선어 철자법』 초판(1954.09)의 머리말에서 "조선 인민의 문자 생활의 앞으로의 더한층의 발전을 위하여는, 장래에 조선 문자 개혁이 이루어져야 할 것"이라고 밝힌 데 이어, 1956년 8월 25일 간행한 제3판에서도 "조선 인민의 문자 생활의 더 한층의 발전을 위하여서는 앞으로 반드

---

106 '절음부'라는 이름을 '사이표'로 고쳤다. 그러다가 1966년 6월 공포한 『조선말 규범집』의 「맞춤법」에서는 사이표 사용을 폐기하였다. 그런데 그 이후에도 러시아 일각에서는 한글 표기에 사이표를 여전히 사용했으니, 1988년 모스크바에서 발행한 『로조사전』도 그 가운데 하나이다. 올림말(러시아어)에 대한 한국어 풀이에 보면 "물'결, 글'자, 물'고기, 단일'성, 발'전, 혼자'말, 떼'장을 덮다" 등의 표기가 있다.

시 조선 문'자 개혁(풀어서 가로쓰기)이 이루어져야 할 것"이라고 하였다. 10월 6일, 과학원 언어문학연구소(소장 : 김병제)에서는 조선 어문학계의 저명한 학자들과 관계 부문 전문가들을 불러모아 '조선 문자 개혁 연구위원회'(위원장 : 리상춘)[107]를 조직하였다. 백연은 참석자들의 발언을 다 듣고, "오늘 문자 개혁은 실로 우리 나라 문화 혁명 사상에서 매우 중요한 의의를 가진다고 지적하고, 다른 나라들에서의 문자 개혁의 형편들에 언급하면서, 이 사업을 진행함에 있어서 이 부문 학자들이 취하여야 할 태도와 연구 방법들에 대하여 구체적으로 언급하였다."(로동신문 1956.10.08). 12월 22일치 『로동신문』에는 "우리는 주 시경 선생의 뜻을 받들어 인민들의 실지 생활에서와 문화 발전에 큰 의의를 갖는 문'자개혁 문제에 집체적인 여망을 기울여 하루바삐 배우고, 쓰고, 보고, 인쇄하기에 가장 합리적인 가로쓰기를 완성하여야 할 것이다."로 끝맺는 글을 게재하였다. 위원장 리상춘이 '주시경 탄생 80주년을 맞이하여' 꾸민 특집면에 투고한 글이었다. 하지만, 우리들이 아는 바와 같이, 북쪽의 글살이도 근본적으로 달라진 것은 없었다.

백연이 변격 용언의 규칙화에서 후퇴할 수밖에 없었던 가장 큰 요인은 새로 도입한 낱자였음이 분명하다. 그 낱자(字母)는 여섯이었지만 최종 목표인 '문자 개혁', 곧 풀어쓰기를 시행할 때까지는 여전히 모아쓰기를 해야 했으니, 일상의 글살이에는 수많은 새 글자(合字)가 필요했는데, 수많은 글자를 도안하여 활자로 만드는 일도 쉽지 않았고, 애써 찍거나 써 놓고 보아도 일반의 눈에는

---

107 위원회는 김두봉을 비롯하여 31명의 위원으로 구성했으며, 위원장은 일찍이 조선어연구회~조선어학회 회원이었던 리상춘이 맡았다.

적잖이 낯설었을 것이다. 따라서 혼란도 있고 원성도 있었을 것이다.

그밖에 정치적 상황도 더해졌을 것이다. 광복 직후 한동안 백연의 정치적 위상은 '연안파'의 수장으로서 '갑산파'의 김일성에 버금갈 정도였다. 4.3.1에서 본 바와 같이 1948년 1월 김일성이 조선어문연구회 위원장을 불러 반대 의견을 명시적으로 밝혔음에도 조선어문연구회에서 「조선어 신철자법」을 제정하고 시행할 수 있었던 것은 김두봉의 그러한 영향력 덕분이었다. 하지만 점차 모든 권력은 김일성 1인에게 집중되었고, 김두봉의 위상은 급격히 하강하고 영향력은 줄어들었다.[108]

결국 백연은 1956년의 '8월 종파 사건'에 엮이었고, 1958년 3월 조선노동당에서 제명되어 모든 자리를 내놓아야 했다. 학문적 논의나 지면에서도 김두봉은 철저히 퇴출되고 말았다. 세 해쯤 어느 합작농장에서 노역에 종사하다가 1961년, 일흔두 해의 생애를 쓸쓸히 마감한 것으로 알려져 있다.

백연 김두봉이 이승을 떠난 후, 김일성은 1964년 1월 3일 언어학자들 앞에서 또 아래와 같은 이야기를 꺼냈다.

"지난날 언어학문제, 특히 문자개혁문제에 대하여 여러번 론쟁이 있었습니다. 어떤 사람들은 문자개혁을 곧 하자고 하였으나 우리는 그것을 결정적으로 반대하였습니다. 우리가 문자개혁론을 반대한

---

108 김일성에 의하여 김두봉이 숙청되고 난 후로는, 북쪽의 조선 어문 연구에서 「조선어 신철자법」에 대한 기술은 찾아보기 힘들어졌으며, 그것을 발표한 사실도 인정하지 않는다. 예컨대 최정후·김성근(2005.07:117)에는 "「신철자법」을 만들어 공포하려 하였다."고 기술되어 있다. 공포'했음'을 부정한 것이다.

중요한 리유는 무엇입니까? 〔2쪽 가량 줄임〕[109]

이런 견지에서 볼 때 그들의 문자개혁론은 우리에게 리해되지 않습니다. 우리는 여러번 그들의 설명을 들어보았으나 그들은 아무런 과학적인 근거도 내놓지 못하였습니다.

우리 당이 그들의 문자개혁론을 반대한것은 전적으로 옳았습니다. 그들은 문자개혁이 우리 사회생활에 미치는 영향을 보지 못하였으며 문자개혁의 옳은 방향도 알지 못하였습니다. 그들은 민족의 앞날도 과학기술의 발전도 고려하지 않고 다만 공명심에 사로잡혀 자기들의 취미에 맞게 주관적으로 새 문자를 만들어냈으며 당장 그것을 보급하려고 하였습니다."(김일성 1968.09:1~3)

최고 지도자가 새해 벽두에 지난날의 문자 개혁은 오로지 '어떤 사람들'의 공명심과 취미에서 비롯된 잘못이었다고 비판한 것이다. '~들'이라고 했으나 그것은 백연을 가리킨 것이 분명하다. 그로부터 채 2년이 지나지 않은 1966년 5월 14일에도 언어학자들 앞에서 위와 비슷한 발언을 했는데, 거기서는 아예 "어떤자는 공명심에 사로잡혀"(김일성 1969.07:18)[110]라고 더 분명히 지목하여 비판하였다.[111] 그 후로 북쪽의 일반사회와 학계에서, 우리 말글에 기울

---

109 그 리유를 "첫째, 어떤 사람들은 언어문제를 민족문제와 결부시키지 않았다. 둘째, 그들은 당장 문자개혁을 하는것이 과학과 문화의 발전에 큰 지장을 준다는것을 고려하지 않았다. 셋째, 그들은 문자발전의 국제적인 방향도 고려하지 않았다."의 세 가지로 들고 나름대로 설명하였다. 첫째의 설명은 남북이 통일되지 않은 상황에서 한쪽에서만 문자를 개혁하면 민족끼리의 소통에 지장을 준다는 내용이었다.

110 1966년 5월 14일 언어학자들에게 발언한 내용을 1969년 7월 『조선어의 민족적특성을 옳게 살려나갈데 대하여』라는 단행본으로 간행하였다.

111 그런 말을 하기에 앞서 한글 풀어쓰기에 관해서는 이런 말도 하였다 : "우리 선조들도 글을 고치려고 애를 많이 썼습니다. 《주시경유고집》에서 우리의 글을 풀어서 가로쓴 례를 보니 그것도 나쁘지 않습니다. 그것을 더 고치고

인 백연 김두봉의 정성과 노력에 대한 언급은 자취를 감추어 갔다.

5. 마무리

백연 김두봉이 한평생 지향하고 추구한 것은 한겨레의 광복과 발전이었다. 그것을 향하여 조선반도에서 중국의 각처로, 또 평양으로 옮겨 다니며 매우 굴곡진 삶을 살았으며, 다양한 활동을 하였다. 사전 편찬자로, 잡지·신문 편집자로 활동했는가 하면, 교육자요 언어학자요 종교인이었으며, 항일 운동가, 혁명가, 정치인이었다. 그런데 백연은 그 어떠한 상황에서도 스승 한힌샘 주시경의 정신을 실천하는 활동, 조선의 말과 글에 대한 애정과 그 발전을 위한 노력을 멈추지 않았으니, 우리는 지금까지 그 노력을 시간 순서에 따라 살펴보았다. 그 중요한 내용을 간추리면 아래와 같다.

(가) 백연은 1911년 조선광문회에서 추진한 조선어사전 편찬 작업에 참여하여, 최초의 조선어사전인 『말모이』 집필 과정에서 주도적인 구실을 하였다. 중국 상해로 건너가 활동하는 동안에도 개인적으로 편찬 작업을 이어 갔다. 안타깝게 그 어느 것도 간행되지 못했으나, 그러한 과정에서 축적한 방법과 내용은 후일 조선어학회에서 『(조선말) 큰사전』을 편찬하는 데에 하나의 본보기가 되었다.

세련시켜보는것도 좋을것 같습니다." 주시경을 언급하는 대신 그것을 더 발전시킨 김두봉의 풀어쓰기 연구 결과는 아예 입에 올리지 않았다.

(나) 백연은 소리갈·씨갈·월갈을 고루 갖춘 조선어학서『조선 말본』을 한글 전용으로 지어 1916년에 펴냄으로써 조선어학계에 '새로운 역사'를 열었다. 언어학의 중요한 세 부문을 두루 갖춘, 최초의 조선어학서라는 점에서도 그러하며, 한자·한문을 전용하다시피 하던 시대에 전문 서적을 일상어와 한글 전용으로 지은 점에도 그러하다.

(다) 백연은 일상어는 말할 것도 없고 학술어도 조선 토박이말로 만들어 과감히 적극적으로 사용하였다. 그리고 풀이씨(동사·형용사)의 줄기나 어근을 씨끝 없이 합성하는, 혁명적이고 선구적인 말만들기 방법을 구사하였다. '깁더', '날적', '얽말', '소리내틀' 들이 그런 보기이다.

(라) 백연은 스승 한힌샘을 뒤이어 한글의 풀어쓰기 글씨를 꾸준히 연구했으며, 그 결과를 『좋을글』이라는 이름으로 1922년 간행하였다. 그 책에 박음글씨(인쇄체)와 함께 흘림글씨(필기체)를 실었는데, 그 흘림글씨는 역사상 최초로 창안하여 선보인 것이었다. 그가 궁극적으로 목표한 우리 겨레의 글살이는 '문자 개혁', 곧 한글을 풀어서 가로 쓰는 것이었다.

(마) 백연은 조선어 속기법을 고안하여, 1922년 그 이론과 함께 『날적』이라는 이름으로 간행했으니, 그 또한 역사상 최초의 일이었다.

(바) 백연은 한힌샘의 가르침을 받기 시작한 '국어강습소' 재학때부터 형태주의 표기법을 조선어의 이상적인 표기법으로 믿고, 나름대로 실행하고 또 정밀히 연구하였다. 광복을 맞이하여 평양에 들어가서는 「한글맞춤법(조선어철자법) 통일안」에 형태주의 표기 원칙을 엄격히 적용한 「조선어 신철자법」을 성안하고 발표하

고 시행하는 데에 중심적인 구실을 하였다. 그 철자법에는 혁명적인 내용이 많았는데, 1954년에 발표한 「조선어 철자법」에서 그런 내용은 대부분 폐기되고 말았다.

백연은 우리 말글의 여러 부문에서 역사의 새로운 장을 열었다. 최초의 조선어사전 『말모이』 편찬을 비롯하여 토박이말 애용과 혁신적인 말만들기, 한글 풀어쓰기의 흘림글씨, 조선어 속기법, 모든 활용형의 규칙화 표기 등이 그것이다.

그는 철저한 원칙주의자요 이상주의자였다. 한평생 한겨레의 독립과 발전을 위하여 헌신하였다.

참고 문헌

1) 백연 김두봉의 논저

김두봉. 1915.01. 「한글을 새로 쓰자는 말」. 『청춘』 제4호 125~127쪽. 경성 : 新文館신문관.

김두봉. 1916.04. 『조선말본』. 경성 : 신문관.

김두봉. 1921.11.11. 「개천절 歷曆」. 『獨立新聞』 제114호 제1면. 상해 : 독립신문사.

김두봉. 1922ㄱ. 『깁더 조선말본』. 상해 : 새글집.

김두봉. 1922ㄴ. 『좋을글』. 『깁더 조선말본』의 붙임 3~21쪽. 상해 : 새글집.

김두봉. 1922ㄷ. 『날적』. 『깁더 조선말본』의 붙임 76~94쪽. 상해 : 새글집.

김두봉. 1922ㄹ. 「표준말」. 『깁더 조선말본』의 붙임 95~102쪽. 상해 : 새글집.

김두봉. 1932.09. 「과학술어와 우리말」. 『한글』 제1-4호 117~184쪽. 조선어연구회.

김두봉. 1946.03.26. 「우리는 이렇게 싸우겠다 ② | 민주 臨政임정 수립」. 『현대일보』 제3호 제2면.

김두봉. 1949.05. 「한글의 나아갈 길」. 『조선어 연구』 제1-2호 2~3쪽. 평양 : 조선어문연구회.

2) 참고 논저 및 자료

고송무. 1980.01. 「『대한인 정교보』에 실린 한글 풀어쓰기 흘림과 그 판독」. 『한글 새소식』 제89호 8~9쪽. 한글학회.

고영근. 1989.05. 「북한의 초기 철자법과 문법 연구」. 『정신문화연구』 제36호 171~192쪽. 한국정신문화구원.

구익균. 1994.10. 『구익균 회고록 | 새 역사의 여명에 서서』. 일월서각.

국문연구소. 1909.12. 「국문연구 議定案의정안」. 『국문연구소 보고서』. 필사본. *이기문. 『개화기의 국문연구』(1970.05) 影印영인 4~24쪽. 일조각.

국문연구소. 1909.12. 「議決錄의결록」. 『국문연구소 보고서』. 필사본. *이 기문. 『개화기의 국문 연구』(1970.05) 影印영인 25~28쪽. 일조각.

국회사무처. 1969.12. 『속기 槪觀개관』. 국회사무처.

권덕규. 1929.09. 「주시경 선생 略傳약전」. 『新生』 제2-9호 4~5쪽. 신생사.

김광주. 1965.12. 「상해 시절 회상기 (상)」. 『世代』 제3-11호(통권 29) 244~271쪽. 세대사.

김민수. 1980.06. 「이규영의 문법 연구」. 『한국학보』 제19집 57~86쪽. 일지사.

김민수. 1983.10. 「『말모이』의 편찬에 대하여」. 『동양학』 제13집 21~54쪽. 단국대 동양학연구소.

김봉모. 1993.08. 「김두봉의 통어론 고찰」. 『한힌샘 연구』 제5·6호 89~110 쪽, 한글학회.

김선기. 1977.03. 「국어 운동, 한글학회의 발자취」. 『나라사랑』 제26집 33~43쪽. 외솔회.

김선기. 1983.03. 「가라말을 로마글자로 적는 이론과 실제」. 『광장』 제115호 88~94쪽. 세계평화 교수아카데미.

김승곤. 1989.09. 「김두봉의 『조선말본』과 『깁더 조선말본』의 비교·분석」. 『한힌샘 연구』 제2호 39~81쪽. 한글학회.

김억(번역). 1923.04. 타고르(R. Tagore) 지은 『기탄자리(Gitanjali)』. 평양 : 以文堂이문당.

김윤경. 1932.10. 「조선 문자의 역사적 考察고찰 (16)」. 『동광』 제38호 34~38쪽. 동광사.

김차균. 1989.09. 「김두봉의 우리말 소리 연구에 대한 국어학사적 고찰」. 『한힌샘 연구』 제2호 83~148쪽. 한글학회.

남기심. 1989.09. 「『조선어 문법(주시경)』과 『깁더 조선말본(김두봉)』의 '씨'에 대한 비교·검토」. 『한힌샘 연구』 제2호 149~168쪽. 한글학회.

노아(번역). 1922.06. 타고르(R. Tagore) 지은 「기탄자례(Gitanjali)」. 『신생활』 제6호 103~115쪽. 신생활사.

대한미일신보. 1907.12.13. '잡보'. 『대한미일신보』 제162호 제3면.

대한속기협회. 1998.12. 『한국 속기 50년사』. 대한속기협회.

독립신문. 1920.02.17. 「국어학자 故고 李奎榮이규영 追悼會추도회」. 『독립신문』 제47호 제2면. 상해 : 독립신문사.

독립신문. 1921.11.11. 「시조 건국 개천절―상해에 거류하는 자손들이 경축식 거행―」. 『독립신문』 제114호 제3면.

독립신문. 1922.04.15. 『깁더 조선말본』 광고. 『독립신문』 제123호 제3면.

동아일보. 1929.11.02. 「사회 각계 유지 망라 조선어사전편찬회」. 『동아일보』 제3308호 제2면.

동아일보. 1931.01.12. 「조선어연구회 定摠정총, 금년 사업 등 결정」. 『동아일보』 제3606호 제2면.

리의도. 2003.03. 「한글 낱자에 관한 통시적 고찰」. 『한글』 제259호 65~114쪽. 한글학회.

리의도. 2003.09. 「한글 낱자의 남북 차이에 대한 고찰」. 『국제어문』 제28집 5~35쪽. 국제어문학회.

리의도. 2013.09. 「한국어 한글 표기법의 변천」. 『한글』 제301호 143~218
쪽. 한글학회.

리의도. 2013.12. 「어문 규범 갖추기에 쏟은 조선어학회의 노력」. 『국제어
문』 제59집 137~185쪽. 국제어문학회.

리의도. 2014.09. 「최초의 어문기자 주시경」. 『말과 글』 제140호 24~40쪽.
한국어문기자협회.

리의도. 2016.12. 「한글의 문자적 다중성」. 『세종학 연구』 제16호 41~90
쪽. 세종대왕기념사업회.

매일신보. 1918.01.08. '신랑·신부'. 『每日申報』 제3694호 제3면.

매일신보. 1918.05.31. 「속기술 敎授교수 개시」. 『每日申報』 제3858호
제2면.

매일신보. 1920.05.08. 「됴선문 속긔 부호」. 『每日申報』 제4476호 제3면.

매일신보. 1920.11.22. 「조선어 속기술 연구 결과」. 『每日申報』 제4669호
제3면.

매일신보. 1927.06.09. 「문화사상 획기적 사업 조선어사전을 편찬 – 계명
구락부에서 계속 판찬할 터 –」. 『每日申報』 제7087호 제3면.

박선자. 1993.08. 「김두봉 말본의 형태론적 이해와 계승」. 『한힌샘 연구』
제5·6호 11~88쪽. 한글학회.

박종갑. 2005.03. 「주시경과 김두봉의 문법론 비교 연구」. 『어문학』 제87
집 157~173쪽. 한국어문학회.

박지홍. 1991.12. 「초창기의 한글학회 회원들」. 『한힌샘 연구』 제4호
117~170쪽. 한글학회.

박지홍. 1993.08. 「김두봉의 발자취」. 『한힌샘 연구』 제5·6호 7~9쪽.
한글학회.

방익환·와이.에스生. 1921.01.01/09. 「조선어 速記術속기술에 대하야」(2
회 연재). 『매일신보』 제4707/4713호 제3면.

방익환·리원상. 1925.07.01~02. 「조선어 速記術속기술」. 『시대일보』 제
404호.

부산일보. 1916.12.05. 「速記術の鼻祖 來ろ」. 『釜山日報』〔일본어 신문〕
제3284호 제2면.

서울신문사 編편. 1946.03. 「김두봉 주석의 투쟁사」. 『신천지』 제2호 205~207쪽. 서울신문사.

신생사 일기자. 1929.12. 「조선어사전편찬회 방문기」. 『신생』 제14호 4~5쪽. 신생사.

안병희. 2001.03. 「북한의 맞춤법과 김두봉의 학설」. 『정신문화 연구』 제82호 97~115쪽. 한국정신문화연구원.

유.엔. 마주르, 엘.베. 니꼴스끼. 1988. 『로조사전』. 모스크바 : 로씨야말 출판사.

이광수. 1914.03/05/06. 「우리글」. 『대한인 정교正敎보報』 제9/10/11호. 러시아 치타 : 대한인국민회 시베리아지방총회.

이규영 엮음. 1917(?). 『한글모 죽보기』. 필사본.

이극로. 1932.06. 「말소리는 어디서 어떻게 나는가」. 『한글』 제2호 43~45 쪽. 조선어학회.

이극로. 1938.11. 「훈민정음의 '중간ㅅ' 표기법」. 『한글』 제6-10호(통권 61) 10~11쪽. 조선어학회.

이기문. 1970.05. 『개화기의 국문 연구』. 일조각.

이병근. 1977.06. 「최초의 국어사전 『말모이』 – '알기'를 중심으로 – 」. 『언어』 제2-1호 67~84쪽. 한국언어학회.

이병근. 1986.12. 「조선광문회 편 『말모이』」. 『한국문화』 제7호 177~303 쪽. 서울대 한국문화연구소.

이윤재. 1929.12. 「在外재외 명사 방문기 l 한글 大家대가 김두봉 씨 방문기」. 『별건곤』 제24호 12~16쪽. 개벽사.

이준식. 2008.08 「최현배와 김두봉」. 『남과 북을 만든 라이벌』 51~77쪽. 역사비평사.

이중건. 1927.04. 「ㄱ 형을 생각함」. 동인지 『한글』 제3호 11~12쪽. 한글 사.

이탁. 1932.09. 「ㆆ, ㅿ, ◇을 다시 쓰자」. 『한글』 제4호 161~167쪽. 조선어 연구회.

齋藤保偉재등보위(사이토 야스히데)·에스生. 1920.05.06/08/09/13/14. 「조 선문의 速記術속기술」(5회 연재). 『매일신보』 제4474/4476/ 4477/

4481/4482호 제3면.

정렬모. 1927.02. 「聲音學성음학 상으로 본 正音정음」. 동인지『한글』
　　창간호 57~61쪽. 한글사.

조선어학회. 1933.10.『한글마춤법(조선어철자법) 통일안』첫판(原案).
　　조선어학회.

조선어학회. 1937.07.『査定사정한 조선어 표준말 모음』재판. 조선어학
　　회.

조선어학회. 1940.10.『한글맞춤법(조선어철자법) 통일안』새판(原案
　　일부 개정). 조선어학회.

조선일보. 1931.01.12. 「조선어학회 5대 사업」.『조선일보』제3603호
　　제3면.

조재수. 1989.01. 「모스크바에서 나온 또 하나의『로조사전』」.『한글
　　새소식』제197호 19~20쪽. 한글학회.

주시경. 1907.10.~1908.12. 「국문 연구」.『국문연구소 보고서』. 육필본.
　　*이기문.『개화기의 국문 연구』(1970.05) 影印영인 204~308쪽. 일조각.

주시경. 1910.04.『국어 문법』. 박문서관.

주시경. 1914.04.『말의 소리』. 新文館신문관.

주시경. 1914.04. 「우리글의 가로 쓰는 익힘」.『말의 소리』. 신문관.

중앙교우회. 2008.12.『중앙중·고등학교 중앙백년사』. 중앙교우회.

쥬상호. 1897.09.25. 「국문론」.『독립신문』제114호 1~2면. 서울 : 독립신
　　문사.

최남선. 1915.12. 「나의 걸어온 학문의 길」.『思想界』제23호 27~36쪽.
　　사상계사.

최남선. 1915.12. 「신자전 叙서」.『新字典신자전』. 신문관.

최주한. 2012.12. 「이광수와『대한인 정교보』제9,10,11호에 대하여」.
　　『춘원 연구 학보』제5호 517~544쪽. 춘원연구학회.

최현배. 1929.04.『우리말본-첫째 매-』. 연희전문학교 출판부.

최현배. 1937.02.『우리 말본』. 정음사.

최현배. 1940.05.『한글갈』. 정음사.

최현배. 1955.06. 「나의 걸어온 학문의 길」.『思想界』제23호 27~36쪽.

　　　사상계사.

최현배. 1965.09. 「한글과 나」. 『공군』 제91호 142~145쪽. 공군본부.

한글학회. 2009.08. 『한글학회 100년사』. 한글학회.

허동진. 1998.10. 『조선어학사』. 한글학회.

허웅. 1958.02. 『국어 음운론』. 정음사.

허웅. 1985.08. 『국어 음운학』. 샘문화사.

3) 평양에서 간행된 자료

김경신. 1949.10. 「조선어문연구회의 1년간의 업적」. 『조선어 연구』 제1-7
　　　호 2쪽. 평양 : 조선어문연구회.

김병제. 1950.02. 「조선말사전 편찬을 마치고」. 『조선어 연구』 제2-1호
　　　72~78쪽. 평양 : 조선어문연구회.

김수경. 1949.05. 「『용비어천가』에 보이는 삽입 자모의 본질」. 『조선어
　　　연구』 제1-2호 12~43쪽. 평양 : 조선어문연구회.

김수경. 1949.06. 「조선 어학자로서의 김두봉 선생－선생의 탄생 60 주년을
　　　맞이하여－」. 『조선어 연구』 제1-3호 2~10쪽. 평양 : 조선어문연
　　　구회.

김일성. 1968.09. 「조선어를 발전시키기 위한 몇 가지 문제－언어학자들과
　　　한 담화 1964년 1월 3일－」. 『김일성 저작 선집』 제4권 1~12쪽.
　　　평양 : 조선로동당출판사.

김일성. 1969.07. 『조선어의 민족적특성을 옳게 살려나갈데 대하여』〔1966
　　　년 5월 14일 언어학자들과 한 담화〕. 평양 : 조선로동당출판사.

김일성. 1993.07. 「조선어문연구회 위원장과 한 담화－1948년 1월 14일
　　　－」. 『김일성 전집』 제7권 83~86쪽. 평양 : 조선로동당출판사.

로동신문. 1952.04.06. 「조선어연구회를 아까데미야에 이관」. 『로동신
　　　문』 제1860호 제1면. 〔로동신문＝조선로동당 중앙위원회 기관지〕

로동신문. 1956.10.08. 「조선 문자 개혁 연구 위원회 조직」. 『로동신문』
　　　제3460호 제1면.

리극로. 1949.12. 「「조선어 신철자법」의 기본 원칙」. 『조선어 연구』 제1-8

호 123~126쪽. 평양 : 조선어문연구회.

리상춘. 1956.12.22. 「문자 개혁에 대한 주 시경 선생의 사상」. 『로동신문』 제3524호 제3면. 평양 : 로동신문사.

민주조선. 1952.02.18. 「조선어연구회 사업 활발」. 『민주조선』 제1892호 제3면. 〔민주조선＝최고인민회의 상임위원회 및 내각 기관지〕

민주조선. 1952.10.22. 「조선민주주의인민공화국 과학원 조직에 관한 내각 결정 발표」. 『민주조선』 제2139호 제1면.

민주조선. 1954.06.20. 「과학원에서 조선어 철자법 통일안 초안 심의」. 『민주조선』 제2745호 제1면.

민주조선. 1954.09.10. 「과학원에서 조선어 철자법 규정안 최종 심의 진행」. 『민주조선』 제2827호 제1면.

사회과학원 언어연구소. 1992.03. 『조선말 대사전』. 평양 : 사회과학출판사.

사회과학원 언어학연구소. 2006.12.~2007.09. 『조선말 대사전(증보판)』. 평양 : 사회과학출판사.

신구현. 1949.07. 「국문 운동의 선각자 주 시경 선생의 생애와 업적」. 『조선어 연구』 제1-4호 2~17쪽. 평양 : 조선어문연구회.

조선민주주의인민공화국 과학원 조선어및조선문학연구소. 1954.09. 『조선어 철자법』 초판. 평양 : 조선민주주의인민공화국 과학원.

조선민주주의인민공화국 과학원 언어문학연구소. 1956.08. 『조선어 철자법』 제3판. 평양 : 조선민주주의인민공화국 과학원.

조선민주주의인민공화국 내각 직속 국어사정위원회. 1966.07. 『조선말규범집』. 평양 : 사회과학원출판사.

조선어문연구회 편집부. 1949.04. 「조선어문연구회의 사업 전망」. 『조선어 연구』 제1-1호 133~138쪽. 평양 : 조선어문연구회.

조선어문연구회. 1949.08. 「조선어 철자법의 기초 (1)」. 『조선어 연구』 제1-5호 142~154쪽. 평양 : 조선어문연구회.

조선어문연구회. 1949.12. 『조선어 문법』. 평양 : 조선어문연구회.

조선어문연구회. 1950.04. 『조선어 신철자법』. 평양 : 조선어문연구회.
    *고영근 엮음(2000). 『북한 및 재외교민의 철자법 집성』. 박이정.

조선어문연구회 연구부. 1950.05.「새 자모 ㄹ, ㅌ, ㅿ, ㆆ, ㄴ, 1에 대하여」.
　　『조선어 연구』 제2-2호 31~54쪽. 평양 : 조선어문연구회.
조선어문연구회 연구부. 1950.06.「「조선어 신철자법」 일부 개정에 대하
　　여」.『조선어 연구』 제2-3호 93쪽. 평양 : 조선어문연구회.
최정후·김성근. 2005.07.『조선어규범 변천사』. 평양 : 사회과학출판사.

이 글 ②는 2018년 10월 6일 울산에서 개최한 학술대회에서 같은 제목으로 발표한 내용을
전체적으로 가다듬은 것이다. 곳곳에 적지 않은 내용을 보충했는데, 3.2.3(조선말 속기법
연구서『날젹』)과 3.4(그밖의 활동과 민족 교육)는 아주 새로 추가한 것이다.

외솔 최현배의 우리 말글 정책론

"말은 정신의 표현이요, 자유의 산물이다. 말은 자유 정신의 애지음(창조)이다. 말은 다만 애지음으로 말미암아 성립되는 것일 뿐만 아니라, 도로 또 사랑을 애지으며, 슬기를 애지으며, 생활을 애짓는 것이다. 그러므로, 말은 자유 정신의 애지음의 결과인 동시에, 또 자유 정신의 나타남(발현)의 원인이요 수단이다." (1951.06)

"나는 70을 살면서 학문하였다. 나는 학문을, 학문을 위하여 한 것이 아니요, 살음(生)을 위하여 하였다. 나는 우리 말글을 연구하였다. 그런데, 국어 연구는 다만 국어를 위한 연구가 아니요, 국민을 위한, 겨레의 생존 번영을 위한 연구이다. 국어의 연구 및 발전을 위한 학문적 노력은 온전히 나라와 겨레의 장래에 바치는 나의 생명의 대가이다." (1965.07)

1. 머리말

1.1. 외솔 최현배는 1894년 10월 19일 경상남도 울산군 하상면(오늘날의 울산광역시 동동東洞)에서 태어났다. 어려서부터 동네 서당에서 한문을 익히다가 1907년 4월 사립 일신日新학교(오늘날의 병영초등학교)에 들어가서 '신식' 교육을 받고 1910년 3월 졸업하였다. 곧이어 4월 1일 '관립官立 한성漢城고등학교'[1]에 입학했으니, 일본에 국권을 강탈당하기 다섯 달쯤 전이었고, 그의 나이 15살이었다.

그렇게 한성살이를 시작했는데, 한성고등학교에 입학하고 얼마 지나지 않아 상동교회에서 열린 국어 강습에서 한힌샘 주시경 선생의 강의를 처음 접하였다. 백연 김두봉의 권유로 참석한 그 자리에서 한힌샘의 가르침에 깊이 감동하고 조선 말·글에 관하여 큰 흥미를 느꼈으며, 내쳐 그해 10월, 한힌샘이 강의하는 일요 학교 '국어강습소'(제2회) ─ 경술국치 후에 '조선어강습원'으로 이름 바꿈(☞ ②의 2.1.1) ─ 에 백연과 함께 등록하였다. 그리하여 1910~1912년의 세 학년도를 성실히 이수하고, 1913년 3월 2일 최고 과정인 '고등과'를 제1회로 졸업하였다.

외솔은 후일 자신의 일생과 관련하여 다음과 같이 회고하고 술회하였다.

---

1 대한제국大韓帝國 정부에서는 칙령 제11호에 근거하여 수업 연한 4년의 '관립 중학교' ─ 오늘날의 중학교와는 다름 ─ 를 1900년 10월 개교하였다. 한겨레 역사에서 최초의 국립(공립) 중등학교인데, 1906년 9월 '관립 한성고등학교'로 이름을 바꾸었다. 국권을 강탈당하고 한 해 남짓 지난 1911년 11월 '경성京城고등보통학교'로 바뀌고, 그 후로도 몇 번의 곡절을 겪었다. 광복이 되고 나서, 1946년 9월 '경기중학교'(6년제)로 개편되었으며, 1951년 8월 31일 오늘날의 경기중학교와 경기고등학교로 분리되었다.

"길고 긴 나의 學海학해 旅程여정에서 직접 간접으로 나의 나아갈 길을 지도해 주신 스승이 적지 아니하였지마는, 그 중에서 나에게 결정적으로 방향을 지시하셨고, 따라 나의 추모의 情恨정한을 가장 많이 자아내는 스승님은 〔줄임〕 한힌샘 주시경 씨이다." -「조선어의 은인 주시경 선생」 1936.01 : 59.

"융희 4년(1910년)에 서울의 관립 한성고등학교에 입학하였다. 이 학교에 들어가게 된 것은 당시 동향 선배들의 지도를 따른 것이니, 그 목적은 졸업 후 일본으로 관비 유학 가기에 있었다. 이 학교는 그해의 일한 합병의 결과로 사람과 함께 이름도 갈리어 '경성고등보통학교'로 되었다.

나는 이 중등학교에 다니게[2] 된 때부터 동향 선배 김아무를 따라 박동 보성학교에 차린, 주시경 스승님의 조선어강습원에 일요일마다 빼지 않고 조선어를 배우러 다녔다. 이 강습원에 다님으로 말미암아 나는 주 스승님에게서 한글을 배웠을 뿐 아니라 우리말 우리글에 대한 사랑과 그 연구의 취미를 길렀으며, 겨레정신에 깊은 자각을 얻었으니, 나의 그 뒤 일생의 근본 방향은 여기서 결정된 것이었다." -「나의 걸어온 학문의 길」 1955.06 : 28~29.

이러한 회고에서 확인할 수 있듯이, 외솔의 일생에 결정적인 영향을 끼친 이는 10대 중반에 스승으로 모신 한힌샘 주시경이었다. 그 스승의 겨레정신과 학문을 이어받아, 외솔은 평생 한결같은 정성으로 배달말·배달글, 나아가 배달겨레의 환한 길을 여는 데에 매진하였다.

외솔이 이승을 떠나고 이십여 년이 흐른 후에, 허웅은 외솔의

---

2 1910년 4월 1일 입학하여 1915년 3월 20일 졸업하였다. 수업 연한이 4년이었음에도 5년이 걸린 것은, 어머니를 잃고 자신이 병까지 얻어 1913학년도 한 해를 시골집에서 쉬었기 때문이다(최현배 1965.07 : 64).

철학과 한평생을 평가하여 "20세기가 낳은 우리 나라의 가장 정열적인 민족주의와 민주주의 신봉자이며, 가장 높은 국어학자이며, 가장 앞장선 국어 정책의 이론가이자 그 실천가이며, 크나큰 교육자이다."(허웅 1993.10:3)라고 하였다. 외솔의 철학과 다양한 업적을 포괄적이면서도 명료하게 평가했는데, 이밖에도 여러 사람이 저마다의 관점에서 외솔에 관하여 고찰한 바 있다.

이 글에서는, 외솔 탄생 100돌에 즈음하여, 그의 여러 저술 가운데서 '말글 정책론'과 관련되는 내용을 집중적으로 살펴보고자 한다.

1.2. 외솔이 생전에 남긴 갖가지 저술을 통틀어 셈하면 400건에 이른다. 그 절대다수는 한국어와 한글에 관한 논문이나 논설인데, 그 대다수는 말글 정책과 관련이 있다. 배달겨레 역사에서 한국어 · 한글, 그리고 그 정책에 관하여 외솔만큼 많은 저술을 남긴 사람은 아직 없다.

이 글에서는, 그 많고 다양한 저술 중에서 그의 언어관과 문자관을 비롯하여, 우리 말글 정책 목표론, 토박이말 쓰기, 한글만 쓰기, 한글 풀어쓰기에 관하여 살펴볼 것이다. 한글맞춤법을 비롯하여 한국어의 표기법과 토박이말 학술어 사용에 쏟은 노력도 다루어야 하겠으나 이 글에서 함께 다루기에는 너무 방대하므로 다른 기회로 미루어 둔다.

그리고 살펴보기는 외솔의 저술 내용을 되도록이면 충분히 보이는 방법으로 진행하고자 한다. 이제 다시 그의 육성을 그대로 느껴보고자 함이며, 그의 진술이나 설명에 크게 보탤 것이 없다고 판단하기 때문이다.

1.3. 이 글의 제목에부터 '말글 정책'이란 용어를 썼는데, 한편에는 '말글 운동'이라 하기도 하고, 이 둘을 섞어 쓰기도 한다.[3] 그러니 먼저 용어에 대해서 짚어 둘 필요가 있다.

일찍이 이길록(1977.03:18/19)에서 이러한 용어에 관하여 언급한 바가 있으니, 올리면 아래와 같다.

"이와 같은 언어의 문제가 사회적인 문제로 대두될 때, 이것을 해결해 나가려고 하는, 곧 개선해 나가고 보호해 나가려는 사회적인 실천 운동을 언어 운동 또는 국어 운동이라고 한다. [줄임] 언어 운동은 일종의 문화 운동이요, 또한 사회적인 실천을 수반해야 하므로 일종의 사회 운동이다."

"언어 운동은 사회적인 실천 운동이기 때문에, 그 언어를 사용하는 집단이 이에 적극적으로 호응할 때 성과를 거두게 되는 것이다. 따라서 대중이 호응할 수 있도록 언어 운동의 목표가 타당하고, 그 방책이 합리적으로 세워져야 할 것이다. 여기에 효율적인 언어 정책의 필요성이 요청되는 것이다. [줄임] 언어 정책은 언어 문제를 해결하기 위한, 국가기관의 행정적인 시책이므로, 때로는 강권을 발동하는 수가 있다."

위의 언급 중에서 '사회적인 실천'의 측면은 '언어 운동'이고 '국가기관의 행정적인 시책'은 '언어 정책'이라고 한 차별화는 일단 의미 있는 것으로 받아들여진다. 그런데 실제적인 문제에 들어가면 '운동'과 '정책'은 그처럼 엄격히 구분되지 않는다. 먼저 사회적 운동을 통하여 형성·수렴된 방향을 나중에 정책에 반영하거나 법제화

---

3 제3의 용어를 쓰기도 하는데, 예컨대 이경복(1976.10:10)에서는 '국어 계획'이란 용어를 쓰면서 "미래의 바람직한 국어를 향한 현실적 노력"이라고 정의하였다.

하기도 하고, 정책을 사회화하는, 바꾸어 말하면 시행·집행하는 방편으로 운동을 전개하기도 한다. 또, 정책을 세우고도 시행하지 않으면 민간에서 운동을 전개하기도 하며, 정책 시행과 운동을 동시에 진행하기도 한다. 예를 들면, 오늘날 '한글만 쓰기'는 사회적인 실천 운동이기도 하며, 정부의 문자 정책의 방향이기도 하다.

이렇게 볼 때에, '운동'은 민간 주도적이며 실천적인 색채가 짙고, '정책'은 행정적이고 법적·제도적인 빛깔이 상대적으로 짙은 것은 충분히 인정되지만, 그것이 언제나 명확히 구분되는 것이 아님도 사실이다. 그러므로 이 글에서는 두 용어의 개념을 엄격히 구분하지 않으며, 주로 '정책'이란 용어를 쓰기로 한다.

그리고 '언어 정책' 대신에 주로 '말글 정책'(과 '말글 운동')이라 하기로 한다. 일반적으로 '언어 정책'이 문자의 문제까지 포괄하는 개념이지만, 한국어 공동체에서는 문자 사용이 매우 예민한 의제가 되어 왔으니, 그런 사실을 드러내려면 '글'(문자)을 명시하는 것이 좋으리라 판단하기 때문이다.

그러니 여기서 '외솔의 말글 정책론'이란, 외솔이 한국어와 한글, 또는 한국 사회의 말글살이와 관련하여, 국가나 공공 기관 및 국민을 향하여 제시한 이론과 실행 방안, 그리고 펼친 주장들을 두루 가리키는 것이 된다.

2. 외솔 최현배의 철학과 언어·문자관

외솔의 말글 정책론에 대한 논의에 앞서, 이 장에서 그의 철학과 말글관(언어·문자관)을 간략히 살펴보기로 한다. 그의 말글 정책론은 철학이나 말글관과 깊이 관련되어 있기 때문이다.

2.1. 외솔의 근본 철학

2.1.1. 민족주의와 민주주의　앞의 들머리에서 확인한 바와 같이 허웅(1993.10:3)에서는 외솔을 평가하여 민족주의와 민주주의의 정열적인 신봉자라고 하였다. 참으로 '민족'과 '민주'는 외솔의 모든 것을 있게 하고 움직인 원동력이었다. 그의 연구와 업적이 여러 분야에 걸쳐 있지만, 그 모든 것은 여기에서 출발했으며, 종내에는 그리로 돌아갔다. 그는 그것으로 자신을 지탱하고 채찍질하며, 한국어를 연구하고 한국어 정책과 한국어 교육의 이론을 세우고, 또 그것을 펼치고 실천하였다. 그러므로 외솔의 민족주의와 민주주의에 대하여 조금 더 살펴보기로 한다.

이규호(1976.03:17)에서는 "외솔 최현배 선생의 사상의 근간은 가장 순수하고 가장 견고한 민족주의의 결정結晶이다. 그런데 그의 민족주의 사상의 특징은 그것이 현대 철학의 매우 기름진 땅에 상당히 깊이 뿌리박고 있다는 데 있다."고 지적한 바 있다. 외솔의 민족주의는 가장 순수하고 매우 견고할 뿐만 아니라, 매우 기름진 현대 철학에 깊이 뿌리박고 있다는 것이다.

그런가 하면 이민호(1976.03:38~41)에서는 외솔의 민족주의에 관하여 "이러한 민족적인 자각이 고립된 폐쇄 속에 갇힌 것이 아니고 세계와 함께 호흡하고 있어야 한다는 점에서도 외솔의 민족주의는 세계주의와 모순되지 않는다."고 했으며, "외솔의 민족의식은 결코 편협한 배타주의에 토대를 둔 것도 아니었다. 그는 기회 있을 때마다 민족의 세계사적 위치를 강조하였고, 민족 문화의 세계 문화에 대한 공헌을 역설하여 마지않는다."고 강조하였다. 외솔의 민족주의는 결코 배타적·폐쇄적이지 않으며, 늘 세계주의와 함께 했다고 평가한 것이다.

김석득(1975.02:123)에서는 "그의 국어학의 연구 목적은 배달민족 문화의 수호와 그 창조 및 겨레얼의 지킴에 있었음을 잘 알 수 있다."고 하였으며, 이원순(1976.03:56)에서도 "외솔의 교육학 연구나 한글 연구도 『조선민족 갱생의 도』나 『나라 사랑의 길』과 마찬가지로 궁극적으로는 민족의 수호, 민족의 갱생, 민족의 발전에 있었다."고 평가하였다. 최현섭(1991.09:262)에서는 "외솔의 국어교육은 한 마디로 구국의 교육이요 겨레사랑에서 나온 민족 교육이며, 불 같은 사랑의 교육이었다."고 했으며, 손인수(1991.09:732)에서는 "외솔은 60여 년 간 뜨거운 정열로 조선 본위의 교육, 인간본위의 교육, 아동 본위의 교육 사상을 부르짖으면서, 겨레 언어의 탁월한 연구가로 한글 운동에 종사해서 한글문화의 독립을 주장했다."고 하였다. 이와 같은 앞선 연구자들의 평가에서 확인할 수 있듯이, 연구자로서 교육자로서 운동가로서 저술가로서 외솔이 평생 펼친 활동은 오로지 민족과 나라를 위한 것이었다.

또 한편으로, 외솔은 민주주의를 "전 인류가 오천 년의 긴 역사를 통하여 전취한 인간 생활의 고귀한 이상(理想)"(1958.01:24)이라고 믿었다. 그리고 "민주주의는 인격의 존엄성과 개인의 가치를 존중하며, 각 개인이 가진 바 성능에 따라 자유로 활동하는 동시에, 존경과 너그러움과 공평의 태도로써 서로 더불어 협력하여서 사람 생활의 끊임없는 향상을 뜻하는, 하나의 사는 길(a way of life)인 것이다. 그것은 사회의 유지와 재건, 개선과 진보를 위한 지도 원리가 되는, 움직이는(dynamic) 사회적 신념(信念)이다."(1958.08:76)

라고 하였다. 그런가 하면 "배달겨레의 이상은 모름지기 민주주의 근본 정신의 완전한 실현에 있다."(1958.08:195)고도 하였다.

이러한 진술들을 통하여, 민주주의에 관한 외솔의 인식을 넉넉히 확인할 수 있다. 그는 오랜 다툼을 통하여 얻어낸 민주주의는 사람 공동체에 필요한 원리를 모두 갖추어 있다고 확신하였다. 그리고, 배달겨레가 올바른 삶을 이루어 나가려면 기본적으로 민주주의를 제대로 공부하여 그 원리와 질서를 잘 지켜야 한다고 역설하였다.

결국 외솔에게 민족주의와 민주주의는 같은 것의 다른 이름이라고 할 수 있다. 외솔 철학의 밑뿌리인 '살음(生)'이 나라 잃은 상황에서는 민족주의로 나타났고, 광복과 한국전쟁을 겪은 후로는 민주주의로 나타난 것이다.[4] 다른 겨레(나 나라)가 우리의 삶을 억누를 때에 그것은 민족주의로 표출되고, 공산주의가 우리의 삶을 위협할 때에는 민주주의로 표출되었던 것이다.

2.1.2. **'살음'의 철학** '살음(生)'은 외솔이 30대 초반에 쓴 논문 「조선민족 갱생의 도」에서부터 사용한 용어인데, 그에 관하여 아래와 같이 논술하였다.

"저 森羅삼라한 우주 만유의 眞相진상을 靜觀정관할진대 그 千變萬異천변만이의 가운데에 한 가지 不變不異불변불이의 것이 맥맥히 관통하며 역력히 遍在편재함을 알지니, 往古왕고의 동서 哲人철인은 이 一貫일관遍在편재의 무엇을 혹은 道도라 하며 혹은 理리(Logos)라 하

---

4 「조선민족 갱생의 도」는 나라 잃은 시기인 1926년에 썼고, 민주주의를 다룬 『나라 사랑의 길』은 한국전쟁 직후인 1958년에 펴냈음에 유의할 일이다.

20대 후반(1922~23년 무렵), 교토
제국대학 학생 시절의 외솔.

였더라. 이제 吾人오인으로 그 일원적
원리를 명명케 할진대 살음(生)이라 하
겠도다. 〔줄임〕 우주가 개벽한 이래로
그 星辰성신같이 큰 것이나 微塵미진같
이 작은 것이나 하나도 그 태초의 原形
원형을 그대로 死守사수한 것이 없나니,
이는 다 1쵀각을 쉬지 않고 활동하며
1초도 그치지 않고 진행하는 때문이니,
활동의 外외에 物물이 없으며, 진행의
外에 物이 없도다.

　이 영원한 활동과 항구한 진행이 큰
우주의 살음이며 우주의 진화이다. 이
산 우주, 진화하는 우주 가운데에 〔줄임〕 그 진화의 정도가 最高최고
하며 그 살음의 작용이 가장 靈貴영귀한 것이 곧 우리 인생이라.
〔줄임〕 하물며 最靈최령한 정신과 자유의 의지를 가진 우리 인류의
一動일동一靜일정이야 어느 것이 그 살음(生)의 자유 발전을 요구치
아니함이 있으리오?

　인생은 그 母體모체를 떠나서 이 세상에 떨어지자마자 그 四肢사지
를 뻗고 소리를 가다듬어 그 귀중한 생명의 자유 발전을 절규하였도
다. 이 생명의 자유 발전은 실로 인생의 본질적 요구이니, 이것이
없는 인생은 다만 우상이요 空殼공각이 될 뿐인저!" -「조선민족 갱생
의 도」 1926.09.25.

삼라만상과 모든 생물은 쉬지 않고 '활동'하며 끊임없이 '진행'하는
바, 그것을 '살음(生)'이라 이름한다 하였다. 그리고 살음의 작용이
가장 활발하고 영묘하고 고귀한 생물이 사람이며, '생명의 자유
·발전'은 사람의 본질적 요구이니, 그것이 없는 인생은 우상과 빈
껍데기일 뿐이라고 강조하였다.

일찍이 이규호(1976.03:21)에서는 외솔의 '살음(生)'을 현대 철학의 대표적 흐름 가운데 하나인 '삶의 철학'과 관련지어 논의하였다. 그 철학의 기본 개념은 삶(das Leben)인데 그것은 이론 체계의 초석이 아니라 철학의 주체인 동시에 대상이며, 그 철학에서는 이성적 논리만 가지고 철학하는 것이 아니라 감정과 의지와 생활을 통해서 철학한다고 풀이하였다. 그 철학의 주제는 삶의 특수한 측면이 아니라 전체적인 삶이며, 따라서 그 철학에서는 철학과 인격, 이론과 실천, 학문과 인생이 서로 분리되지 아니하고 밀접하게 연결된다고 하였다. 그러고는 "외솔에게 있어서도 그의 철학은 바로 그의 인격이었고, 그의 이론은 바로 실천과 직결되었으며, 그의 학문은 그의 인생이었고, 그의 비판은 바로 그의 투쟁, 곧 목숨을 건 투쟁이었다."고 평가하였다.

외솔은 그 어려운 시대 상황 속에서 '살음'의 철학을 형성하여 체질화하였고, 이를 뿌리와 바탕으로 연구하고 실천하였다. 연구와 실천의 중요 대상은 한국어이며, 한국어 공동체의 말글살이이며, 한국어 교육이었다. '살음'의 철학이 몸에 밴 외솔에게는 한국어학과 한국어 공동체의 말글 정책이 둘이 아니었다. 외솔이 연구에 못지않게 실천을 중시한 까닭과, 처음에 민족주의에 놓였던 무게의 중심이 나중에는 민주주의로 옮겨 간 까닭은 모두 '살음'의 철학에서 찾을 수 있다. 이러한 사실은 아래와 같은 스스로의 고백에서도 확인된다.

"나는 우리 말과 글을 연구, 정리, 보급, 발전시킴으로써 한뉘의 사업을 삼아 왔다. 그러나, 나의 목적하는 바는 말글에 있는 게 아니라, 겨레와 나라를 위함에 있다. 말글의 연구 및 교육은 겨레와 나라의 번영의 가장 근본스런 방도임을 확신하고서 한 것이다." - 「나의 저서」 1964.09 : 19~20.

"나는 70을 살면서 학문하였다. 나는 학문을, 학문을 위하여 한 것이 아니요, 살음('사람과 통한다')을 위하여 하였다. 나는 우리 말글을 연구하였다. 그런데, 국어 연구는 다만 국어를 위한 연구가 아니요, 국민을 위한, 겨레의 생존 번영을 위한 연구이다. 국어의 연구 및 발전을 위한 학문적 노력은 온전히 나라와 겨레의 장래에 바치는 나의 생명의 대가이다. 이는 나의 지음(저서)을 통하여 밝게 드러나 있다고 생각한다. 나는 아직 살아간다. 살아 있는 동안엔 나의 나라와 겨레를 위한 국어학의 연구는 끊칠 수 없다." - 「나의 인생과 나의 학문」 1965.07 : 65~66.

여기서 우리는, 외솔의 말글 연구와 교육은 그 자체가 목적이 아니었고, 겨레의 삶과 국민의 삶을 위한, 구체적인 방도였다는 외솔의 고백을 엄숙히 확인한다. 평생 살아온 것이 '살음'을 위해서였으며, 그랬기 때문에 애오라지 겨레와 국민의 생존과 번영을 가장 높은 가치로 생각하지 않을 수 없었다는 것이 외솔의 고백이다. 겸허하면서도 당당하고, 신념에 가득 차 있다.

그런데 여기서 짚어 두어야 할 것이 있으니, 외솔이 이르는 '살음'을 간단히 '삶'과 한뜻말 정도로 치부하고 넘어가서는 안 된다는 점이다. 외솔의 '살음'이란 현실 안주, 또는 현실 순응의 개념이 아니라, 가치 지향적인 개념이다. 그것은 '능동적 창조적 생기生氣'를 가리키며, 도道나 이理(logos)와 결부된다(허웅 1993.10 : 24). 이러한 가치를 내포하거나 지향하는 삶이라야만이 '살음'이라 할 수 있는 것이다. 그러므로, 외솔의 눈에는 일제의 통치를 받던 동안 우리 겨레의 삶은 '살음'이 아니었고, 공산주의로 말미암아 고생하는 사람들의 삶도 '살음'은 아니었다. 더 거슬러 올라가 몇몇 사람만 잘입고 잘먹고 잘살던 지난날 한겨레의 삶도 '살음'은 아니었다. 그러니 봉건주의도, 일본의 군국주의도, 북한의 공산주의도 똑같이 외솔에게는 저항과 극복의 대상이 될 수밖에 없었다. 우리 겨레의 살음을 방해한다는 점에서 다 한가지였기 때문이다.

외솔이 이상주의자로 기울어지게 된 것도 바로 여기에서 그 까닭을 찾을 수 있다. 우리 겨레의 역사가 그만큼 '살음'과는 반대되는 방향으로 흘러왔기 때문이다. 외솔은 그러한 현실에 그대로 순응하거나, 그러한 현실을 방관할 수 없었던 것이다. 그러니 이상주의자가 될 수밖에 없었다. 그러나 외솔이 추구한 것은 '실천적 이상주의'였다.

2.2. 외솔의 언어관

2.2.1. 언어의 중요성과 기능　외솔은 여러 기회에 말의 중요성을 설파했는데,『우리말 존중의 근본뜻』[5]에서는 다음과 같이 서술하였다.

---

5 외솔은『우리말 존중의 근본뜻』머리말(1951.06:6~7)에서 이렇게 술회한 바 있다 : "내가 먼저는 중일 전쟁의 화란에서 한글을 구해 내고자 하여 지은 것이『한글갈』이요; 다음에는 옥중에서 저승문이 가까운 위험에서, 한글을 사랑하여 지은 것이『글자의 혁명』이요; 이제 또 현해탄 머리에 사뭇 위태해진 조국에 부친 이몸의 생명의 어찌 될 것을 예측할 수 없는 위험에 처하여, 우리말 우리글을 사랑하고 존중하는 근본뜻을 뒷세상에 일러 주고자 하여 지은 것이 곧 이 책이다. 그러므로, 나의 이 책은 실로 영원한 자손에게 끼치려는 나의 사랑의 유언인 것이다."

"한 말로 요약하건대, 동물의 생활은 단순히 자연에 복종하는 생활임에 대하여, 사람의 생활은 자연을 정복하고 이용하여서, 그 이상(理想)을 실현하는 생활이다.

　이상 실현의 사람생활은, 또, 한 가지의 별다른 방면을 요구하게 되니, 그것은 곧 사람만이 가지고 있는 '말'이란 것이다. 마디진 소리(分節된 音聲)로써, 그 생각하는 바, 느낀 바를 자유로 나타내는 것은, 오로지 사람만이 가지고 있는 특징이다. 사람은 이 말이란 신기하고 교묘한 수단을 가짐으로 말미암아, 그 가진 바 문화 창조의 능력을 더욱 높이게 되며, 그 원하는 바 사회적 행복을 불우게 되었으니, 사람과 말의 관계는 깊기가 한이 없으며, 또, 넓기가 그지없는 것이다." -『우리말 존중의 근본뜻』 1951.06 : 10~11.

사람살이는 이상理想을 실현하기 위하여 노력하는 과정인데, 말은 그러한 노력을 가능하게 하는, 신기하고 교묘한 수단이라고 하였다. 사람이 문화 창조의 능력을 더욱 높이고 사회적 행복을 늘게 된 바탕에는 말과 글이 있으니, 말과 사람의 관계는 그지없이 넓고 깊다고 강조하였다.

　또, 외솔은 말의 기능機能과 관련하여, 사람의 생각과 느낌을 나타내어 전달하는 방편이라는 일반론에 더하여 창조적 기능을 중시하였다. 아래의 진술에서 그러한 인식을 확인할 수 있다.

　"말은 생각과 느낌을 담는 그릇, 나르는 연장일 뿐 아니라, 또 생각과 느낌, 그것의 만들어내는 연장이다. 그런데, 생각과 느낌은 학문과 예술의 근본이다. 생각은 학문을 짜아내고, 느낌은 예술을 지어낸다. 그리고, 생각과 느낌과는 함께 도덕을 마련한다. 이 학문과 예술과 도덕의 세 가지는 문화의 쫑지(精髓정수)이다. 그러므로, 말은 그 자체가 문화의 첫걸음인 동시에, 그것은 또 모든 문화의 애짓는이(創

造者(창조자)이라 할 수 있다. 사람의 문화 창조의 활동은 말로써 들어가며, 말로써 나아가며, 또 말로써 남기나니, 사람의 역사적 생활은 실로 말이 있음으로 해서 가능하게 된 것이다." -위의 책 1951.06 :31.

말은 생각과 느낌을 만들어내는 연장(도구)인데, 말로써 만들어진 생각은 학문을 창조하고, 그 느낌은 예술을 창조하고, 또 생각과 느낌은 함께 도덕을 마련한다 하고, 학문과 예술과 도덕이 문화의 정수이니, 언어는 모든 문화의 첫걸음인 동시에 모든 문화를 지어내는 창조자라고 역설하였다. 문화의 창조 활동을 시작하고 발전시키고 남기는 연장이 모두 언어이니, 사람의 역사는 언어가 있음에 가능하다는 말도 잊지 않았다.
그리고 외솔은 언어의 동시적이고 통시적인 협동 기능에 관하여 아래와 같이 설명하였다.

"각 개인이 다만 제 홀로의 안에 갇히어 있지 아니하고, 널리 남의 경험을 나의 경험으로 삼으며, 남의 지식을 나의 지식으로 삼아, 세로는 고금의 지식을 한 몸에 거두어 가지며, 가로는 세계의 경험을 나의 한 몸에 모아 가질 수 있게 된다. 이리하여, '한 삶'의 '하루'의 생활이 넉넉히 '억만 사람'의 '천년'의 생활을 겸하게 되어, 그 지식의 진보와 경험의 발전이 말할 수 없이 용이하게 된다." -위의 책 1951.06 :23.

'한 삶'과 '억만 사람'을 대비하여 공간의 제약을 극복하는, 언어의 동시적 협동 기능을 설명하고, '하루'와 '천년'의 대비로써 시간의 제약을 초월하는, 언어의 계기적 협동 기능을 설명하였다.
위와 같은 내용들은 언어학자의 보편적인 인식이라 할 수도 있겠지만, 외솔의 그것은 매우 명료하고 절실하며, 그리고 열정적이라는 점에서 차이가 있다. 사람에게 언어는 생명만큼 소중하다는 것이 외솔의 확호한 신념이었다.

2.2.2. 겨레말과 겨레의 관계성   외솔은 겨레(민족)란 "피와 문화를 함께하는 단체인데, 피는 겨레가 함께 탄 것이고, 문화는 함께 창조한 것"으로 파악하였다. 이어서 겨레말(민족어)의 특색, 겨레말과 겨레와의 관계를 아래와 같이 설명하였다.

> "겨레의 말씨는, 곧 그 겨레가 함께 애지은(창조한) 문화의 한가지로서, 모든 문화의 기초가 되는 것이다. 모든 겨레문화는 다 각각 특색이 있음과 같이, 모든 겨레의 말씨도 각각 특색이 있다." -위의 책 1951.06 : 55~56.

> "사람이 있는 곳에 말이 있으며, 겨레의 사는 곳에서 겨레말이 산다. 겨레말은 실로 겨레의 정신이요 생명이다. 겨레말의 소리가 울리는 곳에서 그 겨레의 정신이 약동하며, 겨레말이 번지는 곳에는 그 겨레의 생명이 번진다. 그리하여, 겨레와 겨레말과는 흥망을 같이하며, 성쇠를 같이한다." -위의 책 1951.06 : 60.

겨레말은 겨레문화의 창조적 결과물이며, 모든 겨레문화의 기초가 된다고 보았다. 또, 겨레와 겨레말은 뗄래야 뗄 수 없는 관계에 있어 그 둘은 흥망과 성쇠를 같이한다고 했으며, 이어서 라틴겨레와 라틴말, 앵글로색슨족과 영어, 일본겨레와 일본말, 아이누겨레와 아이누말, 아메리카 인디언과 그들의 토어, 만주겨레와 만주말, 폴란드 등을 예로 들면서 그 점을 강조하였다. 그런 관계를 잘 알기 때문에 한 겨레가 무력으로 다른 겨레를 정복한 뒤에 완전한 정복을 이루기 위하여 피정복 겨레의 말을 없애려 드는데, 에스파

냐가 남아메리카에서, 영국이 인도에서, 네덜란드가 인도네시아에서, 일본이 조선에서 강행한 언어 정책이 그런 사례라고 하였다.

그러한 일반론에 이어 우리 배달겨레와 배달말과의 관계에 대하여 아래와 같이 말하였다.

"배달말(韓國語, 韓語, 朝鮮語)은 배달겨레의 상징이며, 배달정신의 표현이며, 배달문화의 총목록이다. 우리는 겨레를 사랑하며, 또 그 문화를 사랑하며, 따라 그 말을 사랑한다.

우리가 배달말을 사랑함은, 단순한 감정의 문제가 아니라, 첫째, 사람 되기 위하여, 다음엔, 제 조상의 문화 창조의 역사적 생활을 받아 잇기 위하여, 다음엔, 자손에게 정당한 문화스런 재산을 끼쳐 주며, 아울러 문화 창조의 바른 길을 열어 주기 위하여, 그리하여 영구한 발전과 복락을 누리게 하기 위하여, 우리는 우리의 겨레말을 사랑하는 것이다." -위의 책 1951.06:5.

배달말은 배달겨레의 상징이며, 배달겨레 정신의 표현이며, 배달겨레 문화의 총목록이니, 우리 배달겨레는 배달겨레의 '영구한 발전과 복락을 누리게 하기 위하여' 우리 배달말을 사랑해야 한다고 강조하였다.

그리고, 일찍이 27살 청년 시절에 발표한 논문 「우리 말과 글에 대하야」에서는, '지금 여기' 우리와 우리 겨레말과의 관계를 아래와 같이 언급하였다.

"그러한즉 우리 민족이 생긴 이후로 우리의 祖先조선 幾기 萬億人만억인이 다 이 말 속에서 자라나서 이 말 속에서 살다가 이 말을 그 다음 代대의 자손에게 전하시고 이 말 속에서 돌아갔습니다. 現今현금의 우리는 곧 이 말을 받아서 이를 말하면서 살며 이를 말하여 뒤에 전하고자 역시 이 말 속에서 사는 사람이외다." - 「우리 말과 글에 대하야」 1922.08.29.

지금까지 몇 만억 명의 우리 조상이 선대로부터 말을 물려받아 그 말을 사용하며 살다가 그 말을 후대에 남기고 저승으로 돌아갔으며, '지금 여기' 우리도 그 가운데 하나라고 하였다. 우리 겨레의 한 사람 한 사람이 그러한 역사적 존재임을 자각하자는 호소라 할 수 있다.

또한 발달된 말의 특징으로 여섯 가지를 제시했으니, 간추려 올리면 아래와 같다.

  ○ 피어난(發達된) 말의 특징
  (1) 그 낱말의 수가 많음.
  (2) 그 가운데에 다른 나라의 말이 많이 섞이지 아니함.
  (3) 規則규칙이 바르며 논리가 精密정밀함.
  (4) 統一통일이 있음.
  (5) 그 말을 말하는 사람의 수가 많음.
  (6) 피어나지 못한 말을 이겨내는 힘이 있음. -위의 글 1922.09.09.

그것은 현상에 대한 서술이 아니라, 우리 겨레말의 지향에 대한 염원을 표출한 것이었다.

2.3. 외솔의 문자관

2.3.1. 문자의 중요성 및 목적   외솔은 문자의 중요성을 여러 저술에서 언급했는데, 『한글갈』에서는 다음과 같이 서술하였다.

"이러한 말의 결함을 感得감득한 사람은 글자(文字)라는 運動覺
的운동각적, 시각적 내지 청각적인 글자를 발명하여 내었다. 이 글자
란 利器이기로 말미암아, 사람겨레의 사상 감정의 발표가 시간적으
로 영구히 보존되며, 공간적으로 廣遠광원에 전파되며, 반복 음미와
기억에 편리하게 되었다. 우리 인류는 이 글자를 가짐으로 말미암아,
앞사람의 문화적 업적을 계승하여 확장하고 精練정련하여, 이를 뒷
사람들에게 전해 왔으며, 또 전하고 있다. 근세에 이르러 인쇄술의
발달은 문자의 이용에 새로운 박력을 더하여, 인문의 진보는 더욱
빠르고 넓어졌다. 이리하여 20세기 인류 사회의 찬란한 문화재는
오로지 글자라는 利器의 가져온 바이라 하여도 과언이 아닐 것이
다." -『한글갈』 1940.05 : 727.

문자는 언어의 결함을 극복하는 수단으로 발명되었는데, 문자의
사용으로 사람겨레는 사상과 감정을 시간·공간의 제약 없이 전파
하고, 반복하여 음미하고, 편리하게 기억할 수 있게 되었다고 설명
하였다. 앞사람의 업적을 계승하고 확장하고 정련하여 뒷사람에게
전해 온 바탕에는 문자가 있었으니, 인류 사회의 찬란한 문화는
오로지 문자의 덕분이라 하여도 과언이 아니라고 평가하였다. 이
러한 진술에 이어, 문자의 중요성은 시간을 뛰어넘어 변함이 없을
것이며, 어떤 면에서는 시간의 흐름과 문자의 중요성이 비례할 것
이라고 하였다.

　　다른 글에서는 문자의 가치에 관하여 아래와 같이 평가하였다.

　　"어두움의 장막이 걷히고, 밝은 태양이 골고루 비치게 한 신기한
열쇠가 무엇일까? 그것은 글자이다. 글자는 시간의 고금을 통하고,
공간의 원근을 통하고, 유형과 무형을 통하여, 사람의 지식을 보존하
고, 퍼치고, 불우고, 깊이고, 높이는, 신통한 노릇을 하는 것으로,

사람이 가지고 있는 연장 가운데에 가장 근본스럽고, 가장 소중하고, 가장 훌륭한 것이다." - 『나라 사랑의 길』 1958.08 : 139~140.

문자는 시간과 공간과 형태의 제약을 극복하여 사람의 지식을 보존하고 키울 뿐만 아니라 인류 공동체에 퍼뜨리는 연장이니, 사람이 가진 연장 가운데 가장 근본스럽고 소중하고 훌륭한 것이라고 하였다.

또 다른 글에서는 문자와 문화 생활과의 관계를 아래와 같이 비유하기도 하였다.

"인류의 생활은 문화의 생활이요, 가치의 생활인데, 문화의 광휘와 가치의 고귀가 다 인간의 가진 글자의 효과적 사용 위에 이뤄지지 아니한 것이 없다. 그리하여, 현대인의 생활에서 글자를 뺀다면, 마치 물독의 밑을 뺀 것과 같아서, 오늘날의 문화 생활은 담기어질 그릇을 잃게 될 것이다." - 「새로운 민족문화」 1949.08 : 13~14.

그리고 외솔은 일찍부터 문자는 그 자체가 목적이 아니라는 점을 역설하였다. 1920년대, 곧 그의 나이 28살과 32살에 발표한 논문에서 아래와 같이 설명하였다.

"글이란 것은 우리 사람의 생각을 드러내는 利器이기 곧 방법이요, 글 그것이 우리의 목적이 아닌 것이외다. 우리의 목적하는 바는 생각 그것이외다. 이것을 비유하여 말하자면, 甲地갑지에서 乙地을지로 가아서 무슨 일을 보는 것은 목적이요, 자전거나 기차 같은 것을 타는 것은 그 목적을 도달코자 쓰는 방법에 지나지 못하는 것이외다."
- 「우리 말과 글에 대하야」 1922.09.06.

"대저 文字문자란 무엇이냐? 사람의 사상과 감정을 廣遠광원한 공간과 장구한 시간에 발표하야 인간 생활의 일상 用務용무를 辯변하며 인류 문화의 영원한 진보를 조성함이 문자의 直責직책이며 卽效즉효이다. 그러므로 문자 그것이 목적이 아니며 귀중한 가치가 아니라, 그 문자로 말미암아 표현된 사상과 감정의 傳達전달이 목적이며 가치이다." -「조선민족 갱생의 도」 1926.10.09.

요컨대, 문자는 사람의 생각과 감정을 드러내고 전달하는 '그릇'이요 '방법'이라는 것이다. 문자 그 자체가 목적이 아니고 가치도 아니며, 사상·감정의 전달이 문자의 목적이고 가치라고 지적하였다. 지금도 그런 사람이 없는 것이 아니지만, 당시의 많은 조선인은 한자·한문에 대단한 신통력이나 고상한 사상이 있다고 철석같이 믿고 있었으니, 그런 사람들을 깨우치기 위하여 위와 같은 진술을 되풀이한 것이었다.

외솔은 한편으로, 모든 사람들이 문자를 공유하게 된 것은 대중의 끊임없는 노력과 투쟁의 결과로 파악하였다. 그러한 내용은 여러 군데 있는데, 아래에서도 그것을 확인할 수 있다.

"인류 사회의 글자의 구실은, 그 처음에는 다스리는 계급이 다스림 받는 계급을 지배하는 데에 도움이 되는 일이었다. 〔줄임〕 글자는 다만 소수인을 위한 무기요, 다수의 백성들은 도모지 글의 혜택을 입을 기회를 가지지 못하였던 것이다.

그러나, 세계 역사는 인류 양심의 발전이라, 대중의 끊임없는 노력과 투쟁으로 말미암아, 글자의 사용이 점점 대중의 손으로 들어오게 되었으니, 서양 근대 문명은 이로 말미암아 발달된 것이요, 현대의 민주주의적 제도는 다 이로 말미암아 건설된 것이다." -「새로운 민족 문화」 1949.08:11.

이러한 진술의 밑바탕에는 대중의 삶을 존중하는 '살음'의 철학이
자리하고 있었다.

2.3.2. 좋은 문자의 조건　　외솔은 생애 최초로 공간公刊된, 1922년
9월의 논문에서 좋은 문자의 조건에 대하여 언급하였다. 그 내용
은 여덟 가지인데, 항의 제목만 올리면 아래와 같다.

　○좋은 글(文字)의 조건
　⑴ 소리글일 것.[6]
　⑵ 홀소리(母音)와 닿소리(子音)을 가를 것. 곧 낱소리글일 것.
　⑶ 한 소리는 반드시 한 글자로 표할 것.
　⑷ 같은 소리는 반드시 같은 글자로 표할 것.
　⑸ 한 글자는 언제든지 반드시 한 소리가 날 것.
　⑹ 다른 소리는 반드시 다른 글자로써 표할 것.
　⑺ 글자의 數爻수효가 넉넉할 것.
　⑻ 소리 나지 아니하는 글자가 없도록 할 것.
　　　　　　　　　-「우리 말과 글에 대하야」 1922.09.11/15.

여덟 가지 중에서도 핵심은 ⑴과 ⑵이니, 외솔은 소리문자, 그
중에서도 홀소리자(모음字)와 닿소리자(자음字)를 갖춘 낱소리글,
곧 단음문자單音文字를 가장 좋은 문자라고 본 것이다. 나중의 『한
글갈』(1940.05:728~730)에서, 문자는 "맺음글자(結繩文字결승문자)
→ 그림글자(회화문자)→ 뜻글자(意義文字의의문자)→ 소리글자(음
성문자)"의 단계로 발달해 왔으며, 또 소리글자는 "낱말글자(語文

---

6 이에 대하여 잘게 7개 항으로 나누어, 뜻글과 비교하여 상세히 풀이하였다(☞
　214쪽의 각주 13).

字어문자)→ 낱내글자(음절문자)→ 낱소리글자(단음문자)"로 발달해
왔다고 풀이했으며, 그 가운데서 낱소리글자를 가장 발달된 문자
라고 평가하였다.

(3)~(8)은 부수적인 조건인데, (7)의 '넉넉함'이란 제 나라의 말소리
를 '넉넉히 바로' 적을 수 있을 뿐 아니라 다른 나라의 말소리도
'어느 정도까지는 바로' 적을 수 있을 만큼의 수효를 말한다고 하였다.

그런가 하면, 『한글만 쓰기의 주장』에서는 '뜻글자'의 대표적인
보기로서 한자를 들고, 이를 '소리글자'와 비교·대조하여 아래와
같이 설명하였다.

"뜻글자는 눈앞에 보이는 물건을 꼴로 본떠 그림으로 나타내어,
그 물건을 가리키는 기호로 삼는데, 곧 본뜨기(象形)에 비롯한 것이
니, 이것만으로는 도저히 만물, 더구나 꼴 없는 일, 생각 같은 것을
나타낼 수가 없어서, 소위 지사(指事), 회의(會意)로 번져났으나, 그
래도 부족하여 소위 형성(形聲)이란 방법으로까지 발전하였다. 아무
리 뜻글자라 하지마는, 사람의 말소리를 전연 무시할 수 없을 뿐만
아니라, 그 소리를 차용하는 것이 훨씬 글자로서의 구실을 하는 데에
유리하게 되었다. 그리하여, 한자 총수 5만 자 가운데 형성에 딸린
자수가 그 3분의 1이나 된다 한다. 이는 글자는 말을 적는 부호이란
언어학적 기초 이론이 여기에도 들어맞는 것이 되는 것이다."

"이에 대하여, 소리글자는 말의 소리를 나타낸다. 그러나, 그것은
글자이기 때문에 단순히 소리만을 나타내는 것에 그치지 않고 동시에
말의 뜻까지를 나타낸다. 다시 말하면, 뜻글자 한자는 뜻에서 소리로
번져나고, 소리글자는 소리에서 뜻으로 번져난다. 두 가지 글자의
차이는 그 떠나는 점의 다름에 있고, 그 구실의 전체에서는 말의
적어 나타냄에 합치한다."

-『한글만 쓰기의 주장』 1970.10:54~55, 56.

여기에 이르러 많은 지식인이 중요한 점을 놓쳐 왔음을 떠올리게 된다. '뜻문자(표의문자)'와 '소리문자(표음문자)'라는 용어에서 '뜻'과 '소리'라는 낱말에 매몰되어 '문자'의 본질을 잘못 이해해 온 것이다. 어느 쪽이든 문자는 사람이 만들어 낸 기호이며, 기호는 본질적으로 뜻을 나타내는 징표이다. 그러니 소리문자도 결국에는 뜻을 나타낸다. 이 점을 지적하여 외솔은 "소리글자는 글자이기 때문에 단순히 소리만을 나타내는 것에 그치지 않고, 동시에 말의 뜻까지를 나타낸다."고 강조하였다. 이에 반하여, 뜻문자라 할지라도 (그것이 음성언어를 바탕으로 한 것이라면) 소리도 나타낸다. 흔히들 뜻문자로 치부하는 한자도 읽을 수 있는 것을 상기하면 금방 이해가 될 것이다. 이러한 사실과 관련하여 외솔은 "아무리 뜻글자라 하지마는, 사람의 말소리를 전연 무시할 수 없"다고 지적하였다.

이와 같은 사실을 제대로 알아차린다면, 한글로는 뜻을 나타낼 수 없다거나, 뜻을 나타내는 것이 한자만의 전유물인 것처럼 말하는 착오를 범하지 않을 것이고, 그러한 억지 논리에 덩달아 춤추는 일은 없을 것이다. 이런 점에서 한글만 쓰기를 주장하는 쪽의 대응 논리도 점검할 필요가 있다.

3. 외솔 최현배의 우리 말글 정책론

이제 외솔의 우리 말글 정책론을 살펴볼 차례이다. 먼저 말글 정책의 목표에 관한 논의를 살펴보고, 이어서 토박이말 쓰기, 한글만 쓰기, 한글 풀어쓰기에 관한 이론과 제안들을 차례대로 살펴

나가기로 한다.

3.1. 외솔이 설정한 우리 말글 정책의 목표

외솔이 말글 정책 목표에 관하여 가장 체계적으로 논의한 저술은 1951년 6월에 간행한 『우리말 존중의 근본뜻』이다. 그 책에서 "깨끗하게 하기, 쉽게 하기, 바르게 하기, 풍부하게 하기, 너르게 하기"의 다섯으로 나누어, 구체적인 사례를 들며 말글 정책 전반에 관하여 논의하였다. 이 자리에서 그 내용을 살펴보기로 하겠는데, 그 논의는 1940년대 한국의 말글 현실을 중심으로 진행되었다는 점을 감안하여 이해할 필요가 있다.

3.1.1. 깨끗하게 하기 외솔은 '깨끗하게 하기'가 필연의 요구임을 아래와 같이 전제하였다. 35년이라는 일본의 야만적인 지배로부터 벗어난 직후인지라 먼저 한국어와 한글을 깨끗하게 하는 것이 급하고도 필요한 일이라고 생각했던 것이다.

"나라말을 깨끗하게 만들려는 운동은 여러 나라에서 흔히 있는 일인데, 이는 대개 한 나라가 다른 나라에게 정치적으로, 군사적으로, 문화적으로 침략을 당하였다가, 다시 그 굴레를 벗어나게 된 때에 일어나는 것이 예사이다. 서양에서는 〔줄임〕 이제, 우리 대한은 수천 년 동안의 한자, 한문의 절대적 위압에서, 또 36년 간 일제의 야만스런 동화 정책, 언어 정책에서 자유스럽게 되었으매, 이러한 '깨끗하게'의 국어 운동이 일어남은 자연의 형세인 동시에, 또 필연의 요구라 아니할 수 없다." -『우리말 존중의 근본뜻』1951.06:124.

그러고 나서, 말을 깨끗이 하려면 '외국말 티 없애기'와 '대중말 쓰기'가 필요하다고 주장했는데, 앞엣것은 우리말의 대외적인 관계를 깨끗하게 함이며, 뒤엣것은 우리말 내부의 모습을 깨끗하게 함이라 하였다. 그리고 실천해야 할 사항들을 제시했으니, 요지만 올리면 아래와 같다.

ㅇ말 깨끗이 하기의 방향
ㄱ. 외국말 티 없애기
　(1) 일본말 버리기
　(2) 한자말(일본식 한자말 포함) 버리기
ㄴ. 대중말 쓰기
　(1) 대중이 아닌 말소리 안 쓰기
　(2) 대중말이 아닌 말 안 쓰기　　-위의 책 1951.06:124~132.

ㄱ은 낱말에 관한 사항들이며, ㄴ은 낱말과 함께 소리의 면에까지 걸쳐 있는데, ㄴ과 관련된 내용은 뒤의 3.1.3에서 다루기로 하고 여기서는 ㄱ의 세부 사항을 살펴본다.

ㄱ(1)의 '일본말'이란 '스시', '우동', '오뎅', '즈봉'과 같이 일본말의 발음대로 사용하는 것들을 주로 가리킨다. 그런 것들은 강제로 배워 가지고 있는, 한국어 속의 왜색 말이니 "나날의 생활에서, 각종의 글월(특히, 관공서의 문서)에서, 각종의 학문과 교육에서, 모든 사물의 이름(특히, 사람의 이름)에서" 두루 없애야 한다고 하였다.

ㄱ(2)의 '한자말'은 이른바 '중국 한자말'과 '일본식 한자말'을 포괄하는 개념인데, 그 구체적인 실천 방안으로 제시한 내용을 간추려 보면 다음과 같다.

○한자말 버리기의 실천 방안

① 순전한 일본식 한자말은 순배달말로 고치되, 그렇게 하지 못할 때에는 우리 식의 한자말로 옮긴다.[7] 명도明渡→ 비어주기, 수형 手形→ 어음, 수부受付→ 접수接受, 지불支拂→ 지급支給, 인육印肉 → 인주印朱.

② 계급적 요소나 봉건적 찌꺼기의 한자말은 평민적인 순우리말이나 한자말로 갈아 넣는다. 침자針刺→ 바느질, 주방廚房→ 부엌, 가친家親/대인大人→ 아버지, 함씨咸氏→ 조카.

③ 쉬운 우리말이 있는데 가외로 쓰는 한자말은 없이 한다. 은닉隱匿하다/은휘隱諱하다 → 감추다, 보상報償하다 → 갚다, 대금大金/거액巨額→ 큰돈, 절취竊取하다 → 훔치다.

④ 입말에는 발전하지 못하고 글말에만 그쳐 있는 한자말은 쉬운 말로 갈음한다. 건곤乾坤→ 하늘땅, 돈아豚兒→ 자식/제자식, 앙양昂揚하다 → 돋구다.

⑤ 순우리말에 덧씌워진 한자의 탈은 벗긴다. 生覺하다 → 생각하다, 生起다 → 생기다.   -위의 책 1951.06:134~135(간추림).

위의 ②에서 '계급적 요소나 봉건적 찌꺼기'라는 표현을 쓴 데서도 알 수 있듯이, 한자말에 대한 외솔의 의식은 매우 철저하다. 그 점은 아래와 같은 발언에서 절실히 확인할 수 있다.

"위에서 베푼 바와 같이, 한자말은 한문화의 세력 아래에서 생긴 것인데 : 옛적에는 오로지 중국으로부터 들어왔고, 한양 조선 말기로부터는 서양의 문명과 함께 일본으로부터 우리말 속으로 들어왔다.

---

7 '비어주기', '어음'은 순배달말(토박이말)로 고친 보기이고, '접수', '지급', '인주'는 우리 식의 한자말로 교체한 보기이다. 한국어 속에는 일본식 한자말이 매우 많은데, 한국의 지식인 중에 이런 낱말에 대하여 무감각하거나 매우 관대한 이가 적지 않다.

〔줄임〕 그리하여, 오늘날의 우리말, 우리글의 상태는 정상스런 발전의 결과로 된 것이 못 되고, 오로지 한문과 일본말의 잇달은 침입으로 말미암아, 비뚤어지고 흔들어져 혼돈 불순한 상태에 놓여 있다. 이 따위 한자말이 아무리 그 연원이 멀고, 그 뿌리박힘이 깊고, 그 범위가 넓고, 그 잦기(頻度빈도)가 심하고, 그 버릇됨이 오래라 할지라도, 우리는 우리말, 우리 문화의 자주스런 발달을 위하여, 이를 바로잡는 수술의 칼을 잡지 않을 수 없다. 밖으론, 다른 강국의 제국주의적 간섭에서 해방되고, 안으론 계급적 장벽을 완전히 깨뜨린 배달겨레의 독립 자주의 기백과 문화 창조의 정신은, 우리 문화의 생활의 터전인 우리 말, 우리 글의 오늘날 비뚤어진 상태에, 만족할 수는 도저히 없다." ─위의 책 1951.06 : 133~134.

그리고, 우리 겨레가 외국말을 쓰지 말고, 쉽고 가까운 우리말을 써야 할 당위성을 아래와 같이 말하였다. '우리 자신의 권위와 존엄과 영예'를 세우기 위하여 남의 말을 쓰지 말자는 것이다.[8] '말은 곧 사람'이라고 보는 언어관, 그리고 가치지향적인 '살음'의 철학을 지닌 외솔로서는 필연적이고도 당연한 주장이었다.

"내가 여기서 특히 강조하고자 하고 싶은 것은, 쉽고 가까운 우리말을 두어 두고서, 일부러 괴팍스럽게 어렵고 서투른 외국말, 또는 외국말재의 말을 써서, 제 유식을 자랑하고, 제 특권을 옹호하려는 심리를 내어버려야 한다는 일이다. 자유에로 풀어놓고, 자주에로 각성한 우리 겨레의 세워야 하는 앞날의 문화는 마땅히 대중의 문화, 민주주의스런 문화, 한글의 문화라야 한다. 우리는 먼저 우리말을

---

8 일찍이 1922년에 발표한 논문에서는 같은 뜻이라도 한어漢語로 표현하면 '존경'을, 우리말로 표현하면 '경멸'로 받아들이는 현실을 개탄하였다(☞ 205쪽).

깨끗이 함으로 말미암아 우리말의 권위를 세우자. 말씨의 권위는 곧 그 말씨의 주인의 권위와 정비례하는 것이니, 우리가 우리 자신의 권위와 존엄과 영예를 세우지 아니하면, 안 되는 이치를 깊이 깨쳐야 한다." -위의 책 1951.06:136.

'말'을 깨끗이 하기를 위와 같이 논하고 나서, '글'을 깨끗이 하려면 '한자 안 쓰기'를 실천해야 한다고 하였다. 한글만 쓰는 것은 우리의 생활까지도 깨끗이 하는 일이라고 하였다.

"우리가 한자를 안 쓰기로 하자고 외치는 것은, 다만 그것이 다른 나라의 글자이란 때문이 아니요, 그것을 씀으로 말미암아, 우리 겨레의 문화 발달에 큰 장애가 되며, 생존 발전에 큰 해독이 되는 때문이다. 우리의 주장의 근본 목적은 외국 글자를 없이 함에 있지 아니하고, 우리 겨레 스스로의 생명의 발양, 문화의 발달을 이루고자 함에 있다. 〔줄임〕 우리 나라가 오늘날과 같이 문명의 낙오자가 된 것은, 그 원인이 이렇듯 훌륭한 글자를 두고서, 이를 이용하지 아니한 것에 있음은 명확한 사실이다. 그러고, 또, 우리 겨레에게 앞날의 희망이 있다면, 그것은 오로지 우리가 이렇듯 빼어난 한글을 가지고 있는 때문이다. 한 길, 바른 길을 두고서, 엉뚱하게 소로, 굽은 길을 잡아드는 것은, 극히 어리석은 짓이 아닐 수 없다." -위의 책 1951.06:136~137.

한자를 쓰지 말자고 하는 것은, 민족적인 배타주의에서가 아니라는 점과, 우리 겨레 스스로의 생명력을 북돋우며, 우리 겨레다운 문화를 가꾸어 나가고자 함에 근본 목적이 있다는 것을 강조하였다. 아울러 우리 겨레는 한글을 가지고 있음으로써 희망이 있다고 하였다.

3.1.2. 쉽게 하기 외솔은 말글을 쉽게 써야 할 까닭을 아래와 같이 말하였다.

> "더구나, 현대와 같이 소수의 특수 계급보다 일반 다수의 대중의 행복이 시대적 요구가 되어 있으며, 민주주의스런 생활의 건설이 요청되고 있는, 이 때를 당하여, 한 나라의 말과 글을 쉽게 하는 것이, 극히 필요한 기초 공작이 되는 것이다." -위의 책 1951.06:138.

앞의 2.1.1에서 '민족'과 '민주'는 외솔의 모든 것을 움직이는, 두 큰 힘임을 확인했는데, 말글살이의 어려움은 '민주'와는 어긋나는 것이기 때문에, 외솔은 어려움을 멀리하고 쉬움을 강조한 것이다. 그러나 아래에서 보듯이, 말글에서 '쉬움'이 절대 조건이 아니라는 점을 인정하면서, 한편으로 쉽다고 해서 소중하지 않다고 생각할 염려가 있음을 비유로써 경계하였다.

> "요컨대, 말과 글은 쉬워야 한다. 물론 쉬운 것만이 절대 조건은 아니지마는, 같은 값이면 쉬운 것이 훨씬 효과스럽다. 〔줄임〕 그러나, 우리는 본질적으로 극히 소중한 것은 얻기 어렵지 않고 도리어 얻기 쉬움을 깨쳐야 한다. 보라, 해와 공기는 사람에게 없어서는 못 살 만한, 소중한 것인데, 도리어 우리에게 극히 쉽게 얻어지지 아니하는 가? 〔줄임〕 우리의 한글은 우리 겨레의 태양이요 공기이다." -위의 책 1951.06:142~143.

'말 쉽게'를 이룩하려면, 옛말·죽은말이 아닌 현재말·산말을, 외국말이 아닌 '우리말'을, 어려운 한자말이 아닌 '쉬운 말'을 쓰도록 힘써야 한다고 하였다. 그런 기준으로 접근하여 한자말을 버려야 할 첫번째 대상으로 지목하였다. 한자말 중에는 지난날 세로

(종적)사회에나 알맞는 낱말이 태반이며, 대중들의 삶이나 정서와 동떨어진 어려운 말이 많기 때문이며, 한자말도 일단 외국말로 보았기 때문이다. 외솔은 한자말을 가리켜 "소수 특권만의 오만심과 이기심에서 우러나온 반민중적, 반시대적인 봉건주의의 여폐"(1951.06:139)라고 신랄히 비판하였다.

'글 쉽게'를 이룩하기 위해서 할 일로는 '한자 안 쓰기', '맞춤법 정리', '문자 생활의 기계화' 들을 언급하였다. 한글학회에서 정리해 놓은 맞춤법에 대해서 "배우기와 씨기(書)[9]의 작은 어려움으로써 읽기에서의 큰 쉬움을 가져온 것"이라고 평가했으니, 온 국민이 잘 배워서 쓰면 될 것이라는 의미가 내포되어 있다. 한글의 기계화에 대해서는 "배달겨레의 장래의 운명에 지극히 중대한 관계를 가진 것"이라고 하였다.

3.1.3. 바르게 하기

'말 바르게'의 목표를 달성하기 위한 실천 사항으로서 '대중소리 쓰기'와 '대중말 쓰기'를 제시하였다. '대중소리'는 표준 발음(길이·세기·높이 포함)을 말하고, '대중말'은 표준 낱말을 말한다. 요즈음도 많은 사람들이 '표준어'라고 하면 낱말만을 생각하는 경향이 있는데, 외솔은 그것을 소리까지 아울러 생각한 것이었다.

'글 바르게'에서는 '맞춤법대로 쓰기'와 '가로씨기'를 내세웠는데, 가로씨기를 내세운 것을 보면 '바르게'는 규정이나 표준에 맞게

---

9 외솔은 20대부터 '사용使用'을 뜻하는 '쓰다'·'쓰기'와 차별화하여 '서사書寫'를 뜻하는 말은 '씨다'·'씨기'라고 하였다. '횡서'도 처음부터 '가로씨기'라고 하고, '풀어쓰기'도 '풀어씨기'라고 하였다. (외솔의 간행물에 '서사'를 뜻하는 낱말임에도 '쓰기'로 인쇄된 것은 외솔의 원고를 편집자가 고친 결과이다.)

쓰기와 함께 합리성까지 포괄한 방향임을 알 수 있다. '가로씨기'는 풀어쓰기를 가리키니, 이론면으로나 실제면으로나 한글은 풀어쓰는 것이 합리적이라고 생각한 것이다. 두 가지 가운데서 맞춤법대로 쓰기는 어느 정도 시행되고 있지만, 가로씨기는 실현이 가마득하다고 진단하였다.

그리고, 말글살이를 바르게 하려면, 나라의 정책적인 배려와 결단, 국민 개개인의 관심과 노력이 필요함을 지적하였다. 아래에서 그것을 확인할 수 있다.

"말과 글을 바르게 하는 일은, 말하기는 극히 간단하지마는; 그 실제에 있어서는 매우 복잡한 점이 있어, 그리 쉬운 것이 아니다. 각 개인은 개인으로서 제 힘과 시간을 허비하여야 할 것이요, 나라는 나라로서 상당한 차림과 큰 용단이 필요하다." -위의 책 1951.06 : 144.

위에서 '상당한 차림과 큰 용단'이라 한 것은 정책적인 면을 가리키며, 주로 가로씨기에 대한 주문으로 보인다. 외솔은 우리 글살이의 발전은 한글 풀어쓰기에 있음을 굳게 믿었던 것이다.

3.1.4. **풍부하게 하기**　외솔은 말과 글을 풍부하게 해야 할 까닭을 아래와 같이 말하였다. 곧, 사람살이의 목표는 정신적 생활과 물질적 생활을 풍부하게 하는 데에 있는바, 그것을 달성하려면 기본적으로 말과 글을 풍부하게 해야 한다는 것이다. 말과 글이 물질적 생활을 풍부하게 한다는 것은 지나친 비약이라고 받아들일 수도 있겠지만, 말·글은 정신 생활로 이어지고, 정신 생활은 물질적 생활을 낳는다는 것이 외솔의 사상임을 이해할 필요가 있다.

"말과 글은 우리의 문화 재물이다. 재물이란 사람에게 소용스런 것, 좋은 것을 뜻하는 이만큼, 풍부하고 넉넉하여야 더욱 좋은 것이 된다. 사람 활동의 목표의 하나는 그 물질적 생활과 정신적 생활의 풍부함에 있다. 이제, 우리는 말과 글을 풍부하게 함으로 말미암아 더욱더욱 정신적 및 물질적 생활을 풍부하게 만들고자 한다." -위의 책 1951.06 : 145.

'말 풍부하게'는 낱말의 내용이 풍부하게, 낱말의 수가 많게 함이라고 하였다. 각 낱말의 내용, 곧 의미를 풍부하게 하는 길은 자주, 많이, 널리 부려쓰는 것이라고 하였다.

'글 풍부하게'는 문자가 말을 적기에 넉넉하도록 함을 가리키는데, 그것은 달성되어 있다고 보았다. 여러 세부 목표 가운데서 오직 그것만 그렇게 평가한 것이니, 한글 낱자는 그 됨됨이가 매우 과학적이어서 한국어를 다 적고도 남음이 많다고 하였다.

3.1.5. **너르게 하기**   '너르게'는 말과 글을 따로 나누지 않고 아래와 같은 세 방향을 제시하였다.

ㅇ너르게 하기의 방향
⑴ 온 백성이 다 글자를 알게 한다.
⑵ 우리 말과 글을 생활의 모든 방면에 널리 쓴다.
⑶ 우리 말과 글을 널리 세계에 퍼지어 쓰이도록 한다.
　　　　　　　　　　　　　　-위의 책 1951.06 : 148~150.

우리의 말과 글을 우리 겨레에게 한정하지 않고 온 세계에 퍼지도록 해야 한다고까지 하였다. 오늘날 많은 한국인이 '세계화'를 외치면서 남의 말 배우기를 강조하는 데에 급급하고 있는 현실을 생각하면, 이 같은 포부가 한층 더 당당해 보인다. 상호주의에 바탕한 세계화라야 하지, 또다른 패권주의를 위장한 세계화에 놀아나는 어리석음을 범해서는 안 될 것이다.

3.1.0. **휘갑** 이제까지 『우리말 존중의 근본뜻』에서 외솔이 주장하고 제안한 말글 정책의 목표와 내용을 살펴보았는데, 중요 내용을 표로 정리하여 보면 아래와 같다.

외솔이 펼친 우리 말글 정책의 목표와 내용

목표	말살이(언어생활)	글살이(문자생활)
깨끗하게	•외국말 티 없애기 　◦일본말 버리기 　◦한자말 버리기 •대중말(표준말) 쓰기	•한자 안 쓰기
쉽게	•현재말·산말 쓰기 •우리말 쓰기 •쉬운 말 쓰기	•한자 안 쓰기 •맞춤법 정리 •생활의 기계화
바르게	•대중소리(표준 발음) 쓰기 •대중말(표준 낱말) 쓰기	•맞춤법대로 쓰기 •풀어쓰기
풍부하게	•낱말의 내용을 풍부하게 하기 •말수를 풍부하게 하기	•한글 쓰기
너르게	•온 백성이 다 문자를 알게 하기 •우리 말·글을 생활의 모든 방면에 널리 쓰기 •우리 말·글을 세계에 퍼지게 하기	

위의 내용을 더 간추리면, 먼저 '말살이'에 대해서는 아래와 같은 방향을 제시한 셈이 된다.

㈎ 우리 말살이의 나아갈 길
1. 봉건적 찌꺼기 말은 버리고 민중의 말을 쓴다.

2. 어려운 말보다는 쉬운 말을 쓴다.
3. 글말보다는 입말을 쓴다.
4. 남의 말은 버리고 우리말을 쓴다.
5. 대중말(표준어)을 쓴다.
6. 낱말을 풍부하게 한다.

그리고 외솔은 이러한 기준으로 한국 사회의 말살이를 진단하여 가장 큰 문제거리로 한자말을 지목하였다. 대부분의 한자말은 여섯 가지 가운데 네 가지에 걸리기 때문이었다.

위의 표에서 읽혀지는 우리 '글살이'의 나아갈 방향은 아래와 같이 간추려진다.

㈏ 우리 글살이의 나아갈 길
1. 한글만 쓰기
2. 가로쓰기
3. 풀어쓰기
4. 기계로 하기

이와 같은 기준으로 한국 사회의 글살이를 살펴보면 역시 한자가 결정적인 장애물이라는 것이 외솔의 진단이었다. 위의 넷은 한자를 쓰는 한에서는 실천이 불가능하거나 불완전할 수밖에 없다고 판단한 것이다. 그러니 글살이에 관한, 외솔의 가장 큰 관심이 한글만 쓰기에 쏠릴 수밖에 없었다.

이러한 외솔의 주장이나 제안 가운데는 국가적인 차원에서 결정하고 시행해야 할 것도 있고, 온 국민이 개인적으로 실천해야 할 것도 있었다. 이렇게 본다면, 외솔 스스로의 말과 같이, 『우리말 존중의 근본뜻』은 온 국민에게 보내는 호소이기도 하면서, 또 한편으로는 그 당시의 대한민국 정부에 대한 정책 건의서이기도 했다.[10]

3.2. 외솔의 토박이말 애용론

앞의 3.1에서 살펴본, 외솔이 말살이에 관하여 제안한 여러 과제들은 '외국말 티 없애기'와 '쉬운 말 쓰기'의 둘로 더 압축할 수 있다. 그런데 그것은 다 같이 한자말을 겨냥하고 있다. 『우리말 존중의 근본뜻』이 쓰여진 1940~50년대 한국의 말살이에서 외국말의 티는 대부분이 한자말(일본식 한자말 포함)이었고, 한자말은 대부분이 어려운 말이거나 대중들의 정서와는 거리가 멀었기 때문이다.

특히, 외솔은 20대 후반, 생애 최초로 발표한 논문에서부터 한자말이 한국어 공동체에 끼친 악영향을 격정적으로 지적했으니, 한 부분을 올리면 아래와 같다.

"漢語한어가 수없이 우리말에 侵入침입하여 우리말은 심히 멸시를 당하게 되었습니다. 〔줄임〕 꼭 같은 뜻인 말이라도 한어로 하면 존경을 表表하고 우리말로 하면 경멸을 표하게 되었습니다. 참 우스운 일이 아닙니까. 다음의 예를 견주어 보십시오. 〔줄임〕 '몸이 어떠하십니까? : 기체후 어떠하십니까?' 이밖에 어떤 말이든지 漢語로 하면 점잖게 보이고 우리말로 하면 상되게 보인다 합니다. 여러분! 이것

---

10 『우리말 존중의 근본뜻』보다 3년 앞서 발표한 논설에서는 국어 정책의 으뜸 된 문제로 세 가지를 들었다 : "(1) 우리말을 깨끗이 하여야 한다. (2) 우리 한글만으로 우리의 글자 생활의 온낯(全面)을 덮도록 할 것이다. (3) 한글을 가로글씨로 만들어 써야 한다." -「국어 정책의 으뜸 된 문제」 1948.05.23.

이 무엇입니까. 저는 나쁘고 남은 훌륭하다 하며, 될 수 있는 대로 저는 없애 버리고 다른 사람이 되려 하는, 이 일이 무엇입니까. 이러한 정신이 모든 방면에 動동동하여 우리 조선의 독특한 문화는 점점 쇠퇴하고 외국의 문화가 우리 조선을 지배하게 되었습니다. 이것이 어찌 自覺자각있는 현대 사람이 차마 할 일이리까." -「우리 말과 글에 대하야」 1922.09.04.

우리말 속에 한어漢語, 곧 한자말이 밀려들면서, 우리말을 상스러운 것으로 여기게 되었을 뿐만 아니라, 우리의 정신까지 '자신을 나쁘게 보고 없애 버리려는' 방향으로 바뀌고, 우리의 문화도 쇠퇴해졌다고 한탄하였다.

그러면, 이 같은 한자말을 대신할 말은 어떻게 마련할 것인가? 우리 토박이말(고유어)이 있거나 쉬운 말이 있는 것은 그것을 그대로 쓰면 될 것이지만, 그렇지 않은 때에는 쉬운 토박이말을 만들어야 할 것이다. 모든 면에서 철저하고 늘 이상理想을 추구하는 외솔로서는 웬만한 한자말은 모두 없애 버려야 할 대상으로 보았기 때문에, 새로 만들어야 할 말은 그만큼 많아질 수밖에 없었다.

외솔은, 버려야 할 말은 과감히 버리고 그 자리에 새말(신조어)을 만들어 넣어야 한다는 것과, 새말은 토박이말로 만들어야 한다는 주장을 줄기차게 펼쳤을 뿐만 아니라, 그것을 과감히 실천하였다. 토박이 새말에 대한 외솔의 시각은 아래와 같은 진술에서 충분히 파악할 수 있다.

"배달말은 배달겨레의 애짓는 활동의 열매인 동시에, 또 영원한 애지음의 밑천인 것이다. 이러한 근본 원리에 터 잡아, 우리는 우리말을 사랑하며 존중하여, 이를 많이 부리고, 이를 크게 기르고자 하는 바이다. 더구나 오늘날 우리 겨레가 능히 지니고 있는 순수한 우리말은, 과거 오백년 간의 한자의 위압과, 36년 간의 일어의 전횡에 대항하여, 우리의 겨레정신이 용감스럽게, 근기 있게 투쟁하여, 능히 자기 보존을 하여 온 결과이다. 이제, 우리는 자유 국민으로서, 이 소중한 우리말을 널리 써서, 일상의 생활을 차릴 뿐 아니라, 모든 학문의 갈말(述語숲어)까지 될 수 있는 대로 이로써 새로 마련하여야 한다." -『우리말 존중의 근본뜻』 1951.06 : 122.

1955년 7월(60살)의 외솔.

위에서 '순수한 우리말'은 토박이말을 가리키는데, 우리 겨레가 지닌 토박이말은 그냥 저절로 얻어진 것이 아니고, 우리 겨레정신의 용감하고도 끈기 있는 투쟁의 결과라고 하였다. 그리고 자유 국민으로서 나날살이와 학문에서 널리 토박이말을 써야 한다고 말하였다. 외솔은 외치기만 한 것이 아니라, 일찍이 1929년에 간행한 『우리말본 — 첫째 매(소리갈) — 』에서부터 토박이말 갈말을 사용하였으며, 이 글의 곳곳에 올린 따온글에서 확인할 수 있듯이, 그 이후에도 토박이말을 살려 쓰고 지어 쓰기를 누구보다 앞장서 실천하였다. 그러한 실천과 인식은 민족적 생기, 곧 '삶의 주체적 의지'를 되찾는 일이 민족 갱생의 '최고 유일의 원리'라고 보는(이민호 1976.03 : 47), 그의 역사관에서 비롯된 것이었다.

그런데, 지금도 그러하지만 1940~50년대에는 새말에 대한 거부감이 매우 거세었다. 그래서 외솔은 새말을 만드는 것이 사람사회에서 매우 자연스러우며 중요한 활동임을 자세히, 그리고 강조하여 풀이하였다. 그런 구절 몇을 올리면 아래와 같다.

"정신은 그 발표의 형식으로서 '말'을 만들어낸다. 말은 정신의 창조적 활동으로 말미암아 이루어진 결과이다. 두세 살 되는 어린 아이가 말하기 비롯하는 것을 보면, 그는 결코 단순한 임음(受動수동)의 결과로 되는 것이 아니요, 능동적 창조적 활동임을 간파할 수가 있다." -『우리말 존중의 근본뜻』1951.06 : 81.

"어디로 가든지, 자유가 정신 생활의 원리이다. 대체, 인류 사회의 문화의 발달에 있어서, 개인의 자유스런 정신의 활동이 지극히 커다란 구실을 하여 왔으며, 하고 있으며, 또 하여 나아갈 것임이 만고 불변의 진리이다." -위의 책 87.

"말은 정신의 표현이요, 자유의 산물이다. 말은 자유 정신의 애지음(創造창조)이다. 말은 다만 애지음으로 말미암아 성립되는 것일 뿐만 아니라, 도로 또 사랑을 애지으며, 슬기를 애지으며, 생활을 애짓는 것이다. 그러므로, 말은 자유 정신의 애지음의 결과인 동시에, 또 자유 정신의 나타남(發現발현)의 원인이요 수단이다. 이런 의미에서, 말은, 애지음과 뗄래야 뗄 수 없는, 깊은 관계가 있는 것이다. 애지음은 사람살이의 충실한 번짐(發展발전)이라, 이것 아니고는 문화의 밝음이 없으며, 이것 아니고는 생활의 충실이 없다. 말은 결코 단순한 빈 그릇이 아니라, 내용 그것이다. 말은 애지어진 문화의 꽃일 뿐 아니라, 또, 문화의 애지음의 거름(肥料비료)이다." -위의 책 121~122.

외솔은 '생명의 자유·발전'이야말로 인생의 본질적 요구이며, 창조적 활동과 진행을 떠나 '있는 것'이 없다고 보았다(허웅 1993. 10 : 43). 달리 말하면, 외솔은 사람의 본질적인 창조 능력을 긍정하고, 그 능력의 합리적 부림(사용)을 삶의 철학으로 삼았던 것인데(김석득

1993.10:154), 말을 보는 관점에도 이 같은 철학이 그대로 밑바탕이 되어 있는 셈이다. 위의 따온글에서도 그것을 잘 알 수가 있는데, 역시 매우 중요한 개념은 '자유'와 '창조'이다. 외솔은, 말은 바로 '자유 정신'[11]이 '창조'된 것이라는 점을 강조하였다. 말은 워낙에 '창조'된 것이고, 지금도 끊임없이 창조되어 가고 있다. 그러므로 누구나 자유롭게 창조해 나가야 하고, 또 적극적으로 창조해 나갈 수 있다는 것이 외솔의 논리이다.

이 같은 논리 위에서, 어떤 사람들이 '배움터'와 '날틀'이라는 낱말을 가지고 한글만 쓰기를 반대하는 것에 대하여 반박하였다(같은 책 103~121). '학교'를 '배움터'로, '비행기'를 '날틀'로 하자는 것이 한글만 쓰기의 근본 주장이 아님을 먼저 말하였다. 그것은 한글만 쓰기를 반대하는 사람들이 일부러 지어낸 이야기이거나, 또는 말의 문제와 글의 문제를 분간하지 못한 무식에서 저지른 소행임을 지적했는데, 그런 것들은 그 사람들의 공세에 대한 방어적인 변론이라 하겠다. 외솔은 그 같은 방어적 변론에서 한 걸음 나아가 '학교'를 '배움터'로, '비행기'를 '날틀'로 해서 안 될 것도 없다는, 적극적인 논리를 폈다. 그 근거로써 사람들의 '창조적 활동'을 끌어왔다. 새말(신조어)이라 하여 거부하는 사람들이 많지만, 사람들이 사용하는 낱말 중에 워낙에 새말 아닌 것이 없다는 점, 새말을 만들어 내는 것은 사람들의 가장 소중한 활동이라는 점 들을 강조하였다. 그러므로 새말의 창조를 막거나 그 자체를 문제 삼는 것은

---

11 외솔이 생각한 '자유'와 관련하여, 이규호(1976.03:28)에서는 "외솔은 '역사의 진보는 자유의 진보이다.'라는 헤겔의 말을 자주 인용한다. 인류의 역사가 만약 진보한다면, 그것은 삶의 공동체가 점점 더 많은 완전한 자유를 인간을 위해서 보장한다는 것을 뜻한다는 것이다."라고 지적하였다.

무식의 소치라는 점을 거듭 강조하였다.

그리고 아래와 같은 지적을 놓치지 않았다. 새말을 만드는 것은 개인적인 활동이지만, 새말의 사용과 발달을 좌우하는 것은 공동체 구성원이라고 하였다. 또한, 개인이 제각기 새말을 애지어(창조해) 내면 그 겨레의 말살이가 제각각이어서 혼란스러워질 것이라 생각할 수 있지만, '무리떼(집단)의 부닦질(연마)'이라는 과정을 거치게 되므로 저절로 한 무리가 되어 간다고 설파하였다.

"위에서 말한 바와 같이, 말스런 표현(言語的 表現)은 개인스런 활동으로 말미암아 생기기는 하지마는, 그것은 다른 사람의 마음에 들어, 다른 사람이 그것을 채용하여 그것을 되풀이하여 씀으로 말미암아, 널리 퍼지고(보급하고) 피어난다(발달한다). 곧, 고치기도 하고 바꾸기도 하여, 여리게 하기도 하고 세게 하기도 한다. 한말로 하면, 말은 개인의 제힘스런(能動的능동적) 활동으로 말미암아 생겨나고, 무리떼(集團)의 함께일함(協同협동)으로 말미암아 피어난다." -『우리말 존중의 근본뜻』 1951.06:87.

"다시 말하건대, 말씨는 근본 개인의 자유스런 슬기스런 애지음(創造)으로 말미암아 생겨나고, 다시 사회의 무리떼(集團)의 실제스런 의지(意志)스런 부닦질(鍊磨)로 말미암아 피어나는(發達하는) 것이다. 개인스런 활동은 우리를 낱낱이 갈라떼려 하고, 무리떼스런 활동은 우리를 한데 걸어매어 한 덩어리 곧 말씨 단체로 만든다. 그리하여, 한 겨레는 한 가지의 말씨를 쓰고 살아가게 된다. 한 겨레가 타고난 소질이 좋고 문화가 열히어 있으면, 그 말씨도 그만큼 아름답고 완전하여, 그 말본은 그만큼 명석하고 확실하며, 그 말수(語彙어휘)는 그만큼 풍부하고 세밀하다." -위의 책 93~94.

간추리면, 외솔은 새말을 만들어 내는 것을 창조적인 활동으로 인식하고 그것을 권장하였다. 그 낱말들이 통용되고 안 되고는 집단의 구성원들이 결정할 문제라고 보았다. 다시 말하면, 공동체 구성원에 의하여 거르는 과정이 있기 때문에 새말을 만드는 그 자체를 제한할 필요가 없으며, 오히려 그것을 장려하는 것이 우리 겨레의 발전을 위하는 길이라는 것이었다. 지금도 언어의 사회성만을 내세워 말다듬기나 새말 만들기를 무턱대고 반대하는 이들이 적지 않은데, 그 사회성이라는 것도 창조성을 전제로 한 것임을 인정할 필요가 있다.

이 같은 외솔의 생각은 '언어는 에르곤이 아니라 에네르게이아'라고 한, 훔볼트의 그것과 아주 같다. 말(과 글)을 고정되어 있는 작품(에르곤)으로 보지 않고, 늘 살아 움직이는 것(에네르게이아)으로 보았다. 그러므로 외솔은 우리의 말과 글을 갈고 다듬고 발전시키고 창조하는 것이 가능할 뿐만 아니라 가치있는 일이라 믿었다. 더 나아가 우리 말(과 글)을 새롭게 만들어 가려고 끊임없이 노력하였다. 그리고, 자라나는 세대에게 민족어를 가르쳐 주는 것은 바로 민족의 얼을 내면화시키는 것이라고 믿었다(이규호 1976.03:34).

3.3. 외솔의 한글 전용론

3.3.1. 한자 사용의 폐해 진단
외솔은 4살부터 12살 중반까지 동네 서당에 다니며 한자와 한문을 익혔다. 그러는 중에 사립 일신학교가 설립되자 그 학교에 들어갔고, 그때부터 근대식 학교 교육을 받았다.

그러던 외솔이 한글만 쓰기[12]에 생각을 둔 것은 한힌샘 주시경의 가르침을 받기 시작한 청소년 시절이었다. 그것은 "배달겨레가 한자 쓰기를 그만두고 한글만 쓰기로 하여야 한다고 생각하고, 순한 글로 초등학교의 국어 독본을 꾸미기 비롯한 것은 나의 열일곱 살에 중등학교 일학년 다닐 때이니, 그 초고가 아직도 나에게 남아 있다."(1947.05:7)고 한, 그의 진술에서 확인할 수 있다.

그리고 27살 청년 시절, 생애 최초로 발표한 논문에서 한자·한문 학습에 관하여 아래와 같이 서술하였다.

> "글이란 것은 우리 사람의 생각을 드러내는 利器이기 곧 방법이요, 글 그것이 우리의 목적이 아닌 것이외다. 우리의 목적하는 바는 생각 그것이외다. 〔줄임〕 이 뻔한 이치를 우리 조선사람은 반천년 간 깨닫지 못하여, 목적과 방법을 분간치 못하고, 글 배우는 것이 최종의 목적으로 알고 지나 왔습니다. 겨우 7~8세로부터 서당에 입학하야 백발이 흩날리도록 글 읽는 그것만으로써 최후의 목적을 삼았습니다. 그네들은 그 배운 한문을 이용하여 萬般만반의 物理물리, 실제적 智識지식을 닦아 보지 못하였습니다. 아니 닦으려고 하지도 아니하였습니다." -「우리 말과 글에 대하야」 1922.09.06.

한자·한문은 생각을 드러내는 방법일 뿐인데, 조선사람은 무려 500년 동안이나 한자·한문 익히기를 최종의 목적인 줄로 착각해 왔다고 지적하였다. 목적과 방법을 분간하지 못했으며, 방법에만

---

12 오늘날 '한글만 쓰기'와 '한글 전용專用'은 흔히 같은 개념으로 쓰이고 있다. 외솔은 '한글 올쓰기'라는 표현을 쓰기도 했는데, '올'은 '오로지'(專)의 준말임이 분명하다. 또, 1930~40년대의 글에서는 '한자 안 쓰기'라는 표현도 썼는데, 한자 폐기를 더 적극적으로 드러내려는 의도였던 듯하다. 한글 속의 찌꺼기가 한자뿐이던 당시로서는 '한자 안 쓰기'와 '한글만 쓰기'는 한뜻말이나 마찬가지였다. 하지만 외래의 언어와 문자가 넘쳐나는 오늘날은 한자만이 아니라 로마자와 가나문자 등이 다 한글만 쓰기의 표적이 된다.

매달려 진정한 목적을 놓쳤다고 진단한 것이다.

그리고 32살에 발표한 「조선민족 갱생의 도」에서는 한자의 폐해를 아래와 같이 진술하였다.

"우리의 先民선민은 사상과 감정의 전달의 기관인 문자—漢字한자를 학습하기에 적으면 수 십년, 많으면 평생을 費비하여도 통달치 못하며 자유로 사용하지 못하였으니, 이는 그 학습에 허비한 세월이 아깝다 할 뿐 아니라 그 학습의 목적인 사상과 감정의 發布발포 傳達전달은커녕 그 발포할 감정과 전달할 사상, 그것조차 培養배양되지 못하며 발달되지 못하고 다만 침체하며 부패하였을 뿐이다." -「조선민족 갱생의 도」 1926.10.09.

"아아, 한자의 학습에 費비한 우리의 민족적 정력의 소모와 민족적 생기의 萎靡위미가 얼마나 크며, 그로 인하야 誘致유치된 결과가 또한 얼마나 크냐? 본말의 顚倒전도와 목적 수단의 誤錯오착이 이 위에 더할 수 있으며, 그 해독의 중함이 또한 이 위에 심할 수 있으랴? 아아, 한자! 한자! 이는 우리에게 正정히 망국적 문자이었다." -위의 글 1926.10.10.

우리 조상들이 한자를 학습하는 데에 많은 시간과 정력을 쏟아부었지만, 정작 한자는 우리 민족의 자유로운 말글살이를 방해했으며, 그뿐만 아니라 감정의 배양과 사상의 발달을 가로막고 민족적 생기까지 위축시킨 '망국의 문자'라고 개탄하였다.

외솔은 한자가 우리 겨레에게 끼친 폐해를 끊임없이 지적하며 각성을 촉구하였다. 『글자의 혁명』에서는 그 폐해를 '해독'으로 일컬으며 다섯 가지를 거론했으니, 그 졸가리만 간추려 올리면 다음과 같다.

○ 한자가 우리 겨레에게 끼친 해독

(1) 우리 겨레의 목숨이 쭈그러지며 남비되게 하였다.

(2) 조선말을 여위고 쭈그러지고 없어지게 하였다.

(3) 우리 겨레의 마음에 대국 섬기기와 외국 숭배하기를 뿌리박게 하였다.

(4) 우리 겨레의 독창력 발휘를 저해하였다.

(5) 우리 겨레의 절대다수를 무식하게 하였다.

-『글자의 혁명』 1947.05 : 23~32.

(1)은 그의 '살음' 철학에 반하며, (3)은 그의 민족주의에 반하며, (5)는 그의 민주주의에 반하는, 커다란 해독이었다. 그리고, 말을 문화의 총체로 보며, 창조를 사람의 가장 고귀한 활동이라고 보는 외솔의 눈에 (2)와 (4)도 본질적인 문제가 아닐 수 없었다. 그러니까 한자에 대한 외솔의 평가를 한 마디로 줄이면, 한자는 우리 겨레에게서 사람으로서, 또는 배달겨레로서 지니고 누려야 할, 본질적이고 고귀한 모든 것을 억누르거나 없애거나 빼앗아 간 약탈자였다.

3.3.2. 한자와 한글의 비교

외솔은 1922년의 「우리 말과 글에 대하야」에서부터 '뜻글' 한자와 '소리글' 한글을 비교했는데, 소리글이 뜻글보다 나은 점으로 일곱 가지[13]를 들었다. 나중에 『한글갈』에

---

13 그 일곱 가지는 이러하다(1922.09.12/13) : "(1) 문자의 發達史발달사 상으로 보아 소리글이 뜻글보다 나음. (2) 국어를 統一통일하는 데에 소리글이 뜻글보다 나음. (3) 글자를 배우기에 소리글이 뜻글보다 나음. (4) 다른 나라의 말을 배우기에 소리글이 뜻글보다 나음. (5) 글을 박기에 소리글이 뜻글보다 나음. (6) 한문은 라이노타입 등과 같은 문명의 利器이기를 이용할 수 없음. (7) 民族文化민족문화의 향상에 소리글이 뜻글보다 나음."

서는 아래의 4개 항을 들어 소리글자와 뜻글자를 비교하였다.

○소리글자와 뜻글자의 비교
(1) 뜻글자는 그 수가 많아서 학습에 不便불편하다.
(2) 국어를 統一통일하기에 소리글자가 뜻글자보다 낫다.
(3) 인쇄의 便利편리로 보아 소리글자가 뜻글자보다 낫다.
(4) 뜻글자는 그 수가 너무 많아서 문명의 利器이기를 이용할 수 없다.

-『한글갈』1940.05 : 730~735.

위의 (1)·(3)·(4)는 수효가 많음에서 생기는 문제이며, 따지고 보면 (2)도 그것과 관련이 없지 않다. 문자는 그 자체가 목적이나 가치가 아니라 사상·감정의 전달이 목적이며, 또한 현대는 대중의 시대요 민주주의 시대라고 보는 외솔의 눈에는, 배우기 어렵고 부려쓰기 어려운 것은 마땅히 배척의 대상이 될 수밖에 없었다. 그리고, 말은 어디까지나 소리말이 근본이라고 보는 외솔의 눈에 그 소리말을 제대로 표기하고 통일하는 구실을 다하지 못하는 문자가 좋게 보일 리가 없었을 것은 당연하다. 문화를 계승하고 확장하고 발전시켜 나가는 방편인 문자가 이렇게 어려워서는 아무것도 할 수가 없을 것은 뻔한 이치이기 때문이다.

그러면 한자에 비하여 한글은 어떤 점이 좋은가? 이 물음에 대하여 『한글갈』에서 펼친 풀이를 간추려 올리면 아래와 같다.

○한글의 좋은 점
(1) 한글은 가장 높은 발달 階段계단에 속하는 글자이다.
(2) 한글은 一時일시에 지어낸 소리글자이며,[14] 소리내는틀(發音器

---

14 "세계의 대다수의 문자는 다 象形상형(시늉)에서 발달하여 漸次점차로 오늘의

官)을 본떠서 만든 글자이다.

⑶ 한글은 아예부터 민중 교화의 귀한 사명을 가지고 났다.

⑷ 한글은 내리글씨(縱書)와 가로글씨(橫書)의 성능을 갖추어 있다.

－위의 책 1940.05 : 727~741.

위와 같은 점들을 종합하여 "한글이 온누리에서 가장 좋은 글자이라 함이 마땅하다."라고 결론지었다. 외솔의 이러한 논의에 대하여, 반세기가 흐른 후에 고영근(1991.09 : 370)에서는 "표음문자로서의 한글에 대하여는 훈민정음 창제 이후부터 실학 시대, 개화기를 거치는 사이에 나라 안팎의 학자들에 의하여 그 우수성이 선양되어 오기는 하였지만, 외솔은 이전의 누구보다도 일정한 기준 아래그 특징을 잘 드러내었다고 평가받을 수 있다."고 하였다.

일찍이 28살 청년으로서 대중을 상대로 한 강의에서도 "진실로오늘 우리 조선민족이 가졌다고 할 만한 것이 다만 이 글, 한글하나뿐"(최현배 1922.09.01)이라고 역설하였다.

3.3.3. 한글만 쓰기의 실천 방법 제시   조선어연구회는 1931년

1월의 정기 총회에서 '상용常用 한자의 제한'을 그해에 추진할 5대[15] 사업의 하나로 결정한 적이 있다. 그즈음부터 조선어학회는한자보다 한글 쓰기를 지향했으며, 중추 회원들은 자신의 글에서점차 한글만 쓰기의 본을 보여 왔다. 그러는 도중에 8·15 광복을

뜻글자, 소리글자로 발달하여 온 것임에 대하여, 조선의 한글은 일시에 지어낸 소리글자"(735~736)라고 하였다.

15 그 다섯 가지는 '조선말 문법', '조선말 철자법', '늘 쓰이는 한문글자를 조사하여제한함', '서양말의 자모음과 고유명사를 조선글자로 마추어 정함', '조선글가로쓰는 법을 정함'이었다(동아일보 1931.01.12).

맞이하면서 한자 폐지와 한글만 쓰기를 실현하기 위하여 더욱 적극적으로 움직였다.

외솔은 누구보다 그 일에 앞장섰는데, 무엇보다도 역사적인 성과는 군정청 문교부의 편수국장으로서 새 나라의 "초등·중등 교육에서는 원칙적으로 한글을 쓰고, 한자는 안 쓰기로 함. (1945년 12월 8일)"[16]이라는 결의를 이끌어 낸 것이었다. 중앙정부 수준에서 초등·중등학교 교과서에 사용할 문자로 한글을 선택한, 최초의 결정이었다.

그 무렵 외솔은 우리 겨레가 한자를 쓰지 말아야 할 까닭을 일곱 가지로 들었는데, 정리하여 올리면 아래와 같다.

○우리 겨레가 한자를 쓰지 말아야 하는 까닭
(1) 한자는 배우기 어려워 精力정력과 시간을 허비하게 한다.
(2) 형식적·기호적 교육에서 벗어나 실생활에 有用유용한 과학·기술 교육을 진흥하려면 한자를 폐지해야 한다.
(3) 한자는 인쇄하기에 너무나 불편하다.
(4) 한자는 대중 생활의 향상과 민주국가 건설에 알맞지 않다.
(5) 한자는 우리말의 正當정당하고 자연스러운 발달을 가로막는다.
(6) 문자 발달사의 階段계단으로 보아 한자 폐기는 필연의 형세이다.
(7) 한글로 조선민족의 문화생활의 全面전면을 담아낼 시기가 되었다.
　　　　　　　　　　　　-『한자 안쓰기의 이론』[17] 1948.08:2~17.

---

16 이는 1945년 12월 8일 소집한, 조선교육심의회 전체회의에서 결의한 내용이다 (최현배 1948.08:1). 교과서 업무를 총괄하는 편수국장으로서 최현배가 제안하고, 교과서 분과위원회에서 심의하여, 전체회의에 상정한 의안이었다. 조선교육심의회는 1945년 11월 군정청 '문교부'(처음 이름은 '학무국') 안에 설치한 정책 조언 기구로, 10개의 분과위원회를 두었는데, 편수국장 최현배는 교과서 분과위원회 위원이었다.

위와 같이 한자 폐지의 근거를 풀이한 후에, 한자 폐지 반대론에서 내세우는 논거 일곱에 대하여 논박하고, 끝으로 '한자 사용 폐지의 방법' 9개 항을 간략히 제시했는데, 그 내용을 더 간추려 보이면 아래와 같다.

○ 한자 사용 폐지의 방법
⑴ 초등·중등 교육에서는 한글만 쓰며, 대학 교육에서도 원칙적으로 한글만 쓴다.
⑵ 관공서의 문서는 한글로 쓴다.
⑶ 신문, 잡지, 기타 예사의 책들은 다 한글로 쓴다.
⑷ 학자의 논문은 한글로 쓰고, 내용이나 인용의 필요에 따라 한자를 쓴다.
⑸ 땅·벼슬·집 등의 이름은 한자에 근거하여 지은 것이라도 한글로 쓴다. 새로 짓는 것은 그 낡은 방식을 버리고 조선식 말로 짓는다.
⑹ 중등학교에서는 '중국어' 과목이나 '한문' 과목을 둔다.
⑺ 조선 및 중국의 한문 고전은 다 한국어로 번역한다.
　　　　　　　　　　　　　　　　　-위의 책 1948.08:31~32.

제안한 방법의 핵심은 초등·중등 교육에 사용할 모든 교과서, 관공서의 문서, 신문·잡지와 보통의 책들은 한글만 쓰며, 대학 교육과 학자의 논문에도 한글만 쓰자는 것이었다. 다만, 과도기적 조처로, 필요한 맥락에서는 한자를 함께 써 보임도 좋을 것이라고 하였다. 또한 대학 교육에서는 외국어를 쓸 필요가 많은 만큼 한자

---

17 1948년 8월의 첫판은 '문교부 지음'으로 발행하였다. 그런데 나중에 외솔이 자신의 글모음 『한글의 투쟁』(1954.10)에 실으면서 '광복 직후에 쓴 자신의 강연 초고'라고 밝혔으니, 외솔의 저술임이 분명하다. 그 강연회의 일시와 장소는 확인하지 못하였다.

도 많이 쓰이게 될 것임을 인정하였다.

그리고 (5)에서 '조선식 말로 짓는다'고 한 것은 토박이말로 지음을 가리킨다. 사람이름의 토박이말 짓기를 제창한 것이다. (1)은 일반 교과에서의 한글만 쓰기를 말함인데, (6)에서는 중국과의 정치적·경제적·문화적 교섭을 원활히 하기 위하여 '(현대) 중국어' 교과를 두며, 동양 고전에 접근할 길을 얼어 주기 위하여 '(고전식) 한문' 교과를 둘 것을 말하였다. 그리고 (7)에서 보듯이, 한문 고전의 번역도 해야 할 것이라고 하였다. 당시의 실정에서는 아득한 목표였으나, 오늘날 (5)를 빼고는 거의 완성 단계에 이르렀다.

1970년 3월 23일 외솔이 이승을 떠나자, 정음사에서 그해 10월 『한글만 쓰기의 주장-그 반대론자의 의혹을 풀어 밝힘-』을 간행했는데, 그 유고집遺稿集에도 우리 겨레가 한글만 쓰기를 해야 할 까닭이 정리되어 있는데, 그 요지는 아래와 같다.

○우리 겨레가 한글만 쓰기를 해야 할 까닭
(1) 교육의 진정한 효과를 겨누기 위하여
(2) 기계화의 효과를 위하여
(3) 겨레문화의 창조적 발전을 위하여
(4) 글자 발달의 원리에 순응하기 위하여
(5) 시대 정신의 요청에 응하기 위하여
(6) 겨레의 독립 자존의 정신을 기르기 위하여
(7) 겨레 중흥의 역사적 사명을 다하기 위하여
　　　－『한글만 쓰기의 주장』, 1970.10 : 3~26.

그리고 그 책의 후반부에서, 한글만 쓰기의 실천에는 "① 한글 쓰기를 넓히기, ② 말씨를 쉽게 다듬어 쓰기, ③ 한글의 기계삼기(기계화) 서두르기"의 세 가지 일이 있음을 말하고, 각각에 대하여 간략히 적었다. ①의 내용은 앞의 『한자 안쓰기의 이론』(1948.08 : 101~102)에서 제시했던 것과 비슷하지만, 한글만 쓰기의 범위를 모든 부문으로 넓힐 것과, 가로로 쓰기와 맞춤법에 맞게 쓰기와, 다양한 한글 글씨꼴 개발을 더하여 주문하였다. ②에서 문제 삼은 대상은 어렵거나 봉건적인 한자말이니, 사회의 모든 부문과 업종에서 쉬운 말로 바꾸어 쓰기, 곧 말다듬기에 힘쓸 것을 강조하였다. 일찍이 한힌샘 주시경의 「한나라말」(1910.06)에서 '글은 말을 담는 그릇'이며 한편으로는 '글은 말을 닦는 기계'라고 했는데, 외솔도 그러한 인식에 터하여 한글만 쓰기와 말다듬기를 안팎의 문제로 생각했던 것이다. 그리고 ③에서는 한글 타자기의 자판 통일과 성능 좋은 각종 인쇄 기기의 개발과 실용화를 주문하였다.

이렇게 하여 한글만 쓰기가 완성되면 우리 겨레의 삶이 어떻게 달라질까? 외솔은 이에 대하여 아래와 같이 답하였다.

"배달겨레가 배달말로써 제 스스로의 독특한 생각하기를 하여 간다는 일은, 실로 무한한 자유를 느낄 수 있으며, 따라 거기에 자연스런 생각함의 열매가 맺어질 수가 있을 것이다. 이런 볼자리에서 말한다면, 한글만 쓰기, 배달말만으로 생각함은, 실로 우리 나라 사람들의 생활하기에 자유의 날개를 얻은 셈이 된다고 말할 수 있다."
　　　　　　　　　　　　　　　　　　　-『한글만 쓰기의 주장』1970.10 : 146.

외솔은 일찍부터 자유를 인생의 본질적 요구로 보았었는데(☞179쪽의 따온말), 한글만 쓰기는 그 본질적 요구인 자유를 한껏 누리게 해 줄 날개를 얻는 것이라 하였다. 그 자유를 한껏 누림으로써 겨레의 '살음'을 발전시키고 문화를 창조하며 민주주의를 넓혀 나가게 될 것이라고 기대하였다.

3.3.4. 반대론자들의 의혹을 풀어 밝힘

'그 반대론자의 의혹을 풀어 밝힘'이라는 버금제목을 붙인 점에서도 알 수가 있듯이, 유고집 『한글만 쓰기의 주장』은 한글만 쓰기 반대론자의 의혹을 풀어 밝히기 위하여 쓴 것으로, 전체 292쪽 중에서 250쪽이 여기에 할애되어 있다. 반대론자들이 제기하는 의혹을 아홉 부문으로 나누어 부문별로 일일이 논박하였는데, 그 세부 내용은 대체로 아래의 28개 항으로 간추려진다. 번거로움을 무릅쓰고 이를 다 옮겨 보는 것은, 외솔의 한글만 쓰기 주장이 얼마나 탄탄하고 폭넓은가를 다시 한번 되새겨 보고자 함이다.

　○한글만 쓰기 반대론자들이 제기하는 의혹
　　〈문자론적 의혹〉
　① 한자말을 한글로만 적으면 그 뜻을 알아보지 못한다.
　② 한자를 안 쓰면 딴뜻말(한소리 딴뜻말)을 구별할 수 없다.
　③ 한자를 안 쓰면 사람의 성명을 구별하지 못한 경우가 많다.
　④ 한자는 시각적으로 단번에 뜻을 잡게 하는 이점이 있다.
　⑤ 한자 1500~2000자쯤은 배우기 어려운 일이 아니다.
　⑥ 한자를 안 쓰면 글읽기가 더디다.
　⑦ 한자는 말만드는힘이 푸져서, 배우기는 힘드나 효율성이 높다.
　⑧ 한자는 글자마다 제 뜻을 가지고 있어 운용이 자유자재하다.
　⑨ 한자는 남의 글자가 아니요 우리 글자다.
　　〈국어론적 의혹〉
　⑩ 우리말 어휘의 90%가 한자말이다.
　⑪ 한글의 노릇(기능)은 저열하다.
　⑫ 한글맞춤법은 한자 지식 없이는 이해하지 못한다.

⑬ 우리말은 말만드는힘이 부족하다.

〈교육스런 의혹〉

⑭ 한자 안 가르치는 교육은 교육이 아니다.

⑮ 오늘날 학생은 한자말 이해가 부족하여 책읽기를 제대로 못한다.

⑯ 쉬운 한글 공부가 국민 지성을 떨어뜨리고 있다.

⑰ 한글 교육은 대학 교육의 질을 떨어지게 만든다.

〈학문론스런 의혹〉

⑱ 한자를 폐지하면 학문이 아주 파멸한다.

⑲ 한자·한문을 배우지 않으니 동양 철학을 배울 수 없게 된다.

〈문화론스런 의혹〉

⑳ 한자·한문을 모르면 문화의 계승·발달이 불가능하게 된다.

〈전용(올쓰기)에 대한 의혹〉

㉑ 한글은 우리글이니 전용하자는 것인가?

㉒ 한자 주장자는 애국자가 아니란 말인가?

㉓ 한자와 한글을 섞어 씀이 가장 이상적이다.

㉔ 끝내 한자를 폐지하지 못한 일본을 보라.

㉕ 한자를 적대시하며, 한자말을 모조리 말살하려 한다.

〈기계화에 관한 의혹〉

㉖ 한자도 기계화가 가능하다.

〈시기에 관한 의혹〉

㉗ 한글만 쓰기의 단행 시기가 아직 이르다.

〈정부의 한글 전용 단행에 대한 의혹〉

㉘ 정치 권력으로써 국민의 글자 생활을 바꿈은 옳지 못하다.

-『한글만 쓰기의 주장』1970.10:30~275.

한글 전용 반대론자들이 제기하는 여러 의혹들을 풀거나 그들의
주장을 반박하기 위하여, 외솔은 나라 안팎의 많은 증거와 사례를
가져다 대며 지리할 정도의 풀이를 베풀었다. 그 끈기와 정성에

감탄하지 않을 수 없다. 특히 ㉘과 같은 반대론자의 주장에 대하여, 60쪽에 걸쳐 페르시아, 아라비아, 알바니아, 중국, 일본 등, 무려 열세 나라의 사례를 상세히 든 후에 아래와 같이 결론하였다.

"세계 고금의 나라들은 다 제 스스로의 목적한 바를 이루고자 말씨 정책을 수행하였다. 우리는 거기에서 한 나라의 글자 개혁은 반드시 행정적 권력이 들어서 되었음을 알았다. 이제, 이 사실을 알게 된 우리는 우리 나라에 말씨 정책이 감감하여 아무런 움직임이 없기를 바랄 수 있을까? 〔줄임〕 말씨 정책을 세우고, 이를 강행하는 것은 극히 필요한 일이 아닐 수 없다.

정책의 수행에는, 권력의 작용이 드는 것은 필연의 일이다. 원래 나라는 힘(Macht)이다. 나라의 정책 수행에 힘 없이 함을 바라는 것은 어리석은 일이다. 한글만 쓰기를 개개인의 자유에 맡겨 두지 않고 정책으로 수행함을 탓하는 것은, 나라와 정책과의 근본뜻을 바로 인식하지 못한 짓이라 할 수밖에 없다." - 위의 책 1970.10 : 274~275.

그리고, 한글만으로는 성씨 구별이 안 된다는, 어느 일간신문의 보도(1970.01.27)를 접하고, 매우 혁신적인 방안을 내놓았다.[18] 그 신문에서 柳와 劉와 兪를 한글로 쓰면 모두 '유'가 되어 구분이 안 되고, 鄭과 丁도 '정'으로 같아지며, 申과 辛과 愼도 모두 '신'이 되어 버리는 점을 부각했는데, 그에 대하여 외솔이 내놓은 방안은 이러했다. 첫째로, '柳'는 '류'로 표기함으로써 '유'(劉, 兪)와 구분하고, '丁'은 '덩'으로 써서 '정'(鄭)과 구분할 수 있다고 하였다. '류'나

---

18 그 방안을 담은 글은 「한글 전용에 과연 부작용이 있나?」이다. 1970년 4월 1일 발행된 『교육 연구』 제19호에 실렸는데, 탈고일은 3월 15일이니, 갑자기 이승을 떠나기 여드레 전이었다.

'뎡'으로 적는 것에 대하여, 성명은 당사자의 자유 의사에 매인 것이므로 외부에서 간섭해서는 안 되는데, 우리는 이미 '李'의 로마자 표기 Ree, Rhee, Lee, Yi 등에 대하여 아무도 간섭하지 않고 있음을 사례로 들었다. 거기서 멈추지 않고 또 하나의 방안을 제시하였다. 申과 辛과 愼, 이들과 같이 한글 표기 방법을 바꾸어도 구별할 수 없는 성씨들에는 '평산신', '진양신', '강릉신'과 같은 식으로 본관을 함께 쓰는 방안이었다. 더 나아가 李, 金, 崔 등의 성씨를 아예 '월성', '김해, '소벌', '진주' 등으로 고치는 것까지 생각한다고 하였다. 외솔은 현실에 안주하지 않고 끊임없이 새로움을 찾아내고, 찾아낸 것을 널리 알리기를 멈추지 않았다.

3.4. 외솔의 한글 풀어쓰기[19] 연구

3.4.1. 한글 풀어쓰기에 쏟은 정성과 노력   한글의 가로쓰기는 한힌샘 주시경 선생이 처음 제창하였다(☞ ①의 2.4). 그 글씨꼴을

---

19 '풀어쓰기'라는 용어는 광복 이후 1940년대 말부터 신문 지상에 오르내리기 시작하였다(동아일보 1946.09.18). 그 이전의 서른 해 남짓 동안은 '횡서橫書' 와 '가로쓰기'가 혼용되었는데, 개념이 이중적이거나 모호하였다. 글줄을 가로로 쓰는 방식과, 낱자(자모)를 풀어헤쳐서 가로로 쓰는 방식을 넘나들었다. 그러니 의사소통에 장애가 생기는 일이 많았는데, 조선어학회의 중추 회원 사이에서도 그런 일이 벌어졌다. 예컨대 조선어학회 회원 이윤재, 신명균, 이극로, 장지영, 이병기, 최현배가 함께 모인 「한글날 기념 좌담회 녹취록」(동아일보 1931.10.31)에서도 그런 오해를 확인할 수 있다. 그러한 문제와 부작용을 없애는 방안으로 '풀어쓰기'라는 새로운 용어가 등장했으며, 그럼으로써 '가로쓰기'는 내려쓰기(세로쓰기)에 맞서는 용어로, '풀어쓰기'는 모아쓰기에 맞서는 용어로 각각 자리를 잡게 되었다. 이 글에 올리는 '가로쓰기'나 '가로씨기', '횡서'는 원문 또는 당시의 용어 그대로를 보인 것이다.

손수 창안하고 보급과 실용화에도 힘썼다. 외솔은 한힌샘으로부터 한글 가로쓰기를 접했으며, 또한 역사상 최초의 가로쓰기 증서를 1913년 3월 2일 한힌샘으로부터 받았다. 그 증서는 배달말글몯음 (조선언문회)의 부설 교육기관 조선어강습원의 고등과 제1회 졸업 증서 '맞힌보람'(☞ 37쪽)이었다.

외솔이 가로쓰기를 직접 연구하기 시작한 시기는 히로시마 고등 사범학교 3~4학년 때이다.[20] 이루지 못한 스승의 과업을 완수하려 는 듯, 그때부터 끈질기게 한글 풀어쓰기 연구와 보급에 정성과 노력을 쏟았으니, 생애 최초로 발표한 논문도 가로쓰기에 관한 것 이었다. 그때부터 외솔이 한글의 가로쓰기와 풀어쓰기에 쏟은 노 력을 시간 순서로 간추려 올리면 아래와 같다.

○ 외솔의 한글 풀어쓰기 연구와 보급의 발자취

1922.07.18/21/24/28. 교토京都유학생 강좌에 강사로 참여하여 '우리 글의 가로쓰기'라는 제목으로 강의하다.

1922.08.29.~09.23. 「우리 말과 글에 대하야 — 우리글의 가로씨기 —」 를 『동아일보』에 발표(23회 연재)하다.

1926.11.09. 가갸날 기념 강연회[21]에서 '朝鮮文조선문의 횡서'라는 주

---

20 1915년 3월 경성고보를 졸업한 외솔은 그해 4월 히로시마 고등사범학교에 입학하여 1919년 3월 졸업하였다. 그가 한글 가로쓰기를 연구하기 시작한 시기를 그 학교 3~4학년 때로 보는 근거는, 「조선민족 갱생의 도」(1926.12.23) 에서 "제가 우리 글씨의 가로쓰기를 주장하고 그 字體자체를 연구하기에 爾來이래 8~9년 星霜성상을 費비하여서 이를 이미 천하의 高眼고안에 제시하여" 라고 한 회고이다. 그 글의 최초 게재일 '1926년 8월 29일'을 기준으로 '8~9년'을 소급하면 1917~1918년, 곧 3~4학년이 된다.

21 조선어연구회에서 '가갸날' 제정 기념으로 마련한 강연회였는데, 대중의 관심과 참여가 열렬하였다. 4명의 연사가 저마다의 주제로 강연하였다.

제로 강연하다.

1926.11.18~19. 위의 강연 내용
이 「正音정음」이란 제목으
로 『조선일보』에 실리다.[22]

1926.12. 「정음 字體자체 개량론
－횡서를 제창하노라－」를
잡지 『신민』에 발표하다.[23]

1937.02~05. 「가로글씨의 이론
과 실제」를 조선어학회 기
관지 『한글』에 발표(4회 연
재)하다.

『동아일보』 1922년 8월 29일치 제1면에
실린 「우리 말과 글에 대하야」의 전반부.

1942.10.~1945.08. 조선어학회 수난으로 옥살이를 하는 중에 한글
가로쓰기를 연구하다.

1946.02.03. 광복하고 처음으로 개최한, 조선어학회 연구 발표회에
서 '가로글씨에 관하여'라는 제목으로 발표하다.

1946.03.02. 조선교육심의회 위원으로서 제안한 '가로글씨(횡서)에
관한 안건'이 조선교육심의회 전체회의에서 가결되다.

1946.09.07. 동지들을 모아 한글가로글씨연구회를 창립하고, 연구회
이름으로 풀어서 가로 쓰기의 단행을 촉구하는 건의서를 군정
청 문교부에 내다.

1946.10.09. 한글날 기념 강연회에서 '한글 가로글씨'라는 제목으로
강연하다.

1946.10.22. 「한글 가로쓰기 제언」을 『동아일보』에 발표하다.

---

22 조선일보사에서는 위 강연회(1926.11.09)의 강연 내용 모두를 녹취하여
11월 13~19일에 차례대로 6회 연재했는데, 외솔의 강연록은 「정음」이란
제목으로 18~19일에 실렸다.

23 신민사新民社에서도 위 강연회(1926.11.09)의 내용 전부를 『신민』 제20호
(1926.12)에 실었다. 외솔의 강연록은 『조선일보』에 게재된 내용과는 조금
다르다. 강연자 외솔의 윤문을 거친 결과로 보인다.

1947.05. 『글자의 혁명 — 한자 안쓰기와 한글 가로씨기 —』를 펴내다 (편이 : 군정청 문교부).[24]

1954.01.27~31. 「한글 가로쓰기」를 『동아일보』에 발표(5회 연재)하다.

1956.11. 한글가로글씨연구회 이름으로 한글 가로글씨의 실행과 보급을 바라는 건의서를 대통령에게 내다.

1958.09. 「한글 풀어씨기의 뜻과 글자」를 잡지 『한국평론』에 발표하다.

1961.10.09~11. 「현대 문명과 한글의 기계화 — 가로씨기와 속도내기 —」를 『조선일보』에 발표(3회 연재)하다.

1963.01.21. 「전신타자기와 한글 풀어쓰기」를 연세대학 신문 『연세춘추』에 발표하다.

1963.10. 『한글 가로글씨 독본』을 펴내다.

위에서 보듯이, 한글 풀어쓰기와 관련하여 외솔이 대외적으로 펼친 최초의 활동은 1922년 7월의 강의였다. 그해 여름방학을 이용하여 교토유학생 학우회에서 제1회 순회 강좌를 열었는데,[25] 교토제국대학 철학과 1학년이던 외솔도 강사의 일원으로 참여하여 7월 18일(공주), 21일(재령), 24일(평양), 28일(京城)에 각각 '우리

---

24 외솔은 자신의 저서에 대하여 쓴 글 「나의 저서」(1964.09:19)에서 "어떤 친구는 나의 지음 가운데 이 『글자의 혁명』이 뒷세상 사람들에게 『우리말본』보다도 오히려 더 존중함을 받을 것이라고 하였다."는 사실을 소개하였다.

25 7월 18일부터 8월 3일까지 조선반도 일곱 도시를 순회하며 강의를 펼쳤다. 회원(교토 유학생) 11명이 강사로 나서 저마다의 주제로 강의를 했는데, 그 주제는 과학·경제·산업·종교·문화·사회 등으로 다양하였다. 강사 11명이 5명과 6명씩, 2조로 나뉘어 각각 네 곳과 세 곳을 찾아가, 한 도시에서 5일 또는 6일씩, 한 강사가 하루씩 맡아 3시간씩, 2회 강의했으며, 청강료 50전을 받았다(동아일보 1922.07.01/16).

글의 가로쓰기'라는 제목으로 강의를 펼쳤다.

그 강의 내용을 정리한 것[26]이 논문 「우리 말과 글에 대하야 – 우리글의 가로씨기 – 」이니, 외솔 생애에서 최초로[27] 공간公刊된 저술이다. 8월 29일부터 9월 23일까지, 23회에 걸쳐 『동아일보』 제1면에 연재되었는데, 외솔은 본론에 들어가기에 앞서 한글의 가로 풀어쓰기에 대한 일반의 관심과 공론화를 요청하였다. 그 부분을 올리면 아래와 같다.

"나는 이때까지 스스로 지은 글을 남에게 보아 달라고 박아낸 일이 한 번도 없었습니다. 그러나 이 글의 문제는 너무도 우리 조선사람의 전체에 대하야 緊切긴절하고 중대한 문제이라 한 사람이 홀로 이렇다 저렇다고만 하여서는 도저히 해결될 것이 아니요, 또 여러분의 발표를 권하심도 있기로 〔줄임〕 발표하노니 이를 읽어 보시고 고명한 批評비평과 協同협동의 努力노력을 하여 주시기를 간절히 바라나이다." – 「우리 말과 글에 대하야」 1922.08.29.

전체 목차는 다음과 같은데, 제1~3장에서 우리 말과 글의 과거를 추적하고 현재와 장래를 진단했으며, 제4장에서 가로 풀어쓰기에 관하여 논의하였다.

---

26 원고 끝에 '1922년 8월 1일'이라 적어 두었다. 그것은 탈고일이 분명하니, 7월 28일 경성京城에서의 마지막 강의를 마치고 다시 가다듬어 원고 쓰기를 끝낸 것으로 보인다.

27 바로 아래의 따온글에서 보듯이 외솔 스스로 "내가 이때까지 스스로 지은 글을 남에게 보아 달라고 박아낸 일이 한 번도 없었습니다."라고 했으니, 이 진술에 따르면 「우리 말과 글에 대하야」가 생애 최초로 공간된 저술임이 분명하다. 종래의 외솔 해적이(연보)에는, 1925년 일본어로 쓴 「페스탈로치의 교육 학설」(미간행)이 가장 먼저 올려 있다. 고쳐야 할 것이다.

○「우리 말과 글에 대하야－우리글의 가로씨기－」의 목차

그로부터 한글 풀어쓰기에 관하여 꾸준히 연구하고 발표하였다.
위의 논문을 더욱 체계적으로 가다듬어 1937년 2~5월치『한글』에
「가로글씨의 이론과 실제」라는 이름으로 연재하였다.[28] 그 후로도
글씨꼴 다듬기를 멈추지 않았으며, 앞날을 기약할 수 없는 함흥의
감옥살이에서 마침내 만족할 만한 풀어쓰기 글씨꼴을 완성하였
다.[29] 그 글씨꼴을 1947년 5월(52살) 간행한『글자의 혁명－한자

---

28 「가로글씨의 이론과 실제」의 머리말 끝(1937.02:2)에 "이제, 그 때에 동아일
　보 紙上지상에 발표하였던 낡은 원고를 옆에 놓고, 그간에 더 보고 깨치고
　생각한 바를 참작하여, 바로 한글의 가로씨기를 주장하는 이론적 근거와
　및 그 방법을 체계적으로 서술함이 또한 쓸데없는 일이 아닐 것이다."라고
　밝혀 두었다.

29 외솔은 감옥에서의 가로글씨 연구와 관련하여 이렇게 진술한 바 있다 : "나도

안쓰기와 한글 가로씨기-』의 후반부[30]에서 더욱 정밀한 풀이와 함께 글씨꼴을 공개하였다. 다시 16년이 더 흐른 1963년 10월(69살) 『한글 가로글씨 독본』을 펴내어 약간의 수정을 더한 글꼴을 발표하고, 그 실용화와 보급에 힘썼다.

그리고 8·15 광복 직후 외솔은, 조선교육심의회 위원으로서, 문교부 편수국장으로서 새 나라의 말글 정책을 수립하는 데에 열성을 다했는데(☞3.3.3), 한글 가로글씨 문제도 놓치지 않았다. 1946년 3월 2일의 조선교육심의회 전체회의에서 "한글은 풀어서 가로쓰는 것이 자연적인 동시에 이상적임을 인증함."이라는 결의를 이끌어 내었다. 하지만 "당장에 실행하기는 어려우니까, 이 이상(理想)에 이르는 계단으로, 오늘의 맞춤법대로의 글을 여전히 쓰더라도, 그 글줄(書行서행)만은 가로(橫횡)로 하기로 함."에 그치었다.

외솔은 조선교육심의회의 결정에도 굴하지 않고, 동지들을 모아 그해 9월 7일 '한글가로글씨연구회'를 창립하고, 연구회 이름으로 군정청 문교부 장관에게 건의서를 내었다.[31] 함께 제출하는 '한글

또한 그 완성을 위한 노력을 끊지 아니하다가, 금번 해방 전 찬 3년을 옥살이하는 동안에, 오로지 가로글씨의 완성을 힘써, 이만하면 근사하다고 자인할 만한 성안(成案)을 얻었다. 그래서, 몸은 비록 옥중에서 죽어 없어질지라도 이 한글의 가로글씨만은 세상에 남기어 뒷자손에게 전하고자 가진 애를 쓰다가, 다행히 연합국의 승리로 말미암아 우리 민족이 해방되자, 나 개인도 옥에서 석방되어, 죽지 않고 가로글씨를 가지고 이 세상에 나왔다. 나의 감격과 감사를 무엇으로 형용할 수 있으랴?" -『글자의 혁명』 1947.05:7.

30 책의 이름이 보여 주듯이 그 책은 크게 두 부분으로 구성되어 있다. 「한글의 가로씨기」는 앞서 발표한 「가로글씨의 이론과 실제」(1937.02~05)를 부분적으로 깁고 더한 것인데, 특히 외솔 자신의 가로글씨 벼름(案)에 관하여 열두 쪽을 아주 새로 더하였다.

31 그로부터 10년이 지난 1956년 11월에도 그 연구회 이름으로 대통령에게 '한글가로글씨 보급·발전을 위하여'라는 제목의 건의서를 제출한다. 그것도

가로글씨'를 문교부에서 채택하고, 그것을 교과서는 물론 일반사회에 널리 보급해 달라는 내용이었다. 함께 제출한 글씨는 외솔이 옥중에서 다듬어 8·15 후에 공개한 내용과 다르지 않았는데, 회원들의 의견을 수렴하여 채택한, 그 연구회의 공안公案이었다. 그러나 문교부에서는 이렇다 할 반응을 보이지 않았다. 외솔은 그에 대응하여 1946년 10월 22일치『동아일보』에「한글 가로쓰기 제언」을 발표하였다. '완전한 가로쓰기', 곧 풀어서 가로쓰기가 당장 어렵다면 우선 글줄만이라도 가로쓰기(왼쪽에서 오른쪽으로)를 단행할 것을 촉구하였다.

외솔은 그 후에도 한글 풀어쓰기에 관한 노력을 멈추지 않았다. 227쪽의 목록에서 보듯이 풀어쓰기와 관련된 글을 계속 발표했으며, 그 실현을 향하여 노력하였다. 1954년의「한글 가로쓰기」에서는 아래와 같이 다시 한번 강조하고 호소하였다.

"다시 말하노니, 우리가 주장하는 한글의 가로씨기는 결코 단순한 신기를 좋아하는 말장난이 아니요, 남을 흉내내는 류행 심리의 소작도 아니요, 진실로 글자스런 자각에 따른 시대 정신 과학 정신의 부르짖음이요, 겨레스런 자각에 따른 조국 재건에 대한 뜨거운 정렬의 몸부림이요, 문화스런 자각에 따른 창조 발전의 힘찬 의욕의 지향이다. 겨레를 사랑하고 나라를 위하는 마음을 가진 천하의 식자, 지도자, 대중은 눈을 들어 세계 문명의 진상을 살펴야 한다." -「한글 가로쓰기」1954.01.31.

그리고 1963년 10월에는『한글 가로글씨 독본』을 간행했으니, 그

외솔이 주도한 것이었다.

것이 한글 풀어쓰기에 관한 생애 최후의 저술이다.

3.4.2. 한글 풀어쓰기 주장의 내용　앞의 2.3에서 살펴본 바와 같이, 외솔은 일찍이 「우리 말과 글에 대하야」에서 낱소리문자(단음문자)를 가장 좋은 문자라고 하였다. 이어서 그 논문의 '제2절 좋은 글씨'에서는 '좋은 문자'와 '좋은 글씨'는 다르다 하고, 좋은 글씨에 대하여 논하였다. 글씨(書體서체)를 박음글씨(印刷字體인쇄자체)와 흘림글씨(書寫字體서사자체)로 나누고, 좋은 글씨의 조건으로 "소리 이치에 맞게, 읽기 쉽게, 쓰기(書寫)와 박기(印刷) 쉽게, 보기 좋게"의 네 가지를 제시하고, 그 각각을 충족하기 위하여 갖추어야 할 내용을 열거했으니, 제목만 올리면 아래와 같다.[32]

ㅇ좋은 글씨(字體자체)의 조건
ㄱ. 소리 理致이치에 맞게
ㄴ. 읽기 쉽게
　(1) 낱말을 한 덩이로 쓸 것.
　(2) 가로 쓸 것.
　(3) 낱낱의 글씨가 꼴이 서로 다를 것.
　(4) 아래와 위로 나오는 획이 알맞게 있어야 할 것.
　(5) 획이 너무 많지 아니하도록 할 것.
　(6) 큰글씨(大字대자)가 따로 있어야 할 것.
　(7) 글자마다 일정한 꼴이 있어야 할 것.

---

32 1940년대까지도 '가로쓰기/횡서'의 개념이 이중적으로 쓰였음을 224쪽의 각주 19에서 밝힌 바 있는데, 외솔의 초창기 글에서도 예외가 아니었다. 여기 따온글을 보더라도 ㄴ의 (2)와 ㄷ의 (1)~(2)에서 의도한 것은 '글줄을 옆으로 쓰기'이고, ㄴ의 (1)과 (4), ㄷ의 (3)~(5), ㄹ의 (1) 등에서 의도한 것은 '낱자를 풀어헤쳐서 옆으로 쓰기'로 파악된다.

ㄷ. 쓰기와 박기 쉽게
  (1) 가로 쓸 것.
  (2) 왼쪽에서 오른쪽으로 쓸 것.
  (3) 획은 오른쪽 위에서 왼쪽 아래로 그을 것.
  (4) 획이 둥글게 굽어질 것.
  (5) 글줄이 이어질 것.
  (6) 획이 홑질(簡單간단)할 것.
ㄹ. 보기 좋게
  (1) 획은 굽은줄(曲線곡선)을 쓸 것.
  (2) 획에는 자연적으로 굵고 가늚이 있을 것.
  (3) 基本線기본선이 있어서 글줄이 그 위에 가지런히 얹힐 것.
            -「우리 말과 글에 대하야」 1922.09.17~20.

위와 같은 기준으로 볼 때에 세계의 문자는 다 제각기 부족한 점이 있는데, 그 점에서 한글도 예외가 아니라고 보았다. 구체적으로 미국의 로마자 개량 운동, 중국의 한자 개량 운동, 일본의 로마자 쓰기 운동 등을 소개하고, 한글에서 무엇보다도 먼저 시행해야 할 것이 글줄의 가로쓰기임을 아래와 같이 설파하였다.

"영국에 있는 內外聖書會내외성서회에서 1912년 출판한 『만국어 복음』이란 책자를 여러분의 눈앞에 보여 드리나이다. 이 책은 요한 傳전 3장 16절을 각 국어로 번역된 성서에서 빼어다가 모은 것인데, 그 收集수집된 표본이 498이요, 국어 수가 332이올시다. 그러한데 이 모든 글씨가 대개는 다 가로[33] 씨혔습니다. 세로 씨힌 것(縱書)은 겨우 몽고, 만주, 중국, 조선, 일본의 글씨뿐이올시다. 곧, 수백 분의 5에 불과합니다. 이것만 보더라도 이론은 어떻게 되었든 간에 글씨

---

33 여기 '가로씨기'는 글줄의 가로, 곧 '글줄을 옆으로 쓰기'를 가리킨다.

를 가로 쓰는 것이 자연적임을 확인치 아니치 못할 것이외다.

　이만하면 우리가 우리 한글(正音정음, 諺文언문)을 가로 쓰자 함이 오늘의 有勢유세한 英영獨文독문의 단순한 모방이 아니요, 상당한 이유와 근거가 있는 것임을 짐작하셨을 것이외다." -위의 글 1922.09.21.

세계 문자의 쓰기 방향을 보건대 가로쓰기가 보편적이고 자연적인 형세이니, 한글도 그렇게 해야 한다고 설파한 것이다. 아울러 영국이나 미국, 독일을 맹목적으로 좇자는 것이 아님을 강조하였다.

　15년이 흐른 뒤에는 가로글씨(풀어쓰기) 주장의 근거를 아래와 같은 일곱[34]으로 들고 풀이하였다. 전체적으로 보면, 1922년 논문에서 '좋은 글씨의 조건'으로 제시한 내용과 크게 다르지 않은데, 맞춤법의 고통을 많이 덜어준다는 내용이 추가되어 있다. 자신의 제안에 따라 낱자(字母자모) 단위로 표기하면, 글자 단위로 모아 표기할 때에 겪는, 받침 적기의 곤란을 피할 수 있다는 점을 지적한 것이다.

　o 가로글씨 主張주장의 근거

(1) 가로글씨는 소리 나는 理致이치와 일치한다.

(2) 가로글씨는 씨기가 쉽다.

(3) 가로글씨는 보기가 훨씬 쉽다.

(4) 가로글씨는 박기(印刷인쇄)가 쉽다.

(5) 가로글씨는 읽기가 쉽다.

(6) 가로글씨는 오늘의 맞춤법의 고통을 많이 輕減경감한다.

(7) 세계 수백 종의 문자는 가로글씨가 가장 자연적임을 證示증시한다.

　　　　　　　　-「가로글씨의 이론과 실제」 1937.02:2~7.

---

34 『글자의 혁명』(1947.05)에서는 "(8) 가로글은 오늘날 피할 수 없는 학문상의 대세이다. (9) 가로글로 통일함은 교육적이다."의 두 가지를 추가한다.

그리고 1947년 5월의 『글자의 혁명』과 1954년 1월의 「한글 가로 쓰기」에서는, 한글을 가로 풀어써야 할 이유의 하나로 모아쓰기 구성 방식의 문제점을 거론했으니, 「한글 가로쓰기」에서 서술한 부분을 올리면 아래와 같다.

"우리 한글이 본래 낱소리글자(單音文字)이면서 그 낱자의 배열
이 '왼에서 오른으로', '위에서 아래로'의 방식이 서로 얽히어서 불규
칙스럽기 짝이 없다. 시험으로 〈가, 네, 때, 고, 굴, 과, 각, 댁, 됨,
꾀, 쾌, 닭, 깎, 읋, 끓, 땜, 꽝, 꽤, 꿘, 됐〉의 맞춤(綴字)에서 낱자의
배열 순서를 생각해 보라. 이런 글자들이 우리 나라의 생활에서 이
미 익은 글자이기 때문에 이제 새삼스럽게 우리에게 놀람의 느낌을
줌이 그리 심하지 아니할 수 있지마는, 가만히 그 맞춤의 순서를
초학자(가령 배달말을 처음 배우는 서양인)의 눈으로 살핀다면 〔줄임〕
모두 20가지의 구성 방식이 있어 실로 기괴하기 그지없다. 세계에
서도 훌륭한 낱소리글자 한글을 가지고서 무엇 때문에 이렇게도 괴
이하고 복잡한 방식으로 맞추게 되었느냐 하면, 이는 오로지 '方塊
子방괴자'(중국인이 한자를 업신여겨 부르는 별명)의 본을 따라서 바른
네모꼴(正四角形) 안에 집어넣기로 하기 때문일 따름이다. 그밖에
아무 다른 그럴듯한 이유는 도무지 없는 것이다." 35 -「한글 가로쓰
기」 1954.01.27/28.

한글이 훌륭한 단음문자單音文字임에도 네모꼴 모양으로 모아쓰
는 것은 한자 모양을 추종한 결과인데, 네모꼴로 쓰려니 낱자 쓰기
의 방향이 매우 기괴하고 혼란스럽다고 하였다. 모아쓴 글자들을
자세히 관찰하면 낱자 쓰기의 방향이 20가지[36]나 된다며 일일이

---

35 원문을 읽기 쉽게 조금 가공했으며, 이해를 돕기 위하여 첫째와 넷째 줄의
'글자'를 '낱자'로 바꾸었다.

보기를 들었다. '가'(옆), '네'(옆→옆), '때'(옆→옆→옆)와 같이 옆으로만 쓰는 글자도 있고, '고'(아래), '굴'(아래→아래)과 같이 아래로만 쓰는 글자도 있으며, "과, 각, 댁, 됨, 꾀, 쾌, 닭, 깎, 읊, 끊, 땜, 꽝, 쫴, 뀐, 됐" 들과 같이 두 방향이 섞인 글자가 있는데, 섞인 글자의 쓰기 방향은 아래→옆, 옆→아래, 옆→옆→아래, 아래→옆→아래, …, 옆→아래→옆→아래, 아래→옆→옆→아래옆 등등, 15가지나 된다고 하였다. 그러니 이제는 혼란스럽고 괴이하고 어려운 네모틀에서 벗어나, 단음문자의 특성을 그대로 살려, 낱자를 풀어서 옆(가로)으로만 쓰자고 호소하였다. 그렇게 하는 것이 한글의 과학성과 우수성을 완전히 실현하는 길이라고 역설하였다.

그러면 가로쓰기 글씨꼴은 어떠해야 할까? 외솔은 「가로글씨의 이론과 실제」(1937.03)에서 가로쓰기 글씨꼴 도안의 원리로 분화分化의 원리, 운필運筆의 원리, 시각적 원리, 아름다움의 원리, 실용의 원리를 제시하였다.

운필의 원리를 설명하기를, 획은 방향이 평활平滑하고 서로 잇기 쉬워야 하고, 간단하면서도 특색이 있어야 하며, 획에는 크고 작음이 있음이 좋다고 하였다.

분화의 원리는 글씨가 제각기 특색이 있어야 한다는 것인데, 자신은 '잔글자(小字)'와 '큰글자(大字)'를 구별하고,[37] 오로지 박기(인

---

36 그런데 '20가지'는 "ㄱㄴㄷㄹㅁㅂㅅㅇㅈㅊㅋㅌㅍㅎㅏㅑㅓㅕㅗㅛㅜㅠㅡㅣ"의 24자만을 '낱자'로 보았을 때의 수치이다. 24자에 더하여 "ㄲㄸㅃㅆㅉㅐㅒㅔㅖㅘㅙㅚㅝㅞㅟㅢ"까지 독립된 낱자로 보아 셈하면 그 수치는 줄어든다.

37 앞의 232쪽에 올린 '좋은 글씨의 조건'에서 보듯이 1922년 논문에서부터 '큰글씨(大字)'가 따로 있어야 한다는 견해를 밝혔으며, 1926년 11월의 강연에서도 그 의견은 변함이 없었다.

쇄)에만 사용할 '박음글자(正字정자)'와 손으로 적는 데에 사용할 '흘림글자(草字초자)'를 따로 둘 것이라고 하였다. 그렇게 하면 결국 4벌의 글씨꼴 — 큰박음·작은박음, 큰흘림(大草)·작은흘림(小草) — 이 되는데, 로마자를 본으로 삼은 듯하다. 어떻든 큰글씨꼴과 작은글씨꼴을 따로 둔다는 것은 외솔이 선도한, 독특한 제안이었다. 주시경과 김두봉[38]도 그런 제안은 하지 않았으며, 1920~30년대 연구자들 중에도 그런 제안을 한 사람은 드물었다.[39] 1936년 11월 28일 임시 총회를 열어 결의한 '조선어학회 임시안'[40]에서도 큰꼴과 작은꼴을 구분하지 않았다. 김윤경(1937.02:14)에서는 "大草대초와 小草소초, 大字대자와 小字소자를 구별하여 딴 노력과 시간을 쓰게 할 필요는 없고, 다만 활자의 號數호수의 차이를 좇아 大字를 쓸 경우에는 大形대형 號數의 활자를 쓰면 그만일까 합니다."라고 평가하였다.

3.4.3. 한글 풀어쓰기 글씨꼴 창안

외솔은 일찍이 생애 최초의 논문 「우리 말과 글에 대하야 — 우리글의 가로쓰기 — 」의 후반부에서 박음글씨를 다음과 같이 고칠 것을 주장하였다. 글씨꼴 도안에 대하여 구체적인 의견을 펼친 것은 그것이 처음이었다.

---

38 한힌샘 주시경의 뒤를 이어 백연 김두봉도 풀어쓰기에 많은 정성과 노력을 쏟았다(☞ 2의 3.2). 백연은 자신의 연구 결과를 1922년 10월 중국 상해에서 간행했는데, 풀어쓰기 글씨는 '박음글씨/정자'와 '흘림글씨/초서'의 2벌로만 제시하였다.

39 리필수(1923.08:138~144)에서 '대초'와 '소초'로 따로 두었고, 김석곤 (1932.06.17)에서 큰박음·작은박음, 큰흘림·작은흘림을 따로 둔 정도였다 (김윤경 1937.02).

40 그 채용 절차와 내용은 김윤경(1937.02:15)에 소개되어 있다.

ㅇ가로 박음글씨에서 고쳐야 할 것들

(1) ㅇ은 쓰지 아니할 것. ㆁ(꼭지 이응)은 ㅇ으로 쓸 것.

(2) ㆍ는 예사로는 쓰지 아니할 것.

(3) ㅡ는 구부려서 V로 쓸 것.

(4) 세로글씨에서 ㅘ ㅝ의 첫소리 ㅗㅜ는 각각 ㅅㅜ로 쓸 것.

(5) ㅐㅒ와 같이 어떤 홀소리와 ㅣ의 거듭홀소리(습음)인 글자는 각
   각 딴 글자로 만들 것.   -「우리 말과 글에 대하야」 1922.09.22.

(1)은 초성자로 쓰는, '소리값 없음'을 표시하는 ㅇ은 쓰지 않으
며, 받침으로 쓰는 ㆁ(꼭지 이응)만 쓰되 그것도 쓰기에 불편하니
ㅇ(꼭지 없는 이응)으로 써야 한다는 내용이다. (2)는 오늘날이라면
불필요한 내용인데, 당시에는 흔히 ㆍ(아래 아)를 썼기 때문에 필
요한 것이었다. (3)은 ㅡ를 V로 변형해야 한다는 것인데, ㅡ는 표
(줄표나 붙임표)와 같아서 다른 낱자와 어울리지 않는다고 보았기
때문이다. (4)는 ㅘ[wa]와 ㅝ[wə]의 앞에 붙여 쓰는 ㅗ와 ㅜ는 [w]
소리를 표기하므로 홀소리 [o], [u]를 표기하는 ㅗ, ㅜ와 구별하기
위하여 각각 위에다 ^(고깔표)를 첨가하여 ㅅ, ㅜ로 쓴다는 내용이
다. (5)는 뒤에 ㅣ가 붙은 홀소리자도 각각 독립된 낱자로 처리해야
한다는 내용이다.[41] 예컨대 ㅐ는 'ㅏ와 ㅣ의 합침'이 아니라 ㅏ, ㅣ
들과 대등한 낱자로 처리한다는 말이다.

그러한 내용들을, 한힌샘 주시경이 「우리글의 가로 쓰는 익힘」
(1914.04)에서 제시했던 바와 비교해 보면, (1)과 (2)의 내용은 그대
로이지만 나머지는 다르다. (4)와 (5)는 전혀 새로운 내용이다. (3)의

---

41 각주 36에서 지적했듯이, 풀어쓰기와 무관하게, 낱자(字母)의 수효에 대해서
   는 지금도 논란이 있다.

V는 한힌샘의 글씨꼴에서 ㅐ였던 것을 바꾼 것이다. (5)에서 보듯이 ㅐ ㅒ 들을 독립된 낱자로 세우기로 했으니, 그들과의 변별도가 낮은 ㅐ를 그대로 사용할 수 없었을 것이다.[42]

위와 같은 논의에 이어, 수정한 박음글씨꼴 35자를 아래와 같이 제시하였다. 낱자가 서른다섯인 것은 뒤에 ㅣ가 붙은 홀소리자들을 독립된 낱자로 처리했기 때문이다.[43] 위에서 내세워 기술하지는 않았지만, ㅣ는 Ⅰ로 변형했으며, 홀소리 앞에 놓이는 반홀소리 [w]의 표기 낱자 ㅗ, ㅜ는 닿소리자로 분류하였다.

ㅇ가로 박음글씨 (35자)
• 닿소리(16자) ㄱ ㄴ ㄷ ㄹ ㅁ ㅂ ㅅ ㅇ ㅈ ㅊ ㅋ ㅌ ㅍ ㅎ ㅗ ㅜ
• 홀소리(19자) ㅏ ㅑ ㅓ ㅕ ㅗ ㅛ ㅜ ㅠ Ⅴ Ⅰ ㅐ ㅒ ㅔ ㅖ ㅚ ㅙ ㅟ ㅞ ⅤⅠ
　　　　　　　　　　　　　　－「우리 말과 글에 대하야」 1922.09.22.

이처럼 박음글씨를 제시하고 연이어 아래와 같이 진술하였다. 글씨(字形)의 대다수가 직선으로 교차되어 있는데, 저러한 박음글씨는 '좋은 글씨'가 되지 못하므로 따로 '흘림글씨'를 창안했다는 것이다.

"위의 것이 좋은 글은 될지라도 좋은 글씨는 되지 못한다는 일이외다. 이는 먼저 말한 조건에 견주어 보면 알 것이외다. 그 字形자형이 거의 다 직선으로 되었을 뿐 아니라 그 직선이 모두 직각으로

---

42 242~243쪽의 그림에서 보듯이, 나중에는 V를 U로 바꾼다. 결과적으로 김두봉이 『좋을글』(1922ㄴ)에서 제시한 것과 같아졌다(☞②의 3.2.2).
43 ㅚ ㅞ를 올린 까닭을 알 수 없다. 『우리말본』(1955.02:65)에서는 "우리말에 쓰히는 소리가 아니"라고 하였다.

교차된 때문에 字字자자의 특색이 없으며, 따라 보기에 얼른 분간되지 아니하며, 또 美感미감을 주지 못합니다.

　이제 우리글의 흘림글씨를 새로 만들어야 할 것인데, 이것을 만드는 데에 필요한 조건은 첫째, 먼저 말한 좋은 글씨의 이치에 맞추어서 할 것이요, 둘째, 아무쪼록 本形본형에 가깝도록 할 것이외다. 이제 내가 수년 동안 생각한 결과인 흘림글씨를 적어 드리겠습니다. 물론 저 스스로도 完美완미하게 되었다고 생각하지는 아니합니다마는, 이만 하면 써도 관계치 않겠다고 생각하고 감히 발표하여 써 뜻있는 여러분의 깊은 연구와 밝은 비평을 하여 주시기를 바라나이다." -위의 글 1922.09.22.

　그 흘림글씨는 10월 12일치[44] 지면에 실렸으니, 외솔의 흘림글씨가 공간公刊되기는 그것이 처음이었다.[45] 낱자 35개 각각의 '작은 흘림(小草소초)'과 '큰흘림(大草대초)'의 글씨꼴을 먼저 보이고, 짧은 월 셋[46]을 흘림글씨로 써 보였는데, 낱자의 글씨꼴만 보이면 다음[47]과 같다.

---

44 연재의 최종회인 9월 23일치 글과 함께 글씨를 실어야 했으나 '생략'이라 하고 말았었는데, 그로부터 스무 날이 지난 이날 글씨만 게재하였다. 새로운 글씨꼴 처리가 쉽지 않았던 때문으로 짐작된다.

45 1922년 7월의 순회 강좌에서 네 차례 강의를 했으니(☞ 225쪽), 먼저 그 자리에서 글씨꼴을 내보이기는 했을 것이나, 공공의 지면에 실린 것은 아니었다.

46 그 셋을 모아쓰기 글로 보이면 아래와 같다.
　◦ 올흠 을 보고 하지 아니하는 사람 은 날냄 이 업 나니라.
　◦ 진달래꼿 붉게 핀 우리 동산 에 깃븜 의 노래 가 울어나 리라.
　◦ 아, 정답은 형님 이여. 저녁 볏 에 서로 손을 난혼지 이제 얼마 인가! 동산 에 붉은 꼿 은 떨어져 흔적 업고 압뜰 에 누런 입 만 요란히 날리도록 형님 소식 적막하와 아우 의 궁굼한 맘 이로 말할 수 업 습니다.

47 원래 그림(동아일보 1922.10.12)을 가다듬었다. 작은흘림과 큰흘림의 상하 위치를 맞바꾸고, 중간에 있는 제목 글자들을 삭제하였다.

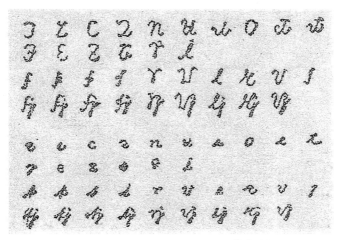

-위의 글 1922.10.12.

위의 그림에서 상단 4줄은 큰흘림, 하단 4줄은 작은흘림이다. 결과적으로 로마자 필기체와 닮은 점이 많았다. 그 점에 관하여 외솔은 아래와 같이 해명하고 논문을 끝맺었다.

"이 글씨를 보시고 혹은 이것이 英字영자에 가까운 것이 많음을 허물하실 이가 있을는지 모르겠습니다마는, 元是원시 가로글씨에는 그 붓놀리는법(運筆法운필법)이 극히 단순한 때문에 서로 같은 꼴이 있는 것은 면할 수 없는 일인 줄로 압니다. 또 우리 글씨로 適當적당한 것이 이미 다른 나라의 글씨가 되어 있다고 하나도 취하지 아니함은 도리어 고집스러운 일인가 합니다." -위의 글 1922.09.23.

그로부터 네 해가 흐른 1926년 11월 9일의 강연에서는 다음 그림48과 같은 흘림글씨꼴을 발표하였다. 상단 2줄은 큰흘림 27자,

---

48 원래 그림(조선일보 1926.11.19)이 선명하지 못하여 『한글』 제5-2호(1937.

하단 2줄은 작은흘림 32자이다. 글씨꼴을 아주 고친 것은 없지만, 낱자의 수효와 목록은 1922년의 것과 차이가 있다. '짧은 ㅣ(↑)'를 닿소리자 목록에 독립 낱자로 추가했으며(첫째와 셋째 줄의 끝), 홀소리자 작은흘림에 *i*(딴ㅣ)[49]를 추가하고(맨 아래 줄), 뒤에 *i*가 붙은 홀소리자 ㅐ ㅒ ㅖ ㅖ의 흘림도 함께 올렸다.

-「정음」 1926.11.19.

그로부터 20년 후에 펴낸 『글자의 혁명』 첫판(1947)에서는, 글씨꼴을 두루 바꾸거나 가다듬고[50] 낱자의 수효도 스물아홉으로 조정하였다. 그 29자는 '으뜸자(原字원자)' 24자에 '꼴바꾼 자(變形字변형자)' 5자를 합한 것이다. 꼴바꾼 다섯은 각각 ㅗ ㅜ ㅡ ㅣ에 해당하는 낱자 위에다 ˇ(반달표)를 첨가하여[51] 얻은 4자와 i̇/1이며, 각각

---

02) 14쪽의 그림으로 대신하였다. 내용은 조금도 다름이 없다.

49 위 그림의 글씨를 자세히 보면, 맨 아래 '딴ㅣ'의 박음글씨꼴이 ↑로 되어 있는데, i의 착오인 듯하다.

50 3쪽의 글씨 목록을 비롯하여 곳곳에 ㅏ의 작은흘림 활자 *h*의 상하가 뒤집혀 있다.

51 반달표의 사용은 1931년 11월 28일 임시 총회에서 결의한 '조선어학회 임시안'에 포함되어 있었다.

'짧은 오', '짧은 우', '짧은 으', '짧은 이'와 '딴 이'라 이름하였다. 그런데 이들을 홀소리자로 처리하였다. 고친판(1956)에서는, 기존의 ㅅ에 해당하는 박음글씨 w을 ㅅ으로 고쳤으며, ㅇ의 배열 순서를 닿소리자의 맨 끝, 곧 ㅎ의 뒤로 옮겼다.

이러한 내용을 풀어쓰기에 관한, 최종 저서인 『한글 가로글씨 독본』(1963)에 그대로 담았으니, 그 낱자의 글씨꼴과 배열 순서를 보이면 아래와 같다. 상단 4줄은 박음글씨(큰박음·작은박음), 하단 4줄은 흘림글씨(큰흘림·작은흘림)이다.[52]

－『한글 가로글씨 독본』 1963.10 : 7~8.

52 「한글 풀어씨기의 뜻과 글자」(1958.09 : 80)에서 "큰박음·작은박음, 큰흘림·작은흘림" 뒤에 각각 한자 용어 "大正·小正, 大草·小草"를 병기한 바 있다.

그리고 1937년 4월의 논문에서는 한글 풀어쓰기에서의 표기법에 관한 의견을 펼쳤다. 아래와 같이 크게 두 가지 점을 내세우고 「한글마춤법 통일안(1933)」과 비교하여 풀이하였다.

○가로글씨의 맞춤법
(1) 낱말은 完全완전히 한 덩이로 할 것이다.
(2) 낱말은 完全완전히 각각 띄어 씰 것이다.
  -「가로글씨의 이론과 실제」 1937.04:12~15.

(1)은 종래와 같이 낱내(음절) 단위로 모아쓰는 것이 아니라 '낱말'을 한 덩이로 표기한다는 일반적인 내용이며, 「통일안」의 기본 원칙과도 다르지 않다. 그럼에도 굳이 거론한 것은 한글 풀어쓰기의 효과를 강조하기 위함이니, 2개 이상의 글자를 모아 쓴 낱말 ― 예컨대 '사람', '앉다', '까마귀', '먹이다', '딱따구리', '돌아가다' ― 은 글자마다 떨어져 보이는데, 풀어쓰기는 각 낱말을 '완전히' 한 덩이로 보이게 한다는 점을 지적한 것이다. (2)는 토씨와 잡음씨까지도 띄어 쓰는 것을 포함하는 내용이니 「통일안」과는 반대인데, 일찍이 한힌샘은 「우리글의 가로 쓰는 익힘」(1914.04)에서 이미 이렇게 표기했었다.[53]
맞춤법에 이어서 풀어쓰기에서의 월점치기에 대해서 풀이하였는데, 그 내용은 종래의 것과 다르지 않았다.

---

53 한힌샘은 줄기(어간)와 씨끝(어미), 어근과 접사 등도 구분하여 띄어 표기했었는데, 외솔은 이들은 붙여 표기하였다.

4. 마무리

4.1. 외솔 최현배는 배달겨레의 현대사에 큰 업적을 남긴, 겨레의 스승이다. 그의 탄생 100돌을 맞이하여, 이 글에서 우리는 남긴 저서와 여러 글발을 바탕으로 그의 말글 정책론과 실천 내용을 살펴보았다. 이러한 살핌을 통하여, 아래와 같은 점을 다시 한번 확인하였다.

(가) 외솔의 철학은 '살음(生)'의 철학이며, 그것은 배달겨레의 삶이 처한 시대적 상황에 따라 때로는 건전한 민족주의로, 때로는 민주주의로 나타났다.

(나) 외솔의 말글관과 말글 정책론은 늘 위와 같은, 뿌리깊고 탄탄한 철학적·사상적 바탕 위에 서 있었다.

(다) 외솔은, 말은 생각과 느낌을 실어나를 뿐만 아니라 문화를 만들어 내고 불우고 이어 가는 연장이며, 문자는 사람들의 문화 생활에서 가장 중요하고도 이로운 수단이라 하였다. 그리고 문자는 그 자체가 목적이 아니므로 무엇보다도 쉬워야 하는데, 그런 점에서 낱소리문자(단음문자)가 가장 발달한 문자라고 평가하였다.

(라) 외솔은 우리 말·글 정책의 기본 방향을 "깨끗하게 하기, 쉽게 하기, 바르게 하기, 풍부하게 하기, 너르게 하기"의 다섯으로 제시하였다. 그런데 그가 추구한 말글 정책의 궁극 목적은 '우리 겨레의 살음'의 방도를 찾는 것이었다.

(마) 외솔은 우리 말살이의 가장 큰 병폐로 한자말(일본식 한자말 포함)이라 진단하고, 이를 극복하는 방안으로 '쉬운 말 쓰기'와

'토박이말 쓰기'를 역설하였다. 그리고 새말을 만들어 내는 것은 언어의 본질면에서 보더라도 전혀 부자연스런 일이 아니라는 점을 강조하였다.

(바) 외솔은 우리 글살이의 가장 큰 장애는 한자인데, 한자는 문자로서도 여러 가지로 불편하지만 우리의 정신 세계에까지 여러 해독을 끼치고 있으므로, 하루바삐 한글만 쓰기를 완성해야 함을 끊임없이 역설하고 실천 방법을 제시하였다.

(사) 외솔은 쉬운 말·토박이말 쓰기와 한글만 쓰기를 달성하는 것은 배달겨레의 역사를 새롭게 '창조'하며, 배달겨레의 생활에 '자유'의 날개를 다는 것이라는 의미를 부여하였다.

(아) 외솔은 1922년, 27살에 발표한, 생애 최초의 논문 「우리 말과 글에 대하야」에서 자신이 고안한, 한글 풀어쓰기의 흘림글씨를 공개하였다. 그 이후로 꾸준히 풀어쓰기 글씨를 다듬어 그 결과를 출간하고, 그 한글 풀어쓰기의 실행을 위하여 끊임없이 노력하였다.

4.2. 외솔은 현학적으로 말만 늘어놓는 이론가가 아니었다. 수많은 토박이말 말본 용어를 사용한 것에서 보듯이, 그는 자기 이론을 그대로 행동으로 옮기는 실천가였다. 8·15 광복 직후에는 교과서의 한글 전용화에 노력하였고, 1950년대 정부에서 '한글맞춤법 간소화'를 추진할 때와 1960년대 한자어 위주의 '학교문법 통일안'을 강행할 때에는 그것을 막는 일에 앞장을 섰다. 그밖에도 크고작은 여러 활동을 펼쳤다.[54]

---

54 텔레비전을 보다가 출연자로 나온, 어느 여가수 부부가 하는 말을 듣고,

아쉽게도 이 글에서는 그런 활동을 살피지 못하였다. 다른 이가 메워 주기를 기대한다.

4.3. 그 폭으로 보거나 그 깊이와 높이로 보거나, 그리고 그 부피로 보거나, 말글 정책론 분야에서 외솔 최현배를 뛰어넘을 이는 없는 듯하다. 그 앞에 한힌샘이 있었을 뿐이다. 돌아가신 지 20년이 넘었어도 그의 목소리가 여전히 새롭다. 그는 여전히 우리 겨레의 큰 스승이다. 특히 그의 미래 지향적이고 진취적인 생각과, 당당하고도 적극적인 실천력은 끊임없이 이어 나가야 할, 겨레의 자산이다.

참고 문헌

1) 외솔 최현배의 논저

최현배. 1922.08.29.~09.23. 「우리 말과 글에 對대하야− 우리글의 가로씨기 −」(23회 연재). 『동아일보』 제731~756호 제1면.
최현배. 1926.08.(씀). 「朝鮮조선文字문자 ‘正音정음’ 又는또는 ‘諺文언문’」. 北川三郎(기다가와 사부로) 번역 『世界文化史 大系 (上)』(1938. 06. 도쿄 : 세계문화사간행회) 324~339쪽.[55]

곧바로 일면식도 없는 그 부부에게 편지를 썼다. 영어권 사람들이 부부끼리 ‘달링’이라 부르는데, 우리로서는 아내는 남편을 ‘그린비’, 남편은 아내를 ‘단미’라 부르는 것이 좋겠다(1971.02:18~21)는 내용이었다. 실천가 외솔의 면모를 엿보게 하는 일화이다. (그 편지는 1970년 2월 10일 밤에 썼으니, 별세하기 40일 전이었다.)

55 이 『세계문화사 대계』는 영국사람 웰스(Herbert George Wells, 1866~1946)가 지은 The Outline of History(1920)를 北川三郎가 일본어로 번역한 것이다.

최현배. 1926.09.25.~12.26. 「조선민족 갱생의 道도」(65회 연재). 『동아일보』 제2174~2266호 제1면.

최현배. 1926.11.18~19. 「가갸날 기념 강연록 | 正音정음」(2회 연재). 『조선일보』 제2221~2222호 석간 제3면.

최현배. 1926.12. 「정음 字體자체 개량론—橫書횡서를 제창하노라—」. 『新民신민』 제20호 51~55쪽. 신민사.

최현배. 1930.04. 『조선민족 갱생의 道도』. 동광당 서점.

최현배. 1936.01. 「나의 스승 | 조선어의 은인 주시경 선생」. 『朝光조광』 제2-1호 59~61쪽. 조선일보사 출판부.

최현배. 1937.02~05. 「가로글씨의 이론과 실제」(4회 연재). 『한글』 제5-2호(통권 42) 1~7쪽 / 제5-3호 1~8쪽 / 제5-4호 12~25쪽 / 제5-5호(통권 45) 1~8쪽. 조선어학회.

최현배. 1937.05. 글모음 『한글의 바른 길』. 조선어학회.

최현배. 1940.05. 『한글갈』. 정음사.

최현배. 1946.10.22. 「한글 가로쓰기 提言제언」. 『동아일보』 제7600호 제4면.

최현배. 1947.05. 『글자의 혁명—한자 안쓰기와 한글 가로씨기—』 초판. 군정청 문교부.

최현배. 1948.05.23. 「국어 정책의 으뜸 된 문제」. 『경향신문』 제506호 제4면.

최현배(←문교부). 1948.08. 『한자 안쓰기의 이론』. 조선교학도서주식회사.

최현배. 1949.08. 「새로운 민족문화」. 『한글의 투쟁』 11~15쪽. 정음사.

최현배. 1951.06. 『우리말 존중의 근본뜻』. 정음사.

최현배. 1953.06. 『민주주의와 국민도덕』. 정음사.

「조선 문자」 부분은 원저에 없는 것을 번역자가 '특별히 삽입한' 것인데, '연희전문학교 교수 최현배'가 조선어로 써 준 것을 일본어로 번역한 것이다. 외솔이 탈고한 때가 '1926년 8월 29일'이니, 약 12년이 지난 후에야 지면에 실리게 되었다.

최현배. 1954.01.27~31. 「한글 가로쓰기」(5회 연재). 『동아일보』 제 9469~9473호 제2면.

최현배. 1954.10. 글모음 『한글의 투쟁』. 정음사.

최현배. 1955.02. 『우리말본』. 정음사.

최현배. 1955.06. 「나의 걸어온 학문의 길」. 『思想界』 제23호 27~36쪽. 사상계사.

최현배. 1958.01. 「민주주의와 나라 운수」. 『文殊峰문수봉』 제1집 21~28쪽. 재경 울산학우회.

최현배. 1958.08. 『나라 사랑의 길』. 정음사.

최현배. 1958.09. 「한글 풀어씨기의 뜻과 글자」. 『한국평론』 제4호 72~85 쪽. 한국평론사.

최현배. 1963.01.21. 「전신타자기와 한글 풀어쓰기」. 『연세춘추』 제 313호 제2면. 연세춘추사.

최현배. 1963.10. 『한글 가로글씨 독본』. 정음사.

최현배. 1964.09. 「나의 저서 l 한뉘의 사업을 삼아」. 『현대문학』 제117호 17~20쪽. 현대문학사.

최현배. 1965.07. 「나의 인생과 나의 학문 l 허약한 체질의 극복」. 『현대문 학』 제127호 63~66쪽. 현대문학사.

최현배. 1968.10. 글모음 『외솔 최현배 박사 고희 기념 논문집』. 정음사.

최현배. 1970.04. 「한글 전용에 과연 부작용이 있나? – 아무리 과장해도 별일 없음이 밝혀졌다 –」. 『교육 연구』 제3·4호(통권 19) 17~21쪽. 한국교육생산성연구소 교육연구사.

최현배. 1970.10. 『한글만 쓰기의 주장』. 정음사.

최현배. 1971.02. 「'그린비'와 '단미'」(탈고일 1970년 2월 10일). 『한글만 쓰기』 제2호 18~21쪽. 한글전용추진회.

2) 참고 논저 및 자료

고영근. 1991.09. 「외솔의 초기 음성·문자 이론」. 『동방학지』 제71·72집 361~379쪽. 연세대 국학연구원.

김계곤. 1980.03. 「외솔 선생께서 숙제로 남겨 주신 문제들'에 대한 해답」. 『나라사랑』 제35집 14~24쪽. 외솔회.

김두봉. 1922.10ㄱ. 『깁더 조선말본』. 상해 : 새글집.

김두봉. 1922.10ㄴ. 『좋을글』. 『깁더 조선말본』의 붙임 3~21쪽. 상해 : 새글집.

김두봉. 1922.10ㄷ. 『날적』. 『깁더 조선말본』의 붙임 76~94쪽. 상해 : 새글집.

김석곤. 1932.06.14.~07.20. 「한글 가로쓰기」(21회 연재). 『동아일보』 제4125~4161호 제5면.

김석득. 1975.02. 『한국어 연구사 (하)』. 연세대 출판부.

김석득. 1993.10. 「외솔 최현배 선생의 삶의 철학」. 『외솔 최현배 선생의 학문과 인간』 152~156쪽. 국립 국어연구원.

김윤경. 1937.02. 「한글 가로쓰기의 史的사적 고찰」. 『한글』 제5-2호(통권 42) 8~15쪽. 조선어학회.

김하수. 1993.10. 「외솔 선생의 학문 — 언어 정책론」. 『외솔 최현배 선생의 학문과 인간』 133~146쪽. 국립 국어연구원.

동아일보. 1931.10.31. 「한글날 기념 좌담회 녹취록 (3)」. 『동아일보』 제3898호 제5면.

동아일보. 1946.09.18. 「한글 풀어쓰기를 건의」. 『동아일보』 重刊중간 제265호 제2면.

리의도. 1993.04. 『오늘의 국어, 무엇이 문제인가』. 어문각.

리의도. 미간행. 「외솔 최현배 논저 총목록」.

리필수. 1923.08. 『정음 문전』. 조선정음부활회.

박지홍. 1988.05. 「한힌샘 주시경의 국어 정책론」. 『한힌샘 연구』 제1호 125~145쪽. 한글학회.

손인수. 1991.09. 「외솔 최현배의 민족주의 교육 사상」. 『동방학지』 제71 · 72집 719~732쪽. 연세대 국학연구원.

외솔 논문집 간행회. 1968.11. 「외솔 최현배 박사 해적이」. 글모음 『외솔 최현배 박사 고희 기념 논문집』 7~14쪽. 정음사.

이경복. 1976.10. 『국어 계획론』. 글벗집.

이규호. 1976.03. 「외솔 사상의 철학사적 고찰」. 『나라사랑』 제22집 16~35 쪽. 외솔회.

이길록. 1977.03. 「국어학 연구와 국어 운동의 관계」. 『나라사랑』 제26집 16~25쪽. 외솔회.

이민호. 1976.03. 「외솔의 역사 의식」. 『나라사랑』 제22집 36~50쪽. 외솔회.

이원순. 1976.03. 「외솔의 국사관」. 『나라사랑』 제22집 제52~75쪽. 외솔회.

조선일보. 1970.01.27. 「공문서 전용 이후, 한글 副作用부작용」. 『조선일 보』 제15010호 제6면.

주시경. 1907.10.~1908.12 「국문 연구」. 『국문연구소 보고서』 육필본.

주시경. 1910.06. 「한나라말」. 『보중친목회보』 제1호 86~92쪽. 普中친목 회.

주시경. 1914.04. 「우리글의 가로 쓰는 익힘」. 『말의 소리』 끝. 新文館신문관.

최현섭. 1991.09. 「외솔과 국어 교육」. 『동방학지』 제71·72집 595~627쪽. 연세대 국학연구원.

한글가로글씨연구회. 1956.11. 「건의서 — 한글 가로글씨 보급 발전을 위하여 —」. 글모음 『외솔 최현배 박사 고희 기념 논문집』 552~553쪽. 정음사.

허웅. 1963.04. 『언어학 개론』. 정음사.

허웅. 1979.12. 『우리 말과 글에 쏟아진 사랑』. 샘문화사.

허웅. 1991.09. 「외솔 선생의 정신 세계와 그 학문」. 『동방학지』 제71·72집 1~31쪽. 연세대 국학연구원.

허웅. 1993.10. 『최현배 — 우리말 우리얼에 바친 한평생』. 동아일보사.

홍이섭. 1971.01. 「『조선민족 갱생의 도』 — 그 정신사적 추구」. 『나라사 랑』 제1집 38~70쪽. 외솔회.

이 글 ③은 '외솔 나신 100돌 기념 특집호'로 간행한 『나라사랑』 제89집(1994.09)에 실린 「외솔의 말글 정책론에 대한 고찰」을 가다듬고 보충한 것이다. 원글을 쓸 때에 미처 살피지 못했던 외솔의 글들을 더 살폈는데, 특히 생애 최초로 공간公刊된 「우리 말과 글에 대하야」를 세심히 살펴 내용을 보충했으며, 그리고 3.4(한글 풀어쓰기 연구)를 새로 더하였다.

우리 말글에 기울인
건재 정인승의 정성과 노력

"다른 과목은 과목 낙제가 있어도 평균 성적이 60점 이상이면 진급을 시켰지만, 조선어 과목만은 한 과목이라도 낙제점을 맞으면 진급을 시키지 않도록 고집을 했다. 조선말을 제대로 모르고 진급을 해서 졸업을 하면 무엇에 쓰겠느냐는 뜻에서였다. 학생들에게도 틈만 있으면 우리 역사를 들려 주면서 조선놈이 조선말 공부를 안 하면 무엇에 쓰느냐고 호통을 치곤 했다." (1977.07.05)

"나는 문화 민족으로서의 긍지를 살리고, 궁극적으로 우리 민족이 살아남기 위해서는, 우리 말과 글을 살려야 하고, 그러기 위해서는 사전의 편찬 사업이 무엇보다 시급하고 긴요하다는 것을 뼈아프게 느꼈다. 그것도 일본이 우리의 말과 글을 말살해 버리기 전에 이루어 내야 할, 무엇보다 급한 사업이라는 것을 느꼈다." (1977.07.12)

1. 머리말

건재健齋 정인승鄭寅承은 우리 말글을 가르치고 연구하고, 우리 말 사전을 편찬하는 일에 일생을 바쳤다. 건재 스스로 그러한 일들을 뭉뚱그려 '국어 운동'이라 하였다. 그 국어 운동을 기준으로 건재의 한평생을 나누어 보면 고창고등보통학교 교사 시절, 조선어사전 편찬원 시절, 대학교수 시절의 세 시기로 나눌 수 있다.

80살에 쓴 「국어 운동 50년」이란 글에서 아래와 같이 회고한 것을 보면 건재 자신도 이렇게 생각했던 듯하다.

> "내가 연희전문학교 文科문과를 졸업하고 고창고보에 영어와 조선어의 교원으로 내려간 것이 1925년 4월이니, 국어와 관계하여 이를 연구하고 가르치는 일을 계속한 것도 벌써 50년이 넘는다.
>
> 日帝일제의 가열한 언어 말살 정책과 해방 후의 혼란, 6·25 동란 등으로 이어지는 어려움 속에서 우리 글은 침체하고 위축될 수밖에 없는 가시밭길을 걸어왔다. 이러한 어려움 속에서 국어 운동에 뜻을 세우고 무언가 보탬이 되려고 안간힘을 다해 보았지만, 지난 50년간의 연구 생활을 돌이켜볼 때 원체 힘에 부치고 겨운 일이었던 것을 새삼 느끼지 않을 수 없다.
>
> 다만 하노라고 해서 한글학회에서 펴낸 『큰사전』을 비롯해서 자그마한 보람이 몇 가지 남아 있고, 다행히 건강한 탓으로 지금까지 학교에 나가고 책을 볼 수 있음이 무엇보다 대견스럽다." - 「국어 운동 50년」 1977.06.11.

위에서 보듯이, 고창고보 교사로 발을 내디딘 것을 국어 운동의 시작으로 보았고, 한글학회에서 펴낸 『큰사전』에 관여한 일을 보람으로 여긴다고 회고하였다.[1] 그리고 대학에 나가 강의하는 것을 또 하나의 일로 생각한다고 하였다. 그러니 고창고보 이전은 국어 운동을 위한 준비기라고 할 수 있겠다.

　이 글에서는 위의 네 시기로 마디지어 건재 정인승이 우리 말과 글에 기울인 정성과 노력에 관하여 살펴보기로 한다.

2. 우리 말글 운동의 준비

　2.1. **일본군의 만행을 보며 자람**　정인승은 1897년 6월 18일(음력 5월 19일) 전라북도 장수군 계북면 양악리 129번지에서 정상조와 송성녀의 3남 2녀 가운데 둘째아들로 태어났다. 그 시절의 소년들이 대개 그랬듯이, 어른들의 주선으로 1910년 4월, 어린 나이에 황양례와 혼례를 올렸다.

　그가 태어난 1897년은 우리 나라 대한제국이 쓰러져 가던 무렵이었으니, 여느 소년과 마찬가지로 일본의 온갖 악행을 보고 겪으면서 자랐다. 아홉 살 소년 시절에는, 을사늑약(1905년)이 맺어진 후로 마을에 들어온 일본군에게 집안은 물론이요 가족까지 직접적인 해를 당하는 것을 목격하였다. 그러한 사실은 건재의 여러 회고에 나타나는데, 그 가운데서 하나를 올리면 아래와 같다.

　　"이런 난리 속에 동네에서 가장 크던 우리 집은 일본군에게 징발 당하여 兵站所병참소로 사용되었다. 우리 집을 근거로 주변에서 義

---

1 건재가 자신의 일생을 회고하여 쓴 글로는 「옛 기억을 더듬어서」(1960), 「남기고 싶은 이야기들」(1972), 「국어 운동 50년」(1977), 「나의 국어 생활을 돌아봄」(1983) 등이 있다.

兵의병들의 토벌 작전을 벌이는 것이었다. 밤이면 이들이 잡아 온 의병들을 고문하느라 울부짖는 소리가 들려 오곤 하였다. 동네 앞산 소나무에 사람을 달아 놓고는 총살하는 일도 가끔 있었다. 〔줄임〕

일본군이 의병을 토벌한다는 명목으로 우리 마을에 머물면서 갖은 나쁜 짓을 하고 있던 중 하루는 나의 형 寅泳인영이 일본군의 총에 맞아 팔을 다친 적도 있다." -「국어 운동 50년」 1977.06.11/14.

이런 일들을 당하면서 소년 정인승은 왜놈만 보면 진저리를 치게 되었다. 우리 땅을 집어삼키려고 쳐들어와서는 나라를 지키겠다고 싸우는 사람들을 무참히 죽이는 일본군의 잔인성에 피가 끓었고, 힘이 없어 어찌해 볼 도리는 없었으나 밤이면 나타나는 일병들에게 해를 입혔던 맨주먹의 의병들에게서 애국을 느꼈다. 소년 정인승의 가슴 속에는 점차 반일 감정과 민족적인 의분이 자리잡아 갔던 것이다.

아버지로부터는 그 같은 시대 상황 속에서 세상 살아가는 방도에 대하여 직접적인 가르침을 받기도 하였다.

"先親선친께서는 서울에 갔다 오시면 여러 가지 책을 사다 주시며 공부 잘해야 된다고 타이르셨다. 그러나 선친께서는 공부를 하되 나라가 이 모양이 된 마당에 돈 주고 사는 벼슬을 하려거나 출세를 하려는 생각은 아예 하지도 말라고 하셨다. 특히 日本일본이라면 질색을 하신 까닭에 '아무리 왜놈 세상이 되었다지만 그 밑에서 벼슬할 생각은 말라.'고 준엄하게 말씀하시곤 했다." -위의 글 1977.06.14.

아버지는 한학漢學을 하는 선비였는데, 평소 아들에게 일제에 빌붙어 살지 말라는 것과, 그러나 공부는 열심히 해야 한다는 가르침을 베풀었다. 그 가르침은 소년 정인승의 머리에 의미있게 각인되었다.

이러한 사정을 통하여, 건재의 나라 사랑 정신은 어린 시절에 형성된 반일 감정이 승화된 것임을 확인하게 된다. 그 반일 감정이 민족주의로 승화된 것은 당연한 귀결이라 하겠다.

2.2. **신학문과의 접촉**   소년 정인승은 아버지의 분부에 따라 열예닐곱 살 때까지는 주로 한문을 익혔다. 그러는 중에도 한글과 우리말에 관하여 남다른 흥미를 갖게 되었는데, 그 연유와 관련하여 아래와 같이 회고한 바 있다.

> "新學問신학문에 접하기 이전의 漢學한학 공부도 거의 모두가 諺解언해로 된 책을 통해 혼자서 공부했다. 이 언해본을 통해 4서 3경의 7서를 모두 익혔으니, 한글과의 인연은 이때부터였다고나 할까. 또 한 그때에 할머니께서 병환으로 누워 계셨는데, 심심하시니까 나를 불러 국문 소설책을 읽게 하셨다. 〔줄임〕 국문을 연구해야겠다는 구체적인 생각을 했던 것은 아니지만, 국어와의 인연을 맺게 된 자연적인 계기가 이때가 아니었던가 한다." -위의 글 1977.06.18.

언해본과 한글 소설책 들이 건재와 한글과의 첫 인연을 맺어 준 셈이다.

또, 바깥나들이가 잦은 아버지와 사촌형이 사다 주는 책으로 신학문을 두루 접했는데, 그런 책들은 서당에서 줄곧 보아 온 한문이 아니었다. 그런 출판물을 통하여 소년 건재는 내용 공부만이 아니라 문체에 대한 눈을 새롭게 뜨게 되었을 것이다. 언어 감각이 남다른 그가 그런 문체들을 예사롭게 넘기지 않았을 것이며, 거기서 얻은 깨침이 우리 말글에 대한 관심으로 이어졌을 것이다.

한편으로, 와세다대학 교외생校外生으로 등록하여 문학 강의록과 정치·법률 강의록도 통독하였다. 주변의 관심과 자신의 노력으로 1914년, 17살쯤에 이르러서는 "신학문 지식은 중학 정도의 책은 거의 다 읽어 본"(정인승 1960.05:222) 수준이 되었다.

건재가 근대식 학교에 발을 들여놓은 것은 1915년 9월, 그의 나이 18살 때였다. 집에서 그리 멀지 않은 진안군 용담면에 용담공립보통학교²가 설립되자 아버지가 어렵게 허락한 것이었다. 그렇게 2학년에 편입하여 1917년 3월 최우등으로 졸업하였다.

2.3. 연희전문학교 문학과 입학　보통학교를 졸업한 건재는 고등보통학교 편입학을 목표로 1918년 봄에 상경하였다. 집 떠나기를 몹시 반대하는 아버지의 분부를 거역하지 못하고 한 해를 벙어리 냉가슴 앓듯 보내다가 마침내 탈출을 감행한 것이었다. 그리하여 관철동(나중에 필운동)에 있는 어느 집에 하숙을 정하였다.

상투를 튼 모습으로 두어 학교를 찾아보고는, 그 상투를 자르고 고등보통학교 편입도 단념하였다. 나이가 많은 데다가 내심 실력으로는 자신이 있으니 속성으로 고보 과정을 마치기로 작정하였다. 그리하여 밤낮으로 시간을 쪼개어 중동학교, 연정학원硏精學院, 보급학관普及學館에를 다녔다. 그렇게 한 해를 보내고, 1919학년 2월 경성법학전수학교에 입시 원서를 내고 시험일을 기다리고 있었다. 그때에 바로 삼일 만세 항쟁이 일어났다. 당시의 상황을 후일 건재는 다음과 같이 회고하였다.

---

2 용담향교의 전교典校 임병도林炳棹가 1908년 5월 '사립 용강학교'를 설립하고 그 향교의 명륜당을 교실로 이용하였다. 세 해 후에는 '사립 용담보통학교'로 개편하고 향교의 객사를 교실로 사용했으며, 이듬해인 1912년 3월 '용담공립 보통학교'(수업 연한 4년)로 정식 인가를 받은 것이었다.

"독립 만세의 우렁찬 고함이 일시에 온 서울 안을 울리고, 순식간에 삼천리 강산을 흔들었다. 학교 입학이 문제가 아니다. 이제 내 나라가 정말 내 나라로 되는 판인데, 왜놈의 학교에 입학이 다 무엇이냐 싶었다."

"우리 하숙집(필운동) 주인마누라는 며칠 아니면 곧 독립이 될 것이매 그 날에 축하 잔치를 하겠다고 큼직한 독에다 찹쌀술을 빚어 넣고 독립의 날을 기다리는데, 〔줄임〕 누구나 모두가 곧 될 것같이 대망하던 독립은 몇 달이 되어도 쉽게 오지를 아니하매 나는 그해의 학교 입학은 일단 단념하고 귀향의 길을 떠났었다."

-「옛 기억을 더듬어서」 1960.05 : 223, 224.

그렇게 고향으로 돌아가 2년을 보내고, 건재는 1921년 1월 다시 상경하였다. 낮에는 어느 학원의 서기 일을 하면서, 밤에 종교琮橋 예배당의 영어 강습회에 나가 영어 공부에 매진하였다. 그렇게 진로를 수정하여 그해 4월 '사립' 연희전문학교 문학과(☞ 336쪽 각주 6)에 입학하였다.

건재의 우리말에 관한 사랑과 관심은 연희전문에 입학하면서 구체화하였다. 연희전문에서는 영어를 주로 공부했는데, 우리말과 관련해서는 수사학 담당 교수이던 위당 정인보[3]와, 같은 학부 3년이던 한결 김윤경의 영향을 많이 받았다. 특히 한결로부터 그의 옛 스승인 주시경 선생의 우리말본 학설을 얻들으면서 우리말에

---

3 건재는 1984년 8월, 평생의 마지막 대학원 강의에서 "위당 정인보 선생님한테서 수사학을 배웠는데, '새벽소리 찬바람에'라는 시를 예로 들면서 '한문으로 된 국문보다 우리말이 더 재미있다'라는 말을 듣고 우리말의 우수성을 깨달았다."(조오현 1997.06 : 298)고 회고하였다. 내 기억에도 "위당은 대단한 한문학자이지만 그의 시에는 한자어보다는 토박이말이 더 빛나고 있다."는 건재의 말씀이 남아 있다.

대하여 적잖은 지적 호기심을 자극받았던 것이니, 그러한 내력은
아래와 같은 본인의 회고에 잘 나타나 있다.

"우선 나보다 3년 먼저 들어가서 졸업반의 수석이 된 김윤경 님과
사귀게 되어, 그의 옛 스승인 주시경 선생의 창의적인 국어문법 학설
을 체계적으로 습득한 것과, 영문법 교수인 백낙석 선생의 영어 구문
론 해설을 논리적으로 체득한 것과, 국문학자인 정인보 교수의 수사
학 강의와, 미국인으로 영문학 전공인 피셔(Fisher) 교수의 셰익스피
어 강의와, 심리학 전공인 원한경(H. Underwood) 교수의 아동심리학
등등이 모두 나에게 깊은 감명을 주었던 것이다. 그러나, 이런 중에
서 나에게 학문적으로 사상적으로 가장 가깝게 친밀하게 접촉하여
뒷날 나의 생애에 길이 영향을 남겨 준 분은 김윤경 선배와 정인보
교수, 두 분임을 잊을 수가 없다." -「나의 국어 생활을 되돌아봄」
1983.08 : 131.

"김윤경 님은 그의 옛스승 주시경 선생의 창의적인 국어문법 학설
을 체계적으로 습득하여 나에게 우리말을 연구하게 영향을 준 바가
적지 않아, 영문법 교수인 백남석 선생의 영어 구문론 해설을 체계적
으로 습득한 것과 함께, 나름대로의 국어문법에 대한 이치를 전개하
는 데 커다란 도움이 되었다." -「내 나이 여든일곱에」 1983.10 : 67.

연희전문에서의 그러한 상황은 건재로 하여금 우리말에 관하여
체계적인 접근을 하게 하는 직접적인 계기로 작용하였다. 여기서
건재의 민족주의가 우리 말글과 만나게 된 것이다. 그로써 건재에
게 우리 말글 매만지기와 연구와 교육은 민족주의 정신을 구현하
는 구체적인 활동이 되었으며, 한편으로는 그 정신이 나타나는 자
리이기도 하였다.

3. 고창고보 교사 시절의 노력

3.1. '민립' 고창고보 교사로 부임 건재는 연희전문 재학 중에 피셔 교수에게 조선어를 가르쳤고, 그런 인연으로 피셔가 주선하여 졸업과 동시에 미국에 유학하기로 되어 있었다. 그런데 가족들의 맹렬한 반대에 부딪혔다. 특히 결혼 후 15년이 지나도록 어린애 하나 없이 살아 온 젊은 아내의 반대는 도저히 무시할 수가 없었다. 결국 도미 유학을 포기하였다.

그리하여 전라북도에 있는 고창고등보통학교에 영어 교사로 부임하였다. 그보다 앞서 개성에 있는 송도고등보통학교의 교장 윤치호의 제의를 받아들여 그 학교에 가기로 약속한 상태였으나, 고창고보가 '민립民立'으로 신설되는 학교라는 말을 듣고는, 그런 학교에서 일하는 것이 더 보람될 것이라 판단하여 행로를 바꾼 것이었다(정인승 1977.06.30.). 그 학교에 부임한 때가 1925년 4월, 27살이었다. 그때부터 10년 동안이 건재의 국어 운동 제1기에 해당한다.

3.2. 조선어 교육에 힘씀 고창고보에 영어 교사로 부임했으나 영어보다는 조선어를 가르치는 데에 온 정성과 노력을 기울였다. 통제와 간섭도 있었지만 크게 개의치 않았다. 건재는 당시의 포부와 활동 상황을 아래와 같이 회고하였다.

"朝鮮語조선어 시간이 있었다고 해도 1주에 1시간뿐이었다. 거기에 비해 日本語일본어 시간은 1주에 여섯 시간씩이나 되어 독본, 습자, 작문 등을 골고루 가르치고 있었다. 그것도 모자라 장차는 '조선어' 시간을 없앨 움직임까지 보이고 있었다.

내가 高普고보에 간 것은 영어 교원으로 간 것이었지만, 이런 현실을 보니 분해서 죽을 지경이었다. 영어 교육도 중요하지만 학생들에게 국가 관념과 민족 관념을 심어 주려면 국어 교육이 무엇보다도 중요하다는 점을 들어 교장에게 몇 번이나 얘기해 봤지만, 동감을 하면서도 총독부의 「敎育令교육령」 때문에 어쩔 수 없다는 것이었다.

하는 수 없이 정규 시간에는 넣지 못하더라도 과외로 지도를 하기로 하고, 학생들에게 국어를 가르쳤다. 다른 나이 많은 선생들도 나의 뜻에 감명을 받아 '우리도 국어 공부를 해야겠다' 해서 별도로 국어강좌를 만들어 선생들에게도 국어를 가르쳤다." - 「국어 운동 50년」 1977.07.02.

20대 초반의 건재.

"나는 학생 시대보다 교원 시대에 공부를 더 하지 않을 수 없었고, 더욱이 내가 힘써야 할 의무감을 느끼게 된 것이 있었으니, 서울의 각 고등보통학교에는 권위 있는 우리말 교원이 있어 바른 우리말 우리글로 학생들을 지도하고 있는데, 고창고보에는 한문학자 한 분이 '조선어·한문'이란 과목만을 맡아서 우리말 교육은 가위 백지상태인 것이다. 이에 내가 자진하여 '조선어' 과목을 떼어 맡아 가지고 영어나 일어 이상으로 학생들에게 강조하고 조선어 과목 시간을 늘리며, [줄임] 교직원들이 일치하여 한글 바로 쓰기를 여행하였다. 나의 재직 10년 간에 조금이라도 효과를 남겼다면 영어 교육보다도 국어 교육이었다고 할 것이다." - 「옛 기억을 더듬어서」 1960.05 : 225.

건재는 학생들에게 뚜렷한 국가 관념과 민족 관념을 심어 주기 위한 방편으로 조선어 교육에 심혈을 기울였던 것이다. 그것은 교육이라기보다 '국어 운동'이며 '항일 운동'이었다. 서슬퍼렸던 총독부의 「조선 교육령」에 아랑곳하지 않고 과외로 조선어 수업을 했던 것이니, 무력 항쟁과 다를 바가 없었다. 여느 학교에는 조선어 시간이 기껏해야 한 주에 한두 시간밖에 없었는데, 이를 일본어 과목에 버금가는 다섯 시간―독본 2시간, 문법·작문·습자 각각 1시간―으로 늘렸으며, 영어는 뒷전으로 돌려두고 각 학년의 조선어 과목을 모두 맡아 가르쳤다. '재직 10년 동안 조금이라도 효과를 남겼다면 국어 교육'이었다고 회고한 것을 보면 조선어 교육에 쏟은 열정이 얼마나 강렬했던가를 짐작할 수 있다.

그리고 조선어 교육의 방침은 매우 엄격하고 철저했는데, 그러한 사정은 아래와 같은 회고에 잘 나타나 있다.

"학생들의 進級진급에 있어서도, 다른 과목은 과목 낙제가 있어도 평균 성적이 60점 이상이면 진급을 시켰지만, 국어 과목만은 한 과목이라도 낙제점을 맞으면 진급을 시키지 않도록 고집을 했다. 나라말을 제대로 모르고 진급을 해서 졸업을 하면 무엇에 쓰겠느냐는 뜻에서였다. 학생들에게도 틈만 있으면 우리 역사를 들려 주면서 조선놈이 조선말 공부를 안 하면 무엇에 쓰느냐고 호통을 치곤 했다." -「국어 운동 50년」 1977.07.05.

건재는 자신의 공부와 발전도 중요하지만, 겨레의 2세들에게 겨레말을 가르치는 것이 더 시급하며 중요한 일이라고 생각했다. 미국 유학의 꿈도 버리고, 오로지 후배 교육에만 정열을 쏟았다. "우리는 비록 일인들의 손아귀 아래에서 식민지 통치를 받고 있지만, 독립을 위해서는 우리의 후배들을 잘 가르치고 민족혼을 일깨워 주어야 한다."(정인승 1977.07.02)고 작심하였고, 민족혼을 일깨우는 좀더 구체적인 방법은 겨레말 교육에 있다고 믿었다. 그처럼 확고한 신념이 있었기에 왜경의 눈총을 받아 학교에서 쫓겨날 줄 알면서도(한갑수 1986.08)[4] 겨레말 교육에 신명을 다 바쳤던 것이다. 여기서 청소년 시절 무조건적이었던 '반일 감정'이 '민족주의'로 구체화된 모습을 대하게 된다.

건재는 고창고보에 재직하는 동안 한편으로 조선어학 공부에도 집중했으니, 60대 초반에 쓴 회고에서 아래와 같이 서술하였다.

"중학 교편 10년 간에 나의 소득으로는 우리말 공부의 진일보라 하겠다. 책임적인 교과를 담당하고 보매 과거의 들은풍월 또는 단편적인 조각 지식들을 좀더 체계 있게 생각해 보고 정리해 보지 않을 수 없었다. 읽기 힘든 주시경 선생의 저서들이며 김씨의『깁더 조선말본』같은 것도 학생 시대와는 달라서 싫증 나는 일이 없이 읽고 또 읽고 하게 되며, 이규영, 김희상, 이윤재, 장지영, 최현배, 김윤경, 여러 선배들의 저서, 논문, 또는 통신 교환으로 많은 소득을 거두게 된 중에 특히 주시경, 최현배 두 분의 저서가 나에게 가장 힘있는 지팡이가 되었었고, 1933년에 발표된 「한글맞춤법 통일안」은 나에게 만족한 벗이 되어 학생 지도에 약진적인 능률을 낼 수 있었다."
-「옛 기억을 더듬어」 1960.05 : 225~226.

3.3. **고창고보 사직**   건재가 고창고보에 부임한 지 4년째 되던 1929년 광주 학생 운동이 일어나고, 그로 인하여 전국적으로 많은 학생이 퇴학을 당하였다. 이를 본 건재는 교장에게 그런 학생들을

---

4 1986년 7월 9일의 건재 영결식에서 고창고보 제자인 한갑수가 낭독한 「조사」에 있는 내용이다. 한편, 고창고보 제자 가운데는 권승욱도 있으니, 그는 1937년 6월 조선어학회 사전편찬원으로 참여하여『(조선말) 큰사전』완간에 이어『중사전』을 발행할 때까지 건재와 함께하였다.

받아들이자고 건의하여 그 뜻을 관철하였으니, 각지에서 퇴학 당한 '반일' 학생들이 고창고보로 몰려들었다. 더 말할 나위도 없이 왜경에게 그들은 '불순한' 학생이었다. 건재는 왜경의 감시 대상자가 되었고, 고창고보는 민족주의의 온상으로 인식되기에 이르렀다.

일제는 그러한 사태를 가만두지 않았으니, '민립'(사립) 고창고보를 감독하고 조종하기 쉬운 '공립' 학교로 전환하려는 움직임을 보이기 시작하였다. 이에 건재는 뜻을 같이하는 교사들과 함께 반기를 들었고, 그로써 왜경으로부터 더욱 심한 감시를 받게 되었다. 이에 이병학·유찬식[5]과 함께 사직서를 제출했으며, 1935년 8월 31일 그 학교를 그만두었다. 이로써 건재의 국어 운동 제1기는 막을 내렸다.

4. 조선어 사전편찬원 시절의 노력

4.1. 조선어학회 사전 편찬의 주무를 맡음 고창고보를 그만둔 건재는 곧바로 북행하여 경기도 고양군 숭인면 돈암리에 터를 마련하여 산양 목장을 차렸다. 그곳은 경성과 그다지 멀지 않은 한적한 곳이었으니, 오늘날의 서울 성북구 돈암동이다. 그곳에서 산양 젖을 짜 먹으며 휴양하면서 책 읽기로 소일하고 있었다.

그 무렵 조선어학회에서는, 1936년 4월부터 '조선어사전 편찬회'로부터 사전 편찬 사업을 모두 넘겨받아 본격적인 실무 작업에

---

5 이병학·유찬식과 건재는 같은 날 그 학교에 부임했으며, 늘 뜻과 행동을 같이하였다.

돌입해야 할 상황이었다.[6] 사업 기간 3년에, 사업 자금으로 1만원이라는 큰돈까지 마련했는데, 편찬원 구성이 쉽지 않았다. 학회에서 여러 방면으로 적임자를 물색하던 중에 건재에게 그 책임을 맡기기로 결정하고 참여를 요청했으며, 그 청을 어렵게 받아들여 건재는 조선어사전 편찬의 주무主務를 맡게 되었다. 그의 나이 39살이던 1936년 4월 1일의 일이었다. 조선어학회와 건재, 조선어사전과 건재와의 숙명적인 인연은 그렇게 시작되었다. 후일 건재는 당시의 상황을 아래와 같이 회고하였다.

"어느날이었다. 외솔 崔鉉培최현배 씨가 뜻밖에 나의 목장엘 찾아왔다. 외솔은 당시 연희전문에서 강의를 하면서 조선어학회 幹部간부로 활약하고 있었다. 그리고 (나는) 고창고보에 있으면서도 조선어학회와는 연락을 취해 오고 있었다.

외솔은 나에게 아직껏 우리말 辭典사전이 없어 조선어학회에서 여기에 뜻을 두고 여러 방향으로 집필할 사람을 찾고 있는데, 할 만한 사람이면 교편을 잡고 있어서 시간이 없고, 시간이 있는 사람은 또 능력이 달려, 간부들끼리 의논한 끝에 鄭정 선생에게 맡기자고 결정이 되었으니, 꼭 맡아 달라는 것이었다.

나는 학생들을 가르치기만 해서 경험도 없거니와 사전을 만드는 중대한 일을 맡아서 할 힘도 갖고 있지 않다며 완강히 거절했다.

그러자 외솔은 鄭 선생이 굳이 사양하면 사전을 만들지 못하는 수밖에 없다고 강력히 권유를 하면서 충분치는 못하나마 경비도 시

---

6 조선어학회에서는 한힌샘 주시경이 활동하던 '국어연구학회' 때부터 조선어사전 제작을 꿈꾸었다. 하지만 시대 상황은 캄캄하고 인적·물적 자원이 너무 빈약하여 실행 단계로 나아가지 못하고 있었다. 그러한 상황에서 조선어사전편찬회를 조직했다가 1936년 3월에 이르러 업무를 조선어학회로 통합했는데, 그 자세한 과정은 ⑨에서 다룬다.

작할 만큼 준비는 되어 있으니 꼭 맡아 주어야 된다고 졸라댔다.

하는 수 없이 공부해 가면서 만들어 보자고 우리말 사전을 착수한 것이 1936년 4월 1일이었다." -「국어 운동 50년」 1977.07.09.

건재의 국어 운동 제2기는 그렇게 시작되었다. 일이 그렇게 된 데에는 한결 김윤경과의 인연과, 건재가 학회에 보냈던, 아래의 물음 편지가 적잖은 요인으로 작용했을 것이다. 한결과의 인연은 앞의 2.3에서 확인한 바와 같은데, 한결은 건재가 연희전문 재학 중(1921~1924년)이던 조선어연구회 시절부터 중추 회원의 한 사람으로 활약했으니, 그런 인연으로 건재는 고창고보에 있으면서도 조선어학회와 연락을 취하였으며, 조선어학회 기관지 『한글』을 구독하고 있었다.

1934년 초에는, 전해에 공표한 「한글마춤법 통일안(1933)」에 관하여 12가지 물음(☞ ⑤의 2.2.1)을 담은 편지를 조선어학회로 보냈다. 그 물음에 대한 대답은 한결이 집필했으며, 그 내용들은 학회 기관지 『한글』 제2권 제1~3호(1934.04~06)에 실렸는데, 물음을 보면 그때에 이미 건재는 우리 말과 글에 관해 남다른 안목과 식견을 갖추고 있었음이 확인된다. 「통일안」이 발표되고 난 뒤에 『한글』에 철자법과 관련된 여러 사람의 물음이 실리지마는, 그와 같이 처음부터 끝까지 체계적으로 살핀 것은 처음이었다. 그러니 학회 임원들이 건재를 주목하고 믿었던 것이다.

건재가 주무를 맡게 됨으로써 조선어학회의 사전 편찬 작업은 본격적으로 시작되었으며, 건재 개인사로 볼 때에는 우리 말과 글을 위한 '본격적인 활동'을 시작한 셈이 되었다. 본인이 맡은 바가 민족사에 어떠한 의미를 지니는지를 명확히 인식했으며, 해 나가야 할 일이 무엇인지를 구체적으로 파악했던 것이다. 그러한 사실은 아래의 회고에서 엿볼 수 있다.

"나는 문화 민족으로서의 긍지를 살리고, 궁극적으로 우리 민족이 살아남기 위해서는, 우리 말과 글을 살려야 하고, 그러기 위해서는 사전의 편찬 사업이 무엇보다 시급하고 긴요하다는 것을 뼈아프게 느꼈다. 그것도 일본이 우리의 말과 글을 말살해 버리기 전에 이루어 내야 할, 무엇보다 급한 사업이라는 것을 느꼈다. 여기에서 나의 국어 운동을 위한 본격적인 활동이 시작되었다." -「국어 운동 50년」 1977.07.12.

4.2. **조선어사전 편찬에 매진**   건재는 1936년 4월 조선어학회에 사전편찬원으로 첫발을 들여놓은 때부터 『큰사전』으로 완간된 1957년까지, 조선어학회 수난를 비롯하여 8·15 광복과 6·25 전란을 거치는 동안에 줄곧 사전 편찬의 주무를 맡았다. 그동안 사전 편찬에 기울인 노력과 정성은 매우 크고 뚜렷하다. 본인도 평생의 업적 중에서 사전 편찬을 가장 큰 보람으로 여겼다.

사전 편찬 작업은 대체로 ① 어휘 수집, ② 조선어 철자법 통일, ③ 표준어 사정査定, ④ 외래어 표기법 제정, ⑤ 어휘 풀이, ⑥ 교열 및 편집의 차례로 진행되었다. 건재가 사전 편찬의 주무를 맡은 때에는, ①은 충분하지 않지만 일단 마무리한 단계였으며,[7] ②는 완성하여 발표하였고, ③과 ④는 진행 중이었다(☞ ⑨의 5~6). 건재

---

7 1930년부터 조선어사전 편찬회에서 수집해 놓은 카드와, 개인이 기증한 간략한 원고와, 1928년 총독부에서 만든 『조선어 사전』과, 1897년 영국인 선교사 게일이 만든 『한영 사전』에 수록된 것이 있었다(한글학회 1971. 12:267).

가 주로 해야 할 일은 ⑤와 ⑥이었다.

마침 진행 중이던 ③은 어휘 풀이와 직결되는 작업이었으니, 사전 편찬의 주무로서 최후 독회인 제3 독회(1936.07.30.~08.01.)에 수정 위원 열 가운데 한 사람으로 참여하였다. ②와 관련해서는, 1933년에 발표한 원안原案의 제정에만 관여하지 않았을 뿐, 그 후로는 줄곧 그 핵심적인 일을 맡았으니, 1937년에는 수정 위원 일곱 사람 가운데 한 사람으로 참여했고, 1940년에도 개정 기초起草 위원 세 사람 가운데 한 사람으로 참여하였다. 그런가 하면 이윤재의 뒤를 이어(☞ ⑤의 2.2.2) 1937년 9월치부터 『한글』의 「물음과 대답」 난을 맡아 1940년 1월치까지 모두 스물여섯 회의 대답을 집필하였다.[8]

건재는 그런 일에 참여하고 관여하면서, 어휘 풀이에 힘을 쏟으며 모자라는 어휘도 보충해 나갔다. 여러 조건이 불비한 속에서 일을 진행하려니 고심을 요하는 문제가 한둘이 아니었고, 건재는 그런 문제들을 앞장서 해결해야 했다. 편찬 과정에서 부딪히는 실제 문제의 처리 방안을 천착한 논문 「사전 편찬에 관한 전반적인 문제」(1936.08)(☞ 561쪽), 「표준어 查定사정과 한자어의 표준음」(1936.12), 「ㅓ/ㅣ/의 역행동화 문제-그 원리와 처리 방법-」(1937.01), 「모음 상대 법칙과 자음 가세 법칙」(1938.10) 등은 그러한 고심과 노력의 결과물이었다.

게다가 일본의 눈에 벗어나지 않으려니 속상한 일도 참아야 했고, 때로는 마음에 없는 짓도 해야 했다. 그러나 개인적인 자존심

---

8 8·15 광복 이후, 1946년 5월치에서 다시 계속하여 1963년 9월치까지, 열아홉 회의 대답을 더 집필한다.

은 생각하지 않기로 하고, 일본의 눈초리가 매서워질수록 일에 더욱 전심전력하였다.

"이러한 애로 속에서도 일을 해 오다 보면 시간 가는 줄도 모르고 밤인지 낮인지의 구별도 없었다. 우리가 이처럼 全心全力전심전력을 다해 일에 매달린 것은 사전 편찬을 위해 적지 않은 돈을 기부해 준 분들에게 3년 안에 사업을 마무리 짓겠다고 약속을 한 것도 있었지만, 일인들이 우리말을 말살시키는 방향으로 정책을 세워 이를 점차 노골화해 가고 있었기 때문이다. 어물어물하다가는 우리말 辭典사전은 영영 빛을 보지 못하고 말 형편이었다." -「국어 운동 50년」 1977.07.19.

이 같은 회고를 통하여, 당시의 편찬원들[9]이 어떤 마음으로 조선어 사전 편찬에 진력했던지를 넉넉히 헤아릴 수 있다.

책으로 발행하려면 조선총독부의 '출판 허가'를 받아야 했으므로, 밤낮으로 매진하여 1939년 말에는 우선 1/3 가량의 원고를 총독부에 제출하였고, 다음해 3월 13일 어렵게 출판 허가를 받아 내었다.[10] 한편으로 미진한 2/3에 대한 어휘 풀이에 박차를 더욱

---

9 건재가 편찬의 주무를 맡은 1936년 4월 당시의 전임專任 편찬원은 이극로·이윤재·이중화·정인승과 한징이었고(☞ 563쪽), 1937년 6월부터 1941년 4월 동안에 권승욱·권덕규·정태진을 차례로 증원하여 1942년까지 함께 일하였다.

10 당시의 상황을 『한글학회 50년사』(1971.12:272)에서는 이렇게 기록하였다 : "한편 원고 편성을 서둘러 총독부의 출판 허가를 받기 위하여, 관계 요로에 비상한 노력과 갖은 방법을 다하여 1939년 말에 우선 원고 작성이 완료된 일부분(전체의 약 3분 1 가량)을 총독부에 출원하여, 간신히 다음해 3월 13일에 본문 중의 많은 삭제와 정정을 조건으로 지시한 허가가 겨우 나오게 되었다."

가하였다. 그러나 애초에 약속한 3년을 넘기고 연장한 1년도 다 보낸 1940년 3월까지 원고 작성이 끝나지 않아 다시 사업이 중단될 위기에 놓였는데, 남저 이우식이 단독 지원을 약속함으로써 다행히 계속할 수 있었다(☞ ⑨의 6.2).

1942년 3월에는 출판 허가를 받은 원고를 대동인쇄소에 넘겨 조판하게 하였다. 9월에 이르러서는 어휘 풀이를 거의 마치었으며, 한편으로 인쇄소로부터 200여 쪽의 교정쇄를 받아 교정에 착수하였다.

4.3. **'조선어학회 수난'을 겪음** 사전의 출판을 향하여 한창 나아가고 있을 즈음, 사전편찬원의 일원인 석인 정태진 앞으로 멀리 함경남도 홍원경찰서에서 보낸 '증인 소환장'이 날아들었다. 석인은 조선어학회 사전편찬원으로 참여하기 직전까지 함흥의 영생여자고등보통학교에서 10년 남짓 교원으로 복무했었는데, 홍원은 그 이웃의 소도시였다. 석인은 영문도 모른 채 1942년 9월 5일 홍원경찰서에 출석하였다. 가서 보니, 홍원에 사는 어느 여학생의 일기에서 '반일' 행위로 볼 만한 문구를 발견하고 조사하는 중이었다. 그 학생은 영생여고보 4학년으로 석인의 수업도 받았으므로, 석인을 증인으로 부른 것이었다.

하지만 조사를 진행하면서 왜경은 석인을 영생여고보 학생들에게 반일 의식을 심어 준 '피의자'로 전환하고, '독립 운동의 하나로 조선어사전 편찬에 가담하고 있는' 쪽으로 몰아 나갔다. 개인의 혐의에서 조선어학회로 사안을 확대한 것이었다.

마침내 10월 1일, 왜경은 건재를 비롯하여 편찬원 전원과 조선어학회의 임원·회원·후원자 등, 11명을 한꺼번에 구속하여 갔다.

다음해 3월 6일까지 네 차례에 걸쳐 29명(정태진 포함)이 함경북도 홍원경찰서 유치장에 구금되었다. 그밖에 48명이 증인으로 불려가 신문을 받았다. 그때까지 작성한 조선어사전의 원고도 증거물로 압수되었다. 그로써 1945년 8월 15일, 광복이 올 때까지 약 3년 동안 사전 편찬은 말할 것도 없고 조선어학회의 모든 일이 중단되고 말았다. '조선어학회 수난'11이었다(☞ 6의 2.1).

왜경은 온갖 수법으로 악랄한 고문을 가하며, 조선어학회는 항일 투쟁 단체이며 조선어사전 편찬은 항일 투쟁의 수단이라는 억지 자백을 받아내려 했다. 많은 사람이 다 말할 수 없는 인격적 수모와 신체적 고문을 당하였다. 경찰은 악랄한 수법을 총동원하여 날조한, 피의자 33명의 신문 조서를 1943년 3월 중순 함흥검사국으로 넘겼다. 끌어다 붙인 죄목은 '「치안유지법」 위반'이었다.

사건을 넘겨받은 함흥검사국에서는 나름의 절차를 거쳐 1943년 9월 11일 16명을 '기소'하였다. 그로써 그 16명은 홍원경찰서 유치장을 떠나 함흥형무소로 옮겨졌고 미결수가 입는 푸른 옷을 입고 심판을 기다렸다. 그러는 가운데 1943년 12월 ~ 1944년 2월의 겨울, 건재와 함께 편찬 작업에 정진했던 한메 이윤재와 효창 한징은 쇠약해진 몸으로 주림과 추위를 더 이겨 내지 못하고 숨을 거두었다.

1944년 4~9월의 예심을 통하여 2명은 '면소' 처분으로 석방되고, 12명이 공판(정식 재판)에 회부되었다. 그 중에서 8명은 1945년 1월 16일까지 아홉 차례의 재판을 거치면서 차례로 풀려났다. 하

---

11 흔히 '조선어학회 사건'으로 일컬어 왔는데, 그것은 일본 중심의 색채가 짙으므로 이렇게 고쳤다.

지만 건재와 이극로·최현배·이희승은 독방에 그대로 있어야 했는데, 마침내 8·15 광복이 찾아왔고, 8월 17일 형무소에서 나와 18일 서울로 돌아왔다.[12]

4.4. 끝까지 『큰사전』 완간에 이바지함

건재는 서울로 돌아오자마자 지친 몸을 쉴 틈도 없이, 동지들과 함께 학회 일에 다시 매달렸다. 학회에서는 교과서를 편찬하고, 국어 교사를 양성하고, 각 분야의 낱말을 다듬고, 국어 강습회를 열었다. 그 여러 일 가운데서도 건재의 중심 업무는 사전 편찬이었다. 잃어버렸던 사전 원고를 찾아(☞ ⑥의 2.2) 전면적인 수정에 착수하였다.[13] 일제의 억압속에서, 급박한 상황에 쫓기면서 했던 일이라 불완전한 곳과 바로잡아야 할 곳이 많았기 때문이다. 그렇게 애쓴 결과 을유문화사를 통하여(☞ 567쪽) 1947년 한글날 드디어 『조선말 큰사전』 첫째 권 (ㄱ~깊)을 세상에 내놓게 되었다. 참으로 기다리고 기다리던, 피와 땀으로 이루어진 결정체였다.

이어서 둘째 권을 발행해야 하는데, 발행처인 을유문화사에서 발행에 필요한 물자를 조달하지 못하였다. 그렇게 되자 학회에서

---

12 후일 건재는 이 '조선어학회 수난' 때에 겪은 일이나 그와 관련하여 회고하는 글을 여러 차례 썼다. 「조선어학회 간부들의 옥중 8·15」(1973.11), 「민족사로 본 조선어학회 사건」(1982.03), 「이른바 '조선어학회 사건'을 되돌아본다」(1982.11/12) 등이 그것이며, 「옛 기억을 더듬어서」(1960.05), 「남기고 싶은 이야기들」(1972), 「국어 운동 50년」(1977), 「나의 국어 생활을 돌아봄」(1983.08) 등에도 그런 내용이 있다.

13 광복 직후에 사전 일을 한 사람은 지난날부터 정성을 쏟아 온 이중화·이극로·정인승(책임)·정태진·권승욱에다 김병제·한갑수를 더하여 7명이었다. 곧이어 정희준·유열·이강로를 보충했으니, 1948년 중반까지 대개 그런 진용으로 편찬과 간행 작업을 수행하였다.

미국의 록펠러재단과 접촉하여 45,000달러의 물자 원조를 이끌어 내었다. 『조선말 큰사전』 전질 20,000벌을 발행하는 데에 필요한, 엄청난 양이었다. 록펠러재단에서 보내 준 물자로 먼저 둘째 권(ㄴ~ㅁ)을 발행하였다. 첫째 권을 발행하고 거의 2년이 지난 1949년 5월이었다. 이어서 1950년 6월 1일 셋째 권(ㅂ~숑)을 발행하고, 6월 25일 즈음에는 넷째 권(수~잎)의 조판이 끝난 상황이었다. 바로 그때 6·25 전쟁이 터졌으니, 영등포 미곡米穀창고에 보관해 둔 원조 물자는 모두 없어지고 말았다.

하지만 전란 속에서도 사전 일을 중단하지 않았다. 가장 시급한 일이 6·25 직전에 조판만 끝내 놓은 넷째 권의 인쇄 교정이었다. 이사장(오늘날의 회장) 최현배는 정태진·류제한에게 그 일을 부탁하였다. 두 사람은 1952년 5월 20일 피란지 부산에서 서울로 올라와 조판소인 서울신문사 공장 안에 방 한 칸을 얻어 편찬실을 차렸다. 4달 반 만에 아쉬운 마음으로 인쇄 교정을 완료하고, 10월 28일 지형을 뜸으로써 일단 그 일을 마무리하였다(한글학회 1971.12:30~31).[14] 1953년 1월 7일에는, 건재가 피란해 있는 전주에 임시 사무소를 차렸다. 건재는 권승욱·류제한과 함께 다섯째 권(ㅈ~칭)과 여섯째 권(ㅋ~ㅣ)의 원고를 수정하여 5월 26일까지 대체로 끝을 내었다(한글학회 1971.12:278).

전란이 멈추자 다시 록펠러재단의 물자 원조를 받아 1956년 4월에 업무를 정상적으로 재개하였다. 그리하여 1957년 한글날 마치 가시밭길을 걷듯이 진행해 온 사전의 편찬 및 간행 사업을 일단

---

14 그 일을 끝낸 후, 1952년 11월 2일, 정태진은 교통 사고로 이승을 떠나고 말았다(☞ ⑥의 2.3).

완성하였다. 그때를 건재는 아래와 같이 회고하였다.

"그래서 1957년에 들어서 우리들은 오랫동안 절판되었던 1, 2, 3째 권들을 먼저 차례대로 다시 박아내고, 이어서 4, 5째 권들을 새로 조판하여 교정이 끝나는 대로 계속 박아낸 뒤에, 끝으로 그해 한글날인 10월 9일에 예정대로 마지막 부록까지 합치어 꼬리를 장식한 6째 권을 성공적으로 펴내어 『큰사전』 완질을 이룸으로써, 우리 민족 문화사상 하나의 획기적인 사업을 이룩하게 되었다. 이때의 감격이야말로 어찌 한 마디의 말과 글로 다 표현할 수 있겠는가.

실로 내가 당시의 조선어학회에 몸담아 사전 편찬의 일을 시작한 1936년 이래 21년 간의 인고에 따른 노력의 결정이었다." -「국어 운동 50년」 1977.09.15.

『큰사전』이 완간되었을 때에 한글학회 이사장 최현배는 "이러한 거친 세파 속에서 이 편찬 사무에 관여한 여러 사람들 가운데 천우의 건재(健在)로써 가장 오랫동안 중심적으로 각고 면려하여 오늘의 성과를 이룬 이는 정인승 님"(최현배 1957.10)이라고 건재의 공적을 크게 기리었다. 그런가 하면, 8·15 광복 직후에 건재를 모시고 사전 일을 했던 이강로는 건재를 우러러 "우리 나라 사전 편찬사(編纂史)의 길을 닦은 선구자요, 빛나는 업적을 남긴 거룩한 사전 편찬 학자"(이강로 1996.09:82)라고 하였다.

어휘 풀이와 교정의 과정에서 건재는 처음부터 끝까지 중추적인 위치에 있었다. 특히 참고할 자료가 많지 않던 그때에 건재의 언어 직관력과 판단력은 어휘 처리에서 하나의 중요한 기준이 되었다. 그것은 "편찬 업무에서 해결을 시도하려고 무진 애를 쓰다가 풀기 어려운 마디에 걸리면 모두 건재 선생께 그 해결 방법을 물으면 해결의 실마리는 어렵지 않게 얻을 수 있었다. 아무리 얽히고설킨 어려운 문제라도 그의 눈만 거치면 막힘없이 해결되었다."(이강로 1996.09:85)는 회고에서 확인할 수 있다.

건재는 사전 편찬에 요구되는 여러 특성을 고루 갖추었고, 그 특성을 편찬 업무에 남김없이 활용하였다. 건재의 수제자인 김승곤 (1996.09:17)은 건재의 그러한 능력의 원천에 관하여, 한문의 대가라는 점, 영어를 전공했기 때문에 영어 사전을 마음대로 읽을 수 있었다는 점, 일본어에도 능통하여 일본어 사전과 한·화 사전을 활용할 수 있었다는 점과, 우리의 민속·예법·역사·지리·천문학 등에도 많은 지식을 고루 갖추고 있었기 때문이라고 해석하였다.[15]

국어 운동 제2기야말로 건재의 평생을 통하여 가장 중심이 되는 시기임은 더 말할 나위가 없다. 건재는 온갖 난관에도 지조와 신념을 꺾지 않고, 가진 정성과 능력을 다 쏟아 한국어 큰사전의 첫길을 열었다.

5. 국어학 교수 시절의 노력

5.1. 우리 말글 교재 저술　1945년 8월 15일 일본이 항복하고 물러가자 조선어학회의 일은 산더미 같았다. 광복된 조국의 국민

---

15 『큰사전』 간행 후에 건재는 『큰사전』과 관련하여 「'다그다'와 '다가'가 『큰사전』에 어찌 실렸나」(1956.10), 「『큰사전』 편찬을 마치고」(1957.10), 「28년의 달팽이 걸음 — 사전 완성을 자축하며 —」(1957.10), 「『큰사전』 편찬 경과의 개략」(1957.10), 「『큰사전』 간행의 의의와 경로」(1957.12), 「『큰사전』 수정 편찬의 방향」(1969.01) 등의 글을 남겼다.

교육을 위하여, 각급 학교의 여러 교재를 편찬하고, 교사 양성 및 재교육 강습을 시행하고, 세종 중등국어교사 양성소를 설립하여 운영하였다. 곳곳에 개최하는 한글 강습에 강사를 파견하거나 추천하고, 각 분야의 용어를 심의하고, 국어 순화 운동과 한글전용 운동도 벌였다. 모두가 중요하고 시급한 일이었으니, 건재는 사전의 간행에 힘쓰면서 한편으로는 학회에서 벌이는, 그 여러 가지 일에도 힘을 보태었다.

학회에서 1945년 8월 25일 긴급 총회를 열어 '국어교본 편찬위원회'를 구성했는데, 건재는 한글 입문 교재의 책임 기초起草 위원으로 선출되어 장지영·윤재천과 함께 긴급히 『한글 첫걸음』을 기초하였다.[16] 그리고 1945년 9월 무렵부터는 조선어학회와 한글문화보급회에서 주최하는 각종 강습회에 강사로 참여했는데, 학회 기관지 『한글』의 소식란과 당시 일간신문의 지면에서 발견되는 기록을 모아 정리해 보면 아래와 같다. 실제로는 이보다 훨씬 많을 것이다.

1945년 11월(48살)의 건재.

○광복 직후 건재의 강습회 강의 활동
1945년 9월 11~24일에 진행된, 조선어학회 주최의 제1회 중등 국어 교사 양성 강습회에서 '외래어' 과목을 맡아 강의하다.

---

16 완성한 원고는 군정청 학무국(오늘날의 교육부)으로 넘겼다. 학무국에서는 1945년 11월, 50쪽짜리 책자로 간행하여 전국의 각급 학교에 무상으로 배부하였다.

1945년 10월 24일~11월 13일에 진행된, 조선어학회 주최의 제2회
　　중등 국어교사 양성 강습회에서 '성음론'과 '응용 연습' 과목을
　　맡아 강의하다.
1945년 11월 11~21일에 진행된, 서울시 학무과 주최의 초등교원
　　강습회에서 김윤경·김병제·이호성·이희승과 분담하여 강의
　　하다.
1946년 1월 9~18일에 진행된, 조선어학회 주최의 제3회 중등 국어교
　　사 양성 강습회에서 '문법론' 과목을 맡아 강의하다.
1948년 9월 16~27일에 진행된, 한글문화보급회 주최의 고등부 한글
　　지도자 양성 강습회에서 조선어학회 여러 직원과 분담하여 한
　　글맞춤법에 대하여 강의하다.
1948년 10월 10일~11월 21일에 진행된, 한글문화보급회 주최의 사
　　범부 일요 강습회에서 '말본 연구' 과목을 맡아 강의하다.
1948년 11월 27일~12월 2일에 진행된, 한글문화보급회 주최의 고등
　　부 한글지도자 양성 조선어학회 여러 직원과 분담하여 강의하
　　다.
1949년 1월 14일~2월 23일에 진행된, 조선어학회 주최의 사범부(국
　　어과) 지도자 양성 강습회에서 조선어학회 여러 직원과 분담하
　　여 강의하다.
1949년 8월 16~29일에 진행된, 한글전용촉진회와 조선어학회 공동
　　주최의 교원 강습회에서 '말본 연구' 과목을 맡아 강의하다.

　개인적으로는 중등학교[17] 학생을 위한, 국어과 보습補習 교재로
『한글 독본』을 엮었다. 1946년 3월 정음사에서 펴냈으니, '정인승'
이란 이름으로 간행한 최초의 저서였다. 이어서 유열과 함께 소책

---

17 광복 직후 한동안 중등학교의 공식 명칭은 '중학교'였고 수업 연한은 최대
　6년이었다. 1951년 9월에 오늘날과 같은 중학교와 고등학교로 분리·개편되
　었다.

자『한글 소리본』을 지어 1947년 8월 펴냈다. 우리말 발음 지도를
위한 교사용 교재였다. 이극로와 함께는 중등학교 저학년용 국어
과 부독본副讀本으로『중등 국어』7권[18]을 엮었으니, 1948년 2~5월
차례대로 간행되었다.

그리고 1949년 9월에는, 생애 최초로 지은 학교문법 교과서『표
준 중등말본』을 세상에 내놓았다. '문교부 인정'의 중등학교 국어
과 말본 교과서였다. 그 이후로 건재는 '표준'이라 이름한 여러
종류의 중등학교 교과서를 지었으니, 그것을 정리하여 올리면 아
래와 같다.

ㅇ건재가 지은 중등학교 교과서
〈말본 교과서〉
1949.09.『표준 중등말본』.[19] *「교수요목」시기의 중학교(6년제) 국어과
　　　말본 교과서.
1956.04.『표준 중등말본』.[20] *「제1차 교육과정」시기의 중학교(3년제)
　　　국어과 문법 교과서.
1956.04.『표준 고등말본』. *「제1차 교육과정」시기의 고등학교 및 사범
　　　학교 국어과 문법 교과서.

---

18 당시의 중등학교는 남학교와 여학교가 따로 있고 교과서도 달랐으니, 남학교
　1~4학년용과 여학교 1~3학년용, 모두 7권을 엮었다.
19 제7판(1955.03)부터 책 이름이『표준 우리말본』으로 바뀌었는데, 내용을
　고친 것은 거의 없었다.
20 이것은 3년제 중학교 교과서로, 1949년 9월 간행한『표준 중등말본』과 다르
　다. '6년제 중학교'가 중학교와 고등학교로 분리·개편되고, 1955년 8월 새로
　운 교육과정이 고시됨에 따라 1949년의『표준 중등말본』을 중학교용『표준
　중등말본』과 고등학교용『표준 고등말본』으로 고쳐 펴냈으며,『'표준중등말
　본' 교사용 지도서』(모두 30쪽)와『'표준고등말본' 교사용 지도서』(모두 74
　쪽)도 함께 지어 펴냈다.

1949년 9월 발행된 『표준 중등말
본』의 겉표지.

1968년 2월 발행된『인문계 고등학
교 표준 문법』의 겉표지.

1966.11. 『표준 중등[21]말본』. *「제2차 교육과정」시기의 중학교 국어과
　　　　문법 교과서.

1968.02. 『인문계 고등학교 표준 문법』. *「제2차 교육과정」시기의 고등
　　　　학교 국어과 문법 교과서.

〈현대문 교과서〉

1955.06. 『표준 문예독본』. 이병기·백철과 함께 엮음. *「제1차 교육과
　　　　정」시기의 고등학교 및 사범학교 국어과 현대문 교과서.

〈작문 교과서〉

1956.04. 『표준 고등글본』. 이병기·백철과 함께 엮음. *「제1차 교육과
　　　　정」시기의 고등학교 및 사범학교 국어과 작문 교과서.

1966.11. 『표준 고등글본』. 이병기·백철과 함께 엮음. *「제2차 교육과
　　　　정」시기의 고등학교 국어과 작문 교과서.

〈옛글 교과서〉

1956.04. 『표준 옛글』. 이병기와 함께 엮음. *「제1차 교육과정」시기의

---

21 여기 '중등'은 착오였던 듯하다. 1972년 판부터 '중학'으로 고쳤다.

고등학교 및 사범학교 국어과 고전 교과서.[22]

〈한자·한문 교과서〉

1967.01. 『표준 중학한자』. *「제2차 교육과정」 시기의 중학교 국어과 한
자·한문 교과서.

5.2. 대학 강의 및 말글 운동　　건재가 대학 강단에 선 것은 8·15
광복 이후부터이다. 1945년 11월 경성사범대학(오늘날의 서울대학
교 사범대)과 연희대학에서 국어 강좌를 맡은 것이 처음이었다.
6·25 전란으로 전주에서 피란살이를 하는 동안에는 명륜대학(오늘
날의 전북대), 중앙대학 이리분교, 원광대학 등에 출강했으며, 1952
년 4월부터 1954년 9월까지는 전북대학 교수로 재직하며 총장 직

건재의 강의 노트 「조선 문자사」의
첫 면. 전북대 재직 중이던 1952~53
년에 쓴 것으로 보인다.

1953년 8월 무렵, 건재가 강의 교재
로 만든 등사본 『용비어천가 강의』의
겉표지.

---

22 『'표준옛글' 교사용 지도서』도 함께 지어 펴냈다. 이병기와 함께 엮어 1955년
3월 펴낸 『표준 옛글』이 있는데, 그것은 이것과는 다른, 대학의 국어국문학
교재이다.

무도 대리하였다.[23] 그렇게 시작한 대학 강의를 88살이 되는 1984
년 8월까지 멈추지 않았으니, 건재가 대학 강단에 선 기간은 39년
이다. 이 동안이 건재의 국어 운동 제3기인데, 그 전반은 제2기의
후반과 겹친다.

교수 시절의 중요 활동은 물론 연구와 교수였다. 앞의 여러 대학
외에도, 전쟁이 멈추어 서울로 돌아와서는 중앙대에서 10년 가까
이 교수로 재직했으며, 홍익대, 연세대, 서울여대, 한국외대, 정치
대(오늘날의 건국대), 단국대, 명지대 등에서는 강사로 강단에 섰다.
건국대학에서는 1964년 3월부터 1971년 12월까지는 교수로서,
1972년 3월부터 이승을 떠나기 두 해 전인 1984년 8월까지는 대우
교수로서 강의에 임하였다.

건재는 늘 학생들과 함께하였고, 평소에는 과묵했지만 일단 강
단에 서면 열기가 등등하였다. 나이 들어서도 학문과 교육에 대한
열정은 식지 않았다. 60대 초반에 쓴 아래의 글발은 학문에 대한
겸허한 자세와 후속 세대에 거는 기대를 보여 준다.

"학생들의 수준은 해마다 높아 가는데 나의 수준은 그에 비례하지
못함이 한편 기쁜 동시에 한편 부끄럽고 두렵다. 그러나 나의 수준은
더 높아 가지 못할지라도 부디부디 학생들의 수준은 어서 더욱더욱
높아져서 우리 민족 문화를 국제적으로 빛내 주기를 기원하는 마음
간절할 뿐이다." -「옛 기억을 더듬어서」 1960.05 : 227.

교수 시절에도 언제나 민족과 나라를 사고와 행동의 중심에 두

---

23 그로부터 6년 남짓 지난 1961년 2월부터 제3대 총장으로 재직하다가 '60살
   정년 제도'가 시행되면서 9월에 중도 퇴직하였다.

었다. 한글만 쓰기와 우리말 가다듬기의 이론과 실천도 거기에 뿌리를 두고 있었다. 기회가 되는 대로 나라의 말글 정책에 관한 논설도 발표했으니, 중요한 것을 뽑아 올리면 아래와 같다.

ㅇ건재의 말글 정책 관련 논설
1947.05. 「국어 교육에 참고될 몇 가지」.
1949.01. 「조선어학회의 앞으로 할 일」.
1949.03. 「나라 글과 나라 힘」.
1949.10. 「국민이면 국문을 쓰라」.
1949.10. 「가로쓰기 문제 ┃ 말과 글의 일치」.
1950.03.04. 「한글과 삼일운동」.
1953.10.22. 「정음 제정의 정신」.
1958.10.20. 「한글날과 민족 문화」.
1962.10. 「우리말 우리글의 육성을 촉구함」.
1963.10. 「한글이 한국 근대화에 이바지한 공헌」.
1967.10. 「한글날을 맞이하여 다시 한글 전용을 주장한다」.
1967.10.07. 「한글날을 맞으며」.
1969.02. 「한글 전용의 본의」.
1969.05. 「한글 전용은 왜 해야 하나」.
1973.10.10. 「외국어 남용에 따른 우리말의 혼란」.

5.3. 노년에도 한글학회와 함께함　정부나 여러 단체에서 벌이는 말글 정책의 일에 '정인승'이란 성명이 빠지는 일이 없었다. 특히 한글학회의 임원(이사)으로서 학회의 여러 일에도 여전히 성심껏 참여하였다. 1958년에 펴낸 『중사전』, 1960년에 펴낸 『새한글 사전』을 편찬할 때에는 늘 앞자리에 섰으며, 또 1967년부터 착수한 '『큰사전』 보유 사업'[24]에 위원으로 조언하였다.

1979년에는 한글학회에서 「한글맞춤법 통일안(1958)」 조항을 현실에 맞게 가다듬었는데,[25] 그 과정에서도 건재는 수정 위원으로 이바지하였다.

또, 1963년부터 3년 남짓 『쉬운말 사전』 편찬원으로서 외래 어휘나 낡은 낱말을 쉽고 곱게 다듬는 작업에 참여하였으며, 또한 1981년부터 찬 2년 동안은 그 사전의 증보판을 준비하는 말다듬기 위원으로서 구순을 바라보는 노구에도 불구하고 매주 한 번씩 열리는 말다듬기 회의에 거의 빠짐없이 출석하여 의견을 개진하였다.

그런가 하면, 쉰살 이후부터 우리 말과 글을 지키고 다듬고 빛내기에 힘쓰다 먼저 이승을 떠난 선배와 동지들을 기리는 글들을 여럿 썼다.

ㅇ건재가 쓴 추모글 죽보기
1949.10. 「민족 문화와 이윤재 선생」.
1958.10. 「한국의 민족주의자 l 권덕규論論」.
1969.01. 「고 가람 이병기 박사의 인간과 문학」.
1969.02.06. 「한결 김윤경의 가심을 설워함」.
1971.01. 「외솔 최현배 영결식 조사」.
1971.03.24. 「외솔 가신 첫째 돌」.
1971.09. 「'한힌샘 주시경 특집'에 붙여」.
1973.12. 「한글 운동과 이윤재 선생」.
1974.03. 「剛介강개의 선비, 외솔 형」.

---

24 그 사업은 여러 곡절을 거쳐 1992년 1월 『우리말 큰사전』의 발행으로 열매를 맺었다.
25 한글학회는 그 결과를 1980년 8월 「한글맞춤법」으로 발표하였다. (그로부터 7년 반이 지난 1988년 1월 문교부에서 「한글맞춤법」을 고시한다.)

1974.03. 「외솔의 인간과 국어학 | 학자적 애국자·애국적 국어학자」.

1976.10. 「주시경 선생 나신 100돌을 기림」.

1977.03. 「국어 운동사에서 본 외솔」.

이밖에도 한글학회의 활동과 역사를 되돌아보거나 우리 말글살이를 점검하는 글들을 남겼다.

이승을 떠나기 1~2년 전, 생애의 마지막 투병 생활을 하던 동안에도 우리말에 대한 관심과 애정은 변함이 없었다. 병문안 온 제자나 친지를 만나면 "외래어에 밀려 사라져 가는 나라말을 걱정하였고, 찾는 이 없을 때에는 목을 고정시킨 채 책상에 앉아서 국어학 서적을 뒤졌"(조오현 1997.06:305)으며, "언젠가는 왜놈이 또 넘볼지 모르니 왜놈의 간교한 꾀에 속지 말라고 당부하였다."(조오현 1996.09:96).

6. 마무리

건재 정인승은 한평생 우리말과 함께 살았다. 중등학교 교원으로서, 사전 편찬자로서, 대학 교수로서, 우리말을 가르치고 가다듬고 연구하고, 우리 말글살이의 나아갈 길을 밝히는 일에 평생을 바쳤다. 특히 조선어학회 사전 편찬의 주무자主務者로서, 일제의 매서운 감시와 8·15 직후의 이념 갈등과 비극의 6·25 전란 속에서도, 선배·후배와 함께 사전의 편찬 및 간행에 매진하여, 마침내 우리 겨레의 역사에 『(조선말) 큰사전』이라는 금자탑을 완성하였다.

건재는 자신이 해 온 그러한 일들을 '애국'이라 일컬은 적이 없지만, 그가 우리말과 함께한 걸음 걸음은 투철한 나라 사랑의 행진이었다. 입으로만 외치거나 남에게 내세우는 애국이 아니라, 겸손한 마음으로 묵묵히 실천하는 애국이었다. 생각과 말과 행동, 곧 삶 그 자체가 나라 사랑이었다. 죽음을 눈앞에 둔 병석에서도 우리말을 걱정하고 일본을 경계하였다.

참고 문헌

1) 건재 정인승의 논저

정인승. 1936.08. 「사전 편찬에 관한 전반적인 문제」. 『한글』 제4-7호(통권 36) 1~7쪽. 조선어학회.

정인승. 1936.12. 「표준어 査定사정과 한자어의 표준음」. 『한글』 제4-11호 (통권 40) 1~3쪽. 조선어학회.

정인승. 1937.01. 「/ㅣ/의 역행동화 문제-그 원리와 처리 방법-」. 『한글』 제5-1호(통권 41) 1~7쪽. 조선어학회.

정인승. 1938.10. 「모음 상대 법칙과 자음 가세 법칙」. 『한글』 제6-9호(통권 60) 10~25쪽. 조선어학회.

정인승. 1946.03. (엮음.) 『한글 독본』. 정음사.

정인승. 1947.05. 「국어 교육에 참고될 몇 가지」. 『조선교육』 제1-2호 6~9쪽. 조선교육연구회.

정인승. 1947.08. (유열과 함께 지음.) 『한글 소리본』. 정음사.

정인승. 1948.02~03. (이극로와 함께 엮음.) 『중등 국어』 남자 제1~4학년 (네 권). 정음사.

정인승. 1948.02~05. (이극로와 함께 엮음.) 『중등 국어』 여자 제1~3학년 (세 권). 정음사.

정인승. 1949.01. 「조선어학회의 앞으로 할 일」.『民聲민성』제5-2호(통권 31) 27~28쪽. 고려문화사.

정인승. 1949.03. 「나라 글과 나라 힘」.『새교육』제2-2호(통권 5) 2~6쪽. 대한교육연합회.

정인승. 1949.09.『표준 중등말본』. 아문각雅文閣. 108쪽.[26]

정인승. 1949.10. 「시국 대책 특집 : '모름지기 한글을 쓰자 | 국민이면 국문을 쓰라」.『새한민보』〔旬刊순간 잡지〕제58호 22쪽. 새한민보사.

정인승. 1949.10. 「가로쓰기 문제 | 말과 글의 일치」.『신천지』제40호 164~166쪽. 서울신문사.

정인승. 1949.10. 「민족 문화와 이윤재 선생」.『民聲민성』제5-10호(통권 31) 65쪽. 고려문화사.

정인승. 1949.12. 「한글 운동 개략」.『한글』제14-2호(통권 108) 32~35쪽. 한글학회.

정인승. 1950.03.04. 「한글과 삼일운동」.『한성일보』제1068호 제2면.

정인승. 1952~53. 강의 노트「조선 문자사」. 48쪽. *영인 : 한말연구학회 (1997.05) 제7권 11~58쪽.

정인승. 1953.08. 강의 노트「용비어천가 講義강의」. 86쪽. *영인 : 한말연구 학회(1997.05) 제7권 59~144쪽.

정인승. 1953.08(?). 등사본謄寫本『용비어천가 講義강의』. 국어문학연구 회. 86쪽. *영인 : 한말연구학회(1997.05) 제7권 145~202쪽.

정인승. 1953.10.22. 「정음 제정의 정신」.『전북대학보』제6호. 전북대학 보사.

정인승. 1955.03. (이병기와 함께 엮음.)『표준 옛글』〔대학의 국어국문학 교재〕. 신구문화사.

정인승. 1955.06. (이병기·백철과 함께 엮음.)『표준 문예독본』. 신구문 화사.

---

26 제4판(1952.05)부터 발행처가 을유문화사로 바뀌었다. 또 제7판(1955.03)부 터 책 이름이『표준 우리말본』으로 바뀌었는데, 내용을 고친 것은 거의 없었다.

정인승. 1956.04. 『표준 고등말본』. 신구문화사.

정인승. 1956.04. 『표준 중등말본』. 신구문화사.

정인승. 1956.04. (이병기·백철과 함께 엮음.) 『표준 고등글본』(고등학교의 국어과 작문 교재). 신구문화사.

정인승. 1956.04. (이병기와 함께 엮음.) 『표준 옛글』(고등학교의 국어과 고전 교재). 신구문화사.

정인승. 1956.10. 「'다그다'와 '다가'가 『큰사전』에 어찌 실렸나」. 『한글』 제119호 35~39쪽. 한글학회.

정인승. 1956.12. 「한글학회 35년 약사」. 『한글』 제120호 14~20쪽. 한글학회.

정인승. 1957.10. 「『큰사전』 편찬을 마치고」. 『한글』 제122호 22~26쪽. 한글학회.

정인승. 1957.10.09. 「28년의 달팽이 걸음―사전 완성을 자축하며―」. 『동아일보』 제10780호 제4면.

정인승. 1957.10.21. 「『큰사전』 편찬 경과의 개략」. 『연희춘추』 제111호 제4면.

정인승. 1957.12. 「『큰사전』 간행의 의의와 경로」. 『文耕문경』 제5집 4~9쪽. 중앙대 문리과대학.

정인승. 1958.10. 「한국의 민족주의자ㅣ권덕규論론」. 『思潮』 제5호 79~83쪽. 사조사.

정인승. 1958.10.20. 「한글날과 민족문화」. 『政大』 제40호 제1면. 정대사.

정인승. 1960.05. 「옛 기억을 더듬어서」. 『思想界』 제8-5호(통권 82) 220~227쪽. 사상계사.

정인승. 1962.10. 「우리말 우리글의 육성을 촉구함」. 『해군』 제118호 42~47쪽. 해군본부.

정인승. 1963.10. 「한글이 한국 근대화에 이바지한 공헌」. 『공군』 제79호 84~90쪽. 공군본부.

정인승. 1966.11. 『표준 중등말본』. 대동당.

정인승. 1967.01. 『표준 중학한자』. 향학사.

정인승. 1967.10. 「한글날을 맞이하여 다시 한글 전용을 주장한다」. 『교육

자료』 제11-10호 31~34쪽. 교육자료사.

정인승. 1967.10.07. 「한글날을 맞으며─조국 근대화의 기본 자세─」. 『건대신문』 제275호 제2면. 건국대 건대신문사.

정인승. 1968.02. 『인문계 고등학교 표준 문법』. 계몽사.

정인승. 1969.01. 「고 가람 이병기 박사의 인간과 문학─시조와 술과 해학 속에─」. 『신동아』 제53호 184~187쪽. 동아일보사.

정인승. 1969.01. 「『큰사전』 수정 편찬의 방향」. 『햇불』 제1호 44~45쪽. 한국일보사.

정인승. 1969.02. 「한글 전용의 본의」. 『건대 학보』 제22호 38~40쪽. 건대신문사 학보부.

정인승. 1969.02.06. 「한결 김윤경의 가심을 설워함」. 『조선일보』 제14710호 제5면.

정인승. 1969.03. 「3·1 당시의 일화 조각」. 『지방행정』 제18-3호 102~103쪽. 대한지방행정협회.

정인승. 1969.05. 「한글 전용은 왜 해야 하나」. 『배문』 제3호. 서울 배문중·고등학교.

정인승. 1971.01. 「외솔 최현배 영결식 조사」. 『나라사랑』 제1집 322~323쪽. 외솔회.

정인승. 1971.03.24. 「외솔 가신 첫째 돌」. 『조선일보』 제15368호 제5면.

정인승. 1971.09. 「한힌샘 주시경 특집에 붙여」. 『나라사랑』 제4집 12~14쪽. 외솔회.

정인승. 1972.11.22.~12.20. 「남기고 싶은 이야기들 ㉙」(25회 연재). 『중앙일보』 제2223~2247호 제5면.

정인승. 1973.10.10. 「외국어 남용에 따른 우리말의 혼란」. 『건대신문』 제423호 제3면. 건대신문사.

정인승. 1973.11. 「조선어학회 간부들의 獄中옥중 8·15」. 『문학사상』 제14호 256~257쪽. 문학사상사.

정인승. 1973.12. 「한글 운동과 이윤재 선생」. 『나라사랑』 제13집 19~29쪽. 외솔회.

정인승. 1974.03. 「剛介강개의 선비, 외솔 형」. 『신동아』 제115호 242~245
쪽. 동아일보사.

정인승. 1974.03. 「외솔 선생의 인간과 국어학│학자적 애국자·애국적 국어
학자」. 『나라사랑』 제14집 280~283쪽. 외솔회.

정인승. 1976.10. 「주시경 선생 나신 100돌을 기림」. 『한글 새소식』 제51호
1쪽. 한글학회.

정인승. 1977.03. 「국어 운동사에서 본 외솔」. 『나라사랑』 제26집 53~56쪽.
외솔회.

정인승. 1977.06.11.~09.29. 「국어 운동 50년」(37회 연재). 『전북신문』
제1242~1333호 제5면.

정인승. 1979.03.26. 「3·1 운동과 나 ⑮」. 『동아일보』 제17685호 제3면.

정인승. 1982.03. 「민족사로 본 조선어학회 사건」. 『나라사랑』 제42집
14~21쪽. 외솔회.

정인승. 1982.11/12. 「이른바 '조선어학회 사건'을 되돌아본다」(2회 연재).
『한글 새소식』 제123호 10~11쪽 / 제124호 6~7쪽. 한글학회.

정인승. 1983.08. 「나의 국어 생활을 돌아봄」. 『나의 걸어온 길─학술원
원로회원 회고록─』 129~138쪽. 대한민국 학술원.

정인승. 1983.10. 「내 나이 여든일곱에」〔대담 내용을 중심으로 기자가 정리한
글〕. 『건대 학보』 제36호 64~73쪽. 건대신문사 학보편집부.

2) 참고 논저 및 자료

경향신문. 1949.08.06. 「국어과 교육과 강습」. 『경향신문』 제895호 제2면.

김계곤. 1993.01. 「조선어학회 수난의 전말」. 『얼음장 밑에서도 물은
흘러』 9~19쪽. 한글학회.

김승곤. 1986.08. 「건재 정인승 스승님의 인품과 학문」. 『한글 새소식』
제168호 10~12쪽. 한글학회.

김승곤. 1996.09. 「건재 정인승 선생의 생애와 학문」. 『새 국어생활』
제6-3호 3~19쪽. 국어연구원.

동아일보. 1982.08.28. 「國恥日국치일을 맞아 정인승 옹에게 듣는다」〔대담

녹취록). 『동아일보』 제18739호 제3면.

리의도. 1981.10. 「조선어학회 사건의 줄거리」. 『한글 새소식』 제122호 16~17쪽. 한글학회.

리의도. 1997.06. 「정인승 선생의 『한글 강화』에 대하여」. 『한말 연구』 제3호 245~272쪽. 한말연구학회.

이강로. 1996.09. 「건재 선생이 사전 편찬에 남긴 이야기」. 『새 국어생활』 제6-3호 78~85쪽. 국어연구원.

조선어학회. 1933.10. 『한글마춤법(조선어철자법) 통일안』 첫판(原案). 조선어학회.

조선어학회. 1934.04~06. 「물음과 대답」. 『한글』 제2-1호(통권 11) 14쪽 / 제2-2호 15쪽 / 제2-3호 15쪽. 조선어학회.

조선어학회. 1936.02. 「조선어사전편찬회 취지서」. 『한글』 제4-2호(통권 31) 7~8쪽. 조선어학회.

조선어학회. 1936.10. 『査定사정한 조선어 표준말 모음』. 조선어학회.

조선어학회. 1937.05. 『한글마춤법(조선어철자법) 통일안』 고친판. 조선어학회.

조선어학회. 1940.10. 『한글맞춤법(조선어철자법) 통일안』 새판. 조선어학회.

조선어학회. 1941.01. 『외래어 표기법 통일안』. 조선어학회.

조선어학회. 1945.11. 『한글 첫걸음』. 군정청 학무국.

조선어학회. 1946.04. 「한글 신문」. 『한글』 제11-1호(통권 94) 69~70쪽. 조선어학회.

조오현. 1996.09. 「나의 스승 건재 정인승 박사님」. 『새 국어생활』 제6-3호 86~99쪽. 국어연구원.

조오현. 1997.06. 「건재 정인승 선생의 생애와 사상」. 『한말 연구』 제3호 29~308쪽. 한말연구학회.

최현배. 1957.10. 「『큰사전』의 완성을 보고서」. 『큰사전 6』 끝. 한글학회.

한갑수. 1986.08. 「건재 선생 영결식 조사」. 『한글 새소식』 제168호 7쪽. 한글학회.

한글학회. 1971.12. 『한글학회 50년사』. 한글학회.

한글학회. 1986.06. 「건재 정인승 선생의 해적이」. 『한글』 제191호 7~14
　　쪽. 한글학회.

이 글 ④는 '건재 정인승 선생 나신 100돌 기념'으로 간행한 『나라사랑』 제95호(1997.09)에
실린 「건재 정인승 선생의 애국 운동」을 가다듬은 것이다. 글의 제목을 이 책에 맞추어
바꾸고 내용을 거기에 맞게끔 조정하고 보충했는데, 특히 제5장(국어학 교수 시절의 노력)의
내용을 넉넉히 더하였다.

건재 정인승의 저서 『한글 강화』

"'안'과 '앉'과의 소리(발음)가 단순한 소리만으로는 같을지라도, 보는 이의 눈에 비치는 형태의 차이에 있어서 소리로 나타내지 못하는 그 뜻이 번개같이 지나가는 눈결에서도 능히 붙잡을 수 있는 것이니, 표음에 가장 우수한 우리 한글이 시각으로 표의까지 겸할 수 있음이 우리 글의 이상적 장점이라 할 것이지, 어찌 모순이라 할 것입니까?" (1949.07)

1. 머리말

『한글 강화講話』는 건재 정인승이 남긴 저서 가운데 하나이다. 우리 말과 글에 관한, 일반인의 물음들에 대하여 건재가 대답한 내용을 엮은 것으로, 온전한 이름은 『의문·해설 한글 강화』이며, 1960년 7월 신구문화사에서 간행하였다. 이러한 사실만으로 접근하면 이 책은 흔히 접할 수 있는, 우리 말글이나 그 규범에 관한 해설서의 하나로 보아 넘길 수도 있다.

하지만 이 책은 그런 부류에 속하는 여느 책들과는 다르다. 지은이가 머리말에서도 밝혔듯이, 단순한 개인 저서가 아니라 조선어학회 및 그 학회의 기관지『한글』과 깊이 관련되어 있다는 점에서 그러하다. 조선어학회는 그 초창기부터 우리 겨레에게 가장 신뢰성 있는 말글 연구 단체였으며, 우리 겨레의 암흑기에 말글 규범을 제정했을 뿐만 아니라 그것을 보급하고 정착시키는 데에 뚜렷한 자취를 남겼다. 그 당시 『한글』은 그 같은 일련의 활동과 내용을 대중에게 전달하는 유일한 인쇄 매체였다. 그러한 점들을 생각할 때에 이 책에 관하여 좀더 소상히 알아볼 필요가 있다.

이와 같은 인식에 터하여 『한글 강화』의 역사적 가치와 그 내용을 살펴보기로 한다. 이해를 넓히기 위하여 먼저 조선어학회[1]의 활동과 『한글』에 관하여 살펴본 다음에 『한글 강화』로 나아가고자 한다.

---

1 '조선어학회'는 1931년 1월부터 쓰기 시작한 이름인데 1949년 10월 다시 '한글학회'로 바꾸어 오늘에 이르고 있다. 이 글에서는 '조선어학회'와 '한글학회'를 구분하여 사용하기로 하는데, 다만 두 시기에 걸치는 맥락에서는 '한글학회'라 하기로 한다.

2. 『한글 강화』의 출판 과정 및 구성

2.1. 조선어학회~한글학회와 『한글』

2.1.1. 『한글 강화』와 잡지 『한글』의 관계   『한글 강화』의 첫머리에는 「판을 고치면서」라는 제목으로 건재 정인승이 직접 밝혀 둔 말이 있다. 그 온글을 올리면 아래와 같다.

○『한글 강화』의 「판을 고치면서」

"이 책의 처음 이름은 『한글 문답』이란 것이었었다. 내가 일찍이 한글학회의 『큰사전』 편찬의 실무를 책임 맡은 4269년 4월 이후, 한편으로 월간지 『한글』의 편집을 주간하는 가운데 여러 독자들로부터 각종 질의를 해답하여 오기 15년째 되던 4283년 봄에 동지들의 요청으로 그 해답을 추려 모아서 『한글 문답』이란 이름으로 엮어낸 바 있었으나, 뒤이어 6·25 동란, 한글 파동 들에 따른 학회 사업 관계 및 개인의 여러 가지 사정으로 이것을 다시 다듬거나 보태거나 해 볼 생각의 여유가 없었다.

그 동안에도 독자들로부터의 여러 가지 새로운 질의가 있을 때마다 간단한 사신으로 회답해 보내고는 잊어버리고 말곤 하였다. 그러던 가운데 우연히 신구문화사에서, 현하 급속도로 늘어 가는 한글 실용에 대한 정확·광범한 지식을 요구하는 사회 실정에 수용하고자 하는 뜻으로 『한글 문답』의 재판 발행을 요구하면서, 구판 발행 이후의 새로운 문답들을 보충하는 동시에 전면적인 체제를 수정해 주기를 요청하여 왔다. 그리함이 나의 뜻했던 바가 아니로되, 누차의 요청하는 고마운 성의를 굳이 사절할 것까지는 없다 싶기에, 그 요청에 의하여 구판에 없던 새로운 질의의 해답들을 대강 찾아 보태는 동시에, 일체의 해설을 오늘날의 실용에 맞도록 많은 수정을 가하고, 재료 배열의 순서를 구판의 연대순에 따르지 않고, 찾아보기의 편의를 위하여 질의의 내용을 따라 유취·분류하고, 각각 ㄱㄴㄷ순으로 배열하였으며, 책 이름도 새로 고치었다.

　그러나, 총총히 다듬느라고 소략한 점이 많을 줄 아오니, 보시는 분들께서 많이 지적해 주시기를 삼가 바라는 바이다." - 『한글 강화』 1960.07 : 5~6.

이 글의 앞 부분에서 우리는 『한글 강화』와 관련하여 몇 가지 사실을 쉽게 확인하게 된다. 첫째, 이 책 이전에 내용이 아주 비슷한 책으로 『한글 문답』이 먼저 나왔으며, 둘째, 두 책은 한글학회와 뗄 수 없는 관계를 맺고 있으며, 셋째, 두 책은 계획하여 저술한 것이 아니라는 사실이다. 중요한 것은, 지은이가 처음부터 계획을 세워 저술한 것이 아니라 학회의 정기 간행물 『한글』을 통하여 독자들의 물음에 답한 것을 정리했다는 점이다.

　그러니 한글학회에서 펴낸 잡지 『한글』은 『한글 문답』과 『한글 강화』의 텃밭이며, 『한글 강화』는 그 텃밭에서 25년을 넘게 자란 후에 딴그루로 분리·독립된 셈이다. 그러므로 『한글 강화』에 들어 가기에 앞서 조선어학회의 활동과 잡지 『한글』에 대하여 살펴보기 로 한다.

　2.1.2. **조선어학회의 말글 규범 마련**　조선어연구회는 1931년 1월 정기 총회에서 이름을 '조선어학회'로 바꾸었다. 다음해 1월의 조선어학회 정기 총회에서는 규칙을 전면 개정했는데, 그 제2항에 서 "조선 어문의 연구와 통일을 목적함."이라고 규정하였다. 학회 의 목적으로 '연구'와 '통일'을 병렬한 것이다. 그 목적을 달성하기 위하여 조선어학회는 갖가지 사업을 설정하고 펼쳤는데, 그것은

크게 '연구'와 '보급·계몽'으로 나누어진다. 학회를 표방하면서 '보급·계몽'을 중요 사업으로 설정하고 수행한 것은 학회의 본궤를 벗어난 것으로 비칠 수도 있다. 그러나 한글학회의 경우는 이 문제를 그처럼 치부해 버릴 수 없는 연유가 있으니, 그것은 크게 두 가지이다.

첫째는, 한글학회의 태생적 의지이다. 회장 허웅은 『한글학회 50년사』(1971.12)의 머리말에서 "한글학회의 창립 정신은 단순한 학문만을 위한 것이 아니라, 민족 정신을 파괴하려는 침략자의 마수에서 민족을 지키려는 데에 근본적인 목적이 있었다."고 하였다. 그 말에 잘 드러난 바와 같이, 한글학회는 국권이 스러져 가는 시대 상황을 극복하기 위한 현실적인 방편으로 결성한 학회이다. 학문 연구는 그 목적을 이루기 위한 방편이요 과정이었다. 우리의 국권을 아주 빼앗긴 뒤에도, 겨레 정신은 겨레말에 깃들어 있다는 신념으로 겨레의 정신만은 지켜야겠다는 의지를 가진 이들이 한글학회에 모였으며, 그들은 말과 글을 통하여 겨레를 일깨우는 활동을 꾸준히 펼쳤다. 그와 같은 신념과 의지는 오늘날까지도 한글학회를 지탱하고 움직이는 원동력이 되고 있다.

둘째는, 한글학회는 '말'과 '글'을 연구하는 학회라는 점이다. 한 공동체의 말과 글은 특정한 사람에게만 소용되는 것이 아니라 그 구성원 모두가 날마다 공기처럼 사용하는 매체이다. 그러니 공동체의 말과 글을 통일하고 발전시키기 위하여 좋은 방안을 연구하여 내놓더라도, 그것이 구성원의 나날살이에 실현되지 않으면 보람과 쓸모가 반감된다. 그러니 한겨레 말글의 연구와 통일을 목적으로 하는 조선어학회로서 보급·계몽을 중요한 사업으로 설정하고 실행하는 것은 당연한 선택이었다. 더구나 1930년대 초엽까지도 한겨레의 말글 규범이 없거나 통일되어 있지 않았으니, 말글 규범의 마련과 통일은 매우 절실하고 시급한 문제였다. 겨레 정신을 지키려면 먼저 그 정신을 하나로 모아야 하는데, 말글의 통일이 정신을 하나로 모으는 바탕이요 지름길이기 때문이다.

요컨대, 조선어학회의 통일 사업과 보급·계몽 활동은 한겨레의 현대사에서 특별한 의의를 지닌다. 국권을 잃고 앞날이 캄캄하던 왜정 치하에서 한겨레 말글살이의 표준화와 발전을 위하여 갖가지 사업을 펼쳤다. 조선어의 한글 표기법을 제정하고, 외래어 표기법과 로마자 표기법을 제정하고, 표준어를 사정査定하고, 겨레말 사전의 모종을 심어 마침내 『(조선말) 큰사전』이라는 열매를 맺게 하였다(☞ ⑨의 3~6). 그 결과의 하나하나는 모두 한겨레의 말글살이의 중요한 규범으로 정착하거나 작용하게 되었으니, 그러한 작업의 역사적 의의는 이루 다 말할 수 없다.

2.1.3. **말글 규범의 보급과 『한글』**   조선어학회~한글학회에서 펼친 말글의 보급과 계몽 사업은, 그 방법을 기준으로 몇 가지로 나누어 볼 수가 있는데, 인쇄 매체를 통한 것, 강습회나 연수회를 통한 것, 방송 매체를 통한 것, 통신을 통한 것이 그것이다. 예나 이제나 이런 방법들은 모두 이용되고 있다.

그 가운데서 계몽 및 보급 운동은 조선어학회 시절부터 인쇄 매체를 통한 것이 가장 활발하였다. 그것은 주로 정기 간행물을 통하여 이루어져 왔으니, 1927년 7월 창간된 동인지 『한글』이 그 처음이다.[2] 그러나 그것은 제9호(1928.10)로 끊어지고 말았다. 그

---

2 동인지 『한글』 창간호에서 "본지는 조선 言文언문에 관한 科學的과학적 硏究연구

러다가 인쇄 매체를 통한 말글 계몽 활동은 기관지『한글』의 창간과 함께 본격화한다.[3] 기관지『한글』은 1932년 5월 창간했는데, 그 목적을 "우리는 이제 시대의 요구에 맞추며, 본회의 사명을 다하고자 하여 이『한글』잡지를 내게 된다. 이로써 우리 한글의 정리와 통일이 완성되는 지경에 이를 것을 믿는다."(이윤재 1932.05:3)고 밝히었다. 한글의 정리와 통일이 조선어연구회의 사명이며, 그 사명을 다하기 위한 방편으로『한글』을 창간한다고 선언한 것이다. 그 후로『한글』은 그 사명을 다하기 위하여 끊임없이 노력하였다.

『한글』은 시대 상황에 따라 그 성격이 많이 바뀌어 왔다. 때로는 말글 종합지의 성격을 띠기도 하였고, 때론 한글맞춤법이나 말글살이의 본보기를 보급하는 계몽지의 성격을 띠기도 하였다. 「한글마춤법 통일안(1933)」을 제정하여 발표한 후로는 이를 보급하는 일에 전념하기도 했고, 조선어사전 편찬 과정에서는 어휘 수집의 중요한 매체가 되기도 하였다. 그러나 어느 때에도 우리의 말글 규범을 보급하고 말글살이를 통일하려는 의지와 활동은 한결같았다.

『한글』의 이러한 활동은『(조선말) 큰사전』이 완간되기까지, 대체로 제122호(1957.10)까지 그대로 계속되다가, 우리 사회가 안정

와 實際실제 問題문제를 해결하기 위하야 出生출생된 조선 유일의 조선 言文 연구 잡지올시다."(65쪽)라고 선언하였다.

3 잡지『한글』에는 두 가지가 있다. 그 하나가 위의 것이니, 조선어연구회 회원 다섯이 동인이 되어 발행했으므로 '동인지 한글'이라 한다. 또 하나는 1932년 5월 1일 조선어학회에서 기관지로 창간한 것이니, 오늘날까지 이어져 오는 것은 이것이다. 그러므로 대개『한글』이라 하면 이것을 말하는데, '동인지 한글'과 굳이 구분하고자 할 때에는 '기관지 한글' 또는 '학회지 한글'이라 한다.

되고 다른 인쇄 매체들이 생겨남에 따라 점차로 논문집의 성격을 띠어 가게 되었다. 이와 함께 한글학회에서는 계몽·보급 활동의 새로운 인쇄 매체로, 1972년 9월에 월간『한글 새소식』을 창간하였다. 우리 사회의 말글살이가 크게 나아지지 않는 것을 그냥 보아 넘길 수 없다는 판단이 작용했던 때문이다.

2.2. 조선어학회~한글학회와 건재 정인승

2.2.1. 조선어학회의 말글 규범과 건재
건재 정인승이 우리말에 관하여 구체적인 관심과 사랑을 가지게 된 것은 연희전문학교에 입학하면서부터였다(김승곤 1996.09:4). 수사학 담당 교수이던 정인보와, 같은 학부 3년 선배이던 한결 김윤경의 영향이 컸다. 특히, 한결로부터 그의 옛 스승인 한힌샘 주시경의 우리말본 학설을 얻어들으면서 우리말에 대하여 적잖은 지적 호기심을 자극 받았다.

건재는 첫 직장인 전라북도 고창고보의 교사[4] 때부터『한글』을 구독했는데, 「한글마춤법 통일안(1933)」을 접하고는『한글』편집부에 물음 편지를 내었다. 건재의 나이 37살이던 때였다. 그 물음은 12개였는데, 물음과 대답의 분량이 많아서 한 번에 싣지 못하고 세 번으로 나누어 실었다. 그 물음의 내용은 아래와 같았다.

(1) 제6항의 'ㄷ으로만 나는 받침'과 관련하여 : 어찌씨(副詞)인 '곳

---

4 고창고보에 교사로 근무한 것은 1925년 4월 1일부터이다. 이 학교에서 근무한 동안이 모두 10년 남짓 되는데, 일제가 '조선어' 과목을 교과과정에서 빼버린 뒤에도 건재는 이에 개의하지 아니하고 여전히 조선어 시간을 설정해 놓고 심혈을 기울여 가르쳤다(☞ ④의 3.2).

(卽)', '밋(及)' 들이 여기에 의지한 듯한데, '곧', '및' 들로 써도 좋습니까? '부록 2. 문장 부호'의 제11항 아래에 '곧'으로 썼으니, 무슨 이유로 인함인지요?

(2) 제6항의 예 '빗나다'는 光輝광휘의 뜻인지, 橫出횡출의 뜻인지? 만일 光輝의 뜻이면, 제28항의 예 '맞먹다', '받내다' 들과 같이 '빛나다'로 하지 아니함은 무슨 이유인지요?

(3) 제10항의 'ㄴ 위에서' 줄어지는 말과 관련하여 : '알(知)'은 '알은 척', '알은곳'의 경우는 ㄹ이 줄지 아니하는데, 이런 때는 변칙의 예외로 볼는지요? 아주 어원을 떠나서 '아른척', '아른곳'으로 쓰는지요?

(4) 제10항의 부기(附記)에 있는 '하야'와 관련하여 : 가령 '하여 보다', '하여 두다', '하여 오다' 들의 경우는 甲의 예에 의지하여 '야'로 쓰는지, 乙에 의지하여 '야'가 부정될는지?

(5) 제18항의 예에 '받치다(支)'라고 하였고, 제26항 예에 '바치다(納)'라고 하였고, 제30항 아래에 '받치고'란 말이 쓰였고, 제12항에는 "어간에 '-음'이 붙어서 명사로 전성할 적에는 그 어간의 원형을 변하지 아니한다."고 하였는데, '받치-'에 '-음'이 붙은 것을 어찌 '받침'으로 아니 쓰는지요? 또 '마춤법'도 제19항 '맞후다'와 제12항 '원형 불변'에 의지하여 '맞훔법'으로 써야 할 듯한데요? 만일 이들을 제12항에 의지하여 소리대로만 쓴다면 '속임수', '움즉임' 들도 '소김수', '움지김'으로 써야 할는지요?

(6) 제11항의 예 중에서 ㄳ 받침의 '섥(결)', ㄺ 받침의 '옰(代價)'은 말을 잘 모르겠으니, 실제 용례를 두어 말씩 보여 주시오.

(7) '그때문에', '하기때문이다', '그까닭에', '그의까닭에', '하기까닭에', '하는까닭으로', '그것', '그의것', '그런것', …, 이 따위를 어떻게 띄어 씁니까?

(8) 제18항의 '받치다(支)', '뻗치다' 들이 제19항의 '잦히다', '낮히다'의 예나, 제9항의 '닫히다', '묻히다'의 예에 속하지 않는 이유가 무엇입니까? '앉히다'의 예와는 어떻게 다르며, 또 '다치다(觸接)'

도 '놓치다'와 같이 '닿치다'로 쓸까요?

(9) 제26항의 첫머리에 나오는 '用語용어'는 '用言용언'과 같은 뜻으로 쓴 것입니까? 혹 오식된 것입니까?

(10) 제26의 '이루다'와 관련하여 : '밭을 기간(起墾)하는' 뜻으로 쓸 때에는 '일우다'로 쓸까요? '일우다'로 쓰면 제27항 및 제13항에 모순되고, '이루다'로 쓰면 제9항에 모순될 듯한데요? 또 '일으키 -', '돌이키-' 들도 '이르키-', '도리키-' 들로 못 쓸까요?

(11) '받내다'가 무슨 품사의 합성인지요? 뜻은 무엇인지요?

(12) : 및 ; 를 종서(縱書) 때에 찍는 실례를 보여 주시오. 「 」 및 『 』는 종서 때를 표준한 것입니까? 종서와 횡서에 다 이 형상대로 놓게 마련입니까?　　　　　　　　　-조선어학회 1934.04~06.

위의 물음을 언뜻 보더라도, 건재는 이 때에 이미 우리 말과 글에 관하여 남다른 안목과 식견이 있었음이 드러난다. 「통일안」이 발표되고 난 뒤에 그와 관련된 여러 사람들의 물음이 『한글』에 실렸지마는, 이와 같이 처음부터 끝까지 조직적으로 살핀 것은 없었다. 그 바탕에는 우리 말글에 대한 뜨거운 사랑과 관심이 있었음은 더 말할 나위가 없다.

1935년 8월 31일, 건재는 고창고보 교사 직을 그만두었다. 일제의 감시와 간섭이 나날이 심해지는 상황에서 더는 민족 교육을 계속할 수 없다고 판단한 것이었다. 교직을 그만둔 후에 곧바로 북행하여 경성의 변두리, 경기도 고양군 숭인면 돈암리(오늘날의 서울 성북구 돈암동)에 터를 잡고 자그마한 산양 목장을 경영하며 휴양하였다. 그러는 중에 조선어학회로부터 사전 편찬 일을 맡아 달라는 청을 받았으며, 그 청을 거절하지 못하고 조선어학회 직원으로서 조선어사전 편찬의 주무主務를 맡게 되었다. 그의 나이 39

살이던 1936년 4월 1일의 일이었다.

이때부터 건재는 평생을 한글학회의 직원(과 회원)으로서 겨레 말글과 더불어 살게 된다. 특히 「통일안」이나 사전 편찬과 관련해서는 늘 중심의 일원으로 참여하였다. 「통일안」과 관련해서는, 1933년에 발표한 원안原案(첫판)의 제정에만 관여하지 않았을 뿐, 그 뒤로는 줄곧 핵심적인 일을 맡았으니, 1937년 '고친판'의 수정 위원으로5 참여했고, 1940년 '새판'의 개정 기초起草 위원으로6 참여하였다.7 그 외에 1940년 6월 발표한 「외래어표기법 통일안」 제정에도 이바지하였다. 광복 직후에는 조선어학회에서 주최한 각종 강습회의 강사로도 참여하였다.

그리고 조선어사전 편찬의 주무자로서 1936년 한글날(10월 28일) 발표한 '조선어 표준말 모음'을 확정하는 과정에서도 마지막 독회인 제3 독회(1936.07.30.~08.01.)의 수정 위원 열 사람 가운데 한 사람으로 참여하였다. 한편으로는, 사전 편찬과 관련된 논문 「사전 편찬에 관한 전반적인 문제」, 「표준어 사정과 한자어의 표준

---

5 고친판(1937)의 머리말 「改版개판에 대하여」에 이러한 구절이 있다 : "지난 10월 28일(한글 기념일)에 조선어 표준말이 發布발포되자, 이어서 본회에서는 11월 28일에 열린 임시 총회 및 本案본안 제정 위원 임시 회의의 연합 決議결의로, 본안 수정 위원 일곱 사람(김윤경, 이윤재, 이희승, 정인승, 최현배 외 두 분)을 뽑아 이 통일안의 용어와 語例어례를 전부 수정 정리하기로 되었다."

6 새판(1940)의 머리말 「원안 일부 개정에 대하여」에 이러한 구절이 있다 : "일찍부터 本案본안 제정 위원 일부와 본회 간부 전원 및 사전편찬 위원 전원 사이에 屢次누차 협의 심사한 결과, 개정 조항 起草기초 위원 세 사람(이희승, 정인승, 이극로)의 立案입안으로써"

7 세월이 많이 흐른 1979년 1월 한글학회에서는 「한글맞춤법 통일안(1958)」의 조항을 간략히 정리하는 작업에 착수하여, 그 결과를 1980년 8월 「한글맞춤법」으로 발표하는데, 그 과정에서도 건재는 수정 위원으로 참여하였다.

음」, 「/ㅣ/의 역행동화 문제」, 「모음 상대 법칙과 자음 가세 법칙」 등을 발표하였다. 그로부터 1942년에 시작된 조선어학회 수난, 1945년의 광복, 1950년 초엽의 한국전쟁, 1950년대 초~중엽을 달군 '한글맞춤법 간소화' 파동(☞ ⑨의 570쪽) 등, 연이은 고난과 굴곡을 겪으면서도 1957년 한글날, 『(조선말) 큰사전』의 마지막 권이 나올 때까지 묵묵히 그 편찬과 간행의 작업을 해내었다.

2.2.2. **건재와 『한글』 그리고 '물음과 대답'**　정기 간행물에 '질의 와 응답' 난을 마련하기는 동인지 『한글』 제5호(1927.07)에서 처음 이었다. 그러나 그것은 제6호(1927.08)로 중단되었다. 그랬다가 인 쇄 매체를 통한, 조선어학회의 말글 계몽 활동은 기관지 『한글』의 창간으로 본격화하였는데, 그 지면에 「질의·해답」[8] 난이 처음 마 련된 것은 제1-2호(1932.06)였다. 그것은 제132호(1963.09)까지 참 참이 이어졌으며, 우리 말글살이를 바로잡고 표준화하는 데에 크 게 이바지하였다.

「통일안(1933)」 발표 이전인 『한글』 제1-9호(1933.08)까지는 「질의·해답」이 6번 실렸다. 해답은 물음의 내용에 따라 이갑(3건), 최현배(3건), 이윤재(2건), 김선기(1건), 이극로(1건), 이희승(1건) 등이 분담하였다. 「통일안」이 발표된 직후인 제2-1호(1934.04)부 터 제2-3호(1934.06)까지, 3번은 김윤경이 응답하였다. 고창고보 교원으로 재직하던 정인승의 질의가 다루어진 것은 그 동안이었 다. 김윤경의 뒤를 이어 제2-4호(통권 14, 1934.07)부터 이윤재가

---

8 난의 이름을 「질의·응답」 또는 「질의·대답」이라 하기도 했는데, 제2-1호 (1934.04)부터 「물음과 대답」으로 통일되었다.

도맡아 응답했으니, 제5-6호(통권 46, 1937.06)까지 19번을 이었다. (그 중간에 최현배와 이극로가 각각 한 번씩 응답하였다.) 물음을 보내온 사람 중에는 일본과 만주에 사는 사람도 있었으며, 그 직업도 비교적 다양하였다.

위에서 본 바와 같이 건재는 1936년 4월 1일부터 조선어학회의 직원이 되어 조선어사전 편찬의 일을 보았다. 그러던 중에 이른바 '수양동우회 사건'에 관련되어 1937년 6월 7일 이윤재가 구속·수감됨에 따라,[9] 제5-8호(통권 48, 1937.09)에서부터 건재가 이 난의 응답을 맡게 되었다. 건재가 그 일을 맡게 된 데에는 그만한 까닭이 있었으니, 「통일안(1933)」의 수정 위원으로 참여했고, 사전 편찬의 주무인 데다가 『한글』의 편집과 발행 사무를 보게 되었기 때문이다.[10] 그렇게 시작하여 건재는 제132호(1963.09)까지 통틀어 44번[11] 응답하였다.[12] 그 기간이 26년이며, 44번 중에서 24번은 왜정 기간 중에 수행하였다.

이처럼 건재 정인승은 한글학회에서 펼친, 인쇄 매체를 통한 말

---

9 조선어학회 기관지 『한글』 제5-8호(1937.09)의 소식란에는 "이윤재 님, 사정에 따라 본회 간사와 사전 편찬원과, 『한글』 편집 겸 발행인을 사임하다."(15쪽)라고 기록되어 있다.

10 『한글』 제5-9호(1937.10) 소식란에 "정인승 님, 종래의 조선어사전 편찬 사무와 아울러, 금년 10월 1일부터 본지의 편집 급 발행 사무를 겸임하다."(16쪽)라고 기록되어 있다.

11 제48호(1937.09)부터 제132호(1963.09)까지 「물음과 대답」이 모두 48번 실렸는데, 네 차례는 다른 사람이 응답했으니, 제9-7호(1941.08)와 제9-9호(1941.11)와 제10-1호(1942.01)는 春流춘류가, 제122호(1957.10)는 최현배가 응답하였다. '春流'는 이윤재의 호이다. (「물음과 대답」이 호마다 있었던 것은 아니다.)

12 제6-4호(통권 55, 1938.04)부터 제8-1호(통권 74, 1940.01)까지 19번의 응답자는 '편집실'로 명기되어 있는데, 실제 집필자는 정인승이었다.

글살이 계몽 운동을 최일선에서 가장 오랫동안, 가장 많이 펼쳤다. 1937년 9월에 시작하여 1963년 9월까지 응답을 맡았으니,[13] 왜정 기간을 물론이요, 광복 후에도 일상의 말글살이와 가장 가까이 있었다.

2.3. 『한글 강화』의 구성

2.3.1. 『한글 강화』의 출판 사항 앞에서 확인한 대로, 이 책은 그보다 10년 앞서 간행한 『한글 문답』(1950.01)의 증보판인데, 그 출판 사항을 적으면 아래와 같다.

- 이름 : 『의문·해설 한글 강화』.
- 지은이 : 정인승.
- 판형 : 4×6판, 가로판.
- 분량 : 318쪽. (속표지 2쪽, 머리말과 목차 22쪽, 본문 268쪽, 붙임 26쪽, 판권지 2쪽)
- 발행일 : 1960년 7월 15일 초판.
- 발행처 : 서울 신구문화사.

이 책의 온 이름은 『의문·해설 한글 강화』이다. 앞에서 본 「판을 고치면서」에서 지은이가 밝힌 바와 같이, 한글학회의 기관지 『한글』의 독자들이 보내온 질의에 대하여 건재가 그 지면을 통하여 답한 내용을 엮은 것이다. 앞에서도 기술한 바와 같이 그 물음과

---

13 그 한글학회의 '물음과 해답'은 월간 『한글 새소식』이 창간되고부터는 그리로 옮겨졌다. 그것은 제3호(1972.10)에 시작하여 제91호(1980.03)까지 43번 연재되었다. 해답은 김계곤이 맡아 집필하였다.

응답은 26년 동안 참참이 이어졌으며, 회수로는 44번을 이었다.[14]

60대의 건재.

이 책의 내용은 우리 말과 글에 관한 것임은 더 말할 나위가 없다. 그러나『한글』에 실린 그대로가 아니며, 더러는 책을 펴낼 당시의 규범과 실정에 맞게끔 고치기도 했다. 멀게는 25년 전에 다룬 내용도 있었으므로 이를 실정에 맞도록 수정하는 것은 당연한 일이었다. 그리고, 체재면에서도 첫판『한글 문답』과 전혀 달랐으니, 첫판은『한글』에 연재했던 순서대로 편집된 데 비하여, 새판『한글 강화』는 내용별로 편집되어 있다.

책 이름 또한 첫판의 이름을 버리고 새 이름을 붙였다. 책 이름에 '한글'을 붙인 것은『한글』을 통하여 묻고 대답한 내용을 엮었음을 나타내고자 했던 것으로 보인다. 게다가 많은 내용이「한글 맞춤법 통일안」과 관계된다는 점도 고려했음직하다.[15] 그리고 먼저의『한글 문답』은 '묻고 답한' 것임을 나타낸 것이고, 이번의『한글 강화』는 '강의講義식의 이야기(話화)'라는 뜻에서 붙인 것으로 보인다.

---

14 44번의 내용 중에서 제127호(1960.10), 제129호(1962.05), 제130호(1962.09), 제132호(1963.09)의 4번은 그 책을 발행한 후의 것이니, 이 책에 실리지 않았다.

15 실제의 내용이 한글이나 한글맞춤법에 관한 것만이 아님에도 굳이 '한글'이란 낱말을 앞에 놓은 것은, 지금도 그러하지만 그 때에도 이 말이 일반의 주의를 끌 수 있는 가장 손쉬운 방편이라는 이유도 작용했을 듯싶다. 특히, 출판사로서는 책을 많이 팔려면 일반의 주의를 끌 수 있는 책 이름이 필요했을 것이다.

2.3.2. 『한글 강화』의 구성　이 책 『한글 강화』의 본문 내용은 여덟 묶음으로 나뉘어 있고 '붙임'이 있는데, 각 묶음의 이름과 항목 수는 아래와 같다.

그러니 이 책에서 다루고 있는 물음은 모두 308개이다. 그 중에서 내용이 서로 아주 비슷한 것이 약 20개 항이니, 이를 하나로 합치면 288개 항이 된다.

308개 항을 놓고 볼 때에, 한글맞춤법에 관한 것이 약 32%로 가장 많으며, 둘째로는 표준말에 관한 것인데 그 비율은 25%이다. 이 둘의 비율을 합하면 57%이니, 전체의 절반을 조금 넘는 셈이다. 그런데 '소리 문제' 묶음에도 표준 발음이나 한글맞춤법과 관련된 내용이 더러 있고, '한자어와 외래어' 묶음에 있는 여러 항도 표준말이나 맞춤법과 관계가 있으므로, 실질적으로는 한글맞춤법과 표준말에 관한 것이 절반을 넘어 60%에 달한다.

그리고, '표준말' 묶음에는 표준 어휘만이 아니라, 표준 발음에 관한 내용도 들어 있다. 이 같은 가름은 전적으로 건재가 했을 터인즉, 이를 보면 그는 일찍부터 표준말은 어휘만의 문제가 아니라 발음까지도 아울러야 한다고 인식하였음을 엿볼 수 있다.

응답의 전체적인 기조는 「한글맞춤법 통일안(1937~1958)」을 비롯하여 조선어학회에서 제정·발표한 말글 규범을 이해하고 준수

하도록 하는 데에 바탕을 두고 있다. 말글 규범이 꽤 널리 보급
·교육되어 있는 오늘의 눈으로 볼 때에는 거기 실린 내용 중에는
일반적이고 상식적인 내용들도 있다. 일반 대중의 물음에 대한
풀이였으니 오히려 그것은 당연한 결과인데, 말글 규범이 자리잡
혀 있지 않던 당시로서는 그 내용 하나하나가 모두 절실했던 것이
다. 그러나 평범한 중에도 건재의 탁월한 식견이 드러난 풀이가
있으며, 한편으로는 오늘날 그대로 참고할 만한 내용도 적지 않다.

3. 『한글 강화』의 중요 내용

이제 『한글 강화』의 중요 내용을 살펴볼 차례이다. 주로 '말글살
이'와 관련이 깊은 내용 중에서 오늘날에도 참고할 만한 내용을
그 책의 차례에 따라 묶음별로 몇 가지씩 살펴보기로 한다. 곧
보게 될 바와 같이 이 책에서의 묶음은 그리 엄격하지 않으므로
큰 의미는 없으나, 편의상 그 묶음별로 살펴 나가기로 한다.

3.1. '우리 글의 역사' 묶음에서

'우리 글의 역사' 묶음(23~40쪽)에 실려 있는 10개 항 가운데서
눈길을 끄는 것은 다음[16]의 두 항이다.

---

16 물음의 숫자는 그 책에 묶음별로 매겨져 있는 번호이다. 다만, 문의한 사람의
　성명은 옮겨 오지 않았다.

▫물음 5 - 〔줄임〕 최세진의 『훈몽자회』에서는 왜 받침을 ㄱ, ㄴ, ㄷ, ㄹ, ㅁ, ㅂ, ㅅ, ㅇ의 여덟 자로 제한하였으며, 또 그러한 결과가 후세에 어떠한 영향을 미치게 했다고 보겠습니까?

○대답 -『훈몽자회』는 연산주의 한글 금제 이후 24년 만에 한글을 되살리어 사용한 책으로, 처음 나와서 널리 한글 보급에 자료가 된 만큼 한글 역사상 공로가 크다 할 만하지마는, 그 반면에 이 책 자체가 본디 한글의 장려 보급을 위하여 저작된 것이 아니라, 한문글자를 어린이들에게 가르치기에 보조 소용으로 이용하기 위한 것인 만큼, 한글을 한글로서의 본질로써 다루지 않고 다만 한문글자 가르치기에 편의할 정도로 다루느라고, 글자의 순서도 과학적 체계인 『훈민정음』에 따르지 아니하고, 받침도 『훈민정음』의 원칙을 원칙으로 하지 않고 신하들이 붙인 「해례」 중의 "ㄱㅇㄷㄴㅂㅁㅅㄹ八字可足用也"라 한 것을 원칙으로 삼아, 말에 맞는 받침을 맞지 않는 받침으로 무리하게 대용하는 방편을 썼기 때문에, 그 결과로 뒷날의 우리 글과 말에 변동과 혼란이 많이 생기게 되었습니다. (1954.09)

위의 대답에서 보듯이 『훈몽자회』에 대한, 건재의 평가는 매우 비판적이다. 그 책은 한글의 본질을 크게 왜곡함으로써 우리 글과 말에 많은 혼란을 불러일으켰다는 것인데, 특히 받침의 제한 사용에 관한 부당성을 지적한 것은 「한글맞춤법 통일안」의 기본 철학과 같은 맥락 위에 있다.

▫물음 9 - 우리 글을 〔줄임〕 언제부터 '한글'이라 일컫게 되었는지요?

○대답 - 〔줄임〕 우리 글을 '한글'이라고 이름붙이기는 주시경 선생 때부터이니, 신문관(新文館) 발행의 어린이 잡지 『아이들 보이』에 주 선생이 집필한 가로글씨의 제목으로 '한글'이라 한 것이 그 효시이었습니다. 〔줄임〕 (1949.01)

여느 사람과 마찬가지로 건재도 『한글모 죽보기』[17]를 보지 못했던 것 같다. 『한글모 죽보기』에는, 1913년 3월 23일 학회의 이름을 '배달말글몬음'에서 '한글모'로 바꾸었고, 1914년 4월에는 이 학회에 부설되어 있던 강습소의 이름을 '조선어강습원'에서 '한글배곧'으로 바꾸었다고 되어 있다. 잡지 『아이들 보이』에 한힌샘의 가로글씨가 소개되기 시작한 것은 1914년 2월에 발행한 제6호부터이니, '한글모'가 그보다 몇 달 이르다.

3.2. '글자 문제' 묶음에서

'글자 문제' 묶음(43~58쪽)의 열여덟 항 가운데서 주목되는 내용은 두 가지이다.

첫째, 한글이 음성기호가 아니라는 점을 잘 풀이하였다. 지금도, 표음문자라는 한글이 우리말의 소리를 제대로 적지 못한다면서 한글의 불완전성을 말하는 이들이 있는데, 이 같은 오해에 대하여 건재는 아래와 같이 답하고 있다.[18]

ㅁ물음 8 – 〔줄임〕 "촛불, 잇과(理科)"와 같이 소리에 맞지 않는 ㅅ으로 하지 말고 ㅎ으로 하기를 제의합니다.
ㅇ대답 – 퍽 좋은 말씀입니다. 그러나, 〔줄임〕 '문자는 순전한 기호가 아닌' 만큼, 아무리 표음문자라도 꼭꼭 소리대로만 쓰는 것이 아

---

17 『한글모 죽보기』는 한글학회의 초창기인 1907년부터 1917년까지, 다시 말하면 "국어연구학회~배달말글몬음/조선언문회~한글모" 시기의 발자취와 활동 내용을 기록한 필사본인데, 1981년 12월 세상에 알려졌다.

18 옛 낱자 'ㆍ'와 새 낱자 'ㅡ'를 사용하는 것이 어떻겠느냐는 제의에 대해서도 같은 논리로 부당하다고 대답하였다.

님을 생각하시기 바랍니다. (1950.05)

□물음 11 - 우리 글은 세계에서 유례없는 이상적인 표음문자인데, 다만 장단음의 구별이 없음이 유감입니다. 이에 대한 좋은 방안이 없을까요?

ㅇ대답 - 〔줄임〕 보통 일용의 행문에는 일일이 구별 표시하기는 여간 불편한 일이 아니고, 표시하지 않아도 독서에 별로 장애되지는 아니합니다. 만일 특별히 꼭 표시하지 않아서는 아니 될 부득이한 경우라면 그 글자에만 음성기호 식으로 표시함은 무방할 것입니다마는, 홀소리글자를 거듭쓰는 일은 좋은 방법이라 생각되지 않습니다. 왜냐하면, 가령 "뉴우요옥 지방에 누운이 마않이 왔다"와 같이 쓴다면, 그건 긴소리가 아니라 한 소리를 두 소리로 내는 말들이 되어 실제 말과는 틀리기 때문입니다. 더구나, 요새 상점 간판 같은 것에 간혹 일본식의 흉내로 두 글자 사이에 긴줄을 긋는 일 같은 것은 세계 어느 문자에도 없는 일일 뿐 아니라, 글자로의 ㅡ와 ㅣ를 쓰는 우리 글에서는 절대로 긴소리표로 그런 것을 써서는 아니 될 일입니다. (1958.06)

둘째, 한글을 현대 생활에 맞게 발전시키기 위해서는, 서사書寫 방식을 낱말 단위로 풀어써야 할 것이라는 견해를 밝혔다. 그리고, 한글 가로 풀어쓰기는 한글 창제의 정신에 위배되는 것이 결코 아니며, 그 정신을 더욱 계승·발전시키는 길임을 강조하였다. 그러한 견해는 아래의 대답에 잘 개진되어 있다.

□물음 15 - 훈민정음을 창제할 때에, 닿소리글자와 홀소리글자를 맞추는 방식으로 어떤 홀소리자는 옆으로 붙이고 어떤 홀소리자는 밑으로 붙이게 한 것은 무슨 이유이었는지요?

ㅇ대답 - 〔줄임〕 그 당시의 관념으로는 글자의 모양은 한문글자처

럼 아무쪼록 네모 반듯함이 보기도 좋고 각 글줄 안의 글자 수를 균일하게 할 수도 있다는 생각에서, [줄임] 한 것이라 믿습니다. 그때의 생각으로는 확실히 정묘하게 고안된 방식임이 틀림없습니다마는, 오늘날의 형편으로는 인쇄에나 타이프라이터에나 불편이 막심할 뿐 아니라, 그렇게 자맞춤함은 순전히 소리마디(音節) 본위로 한덩이 한덩이씩 묶은 것이고, 말뜻에 의한 낱말 본위로 묶은 것이 아니기 때문에, 눈으로 읽어 뜻을 알아보기에는 저 뜻 본위로 묶어진 소리글로의 서양 글이나 뜻글로의 한문글자만큼 빠르지 못함이 사실입니다. 이상적으로 된 소리글인 한글의 글자들을 그 맞추는 방식까지를 이상적으로 되게 하기 위하여는 어떤 홀소리글자든지 다같이 닿소리의 옆으로 붙이는 동시에, 뜻 본위로써 한 낱말이 한 덩이씩 되게 묶어 쓰는 방식으로 해야 될 것입니다. (1941.09)

ㅁ물음 16 - 우리 글을 가로 풀어쓰기로 한다면, 훈민정음을 만들어 주신 세종대왕의 본뜻을 어기게 되는 것이 아닐까요?
ㅇ대답 - 세종대왕이 훈민정음을 만들어 낸 본뜻이 우리 국민의 문화 생활에 편리를 도모하기 위한 것인데, 그 당시에는 한자와의 외형상 균형과 조화를 고려하여 묶어쓰기로 하였지마는, 시대가 달라진 현대의 형편으로는 묶어쓰기보다 풀어쓰기로 하는 것이 인쇄 타자 들의 기계화는 물론이요, 독서의 속도와 능률이 극도로 중요시 되는 현실에 적응하도록 우리 글의 참다운 기능을 최대한으로 발휘할 수 있게 될 것이니, 이렇게 함으로써 우리 글이 정말 이상적인 글이 되어 세종대왕의 뜻한 바 이상이 충분히 성취될 수 있을 것입니다. (1945.12)

한힌샘 주시경으로부터 시작된 한글 풀어쓰기의 문제에 대해서는 지금도 찬반의 논의가 분분한데, 결론이 어떻게 나든 끝까지 추구해 보아야 할 과제임은 여전하다.

3.3. '소리 문제' 묶음에서

'소리(음성) 문제' 묶음(61~93쪽)에서 다룬 스물아홉 항 중에는 오늘날 다시 한번 음미해 볼 만한 의의가 있는 것이 비교적 많은데, 다음의 세 가지가 두드러진다.

첫째, 낱자(字母자모) 이름의 발음에서 철저한 원칙을 지키고 있다. 닿소리 ㅈ ㅊ ㅋ ㅌ ㅍ ㅎ 들과 홀소리 토씨들이 연이어질 때에도 그 낱자 본디이름의 소리값을 그대로 발음해야 한다고 하였다. 아래가 그 대답이니, 현행 「표준어 규정(1988)」의 '표준 발음법'과는 매우 다르다.[19]

ㅁ물음 1 - ㅈ, ㅊ, ㅋ, ㅌ, ㅍ, ㅎ 들의 이름을 "지읒, 치읓, 키읔, 티읕, 피읖, 히읗" 들로 「통일안」에 정하여 있는데, 그 읽는 법을 똑똑히 가르쳐 주시기를 바랍니다.

ㅇ대답 - 홀소리 토를 붙이어 읽으면 똑똑히 알 수 있고, 〔줄임〕

1. 홀소리 토를 붙이어 읽을 때:
    지읒+이→지으치   지읒+을→지으츨   지읒+에→지으체
    치읓+이→치으치   치읓+을→치으츨   치읓+에→치으체
           〔줄임〕   (1938.06)

둘째, 입천장소리 되기(구개음화)에 관한 풀이가 매우 정밀하다.

---

19 현행 「표준어 규정(1988)」의 제2부 '표준 발음법' 제16항에서는 아래와 같이 규정하고 있다.
    "지읒+이→ [지으시]   지읒+을→ [지으슬]   지읒+에→ [지으세]
    치읓+이→ [치으시]   치읓+을→ [치으슬]   치읓+에→ [치으세]
      ⋮   ⋮   ⋮
    히읗+이→ [히으시]   히읗+을→ [히으슬]   히읗+에→ [히으세] "

특히 ㅑㅕㅛㅠㅣ 앞의 ㅎ(목구멍소리)가 자신과는 조음 위치가 아주 먼 ㅅ ㅆ(앞입천장소리)로 변동되는 까닭을 조음 방법의 공통성, 곧 마찰로 풀이하였으며, ㄷ ㄸ ㅌ 들이 자신과 위치가 가까운 ㅅ ㅆ가 아닌, ㅈ ㅉ ㅊ(입천장소리)로 되는 까닭도 역시 조음 방법의 공통성, 곧 파열로 풀이하였다. 아래의 대답이 그것이다.

　ㅁ물음 10 - 우리말에 구개음은 몇 가지나 있으며, 또 '구개음화' 현상은 몇 가지로나 되는지요?
　ㅇ대답 - [2쪽 가량 줄임] 이와 같이 이틀소리(ㄷ ㄸ ㅌ)나 뒷입천장소리(ㄱ ㄲ ㅋ)가 입천장소리로 변하는 것은, 그 소리나는 자리가 서로 가깝기 때문인데, 이 밖에 자리가 상당히 멀면서도 구개음화 현상이 일어나는 것이 있으니, 목구멍소리인 ㅎ이 ㅑㅕㅛㅠㅣ와 어울릴 경우에 앞입천장소리인 ㅅ ㅆ 소리로 변하는 일입니다. [줄임] 이것은 그 자리는 좀 멀지마는 그 소리내는 성질이 다같이 마찰음이기 때문입니다. 저 이틀소리인 ㄷ ㄸ ㅌ이 [줄임] 입천장소리보다 더 가까운 앞입천장소리인 ㅅ ㅆ으로 되지 아니하고 입천장소리인 ㅈ ㅉ ㅊ으로 되는 까닭도 그 성질이 다 같은 파열음이기 때문입니다. [줄임] (1949.07)

셋째, '사이 된소리'에 대한 풀이가 명쾌하다. 아래 물음의 대답에서, 겹이름씨의 경우, 두 이름씨 사이에서의 된소리 발생의 조건을 두 요소의 의미 관계로써 풀이하였다. 그리고 그 원인을 말하는 이의 언어 심리로 풀어 밝혔다. 일반 대중을 이해시키는 데에 매우 적절한 풀이라 하겠다.

　ㅁ물음 19 - 복합명사(겹이름씨)에 있어 두 말 사이에서 나는 된소리는 그리 되는 것도 있고, 되지 않는 것도 있는 것 같은데, 어떤

경우엔 된소리로 되고, 어떤 경우에는 된소리로 아니 되는지요? 그리고 그렇게 되는 이유와 안 되는 이유를 각각 알고 싶습니다.

ㅇ대답 – 이름씨가 아무 토도 없이 다른 이름씨 앞에 붙는 경우가 두 가지인데, 하나는 뒤엣 이름씨를 꾸미는 경우, 곧 '의' 토를 생략한 것으로 볼 수 있는 경우요, 다른 하나는 두 이름씨가 대등되는 경우, 곧 '과(와)' 토를 생략한 것으로 볼 수 있는 경우인데, 사이에 된소리로 되는 것은 꾸미는 경우에 그리 되고(초의 불→촛ㅅ불, 상의 다리→상ㅅ다리), 대등의 경우는 절대로 된소리로 되지 아니합니다(물과 불→물불, 팔과 다리→팔다리). 그런데, 꾸미는 경우라도 앞엣 것이 동물의 경우인 때는 뒤엣것이 된소리로 되지 아니하고('비의 소리'는 '비ㅅ소리'인데 '쥐의 소리'는 '쥐ㅅ소리'가 아님), 또 앞엣것이 순수한 자료인 때도 된소리로 되지 아니하며('아침의 밥은 '아침ㅅ밥'인데 '콩의 밥'은 '콩ㅅ밥'이 아님), 그밖에 약간의 예외도 있습니다. 〔줄임〕

그리고, 사이에서 된소리로 되는 이유는 앞엣 꾸밈말의 영향으로 뒤엣 주 되는 말의 첫소리가 흐려지지 않도록 똑똑하게 내려는 언어 심리에서 힘주어 말함으로 인하여 자연히 소리가 진하게 되는 까닭이라고 하겠습니다. 〔줄임〕 (1947.01)

3.4. '표준말' 묶음에서

'표준말' 묶음(97~144쪽)에 실린 것은 일흔일곱 항인데, 그 가운데서 아래 몇 가지가 주목된다. 먼저 말밑(어원)에 관한 내용을 보기로 한다.

ㅁ물음 56 – '없애 버리다, 없앨 수 있다'에서의 '애'와, '되매'에서의 '매'가 씨끝(語尾)인 모양인데, 말본으로서의 구별이 어떠합니까?
ㅇ대답 – 〔줄임〕 '없애다'란 말은 특수하게 된 말입니다. 본디 '없이 하다'가 줄어서 된 말로서, 그 줄기(語幹)는 '없이+하'→'없야'(발

음으로 [업샤])로 되어야 할 것인데, 우리 발음 습관에 ㅅ 소리에 있어서 흔히 편리를 좇아, '샤→새', '셔→세', '쇼→쇠', '슈→쉬'로 내는 일이 많아서, '서양철→생철', '샹긋샹긋→생긋생긋', '하셔요 →하세요', '쇼천→쇠천', '슈염→쉬염', … 으로 발음되기가 쉽습니다. 이와 같은 발음 습관으로 "없이하→없야→없애"로 변하여 '애' 가 도움줄기로 되어버린 것이라고 해석할 수밖에 없습니다. 〔줄임〕 이것은 "없이하여→없이해→없애"로 된 것이라고 해석할 수도 있으 나, 그렇게 해석하면 '없애고', '없애지', '없애면', … 들 경우에 설명이 맞지 않습니다. (1948.02)

□ 물음 58 ― 〔줄임〕 '조약돌'은 '조각'(片)이란 말에 '돌'이 합하여 된 말이라고 볼 수 있으니, '조각돌'이 옳지 않을까요?
○ 대답 ― 〔줄임〕 '조약돌'은 '조각으로 된 돌'이 아니라, 알밤이나 주악(小圓餠)이나처럼 잘고 동글동글한 돌들을 이름이니 '조각돌'이 라 할 수 없을 뿐만 아니라, 〔줄임〕 주악과 같다 하여 '주악돌'이라고 하자는 이도 있습니다마는, 또한 언어 사실을 무리하게 굽히는 일이 될 뿐입니다. (1938.06)

물음 56에 대한 대답은 '없애-'에 대한 분석인데, 이 분석에 따르 면 오늘날 뒷가지로 처리하는 '-애-'는 '-이'와 '하-'가 녹아붙어서 생성된 것이 된다. 이에 대해서 별다른 이견이 있을 것 같지 않다. 물음 58의 대답은 '조약돌'이라고 할 때의 '조약'의 말밑을 밝혀 주고 있는데, 이것도 매우 합당한 해석으로 보인다. 이 밖에 '맞춤법' 장에서 베푼 '며칠'의 말밑에 대한 풀이(☞324쪽의 40)도 탁월하다.

□ 물음 18 ― '-님'의 뜻과 그 쓰는 범위를 가르쳐 주십시오. 대면 한 상대자더러 '~님'이라 부를 수 있는지요?
○ 대답 ― 〔줄임〕 상대자를 대면하여 '~님'이라고 부를 수 있음은

칭호나 두루이름씨로는 물론이요, 홀이름씨 즉 성이나 이름 밑에 붙이어 씀도 또한 불가할 이유가 없습니다. 다만 그렇게는 우리가 종래 많이 써 보지 아니해 왔으므로 좀 귀서투른 것 같지마는, 꼭 써야 될 말이면 새로 좋게 협정하여 쓰는 것도 말의 발달에 좋은 일인데, 하물며 새로 만든 말이 아니요, 종래에도 써 왔을 뿐 아니라, 또한 그렇게 하는 것이 좋을 바에야 더 말할 것 있겠습니까? '김 님', '박아무 님'이라고 제삼자로뿐만 아니라, 대면하여서도 또는 편지로서도 그렇게 일컫는 것이 좋을 것입니다. (1938.07)

위의 대답에서 보듯이, 그 당시만 해도 매우 어색했을 것임에도 건재는 '-님' 쓰기를 적극적으로 권하고 있다. 조선어학회의 진취적인 성격을 엿볼 수 있으며, 오늘날 '-님'이 널리 쓰이고 있는 것이 우연이 아님을 새삼 확인하게 된다.

ㅁ물음 50 – '습니다'와 '읍니다'는 어느 쪽이 옳고 그른지요? 또 어째 그러한지요?
ㅇ대답 – 둘 다 옳습니다. 〔줄임〕 뜻은 같으나 어감상 좀 다른 맛이 있는 것입니다. '읍니다'는 보통으로 평범하게 쓰이는 것이고, '습니다'는 겸손하게 관용되어 온 말투로서 특히 대화체에 많이 쓰이는데, 같은 뜻으로도 '읍니다'보다 좀더 친근하고 겸손한 맛이 있는 것입니다. 〔줄임〕 이런 것은 어느 편을 써도 다 좋은데, 다만 주의할 일은 한 가지 글 안에서나, 한 자리의 연설 안에서는 어느 쪽이나 한 가지 용법으로 일관성 있게 써야 할 것입니다. (1946.07)

조선어학회에서는 기관지 『한글』의 창간호(1932.05)에서부터 대체로 '-습니다'로 통일해서 써 왔는데, 『한글 강화』에도 그렇게 되어 있다. 각급 학교 교과서에서는 오래도록 위와는 다른 기준으로 '-습니다'와 '-읍니다'를 혼용해 오다가 현행의 「표준어 규정

(1988)」이 시행되면서 '-습니다'로 통일하였다. 이렇게 볼 때에 건재의 판단이 합리적이었음이 증명된다. ('-습니다'와 '-읍니다'에 대해서는 '맞춤법' 묶음의 186~188쪽에도 상세한 풀이가 있다.)

　□물음 65 - 아이들이 주먹을 폈다 쥐었다 하면서 '장겜뽀!', '장겐쇼! 하는 것을 볼 때마다 우리말로 가르쳐 주고 싶어도 적당한 말을 몰라 답답합니다. 무슨 좋은 말이 없을까요?
　○대답 - 요새 서울 아이들은 "주먹 가위 보!"라고 대개 하는 모양입니다. 내 생각에는 "돌 가위 보! 멩이 가위 보!" 하는 것이 괜찮을 것같이 생각됩니다. 주먹을 내면서 '주먹'이라 함보다 '돌멩이'라 함이 좋겠고, 부르는 음조로서는 한 번은 '돌'로, 한 번은 '멩이'로 함이 재미있지 않을까 생각됩니다. (1949.04)

　위는 일본말 찌꺼기를 우리말로 바꾸는 문제인데, 건재의 제안과는 달리, 이제는 "가위 바위 보"로 정착되기는 했지만, 건재의 발상은 매우 독특하고 흥미롭다. 우리말을 발전시키려면 이와 같은 착안도 필요하다고 본다.

3.5. '맞춤법' 묶음에서

　'맞춤법' 묶음(147~219쪽)에는 띄어쓰기에 관한 여섯 항을 포함하여 모두 아흔아홉 항이 실려 있다. 전체의 32%를 차지하는데, 그 가운데서 아래의 몇 가지가 눈길을 끈다.

　□물음 1 - 한글은 소리글(표음문자)인 만큼, 언제든지 소리를 중심하여야 될 것인데, 모순되는 점이 있습니다. 가령 '안'과 '앉'과는 글자 형태는 다르나 소리(발음)는 같으니 소리글로서는 모순이 아닙

니까?

ㅇ대답 — 한글은 말씀하신 바와 같이 소리글입니다. 그러므로 단순한 소리'표'(음성기호)는 아닙니다. 글 [줄임] 은 뜻을 가진 것이요, 표(기호)는 뜻을 가진 것이 아니니, 글이 만일 뜻을 떠나서 단순히 소리를 충실히 적음에 그친다면 그것은 소리표에 지나지 못한 것입니다. [줄임] 적어도 현대 생활에서 있어서는 '뜻'을 단위로 하지 않는 단순한 '표'의 형식만으로서는 도저히 문자로서의 가치와 능률을 낼 수가 없는 것이니, 가령 "사라믄밤마느로써사는거시아니라"와 같은 식으로서는 활동 사진의 필름처럼 빠르고 바쁘게 돌아가는 현대인의 눈에는 도저히 상대가 되지 아니하니, 암만해도 뜻을 나타내는 방식으로 표현되지 않아서는 아니 될 것이므로, "사람은 밥만으로써 사는 것이 아니라"의 식으로 되어야 비로소 단순한 '소리표'의 영역을 벗어난 '소리글'로서의 글이 될 것입니다.

'안'과 '앞'과의 소리(발음)가 단순한 소리만으로는 같을지라도, 보는 이의 눈에 비치는 형태의 차이에 있어서 소리로 나타내지 못하는 그 뜻이 번개같이 지나가는 눈결에서도 능히 붙잡을 수 있는 것이니, 표음에 가장 우수한 우리 한글이 시각으로 표의까지 겸할 수 있음이 우리 글의 이상적 장점이라 할 것이지, 어찌 모순이라 할 것입니까? (1949.07)

위의 대답은 「통일안」의 '한글맞춤법은 소리대로 적는다'는 대원칙에 대한 오해를 씻어 주기 위한 풀이인데, 문면 곳곳에 「통일안」의 원칙에 대한 확호한 신념이 드러나 있다. 이 문제에 관한 한, 어떠한 양보도 할 수 없다는 결연한 의지까지 읽을 수 있다. 그런데 그 풀이를 '문자'(뜻을 가진 것)와 '표'(뜻을 가지지 않은 것)라는 두 개념을 비교·대조하여 베풀고 있다. 한글은 문자이므로, 소리를 적으면서 동시에 뜻을 잘 붙잡을 수 있게끔 적도록 한 것은 당연하다고 하였다.

□ 물음 2 − 현행 국어 교과서에는 "−나이가, −ㅂ니가"로 되어 있고, 다른 책들에는 "−나이까, −ㅂ니까"로 되어 있는데, 어떤 것이 옳습니까?

ㅇ 대답 − "−나이까, −ㅂ니까"가 옳습니다. "−나이가, −ㅂ니가"로 하는 것은, 묻는 말끝을 "하는가, 무엇인가" 들과 똑같은 '가'로 했으면 좋겠다는 생각으로 그리하는 모양 같으나, 그것은 실제 표준 어음에 맞지 않는 일이요, 또 어법상으로도 반드시 합리적이라고 할 수는 없는 것입니다. 〔줄임〕 (1946.03)

위의 문제와 관련해서 지금으로서는 별다른 이의를 제기하는 사람이 없을 테지만, 그 당시에는 그리 간단한 문제가 아니었다. 국정 교과서의 표기가 일반에서 쓰는 것과 달랐으니 말이다. 이 문제는 문교부에서 교과서의 표기를 위의 대답에서 제시한 대로 고침으로써 곧 해소되었다.

□ 물음 40 − '며칠'이라는 것은 '몇(幾) 일(日)'이라고 어원이 분명하지 않습니까?

ㅇ 대답 − '며칠'이란 말은 원래 하루, 이틀, … 들과 같이 순전한 우리말로 볼 수밖에 없습니다. 만일 '며칠'의 끝소리 '일'을 한자 日의 음으로 된 것이라고 하여, "몇+일=며칠"로 발음된 것이라고 한다면, '몇(幾) 월(月)'의 어음은 '며춸'이 될 것이요, 〔줄임〕 '몇(幾) 이레(七日)'는 '며치레' 들로 말이 되었을 것이 아닙니까? 그러나 실제 어음은 "몇+월=면월, …, 몇+이레=면니레" 들로 되는 것이니, 이와 마찬가지로 '몇+일'은 '면닐'이 될 것입니다. 그런즉 '며칠'이란 말은 '몇+일'로 된 것이 아님을 알 수 있습니다. 〔줄임〕 만일 '며칠'이란 말의 어원을 캔다면, '몇'에 뒷가지(接尾辭) '흘'−열흘, 사흘, 나흘−이 어울러 붙어 '며츨'로 된 것으로서, 그 '츠' 소리가 '치' 소리로 변해서 '며칠'이 되었다고 해석되는 것입니다. (1946.07)

ㅁ물음 50 - "의안을 총회에 부치다"의 가부의 확답을 주시기 바랍니다.

ㅇ대답 - "의안을 총회에 붙이다"로 해야 합니다. 〔줄임〕 이 경우의 '붙'은 '문제가 붙다', '말썽이 붙다', '이유가 붙다', '조건이 붙다', … 따위의 '붙다'와 같은 뜻으로서, 그 의안이 회의에 '매이'게 됨을 의미하는 말, 곧 그 의안의 결정될 운명이 회의에 '달린/붙은' 것을 뜻하는 말이므로 '붙이다'로 표기해야 합니다. 〔줄임〕 (1960.03)

물음 40에 대한 대답에서 보인, '며칠'의 말밑 풀이가 탁월하다. '몇 일'로 적어서는 안 되는 까닭을 설득력 있게 풀이하였다. 물음 50에 대한 풀이도 매우 합리적이다. 그러나 현행 「표준어 규정 (1988)」에서는 '부치다'로 하기로 했으니 아쉬움이 있다.

3.6. '한자어와 외래어' 묶음에서

'한자어와 외래어' 묶음(223~246쪽)에는 서른 항이 실려 있는데, 오늘날의 말글살이에 그대로 적용할 만한 것으로 아래와 같은 내용이 있다.

ㅁ물음 6 - [교과서/꽃과서], [조건/좃건], [효과/홋과] 들은 어느 쪽이 표준 발음인지요?

ㅇ대답 - [교과서], [조건], [효과]가 표준 발음입니다. 사이 된소리는 두 낱말이 합쳐진 것으로, 사이에 '의' 토가 생략되는 대신으로 나는 것인데, '교과서'는 '교의 과서'가 아니요, '조건'은 '조의 건'이 아니요, '효과'는 '효의 과'가 아니니, 사이 된소리가 날 수 없는 것입니다. 이런 따위의 소리는 순전히 일본말 버릇으로 잘못 내는 것입니다. (1953.07)

위의 대답은 무차별적인 된소리 발음을 꾸짖는 충고이다. 아래의 대답도 오늘날의 말글살이에 그대로 참고할 만한 내용이다.

□물음 22 - '박회임(朴會任)'의 이름을 실제 부르기는 [박회님]이라고 하는데, '회임'으로 써야 할까요, '회님'으로 써야 할까요?

◦대답 - 朴會任의 이름을 본디 한문글자로 지은 것인지, 혹은 우리말로 [회님]이라고 지은 것을 한자로 취음하여 會任회임으로 쓴 것인지요? 만일 본디 한자로 지은 것이라면 [회임]으로 불러야 옳고, 만일 본디 [회님]이라 지은 것이면 한자 會任은 취음(소위 當字)에 불과한 것이니, 그것에 얽매이어서 제 본디이름을 틀리게 불러서는 안 됩니다. 任으로 쓰거나 壬으로 쓰거나, 또는 姙(임), 妊(임), 林(림), 臨(림), 恁(님), 賃(님), … 무슨 자로 쓰거나 관계할 것 없이 본디이름이 [회님]이면 '회님'으로 쓰는 것이 옳습니다. 〔줄임〕(1947.07)

물음 22에 대한 답의 요지는 [회님]이라 부르고 발음하면서 '회임/會任'으로 표기함은 잘못이라는 것이다. 다시 말하면, 표기에 앞서 발음을 먼저 생각하라는 것이니, 일단 한자로 표기해 놓고 나면 모든 것을 한자로만 풀려는 일반적인 경향에 대한 합리적인 경계이다.

3.7. '말본 관계' 묶음에서

'말본(문법) 관계'라고 이름한 묶음(249~275쪽)에는 스물여섯 항이 있는데, 말글살이와 관련하여 주목할 만한 내용은 드물다. 다음의 대답이 비교적 두드러진다.

ㅁ물음 17 – 토씨 '에'와 '엣'이 어떻게 다릅니까?

ㅇ대답 – '에'는 단순히 처소를 나타내는 어찌자리 토요, '엣'은 거기다가 다시 '의' 토의 뜻인 ㅅ을 붙이어 뒤에 오는 이름씨를 꾸미는 매김자리 토입니다. 이를테면, '위에 있다', '안에 들었다', '집에 간다', '솥에 넣어라', '부뚜막에 놓았다' 들의 '에' 토는 뒤에 오는 풀이씨를 꾸미는 어찌말로 쓰이고, '위엣 것', '배안엣 머리', '집엣 돈', '솥엣 물', '부뚜막엣 소금' 들의 '엣' 토는 이름씨를 꾸미는 매김말로 쓰입니다. (1940.01)

3.8. '말뜻 관계' 묶음에서

'말뜻(語義어의) 관계' 묶음(279~289쪽)은 열아홉 항인데, 우리 낱말을 꼭 한자와 관련시켜 생각하는 폐습을 지적하는 내용이 있다. 그런 과정에서 '고의'는 토박이말임을 지적하였다.

ㅁ물음 14 – '중우'(아래 홑옷)를 한자로 '中衣'중의, '褌衣'고의로 씁니까?

ㅇ대답 – '중우'는 남도 사투리이고, 서울에서는 '중의', '고의', '속 곳' 세 가지로 일컫습니다. '중의'라 '속곳'이라 함은, [줄임] '속에 입는 옷'이라는 뜻에서 되었을 것이요, '고의'는 본디 한자의 褌衣나 袴衣 고의에서 온 것이 아니라, 우리 옛말의 'ᄀ외'에서 "ᄀ외→고외→고의" 로 변천된 말인데, 한문에 중독된 폐습으로 이와 비슷한 발음의 한자를 끌어다 붙인 것입니다. [줄임] 현대 표준말로는 '고의'입니다. (1938.07)

그리고 다음의 대답에서는 '홀소리'와 '닿소리'라는 이름의 내력을 풀이하고 있다. 각각 그 연유를 먼저 조음상의 특징을 들어 풀이하고 있는데 간단하면서도 명쾌하다.

　□물음 19 – '홀소리'와 '닿소리'란 말의 뜻을 간단히 설명해 주십시오.
　○대답 – 홀소리는 입안의 아무데도 닿지 않고 홀로 나오며, 또 그 글자가 저 홀로 한 소리를 이룰 수 있으므로 '홀소리'라 하고, 닿소리는 입안의 어디든지 닿고 나오는 소리이며, 또 그 글자가 홀소리글자에 닿아서야 한 소리를 이룰 수 있으므로 '닿소리'라 합니다. (1939.04)

끝의 '붙임' 묶음(293~315쪽)에는 '흔히 쓰는 토씨'와 '흔히 쓰는 끝(語尾)'을 분류하고 그 용례를 들어 놓은 것인데, 그 분류와 명칭에 독특한 데가 많다. 하지만 일반의 말글살이와는 관련이 크지 않으므로 더 들어가지 않기로 한다.

4. 마무리

『의문·해설 한글 강화』는 건재 개인의 저서이기는 하지만, 조선어학회~한글학회 및 그 기관지『한글』과 밀접한 관련을 맺고 있다. 그 이름이 암시하듯이, 이 책은 건재가『한글』의 지면을 통하여 우리 말과 글에 관한, 대중들의 물음에 대하여 대답한 내용들을 엮은 것이다. 건재의 대답은 1937년 9월에 시작하여 1963년 9월까지 26년 동안, 44번에 걸쳐 참참이 이루어져 왔는데, 왜정 치하의 것이 24번이다.
　이 책에 실은 물음·대답은 모두 308개 항목이다. 그 내용은 대부분이 우리 말과 글의 실제적인 사용과 관련한 것들인데, 특히 한글 맞춤법 및 표준어 관련 내용이 많았다. 풀이와 대답은 전반적으로 조선어학회에서 제정한 표기법과 사정査定한 표준말을 기준으로 서술하였다. 대중을 상대로 실제적인 말글살이의 문제들을 다루었기 때문에 대부분이 일반적인 내용이지만, 곳곳에 지은이의 독특한 견해가 드러나 있기도 하다. 이 책에 실린 내용은 길게는 60년 전, 짧게는 36년 전 것까지 있는데, 오늘날의 말글살이에 그대로 참고할 만한 내용도 적지 않다.

건재의 이 작업은 조선어학회에서 제정한 말글 규범들을 대중 속에 보급하여 정착시키는 데에 크게 이바지하였다. 그리고 그 작업은 늘 대중과 함께 호흡하는 속에서 이루어져 왔다는 데에 특별한 의의가 있다. 특히, 우리 겨레가 왜정의 압제 밑에서 캄캄한 나날을 보내던 그 시절, 건재는 조선어학회의 정기 간행물『한글』을 매개로 대중과 살을 맞대며 우리 말글살이에 대한 궁금증을 풀어 주고 나아갈 길을 제시함으로써 겨레의 마음을 붙잡아 주었다. 그 길은 순탄하지 않았으니, 3년 동안의 옥고까지 감수해야 했다. 광복 후에도 줄곧, 건재는 우리 말글 규범과 관련한 일에서 늘 중심적인 구실을 담당하였다.

건재의『의문·해설 한글 강화』는 20세기 중엽, 말글살이의 표준화와 발전을 열망하는 한겨레 공동체의 친근하면서도 믿음직한 길잡이였다.

참고 문헌

1) 건재 정인승의 논저

정인승. 1936.08. 「사전 편찬에 관한 전반적인 문제」. 『한글』 제4-7호(통권 36) 1~7쪽. 조선어학회.

정인승. 1936.12. 「표준어 査定사정과 한자어의 표준음」. 『한글』 제4-11호(통권 40) 1~3쪽. 조선어학회.

정인승. 1937.01. 「/ㅣ/의 역행동화 문제-그 원리와 처리 방법-」. 『한글』 제5-1호(통권 41) 1~7쪽. 조선어학회.

정인승. 1938.10. 「모음 상대 법칙과 자음 가세 법칙」. 『한글』 제6-9호(통권 60) 10~25쪽. 조선어학회.

정인승. 1950.01. 『한글 문답』. 현대문화사.

정인승. 1960.07. 『의문·해설 한글 강화』. 신구문화사.

2) 참고 자료

〈조선어학회~한글학회의 잡지〉

한글 동인. 1927.07/08. 「질의·응답」. 동인지 『한글』 제5호 16쪽 / 제6호 14쪽. 한글사.

조선어학회. 1932.05.~1949.07. 『한글』 제1-1호(통권 1)~제14-1호(통권 107). 조선어학회.

조선어학회. 1932.06. 「질의·해답」. 『한글』 제1-2호 71~74쪽. 조선어학회.

조선어학회. 1934.04/05/06. 「물음과 대답」. 『한글』 제2-1호(통권 11) 14쪽 / 제2-2호 15쪽 / 제2-3호 15쪽. 조선어학회.

조선어학회. 1937.04. 「물음과 대답」. 『한글』 제5-4호(통권 44) 17~18쪽. 조선어학회.

조선어학회. 1937.04. 목차. 『한글』 제5-4호(통권 44) 앞표지. 조선어학회.

조선어학회. 1937.09/10. 「조선어학회 소식」. 『한글』 제5-8호(통권 48) 5쪽 / 제5-9호 16쪽. 조선어학회.

한글학회. 1949.12. 『한글』 제14-2호(통권 108). 한글학회.

한글학회. 1955.04.~1963.09. 『한글』 제110호~제132호. 한글학회.

한글학회. 1972.09.~1989.04. 「『한글 새소식』'차례'의 죽보기(제1호~제 200호)」. 『한글 새소식』 합본 4. 한글학회.

한글학회. 1989.05.~1992.08. 「『한글 새소식』'차례'의 죽보기(제201호~제240호)」. 『한글 새소식』 합본 5. 한글학회.

한글학회. 1988.06. 「『한글』'차례'의 죽보기(제1호~제200호)」. 『한글』 제200호 411~497쪽. 한글학회.

〈어문 규정〉

문교부. 1988.01. 「표준어 규정」.

문교부. 1988.01. 「한글맞춤법」.

조선어학회. 1933.10. 『한글마춤법(조선어철자법) 통일안』 첫판(原案원안). 조선어학회.

조선어학회. 1936.10. 『査定사정한 조선어 표준말 모음』. 조선어학회.

조선어학회. 1937.05. 『한글마춤법 통일안』 고친판(原案의 용어와 어례 정리). 조선어학회.

조선어학회. 1940.10. 『한글맞춤법 통일안』 새판(原案의 일부 개정). 조선어학회.

조선어학회. 1941.01. 『외래어표기법 통일안』. 조선어학회.

조선어학회. 1946.09. 『한글맞춤법 통일안』(새판의 일부 개정). 조선어학회.

한글학회. 1948.10. 『한글맞춤법 통일안』 한글판. 한글학회.

한글학회. 1958.02. 『한글맞춤법 통일안』 용어 수정판. 한글학회.

한글학회. 1980.08. 『한글맞춤법』. 한글학회.

〈일반 논저〉

김승곤. 1996.09. 「건재 정인승 선생의 생애와 학문」. 『새 국어생활』 제6-3호 3~19쪽. 국립 국어연구원.

이윤재. 1932.05. 「『한글』을 처음 내면서」. 『한글』 창간호 3쪽. 조선어학회.

정손모. 1996.09. 「나의 아버지 건재 정인승」. 『새 국어생활』 제6-3호
100~123쪽. 국립 국어연구원.

조오현. 1994.07. 「국어학사의 재조명 l 정인승」. 『주시경 학보』 제13집
168~179쪽. 탑출판사.

한글학회. 1971.12. 『한글학회 50년사』. 한글학회.

___

이 글 ⑤는 『한말 연구』 제3호(1997.06)에 실린 글의 됨됨이를 조정한 것이다. 그것은
'문화 인물'로 선정된 건재 정인승을 기려 국립 국어연구원에서 특집으로 꾸며 간행한
『새국어생활』 제6-3호(1996.10)에 실린 글을 부분적으로 보완하여 다시 실은 것이었다.

우리 말글에 기울인
석인 정태진의 정성과 노력

"해 두고 헛 읽으니 이룬 일 무어런고?
이룬 일 전혀 없고 죄만은 가볍잖네.
28의 배달 남아 원한이 크고 큰데,
무심한 저 하늘은 소리조차 없구나.

         정 태친

망국한亡國恨 섧다커늘 아비 또한 돌아가니,
망망한 하늘 아래 내 어디로 가잔 말고?
한 조각 외론 혼 죽잖고 남아 있어,
밤마다 꿈에 들어 남쪽으로 날아가네." (1943)

1. 머리말

석인石人 정태진丁泰鎭[1]은 경기도 교하군 아동면 금릉리[2] 406번지에서 나주 정씨 규원圭元과 죽산 박씨 사이에서 삼형제 중 맏아들로 태어났다. 때는 나라의 주권이 스러져 가던 1903년 9월 16일(음력 7월 25일)이었다.

그 무렵 석인의 집안은 매우 가난하였으나 집안 어른들의 학문에 대한 열의는 예사롭지 않았다. 아버지 규원은 1900년 10월 개교한 '관립官立중학교'[3] 심상과尋常科, 곧 보통과에 제1회로 입학하였다. 그러한 집안의 분위기에 힘입어, 소년 석인은 1914년 5월(10살)부터 1917년 3월까지 공릉천 건너 십리 거리에 있는 공립 교하보통학교에서 수업修業하였다. 이어서 그해 1917년[4] 4월 경성고등

---

1 연희전문학교의 「정태진 학적부學籍簿」를 보면, 입학 당시에는 이름을 '종득會得'으로 등록했는데 나중에 '태진'으로 고쳤다. 아마 집안에서 항렬자 '鎭'에 맞추어 형제의 이름을 함께 고친 듯하다. 널리 알려진 호는 '석인'인데, 「시골말 캐기 ③」(1948.02:53)에서는 스스로 '쇠돌'이라 하였고, 육필로 쓴 시조 「한 생각」(1952.02)에는 '흰메'라고 썼다.

2 1914년 4월 1일의 행정구역 개편으로 교하군交河郡이 파주군坡州郡에 편입되었으며, 그 후로도 몇 번의 변천을 거쳐 1996년 3월 '파주시 금릉동(금촌2동)'이 되었다.

3 대한제국의 칙령 제11호 「중학교 관제」(1899.04.04)에 근거하여 설립한, 최초의 관립 중학교로, 심상과의 수업 연한은 4년이었다. (심상과 위에 3년 과정의 '고등과'를 두기로 규정했으나 실제로 개설한 적은 없었다.) 흔히 '중학교'라고 일컬었는데, 1906년 9월 '관립 漢城한성고등학교'로 이름을 바꾸었다. 국권을 빼앗긴 후, 1911년 11월 '京城경성고등보통학교'로 바뀌고, 그 후로도 몇 번의 곡절을 겪었다. 광복 후, 1946년 9월 '경기중학교'(6년제)로 개편되었으며, 1951년 8월 31일 오늘날의 경기중학교와 경기고등학교로 분리되었다.

4 석인 해적이 등에는 교하보통학교에 이어 경성고보에 입학한 해가 '1917년'으

보통학교(수업 연한 4년)에 입학하여 열차로 통학하고[5] 1921년 2월 졸업하였다. 그해 4월 연희전문학교(오늘날의 연세대학교) 문학과[6]에 입학하여, 4년 동안 열두 학기(1년이 세 학기)의 모든 과정을 이수하고, 21살이던 1925년 3월 14일 졸업하였다.

연희전문 졸업과 함께, 4월 새 학기에 함경북도 함흥에 있는 영생永生여자고등보통학교 교사로 부임하여 영어와 조선어 과목을 맡아 가르쳤다. 가족과 떨어져 2년 동안 복무한 후에 연희전문 시절의 은사인 빌링스(Bliss W. Billings, 변영서) 목사의 적극적인 권유로 미국으로 유학을 떠났다(이응호 1998.09:82). 23살이던 1927년 5월이었다. 우스터대학(Wooster College) 철학과에 입학하여 1930년 6월 졸업했으며, 곧이어 컬럼비아대학교(Columbia University) 대학원 교육학과에 입학하여 1931년 6월에 과정을 마쳤다. 그러고는 곧 조선반도로 돌아와, 그해 9월[7] 영생여고보에 복직하여 1940년 5월[8]까지 봉직하였다.[9]

로 기록되어 있다. 그런데 연희전문학교의 「정태진 학적부」 등에는 경성고보에 입학한 해를 '1918년'으로 기록해 놓았다. 이 학적부의 기록이 사실이라면 경성고보에는 3년만 재학한 것이 된다.

5 1918년(14살) 3월에는 안동 권씨 정옥과 혼례를 올렸다.

6 여기 '문학과文學科'는 오늘날과 같은 '문학 전공' 과정이 아니다. '인문학과'라 할 수 있다. 최고 학년인 4학년의 교과목까지도 "수신, 국문학, 영어, 영문학, 근세사, 교육 심리, 철학, 논리학, 사회학, 음악, 체조, 성서"였다.

7 지금까지 알려진 해적이에는 9월로 기록되어 있는데, 「조선어학회사건 예심 종결 결정문」에는 "소화 8년(1933년) 4월부터"로 기록되어 있다.

8 '1940년 5월'은 위 「결정문」의 기록이다. 한편, 교목校牧으로 영생여고보에서 석인과 함께 근무한 김춘배(☞ 349쪽의 각주 25)는, 석인이 영생여고보를 떠난 때가 '1939년'이며, 고향인 파주에 가 있다가 조선어학회에 들어갔다고 회고하였다(김춘배 1977.06:110). 「결정문」과 김춘배의 회고를 비교해 보면, '1940년'과 '1939년'이라는 시점의 차이는 있으나, 조선어학회로 옮기기 적어

미국 유학 시절, 조선인 유학생들과 한자리에 앉은 석인(맨 왼쪽).

37살이던 1941년 4월 23일[10] 사전편찬원으로 조선어학회에 발을 들여놓았다. 그로부터 한결같이 조선어학회를 지키다가, 49살이던 1952년 11월 2일 뜻하지 않은 교통 사고로 세상을 떠났다.

석인의 한평생을 거칠게 살폈는데 이를 간추리면, 태어나 성장하고 연희전문학교를 졸업할 때까지, 영생여고보 교사 시절, 조선어학회 사전편찬원 시절의 셋으로 마디지을 수 있다. 그 기간은

도 1년 전에 영생여고보를 그만두었다는 점을 확인할 수 있다. 여러 글에서 석인이 '조선어학회에 들어가기로 작정하고' 영생여고보를 사직한 것처럼 기술한 것과 다르다. 다시 말하면 진로를 정해 놓고 영생여고보를 사직한 것이 아니라는 점이다. 나는 1998년 10월 16일 한말연구학회 발표 대회에서 이런 내용을 말했는데, 그 자리에 있던 석인의 맏아들 정해동이 내 말이 사실임을 증언해 주었다.

9 미국 유학에서 돌아와 영생여고보에 복무하는 동안, 그 후반기에는 부인과 함께 살았다(정해동 1998.09:126).

10 '4월 23일'은 『한글』 제9-4호(1941.05) 소식란의 기록을 따른 것이다. 『석인 전집 (상)』에 실린 것을 비롯하여 여러 해적이에 한결같이 '6월'로 되어 있는데, 그 근거 기록이 무엇인지 알 수 없다.

각각 21년 6달, 15년 1달, 11년 6달이 된다.

제1기 : 1925년 3월(21살)까지 21년 6달 — 성장·수학
제2기 : 1940년 5월(36살)까지 15년 1달 — 미국 유학 및 영생여자고
등보통학교 교사
제3기 : 1952년 11월(49살)까지 11년 6달 — 조선어학회 사전편찬원

　제1기의 절반 가량 되는, 약 11년 동안에는 학교 교육을 받았으며, 제2기 가운데 약 11년은 영생여고보 교사로 근무하였다. 제3기의 11년 6달 동안은 오롯이 조선어학회 사전판찬원으로 일하였다. 4년의 미국 유학 생활을 빼고 나면, 정밀하게 계산이나 한 듯이, 학교 교육 받은 것이 11년, 교사 생활이 11년, 사전편찬원으로 종사한 것이 11년이다. 제3기에는 사전 편찬 외에도 연구와 저술 활동을 많이 했는데, 대부분이 우리 말글에 관한 것이었다.
　이 글에서 살펴보려고 하는 것은 제3기의 업적과 활동의 내용이다. 조선어학회의 사전편찬원으로서 『(조선말) 큰사전』의 편찬과 발행에 쏟은 노력을 중점적으로 살필 것이며, 아울러 연구와 저술의 업적에 관해서도 다루고자 한다.

2. 『(조선말) 큰사전』에 쏟은 석인의 노력

　석인 정태진이 사전편찬원이 되기 전에 조선어학회와 어떠한 인연이 있었는지를 밝혀 주는 기록은 쉬이 보이지 않는다. 하지만 그가 1921~1924년 동안에 연희전문학교 문학과를 다녔다는 사실은

실마리를 푸는 단서가 된다. 그 무렵 연희전문 문학과에는 조선어를 남달리 사랑하던 정인보가 교수로 있었다(리의도 1997.09:110). 그리고 3년 선배 중에 한힌샘 주시경의 직접 제자인 한결 김윤경이 있었다. 한결은 스승의 학문을 주변에 전파했는데, 석인의 동기생 정인승은 그의 영향을 특별히 많이 받았다(정인승 1983.10:67). 그러한 환경과 관계 속에서 석인도 1921년 12월 3일 재건된 조선어연구회(→조선어학회)와 간접적인 접촉은 있었을 것으로 보인다. 영생여고보에 근무하면서부터 사투리 수집에 몰두한 사실도 이러한 추정의 근거가 된다. 하지만 그 인연을 확증해 줄 만한 기록은 없다.

석인과 조선어학회와의 인연을 입증하는 첫 기록은 조선어학회 기관지 『한글』 제9-4호(1941.05)의 소식란에 실린 "정태진 씨, 4월 23일부터 사전 편찬 일을 보시다."이다. 석인은 이때(1941년)부터, 조선어학회 수난과 8·15와 6·25를 거쳐, 1952년 11월 2일 교통 사고로 세상을 떠날 때까지, 가정과 자신을 돌보지 않고[11] 오로지 조선어학회 사람으로서 심신을 다 바쳐 일하였다. 그 11년 6달이 석인 생애의 제3기에 해당하는데, 그것은 다시 다음의 셋으로 잘게 나누어 볼 수 있다.

---

11 그의 부인이 병으로 이승을 떠났을 때에 『한글』 제12-2호(1947.05:72)의 소식란에 특별히 이런 내용을 실었다 : "부인께서는 결혼 후 35년간 일 많고 쓰라림 많던 반생, 능히 내조의 공을 쌓은 현모양처시었으며, 어학회 사건 시에는 공규를 지키어 가문을 부지하셨는데, 해방 이후 즐거움을 못 보시고 드디어 영원한 나라로 떠나시니 우리는 삼가 눈물로 명복을 비는 바입니다." 가까운 동료들이 그렇게까지 추모한 것을 보면 석인이 가정사에 신경 쓰지 않았던 정도를 짐작할 수 있다.

1941년 4월 ~ 1945년 6월 (광복을 맞기 전까지)
1945년 8월 ~ 1950년 6월 (한국전쟁이 일어난 때까지)
1950년 6월 ~ 1952년 10월 (이승을 떠난 때까지)

첫 번째 기간은 처음 사전편찬원이 된 때부터 함경남도 홍원과 함흥에서 옥고를 치르고 출옥한 때까지이고, 두 번째 기간은 8·15 광복과 동시에 사전 일에 복귀한 때부터 6·25 전쟁이 일어난 때까지이며, 세 번째 기간은 잠시 피란하였다가 전쟁의 위험을 무릅쓰고 서울로 돌아와 다시 『큰사전』의 인쇄 교정에 매달리다 세상을 떠난 때까지이다. 그렇게 나누어 사전의 편찬과 발행에 쏟은 그의 정성과 노력을 살펴보기로 한다.

2.1. 광복을 맞기 전까지

조선어연구회에서는 오래 전부터 조선어사전 편찬에 대한 이상을 품고 있었다. 그러나 사전 편찬 사업이 워낙 어려운 일이라 쉬이 착수하지 못하고 이모저모 기회를 엿보고 있었다. 그러던 중에 이극로 회원의 적극적인 교섭으로, 마침내 조선어연구회가 중심이 되어, 경향의 각계 인사 108명의 발기로 '조선어사전 편찬회'를 조직하고 「조선어사전 편찬 취지서」[12]를 사회에 발표하였다

---

12 그 취지서에는 이러한 구절이 있었다 : "오늘날 세계적으로 낙오된 조선민족의 갱생할 첩경은 문화의 향상과 보급을 급무로 하지 않을 수 없는 것이요, 문화를 촉성하는 방편으로는 문화의 기초가 되는 언어의 정리와 통일을 급속히 꾀하지 않을 수 없는 것이다. 그를 실천할 최선의 방책은 사전을 편성함에 있는 것이다."(한글학회 1971.12:264)
이를 통하여 그들이 사전을 편찬하려 했던 의도를 넉넉히 엿볼 수 있다.

(☞ ⑨의 3.2). 1929년 10월 31일, 한글날 기념식 자리에서였다. 그로써 조선어사전 편찬은 민족적 사업으로 자리매김하게 되고, 희망찬 첫발을 내딛게 되었다.

편찬회와 조선어연구회는 업무를 나누어, 1930년 12월을 전후하여 각각 실무 작업을 개시하였다. 1936년 3월에 이르러서는, 지난 5년의 실적과 경제성을 평가하여 편찬회를 해산하고, 모든 업무를 조선어학회(조선어연구회)로 통합하였다. 재정 조달의 어려움으로 두어 번의 중단 위기를 맞았지만 뜻있는 이들의 헌신적인 뒷받침으로 편찬 사업을 계속할 수 있었고, 마침내 1940년 3월 13일에는 원고의 1/3에 대하여 간신히 조선총독부의 '출판 허가'를 받아 내었다(☞ 271~272쪽). 하지만 우리 민족의 숨통을 죄는 탄압 정책의 화가 미칠 것을 더욱 염려하지 않을 수 없었다.[13] 이에 더욱 박차를 가하여, 한편으로는 미진한 원고를 작성하고, 다른 한편으로는 이미 작성한 원고를 수정해 나갔다.

석인이 조선어학회에 발을 들여놓은 것은 바로 그즈음인 1941년 4월 23일이었다. 1940년 5월 함흥 영생여고보를 사직하고, 고향 파주에 돌아와 머물던 그에게 연희전문 동기생인 건재 정인승이

조선의 '언어'를 일으키고, 그것을 통하여 조선의 '문화'를 일으키고, 다시 그것을 통하여 조선 '민족'을 일으키고자 했던 것이다. 사전 편찬 사업의 궁극적인 목적은 민족을 살리는 것이었다.

13 1936년 12월에는 「조선 사상범 보호관찰령」을 만들어 민족주의자를 감시하기 시작하였으며, 다음해 6월 7일에는 '동우회 사건', 그 다음 해에는 '흥업구락부 사건'으로 많은 지도자들을 검거하였고, 1938년 4월부터는 각급 학교 교과과정에서 '조선어' 과목을 선택 과목으로 돌렸다(실지로는 폐지). 1940년 2월에는 창씨 제도를 시행하고 「사상범 예비구금령」을 내렸으며, 8월에는 『조선일보』와 『동아일보』를 폐간하고, 9월에는 '기독교 반전 공작 사건'을 조작하여 수많은 기독교 인사를 투옥하였다(한글학회 1971.12:13).

강력히 권유한 결과였다.[14] 건재는 1936년부터 조선어학회에서 사전 편찬 작업의 주무主務를 맡았는데(한글학회 1971.12:267), 일손이 더 필요하게 되자 석인에게 함께 일하기를 제의한 것이었다.

1942년 9월, 초가을이었다. 사전 원고 작성은 막바지에 이르렀으며, 3월 조판에 넘기었던 원고 일부의 교정쇄 200여 쪽을 받아 교정에도 착수하였다. 일은 더없이 바쁘게 돌아가는데, 석인 앞으로 '증인 소환장'이 날아왔다. 함경남도 홍원경찰서에서 보낸 것이었다. 잠깐 다녀오겠다며 서울을 떠나, 석인이 홍원경찰서로 들어간 것은 9월 5일이었다. 그것이 '조선어학회 수난'의 시작인 줄은 아무도 몰랐다.

왜경이 꼬투리로 잡은 것은 홍원 출신으로, 함흥의 영생여자고등보통학교 4학년에 재학 중인 박영희의 일기였다.[15] 2학년 어느

---

14 동기생이지만 건재가 여섯 살이나 위였다. 30여 년 후에 정인승은 "정태진은 나와 연전 문과 동창생이다. 미국에 유학을 하고 돌아와 함흥 영생여자고등보통학교에서 교편을 잡다가 조선어사전 편찬을 하자고 내가 제의하여 교편 생활을 그만두고 나와 더불어 화동 조선어학회 사무실에서 사전 편찬 일에 온 힘을 기울이고 있는 터였다."(1972.11.25)고 회고한 바 있다. '교편 생활을 그만두고'의 선후에 관해서는 336쪽의 각주 8에서 바로잡았다.

15 일본 경찰이 그 일기장을 입수한 경위에 대해서는 이야기가 조금씩 다른데, 크게 두 가지로 나눌 수 있다 : ① 전진역(홍원역)에서 홍원경찰서 형사와 박영희의 삼촌 되는 박병엽 사이에 말씨름이 생겼고, 그 일로 인하여 형사가 박병엽의 집을 수색하던 중에 발견하였다. ② 함흥과 홍원 사이를 오가는 '통학 열차' 안에서 영생여고보 학생들의 '불온한' 대화를 엿들은 형사가 그 학생들을 조사하던 중에 발견하였다.

그런데, 영생여고 졸업생 5명의 좌담회 기록 「석인 선생을 추모하며」(국립국어연구원 1998.09:150~152)에 따르면, 함흥과 홍원은 통학할 만큼 가까운 거리가 아니고 실제로 통학하는 학생도 없었다. 그 점을 감안하면 ②는 사실과 전혀 다른 것이 되지만, '통학 열차'라는 부분이 '방학을 맞아 귀향하는 열차' 따위의 오류일 개연성이 있으므로 아주 무시할 수는 없다.

날의 일기에서 '벽에 붙여놓은 표어 國語常用국어상용이 물구나무 섰다'[16]는 문구를 발견한 것이었다.[17] 당시의 '국어'는 일본어를 가리켰으니, 일본의 시각에서는 보통일이 아니었다. 왜경은 '일본어 사용의 강요'에 대한 반감을 행동화한 것으로 의심하였다.

홍원경찰서에서는 바삐 움직였다. 여름 방학을 맞아 홍원의 고향집에 와 있던 박영희는 물론이요 함흥에 사는 동급생 서넛도 불러 조사하였다. 그리고, 학생들에게 일본에 대한 반감을 부추긴 교사로 석인 정태진을 지목하고 그를 증인으로 부른 것이었다. 당시 학생들의 증언이나 정황으로 보건대, 석인이 명시적으로 '반일'이나 '항일'을 말한 것은 아닐지라도 우리 민족의 역사와 위인에 관한 이야기는 자주 했으며, 그런 일로 인하여 은연중에 학생들에게 민족 정신이 투철한 교사로 비쳤을뿐더러 학생들로부터 존경을 받은 것은 사실이었다.[18]

왜경은 여러 사실을 억지로 짜맞추어 마침내 '증인 정태진'을 '피의자 정태진'으로 탈바꿈시킨 각본을 완성하였다. 석인은 위험한(?) 반일 분자가 되고, 조선어학회로 직장을 옮긴 것도 반일 운동의 연장선으로 꾸며졌다. 그가 몸담고 있는 조선어학회는 민족주의자의 집합체이며, 진행 중인 조선어사전 편찬 사업은 독립 운동의 일환이라는 등의 자백(?)까지 억지로 받아내었다.

---

16 '國語常用'은 '항상 국어를 사용하자'는 뜻이다. 그때에는 으레 세로쓰기를 하였다.

17 일기의 내용에 대해서는 다른 말도 있는데, "국어를 사용하다가 선생님한테 꾸지람을 들었다."는 것이 그것이다.

18 이에 관해서는 임옥인(1968.09)의 글과, 위의 좌담 기록(1998.09:146) 등을 참고할 수 있다.

그 어거지 자백을 근거로, 홍원경찰서에서는 조선총독부 시정施
政 기념일인 10월 1일에 맞추어 조선어학회의 사전편찬원 전원[19]
과 임원·회원·후원자 등, 11명을 한꺼번에 구속해 갔다. 이어서
다음해 1943년 3월 6일까지 네 차례에 걸쳐 통틀어 29명(석인 포함)
을 구속했으며,[20] 그 외에도 48명을 증인으로 불러 신문하였다.
그때까지 작성한 조선어사전의 원고도 압수하여 증거물로 가져갔
다. 왜경은 신문 과정에서 온갖 수법으로 고문을 가하고 인격을
짓밟으며 거짓 자백을 강요하였다. 그렇게 하여 1943년 3월 중순
피의자 신문 조서 꾸미기를 끝냈는데, 조서에 올린 '피의자'는 불구
속 상태의 4명 포함하여 모두 33명이고, 죄목은 '「치안유지법」 위
반'이었다. 경찰은 구속한 29명 중에서 1명을 '불기소' 처분하여
석방하고, 28명의 처분을 함흥검사국으로 넘겼다.

사건을 넘겨받은 함흥검사국에서는 여섯 달 동안 나름의 절차를
밟아, 1943년 9월 11일에 이르러 12명은 '기소 유예' 처분하고 16명
을 '기소'하였다. 그로써 16명은 홍원경찰서의 유치장을 떠나 열차
에 태워져 함흥형무소 감옥으로 옮겨졌다. ('기소 유예' 처분을 받
은 12명도 곧바로 풀려나지 못하고 16명과 함께 형무소로 옮겨졌
다가 18일에야 풀려났다.) 기소된 16명은 함흥형무소 감옥에서
갇혀 재판을 기다렸다. 그러던 1943년 12월부터 1944년 2월까지의

---

19 당시의 편찬원으로 이극로·정인승·정태진·이중화·한징·권승욱의 여섯이
   구속되었으며, 그 이전의 편찬원으로는 김선기·이윤재가 구속되고 권덕규
   는 병중에 있어 구속을 면하였다. 이극로·정인승은 학회 임원이기도 했고
   이윤재는 임원을 맡았다.
20 다른 사람은 처음부터 홍원경찰서에 구금되었는데, 이인은 처음부터 끝까지
   함흥경찰서에, 정인승·이극로·권승욱은 함흥경찰서에서 20일 동안 조사를
   받다가 나중에 홍원경찰서로 옮겨졌다.

겨울에, 일찍부터 조선어학회에서 중추의 구실을 해 온 이윤재와 사전 편찬 작업에 힘써 온 한징은 쇠약해진 몸으로 주림과 추위를 견디지 못하고 숨을 거두었다.

예심은 4월이 되어서야 시작하였다. 예심 판사는 9월 30일 예심을 종결하고, 2명은 '면소免訴' 처분으로 석방하고, 12명을 공판(정식 재판)에 회부하였다. 그 후로 8명은 1945년 1월 16일까지 아홉 번의 재판을 거치면서 차례로 풀려났지만, 석인과 이극로·최현배·이희승·정인승은 실형을 선고 받았다.

석인은 아예 상고를 포기하고, 만기 복역을 마치고 1945년 7월 1일 출옥하였다. 나머지 4명은 경성京城고등법원에 상고했지만 1945년 8월 13일 '상고 기각' 판결을 받음으로써 형이 확정되었는데, 그 사흘 후에 8·15 광복이 찾아왔고, 8월 17일 형무소에서 나와 18일 서울로 돌아왔다.

이 일련의 일들을 일러 '조선어학회 수난'이라 한다. 1942년부터 10월부터 3년 동안은 사전 편찬을 비롯하여 조선어학회의 모든 활동이 중단된, 암흑의 기간이었다.[21]

그런데, 이극로·최현배·이희승·정인승과 달리 석인이 상고를 포기한 까닭에 대하여, 후일 맏아들 정해동은 "어려운 집안 살림을 도맡고 있는 나의 작은아버지에게 상고 비용 부담을 덜어 주기 위해서였던 것으로 생각된다."(정해동 1998.09:130)고 하였다. 넉넉지 않은 살림살이에 아버지까지 세상을 떠난 상황이었으니,[22] 집안

---

21 『한글학회 50년사』(1971.12:273)에서는, 1936년부터 1945년까지를 '큰사전 편찬 실무 제1기'라 이름하고, 한글학회의 역사 중에서 "가장 심각한 시련의 시기이며, 가장 극심한 진통의 시기이며, 가장 비장한 투쟁의 시기인 동시에, 또 가장 감격적인 승리의 시기이기도 하였다."고 기록하였다.

에서 상고 비용을 마련하기가 쉽지 않았을 것이고, 석인도 가족에게 짐이 되는 것을 염려했을 것이다.

1942년 9월 5일 홍원경찰서에 출석하여 1945년 7월 1일 출옥할 때까지, 석인은 다른 동지와 마찬가지로 온갖 수모와 고통을 겪었다. 「洪原홍원에서」[23]라는, 아래의 시에서 당시의 고통과 심정의 일단을 읽을 수 있다.

"해 두고 헛 읽으니 이룬 일 무어런고?
이룬 일 전혀 없고 罪죄만은 가볍잖네.
28의 배달 男兒남아 冤恨원한이 크고 큰데,
무심한 저 하늘은 소리조차 없구나.

亡國恨망국한 섧다커늘 아비 또한 돌아가니,
茫茫망망한 하늘 아래 내 어디로 가잔 말고?
한 조각 외론 魂혼이 죽잖고 남아 있어,
밤마다 꿈에 들어 남쪽으로 날아가네."

석인은 조선어학회 수난의 원인이 많은 부분 자신에게 있다는 자책감을 느꼈다고 한다.[24] 그러나 총독부의 출판 허가를 내심으로 못마땅해하는 무리가 조선어학회의 사전 출판을 원천적으로 막기 위하여 '박영희의 일기'를 이용한 측면이 강하다. 박영희의 일기가 없었더라도, 저들은 조선어학회의 큰사전이 나오는 것을 가로막을 빌미를 만들어 냈을 것이다.

---

22 석인의 구금에 대한 충격으로, 그의 아버지는 1943년 1월 30일 세상을 떠났다.
23 김윤경(1946.04:64)의 「조선어학회 수난기」에 소개되어 있다.
24 위의 시에서 "이룬 일 전혀 없고 죄만은 가볍잖네"라고 한 것은 그러한 심정의 내비침이 아니었을까?

2.2. 한국전쟁이 일어난 때까지

8·15 광복과 함께 조선어학회의 사람들이 다시 모였다. 하지만 피와 땀을 쏟아 작성해 둔 사전 원고는 온데간데없었다. 뼈를 깎은 10여 년 공사가 물거품이 된 지경이니 낭패감이 이루 말할 수 없었다. 그런데 9월 8일 그 원고 뭉치들이 서울역의 화물 창고에서 발견되었다. 원고를 손에 든 학회 사람들은 감격의 눈물로 얼굴을 씻었다(한글학회 1971.12:274). 반일 행위의 범죄 증거물로 홍원을 거쳐 함흥으로, 네 사람이 상고上告함에 따라 다시 경성으로 보내진 것인데, 일본인들이 쫓겨 가면서 그냥 내버려 둔 것이었다. 참으로 하늘의 도우심이 있었던 것이다.

원고는 찾았으나, 국권이 회복된 마당에 그것을 그대로 찍어 내서는 안 된다는 의견들이 나왔다. 그런 의견을 수렴하여, 일제의 눈총 때문에 제대로 하지 못했던 낱말 풀이를 새로 하고, 불충분한 부분을 깁고 더하는 쪽으로 방향을 정하였다. 사전 편찬의 주무를 맡았던 정인승(☞ ④의 4.1)은 당시의 사정을 『한글학회 50년사』에 아래와 같이 기록하였다.

　"그런데 이 원고는 본디부터 일제의 억압 밑에서 인적, 물적의 모든 조건이 극히 불리, 불비, 불완전하고, 더욱이 급박한 시일 관계의 초조감에 몰리면서 만들어진 것인 만큼, 그 내용이나 형식에 있어, 혹은 부득이하여 무리하게 환경에 영합하며, 혹은 의식적으로 노골적인 표현을 피하여 해설이 불철저하게 된 것이 전편을 통하여 여간 많지 아니하며, 당연히 수록될 어휘로서 본의 아니게 빠뜨린 것도 많고, 말뜻이나 용례 들을 조사할 겨를이 없이 보류한 것도 많았던 것이다. 이러한 원고인지라 해방된 이제에 있어서는 그대로 세상에 내놓을 수가 없었다.

그러므로, 원고 정리에 착수를 하게 되매, 원고 전체에 걸쳐 말수와 풀이를 일일이 재검토하지 않을 수 없고, 그 장대한 분량의 재검토를 하는 중에 혹은 부분 수정, 혹은 전면 수정, 혹은 어휘의 통합, 분리, 추가, 삭제 등등의 작업과 함께, 각종의 그림이나 도표들을 적당한 곳마다 고치고 또는 새로 만들어 붙이는 작업도 아울러 해야 하게 되므로 편찬의 진행이 예상 이외로 지연에 지연을 거듭하게 될 수밖에 없었다. 거기에다가 편찬 사무 이외의 여러 가지 건설 사업들을 병행으로 하게 되기 때문에 편찬 인원도 많이 증원해야겠고, 참고 도서와 소요 경비도 상당히 준비해야 했다."(한글학회 1971.12:274~275)

광복 후의 사전 작업에는 이전부터 정진해 온 사람으로 석인을 비롯하여 이중화·이극로·정인승(책임)·권승욱과 새로 보임된 김병제·한갑수·정희준·유열·이강로 등이 참여하였다. 서로 합심하여 원고를 손질해 나갔다.

그즈음 편찬실의 막내였던 이강로는 당시의 석인에 관하여 아래와 같이 회고하였다.

"옆에서 앉아 보니, 미 군정청에서 선생을 모셔 가려고 여러 번 사람이 왔었다. 그러나 선생은 그때마다 거절하노라고 진땀을 빼는 것을 직접 보았다. 정말 보통사람의 상식으로는 이해할 수 없는, 바다와 같은 깊은 생각을 가진 어른이었다. 선생의 옷차림은 더욱 말이 아니었다. 미국 유학 시절에 사서 쓰던 낡은 중절모자가 빛이 바랜 데다가 앞에 조그만 구멍이 뚫어져서 버려도 주워 갈 사람이 없을 만한 모자를 태연히 쓰고 다니신다. 점심 때가 되면 젊은 측들은 점심 사 먹으러 밖으로 나가는데, 선생은 인절미 몇 개를 종이에 싸 가지고 오셔서 그것을 달게 잡수신다. 이런 어른이 세상에 몇이나

될까?"(이강로 1996.04:7)

위와 같은 회고는, 철학과 생각은 더 말할
것도 없고 차림과 행동까지도 보통사람과 참
으로 달랐던, 석인의 면모를 사진처럼 보여
준다. 그러한 석인을 허웅은 또 이렇게 평가
하였다.

"해방 뒤 미국의 군대가 들어왔을 때에 가장
영화를 누린 사람들은 미국 유학생들이었다.
누구나가 다 정부의 요직을 차지하였으며, 누구
나가 다 정치의 일선에 나섰던 것이다. 그러나
이상하게도 선생은 다시 가난한 조선어학회로
돌아왔다. 정말 이해할 수 없는 일이다. 친구들
이 모두 고위 고관이 되었고, 정계의 거두들이
되었는데도, 가난과 고난의 길을 스스로 기리다
니, 우리들 평범한 인간들로서는 도저히 이해할
도리가 없는 일이다."(허웅 1995.04:8)

1949년 10월(46살)의
석인.

이러한 회고나 평가에서 보듯이, 조선어학회 수난을 겪은, 8·15
광복 후의 석인은 지위나 재물에 전혀 마음을 두지 않았으며, 일반
인의 상식과 주변의 시선을 초월하였다. 오로지 겨레말 사전의
완성과 우리 말글 관련 일에만 몰두하였다(☞339쪽의 각주 11). 마치
성자와도 같았다.[25]

---

25 영생여고보의 교목으로서 석인과 함께 근무하였으며, 후일 대한기독교서회
  의 대표가 되어 석인의 두 번역서를 발행한 김춘배는 석인에 관하여 이렇게
  썼다 : "그는 어진 사람이었다. 기쁨과 노여움의 빛을 쉽게 나타내지 않았다.

여러 사람의 헌신과 합심의 결과는 마침내 1947년 한글날 『조선말 큰사전』 제1권(ㄱ~깊)으로 탄생하였다. 조선어학회를 중심으로 사전 사업을 시작한 지 꼭 18년 만이었다. 그런데 인쇄·출판에 필요한 물자를 더 구할 수 없어, 제2권부터는 미국 록펠러재단의 물자 원조를 받아야 했다(☞ 275쪽, 568쪽). '1950년 안에 완간完刊한다'는 조건이었다. 그처럼 어렵게 출판용 물자를 확보하여, 제2권은 1949년 5월 5일에야 발행할 수 있었다. 이어서 1950년 6월 1일 제3권26을 발행하였으며, 25일 즈음에는 제4권의 조판이 끝났고, 제5권은 조판에 들어갈 단계였다.

편찬원은 그해 안에 완간하기로 한 약속을 지키기 위하여 아침 8시부터 밤 10시까지, 그야말로 눈코 뜰 새 없이 일을 서둘렀다. 그런데, 뜻밖에도 그 참혹한 6·25 전쟁이 벌어졌다. 사흘 만에 서울은 북측의 수중에 들어가고, 사람들은 뿔뿔이 흩어졌다. 편찬실이었던 학회 회관(을지로)은 곧바로 북측의 집회소가 되었다가 석 달 후에는 아주 잿더미가 되고 말았다. 록펠러재단으로부터 원조받아 영등포 미곡米穀창고에 보관해 두었던 출판용 물자마저 모두 사라지고 말았다.

춥고 더운 것을 좀처럼 말하지 않았다. 사람의 짧고 긴 것을 말하지 않았다. 입는 것과 먹는 것에 가리는 것이 없었다. 성자라고나 할까? 유교풍(儒敎風)에 자라고 그리스도교의 관용성을 배운 선비이었다."(김춘배 1977.06:112)
26 제1~2권 제1쇄(초판)의 책 이름은 『조선말 큰사전』이었으나, 제3권을 비롯하여 그 후에 발행한 모든 판의 이름은 『큰사전』이 되었다. 1949년 10월 2일 총회에서 학회 이름을 '조선어학회'에서 '한글학회'로 바꾼 것(☞ 367쪽)과 같은 까닭이었다.

2.3. 이승을 떠난 때까지

6·25 당시 문교부 편수국장이던, 한글학회 이사장(오늘날의 회장) 최현배는 중앙정부를 따라 부산으로 피란했는데, 공무公務의 여가에 변함없이 학회의 업무를 보았다. 회원 중에도 부산으로 피란한 사람이 많았는데, 석인도 1951년 1·4 후퇴 때에 가족들을 거느리고 부산으로 피란하여 학회 일을 돌보았다.[27]

그런데 무엇보다도 중요하고 시급한 것은 『큰사전』 일이었다. 더구나 제4권은 조판까지 해 놓았는데, 그것이 없어지거나 파괴된다면 엄청난 손실이 될 수밖에 없었다. 이사장 최현배의 결단에 따라, 1952년 5월 20일 석인은 류제한과 함께 팔을 걷고 나섰다. 감춰 두었던 원고 한 벌을 가지고 폐허가 된 서울로 들어왔다. 조판소인 서울신문사 공장 안에 방 한 칸을 얻어 편찬실을 차리고는, 하루 앞이 불투명한 위험을 무릅쓰고 제4권의 인쇄 교정을 보아 나갔다 (한글학회 1971.12:277). 참고 서적이라고 해야 『辭苑사원』과 『식물도감』뿐이라 무슨 문제가 생기면 해결하기에 무척 애를 썼다. 그러한 곤란을 겪으면서도 일을 서둘러, 아쉬운 대로 4달 반 만에 제4권의 인쇄 교정을 끝마치고, 10월 28일 지형을 뜸으로써 제4권의 조판은 일단 마무리하였다(한글학회 1971.12:30~31).

어려운 일 하나를 그렇게 끝낸 나흘 후인 11월 2일 석인은 이승을 떠났다. 양식도 구하고 성묘도 할 목적으로 고향 파주에 가는 길에

---

27 예컨대, 1951년 7월 5일 최현배·류제한과 함께 동래 금정산 밑에 있는 추호영 회원의 집에 가서, 그 집에 맡겨 놓은 학회 도서를 꺼내어 볕을 쪼이었다(한글학회 1971.12:30).

서였다. 어렵게 얻어탄 군용 트럭이 뒤집히는 바람에 그 자리에서 운명한 것이다. 마치 『(조선말) 큰사전』을 위하여 이 세상에 온 사람인 듯이, 그렇게 이승을 떠나고 말았다. 전쟁은 계속되고 온 가족은 부산에 있었으니 장례도 반듯하게 치르지 못하였다.[28]

석인이 떠난 후에도 정인승·권승욱·류제한이 제5권과 제6권의 원고 수정을 마무리했으며, 록펠러재단의 물자 원조를 다시 받아 제4~6권을 발행하였다. 제3권을 발행하고 일곱 해가 지난 1957년 6월 30일 제5권을 세상에 내놓았다. 제4권은 그보다 두 달이 늦은 8월 30일에 발행했으니, 전란 속에서 석인과 류제한의 교정으로 서둘러 떠 놓았던 1952년의 지형을 수정해야 했기 때문이다. 그 끝에는 아래와 같은 일러두기를 앞세운, 여섯 쪽이나 되는 '고침 표'를 붙였다.

"이 넷째 권은 한국 전란 중에 편찬원 단 두 사람의 손으로 참고서 도 조력원도 없이 서울신문사의 임시 공장 안에서 묵은 원고만을 가지고 총급하게 판을 짜서 지형을 뜨느라고 본의 아닌 착오가 많았 기에, 이제 이것을 박음에 있어 대강 땜질로 고칠 수 있는 것은 땜질 하여 고치고, 그렇게도 못할 것은 부득이 이 고침표를 만들어 붙이게 된 것이니, 이 표에 비추어 고쳐 주기를 바라는 바임."(한글학회 1957.08:2507)

그리고 1957년 10월 9일 마지막 권인 제6권을 발행하였다. 그로써

---

28 맏아들 정해동은 그때의 사정을 이렇고 회고한 바 있다 : "동생들과 부산에 있는데 서울에서 연락이 왔어요. 최현배 선생과 같이 올라왔는데, 벌써 모셨다고 하더군요. 임종은 물론 마지막 가시는 모습도 보지 못한 것이죠."(파 주저널 1992.04.27)

한글학회는 험난하고 기나긴 『(조선말) 큰사전』 편찬과 발간의 대장정을 완결하였다.

그 혹독한 일제의 탄압 속에서, 참담한 전쟁의 소용돌이에서, 그들은 겨레말 사전을 지어 완간하였다. 그것은 당장 밥이 나오거나 재물이 생기는 일이 아니었다. 그럼에도 그들은 아예 목숨은 내놓고 그 일에 매달렸다. 하루이틀도 아니고 10년, 20년, 30년을 그렇게 하였다. 그것은 더 큰 목숨을 위한, 거룩한 행진이었다.

석인은 1941년 이래 『(조선말) 큰사전』의 편찬과 발행에서 중요한 한 축이었다. 그러나 그는 자신을 내세우지 않았으며, 오로지 '사전 일'에만 충실하였다. 그것을 하늘로부터 위임받은 책무로 알았던 것이다.

3. 석인 정태진의 교육 및 저술 활동

석인 정태진은 『(조선말) 큰사전』의 편찬과 발행에 힘을 쏟으면서도 틈을 내어 강의도 하고, 연구와 저술 활동도 하였으며, 한글 운동도 꾸준히 펼쳤다. 이제 그런 활동과 업적에 대하여 간략히 살펴보기로 한다.

3.1. 석인의 강의 및 교육 활동

3.1.1. **강의 실적**　석인의 강의는 대학에서 한 것과 강습회 등에서 한 것으로 나누어 볼 수 있다. 대학 강의는 8·15 광복 직후부터 6·25 전쟁이 일어나기 전까지 꾸준히 하였으며, 전란 중에도 계속

했던 것으로 보인다. 출강한 학교는 국학대학, 연세대학, 중앙대학, 홍익대학, 동국대학 들이고, 강의 과목은 '언어학 개론', '국어학 개론', '국어 문법론', '방언학', '옛말과 옛글' 등이었다. 광복 이전에는 함흥 영생여고보 교원으로 몇몇 과목을 맡아 가르쳤으며, 경성으로 와서는 중앙기독교청년회(YMCA)에서 운영하는 영창英彰학교에서 지리학을 가르쳤다(정해동 1996.04:618).

한편으로, 1948년 9월부터 6·25 전쟁이 벌어지기 전까지, 조선어학회에서 설립한 '세종 중등국어교사 양성소'[29]에서 제1학년 과목인 '언어학 개론'을 강의하였다(한글학회 1971.12:284~290). 그때 학회 직원으로 양성소의 강의를 청강했던 최호연은 석인의 언어학 강의와 인품에 관하여 아래와 같이 회고하며 기렸다.

"석인 스승의 풍성하고도 해박한 지식, 그리고 평소에는 좀체 볼 수 없는 위트와 유머는 학생들로부터 인기 절정이었다."(최호연 1992.04:85)

"저는 그때까지만 해도 미국 유학생이라면 사치스러운 멋쟁이인 줄로만 알았습니다. 진정 스승님께서는 전형적인 한국의 선비셨습니다. 말이 없으신 어른, 모든 일을 깊이 생각하신 어른, 누구에게도 사랑으로 대하신 어른, 모르는 이에게 알도록 자상하게 가르쳐 주신 어른! 저에게 시쳇말로 스승님을 묘사해 보라고 한다면, 나는 다음

---

29 1948년 8월 8일, 문교부로부터 설립 인가를 받은, 중등 국어교사 양성 기관이었다. 오늘날의 대학 과정(사범대학 국어교육과)이라 할 수 있는데, 강사진과 학생의 수준이 최고였다. 제1기는 1948년 9월 20일 입학하여 1950년 6월 24일 졸업하였다. 제2기는 1949년 9월 1일에, 제3기는 1950년 4월 1일에 각각 입학하였으나 6·25 전쟁으로 양성소 운영이 중단되었으므로 졸업을 하지 못했다.

과 같은 낱말을 서슴없이 나열할 것입니다.

　　'스승님께서는 저 유명한 칸트 선생과도 같은 분! 아니다,
　　스승께서는 퇴계 선생과 같은 교육자!'

　아첨이 아닙니다. 그 누구에게라도 스승님을 평해 보라고 한다면,
저와 같은 답이 나올 것임을 불을 보듯 뻔합니다."(최호연 1992.
04:52)

　　각종 강습회에 나가 강의도 했는데, 학회 기관지『한글』의 소식
란과 당시 일간신문의 지면들에서 발견되는 기록을 모아, 그 내용
을 정리해 보면 아래와 같다.

○석인의 강습회 강의 이력 죽보기
1945년 10월 24일~11월 13일에 진행된, 조선어학회 주최의 중등
　　국어교사 양성 강습회에서 '문화사' 과목을 맡아 강의하다.
1946년 1월 9~18일에 진행된, 조선어학회 주최의 중등 국어교사 양
　　성 강습회에서 '국어 개론' 과목을 맡아 강의하다.
1946년 2월 9~10일에 진행된, 신흥국어연구회 주최의 한글 강습회
　　에서 강의하다.
1946년 7월 23일~8월 6일에 진행된, 한글사 인천지사의 강습회에서
　　서명호와 분담하여 강의하다.
1946년 여름 방학에 서울사범대학이 주최한 하기夏期대학에서 김병
　　제와 함께 강의하다.
1946년 12월 21일부터 1주일 동안 진행된, 서울시 중등교육자 국어
　　강습회에서 '국어학 개론' 과목을 맡아 강의하다.
1946년 겨울 방학에 충남 온양에서 진행된 교원 강습회에서 강의하
　　다.
1948년 5월 5~20일에 진행된, 조선어학회가 후원하고 한글문화보급
　　회가 주최한 한글지도자 양성 강습회에서 강의하다.

1948년 여름 방학에 부산과 대전에서, 문교부 주최가 주최한 중등교
사 대상의 하기대학 강사로 강의하다.

1948년 9월 16~27일에 진행된, 한글문화보급회 주최의 한글지도자
양성 강습회에서 조선어학회 여러 직원과 분담하여 '맞춤법 원
리' 과목을 맡아 강의하다.

1948년 10월 10일~11월 21일에 진행된, 한글문화보급회 주최의 일
요 한글 강습회에서 '음성학' 과목을 강의하다.

1949년 1월 14일~2월 23일에 진행된, 조선어학회 주최의 사범부(국
어과) 지도자 양성 강습회에서 조선어학회 여러 직원과 분담하
여 강의하다.

1949년 8월 11~14일에 대구에서 진행된, 한글전용촉진회 주최의 교
육자·일반 유지·대학생을 대상으로 한 강습회에서,[30] 교육과
는 몇 사람과 나누어, 국어과는 한갑수와 분담하여 강의하다.

1949년 8월 10~20일에 광주에서 진행된 위의 강습회에서 국어과를
한갑수·김진억·박창해와 분담하여 강의하다.

1949년 8월 16~19일에 목포에서 진행된 위의 강습회에서 국어과를
김진억과 분담하여 강의하다.

위는 '강사 정태진'으로 밝혀 기록된 것만 찾아 올린 것이다. 그
무렵 강습회는 다양하고 많았으니 실제로 강의한 것은 이보다 훨
씬 많았을 것이다.

이밖에 석인은 1947년 6월 15일부터 한동안 서울중앙방송국(오늘
날의 KBS)의 '국어 강좌'[31]에 출연하여 강의하였다(조선어학회 1947.

---

30 1949년 6월 12일 발족한 한글전용촉진회는 첫 사업으로 조선어학회와 함께
서울과 지방에서 강습회를 개최했는데, '국어과'와 '교육과'를 병행하였다.

31 물론 그때에는 라디오방송이 전부였고, 서울중앙방송은 온 국민이 접할
수 있는, 유일한 방송이었다. '국어 강좌'는 8·15 직후에 개설했는데, 김윤경
·김병제·이희승·정태진·한갑수가 차례대로 출연하였다. 그러니 석인의

07:72). 그 방송과 관련하여 정규복은 아래와 같이 기억하고 있었다.

"나는 8·15 광복이 되자 국문학을 전공하기 시작하면서 정태진 선생을 직접 뵐 수는 없었지만, 라디오를 통하여 그분의 우리말 강의를 많이 청취하였다. 아직도 그분의 덕스러운 음성과 조용한 말씀, 구수한 논리 등이 기억된다."(정규복 1996.04:9)

위와 같은 회고들이 기대어보건대, 석인은 조용하고 덕스러운 음성으로 강의나 강연을 진행했으며, 내용 전개는 친근하면서도 논리적이었던 것으로 이해된다.

3.1.2. 강의안의 내용　　석인이 여러 기회에 강의한 내용을 세세히는 알 수 없으나, 다행히 손수 작성한 강의안이 있어 그 대강은 엿볼 수 있다. '강의안'은 내가 편의상 붙인 이름인데, 1996년 4월 간행된 『석인 정태진 전집 (하)』를 통하여 세상에 알려졌으니, 그 속에 '석인 정태진 선생 유고집'[32]이라는 묶음으로, 육필 그대로 영인되어 있다. 그 전집은 석인의 맏아들 정해동이 편집했으며, '나주정씨 월헌공파 종회'에서 간행한 것으로 되어 있다.

강의안은 209~484쪽을 차지하고 있으며, 모두 7건이다. 그것을 전집에 실려 있는 순서대로 올리면 아래와 같다. 이밖에 「방언학 개론」이 더 있는데, 그것은 뒤의 3.2에서 다룬다.

그 방송에 대하여 리의도(1999.06:131)에서 "우리 나라 방송 강좌로는 처음이 아닐까 한다."고 추정했던 것은 사실과 다르므로 바로잡는다.

32 2007년 3월에는 이 묶음을 분리하여 『석인 정태진 유고집 (상)』이란 이름의 단행본으로 발행했는데, 내용은 서로 다름이 없다.

○석인의 육필 강의안 죽보기[33]

「말의 본」은 모두 서른네 쪽인데, 메모는 도중에 그쳐 있다. 장章·절節·항項의 이름과 차례를 정리하여 보이면 아래와 같다. 각각 내용을 조금씩 메모해 두었으며(☞ 362쪽의 그림), 항에 따라서는 하위 세목을 더 두었다.

○「말의 본」의 목차

Ⅰ. 모두풀이(總說총설) ― 1. 말의 뜻, 2. 말의 본, 3. 말본의 세 가지 부문, 4. 말본을 배우는 까닭.

Ⅱ. 소리갈(音聲論음성론)

A. 1. 홀소리와 닿소리, 2. 홑소리(單音단음)와 겹소리(複音복음), 3. 첫소리(頭音두음)와 끝소리(末音말음), 4. 소리의 나는 자리, 5.

---

33 강의안들을 작성한 시기는 명확하지 않으며, 강의를 거듭하며 몇 차례 수정한 강의안도 있다. 석인이 대학이나 강습회에서 강의하기 시작한 것이 8·15 광복 이후이니, 모두 1945년 9월 이후 ― '~'는 '이후'라는 표시 ― 에 작성한 것은 분명하다. 다만, 「언어학 개론」과 「국어학 개론」은 그 시기를 조금 좁혀 추정 ― '(?)'는 '추정'이라는 표시 ― 해 볼 수 있다.

34 『석인 전집 (하)』에서는 292~325쪽까지(서른네 쪽) 「옛말과 옛글」에 넣었는데, 마땅한 처리가 아니므로 그것을 따르지 않는다.

35 『석인 전집 (하)』에서 원고용지에 작성된 326~333쪽(여덟 쪽)만을 「언어학 개론」으로 처리한 것은 큰 착오이다. 이 글에서는 그 앞에 있는 292~297쪽(여섯 쪽)과 298~325쪽(서른여섯 쪽)을 통틀어 「언어학 개론」으로 잡는다.

소리의 내는 법, 6. 긴소리와 짧은소리.

  B. 소리의 바뀜(變化변화) — 1. 소리의 옮음(轉移전이), 2. 소리의
    줄임, 3. 소리의 닮음, 4. 소리의 더함(添加첨가).

  C. 소리와 말맛(語感어감) — 1. 홀소리 맞섬 법칙(母音相對法則모음
    상대법칙), 2. 닿소리 힘줌 법칙(子音加勢法則자음가세법칙).

「우리말과 우리글」은 두 쪽이다. 아래의 장章별로 여덟 항씩을
메모해 두었다.

  ◦「우리말 우리글」의 목차
  Ⅰ. 우리말의 본바탕
  Ⅱ. 우리글의 본바탕
  Ⅲ. 우리말의 현상
  Ⅳ. 우리글의 현상

「옛말과 옛글」도 두 쪽이다. 아래와 같이 장을 나누고, 각각 간
단한 메모만 해 두었다.

  ◦「옛말과 옛글」의 목차
  Ⅰ. 머리말
  Ⅱ. 옛말을 찾을 곳
  Ⅲ. 옛글에 나타난 옛말
  Ⅳ. 옛말과 현대말의 다른 점
  Ⅴ. 맺는말

「언어학 개론」은 쉰두 쪽이다. 아래와 같이 일곱 장을 세우고
각각 하위 항목을 설정하여 여러 내용을 메모해 두었으며, 완결된
체계를 갖추었다. 1948년 9월 개강한 제1기 때부터 1950년 4월

개강한 제3기 때까지 세종 중등국어교사 양성소에서 맡았던 강의를 위한 메모로 추정된다.

　ㅇ「언어학 개론」의 목차
　제1장 말이란 어떤 것인가?
　제2장 언어학에서는 무엇을 연구하는가?
　제3장 말과 글과 문학 (글자의 발달 단계)
　제4장 세계 각국의 언어 정책
　제5장 말의 역사적 연구
　제6장 언어 분포의 지리적 고찰
　제7장 언어의 심리적 고찰

「국어학 개론」은 열다섯 쪽인데, 1946년 1월의 국어교사 양성 강습회(☞355쪽)의 강의용으로 처음 작성한 것인 듯하다. 장의 번호를 고쳐 썼는데, 그것은 강의 때마다 고친 흔적이다. 종합하여 장의 제목은 정리하면 대체로 아래와 같다.

　ㅇ「국어학 개론」의 목차
　. 말이란 무엇인가?
　. 국어연구 방법론
　. 국어 본질론(ㄱ)
　. 국어 본질론(ㄴ)-국자론
　. 국어 현상론(ㄱ)
　. 국어 현상론(ㄴ)-국자론
　. 국어 음성론

앞의 여섯 장에는 간단한 메모만 있으나, '국어 음성론' 부분은 상대적으로 분량도 많고 내용도 풍부하다. 형태론과 통어론에 대한 메모는 없다.

편집자는 349~411쪽의 예순세 쪽을 통틀어 「국어 문법론」으로 처리해 놓았으나, 내용이 순조롭게 이어지는 것은 349~363쪽의 열다섯 쪽이다. 그 부분의 장 제목은 대체로 아래와 같이 정리할 수 있다.

○「국어 문법론」의 목차
. 소리와 씨와 월(文章문장)
. 직능으로 본 말의 갈래
. 씨의 완전성 : 완전씨와 불완전씨
. 씨의 바꿈(轉成전성) : 본디씨(본래품사)와 바꿈씨(전성품사)
. 홑씨(單詞단사)와 거듭씨(複詞복사)
. 으뜸조각(原辭원사)과 씨가지(接辭접사)
. 말의 네 가지 바꿈
. 뜻바꿈(意義의의 변화)
. 끝바꿈(語尾어미 변화)
. 씨바꿈(品詞품사 변화)
. 자리바꿈(格격 변화)

364쪽 이후의 메모는 내용이 순조롭게 연결되지 않아 장이나 절의 제목을 붙일 수가 없으며, 「국어 문법론」과 무관한 내용도 적잖이 섞여 있다.

3.2. 석인의 연구 및 저술 활동

석인은 생전에 갖가지 글과 책을 짓거나 옮겼는데, 이런 일들은 8·15 광복 이후에 집중되어 있다. 지금까지 알려진 저작들은 크게

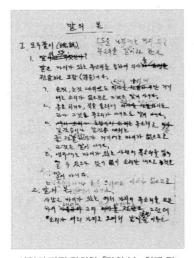
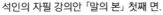
석인의 자필 강의안 「말의 본」 첫째 면.

『조선 고어·방언 사전』의 표지.

우리 말글에 관한 것과 기독교에 관한 것으로 나눌 수 있다.[36]
우리 말글에 관한 저서로는 아래와 같은 것이 있다. 『중등 국어
독본』은 중등학교 국어과 부독본副讀本이다. 저서 이외에도 우리
말글에 관한 여러 글들이 있다.

　ㅇ석인의 우리 말글 관련 저서
　1946.05. 『받침 공부-한글 계몽용-』.
　1946.06. 『한자 안 쓰기 문제』.
　1946.10. 『중등 국어 독본』. 김원표와 함께 엮음.
　1947.04. 『고어 독본』.
　1948.12. 『조선 고어·방언 사전』. 김병제와 함께 지음.

---

36 조선의 향토를 예찬한 시가들을 엮어 『아름다운 강산』(1946.12)을 펴내기도
　하였다.

기독교에 관한 저서로는 아래의 두 번역서가 있다. 원서는 영문이며, 저자는 각각 C.G. 촤펠과 D.G. 반하우스(Barnhouse)이다.

○석인의 번역서

1951.11. 번역. 『어떻게 살까? ─생활 10칙─』.

1952.04. 번역. 『성경 교안』.

석인은 특히 방언과 옛말 연구에 많은 노력을 쏟았으니, 앞에 올린 『고어 독본』과 『조선 고어·방언 사전』이 그러한 노력의 결과물이다. 이밖에도 아래의 것들이 더 있는데, 「우리말 연구」는 어원에 관한 것이며, 나머지는 모두 방언에 관한 것이다. 그리고, 상단의 셋은 석인이 육필로 쓴 것이니, 3.1.2에서 살펴본 강의안들과 함께 『석인 전집 (하)』에 영인되어 있다.

○석인의 방언 및 옛말 관련 글

1945.09~. 육필 원고 「우리말 연구」.

1945.09~. 육필 원고 「방언학 개론」.

1945.09~. 육필 원고 「시골말 캐기」.

1946.07. 「시골말을 캐어 모으자」. 『한글』 제11-3호.

1946.07. 「시골말 캐기 ①」. 『한글』 제11-3호.

1947.03. 「시골말 캐기 ②」. 『한글』 제12-1호.

1948.02. 「시골말 캐기 ③」. 『한글』 제13-1호.

1952(?).09. 「우리말의 어원 (1)」. 교통부 교양지 『운수』.

「우리말 연구」는 약 100개 낱말의 말밑(語源어원)에 관하여 자신의 견해를 서술한 것인데, 분량이 마흔다섯 쪽이나 된다. 뜻하지 않은 사고로 이승을 떠나기 두 달쯤 전에 활자화된 「우리말의 어원

⑴」은 그 가운데 일부인데, 번호를 붙인 것으로 보아 연재할 계획이었음을 알 수 있다.

「방언학 개론」은 모두 일흔세 쪽의 강의안이다. 목차 구성이 체계적이며 풍부한 방언 자료를 포함하고 있는데, 메모 내용이 번잡하고 겹치기도 하며 번호를 고친 곳도 있다. 이 과목의 강의를 여러 번 하고, 연구를 거듭한 흔적이다. 그런 만큼 내용의 흐름을 파악하기가 쉽지 않은데, 짐작되는 장·절·항의 제목과 차례는 아래와 같다. Ⅷ에 해당하는 메모가 특히 많은데, 내용을 파악하기가 더욱 어렵다.

○「방언학 개론」의 목차
Ⅰ. 방언이란 무엇인가?
Ⅱ. 방언학의 발생
Ⅲ. 방언과 표준어는 어떻게 다른가?
Ⅳ. 방언과 고어와의 관계
Ⅴ. 방언과 자매어와의 관계
Ⅵ. 방언과 외래어와의 관계
Ⅶ. 방언과 인접어와의 관계
Ⅷ. 방언에 나타난 음운 변천상
  ○. 자음 탈락(닿소리 줄음) ― ㅁ 탈락, ㄴ 탈락, ㅇ 탈락, ㅈ 탈락, ㅎ 탈락, ㅂ 탈락, ㅅ 탈락, 복합 탈락.
  ○. 자음 변화(닿소리 바뀜) ― 경음의 평음화, 평음의 기음화, 설단음의 구개음화, 후두음의 구개음화, 비음의 역행동화, ㄴ과 ㄹ의 상호 교환, 기타.
  ○. 모음 탈락(홀소리 줄음)
  ○. 모음 변화(홀소리 바뀜) ― 후설모음의 전설모음화, 전설모음의 후설모음화, 복모음의 단모음화, ㅣ의 역행동화, ·의 소실.

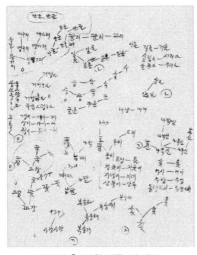

| 강의안 「방언학 개론」의 메모. | 육필 원고 「시골말 캐기」. |

「시골말 캐기」 3건은 방언 조사를 위한 어휘 목록인 듯한데, 367
개 표준어를 골라 그에 해당하는 사투리를 3~6개씩 적어 두었다.
그런 자료를 토대로 수집하고 정리한 결과를 조선어학회 기관지
『한글』에 연재했으니, 「시골말 캐기 ①~③」이 그것이다. '벙어리',
'감기', '가랑비', '토끼' 등을 포함하여 58개 표준어와 그에 해당하
는 사투리를 소개했는데, 애초 계획과는 달리 제3회로 중단되고
말았다.

석인의 그러한 노력들은 『(조선말) 큰사전』 편찬의 큰 밑거름이
되었다. 이 점과 관련하여 이병근(1998.09:53)에서도 "『조선 고어
·방언 사전』에 실린 방언형들은 그 대부분이 조선어학회의 『큰사
전』에도 표제어로 실리게 되었다. 이는 이 사전이 『큰사전』과 밀접
한 관련 아래서 편찬되었음을 뜻한다."고 평가하였다.

1947년 3월 26일 조선방언학회를 창립하는 데에도 함께하였다.

"3월 26일 조선어학회에 한글 연구자 여럿이 모여 조선방언학회를 조직하고, 상임 위원으로 정태진 외 수명이 결정되었는바"(조선어학회 1947.05:72)라고 소식을 전한 것으로 볼 때에, 석인이 그 일의 중심 인물에 들었음을 짐작할 수 있다.

말글 정책 연구에도 힘써 뚜렷한 성과를 남겼다(☞7). 특히『한자 안 쓰기 문제』는 한자 폐지 문제를 본격적으로 다룬 첫 이론서로, 광복 직후 조선어학회를 중심으로 펼친 한글만 쓰기 운동에 탄탄한 이론을 제공하였다.

한글 글씨에 대해서도 관심이 많았다. 여러 글발에서 한글의 풀어쓰기와 흘림글씨에 관하여 진술했으며(☞399쪽), 1947년 1월 3일 서울중앙방송국에서 마련한 '한글 가로쓰기'를 주제로 한 좌담회에 가로쓰기 찬성측 대표로 박창해와 함께 출연하여 자신의 견해를 밝혔다.

3.3. 석인의 말글 운동

석인은 강의와 저술 활동을 통해서도 한글 운동을 끊임없이 펼쳤으며, 그밖에 방송이나 기고를 통한 활동도 있었다. 한글 운동 단체의 임원으로 참여하여 한글 운동의 일선에서 활약하기도 하였다.

1948년 3월 29일부터, 조선어학회가 중심이 되어 조직한 운동 단체인 한글문화보급회(위원장 : 이극로) 총무의 일을 맡아 보았으며, 1949년 6월 26일부터는 한글전용촉진회(위원장 : 최현배)의 총무부장을 맡았다. 촉진회는 「한글전용법」이 공포된(1948.10.09) 후에 한글 전용의 충실한 실천을 선도하고 촉진할 기관으로, 역시 조선어학회가 중심이 되어 1949년 6월 12일 창립했는데, 6·25 전쟁이 터지기 전까지 짧은 기간이나마 교과서의 한글만 쓰기, 공문서의 한글만 쓰기, 철도역의 한글만 쓰기, 음식점 차림표의 우리말 쓰기, 간판의 한글화와 우리말 쓰기 및 바른 맞춤법 쓰기 등, 적지 않은 업적을 남겼다(한글학회 1971.12:428). 이런 일들을 해내는 데에 석인은 여러 방면으로 이바지하였다.

또한, 「한글전용법」 공포에 맞추어 1948년 10월 14일 중앙방송국에서 마련한, '훈민정음 반포와 「한글전용법」'을 주제로 한 좌담회 방송에 이중화, 최현배, 김윤경, 권태희(국회의원)와 함께 출연하였다. 다음해 10월 5일, 한글날을 앞두고 '한글 전용을 왜 부르짖나?'라는 주제로 마련한 좌담 방송에 김진억, 유열, 한갑수, 권승욱과 함께 출연하여 한글 전용의 본의와 필요성을 이야기하였다. 한글날 당일에는 중앙방송을 통하여 바람직한 말글살이를 위한 실천 과제를 주제로 기념 강연을 하였다. 그보다 앞서 7월 25일에는 성인교육협회 마포지부의 초청으로 '성인 교육 강연회'에 나가 강연하였다.

그리고, 1949년 9월 25일의 조선어학회 총회에서 이사(정원 7명)로 선출되어 도서부 일을 맡았다. 그런데 그 총회에서는 '조선어학회'라는 이름을 '한글학회'로 바꾸는,[37] 또 한 가지 매우 중요한 일을 처리하였다. 그 안건은 토론이 길어져 10월 2일로 넘겨 처리했는데, 제안된 이름과 그 제안자는 다음과 같았다(한글학회 1949.12:133).

---

37 '조선어학회'라는 이름에서 문제가 된 것은 '조선'이었다. 1948년 9월 9일 한반도 북쪽에 '조선민주주의인민공화국'이 수립된 때문이었다.

한글학회 : 정인승	국어학회 : 정태진
국어 연구회 : 이희승·방종현	우리말 학회 : 이강로·유열
한글갈 모임 : 최상수	대한 국어학회 : 최현배
한국 어학회 : 김윤경	대한 어학회 : 최현배

석인은 '국어학회'를 제안했으나 결국 '한글학회'로 결정되고 말았
다. 석인이 제안했던 그 이름은 1959년 11월부터 다른 학회의 이름
으로 쓰이고 있다.

4. 맺음말

석인 정태진은 21살에 연희전문학교 문학과를 졸업하고, 23살에
미국으로 건너가 네 해 동안 철학과 교육학을 공부하였다. 약 11년
동안 함흥의 영생여자고등보통학교 교단에 섰으며, 그리고 11년
6달 동안 조선어학회 사전편찬원으로 일하였다.

석인이 사전편찬원으로 일하던, 1941년 4월부터 1952년 10월까
지는 조선어학회~한글학회가 몹시 어렵고 힘들며, 매우 바쁜 시기
였다. 그리고 우리 겨레의 말글이 위태롭고 혼란스러운 상황이었
다. 그러한 때에 그는 학회와 관련되거나 우리 말글에 관한 것이면,
큰일에서부터 작은일까지, 이론에서 실천에 이르기까지 두루 이바
지하였다. 『(조선말) 큰사전』의 편찬과 간행에 헌신했으며, 우리
겨레의 말과 글을 연구하고 교육하는 데에 정성을 다하였다.

그는 세속의 일에는 별 관심이 없었고, 겨레와 겨레말만을 생각
하였다. 끝없이 자신을 낮추고 숨기면서 '우리'를 위하고 '큰 것'을

추구하였다. 여느 사람 같으면 흉내 내기도 어려운 것을 그는 태연하게, 묵묵히 해내었다.

그는 참으로 돌같은 사람이었다. '석인石人'이었다. 8·15와 6·25를 전후한 격동의 공간에서, 주변의 달콤한 유혹과 비참한 전쟁의 포성에도 흔들림 없이 조선어학회를 이어 한글학회의 기둥을 떠받친 큰 돌이었다.

참고 문헌

1) 석인 정태진의 논저

정태진. 1945.09~. 육필 강의안 「말의 본」. 『석인 전집 (하)』 209~242쪽.

정태진. 1945.09~. 육필 원고 「우리말 연구」. 『석인 전집 (하)』 243~287쪽.

정태진. 1945.09~. 육필 강의안 「우리말과 우리글」. 『석인 전집 (하)』 288~229쪽.

정태진. 1945.09~. 육필 강의안 「옛말과 옛글」. 『석인 전집 (하)』 290~291 쪽.

정태진. 1945.09~. 육필 강의안 「국어 문법론」. 『석인 전집 (하)』 349~411 쪽.

정태진. 1945.09~. 육필 강의안 「방언학 개론」. 『석인 전집 (하)』 412~484 쪽.

정태진. 1945.09~. 육필 원고 「시골말 캐기」 3건〔방언 조사를 위한 목록〕. 『석인 전집 (하)』 485~501쪽.

정태진. 1946.01(?). 육필 강의안 「국어학 개론」. 『석인 전집 (하)』 334~348 쪽.

정태진. 1948.09(?). 육필 강의안 「언어학 개론」. 『석인 전집 (하)』 292~333 쪽.

정태진. 1946.04. 시 「홍원에서」. 『한글』제11-1호(통권 94) 64쪽. 조선어
　　　　학회.

정태진. 1946.05. 『받침 공부 － 한글 계몽용 － 』. 신생 한글연구회.

정태진. 1946.06. 『한자 안 쓰기 문제』. 雅文閣아문각.

정태진. 1946.07ㄱ. 「시골말을 캐어 모으자」. 『한글』제11-3호(통권 96)
　　　　18~21쪽. 조선어학회.

정태진. 1946.07ㄴ. 「시골말 캐기 ①」. 『한글』제11-3호(통권 96) 22~24/21
　　　　쪽. 조선어학회.

정태진. 1946.10. (김원표와 함께 엮음.)『중등 국어 독본』〔중등학교 국어
　　　　과 부독본〕. 한글사.

정태진. 1946.12. 엮음. 『조선 향토 예찬 : 아름다운 강산』〔詩歌集시가집〕.
　　　　신흥 국어연구회.

정태진. 1947.03. 「시골말 캐기 ②」. 『한글』제12-1호(통권 99) 53 ~61쪽.
　　　　조선어학회.

정태진. 1947.04. 『고어 독본』. 硏學社연학사.

정태진. 1948.02. 「시골말 캐기 ③」. 『한글』제13-1호(통권 103) 53~59쪽.
　　　　조선어학회.

정태진. 1948.12. (김병제와 함께 지음.)『조선 古語고어方言방언 사전』.
　　　　일성당 서점.

정태진. 1949.12. 「한글날을 맞이하여」〔한글날 기념 방송 원고〕. 『한글』
　　　　제14-2호(통권 108) 68~77쪽. 한글학회.

정태진. 1951.11. 번역. 『어떻게 살까? － 생활 10칙 － 』. 대한기독교서회.

정태진. 1952.02. 시조 「한 생각」. 육필 원고. 『석인 정태진 전집』의
　　　　면지面紙(영인).

정태진. 1952.04. 번역. 『성경 교안』. 대한기독교서회. 〔원저 : Donald Grey
　　　　Barnhouse. *Teaching The Word of Truth.*〕

정태진. 1952.09. 「우리말의 어원 (1)」. 교통부 교양지 『운수』. *영인 : 『석인
　　　　전집 (하)』199~206쪽.

2) 참고 논저 및 자료

정해동 편집. 1995.04. 『석인 정태진 전집 (상)』. 나주정씨 월헌공파
　　　종회.

정해동 편집. 1996.04. 『석인 정태진 전집 (하)』. 나주정씨 월헌공파
　　　종회.

정해동 편집. 1996.04. 「석인 정태진 선생 해적이」. 『석인 정태진 전집
　　　(하)』. 12~13쪽. 나주정씨 월헌공파 종회.

경향신문. 1948.07.11. 「교원 하기대학 문교부서 개설」. 『경향신문』 제548
　　　호 제3면.

경향신문. 1948.10.08. 「가르칠 사람을 위하여 日曜일요 한글講習會강습회
　　　개최」. 『경향신문』 제623호 제3면.

경향신문. 1949.07.26. 「성인 교육 강연회」. 『경향신문』 제884호 제2면.

경향신문. 1948.08.06. 「국어과 교육과 강습」. 『경향신문』 제895호 제2면.

국립 국어연구원. 1998.09. 「석인 선생을 추모하며 ─ 영생여고 제자 좌담회
　　　(1998.08.14)─」. 『새 국어생활』 제8-3호 135~156쪽. 국립 국어연
　　　구원.

김계곤. 1993.01. 「조선어학회 수난의 전말」. 『얼음장 밑에서도 물은
　　　흘러』 9~19쪽. 한글학회.

김윤경. 1946.04. 「조선어학회 受難記수난기」. 『한글』 제11-1호(통권 94)
　　　54~64쪽. 조선어학회.

김춘배. 1977.06. 「정태진과 조선어학회 사건」. 『筆苑필원 반백년』〔자서
　　　전〕110~112쪽. 聖文學舍성문학사.

대한일보. 1948.09.15. 「한글지도자 강습회, 16일부터 2주간」. 『대한일
　　　보』 제585호 제2면.

동아일보. 1948.10.24. 「라디오 프로그램」. 『동아일보』 제7729호 제2면.

류제한. 1955.04. 「6·25 사변 이후 한글학회의 걸어 온 길 (1)」. 『한글』
　　　제110호 43~49쪽. 한글학회.

리의도. 1997.09. 「건재 정인승 선생의 애국 운동」. 『나라사랑』 제95집
　　　106~124쪽. 외솔회.

리의도. 1998.10. 「석인 정태진의 말글 정책론에 대한 고찰」. 『한힌샘 주시경 연구』 제10·11호 39~70쪽. 한글학회.

리의도. 1999.06. 「석인 정태진과 한글학회」. 『한말 연구』 제5호 117~136쪽. 한말연구학회.

서상규. 1998.09. 「석인 선생의 옛말 연구」. 『새 국어생활』 제8-3호 59~77쪽. 국립 국어연구원.

연희전문학교. 「정태진 학적부學籍簿」.

이강로. 1972.04. 「사전 편찬의 뒤안길 두어 가지」. 『한글』 제149호 123~126쪽. 한글학회.

이강로. 1996.04. 「머리말」. 『석인 정태진 전집 (하)』 7~8쪽. 나주 정씨 월헌공파 종회.

이병근. 1998.09. 「석인 정태진과 방언 연구」. 『새 국어생활』 제8-3호 43~57쪽. 국립 국어연구원.

이응호. 1974.01. 『미 군정기의 한글 운동사』. 성청사.

이응호. 1998.09. 「석인 선생과 조선어학회 사건」. 『새 국어생활』 제8-3호 79~105쪽. 국립 국어연구원.

임옥인. 1968.09. 「스승 고 정태진 선생님」. 『학원』 제17-9호 92~97쪽. 학원사.

정규복. 1996.04. 「펴내는 말」. 『석인 정태진 전집 (하)』 9쪽. 나주 정씨 월헌공파 종회.

정인승. 1972.11.22.~12.20. 「남기고 싶은 이야기들ㅣ조선어학회 사건」(25회 연재). 『중앙일보』 제2223~2247호 제5면.

정인승. 1983.10. 「내 나이 여든일곱에」. 『건대 학보』 제36호 64~73쪽. 건대신문사 학보편집부.

정해동. 1996.04. 「아버님을 생각하며」. 『석인 정태진 전집 (하)』 617~620쪽. 나주 정씨 월헌공파 종회.

정해동. 1998.09. 「나의 아버지 석인 정태진」. 『새 국어생활』 제8-3호 125~134쪽. 국립 국어연구원.

조선어학회. 1941.05. 「소식」. 『한글』 제9-4호(통권 86) 앞표지 안쪽. 조선어학회.

조선어학회. 1946.04. 「한글 신문」. 『한글』 제11-1호(통권 94) 67~70쪽. 조선어학회.

조선어학회. 1946.09. 「한글 신문」. 『한글』 제11-4호(통권 97) 71쪽. 조선어학회.

조선어학회. 1947.03. 「한글 신문」. 『한글』 제12-1호(통권 99) 72쪽. 조선어학회.

조선어학회. 1947.05. 「한글 신문」. 『한글』 제12-2호(통권 100) 72쪽. 조선어학회.

조선어학회. 1947.07. 「한글 신문」. 『한글』 제12-3호(통권 101) 72쪽. 조선어학회.

조선어학회. 1948.06. 「한글 신문」. 『한글』 제13-2호(통권 104) 71~74쪽. 조선어학회.

조선일보. 1949.07.26. 「한글전용촉진회 진용 사업 결정」. 『조선일보』 제8055호 제2면.

최호연. 1992.04. 『조선어학회 청진동 시절 (상)』. 진명문화사.

파주저널사. 1992.03.09.~04.27. 「파주현대사 인물 연구 ②ㅣ정태진 선생」 (5회 연재). 『파주 저널』. *영인 : 『석인 전집 (상)』 580~584쪽.

한글학회. 1949.12. 「한글 신문」. 『한글』 제14-2호(통권 108) 133~138쪽. 한글학회.

한글학회. 1949.12. 「한글 열흘 특집」. 『한글』 제14-2호(통권 108) 52~117쪽. 한글학회.

한글학회. 1949.12. 「한글 전용을 왜 부르짖나?」, 한글날 기념 방송 좌담 녹취록(녹취 : 권승욱). 『한글』 제14-2호(통권 108) 59~67쪽. 한글학회.

한글학회. 1957.08. 고침표. 『큰사전 4』 2507~2512쪽. 한글학회.

한글학회. 1971.12. 『한글학회 50년사』. 한글학회.

함흥지방법원. 1944.09.30. 「조선어학회사건 예심종결 결정문」. *영인 : 『석인 전집 (상)』 591~622쪽.

허웅. 1995.04. 「머리말」. 『석인 정태진 전집 (상)』 7~8쪽. 나주정씨 월헌공파 종회.

현대일보. 1948.09.15. 「한글 강습회」. 『현대일보』 제663호 제2면.

이 글 ⑥은 '석인 정태진 선생 추모 학술발표 대회'(1998.10)에서 '석인 정태진과 한글학회'라는 제목으로 발표했던 것을 다듬어 『한말 연구』 제5호(1999.06)에 실은 것을 다시 가다듬고 보충한 것이다. 특히 3.1(강의 및 교육 활동)을 많이 보충하였다.

석인 정태진의 말글 정책론

"완고한 이들 가운데 한문글자로 이름을 지어야 항렬에 맞게 할 수 있고, 부모에게 효도가 되는 것이지, 한글로 이름을 지으면 무슨 반역자가 되는 듯이 생각하시는 분이 있습니다. 그러나 이것은 시대에 어그러지는 잘못된 생각입니다. 조상이 여러 백년 동안 남의 종 노릇을 했으니 자손도 영원히 남의 종이 되라는, 그런 법이 어디 있습니까? 조상이 잘못한 것을 하나씩 고쳐 나아가는 것이 지혜로운 자손들의 마땅히 취할 태도입니다. 그뿐 아니라 한글로 이름을 짓더라도 항렬도 맞추어서 아주 음악적으로 지을 수가 있는 것입니다." (1948.01)

"우리가 다른 나라의 문화를 무조건 배척하는 것이 아니라, 우리의 자주적 정신을 가지고 우리의 문화를 북돋우는 동시에, 다른 민족의 문화를 우리의 말과 우리의 글로 완전히 소화시켜야만 한다는 것입니다. 이 소화력을 기르려면 결국 우리의 말과 우리의 글을 힘있게 살리고 굳세게 길러야 하는 것입니다." (1949.12)

1. 머리말

석인 정태진은 1903년 9월 16일 경기도 서북쪽 아동면 금릉리에서 나주羅州 정씨 집안에서 태어났다. 1914년 5월부터 1917년 3월까지 교하交河보통학교를 다녔으며, 그해 4월 경성京城고등보통학교에 입학하여 1921년 2월 졸업하였다. 곧 이어 4월 연희전문학교 문학과에 입학하여 모든 과정을 이수하고 1925년 3월 졸업하였다.

전문학교를 졸업한 다음 달에는 함경북도 함흥에 있는 영생永生여자고등보통학교 교사로 취업하여 두 해 동안 근무하였다. 그러고는 1927년 5월 미국 유학길에 올라, 1930년 6월 우스터대학 철학과를 졸업하고 1931년 6월 컬럼비아대학교 대학원 교육학과 과정을 마쳤다. 그해 9월 영생여고보로 돌아가 1940년 5월까지 봉직하고 사직하였다.

서른일곱 살이던 1941년 4월 23일, 연희전문에서 함께 수학한 건재 정인승의 권유로, 조선어학회의 사전편찬원으로 참여하였다. 석인은 이때부터, 조선어학회 수난과 8·15 광복과 6·25 전란을 거쳐 마흔아홉 살이던 1952년 11월 2일 뜻밖의 교통 사고로 세상을 떠날 때까지, 10년 남짓 그 학회의 직원과 임원으로서 몸과 마음을 다 바쳤다.

8·15 광복 이후부터 세상을 떠날 때까지의 일곱 해 동안은 참으로 다사다난한 시기였다. 그 길지 않은 동안에 석인은 갖가지 글을 발표하고 저서를 출간했으며, 대학 강단을 비롯하여 여러 자리에서 강의를 했는데 그런 때에 메모해 둔 '강의안'(☞ ⑥의 3.1.2)도 있어, 지금 우리가 접할 수 있는 그의 각종 저작은 40편 가량이다. 이 글에서는 그가 남긴 저작물과 육필 강의안[1]을 통하여 그의 국어

정책론을 살펴보고자 한다.

먼저 제2장에서 그의 언어관과 국어 정책론의 자리매김에 대하여 살펴보고, 제3장에서는 그의 말글 정책론의 내용을 우리말 정책론, 우리글 정책론, 한자 폐지론으로 나누어 차례대로 살펴볼 것이다. 그리고 제4장에서는 살펴본 내용을 마무리한다.

2. 석인 정태진의 언어관

석인 정태진의 말글 정책론에 관하여 논의하기 앞서, 먼저 그의 언어·문자관을 살펴보고 아울러 국어 정책론의 자리매김을 확인하기로 한다.

2.1. 석인의 언어·문자관

석인은 연희전문학교에 입학하면서부터 조선어에 대한 생각을 나름대로 정립하기 시작했을 것으로 추정된다. 동기생이던 건재 정인승의 회고(☞ 4의 2.3)는 당시 연희전문 문학과의 학풍을 짐작하게 하는데, 석인도 그러한 바람과 마주했을 것이다. 게다가 셰익스피어 문학을 강의하던 피셔(Fisher) 교수와 아동심리학을 강의하던 원한경(U. Underwood) 교수와의 만남을 거쳐, 미국 유학 생활로 전혀 새로운 언어를 체험하게 되면서 언어에 관한 이해의 폭을

---

1 그의 육필 강의안은 여럿인데 모두 8·15 광복 이후에 쓴 것이다. 이 글에서 이용할 것은 「우리말과 우리글」, 「언어학 개론」, 「국어학 개론」이다.

더욱 넓혔을 것이다.

석인의 언어와 문자에 대한 기본적인 인식은 아래의 기술에 잘 나타나 있다.

"그러면 말과 글이란 세계 문화사 상으로 보아 과연 어떠한 意義의의를 가진 것인가? 멀고먼 아득한 옛날 原始원시 시대의 우리 선조 (原人원인)들이 몸에 입을 옷을 만들어 입을 줄 알기 전에, 또는 熱열과 光광을 취할 불의 사용 방법을 발명하기 전에 이 세상에서 가장 위대한 大發明대발명을 한 것이 있으니, 그것이 곧 말이라는 것이다.

만일 우리 선조들이 이 위대한 말을 발명하지 못하였던들, 오늘날 우리가 자랑하는 모든 과학, 모든 철학, 모든 예술, 모든 思想사상은 그 움도 그 싹도 터 보지 못하였을 것이며, 〔줄임〕

그러나 다행히 우리 선조들은 멀고먼 아득한 옛날에 말이라는, 참으로 아름다운 보배를 발명한 것이다. 〔줄임〕 그러나 문자가 발명되기 전의 언어는 공간적으로나 시간적으로나 여러 가지 제한이 많았던 것이다. 〔줄임〕 그러므로 원시 시대의 文化문화 進步진보는 참으로 문자 그대로 더디고 더디었다.

그러나 말을 발명한 우리의 지혜로운 선조들은 몇십 만년(혹은 몇백 만년)을 지나서 다시 제2의 위대한 대발명을 하였으니, 그것이 곧 글자라는 것이다. 이것이야말로 오늘날 전세계 인류의 耳目이목을 놀라게 한, 저 원자 폭탄보다 몇백 배, 몇천 배 이상으로 가치있는 위대한 발명이요 神聖신성한 발명이었다."

"위대한 말과 위대한 글을 가진 세계의 모든 문화 민족들은 세계 문화사 상에 여러 가지의 아름다운 문화를 건설하였으니, 고대의 중국, 인도, 애급, 바빌로니아, 유태, 희랍, 로마와, 근대의 구미 각국의 모든 문화는, 이 말과 글을 뿌리와 줄기로 하고 産出산출된 잎이요 꽃이요 열매인 것이다."

—「세계 문화사 상으로 본 우리 어문의 지위」 1946.03 : 24~25, 25.

여기서 석인은 말과 글의 발명이야말로 인류 역사에서 가장 위대하고 신성한 발명이라는 점을 거듭 강조하고 있다. 더 말할 나위도 없이, 이러한 발언의 배경에는 인류 문화의 가장 원초적인 바탕이며 가장 본질적인 조건은 언어와 문자라는 인식이 자리하고 있었다.

비슷한 시기에 발표한 다른 글에서는 언어와 관련하여 아래와 같은 언급을 하였다.

> "우리 인류의 모든 문화는 言語언어와 함께 시작되어, 언어와 함께 발전되어 온 것이다. 아득히 먼 원시 시대로부터 오늘날까지 우리 인류는 오직 이 언어를 의지하여 우리의 문화를 創造창조하고 傳承전승하고 普及보급하여 온 것이다. 만일 우리 인류에게 언어라는 아름다운 보배가 없었던들 오늘날 우리 인류가 가장 자랑하는 모든 문화는 움도 싹도 터 보지를 못하였을 것이다.
>
> 언어가 없는 곳에 國家국가가 어디 있으며, 언어가 없는 곳에 歷史역사가 어디 있으며, 언어가 없는 곳에 敎育교육이 어디 있으랴? 우리의 국가, 우리의 역사, 우리의 교육은 오직 우리의 언어를 통하여 처음으로 그 존재를 나타내고 그 가치를 드러내게 되는 것이다."
>
> -「재건 도상의 우리 국어」 1946.05:23.

인류 문화를 생산하고 발전시키는 원동력을 언어라고 보았으며, 국가와 역사와 교육을 있게 하는 것도 언어라고 하였다. 언어를 문화나 국가나 역사와 관련지어 이해하는 것은 다른 사람들의 기록에서도 접할 수 있는데, 굳이 교육까지 언급한 것은 그가 대학원에서 교육학을 전공했다는 사실과 무관하지 않아 보인다.

그런데 다시 한번 생각해 보면 그러한 언급은 예사로 보아 넘길 것이 아니다. 언어가 아무리 가치로운 것이라 할지라도, 공시적인 공동체에서건 통시적인 공동체에서건, 교육 없이는 그 기능과 가치가 제대로 발휘될 수 없으며, 따라서 그 공동체가 유지·발전될 수 없다. 그런가 하면 교육은 언어 없이는 이루어질 수 없다. 이처럼 언어와 교육은 밀접한 관계에 있으며, 그 둘은 다 같이 인류 공동체와 그 문화를 있게 하고 나아가게 하고 간직하게 하는 데에 결정적인 바탕이 된다. 이렇게 볼 때에, 석인이 언어를 교육과 관련지어 언급한 것은 특별한 의미를 갖는다고 할 수 있다.

자필 강의안 「언어학 개론」에서는 '제1장 말이란 어떤 것인가?'라는 제목 밑에다 아래와 같은 항목을 메모해 놓았다.

   ○말이란 어떤 것인가?
   ⑴ 사람과 동물을 구별하는 표준이 됨.
   ⑵ 인류 문화의 기초가 됨.
   ⑶ 문화 발달의 정도를 측정하는 척도가 됨.
   ⑷ 사회 생활의 거울이 됨.
   ⑸ 온갖 문화재의 총목록이 됨.
   ⑹ 민족을 단결하는 위대한 힘이 됨.
   ⑺ 민족과 더불어 운명을 같이함.
   ⑻ 새로운 문화를 창조하는 연장이 됨.
   ⑼ 민족 정신을 표현하는 보람이 됨.
      -「언어학 개론(1948.09?)」, 전집(하):298.

이것은 주로 기능적인 측면에서 언어를 파악한 것인데, 언어와 민족과의 관련성을 유난히 강조하고 있다. 그것은 위의 글발들이 8·15 광복 직후에 작성된 사실과 무관하지 않을 것인데, 다른 글발에서도 그러한 경향은 쉬이 발견된다.

요컨대, 석인은 조선어학회의 여느 회원[2]과 마찬가지로, 언어를 문화와 역사의 원동력이며 국가와 민족의 존립을 좌우하는 중요한 바탕으로 인식하였다. 아울러 언어와 교육과의 관계도 중시하였다.

2.2. 석인의 국어 정책론 자리매김

석인은 언어·국어 정책론을 언어학·국어학의 중요한 한 부문으로 설정하였다. 그러한 내용은 자필 강의안 「언어학 개론」과 「국어학 개론」에 명기되어 있다.

먼저 「언어학 개론」을 보면 아래[3]와 같이 메모해 둔 것이 있다.

o 언어학에서는 무엇을 연구하는가?
I. 문화과학적 연구
  1. 역사적 연구
  2. 지리적 연구
  3. 사회적 연구
II. 자연과학적 연구
  1. 생리적 연구
  2. 심리적 연구
III. 응용적 연구
  1. 문학론
  2. 정책론   -「언어학 개론(1948.09?)」, 전집(하):299.

---

2 한힌샘 주시경의 정신을 이어받은 학자와 조선어학회에 깊이 관여한 회원들은 이와 같은 철학을 공유하고 있었다. 이 책에서 살펴보는 김두봉, 최현배, 정인승, 김선기도 바로 그들이다.
3 I의 1~3, II의 1~2 끝에 붙인 '연구'는 메모에 없는 것을 보충하였다.

언어학의 연구 분야로는 크게 셋이 있으며, 그 하나로 '응용적 연구'가 있는데, '문학론'과 '정책론'이 그 하위 분야가 된다는 내용이다. 이로써 석인이 매김한 '언어 정책론'의 자리를 확인할 수 있다. 그리고 '정책론' 옆에는 '국어 발전책'이라는 메모를 남겼으니, 이는 '언어 정책론'이 당시의 우리 겨레에게는 '국어 발전책'이 됨을 강조한 흔적으로 이해된다. 언어 정책론의 설정이 8·15 광복 직후의 혼잡한 우리말 현상을 개선해야 할, 현실적 당위성에 뿌리하고 있음을 보여 주는 것이기도 하다.

그리고 '제4장 세계 각국의 언어 정책'이라는 제목 밑에는 "일본(명치유신 전후), 중국, 영국, 미국, 불란서, 독일, 애란, 유대, 토이기, 화란, 소련" 등의 메모가 있다. 그 바로 뒤에 '우리 나라의 국어 정책'이라는 제목으로 시기를 "세종 대왕 이전, 세종 대왕, 연산군, 중종, 선조, 근대, 갑오경장, 일제 시대, 해방 후"로 나누고, 항마다 약간씩 메모를 해 두었다. 이러한 메모들은, 언어 정책론의 설정이 일시적인 생각의 산물이 아니라 세계 각국의 언어 정책과 국어 정책의 역사를 두루 검토한 결과임을 보여 주는 증거이다.

또, 「국어학 개론」에는 '국어 연구 방법론'이라는 제목 밑에 다음의 그림과 같은 갈래를 기록해 두었다. 이 갈래는 앞에서 확인한 「언어학 개론」의 그것과는 상당한 차이가 있지만, 응용 분야의 하위 갈래의 하나로 매김된 '국어 정책론'[4]의 자리는 다르지 않다.

---

4 '국어 정책론'은 석인이 창작한 용어는 아니다. 석인이 그런 강의를 하던 무렵 조선어학회를 중심으로 흔히들 사용했으니, 예컨대 한글문화보급회가 1948년 10~11월에 7일 동안 진행한 '일요 강습회'의 과목이 8개였는데, 그 가운데 하나로 '국어 정책론'이 있었다(경향신문 1948.10.08).

○ 국어 연구 방법론

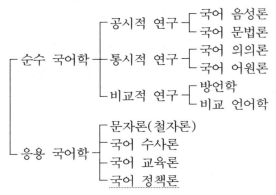

-「국어학 개론(1946.12?)」, 전집(하) :337.

　요컨대, 이런 메모들은 석인의 언어·국어 정책론에 대한 인식을
잘 보여 준다. 무엇보다도 언어·국어 정책론을 언어학·국어학의
중요한 한 부문으로 명확히 설정했다는 점에서 의의가 있다. 언어
학·국어학에는 순수 분야와 동등한 가치를 지니는 응용 분야가
있으며, 언어·국어 정책론은 그 분야의 중요한 부문임을 못박은
것이다. 그와 같은 내용은 오랜 모색 끝에 얻은 결과물이니, 그
분류가 두 강의안에 모두 들어 있는 점에 더하여, 세계 각국의
언어 정책을 열람한 흔적과 우리 나라의 언어 정책을 역사적으로
살핀 흔적이 그것을 입증한다.
　석인은 언어 문제를 정책적으로 다루어야 할 근거를 어떻게 인
식했는가? 이에 대한 대답이라 할 만한 것으로 아래와 같은 대목이
있다.

　"'언어는 文化문화의 그릇이요 思想사상의 거울'이라고 어떤이는
말하였다. 그렇다! 언어가 아니면 우리의 문화를 무엇에 담으며, 언

어가 아니면 우리의 사상을 무엇으로 나타내랴? 언어가 그릇일진대 우리는 그 그릇을 더욱더욱 아름답게 든든하게 만들어야 될 것이며, 언어가 거울일진대 우리는 이 거울을 더욱더욱 맑고 깨끗하게 닦아야 될 것이 아니랴?" -「재건 도상의 우리 국어」 1946.03 : 23.

문화를 잘 담기 위하여 언어를 아름답고 든든하게 만들어야 하며, 사상을 잘 드러내기 위하여 언어를 맑고 깨끗하게 닦아야 한다는 것이다. 여기에는 문화와 사상만큼 사람에게 중요한 것이 없다는 인식이 전제되어 있음은 물론이다.

그런데 석인이 언어·국어 정책론을 언어학·국어학의 중요한 부문으로 설정한 직접적인 원인은 우리 말글 현실에 대한 인식이었다. 그는 우리의 현상적인 말글살이는 말할 것도 없고, 이에 대한 공동체의 의식까지를 매우 부정적으로 평가하였다. 그것은 아래와 같은 대목에서 쉽게 확인할 수 있다.

"지나간 500년의 우리 역사를 돌아볼 때에 우리는 하염없이 솟아오르는 일종의 寂寞感적막감을 금하지 못한다. 그 이유가 어디 있느냐? 그것은 우리의 언어를 너무나 천시하고 학대하였던 까닭이다. 세상에 가장 어렵고 복잡하다는 중국 글자를 배우느라고 비지땀을 흘리고 단잠을 자지 못하고 갖은 수고를 하여 오면서, 우리에게 고유한 아름다운 말과 글을 닦기에는 너무나 게을리하였던 까닭이다. 세계에서도 類例유례가 없이 가장 과학적이요 가장 예술적으로 된 우리 한글은, 우리 先民선민들의 그릇된 사상과 한문의 전통적 세력 밑에, 우리말로 우리의 생각을, 우리의 기쁨과 슬픔을 자유로 적어내는 아름다운 직분을 오랫동안 잃었던 것이며, '小中華소중화 假明人가명인'의 사대사상은 우리 어문의 위대한 가치를 찾아서 그것을 더욱 아름답게, 더욱 빛나게 하려는 생각을 꿈에라도 하지 못하였던 것이다." -위의 글 1946.03:24.

석인은 오랜 세월 누적된 '소중화'(작은 중국)와 '가명인'(가짜 명나라 사람)의 사대사상에서 연유한 말글 문제를 극복하는 것이 우리의 역사적 과제라고 생각하였다. 그리고 일본 제국주의의 침략에서 비롯된 독소와 장애물들도 시급히 제거해야 할 대상으로 보았다. 게다가 많은 대중들이 우리글을 몰랐으며, 맞춤법과 표준어도 정착되지 않은 상황이었다. 석인은 그러한 우리의 언어 현실을 발전적으로 극복할 연구 분야로서 국어 정책론을 설정했던 것이다.

한편으로 아래와 같은 경계를 잊지 않았다. 한글날 행사 동안에 방송 강연(10월 5일, 중앙방송국)에서 한 말이다.

"우리가 다른 나라의 문화를 무조건 배척하는 것이 아니라, 우리의 자주적 정신을 가지고 우리의 문화를 북돋우는 동시에, 다른 민족의 문화를 우리의 말과 우리의 글로 완전히 소화시켜야만 된다는 것입니다. 만일 우리 민족에게 이러한 소화력이 없다면 우리는 도저히 우리의 문화의 완전한 발달을 볼 수 없을 것입니다. 그런데 이 소화력을 기르려면 결국 우리의 말과 우리의 글을 힘있게 살리고 굳세게 길러야 되는 것입니다." -「한글날을 맞이하여」 1949.12:72.

우리 말과 글을 살리고 기르자는 것은 우리 문화의 완전한 발달을 이루자는 것이지, 다른 나라 문화를 무조건 배척하자는 것이 아니라고 하였다.

3. 석인 정태진의 우리 말글 정책론

앞의 여러 글발에서도 우리 말글살이의 현실에 대한, 석인의 인식을 엿볼 수 있었는데, 8·15 광복 직후의 실상에 대한, 좀더 직접적이고 구체적인 지적을 올리면 아래와 같다.

> "우리의 주위를 다시 한번 돌아볼 때에, 지금은 다만 기뻐서 노래만 부르고 있을 때가 아니며, 좋아서 춤만 추고 있을 때가 아닌 것을 느끼게 됩니다. 보십시오! 우리 삼천만 동포 하나하나가 마땅히 한 사람도 빼놓지 말고 다 알아야 할 우리 한글이건만 오늘날 이 글을 아는 이가 과연 얼마나 있으며, 이 글을 바로 쓰는 이가 또한 얼마나 있습니까? 세계에서 가장 <u>우수한 우리 글자</u>를 가지고도 국민투표를 할 때에 글자를 쓰지도 못하고 보지도 못하는, 부끄러운 사실을 우리는 무엇으로 변명할 것이며, <u>아름답고 깨끗한 우리말을 두고 왜말로 써 버리는</u> 정신 없는 무리들이 거리에서 우쭐거리고 다니는 현상을 우리는 어떻게 보아야 될 것입니까?
> 지금 우리의 주위에는 수많은 사대주의자가 있습니다. '한문을 가르쳐야 공부이지, 그까짓 언문을 가르치는 것이 무슨 공부냐'고 잠꼬대를 하고 있는 구식 사대주의자는 얼마나 많으며, '국어와 국문은 몰라도 괜찮다, 영어와 독일어를 가르쳐 달라'고 이 골목 저 골목으로 찾아다니는 신식 사대주의자들은 또한 얼마나 많습니까?" -「한글날을 맞이하여」 1949.12:70.

이와 같은 현실 속에서, 석인은 우리 말과 글의 문제를 어떻게 진단하고, 그 나아갈 방향을 어떻게 제시하였는가? 이 장에서는 석인의 국어 정책론의 내용을 말과 글로 나누어 구체적으로 살펴보기로 한다.

3.1. 석인의 우리말 정책론

3.1.1. 우리말의 특징   석인은 비슷한 내용을 '우리말의 본바탕', '국어 본질론', '우리말의 여덟 가지 자랑'의 세 가지 제목으로 남겼다. 제목은 그때그때의 필요에 따라 붙였을 것인데, 이들 제목만으로도 석인이 말하고자 했던 바가 무엇인지 짐작할 수 있다. '우리말의 여덟 가지 자랑'에 적힌 것으로써, 그 구체적인 내용을 살펴보기로 하자.

　○우리말의 여덟 가지 자랑
　⑴ 홀소리가 많음.
　⑵ 닿소리가 많음.
　⑶ 받침 소리가 많음.
　⑷ 모음 조화가 원만함.
　⑸ 形容語형용어에 관한 어휘가 풍부함.
　⑹ 助辭조사가 발달되어 있음.
　⑺ 어법이 간단 명료함.
　⑻ 표현이 자유롭고 아름다움.
　　　-「세계 문화사 상으로 본 우리 어문의 지위」 1946.03 : 25~28.

여덟 항 가운데서 ⑴~⑶을 '성음학聲音學', ⑷~⑸를 '형태학形態學', ⑹~⑺을 '어법', ⑻을 '언어예술' 상의 특징이라 하였다. ⑴~⑶은 말소리, 바꾸어 말하면 음소와 음절의 풍부성에 대한 지적이다. ⑷의 모음 조화에 관한 풀이 중에는, 우리말의 토는 같은 구실을 함에도 선행 낱말의 종성에 따라 '-는'과 '-은', '-를'과 '-을', '-로'와 '-으로'가 각각 구별되어 쓰이는 특징이 있음을 지적하고, 그런 현상을 '子母音자모음 조화'라고 하였다. '자음과 모음'의 조화라는 의미로 그런 용어를 쓴 듯하다. 그리고, (5)는 갖가지 짓·소리·빛깔·맛 따위를 나타내는 어휘가 다양하고 미묘함을 지적한 것이며, (6)의 '조사'는 토씨와 씨끝을 포괄하여 가리킨다. (7)에서는, 다른 언어와 비교해 보건대 풀이씨의 활용을 비롯하여 우리말에는 불규칙적인 현상이 많지 않다고 풀이하였다. 그리고, (8)과 관련해서는 아래와 같이 풀이하였다.

"언어예술(Linguistic Aesthetics) 상으로 보아 우리말의 표현의 自由性자유성을 들 수 있는 것이니, 이것은 곧 음운이 풍부하고 모음이 圓滿원만히 조화되고 어감의 적은 차이를 세밀한 데까지 표현할 수 있으므로 말에 나타내어 구김이 없고 글에 나타내어 抑塞억새함이 없으니, 표현이 자유로울 것이 또한 당연한 결과이다. 말의 사명은 意思의사와 감정을 여실하게 표현하는 데에 있나니, 마음 속에 느낀 바 모든 것을 가장 자유롭게, 가장 원만하게, 가장 아름답게 표현할 수 있는 말이 곧 가장 발달된 말이요, 가장 문화적인 말일 것이다.
　　저 서양 사람들이 말할 때에 그 안면 근육의 움직임을 자세히 보라. 얼굴이 씰룩씰룩하고 입술이 삐뚤삐뚤하고, 어떤 때에는 목을 길게 빼고, 그야말로 옆에서 보는 사람으로 하여금 보기에 미안하게 하는 때가 적지 아니하다. 이는 결국 그들의 하는 말이 아직도 완전한 지경에 이르지 못한 말인 까닭으로, 그와 같이 표현이 자유롭지 못한 것이다." -위의 글 1946.03 : 27~28.

언어는 생각과 느낌을 자유롭고 원만하고 아름답게 표현할 수 있어야 하는데, 우리말은 음운이 풍부하여 그러한 기능을 훌륭하게 수행하므로 언어예술상으로 볼 때에 가장 발달되고 문화적인 언어라고 평가하였다.

위의 여덟 가지 외에, 「국어학 개론」(1946.12?)의 '국어 본질론'
과 「우리말과 우리글」(1945.09~)의 '우리말의 본바탕'에 "흐린 첫
소리가 없음, 말 끝이 똑똑함, 위대한 민족 정신을 나타냄"의 세
가지가 더 메모되어 있다.[5] '흐린소리'란 울림소리(유성음)를 가리
키며, 그 항은 음절의 초성에 울림소리가 놓이지 않음을 지적한
것으로 보인다. '말 끝'이란 음절의 종성을 가리키는 것으로 보인
다. 마지막 항은 우리말과 민족 정신과의 관계를 주관적으로 파악
한 내용이다.

이로써, 석인은 우리말의 본바탕을 꽤 포괄적으로 파악했으며,
특히 음운이 풍부하여 표현의 자유성을 탄탄하게 뒷받침하는 점을
큰 장점으로 인식했다는 점을 확인할 수 있다. 하지만 당시의 시대
상황 탓인지 객관적인 관점이 일관되게 유지되어 있지는 않다.

3.1.2. 우리말의 문제점

위와 같은 본바탕을 지닌 우리말의 현실
은 어떠한가? 이와 관련하여 석인은 두 가지 비슷한 메모를 남겼으
니, 「우리말과 우리글」에 메모된 '우리말의 현상'과 「국어학 개론」
에 있는 '국어 현상론'이 그것이다. 메모는 내용에 대한 진술 없이
요지뿐인데, '우리말의 현상'이란 제목 밑에 메모된 내용을 올리면
다음[6]과 같다.

---

5 나누어서 보면 '국어 본질론'에는 일곱 항이 메모되어 있다 : "(1) 소리가
　많음. (2) 조사가 발달되었음. (3) 소리의 조화가 잘 되었음. (4) 형용하는
　말이 발달되었음. (5) 흐린 첫소리가 없음. (6) 말 끝이 똑똑함. (7) 위대한
　민족정신을 나타냄." 그리고 '우리말의 본바탕'에는 위의 일곱에 "표현이
　아름다움."을 더하여 여덟 항이 메모되어 있다.
6 '국어 현상론'도 (1)~(6)는 동일하고, 다만 (7)은 "위대한 문학이 나오지 못하였
　음."으로 메모되어 있다.

◦우리말의 현상

(1) 표준말이 보급되지 못하였다.

(2) 겹말이 많다.

(3) 모순된 말이 있다.

(4) 말의 품위가 낮아졌다.

(5) 학술에 관한 말이 부족하다.

(6) 인사말과 칭호말이 부족하다.

(7) 국제적으로 알려지지 못하였다.

　　　　-「우리말 우리글(1945.09~)」, 전집(하):289.

　이는 8·15 직후 우리말의 현상을, 석인 나름대로 진단한 결과라
고 할 수 있는데, 항에 따라 작은 글씨로 몇 개씩 보기를 메모해
두었다. (2)에는 "뒤로 : 우시로/빠꾸", "날 : 日氣일기", "콩 : 大豆대
두", "진고개 : 本町본정"을 함께 메모해 두었으니, 토박이말과 일본
말 또는 토박이말과 한자말이 공존하는 사례를 가리켜 '겹말'이라
했음을 확인할 수 있다. 이런 사례들을 '국어 현상론'에서는 '겹말
(二重語)[7]'이라 하였다.

　(3)과 관련해서는 "方席, 大麥, 복숭아송진, 발手巾, 子弟" 들이
메모되어 있다. '方席방석', '大麥대맥'을 메모해 둔 속셈은 짐작되지
않으나, '복숭아송진', '발手巾수건', '子弟자제' 들로써는 합성어의 의
미와 그 구성요소 사이의 모순을 설명하려 한 것으로 보인다. '발수
건'은 '발을 닦는 물건'을 가리킴에도 그 구성요소에 '手(손)'가 포
함되어 있고, '자제'는 '아들'을 뜻함에도 그 구성요소에 '弟(아우)'
가 들어 있으며, '복숭아송진'은 '복숭아나무에서 분비되는 끈적끈

7　뒤의 3.3.4에서 살펴볼 『한자 안 쓰기 문제』(1946.06)에서는 "콩 : 대두"
　　들과는 전혀 다른, '약수물', '매화꽃' 들을 가리켜 '二重語이중어'라 하였다.

적한 액체'를 가리킴에도 그 구성요소에 '송진'(소나무진)이 포함되어 있는데, 석인은 이와 같은 낱말을 '모순된' 것으로 본 것이다.

(4)의 옆에는 '늙은이'가 메모되어 있다. 한자말 '노인'을 사용하면서 토박이말 '늙은이'는 품위가 낮아졌다고 여기는 통념을 지적하려 한 것으로 보인다. "여름지이, 미르"가 함께 메모되어 있는데, 기운이 쇠락한 토박이말의 사례로 적어 둔 듯하다.

그리고 「언어학 개론」(317~319쪽)에 보면 '외래어 문제'라는 제목으로 외래 어휘와 관련된 여러 사항들을 메모해 두었다. 통일 신라·고려 말·왜정 시대에 각각 중국말·몽고말·일본말 어휘가 많이 들어온 사실과, 품사(이름씨·움직씨·그림씨)별로 외래 어휘를 받아들인 형식이 다른 점을 지적하였고, 외래 어휘를 원적지별로 분류하고 보기를 나열하였으며, 서양 외래 어휘를 받아들일 때에 소리나 형태를 줄인 방법을 분류하고 보기를 제시하였다.

3.1.3. **우리말의 발전을 위하여 할 일** 석인은 위와 같은 언어 현실을 개선하는 데에는 학자들의 참여와 노력이 중요하다고 생각하였다. 그러한 생각의 연장에서 연구자를 향하여 아래와 같은 과제를 제시하였다.

o 우리말의 발전을 위한 연구 과제
(1) 우리의 표준말을 찾자.
(2) 우리 어법을 연구하자.
(3) 우리의 옛말을 찾아 보자.
(4) 우리의 방언을 모아 보자.
(5) 학술어와 詩語시어를 아름답게 연마하자.
(6) 姉妹語자매어와 비교 연구하자.

무엇보다 어휘 연구에 무게를 두었다. 한자 어휘와 일본 어휘가 판치는 당시의 상황에서, 우리말을 튼실하고 바르고 아름답고 풍부하게 하려면 어휘와 어법 연구가 시급하다고 판단했던 것을 짐작할 수 있다.

한편, 대중에게는 실천적 행동을 요청하고 호소하였다. 정부나 기관을 향한 것도 포함되어 있으며, 글살이와 관련된 내용도 있는데, 함께 올리면 아래와 같다.

ㅇ우리 말글의 발전을 위한 실천 과제
(1) 우리끼리는 외국 말과 외국 글자를 절대로 쓰지 말자.
(2) 철저한 문맹 타파 운동을 일으키자.
(3) 한문으로 된 우리 나라의 고전을 순한글로 번역하자.
(4) 구미 각국의 모든 권위있는 서적을 체계있게 순한글로 번역하자.
(5) 간판과 문패와 광고 따위에 한글만을 쓰자.
-「한글날을 맞이하여」 1949.12 :72~76.

우리 나라 사람끼리 외국말 쓰지 않기는 주로 대중들의 행동 지표가 될 것이며, 한문 고전 번역과 서양 서적의 번역 등은 정부(나 단체)에서 중점적으로 해야 할 일들이다. 이처럼 정책 과제를 시행의 주체별로, 곧 국민 대중, 연구자, 정부 또는 단체로 나누어 제시하였다. (3)과 (4)의 '순한글'은 '한국어로 번역하여 한글로 표기함'을 가리킨 것으로 이해해야 할 것이다.

한편으로, 석인은 사람이름을 우리 토박이말로 지을 것을 주장했으니, 그 내용을 올리면 다음과 같다.

1945년 11월(42살)의 석인.

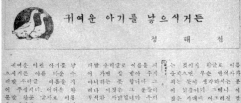

여성잡지 『부인』 제3-1호(1948.01)에 실린 「귀여운 아기를 낳으시거든」의 일부.

　"귀여운 아기를 낳으시거든 아름다운 우리말 우리글 이름을 지어 주십시다. 어려운 한문말 한문글자로 이름을 지어서 쓰기도 어렵거니와 뜻도 분명하지 아니한 반벙어리 모양으로 이름을 지어 줄 것이 아니라 똑똑한 뜻을 나타내는 우리말 우리글로 이름을 짓는다면 얼마나 더 귀엽겠습니까?"

　"지방(면소나 읍사무소)에서 혹시 호적을 기록하시는 분들이 우리말 우리글로 이름을 지어 가면 잘 받아 주지 아니하는 듯합니다. 〔줄임〕 우리 나라의 귀여운 아기에게 우리말 우리글로 이름을 지어 주는데 문제가 무엇이겠습니까? 외국 글자로 이름을 짓는다면 그것은 정말로 받지 말아야 될 것입니다."

　"세상에서 혹시 완고한 이들 가운데 한문글자로 이름을 지어야 그것이 항렬도 맞게 할 수 있고, 부모에게 효도가 되는 것이지, 한글로 이름을 지으면 무슨 반역자가 되는 듯이 생각하시는 분이 있습니다. 그러나 이것은 시대에 어그러지는 잘못된 생각입니다. 우리 조상이 여러 백년 동안 남의 종 노릇을 하였으니 우리 자손까지도 영원히 남의 종이 되라는, 그런 법이 어디 있습니까? 조상이 잘못한 것을 하나씩 고쳐 나아가는 것이 지혜로운 자손들의 마땅히 취할 태도입니다. 그뿐 아니라 우리 한글로 이름을 짓더라도 항렬도 맞추어서 아주 음악적으로 지을 수가 있는 것입니다."

-「귀여운 아기를 낳으시거든」 1948.01 : 35.

이름은 한자에 터하여 짓는 것이 관습이 되고, 성명이라면 으레 한자로 표기하던[8] 시절에 참으로 과감한 의제를 던진 것이었다. 우리 겨레가 저마다 우리 토박이말 이름을 가지는 것은 오랜 중국의 종 노릇을 끝낸다는, 크나큰 역사적 의미가 있음을 깨우쳐 주었다. 그리고 토박이말로 짓더라도 항렬을 맞출 수 있으며 '아주 음악적으로' 지을 수도 있다고 장담하고, 130여 개를 예시하였다. 그 가운데는 "감메-늘메-봄메-새메-한메-꽃메", "검돌-검메-검솔"이 있고, "긴메-긴솔", "큰메-큰범-큰솔"도 있지만, "도울-믿을-바랄"과 "넓은-굳은-밝은"도 있었다. 한자가 판을 치던 1949년에 '한글'을 넘어 '토박이말' 이름 짓기를 주장한 것만 해도 남달리 앞서는데, 이름씨에만 매이지 않고 풀이씨의 매김꼴, 곧 "도울-믿을-바랄"과 "굳은-넓은-밝은"까지 나아간 것은 보통사람보다 열 걸음쯤 앞선 것이었다.

이제까지 살펴본, 석인의 우리말 정책론의 내용을 요약해 본다. 석인은, 우리말에는 본질적으로 훌륭한 점이 많은 것으로 이해했는데, 특히 음운의 풍부성을 매우 큰 장점으로 인식하였다. 현실적인 문제는 어휘면에 집중되어 있는 것으로 진단하였다. 구체적으로는 표준말, 칭호말, 인사말, 학술어 들과 관련된 문제, 겹말, 모순된 말, 품위가 낮은 말 따위의 분포를 지적하였다. 우리말 문제의

---

8 한자식 이름은 말할 것도 없고 토박이말 이름, 예컨대 '돌이', '막내', '이쁜이'도 1960~70년대까지도 공문서에서는 '乭伊돌이', '莫來막래', '立分伊입분이'로 적었었다.

해결을 위해서, 연구자는 어법의 연구, 옛말과 방언의 수집, 학술어와 시어詩語의 연마, 자매어의 연구 등에 힘쓰고, 국민 대중은 우리끼리 외국말 쓰지 않기를 실천하고, 정부(나 단체)에서는 한문 고전과 서양 서적의 번역 등에 힘써야 할 것을 제안하였다. 그리고, 이제 우리는 오랜 한자의 굴레를 벗어 버리고 사람이름도 우리 토박이말로 짓자고 주장하고 호소하며, 구체적인 방법까지 예시하였다.

3.2. 석인의 우리글 정책론

3.2.1. 한글의 특징 및 자랑
석인은 우리 문자, 한글의 특징을 '우리글의 본바탕', '국어 본질론―국자론', '우리글의 여덟 가지 자랑' 등의 제목 밑에 제시(하거나 논의)하였다. '국어 본질론―국자론'은 「국어학 개론」에 메모된 내용인데, 그것을 그대로 올리면 아래와 같다.

ㅇ국어 본질론―국자론
(1) 소리글자임.
(2) 음소문자임.
(3) 한 글자에 한 소리가 있음.
(4) 한 소리에 한 글자가 있음.
(5) 조직이 과학적임.
(6) 기원이 독창적임.
(7) 만든 동기가 대중적임.   -「국어학 개론(1946.12?)」, 전집(하):335.

이러한 점들은 오늘날 널리 인정되고 있는 사실이므로 특별히 설명을 덧붙일 것은 없다. (5)는 「세계 문화사 상으로 본 우리 어문의 지위」(1946.03:28)에서 "같은 종류의 성음을 표시하는 글자는 동일한 기초의 문자에서 순차로 발달시킨 것이다. 예를 들면 ㄴ ㄷ ㅌ ㄹ 따위는 설음인 까닭으로 혀의 모양을 그리되, 가장 음리에 맞게 가장 간단하게 한 획씩 점진적으로 더하여 그린" 것이라고 지적한 것과 연관이 있다. 한편, '우리글의 본바탕'은 「우리말과 우리글」에 메모되어 있는데, 위의 일곱 가지 외에 "글자의 모양이 아름다움."이라는 항이 더 있다.[9]

그리고 '우리글의 여덟 가지 자랑'은 아래와 같이 들었다.

　ㅇ우리글의 여덟 가지 자랑
　(1) 성음 조직이 가장 과학적으로 된 것.
　(2) 자연발생적, 모방적이 아니요 창조적인 것.
　(3) 창조의 근본 동기가 대중 교화 본위에 있는 것.
　(4) 법령으로 반포한 것.
　(5) 자획이 간단하여 '쓰기' 쉬운 것.
　(6) 1자 1음, 1음 1자인 까닭으로 '읽기' 쉬운 것.
　(7) 자수가 적고 순서가 정연하여 '박기' 쉬운 것.
　(8) 위의 (5)~(7)의 결과로 '배우기' 쉬운 것.
　　　-「세계 문화사 상으로 본 우리 어문의 지위」 1946.03:28~30.

앞의 '국자론'과 비교해 보면, 순서와 표현이 조금씩 다른 가운데, (4)의 '법령으로 반포한 것'과 (5)~(8)에서 '쉬움' ─ 쓰기 쉬움, 읽기 쉬

---

9 그리고 (2)에는 "닿소리와 홀소리의 구별이 있다."고 메모되어 있는데, '닿소리' 와 '홀소리'는 각각 '닿소리낱자'와 '홀소리낱자'를 가리키니 음소문자임을 달리 메모한 것이다.

움, 박기(인쇄하기) 쉬움, 배우기 쉬움 ─ 을 강조한 점이 주목된다. 특히, 법령으로 반포한 것이 어떠한 의미를 가지는가에 대해서는 아래와 같이 비교하여 설명하였다.

"우리는 저 大英帝國대영제국 史사에서 모든 인민들이 그들의 자유 민권을 찾기 위하여 장구한 시일을 두고 무수한 알력 과정을 지나서 평등 해방의 법령을 帝王제왕의 손에서 점진적으로 빼앗은 것을 본다. 또 저 불란서 革命史혁명사 페이지 페이지 위에서 자유와 평등을 찾기 위하여 무수한 투사들의 흘린 피 비린내를 맡는 것이다.
그러나 5백년 전의 우리 문자 혁명사 상에는 이와 정반대되는 아름다운 현상을 보는 것이다. 그것은 인색한 제왕의 손에서 백성들이 강제로 빼앗은 것도 아니오, 붉은 피를 흘려 가며 싸워서 얻은 것도 아니다. 제왕이 친히 제정하여 사랑하는 백성에게 法令법령으로 이를 반포한 것이다." ─위의 글 1946.03:29.

한글의 또 하나의 자랑은, 세계 역사에서 보기 드물게도, 임금이 아름다운 마음으로 친히 제정하여 평화적으로 백성에게 보급한 문자라는 것이었다.

3.2.2. 글살이의 현실과 개선 방향　한글은 본질적으로 매우 우수한 문자이지만 현실적인 글살이에는 여러 문제가 있다고 진단하였다. 그 진단의 결과를 「우리말과 우리글」에서는 '우리글의 현상'이란 제목 밑에 여덟 항으로, 「국어학 개론」에는 '국어 현상론─국자론'이란 제목 밑에 일곱 항으로 메모해 두었는데, 뒤쪽의 내용을 올리면 다음[10]과 같다.

---

10 '우리글의 현상'의 여덟 항과 비교해 보면 (1)~(5)는 내용이 같다. 나머지는

○국어 현상론 ─ 국자론

(1) 맞춤법이 보급되지 못하였음.

(2) 한문글자를 섞어서 씀.

(3) 글줄의 방향이 일정하지 못함.

(4) 흘림글씨가 발달되지 못하였음.

(5) 출판된 서적이 많지 못함.

(6) 이용하는 기계가 발달되지 못하였음.

(7) 국제적으로 보급되지 못하였음.

   ─「국어학 개론(1946.12?)」, 전집(하):336.

위에서 보듯이 석인은 우리글의 현상을 매우 포괄적으로 진단했는데, 일곱 중에서 (4)만이 한글 내적인 현상이며, 나머지는 한글 외적인 현상들이다. (2)~(3)은 한글의 운용과 관련된 현상이고, (5)는 한글 사용의 생활화, (6)은 한글 사용의 기계화, (1)과 (7)은 교육·보급과 연관되는 현상이다. 석인의 이러한 현상들을 모두 문제점으로 인식하였다.

석인이 가장 문제시한 현상은 (2)였으니, 한문글자 섞어 쓰기와 관련하여 '우리글의 현상'에서는 "쌀에 돌을 섞었다"는 메모를 남겼다. '글줄'이란 '필기의 방향'을 가리키는 것이니, (3)은 가로 글줄(→)과 세로 글줄(↓)의 혼재, '왼→오른' 글줄과 '왼←오른' 글줄의 혼재 ─ 예컨대 '개조심'과 '심조개', '산파집'과 '집파산' ─ 의 문제를 지적한 것이다. (4)의 '흘림글씨'는 빨리쓰기를 뒷받침하는 필기체를 상정한 것인 듯하다. (7)은 한글의 '국제화'를 지적한 셈이니, 당시에 이미 그런 문제까지 생각한 것은 보통 이상의 발상이었다.

다른데, 여기 (6)과 (7) 대신에 "인쇄하기 불편하다. 글자를 모르는 이가 많다. 위대한 문학 나오지 못하였다."의 셋이 메모되어 있다.

또, 석인은 한글을 북돋우는 데에는 아래와 같은 노력이 요구됨을 말하였다.

○ 한글을 북돋우는 데에 요구되는 노력
(1) 맞춤법대로 바로 쓰자.
(2) 가로쓰기를 힘쓰자.
(3) 풀어쓰기를 연구하자.
(4) 草書초서를 연구하자.
(5) 速記術속기술을 연구하자.
(6) 타자기를 연구하자.
　　－「세계 문화사 상으로 본 우리 어문의 지위」 1946.03 : 30.

연구자를 향한 제안이 많은데, 한글의 글씨꼴과 그 운용에 집중되어 있다. 한글의 풀어쓰기와 초서(흘림글씨)와 속기술, 그리고 타자기 연구를 제안하였다. 국민 대중에게는 맞춤법대로 쓰기와 가로쓰기에 힘쓸 것을 권면하였다. 그리고, 다른 글 「한글날을 맞이하여」(1949.12 : 72~76)에서는, 우리끼리는 외국 글자 쓰지 말기와, 간판·문패·광고 따위에 한글만 쓰기를 실천 지표로 제시하였으며, 정부(나 단체)를 향해서는 철저한 문맹 타파 운동을 일으킬 것을 주장하였다.

이제까지 살펴본, 석인의 우리글 정책론의 내용을 요약해 본다. 석인은 한글을 매우 이상적인 문자로 인식하였는데, 그 중요한 근거로 문자의 체계와 조직이 과학적이어서 쉽고 아름다우며, 기원이 독창적이며, 만든 동기가 민주적이라는 점을 들었다. 그러나 현실적으로는 많은 문제점을 안고 있는 것으로 진단하였다. 맞춤법이 충분히 보급되어 있지 못하며, 한자를 섞어 쓰고 있으며, 한글 흘림글씨가 없으며, 글자기계가 발달되어 있지 못한 점 등을 중요한 문제점으로 들었다. 그러한 문제점을 해결하기 위하여, 한글의 풀어쓰기와 흘림글씨와 속기술, 그리고 타자기의 연구에 힘쓸 것과, 맞춤법에 맞게 쓰기, 가로쓰기, 외국 문자 쓰지 말기, 간판·문패·광고 따위에 한글만 쓸 것을 주장하고 호소하였다. 그리고 정부(나 단체)에서 철저한 문맹 타파 운동을 일으킬 것을 제안하였다.

3.3. 석인의 한자 폐지론

3.3.1. 『한자 안 쓰기 문제』를 지음 석인은 앞에서 언급한 여러 말글 문제 가운데 한자 문제에 대해서는 분명하고도 완결된 저술을 남겼다. 『한자 안 쓰기 문제』가 그것이다. 본문이 55쪽에 지나지 않는 작은 책자인데, 1946년 6월 20일, 서울 아문각에서 발행하였다. 그 목차는 아래와 같다.

○『한자 안 쓰기 문제』의 목차
가. 서론
나. 한자 폐지를 반대하는 열네 가지 이유
다. 한자 폐지를 주장하는 스무 가지 이유
라. 한자는 왜 비능률적이냐?
마. 해결책은 어느 곳에 있는가?
바. 점진적 폐지론(임시 제한론)
사. 결론

목차에서도 대충 드러나듯이, 석인은 그 책에서 한자 폐지 반대론과 한자 폐지 주장론의 내용을 사실대로 소개한 다음, 한자의 비능률성을 들어 한자 폐지론을 주장하고, 한자 폐지 방안으로서 '점진적 폐지론'을 제안하였다.

그 책에 대하여 일찍이 『한글학회 50년사』에서는 아래와 같이 평가한 바 있다.

"한자 안 쓰기의 첫 이론서인 이 책은 광복 직후에 한글학회가 베푼 계몽 운동에서 교재로 삼아 왔고, 또 애써서 보급하던 책이니, 한글학회 50년 역사에서 뺄 수 없는 책의 하나이다.

광복 직후 '한자 폐지'가 옳으냐 그르냐 하는 문제가 재건 도상에 있는 한국 교육계에 있어서 가장 큰 문제의 하나가 되어, 신문·잡지에서 이 문제에 대한 가부의 이론이 자주 발표되고, 또, 공석이나 사석에서도 이 문제에 대한 의견들이 오가고 하나, 그들의 이론과 의견이 일반적으로 보아 막연하고, 기분적이요, 주관적이요, 단편적이요, 비과학적이었다.

여기서, 정태진은 양편의 이론을 끝까지 냉정하고 엄정하게 비판을 가하고, 자신의 의견으로서 점진적 한자 폐지론에 대한 의견을 간단히 붙여서 『한자 안 쓰기 문제』란 소책자를 지어 내었다.

이 책의 내용은 한글 전용에 관한 찬반의 이론을 한데 모아서 정리하였고, 한글 운동에 썩 좋은 방향을 제시하고 있다."(한글학회 1971.12:473)

다음의 3.3.2~3.3.4에서 그 내용들을 살펴볼 것인데, 그에 앞서 '緒論서론'을 확인할 필요가 있다. 여느 책과 좀 달리, 그 책은 별도의 머리말 없이 아래와 같이 시작한다.

ㅇ『한자 안 쓰기 문제』의 서론
"漢字한자 廢止폐지가 옳으냐, 그르냐? 이 문제는 오늘날 재건 途上도상에 있는 우리 조선 교육계에 있어서 가장 큰 문제의 하나가 되었다. 아니다! 이것은 우리 민족 생활의 全般전반 문제와 관련되는 가장 중대한 문제인 것이다.

『한자 안 쓰기 문제』의 겉표지.

그러므로 우리는 신문에서나 잡지에서나 이 문제에 대한 可否가부의 理論이론을 자주 듣는 바이며, 어떠한 공석이나 또는 사석을 물론하고 이 문제에 대한 여러 가지 의견을 거의 날마다 듣게 되는 것이다. 그러나 그 전체에 있어서 공통으로 느끼어지는 것은 일반적으로 보아 막연한 의견이 너무나 많은 것이다. 너무나 氣分的기분적이요 주관적이요 비과학적인 것이다.

우리 국어의 재건 운동에 있어서나 우리 文化문화 工作공작의 전반 문제에 있어서나, 가장 중대한 이 문제에 대하여, 이것이 너무나 등한한 태도가 아니며, 무책임한 태도가 아니냐?

1. 귀하고 아름다운 우리 어린이들에게 어떠한 글자를 가르쳐 주어야 될 것이냐?
2. 우리 민족의 새로운 문화는 어떠한 글자를 매개로 하여 일으킬 것이냐?

이에 대한 우리의 관심은 마땅히 커야 될 것이다.

1. 한자 폐지가 그르다 하는가? 그러면 그것이 어째서 그르냐?
2. 한자 폐지가 옳다 하는가? 그러면 그것을 어떠한 방법으로 實行실행할 것이냐?

나의 생각과 조금이라도 다른 생각을 가진 자는 무조건하고 나쁘다고 생각하는, 그러한 태도는 모든 과학의 敵적이요 문화의 怨讐원수이다. 우리는 모름지기 양편의 이론을 끝까지 냉정하게 듣고, 이것을 엄정하게 비판한 다음에, 그 실행을 위하여 철저하게 노력하여야 될 것이다.” -『한자 안 쓰기 문제』 1946.06 : 1~2.

한자 폐지는 매우 중대한 문제이므로, 그 찬반에 대한 논의와 실행에는 엄정한 태도와 철저한 노력이 필요하다는 것이 '서론'의 요지이다. 그런데 여기에서 그보다 더 의미있는 내용을 읽어낼 수 있다. 글자 선택의 기준을 '미래'에 두고 있다는 점이 그것이다. 미래를 짊어지고 나갈 어린이들과, 미래에 일으킬 새로운 민족 문화에 알맞은 문자가 어느 것인가 하는 것이 문자 선택의 기준이 되어야 한다고 본 것이다. 매우 진취적이며 합리적인 판단이 아닐 수 없다.

3.3.2. '한자 폐지 반대'의 이유를 소개함　석인은『한자 안 쓰기 문제』에서 맨 먼저 한자 폐지 반대론에서 발견되는 폐지 반대의 이유를 광범위하게 모아 14개 항으로 정리하고 일일이 설명하였다. 그 핵심을 간추려 올리면 아래[11]와 같다.

ｏ석인이 정리한, 한자 폐지 반대의 이유
(1) 한자는 神通신통한 글자다.
(2) 한자가 아니고는 姓名성명 표기가 분명하지 못하다.
(3) 한자는 예술적인 글자다.
(4) 한자는 東洋동양 문명의 기초가 된다.
(5) 한자에는 동양인의 精神정신이 담겨 있다.
(6) 한자 폐지는 편협한 國粹主義국수주의이다.

---

11 「언어학 개론」에서는 한자 안 쓰기를 반대하는 이유로 일곱 가지를 적었었다 : "(1) 한자에는 조화가 붙는다. (2) 한자를 쓰지 않으면 성명을 구별할 수 없다. (3) 한자는 동양 문명의 기초가 된다. (4) 한자는 동양의 공통적인 글자이다. (5) 한자에는 과학적인 점이 있다. (6) 한자는 예술적이다. (7) 한자를 쓰는 것은 우리 생활에 필요하기 때문이다." 이것을 확대·보충한 것이라고 할 수 있다.

⑺ 한자를 폐지하면 중국과의 문화 제휴가 어렵다.

⑻ 한자 폐지는 生生생생發展발전하는 활발한 기운을 꺾는 것이다.

⑼ 한자는 상형문자이므로 直覺的직각적인 장점이 있다.

⑽ 한자어가 과학적이다.

⑾ 한자에는 남성적인 씩씩한 맛이 있다.

⑿ 한자를 폐지하면 漢字語한자어를 순국어로 번역하는 것이 큰 문제가 된다.

⒀ 한자어에는 독특한 어감이 있다.

⒁ 한자의 사용이 곧 한자의 필요를 직접으로 설명하고 있다.

　　　　　　　　　　　　　　　　　　　　-위의 책 1946.06 : 2~15.

그 후에 석인은 다른 지면을 통하여 일본에서의 한자 폐지를 열렬히 반대하는 시마다 하루오(島田春雄)의 주장도 소개하였다. 시마다의 저서 『일본어의 아침』(1944.06) 가운데서 20여 구절을 뽑아 우리말로 옮겨 『한글』에 실었는데, 특히 아래의 두 구절이 눈길을 끈다.

　　"일본의 正書法정서법은 한자와 가나(假名)로써 成立성립되어 있다. 표의문자인 한자와 표음문자인 假名와를 적당하게 섞어서 쓰는 특이한 표현법을 가진 일본인은 과연 행복스러운 국민이 아니냐? 한번 보면 直感的직감적으로 사상을 포착할 수 있는 한자의 妙味묘미와, 어떠한 외래어라도 공교하게 표현할 수 있는 假名의 묘미가 서로서로 완전히 融合융합되어 있는 현 일본의 문장 표기법은 서양의 어떤 나라에서도 볼 수 없는 방법이요, 또 東亞동아의 어떤 민족도 가지지 못한, 진화된 문자 표현법이라는 것을 자랑하지 아니할 수 없는 것이다. (島田春雄의 『일본어의 아침』, 114쪽)"

　　"언어는 民衆민중의 것이라고 말하지 말라. 大대일본국의 언어 문장의 기준은 황공하옵게도 皇室황실의 尊嚴존엄 안에 있는 것이다.

詔勅조칙을 받들고 御製어제를 拜讀배독하고 일본 국어의 眞姿진자를 배우는 것이 그 제1 義의가 되는 것이요, 역사와 전통을 밟아서 生成생성 發展발전하는 국어의 생명에 접촉하는 것이 제2 義가 되는 것이다. 그리고 민중의 편의와 일상생활과 같은 것은 제3, 제4, 제5 義가 되는 것이다. (島田春雄의 『일본어의 아침』, 257쪽)"

　　　　　　　-「일본사람들은 왜 한자 폐지를 못 하였던가?」 1946.09:7, 9.

석인이 위의 대목을 뽑아 소개한 것은, 대한민국의 지식인을 자처하는 사람 중에도 시마다와 같은 생각을 하거나 주장을 펼치는 사람이 많음을 비판한 것이었다. 언어와 문자에 관하여 논하면서, 수많은 민중은 맨 뒤로 밀쳐 두고 오직 한 사람 왕을 앞세우는 데에 이르러서는 숨이 막힐 지경인데, 그때 일본에서는 그랬다. 일본에서만 그런 것이 아니니, 석인은 아래와 같이 지적하고 경계警戒하였다.

　　"그의 반대 이론 중에는 물론 우리에게는 한 개의 웃음거리밖에는 되지 못할 이론이 있는 줄로 안다. 그러나 우리는 이것을 웃어 버릴 것이 아니다. 우리 나라 안에도 또는 그와 비슷한 사상을 가진 사람이 적지 않게 있는 것을 잊어서는 아니 된다.
　　한 개의 사회, 한 개의 국가는 결코 단순한 것이 아니다. 그 가운데에는 복잡한 사상의 충돌이 있고, 인습의 굳센 타성이 있고, 그밖에 개인 개인의 특수한 전통이 있는 것이니, 이와 같이 복잡하고 多端다단한 환경을 여실하게 충분하게 이해하지 못하면, 그리하여 가장 냉정한 머리로 가장 지혜롭게 처리하지 못하면, 결국 우리의 이상은 아름답게 실현되기 어려울 것이다." -위의 글 1946.09:7.

3.3.3. '한자 폐지 주장'의 이유와 근거를 총정리함　『한자 안 쓰기

문제』에서 석인은 한자 폐지 주장의 갖가지 이유들을 아래[12]와 같이 20가지로 정리하고, 그 내용을 풀이하였다.

○ 석인이 정리한, 한자 폐지 주장의 이유

(1) 한자는 우리에게 亡國망국의 문자이다.

(2) 한자는 우리의 國文국문이 아니다.

(3) 한자는 자획이 많고 복잡하여 눈을 피로하게 하고 시력을 떨어뜨린다.

(4) 한자는 능률적이 아니다.

(5) 한자는 대중적이 아니다.

(6) 한자 폐지는 우리 민족의 獨立性독립성을 기르는 것이다.

(7) 한자는 우리 자손을 위하여 폐지해야 한다.

(8) 한자 폐지 반대는 일종의 보수적 惰性타성이다.

(9) 한자로는 우리의 고유한 사상과 감정을 여실히 나타내기 어렵다.

(10) 한자는 특별히 神聖신성한 문자가 아니다.

(11) 한자는 예술적이 아니다.

(12) 한자 폐지는 반드시 국수주의가 아니다.

(13) 한자 폐지는 소극적 태도에서 나온 이론이 아니다.

(14) 한자 폐지는 한자어를 폐지하자는 것이 아니다.

(15) 한자를 안다고 해서 중국과의 문화 提攜제휴가 저절로 되는 것이 아니다.

(16) 한자 그 자체가 동양 문명의 기초인 것이 아니다.

---

12 「언어학 개론」(1948.09?)에서는 한자 안 쓰기를 주장하는 이유로 아래의 일곱 가지를 적었다 : "(1) 한글 전용은 국수주의가 아니다. (2) 한자는 현대 문명에는 부적당하다. (3) 한자 생활은 이중생활이다. (4) 한자는 보기 어렵다. (5) 한자는 비예술적이다. (6) 한자는 배우기 어렵다. (7) 한자는 능률적이 아니다 : 획수가 많다. 쓰기 어렵다. 글자 수효가 많다. 인쇄하기 어렵다. 한 글자에 여러 소리가 있다. 한 소리에 여러 글자가 있다."

⒄ 한자 폐지 운동은 중국에서 먼저 시작한 것이다.

⒅ 한자 사용은 우리에게 二重生活이중생활의 고통을 요구한다.

⒆ 한자 폐지 반대는 현실을 무시한 추상론이다.

⒇ 한자 배우는 데에만 정력을 낭비하지 말고, 과학 연구나 일반 문화 건설에 힘을 쏟아야 한다.

-『한자 안 쓰기 문제』 1946.06 : 15~34.

여러 발언과 견해를 위와 같이 광범위하게 거두어 정리한 다음에, 석인은 언어 문제로만 국한하여 볼 때에 한자는 비능률적이라는, 치명적인 문제를 안고 있다고 보는 자신의 견해를 밝혔다. 한자가 비능률적인 근거를 여덟 가지로 열거하였다.

○ 한자가 비능률적인 근거

⑴ 한자는 수가 많다.

⑵ 한자는 획이 많다.

⑶ 한자어에는 同音異義語동음이의어가 많다.

⑷ 한자어에는 異字同義語이자동의어가 많다.

⑸ 한자는 字音자음이 똑똑하지 아니하다.

⑹ 한자는 一字多音일자다음인 것이 많다.

⑺ 한자는 一字多義일자다의인 것이 많다.

⑻ 한자어에는 一語多義語일어다의어가 많다. -위의 책 1946.06 : 35~45.

⑴, ⑵, ⑸, ⑹, ⑺은 한자에 대한 것이며, ⑶, ⑷, ⑻은 한자 어휘에 대한 지적이다. 한자나 한자 어휘는 배우기와 기억하기와 쓰기가 어렵고, 인쇄하기에 불편할뿐더러, 자전字典 찾기와 타자기 이용하기가 어렵다고 하였다. 그것은 한자의 수효가 많고, 자획이 복잡하고, 음과 뜻이 한결같지 않은 데에서 비롯된 결과로 파악하였다.

3.3.4. 한자 폐지의 방법을 제시함

석인은 『한자 안 쓰기 문제』에서 한자를 폐지하는 방법에는 방임주의, 한자 박멸주의, 점진적 폐지론의 세 가지가 있음을 말하였다. '방임주의'까지 한자 폐지의 한 방법으로 제시한 대목에서, 석인은 가만히 두어도 한자는 저절로 없어질 수밖에 없다고 내다보았던 것을 알 수 있다. 그러나 그것은 너무 많은 시간을 낭비할 것이기 때문에 '한자 박멸주의'와 '점진적 폐지론'이 있을 수 있다고 보았던 같다. 박멸주의는 즉시 한자를 없애 버리는 방법이고, 점진론은 시간을 두고 단계적으로 한자를 없애는 방법이다. 그 중에서 석인은 점진적 폐지론을 '가장 지혜로운 해결책'으로 보았으며, 그 이유로 두 가지를 들었다.

○점진적 한자 폐지론이 가장 지혜로운 해결책인 이유
(1) 한자를 즉시 폐지하기에는 아직 준비가 덜 되었다.
(2) 한자를 폐지하기 전에 먼저 한자를 배워야 한다.
-위의 책 1946.06:46~47.

위의 (1)과 관련해서는 아래와 같은 현실적 이유를 들었으니, 한자를 폐지하기에 앞서 순한글로 인쇄된 읽을거리를 먼저 확보해야 한다는 것이 요지이다. 한자로 된 서적은 한글로 바꾸어 발행하고, 신문과 잡지는 순한글로 발행하며, 역사를 비롯한 한문 고전들은 우리말로 번역하여 한글로 발행하는 일들이 선행되어야 한다는 것이었다.

"우리의 청소년 學徒학도들이 읽을 書籍서적이 순한글로 된 것이 상당히 있어야 되겠고, 우리 역사의 대부분은 순한글로 飜譯번역하여 놓아야 하겠고, 그 밖에 신문이나 잡지도 순한글로 편찬되어야 하겠다. 그러나 우리의 현실 사정으로 보아 이것을 즉시 실행하기는 도저히 어려운 것이다.

用紙_{용지} 관계와 인쇄 관계로 새로운 서적을 출판하기가 그다지 쉬운 일이 아니며, 역사와 고전의 번역도 일조일석에 되는 일이 아니요, 신문이나 잡지에 글을 쓰는 이들이 순한글로 글을 쓰게 되기도 여간 어려운 일이 아니다." -위의 책 1946.06:46~47.

(2)에서는 '한자 폐지'와 '한자 학습의 필요성'을 나란히 주장한 셈이니, 그 점에 대하여 "모순된 논리 같지마는 또한 분명한 사실임에 틀림없다."고 하였다. 이는 8·15 직후와 같은 여건에서 하루아침에 한자를 폐지하면 갖가지 착오가 생길 수 있음을 염려한 데에서 내린 결론으로 이해된다. 한자·한문의 오랜 사용으로 한자 어휘(일본식 한자말 포함)가 난무하고, 각종 문서가 한문이거나 한자에 바탕한 일본어 문장으로 되어 있는 상황에서 당장 한자를 없애는 것은 불가능하거나 효과를 거둘 수 없으리라고 판단했던 것이다.

위와 같이 '점진적 폐지론(임시 제한론)'의 필요성을 역설한 다음에 그 방법을 구체적으로 설계하여 제시하였다. 이것이야말로 『한자 안 쓰기 문제』의 핵심이라고 할 수가 있다. 방안의 요체는 한자 또는 한자 어휘와 관련된 여러 가지 조건을 제한하자는 것인데, 제한의 범위 및 대상은 아래와 같았다.

○점진적 한자 폐지의 방법
(1) 시기적 제한
(2) 사용 범위의 제한
(3) 二重語_{이중어}의 폐지

⑷ 字數자수의 제한

⑸ 字劃자획의 제한

⑹ 어휘의 제한

⑺ 일본식 한자어의 폐지   -위의 책 1946.06 : 48~54.

첫째, '시기적 제한'이란 한자 사용 기간을 5년이나 10년 동안으로 제한하자는 것이었다. 석인은 5년이나 10년 정도 준비를 한다면 한자를 완전히 폐지할 수 있다고 보고, 그 기간을 3~4단계로 나누어, 국어의 보급·정리, 고서의 번역·출판, 학술어의 제정, 과학 서류의 간행 등의 일을 진행해야 한다고 하였다.

둘째, '사용 범위의 제한'이란 한자의 사용 범위를 점차 줄여 나가자는 것이었다. 토박이낱말을 쓸데없이 한자로 표기하는 등의 한자 남용을 금하고, 도시의 상점 간판이나 정거장 이름은 한글로 쓰며, 지명·인명도 한글로 쓰며, 호적이나 인감도 한글로 하는 것을 원칙으로 하여야 할 것을 제안하였다.

셋째, '이중어의 폐지'에서는, 한자어로 인하여 생겨난 이중어, 예컨대 '석교돌다리', '약수물', '매화꽃', '처가집', '10월 달', '강변가', '늙은 노인' 따위는 비과학적이요 비예술적이요 비능률적이니 폐지하자고 주장하였다. 이들 낱말이나 표현에서 '석石'(돌), '수水'(물), '화花'(꽃), '가家'(집), '월月'(달), '변邊'(가), '노老'(늙-) 들이 각각 그 앞뒤의 '돌', '물', '꽃', '집', '달', '가', '늙-'과 각각 의미가 겹치는 점에 착안하여 '이중어'[13]라고 한 것인데, 그런 이중어를 버리고 각각 '돌다리', '약수', '매화', '처가', '10월', '강변'이나 '강가', '늙은이'나 '노인'을 사용하자는 취지였다.

---

13 그러니 이것은 앞의 3.1.2에서 살펴본 '이중어'와는 전혀 다른 개념이다.

넷째, '자수의 제한'에서는, 한자의 사용 빈도를 조사하여 빈도가 낮은 글자부터 폐지해 나가는 것이 좋을 것이라고 하였다. 우선은 2,000~1,500자로 제한하여 쓰되, 수효를 점차 줄여 나가다가 나중에는 아주 없애는 방법을 제안하였다.

다섯째, '자획의 제한'에서는 약자 사용을 장려하자고 하였다. 그것은 읽기와 쓰기의 능률을 높이는 데에 반드시 필요함을 역설하였다.

여섯째, '어휘의 제한'이란 우리 토박이말 어휘와 동의 관계에 있는 한자 어휘의 사용을 제한하자는 것이었다. 예를 들면 "콩 : 대두大豆", "보리 : 대맥大麥", "감자 : 마령서馬鈴薯" 들에서 특별한 경우가 아니면 '대두', '대맥', '마령서' 들은 쓰지 말자고 하였다.

일곱째, '일본식 한자어의 폐지'에서는, 일본식 한자 어휘는 즉시 폐지할 것과 우리 어휘로 고칠 것으로 나누고, 곧 시행하자고 하였다.

석인의 점진적 한자 폐지론은 보기에 따라서는 현실 순응론으로 보일 수도 있지만, 속내를 유심히 보면 그렇지 않다. 석인의 관심은 목표 설정에 있는 것이 아니라, 전면적인 한글만 쓰기를 한시라도 앞당기기 위한 구체적인 방법론에 있었던 것이다. 다른 글들에서도 그것은 드러나지만, 시기를 5~10년으로 제한하자고 한 데서도 쉬이 알 수 있다. 그 논의가 국어 내적인 문제에만 머물러 있어 아쉬운 점이 없지 않지만, 한자를 폐지하기 위하여 해야 할 일을 구체적으로 제시하고 거론한 것은 매우 의미 있는 성과였다.

3.3.5. 한자 혼용과 초등 한자 교육 주장을 비판함

지금까지 보았듯이 『한자 안 쓰기 문제』에서는 점진적 폐지론을 제시했지만, 한편으로 석인은 대중을 상대로 하는 신문과 잡지를 한자 위주로 펴내는 것을 강도 높게 비판하고, 즉각적인 한글 전용을 촉진하였다. 그러한 내용은 「민주주의와 국어 문제」에서 확인할 수 있으니, 두 부분을 올리면 아래와 같다.

"어느 신문이나 어느 잡지를 물론하고 민주주의를 내걸고 나오지 아니하는 것은 별로 볼 수가 없다. 그러나 민주주의를 내걸고, 민주주의를 떠들고, 민주주의를 신주처럼 모시고 다니는 그들에게 과연 민주주의적 정신이 털끝만큼이라도 있는가? [줄임] 보아라! 오늘날의 우리 신문이나 잡지는 대체 누가 누구에게 읽으라고 쓰는 신문이나 잡지이냐? 한문글자가 신문 전면의 3분의 2 이상이 되니, 아마도 중국 사람이 보라고 쓴 듯도 하다. 그러나 군데군데 우리 한글로 토를 달아 놓았으니 대체 한글로 토는 왜 달아 놓았을까?"

"순전히 한글만으로 된 우리나라의 신문을 보여다오! 구슬같이 아름다운 우리 한글로 된 잡지를 보여다오. 그리하여 중학생 소학생까지라도 재미있게 읽도록 하여다오.

상아탑 깊고 깊은 속에서 '입만으로의 민주주의'의 달콤한 꿈을 꾸고 있는 이 나라의 소위 시인들아, 학자들아, 정치가들아! 특별히 신문과 잡지를 경영하는 이들아! 그대들은 우리 삼천만 대중이 다 같이 부르짖는 이 안타까운 소리를 듣는가? 또는 듣지 못하는가?

'입만으로의 민주주의'는 대중을 속이고 민족을 해치는 결과만을 가져오는 것이다. 그러나 참된 민주주의자, 참된 애국자는 대중과 더불어 말하고, 대중에게 말하고, 대중을 위하여 살고, 대중이 보고 읽을 수 있는 글을 쓰는 자이다. 특별히 동포 대중을 상대로 하고 글을 쓰는 신문인이나 잡지인에 있어서 더욱 그러한 것이다."

-「민주주의와 국어 문제」 1947.09:38, 39.

여느 글과는 달리, 논조가 매우 격정적이다. 대한민국의 지식인과 정치가 중에 '민주주의를 떠들지 않는' 사람이 없지만 정작 민주주의의 주인인 대중이 읽어야 할 신문·잡지를 온통 한자로 발행함으로써 대중이 읽을 수 없는 현실을 질타하고, 민주주의를 행동으로 실천하여 동포 대중이 자유롭게 보고 읽을 수 있게끔 한글로 된 신문·잡지를 만들어 달라고 호소하였다.

그리고, 1949년 한글날을 앞두고 쓴 글에서, 한글 전용 반대론자들이 내세우는, 한자 교육 필요의 이유와 관련하여 그 모순을 아래와 같이 비판하였다.

"그들은 말만 꺼내면 국민학교 학생들이 학교를 졸업한 뒤에 신문을 읽을 수도 없고, 문패도 볼 수 없고, 편지 봉투도 쓸 줄 모르고, 면서기 노릇도 할 수 없고, 십원짜리 돈과 백원짜리 돈을 구별할 수도 없다는 말을 한다. 그러니 국민학교 학생에게 한문을 가르쳐야 되겠다는 것이다. 그들의 주장을 다시 말하면 결국 글자가 사람을 위하여 있는 것이 아니오, 사람이 글자를 위하여 있다는 결론에 지나지 아니하는 것이다.

인류의 모든 문화와 제도는 원래 사람을 위하여 있는 것이다. 보아라, 사람을 위하여 옷을 만들고, 사람을 위하여 밥을 만드는 것 아니냐? 그렇거늘 맞지 않는 어린이의 옷을 어른에게 억지로 입히려는 자가 있거나, 돌 같이 굳은 밥을 갓난 어린이에게 억지로 먹이려는 자가 있다면 그것은 참으로 어리석은 일일 것이다. 오늘날 우리나라의 어린 학생들에게 낡은 한문글자를 가르쳐야 된다고 생각하는 이는 또한 이와 같이 어리석은 자이다." -「한글 전용론」 1949.10.25.

신문 읽기, 문패 보기, 봉투 쓰기, 돈 구별하기에 필요하니까 한자를 교육해야 한다는 주장은 '사람이 한자를 위하여 존재해야 한다'는 논리와 다름없다고 하였다. 다시 말하면 주객이 뒤바뀐 논리이니, '사람'을 중심에 놓고, 신문 지면과 문패와 봉투 쓰기와 돈 표시에 쓰이는 '한자'를 한글로 바꾸어야 한다는 뜻이었다.

그리고, 초등학교 학생에게 한자를 가르치는 것은 '돌같이 굳은 밥'을 억지로 먹이는 것과 같은 짓이라고 비유하였다. 3.3.4에 올렸듯이 한자 학습의 필요성은 인정하지만, 초등학교 학생에게 베푸는 한자 교육은 반대하였다.

4. 마무리

지금까지 석인 정태진의 언어관과 말글 정책론에 대하여 살펴보았다. 논의한 내용을 중점적으로 간추리면서 이 글을 맺는다.

(가) 석인의 언어관은 같은 시대의 한글학회 여러 학자와 다르지 않았다. 그는 언어를 문화와 역사의 원동력이며, 국가와 민족의 존립과 관련되는 중요한 바탕으로 인식하였으며, 아울러 언어와 교육과의 관계도 중시하였다.

(나) 석인은 언어·국어 정책론을 언어학·국어학의 한 부문으로 확호히 설정하였다. 순수 분야와는 다르지만, 언어학·국어학에는 그와 동등한 가치를 지니는 응용 분야가 있으며, 정책론은 그 분야의 중요한 부문임을 명확히 하였다.

그는 우리 말글살이의 현상과, 그에 대한 공동체의 의식을 부정적으로 파악했으며, 그러한 현실을 발전적으로 극복할 연구 분야로서 국어 정책론을 설정했던 것이다. 그리고 그는 언어를 갈고 닦아야 하는 것은 문화를 잘 담고 사상을 잘 드러내기 위함이라고 하였다.

(다) 석인은 우리말의 본바탕은 우수한 것으로 이해했으며, 특히 음운의 풍부성을 매우 큰 장점으로 보았다. 그러나 현실적으로는 표준말·칭호말·인사말·학술어 들과 관련된 문제, 겹말(이중어)이나 모순된 말이나 품위가 낮은 말 따위가 적지 않은 등, 어휘면에서 문제가 많은 것으로 진단하였다.

우리말 문제의 해결을 위해서, 연구자는 어법의 연구, 옛말과 방언의 수집, 학술 용어와 시어詩語의 연마, 자매어의 연구 등에 힘쓰고, 국민 대중은 서로간에 외국 낱말 쓰지 않기를 실천하고, 정부나 단체에서는 한문 고전과 서양 서적의 번역 등에 힘쓸 것을 제안하였다. 특히, 오랜 한자의 속박을 박차 버리고 사람이름도 우리 토박이말로 지을 것을 호소하며, 토박이말로 항렬 맞추어 이름 짓는 방법을 구체적으로 예시하였다. 그 가운데는 매김꼴(관형형) "도울-믿을-바랄"과 "굳은-넓은-밝은"도 있었으니, 매우 창의적이며 앞선 제안이었다.

(라) 석인은 한글을 매우 이상적인 글자로 인식하였다. 문자의 체계와 조직이 과학적이어서 쉽고 아름다우며, 기원이 독창적이며, 만든 동기가 민주적이라는 점을 그 중요한 근거로 들었다. 그러나 현실적으로는 많은 문제가 있는 것으로 진단했으니, 맞춤법이 보급되어 있지 못한 점, 한자를 섞어 쓰고 있는 점, 한글 흘림글씨가 없는 점, 글자기계가 발달하지 못한 점 등을 특히 주목하였다.

우리글의 문제점을 해결하기 위하여, 연구자는 한글의 풀어쓰기와 흘림글씨와 속기술, 그리고 타자기의 연구에 힘쓰고, 국민 대중은 맞춤법에 맞게 쓰기, 가로쓰기, 외국 글자 쓰지 않기, 간판·문패·광고 따위에 한글만 쓰기를 성실히 실천할 것을 주장하였다. 그리고 정부(나 단체)에서는 문맹 타파 운동을 철저히 펼칠 것을 제안하였다.

(마) 석인은 한자 폐지 문제를 이론적으로 다룬 『한자 안 쓰기 문제』를 지었다. 한글의 역사에서 그런 저서로는 처음이었다. 광복 직후 한글학회를 중심으로 전개된 한글만 쓰기 운동의 이론적 길잡이가 되었다.

거기서 우리 겨레 글살이의 이상을 한글만 쓰기로 설정하고, 그 이상을 실현하는 구체적인 방법으로서 '점진적 한자 폐지론'을 제안하였다. 그것은 바꾸어 말하면 '임시 한자 제한론'이 되는데, 이상을 실현하려면 어느 정도의 과도기를 둘 수밖에 없음을 인정하고, 그 기간에는 한자를 엄격히 제한하여 사용하면서, 한편으로 한자 폐지를 위한 실제적인 준비를 철저히 하자는 것이었다. 오늘날의 눈으로 보면 그러한 점진론이 현실 순응론으로 비칠 여지도 있으나, 대부분의 글자살이를 한자·한문으로 영위하던, 당시의 상황을 감안하면 균형감을 갖춘, 설득력 있는 제안이었다.

참고 문헌

1) 석인 정태진의 논저

정태진. 1945.09~. 육필 강의안 「우리말과 우리글」. 『석인 전집 (하)』 288~289쪽.

정태진. 1946.12(?). 육필 강의안 「국어학 개론」. 『석인 전집 (하)』 334~348쪽.

정태진. 1948.09(?). 육필 강의안 「언어학 개론」. 『석인 전집 (하)』 292~333쪽.

정태진. 1946.03. 「세계 文化史문화사 상으로 본 우리 어문의 地位지위」. 『신세대』 제1호 24~30쪽. 신세대사.

정태진. 1946.04. 「비슷하고 다른 말」. 『한글』 제11-1호(통권 94) 39~43쪽. 조선어학회.

정태진. 1946.05ㄱ. 「재건 途上도상의 우리 국어」. 『한글』 제11-2호(통권 95) 23~28쪽. 조선어학회.

정태진. 1946.05ㄴ. 『받침 공부 – 한글 계몽용 – 』. 신생 한글연구회.

정태진. 1946.06. 『한자 안 쓰기 문제』. 雅文閣아문각.

정태진. 1946.07. 「시골말을 캐어 모으자」. 『한글』 제11-3호(통권 96) 18~21쪽. 조선어학회.

정태진. 1946.09. 「일본사람들은 왜 한자 폐지를 못 하였던가」. 『한글』 제11-4호(통권 97) 2~9쪽. 조선어학회. 〔島田春雄(시마다 하루오)의 『일본어의 아침(1944.06)』 발췌·번역〕

정태진. 1946.10. (김원표와 함께 엮음.) 『중등 국어 독본』〔중등학교 국어과 부독본〕. 한글사.

정태진. 1946.12. 엮음. 『조선 향토 예찬 : 아름다운 강산』〔시가집〕. 신흥 국어연구회.

정태진. 1947.09. 「민주주의와 국어 문제 – 특히 한문글자 안 쓰기 문제에 대하여 – 」. 『白民』 제3-5호 38~39쪽. 백민문화사.

정태진. 1948.01. 「귀여운 아이를 낳으시거든」. 『부인』 제3-1호 34~35쪽. 부인사.

정태진. 1948.04.10. 「말과 글을 피로써 지키자」. 『조선중앙일보』 제323호 제2면.

정태진. 1948.06. 「서평 | 옥치정 님이 쓴 『가로쓰기 교본』을 읽고」. 『한글』 제13-2호(통권 104) 55쪽. 조선어학회.

정태진. 1948.08. 「국어 교육의 제 문제」. 『大潮』 제3-3호 72~76쪽. 대조사.

정태진. 1948(?). 「Korean Alphabet」(영문). 게재지 알 수 없음. *영인 : 『석인 전집 (상)』 511~513쪽.

정태진. 1949.10.27. 「한글전용론」. 旬刊순간 잡지 『새한민보』 제58호

25~26쪽. 새한민보사.

정태진. 1949.12. 「한글날을 맞이하여」〔한글날 기념 방송 원고〕. 『한글』 제14-2호(통권 108) 68~77쪽. 한글학회.

정태진. 1952.01.15. 「말을 사랑하는 마음」. 『홍대 신문』 제?호. 홍익대학.
  *영인 : 『석인 전집 (하)』 198쪽.

정태진. 1952.02. 시조 「한 생각」. 육필 원고. 『석인 정태진 전집』의 면지(영인).

정태진. 1952(?).09. 「우리말의 어원 (1)」. 교통부 교양지 『운수』. *영 인 : 『석인 전집 (하)』 199~206쪽.

정해동 편집. 1995.04. 『석인 정태진 전집 (상)』. 나주정씨 월헌공파 종회.

정해동 편집. 1996.04. 『석인 정태진 전집 (하)』. 나주정씨 월헌공파 종회.

2) 참고 논저 및 자료

경향신문. 1948.10.08. 「가르칠 사람을 위하여 日曜일요 한글講習會강습회 개최」. 『경향신문』 제623호 제3면.

리의도. 1994.09. 「외솔의 말글 정책론에 대한 고찰」. 『나라사랑』 제89집 174~218쪽. 외솔회.

리의도. 1997.06. 「정인승 선생의 『한글 강화』에 대하여」. 『한말 연구』 제3호 245~272쪽. 한말연구학회.

리의도. 1997.09. 「건재 정인승 선생의 애국 운동」. 『나라사랑』 제95집 106~124쪽. 외솔회.

정인승. 1972.12.19. 「남기고 싶은 이야기들 ㉔」. 『중앙일보』 제2246호 제5면.

조선어학회. 1941.05. 「소식」. 『한글』 제9-4호(통권 86) 앞표지 안쪽. 조선어학회.

조선어학회. 1947.03. 「한글 신문」. 『한글』 제12-1호(통권 99) 72쪽. 조선 어학회.

한글학회. 1949.12. 「한글 신문」. 『한글』 제14-2호(통권 108) 133~138쪽. 한글학회.

한글학회. 1949.12. 「한글 열흘 특집」. 『한글』 제14-2호(통권 108) 52~117쪽. 한글학회.

한글학회. 1949.12. 「한글 전용을 왜 부르짖나?」, 한글날 기념 방송 좌담 녹취록(녹취 : 권승욱). 『한글』 제14-2호(통권 108) 59~67쪽. 한글학회.

한글학회. 1971.12. 『한글학회 50년사』. 한글학회.

─────

이 글 7은 한글학회에서 '정태진 특집'으로 펴낸 『한힌샘 주시경 연구』 제10·11호(1998.10)에 발표한 「석인 정태진의 말글 정책론에 대한 고찰」의 곳곳을 보충하고 가다듬고, 됨됨이를 조정한 것이다.

무돌 김선기의
말글 운동과 말글 정책론

"말은 유한 세계와 무한 세계 사이에 다리를 놓는 무지개와 같다. 끝없이 깊은 누리로 우리를 이끌고 가는 힘이 있고, 모든 문화를 창조하는 틀이요, 문화를 담아 두는 그릇이라, 사람이 가지고 있는 모든 보화 가운데 가장 귀중한 것이다. 그러므로 가라겨레가 가지고 있는 모든 보배 가운데 가라말과 가라글이 무엇보다 소중한 것임을 깨달아야 한다." (1970.10)

"금번 로마자 표기법 작성에서도 이 구별에 혼선이 있을 적마다 나는 지적하기에 겨를이 없었다. 위원 가운데 '실용성'이란 깃발 아래 미어美語화를 주장하였으나, 이것은 정자법의 원리에 어긋나므로 끝까지 나는 반대의 편에 서게 되었다." (1957.09)

1. 머리말

무돌 김선기金善琪는 여든여섯 해 가까이 이승에 머물렀다. 저서와 논문을 비롯하여, 그동안에 발표한 크고 작은 저술이 160건을 넘는데, 그 중에서 말글 정책이나 말글 운동과 관련된 것이 50건에 이른다. 이는 전체의 31%를 차지하는 셈이니, 그것만으로도 이 분야에서 무돌의 활약이 적지 않았음을 짐작할 수 있다. 수량이 그대로 내용의 비중이라 할 수는 없지만 경향성이나 관심도를 짐작하는 데에 간접적인 근거는 되겠기 때문이다.

이 글의 주된 목표는, 그 50건의 저술을 통하여 무돌이 펼친 말글 운동과 말글 정책론에 관하여 살펴보는 것이다. 먼저 제2장에서 무돌이 우리 말글에 기울인 노력을 살펴볼 것인데, 그것은 조선어학회와 밀접한 관계에 있으므로 그 학회의 활동을 중심으로, 진행하고자 한다. 이는 무돌의 생애를 일별하는 일도 될 것이다. 제3장에서는 무돌의 말글 정책론에 관하여 살펴볼 것인데, 이 작업은 언어관, 한국 말글 정책론, 한글 전용론의 세 마디로 나누어 진행하고자 한다. 이어서 제4장에서 무돌의 표기법 이론을 세 범주, 곧 한국어의 한글 표기법, 한국어 외래어의 한글 표기법, 한국어의 로마자 표기법으로 나누어 논의하고자 한다. 끝으로 제5장은 각 장에서 확인하고 논의한 내용을 요약하는 데에 나눌 것이다.

그런데 이 글은 무돌의 말글 운동이나 말글 정책론을 살펴보는 첫 작업이다. 게다가 그의 글발이 각종 지면에 산재해 있으므로 일반에 잘 알려지지 않은 것도 적지 않다. 이런 점들을 감안하여 진행의 과정에서 되도록이면 여러 글의 원문을 풍부히 제시하고자 한다.

2. 우리 말글에 기울인 무돌 김선기의 노력

무돌이 우리 말과 글에 기울인 노력은 조선어학회~한글학회를 떼놓고 말하기 어렵다. 그러므로 조선어학회의 역사와 활동을 중심으로 그의 생애[1]와 말글 운동의 발자취를 살펴보기로 한다.

2.1. 무돌과 조선어학회와의 인연

무돌은 1907년 3월 31일(음력 2월 18일) 전라북도 임피군[2] 읍내리에서 태어났다. 1913년까지 향리의 서당에서 한문 공부를 하였다. 1914년 4월(7살) 임피보통학교에 입학했다가, 다음해 그 고장의 신흥 중심지에 있는 군산公立공립보통학교(오늘날의 군산중앙초등학교) 제2학년으로 전학하여 수학하고 1919년(12살)에 제4학년을 졸업하였다. 이어서 4월 경성京城의 중앙고등보통학교에 입학했지만 주마담[3]으로 곧바로 휴학했다가, 다음해 복학하여 제1학년 과정부터 다시 밟아 나갔다.[4] 그러나 졸업을 서너 달 앞둔 1924년

---

1 지금까지 공표된 무돌의 '연보/해적이'로는 ①『명지 어문학』제9호(1977.02), ②『언어학』제2호(1977.04), ③『한글』제194호(1986.12), ④『무돌 김선기 선생 글모이 I』(2007.03)에 실린 것이 있으니, 각각「무돌 연보(1977.02)」, 「무돌 연보(1977.04)」, 「무돌 해적이(1986.12)」, 「무돌 연보(2007.03)」으로 나타내기로 한다. 그런데 이들 연보의 내용 중에는 조금씩 어긋나는 부분도 있고, 그 내용을 종합해 봐도 풀리지 않는 대목도 있다.

2 '임피군'은 1914년 3월의 행정구역 개편으로 '옥구군 임피면臨陂面'이 되었는데, 1995년 1월 옥구군이 군산시에 합쳐져 '군산시 임피면'이 되었다.

3 주마담走馬痰은 담痰이 몸의 이곳저곳으로 옮겨 다녀서 군데군데가 욱신거리는 병이다.

4 무돌이 직접 작성한 것으로 보이는 「무돌 연보(1977.02)」에 유억겸·권덕규

12월 중퇴했으며, 미국으로 가는 여권을 얻을 목적으로 1924년 8월 중국 북경에 갔으나 뜻을 이루지 못하고 그곳의 민국대학에 입학하였다.[5]

다음해, 곧 1925년(18살)에는 연희전문학교 문학과로 전학하여, 1928년(21살) 3월 제3학년을 마쳤다. 그 뒤 한 해 동안 휴학하고 일본 규슈의 가고시마에 있던 센다이중학교 제4학년에 편입학했다가, 다음해 4월 연희전문학교 제4학년에 복학하여 1930년(23살) 3월 15일 마침내 졸업했으며, 18일에는 김은성과 혼인하였다.

연희전문학교 문학과 재학 중에 외솔 최현배의 가르침을 받았는데,[6] 무돌은 그때를 아래와 같이 회고한 적이 있다.

"내가 맨 처음 외솔 스승에게서 감동을 받은 것은 스승의 애국

·이중화 등을 비롯하여 '중앙고보 시절의 스승님들' 13명이 기록되어 있다. 무돌은 그 가운데서도 한별 권덕규를 특별히 기억했으니, 「가라말의 덜」(1979.02:375) 등에서 그 사실을 확인할 수 있다(김주원 2007.03:37).

5 「무돌 연보」들에 기록되어 있는 그의 수학修學 이력을 간추리면 이러하다 : "① 1914년 임피보통학교 입학. ② 1919년 군산보통학교 졸업. ③ 1919년 중앙고등보통학교 입학하여 곧 휴학했다가 1920년에 복학. ④ 1924년 12월 중앙고등보통학교 중퇴. ⑤ 1924년 중국 북경의 민국대학 입학."
그런데 이 가운데 아귀가 맞지 않는 점이 있다. 첫째, 그 당시의 수업 연한은 보통학교가 4년, 고등보통학교가 4년이었으니, ①과 ②의 시점이 사실이라면 보통학교를 1년 더 다닌 것이 된다. 둘째, ③이 사실이라면 중앙고보를 1924년 3월에 졸업한 셈이 되니, ④의 '1924년 12월 중퇴'와 맞지 않는다. ⑤를 감안하면 ④의 연도는 '1923년'이 맞지 않을까 한다. 이러한 어긋남들이 있으나, 뚜렷한 증거가 없으므로 「무돌 연보」들의 기록대로 보아 둔다.

6 외솔이 연희전문학교 교수로 처음 재직한 기간은 1926년 4월(외솔 31살)부터 1938년 9월(44살)까지이고, 『우리말본—첫째 매—』를 펴낸 것이 1929년 3월이다. 「무돌 연보(1977.02)」에는 최현배, 유억겸, 정인보, 홍명희, 정인섭 등을 비롯하여 '연희전문학교 시절의 선생님들' 18명이 기록되어 있다.

사상에 있다. 그 어른은 학교에서 '철학 개론' 시간에 독일 피히테의 『독일 국민에게 고함』을 읽기를 권장하셨다. 나는 이와나미(岩波) 문고판을 사 가지고 책이 떨어지도록 열심히 공부하였다. 그리고 크게 감동 받았다.

외솔께서 우리들에게 '철학 개론'을 가르치시기는 하셨지만 마음 이 국어 연구에 있는지라, 스승의 강의 노트는 교토제대에서 니시다 이쿠타로(西田幾太郞) 박사에게 배운 대학 노트를 읽으며 강의하여 주시는 정도였다. 그리고 '철학사'는 히다노 씨의 『서양 철학사』를 읽고 새기고 하는 정도였다. 내가 외솔 스승에게서 국어에 대한 강의 를 들은 것은 『우리말본』 첫째 매 「말의 소리」에 대한 강의를 한 학기 동안 들었을 뿐이다.

그런데 내가 3학년 가을에 외솔 스승을 모시고 금강산으로 수학여 행을 간 일이 있었다. 그때 외솔께서는 양치질 하실 적에는 꼭 소금 을 쓰시며, 우리에게도 그리 할 것을 권하셨다. 그 당시 일본 사람들 이 만든 '랄이어'란 치약 분말이 크게 팔리고 있던 때라, 외솔께서는 속으로 은근히 애국심을 심어 주는 것이었다." -「외솔 스승을 추억함」 1974.03 : 284~285.

위의 회고에 비추어보건대, 무돌은 연희전문 문과 2~3학년이던 1926~1927년, 곧 외솔이 부임한 처음 두 해 동안 외솔이 담당했던 '철학 개론'과 '철학사' 과목을 수강하고, 제4학년 때(1929년)에 『우 리말본-첫째 매(소리갈)-』를 교재로 조선어학 강의를 받았다. 외 솔을 가까이 모시면서 불타는 애국심(☞445쪽의 따온글)과 검소한 생 활 태도를 몸으로 배웠으며, 외솔의 소개로 피히테의 언어관을 접 하여 공부하고는 크게 감동하였다. 그러한 인연과 감동은 무돌의 한평생을 움직이는 바탕이 되었다.

한뫼 이윤재에 대해서도 특별히 기억하고 있었는데, 그 기억의

한 자락을 올리면 아래와 같다.

"한뫼 선생이 연희전문학교 문과에서 국어를 가르친 것이 사실이
나, 내가 1930년에 연희전문을 나왔는데, 배운 기억은 없고, 다만
한 가지 기억에서 사라지지 않는 일이 있다.
1928년경 일로 생각한다. 연희전문학교 문과에서 연출한 '바보
온달'이란 연극을 종로 기독교청년회관에서 보았다. 〔줄임〕 나는 크
게 감동 받았다. 뒤에 알고 보니 한뫼 이윤재 선생의 작품이었다고
한다. 사서(史書)인 동시에 문학 작품인 이 '바보 온달'은 〔줄임〕 고구
려 명장의 일화를 작품으로 만들어, 일제의 학정 밑에서 신음하는
한국 청년들에게 제 나라 역사를 사랑하고, 또 용기를 주어 청년들을
고무하려는 뜻에서 이러한 작품을 썼던 것이다." -「한뫼 선생의 한글
운동과 독립 활동」 1973.12:35.

전문학교까지 졸업하였으나 연희전문 졸업생은 사상이 불온하
다(?) 하여 취직하기가 쉽지 않았다. 외솔의 말씀을 좇아, 졸업한
다섯 달 뒤인 9월 함경북도 경성鏡城에 있던 고등보통학교인 동명
의숙 교사로 취임하였다. 그러나 학교의 재정난으로 해를 넘기지
도 못하고 12월 중순 경성京城으로 돌아와야 했다. 그렇게 되자
다시 외솔이 소개하여 다음해인 1931년 1월(23살)에 '조선어사전
편찬회' 편찬원으로 참여했는데(김선기 1974.03:284), 그 무렵 조선
어학회의 사정에 대해서는 아래와 같이 회고하였다.

"외솔의 알선으로 나는 다시 1931년 정월 초하루 날부터 조선어사
전 편찬원으로 일하게 되었다. 그때 월급은 30원이었다. 대학 졸업
생이 50원 내지 60원을 받던 시절이었다. 1931년서부터 1934년 6월
까지 나는 거기서 편찬원으로 일을 보았다. 〔줄임〕 나는 사전의 정리

도 하였지만, 주로 조선어학회 일을 많이 보았다. 특히 '조선어마춤
법 통일안' 작성의 거의 모든 서역은 내가 맡아 가지고 하였다." -「국
어 운동, 한글학회의 발자취」 1977.03:33~34.

무돌은 이렇게, 외솔과의 인연으로 1931년 1월 조선어사전편찬
회7와 새로운 인연을 맺게 되었으며, 그 인연은 나중에 조선어학회
로 이어지게 된다. 그러나 그가 조선어학회의 회원이 된, 정확한
시점은 분명하지 않다. 기존의 「무돌 연보」들에 연희전문학교를
졸업한 '1930년 이래' 조선어학회 회원이 된 것으로 되어 있지만,
분명한 근거를 접하지 못해 확정하기가 망설여진다. 다만, 조선어
학회 기관지 『한글』 창간호(1932.05)의 '회원 명단'(모두 25명)에
"김선기 : 조선어사전편찬회"라는 기록이 있으니, 1932년 5월 전에
회원이 된 것은 분명하다.

그런데 『동아일보』 1931년 10월 29일치 기사는 그 시점을 좀더
좁혀 준다. 그해 10월 24일, 동아일보사가 제485회 한글날 기념으
로 무돌을 포함하여 조선어 학계의 인사 10명을 초청하여 좌담회
를 가졌는데, 그 중 8명이 두루 알려져 있던, 조선어학회의 중추
회원이었다. 그러한 사실에 비추어볼 때에 무돌도 조선어학회 회
원의 한 사람으로 그 좌담회에 초청되었던 것으로 보이며, 그렇다
면 늦어도 1931년 10월 24일 이전에 조선어학회 회원이 된 것으로
볼 수 있다.

---

7 '조선어사전편찬회'는 1929년 한글날 창립하였다. 조선어연구회와 별개의
  조직체로 출발하여 5년 남짓 독립적으로 운영하였다. 하지만 진행이 순조롭
  지 못하여 1936년 3월 발전적으로 해산하고 모든 업무를 조선어학회로 통합하
  였다(☞ ⑨의 6.1).

2.2. 「한글마춤법 통일안」과 무돌

사전을 편찬하려면 어휘를 수집하고 정리해야 하는 것은 당연한
일이지만, 그때로서는 표기법의 통일이 무엇보다 시급한 일이었
다. 그래서 조선어연구회(→조선어학회)에서는 1930년 12월 13일
임시 총회를 개최하여 '조선어철자 통일 위원회'를 두기로 결의하
고, 위원 12명을 선정하였다. 그때부터 조선어학회의 조선어철자
통일 작업(☞ 9의 4.2)이 열매 맺기까지 무돌이 참여하고 수행한
일을 간추려 올리면 아래와 같다.

○ 조선어철자 통일 작업 과정에서 무돌이 한 일들
① 1932년 12월 22일 조선어학회 임시 총회에서, 조선어철자 통일
　위원회 위원으로 추가 선정되다.[8]
② 12월 27일~1933년 1월 4일에 경기도 개성부에서 진행된, 철자
　통일 위원회 제1 전체회의(독회)에서 이갑李鉀과 함께 서기를 맡
　아 회의 내용을 기록하다.
③ 1933년 1월 4일 위 회의에서 수정위원회 위원[9]으로 선출되고,
　1월 14일 조선어학회 월례회의 결정에 따라 신명균·이극로와 함
　께 수정 소위원회 위원을 맡다.
④ 2월 16일~5월 9일에 참참이 열린, 6번의 소위원회 회의에 빠짐없

---

8 6명이 추가되었으니, 그로써 위원은 모두 18명이 되었는데, 나이 순서로
　적으면 이러하다 : 이상춘(1882년 출생), 장지영(1887), 이윤재(1888), 신명
　균(1889), 이만규(1889.12), 권덕규(1890), 이병기(1891), 이극로(1893), 김
　윤경(1894.06), 최현배(1894.10), 박현식(1894.12), 이세정(1895.07), 정렬
　모(1895.11), 이희승(1896), 이탁(1898), 이갑(1904), 정인섭(1905), 김선기
　(1907).
9 모두 10명이었다. 권덕규, 김선기, 김윤경, 신명균, 이극로, 이윤재, 이희승,
　장지영, 정인섭, 최현배.

이 참석하다.

⑤ 3월 1일~6월 6일에 참참이 열린, 12번의 수정위원회 회의에 빠짐 없이 참석하다.

⑥ 7월 26일~8월 3일에 경기도 고양군 수유리의 화계사 보화루에서 진행된 제2 전체회의에서 서기를 맡다.

⑦ 8월 3일 위 회의의 결정에 따라 정리위원회 위원을 맡다.

⑧ 8월 23일~10월 6일에 참참이 열린, 8번의 정리위원회 회의에 빠짐없이 참석하다.

⑨ 10월 6일 정리위원회 회의의 결정에 따라 김윤경·최현배와 함께 정리 소위원회 위원을 맡다.

⑩ 10월 7~11일에 열린, 4번의 소위원회 회의에 빠짐없이 참석하다.

⑪ 10월 17일 마지막 정리위원회 회의에 참석하다.

1930년 12월의 임시 총회에서 선출된 조선어철자 통일 위원 12 명이 2년 동안 69번의 회의에 211시간을 투자한 끝에, 1932년 12월 에 이르러 '91개 항목'의 초안草案을 마련하였다. 무돌은 그 초안에 대하여 토의하는 제1 전체회의(讀會독회)에서부터 참여하였다. 열 여덟 위원 중에서 가장 막내였으니, 25년이나 연상인 위원도 있었 다. 그런 이들과 함께, 무돌은 1933년 한 해 동안 크고작은 모든 회의에 참석했으며, 특히 갖가지 기록 업무를 도맡아 하였다. 428 쪽의 따온글에서, '(조선어사전편찬회) 편찬원'으로 일하게 되었지 만 주로 '조선어학회' 일을 많이 보았으며 특히 '조선어마춤법 통일 안' 작성의 거의 모든 서역書役은 자신이 맡았다고 한 것은 이를 두고 한 말이다.

필운동에 있던 그의 집은 자주 회의 장소가 되기도 하였다. ④의 수정 소위원회 6번 가운데 3번, ⑤의 수정위원회 12번 가운데 4번,

⑧의 정리위원회 8번 가운데 1번, ⑩의 정리 소위원회 4번 가운데 1번, 이렇게 9번의 회의를 그 집에서 가졌다. 무돌이 위원으로 참여한 1933년 한 해 동안, 전체회의 두 번을 제외하고 서른 번의 회의가 있었는데, 그 가운데 30%가 무돌의 집에서 열린 셈이다. 낮에는 저마다 할일이 있었으니 회의는 대개 밤에 열었고, 보통 저녁 7~8시부터 3시간을 계속하였다.

그렇게 단계마다 크고작은 회의를 열어 의견을 수렴하여 고치고 다듬었으니, 회의에 들인 시간을 통틀어 셈하면 번수는 135번이고, 시간은 443시간이었다(☞ 541쪽의 각주 47). 위원회의 마지막 회의가 ⑪이었으니, 그 회의에서 통일 위원회의 최종안이 확정되었다. 이틀 후인 19일에는 조선어학회 임시 총회를 소집하여 그 최종안을 상정했고, 총회에서는 한두 군데 수정하여 전원 찬성으로 채택하였다(原案). 그 原案원안을 한글날(10월 29일)『한글마춤법10(朝鮮語綴字法) 통일안』이란 이름의 소책자로 간행하고 발표했으니,11 그로써 조선어학회의 조선어철자 통일 사업은 마무리되었다.

하지만 일은 거기서 끝나지 않았다. 그날 총회에서는 「통일안」의 보급 방안에 대하여도 의논하였으니, 그 일과 관련하여 무돌은 아래와 같이 회고한 바 있다.

  "이제는 어떻게 하여야 진통을 겪고 이렇게 통과된 「통일안」을 실천 옮기느냐 하는 문제가 생겼다. 첫째로 동아일보사와 교섭하

---

10 1933년 10월부터 1940년 5월까지는 '마춤법'으로 표기하였다(☞ 80쪽의 각주 33).

11 이후에 내용 일부를 수정도 하고 판을 새로 짜기도 했으므로, 그런 것들과 구분할 필요가 있을 때에는 1933년의 규정을 흔히 '첫판(原案)'이라 한다.

여 보급하도록 하자는 것을 결정하고, 그 교섭에 나를 적임자로 뽑아 주었다. 당시에 나는 30세 미만이었고, 「통일안」 작성 위원 가운데 둘째로[12] 어린 사람인데, 이런 중대한 사명을 띠고 동아일보 사장 고하 송진우 선생을 찾아갔다. 고하 선생에게 우리가 애써 만든 결과를 보고하고, 앞으로 동아일보사에서 우리 안(案)을 채택하여 줄 것과 그 보급에 선봉에 서 줄 것을 부탁하였다.”

“그 때에 내 선고가 동아일보 서무부장 직에 있고 하여 고하 선생은 나에게 ‘하게’를 하였던 것이다. 고하 선생은 뜻밖에도 정중한 태도로 나에게 다시 물었다. “몇 부나 찍어서 보급하여야 되지?” 나는 남의 살림 속을 잘 모르니까 대답을 망설였다. 그 당시 동아일보의 판매 부수는 일만 오천을 넘지 못하던 시절이었다. 이윽고 고하 선생은 “한 십만 부만 찍으면 될까?”라고 하였다. 나는 기쁜 마음이 온 몸과 마음을 흔들어 놓아 흥분의 도가니 속에 빠지는 듯하였다. “감사합니다!” 이 한 마디를 뒤에 남기고 곧 돌아 나왔다. 나는 외솔 선생과 한뫼, 물불에게 보고하였다. 다들 반색하며 무척 기뻐하였다.”　　　　－「한뫼 선생의 한글 운동과 독립 활동」 1973.12：41, 42.

동아일보사가 「통일안(1933)」의 성공적인 보급에 기여한 공로는 두루 알려져 있는데, 무돌은 그때 동아일보사와의 교섭 실무를 자신이 맡았다고 밝히고 있다. ‘내 선고가 동아일보 서무부장 직에 있고’라는 대목에 비추어보건대, 조선어학회에서 무돌을 교섭 대표로 뽑은 것도 그런 사정을 고려했던 것으로 보인다.

지금까지 「한글마춤법(조선어철자법) 통일안」을 완성하고 보급하는 과정에서 청년 무돌이 수행한 일들을 살펴보았다. 양으로 보나 질로 보나, ‘조선어의 한글 철자법’ 통일 작업에 참여한 것이

---

12 429쪽의 각주 8에 보였듯이, 공식 기록에 따르면 막내가 된다.

20대 무돌의 가장 뜻있는 활동이었다. 본인도 그렇게 평가했는데, 한 대목을 올리면 아래와 같다.

"또 우리 겨레가 역사가 있은 뒤 나라말에 대하여 그렇듯 진지하고 열렬한 회를 한 적이 일찍이 없었고, 또 그때의 광경은 영원히 민족 사상사에 남기어야 할 것이다. 화계사 회의 때의 광경은 반드시 사진으로 남았으리라고 믿는다. 화계사 회의는 제2 독회가 마지막 회의이기 때문에 자기 학설의 일부를 수정하느냐, 그대로 살려 나가느냐를 결정하는 회의라 참으로 격렬한 회의가 진행되었다." - 위의 글 40.

이처럼, 무돌은 「한글마춤법 통일안」의 제정을 매우 뜻깊은 민족적 사업으로 인식했으며, 그 사업에 청년 학도로서 당대의 원로 학자들과 함께 참여한 것을 매우 자랑스럽게 여겼다. 그 점은 자신이 작성한 것으로 보이는 「무돌 연보(1977.02)」에 "1933.11.08. 「한글마춤법 통일안」을 완성하고 열린 18명 위원의 위로연에 참가"라고 적시한 데서도 엿볼 수 있으며, 아래의 회고를 통하여 그때의 감격을 좀더 생생히 느낄 수 있다.

"「통일안」이 발표되자 다음의 서른네 분이 발기인이 되어 「통일안」 18위원의 위로회를 열고 120명이 명월관에 모여 위로회를 하셨다. 〔줄임〕 18위원 중 필자와 이갑은 가장 젊은 사람으로 참석하였는데, 이 자리에서 당대의 명사들이 모두 모여 축하 위로회를 열어 주었다. 한뉘 동안 잊을 수 없는 영광의 시간이었다. 내 나이 겨우 스물여섯 살이었으니, 얼마나 감격하였을까는 짐작이 간다." - 「국어운동, 한글학회의 발자취」 1977.03 : 36~37.

무돌은 1985년, 곧 일흔여덟의 노년에도 「한글맞춤법 통일안」이 우리 민족의 현대사에서 차지하는 의의를 이희승과의 대담에서 아래와 같이 평가하였다.

"이런 분들이 모여 3년 동안 회의를 거듭하여 난산시킨 「맞춤법 통일안」이고 보면, 그것은 우리 민족 문화의 결정체입니다. 또 우리 민족이 독립 이전에 독립을 준비하기 위하여 만들어 놓은 것이 있다면, 바로 이 「맞춤법 통일안」이 거의 유일한 것이기도 합니다. 해방이 되자마자 조선어학회의 「통일안」이 채택되어 시행되지 않았습니까? 그게 다 조선어학회 사건이라는 수난을 겪으면서까지 이 분들이 애를 쓰고 공을 들인 열매입니다." -월간마당사, 1985.10:60.

「통일안」은 '우리 민족 문화의 결정체'이며, 우리 민족이 광복에 대비하여 만들어 놓은 유일한 성과물이라고 하였다.

조선어철자 통일 작업에 참여한 외에, 무돌은 기회가 되는 대로 표기법을 비롯하여 우리 말글에 관한 견해를 발표했는데, 그것을 정리하여 올리면 아래와 같다. 「우리말 순화론」은 활자화된, 무돌의 생애 최초 논문이다.[13]

○1930년대 무돌의 연구 성과
1931년 10월 29~30일 「우리말 순화론」을 『조선일보』[14]에 발표하다.

───────

13 종래의 「무돌 연보」들에 "「국어 정화론」(조선일보, 1931)"이라는 기록은 있었으나 그 텍스트를 보지 못했으므로 리의도(2007.03)과 리의도(2007.11)의 논저 목록에는 올리지 않았었다. 그 후에 「우리말 순화론」을 찾아내었고, 이것이 그것임을 확인하였다.

14 연구자의 글 3편과 중등교원 10명의 발언으로 '485돌 한글날 특집'을 꾸몄는데, 「우리말 순화론」은 그 3편 가운데 하나였다. 무돌은 자신의 글 끝에 신문사의

1931년 10월 29일 『조선일보』 제4면에 실린 「우리
말 순화론(상)」. '純化論'이 '純代論'으로 잘못 인쇄되
어 있는데, 다음 날의 (하)에서 바로잡혔다.

1932년 5~6월 「피히테의 언어관」을 조선어학회 기관지 『한글』에 발
　　표(2회 연재)하다.

193년 7월 「철자법 원리」를 『한글』에 발표하다.

193년 7월 9일 조선어학회 월례회에서 '소리겨레(phoneme)'라는 제
　　목으로 발표하다.

1933년 5월 13일 조선어학회 월례회에서 '한자어의 ㄹ음 문제에 대
　　하여'라는 제목으로 발표하다.

1933년 8월 「경음의 본질」을 『한글』에 발표하다.

1933년 10월 29일(한글날) 「한글의 수昔금석」을 『동아일보』에 발표하
　　다.

1933년 12월 「「한글마춤법 통일안」의 문화사적 의의」를 월간잡지

부탁을 받아 급히 썼다고 밝혀 두었다.

『신동아』에 발표하다.

1934년 1월 13일 조선어학회 월례회에서 '된소리에 대하여'라는 제
목으로 발표하다.

1934년 5월 12일 조선어학회 월례회에서 '影母영모 考고'라는 제목으
로 발표하다.

각종 계몽 활동에도 동참하였다. 1931년 10월 24일에는 동아일
보사에서 마련한, 485돌 한글날 기념 합동 좌담회에 초청되어 한자
사용을 제한해야 한다는 견해를 피력하였다. 그리고 여러 강습회
에 강사로 참여했는데, 그 내용을 찾아 올리면 아래와 같다.

○ 1930년대 무돌의 강습회 강의 활동

1931년 8월 동아일보사에서 주최한 제1회 조선어 강습회[15]에 강사
로 참여하여 세 곳에서 강의하다. 10~14일은 안성, 16~20일은
대전, 22~26일은 이리(오늘날의 익산).

1932년 8월 동아일보사에서 주최한 제2회 강습회에 강사로 참여하
여 평안북도 네 곳에서 강의하다. 11~13일은 신의주, 14~16일
은 운향運餉, 18~20일은 선천宣川, 22~24일은 정주定州.

1933년 12월 19~23일에 진행된, 천도교 청년연맹 주최의 '人日인일
기념 강좌'에서 나가 '한글' 과목을 맡아 강의하다.

1934년 1월 3~8일에 진행된, 조선어학회 주최의 「한글마춤법 통일
안」 강습회에서 최현배·김윤경과 분담하여 강의하다.

1934년 3월 23~28일에 진행된, 동아일보사의 『신가정』 발행부에서
주최한 '부인 한글 강습회'에 신명균·이윤재와 분담하여 강의
하다.

---

15 1931년과 1932년 여름 방학을 이용하여 조선반도 곳곳에서 열었는데, 조선어
학회 회원이 총출동하여 강사를 맡았다. 1933년, 1934년에도 동일한 계획을
하고 신문 지면에 예고까지 했으나 보기 드문 홍수로 시행하지 못하였다.

2.3. 유럽에 유학한 무돌

「한글마춤법 통일안」이 발표된 다음해, 곧 1934년 6월(27살) 무돌은 프랑스로 유학의 길에 올랐다. 개인적인 유학이 아니라 조선어학회에서 파송하는 형식을 갖춘 것이었으니, 당시 조선어학회 인사를 비롯한 지식인들이 청년 학도 무돌의 유럽 유학에 거는 기대는 참으로 컸다.[16]

1934년 7월 24일 파리에 도착한 무돌은 먼저 프랑스어를 익혔고, 다음해 3월 파리대학에 입학하여 수강하기 시작하였다(김선기 1935.08:8). 그해 7월 영국 런던에서 열리는 만국음성학회(I.P.A.) 제2회 학술대회에 연희전문 교수 정인섭 회원이 조선어학회 대표로 참석하기로 계획되어 있었는데, 그가 병석에 눕게 되어 학회에서는 무돌을 대신 참석하게 하였다.[17] 그것이 계기가 되어 런던대

---

16 조선어학회에서는 기관지 『한글』에 이러한 기사를 실었다 : "우리 조선어학회에서 이십여 년 간 꾸준히 연구를 계속하여 왔으나, 워낙 물질이 빈약한 우리 사회인지라, 이를 연구할 만한 시설(施設)이 없어서 매양 한탄할 뿐이러니, 이번에 우리 회원 중 김선기 씨를 언어학을 연구하게 하기 위하여 프랑스 나라 파리에 파송하기로 작정하였다. 김선기 씨는 당년 28세의 청년 학자로, 〔줄임〕이제 언어학 전공을 목적하고 멀리 파리로 떠나게 된 것은 우리 한글계를 위하여 자못 촉망이 크다 할 것이다."(조선어학회 1934.05:14).
『동아일보』와 『조선일보』에서도 무돌의 유럽 유학 기사를 접할 수 있다. 특히 『동아일보』에서는 그해 8월부터 11월까지 25회에 걸쳐 「遊歐유구途中記도중기」를 참참이 연재했으니, 그것은 무돌이 조선을 떠나 歐羅巴구라파, 곧 유럽의 파리로 가는 40일 동안 보고 겪은 것을 쓴 글이었다.
17 그 일과 관련하여 『한글학회 50년사』(1971.12:224)에서는 이렇게 기술하였다 : "1938년 9월에 만국음성기호가 일부 수정되었는데, 〔줄임〕 이 수정안이 토의되던 1935년 7월의 제2회 세계대회에서는 우리 말소리와 일본 말소리가 훨씬 많이 참작되었으니, 우리 나라에서는 조선어학회 대표 김선기가 〔줄임〕 이 대회에 참석하였는데, 여기에서 조선어학회 제안인 「우리 말소리의 만국

학 대학원에 입학하여 다니엘 존스(Daniel Jones) 등의 지도를 받았고, 1937년 7월(30살)에 「Phonetics of Korean」이란 논문으로 석사학위를 얻었다. 그리고 그해 11월 경성으로 돌아왔다.

돌아와서 가장 먼저 집필한 것이 『한글』제6-1호(1938.01)에 발표한 「기준모음과 모음 도표」라는 음성학 논문이다. 그리고 동아일보사의 청탁에 응하여 쓴 「서구의 언어학계」(1938.01.01~08)[18]를 통하여 유럽 언어학자들에 관하여 소개하였다.

경성으로 돌아온 다음 해인 1938년 3월(31살)에 무돌은 모교인 연희전문학교에 전임강사로 취임하였다. 교수직을 수행하면서, 1940년 6월 조선어학회에서 확정한 「외래어표기법 통일안」의 제정 과정에도 참여하였다. 이 표기법의 제정은 1931년에 착수했으며, 책임 위원 세 사람(정인섭·이극로·이희승)이 시작부터 끝까지 많은 애를 썼는데, 무돌도 자료를 제공하고 심의에 참여하는 등, 많은 이바지를 하였다.

왜정의 막바지에는 예외 없이 '조선어학회 수난'(☞ ④4.3, ⑥2.1)을 겪어야 했다. 1942년 10월 20일(35살) 일본 경찰에 구속되어 함경남도 홍원경찰서 유치장에서 혹독한 옥고를 치른 끝에, 1943년 9월 11일 '기소 유예' 처분을 받아 9월 18일 석방되었다. 풀려난 뒤로는 함경남도 단천 광산의 노무 주임으로 피신하고 있었으나,

---

음성기호 표기법」과 조선어학회 제작인 '조선어 교육 레코드', 그리고 연희전문학교 교수 정인섭(외래어표기법 책임 위원)이 도쿄외국어학교 음성학 교수 지바 스토무(千葉勉)와 합동 연구한 「실험음성학으로 본 조선어의 악센트」 등이 토의 자료로 채택되어, 만국음성기호 개정에 참고되고, 또 다루어졌다."

18 애초 『동아일보』에 연재되었는데, 조선어학회에서는 같은 내용을 『한글』 제6-2호(1938.02)에 전재하였다.

결국 일제의 징용에 걸려들어 함경북도 웅기의 감투봉에서 강제 노동을 하게 되었다. 그러다가 일본 본토가 원자폭탄을 2번이나 맞았다는 소문으로 일본군이 혼란해진 틈에 도망하여 8월 15일 단천 광산으로 되돌아왔으며, 9월 20일 마침내 서울로 돌아왔다.[19]

2.4. 광복 이후의 한글학회와 무돌

광복 직후인 1945년 10월께부터 무돌은 "新韓公社신한공사 문화부[20]를 主幹주간하며"(조선어학회 1946.04:69) 1946년 1~4월 주간신문 『새한』을 한글 전용으로 발행하였다. 그러는 중에도 1945년 11월 조선어학회의 자매 단체인 한글문화보급회가 마련한 국어과 강습회에서 '성음론聲音論'을 강의하는 등, 대중 교육 활동에도 참여하였다.

한편으로, 1946년 3월 연희전문학교 영어영문학과 교수로 복직이 되었으니, 3년 가까이 두세 가지 업무를 병행하였다. 1947년

---

19 이 단락은 「무돌 연보」들의 기록에 근거하여 썼다. 그런데 무돌은 「8·15와 나」(1954.08.15)에서, 함경남도 '북청'의 어느 산속 광산에서 징용의 고역을 하던 중에 8·15를 맞았다고 회고하였다. 「무돌 연보」들의 내용과 다소 차이가 있다.

20 여기 '신한공사'는 미국 군정청軍政廳의 산하 기관과는 다르다. '신한공사 문화부'도 공식 명칭이 아닌 듯하다. 당시의 일간신문 『자유신문』(1946.01. 18)에 의거하면 1946년 1월 '근로 대중의 계몽을 목적'으로 하는 '새한사'가 창립되었다. 또 1946년 1~4월 『진학』이란 잡지에 무돌이 「한글 강좌」를 연재했는데 그 필자를 "김선기(새한사 사장)"이라 명기하였다. 그러니 여기 '신한공사 문화부'는 이들 신문과 잡지에 등장하는 '새한사'를 가리키며, 그 조직은 무돌이 주도적으로 운영한 것으로 추정된다. 새한사의 투자자는 아래의 '에스터스'였던 것으로 보인다.

한글날에는 조선어학회 주최의 한글날 기념 강연회에서 대중을 상대로 '한자를 폐지하라'라는 제목으로 강연하였다. 1950년 1월 (42살) 서울대학 언어학과 주임 교수로 취임하였으나 곧 6·25 전쟁이 터져 누구나 그랬듯이 전쟁이 멈출 때까지 자유롭게 활동하지 못했다.

전쟁이 터지기 일곱 달 전에 발표한 「생각·말·행동」(1949.11. 07)은 그의 언어관을 잘 보여 주고 있다. 전쟁이 멈춘 후부터는 말글 정책과 관련된 글을 연이어 발표하였다. 「언어의 미감」 (1955.03.12)과 「침묵의 언어 가치」(1957.08)는 그의 언어관을 보여 주는 소중한 글이다. 한편, 1957~1958년에는 문교부의 국어심의위원회 외래어 분과위원회 위원장으로서 「로마자의 한글화 표기법 (1958)」과 「한글의 로마자 표기법(1959)」을 제정하는 데에 중추적인 구실을 하였다. 그즈음에 「외래어 표기의 기본 문제」(1957.06), 「한국어 로마자 표기론」(1957.09), 「/ㅂ/의 청탁 시비」(1957.10) 등을 발표했으니, 한국어 외래어의 한글화와 한국어의 로마자화에 관한 무돌의 견해를 접할 수 있는 생생한 자료들이다.

1958년 12월(51살)부터 1960년 5월까지는 학계를 떠나 문교부 차관을 지냈는데, 그동안에는 행정부의 한글 전용 실천에 중추적인 구실을 하였다(한글학회 1971.12:457).[21] 1963년에는 번역서 『언어 분석론』을 세상에 내놓았다. 그런가 하면 또 1963년에는 자유민주

---

21 그런데 1960년 5월 6일 한글학회 이사회에서 "회원의 본분을 이탈하고 본회의 명예에 크게 오손을 끼치었음"을 이유로 무돌을 회원에서 제명하기로 결의하고(한글학회 1960.05.06), 29일의 정기 총회를 거쳐 제명하는 일이 있었다. 하지만 오래지 않아 '회원 명단'에 다시 올렸으니(한글학회 1962.09:4), 시대의 소용돌이 속에서 한때 오해가 있었던 까닭이다.

당[22] 중앙위원회 의장으로 활동하였다.

1964년(57살) 후반부터 집필·연구 활동을 왕성히 펼쳤으며, 한글학회의 활동과 운영에도 비교적 깊이 참여하였다. 1965년 4월 정기 총회에서 이사로 선출되어 1971년 3월까지, 통틀어 6년 동안 연구부 이사 직을 수행하였다. 그 1964년 11월 15일의 정기 총회에서, 「문교부 교과서에 한자 섞어 쓰려는 방침에 대한 반

문교부 차관으로 재직하던
1959년 10월(52살)의 무돌.

대 성명서」 작성 위원(7명)으로, 「한글 전용에 대한 한글학회의 주장」 작성 위원(6명)으로, 회칙 개정 위원(9명)으로 선출되었는데, 그 회의에 빠짐없이 참석하였다. 그 후로도 각종 활동에 참여하고, 여러 글을 써서 발표했으니, 말글 정책과 관련되는 것만 올려보면 아래와 같다.

ㅇ1960~1980년대 무돌의 말글 정책 관련 활동
1964년 12월 19일 한글학회의 학술 강연회[23]에서 '오늘의 언어 정책'이라는 제목으로 강연하다.
1965년 3월 「문자 정책론」[24]을 『한글』에 발표하다.

---

22 이 정당은 5·16 후, 1963년 9월 3일 창당하였다. 그러나 국회의원 선거에서 좋은 성과를 거두지 못하고, 다음해 11월 26일 제1 야당인 민정당에 흡수·통합되었다.

23 문교부가 촉발한 이른바 '말본 파동'에 대응하여 말본 용어 문제를 다루는 강연회를 열었는데, 무돌은 그 자리에서 문자 정책, 문법 용어의 시비, '잡음씨'의 시비 등, 여러 내용을 언급하였다.

24 위의 강연회에서 발표한 내용 가운데서 '문자 정책'에 관한 내용만 정리한 글이다. '잡음씨'에 관한 내용은 따로 정리하여 「잡음씨는 왜 죽었나」라는

1968년 10월 「과학적 언어관－한글 전용의 뜻－」을 『지방행정』에
　　발표하다.
1968년 11월 12일 「한글 전용은 새 민족문화를 꽃 피게 한다」를
　　『동아일보』에 발표하다.
1968년 11월 14일 조선일보사가 마련한 '문자 사용에 관한 지상 심포
　　지움'에 최현배·허웅과 함께 한글 전용론의 연사로 참여하다.
1968년 12월 「한글 전용의 가치론－한글 전용은 역사적 산물이다－」
　　를 『새교육』에 발표하다.
1970년 10월 「한글만 쓰는 데 할 일들」을 『국회보』에 발표하다.
1970년 10월 「한글의 새로운 기원설」을 『명대 논문집』에 발표하다.
1970년 11월 14일 한글학회 연구 발표회에서 '맞춤법의 여러 문제－
　　남광우 교수에 답하여－'라는 제목으로 발표하다.
1970년 12월 「말과 다스림」을 『행정논총』에 발표하다.
1971년 1월 「가랏글²⁵의 아름다움」을 『월간 문학』에 발표하다.
1975년 5월 13일 대한교육연합회가 주최한 '교육 논단'(주제 : 어문
　　정책과 국어 교육)에서 '나라글은 한글만으로'라는 제목으로 강
　　연하다.
1976년 10월 「한글과 겨레 해방」을 『한글 새소식』에 발표하다.
1976년 10월 9일 「국어 조어력을 기르자」를 『조선일보』에 발표하다.
1983년 3월 「가라말을 로마글자로 적는 이론과 실제」를 『광장』에
　　발표하다.

여기서 확인할 수 있듯이, 무돌은 몸을 사리지 않고 각종 자리에
나가 말글 정책에 관한 의견과 주장을 펼쳤으며, 특히 여러 성격의
지면을 통하여 한글 전용론을 지속적으로 펼쳤다.

　　제목으로 『세대』 제3-1호(1965.02)에 실었다.
25 제목은 '가랏글'로 되어 있으나, 실제 내용은 '가라말', 곧 한국어에 관한
　　것이다.

아래의 글들도 눈길을 끈다. 주시경, 이병기, 최현배, 이윤재, 장지영, 이은상, 정인승, 그리고 한징, 신명균, 권덕규, 이만규, 정렬모, 김병제, 이극로, 김윤경 등등, 우리 말과 글을 지키고 갈닦고 빛내기에 애쓴 여러 스승과 항상 그런 활동의 중심이었던 한글학회의 공을 기렸다.

○무돌이 발표한 추모글

1932.07. 「한글학의 先驅선구 주시경 선생」.

1969.01. 「哀悼애도 가람 리병기 박사」.

1970.03.24. 「아, 겨레의 스승(외솔)이 가시다」.

1973.12. 「한뫼(이윤재) 선생의 한글 운동과 독립 활동」.

1974.03. 「외솔 스승을 추억함」.

1976.03. 「외솔 최현배 스승의 여희신 지 여섯 돌을 맞으며」.

1976.03.17. 「열운 장지영 선생 넋 앞에서 웁니다」.

1976.12. 「(한글학회) 쉰다섯 돌을 맞으며」.

1977.03. 「국어운동, 한글학회의 발자취.

1977.04. 강연 요지 「장지영 — 겸허하고 애국적인 학자」.

1980.06. 시 「(외솔) 스승님을 그리어」.

1981.12. 「(한글학회 60돌에) 흰구름 조각처럼 떠오르는 분들」.

1982.03. 「검은 구름 — 조선어학회 사건」.

1982.08. 「함흥감옥 제3 감방에서의 이런 일 저런 일」.

1982.10. 「'시월 초하루'를 생각하며」.

1982.11. 「耳公이공(이은상)을 그리노라」.

1983.03. 「환산 이윤재 어른을 기리며」.

1986.08. 「건재 정인승 영결식 조사」.

무돌은 노년에 이를수록 그런 마음을 더 절절히 보여 주었다.

3. 무돌 김선기의 말글 정책론

3.1. 무돌의 언어관

무돌 김선기는 25살에 「피히테의 언어관」을 써서 조선어학회 기관지 『한글』 창간호(와 제2호)에 발표하였다. 그것은 그가 생애 두 번째로[26] 발표한 것인데, 피히테(Johann Gottlieb Fichte)가 지은 『독일 국민에게 고함』을 읽고, 언어와 관련된 중요 내용을 소개하고 감상을 쓴 글이다.[27] 그 글에서 무돌은, 피히테가 말하고자 한 바를 아래와 같이 파악하였다.

"이렇게 피히테는 言語언어 自體자체와, 언어와 민족과의 관계를 말한 뒤에, 다시 한 걸음 더 나아가 국어를 바꾼 민족은 모든 문화 생활에 있어 그 민족 자체로서의 創造的창조적 生命생명을 잃어버림을 말하고, 이에 인한 모든 필연적 결과를 다음과 같이 말하였다."
-「피히테의 언어관」 1932.05:16.

무돌은 독일인을 향한 피히테의 진언을 위와 같이 파악하고, 한

---

26 리의도(2007.03)과 리의도(2007.11)에서 "생애 최초로 세상에 내놓은 글"이라고 했었는데, 그것은 사실과 다르므로 바로잡는다.

27 세월이 많이 흐른 후, 그 글에 관하여 무돌은 "(내가 조선어사전 편찬원으로 일하던) 1932년에 한뫼 선생은 『한글』 잡지의 편찬 책임자로 있었다. 한뫼 선생이 나에게 원고를 청탁하기에 나는 「피히테의 언어관」이란 글을 썼는데, 연희전문 문과를 나와 맨 처음으로 쓴 글이었다. 그때 나는 연희전문 시절에 외솔 선생의 소개로 피히테의 『독일 국민에게 고함』을 일역본으로 읽고 크게 감동을 받은 까닭에, 그것 속에서 '말과 겨레 사이의 깊고깊은 관계'를 적어 보려 한 것이다."(1973.12:36)라고 술회하였다.

민족의 '창조적 생명'은 그 민족어와 밀접한 관계에 있다는, 피히테의 사상에 크게 공감하였다. 그리고 맺음말에서는, 그러한 눈으로 우리 민족을 돌아볼 때에 우리는 5천 년의 장구한 문화 생활을 해 왔지만 늘 자아에 대한 자각이 부족하여 고유한 철학을 가지지 못했으며, 한문자나 읽은 이들은 민중의 이익과 상반된 지위에 서려 했다고 탄식하였다. 그리고는 "우리 속에 흐르고 있는 민족의 문화적 생명에 대하여 많은 자각이 있기를 바라며, 우리의 外的_외적 환경에 철저한 인식을 가지자."(1932.06:66)는 말로 끝을 맺었다. 여기 '외적 환경'이란 우리 민족을 짓누르고 있던 일본을 가리켰음이 분명하다.

앞의 2.1에서도 본 바와 같이 무돌은 외솔 최현배로부터 이 책을 소개 받았다. 이와 관련하여 아래와 같이 회고한 바 있다.

> "나는 최 선생님의 강의를 열심히 들었다. 철학사 시간에 피히테의 주관주의 철학 사상을 설명하신 뒤에, 그의 남긴, 저 유명한 『도이치 국민에게 고함』 이야기를 말하시면서, 그의 뜨거운 나라 사랑하는 마음과, 민족과 언어와의 관계가 얼마나 중대한 것이며, 그러므로 '국어 수호는 곧 민족 수호'라는 말씀을 하였다. 나는 비록 나이는 몇 살 안 되지만 감히 스승의 불타는 애국심에 크게 감동하였다. 그래서 이와나미 문고판에 있는 일본말 번역판을 읽었다. 참으로 깊은 감명을 받았다." -「환산 이윤재 어른을 기리며」 1983.03ㄴ:163.

이러한 회고는 피히테로부터 받은 감동에는 '최 선생님', 곧 외솔의 '애국심에 불타는 강의'로부터 받은 감명까지 보태져 있음을 알게 해 준다. 외솔은 우리 민족이 처한 상황을 극복하는 방도로써 '국어 수호'를 외쳤고, 그 호소력을 강화하기 위하여 피히테를 소개했던 것이다. 그러니 외솔과 피히테의 언어관에 대한, 무돌의 감명은 당시 우리 겨레의 '외적 환경', 곧 시대 상황과 깊이 관련되어 있었다. 그렇게 외솔과 피히테로부터 얻은 무돌의 언어관은 평생 한결같았다. 그 뒤로도 한국의 상황이 크게 달라지지 않은 데에도 그 원인이 있을 것이다.

무돌의 언어관을 직접 확인할 수 있는 글은 1949년 11월 7일치 『동아일보』에 게재된 「생각·말·행동」[28]이다. 그것은 '월요 時評시평'이란 고정란에 실렸는데, 말과 생각과의 관계에 대한 인식이 잘 나타나 있으니, 그 대목을 올리면 아래와 같다.

"생각과 말, 말과 행동, 행동과 생각은 서로 하나도 될 수 있고 여럿도 될 수 있다. 그런데 '내가 생각해야 내가 있으니까' 생각은 '나'의 세계요, 행동은 남의 위치 변동에 좇아 되나니 물질 세계, 곧 '남'의 세계다. 말은 '나'와 '너'를 다리 놓는 무지개다.

말은 '나'와 '너' 사이의 다리라 하였거니와, '나'와 '너'가 이루는 '우리'의 산물이다. '우리'가 없이 말은 없다. 그러므로 말 자체가 우리의 생각의 모습을 작정하는 중요한 구실을 한다.

원래 생각은 마음의 활동이요 마음은 '나'의 세계이므로, '내 속'의 생각은 '나'밖에 알 도리가 없다. 그러나 생각과 말과는 물과 언덕의

---

28 그 글의 중심 내용은 공산주의 비판이니, 한 대목을 올리면 이러하다 : "'우리'가 '나'의 행동을 몰아서 억제할 수는 있다. 그러나 이 경우에도 '나'의 행복과 목숨의 유지·발전을 위하여 '너'의 이익에 아무 해를 입히지 아니하는 한 '우리는 '나'의 행동을 힘으로 눌러서는 아니 된다. '우리'가 썩지 않게 하려면 '나'의 밝은 마음이 있어야 할 뿐만 아니라 '나'가 썩지 않게 함에는 '너'의 밝은 마음, 곧 생각의 자유가 더욱 필요한 것이다. / 내가 공산주의 사상에 머리를 끄덕일 수 없는 까닭도 오직 '우리'만을 앞세우고 '나'의 생각의 자유를 허락지 않는 데 있다. 그러므로 공산주의를 참으로 옳지 아니한 '생각'이라고 생각하는 사람은 모름지기 '남'의 생각에 대하여 너그러움을 보여야 한다."

관계가 있으면서도, 마치 물의 모습이 언덕의 형상을 좇지 아니하지 못하고, 언덕이 물의 힘에 좇아 형상을 바꾸듯이, 떼려 해야 뗄 수 없고 끊으려 해야 끊을 수 없다. 그래서 도이칠란트의 포슬러는 생각을 '속말'(인너스프라흐)이라고 한 것이다." -「생각·말·행동」1949.11.07.

생각과 말과 행동의 관계에 대하여, 생각은 '나'(자기)의 세계요 행동은 '너'(타인)의 세계인데, 말은 생각과 행동, 달리 말하면 자기와 타인을 이어 주는 무지개다리라고 하였다. 특히, 셋째 단락에서 생각과 말의 밀접한 상호 관계를, 흐르는 강물과 그 물길을 이루는 언덕에 비유하여 설명한 점이 눈길을 끈다. 강물은 그 물길을 이루고 있는 강 언덕의 형상에 따라 흘러갈 수밖에 없지만, 한편으로 강 언덕은 강물의 흐름에 따라 변화하기도 하는데, 생각과 말의 관계도 그와 같다는 것이다. 그러니 전체적으로 볼 때에, 언어와 사고의 관계에 대한 관점이 '일체관'이나 '형성관'에 가깝다.

그런데 그 후 다른 글에서는 언어와 생각·마음의 관계에 대하여 아래와 같이 언급하였다.

"언어는 一切일체 인류 문화를 가능케 하였을 뿐 아니라 그 영원한 도구다. 아니, 한 걸음 더 나아가 언어 자체가 예술의 至高지고한 대상이 되어 있다. 〔줄임〕돌이켜 생각컨대 心也者심야자는 일체의 세계를 超絕초절하는 능력이 있거니와, 이는 오직 언어의 상징성에 의존한다. 그러므로 일체 識界식계의 通曉大悟통효대오도 모두 언어의 '大乘대승'이 없이는 안 된다. 크도다, 老子노자의 말씀이여. 無名天地之始무명천지지시 有名萬物之母유명만물지모." -「언어의 美感미감」1955.03.12.

이 글에서 무돌은 모든 문화, 마음(心也者), 깨달음(通曉大悟)을 가능하게 하는 것이 언어라고 하였다. 곧 언어의 도구적 효용 가치도 중시하였다. 다른 자리에서는 언어를 가리켜 '문화를 창조하는 틀'(1970.10ㄱ:29), '생각하는 그릇'(1975.05), '생각을 트는 수레'(1976. 10.09)라고도 하였다.

1957년 8월에는 「침묵의 언어 가치」를 발표하였다. 결론은 그 제목이 암시하고 있는 것처럼 '침묵이 가장 훌륭한 언어'일 수도 있다는 것인데, 전반부에서 언어에 관한 여러 예찬론을 소개하고 평가하였다. 그 내용을 간추리면 보이면 아래와 같다.

앙리 베르(1921)가 "인류가 動物史동물사의 종막을 고하고 人類史 인류사의 시초를 선언하는 표식은 '손'의 발명과 '말'의 발명이라고 믿는다."고 했는데, 이는 언어는 동물 세계에서 인류 세계로 진화하는 분계점이라고 지적한 것이다. 이런 생각의 흐름은 마침내 모든 思想界사상계를 지배하는 사조가 되었다.

에른스트 카씨레르(1944)는 "인간을 理性的이성적 동물이라고 정의하는 대신에 記號的기호적 동물이라고 정의하여야 한다. 그렇게 함으로써 인간의 특이한 차이를 지적할 수가 있고, 인간에게 열린 '새 길' ─ 문명으로의 길을 이해할 수가 있다."고 했는데, 인간은 물질 세계에서만 살 수 없고 기호 세계에서 살게 되었음을 지적한 것이다. 곧 인간의 본질은 기호의 소유에 있다.

수잔 K. 랭거(1948)는 "애정, 警告경고, 怒氣노기에 대한 가장 선명한 동물적 叫號규호와 인간의 가장 적고 하잘것없는 언어 사이에는 '창조의 온 하루'(a whole day of Creation) ─ 현대적 표현으로는 '진화의 全章전장'이 있다. 언어에서 자유스럽고 완성된 기호주의, 분절적 개념적 思考사고의 기록을 가지게 된다. 언어가 없이는 하등의 분명한 사상이 있을 수 없는 듯하다."고 하였다.

동양으로 와 보면, 노자는 "道可道 非常道도가도비상도, 名可名 非常

名명가명비상명. 無名天地之始무명천지지시, 有名萬物之母유명만물지모."(도덕경의 첫머리)라고 하였다.[29] 특히 "有名萬物之母(The Named is the Mother of all things.)"는 랭거가 동물과 인간의 언어 사이에 '창조의 온 하루가 있다'고 한 생각과 일치되어 매우 흥미롭다.

인도의 찬도갸(Chandogya) 우파니샤드에는 "萬有만유의 精華정화는 흙이다. 흙의 정화는 물이다. 물의 정화는 풀이다. 풀의 정화는 사람이다. 사람의 정화는 언어이다."라고 한 것이 있는데, 여기에 나타난 '인간의 정화는 언어'라는 사상은 '인간은 기호적 동물'이라고 한 카씨레르의 사상과 일치한다.

끝으로 『요한 복음』에서 "태초에 말씀이 있으시니 말씀은 곧 하나님과 함께 계시니 말씀은 곧 하나님이니라."라고 한 것은 '언어에 대한 讚辭찬사의 절정'이라고 할 만하다.

-「침묵의 언어 가치」 1957.08 : 180~183(간추림).

동양과 서양, 예와 이제의 고전을 두루 살펴 언어에 관한 찬사를 찾아 소개하였다.

그리고, 무돌은 안으로 눈을 돌려, 우리 겨레에게 한국어와 한글이 얼마나 중요한지를 끊임없이 강조했는데, 한 예를 올리면 아래와 같다.

"말은 유한 세계와 무한 세계 사이에 다리를 놓는 무지개와 같다. 끝없이 깊은 누리로 우리를 이끌고 가는 힘이 있고, 모든 문화를 창조하는 틀이요, 문화를 담아 두는 그릇이라, 사람이 가지고 있는 모든 보화 가운데 가장 귀중한 것이다. 그러므로 가라겨레가 가지고

---

29 그 대목을 임어당이 영어로 번역한 것도 함께 소개했으니 이러하다 : "The Tao that can be told of / Is not the Absolute Tao; / The Names that can be given / Are not the Absolute Names. / The Nameless is the origin of Heaven and Earth; / The Named is the Mother of all things."

있는 모든 보배 가운데 가라말과 가라글이 무엇보다 소중한 것임을
깨달아야 한다." -「한글만 쓰는 데 할 일들」 1970.10ㄱ:29.

무돌은 1970년 무렵부터 '가라'를 즐겨 사용했는데 우리 겨레, 우리
겨레의 언어, 한글을 각각 '가라겨레', '가라말', '가라글'이라 일컬었
다. 그러니 위는 한국어와 한글이 우리 겨레의 가장 소중한 보배임
을 깨달아야 한다는 말이었다. 우리 겨레의 모든 문화를 창조하는
틀과 보존하는 그릇이 한국어와 한글임을 강조한 것이다.

또 무돌은 음성학자답게 언어의 음성적인 면을 강조하고 중시하
였다. 음성이야말로 언어의 아름다움을 결정하는 요소라고 보았는
데, 아래에서 보듯이 아가씨의 말소리가 꽃보다 더 아름답다 하고,
[ㄹ] 소리를 물소리에 비유하였다.

> "저 아가씨 말소리가 이미 가슴 뒤흔들어 눈에 눈물 맺히게 하오.
> 아아, 그 목소리는 구슬의 굴러가는 소리보다 맑고도 입브오. 아,
> 저어 홀소리들, 저어 닫소리들, 어찌 봄볕에 핀 복사꽃, 뫼기슭에
> 울긋불긋 핀 진달래, 담 너머로 휘들어지게 핀 개나리꽃인들 그보다
> 더 아름답다 하리오."
> "'들어'의 ㄹ, '쓸으려'의 ㄹ은 그지없이 부드러운 소리야. '모란'을
> '목단'이라 유식한 체 말하는 사람은 귀머거리가 분명하지. 어찌 그
> 렇게 사나운 소리를 낼까. '모란'이라야 아름답지, '목단'이라니. 〔줄
> 임〕 ㄹ은 굴름소리라 흘러가는 물소리처럼 부드러운 소리라오."
> -「가랏글의 아름다움」 1971.01:199, 220~221.

무돌의 음성 예찬은 여기서 그치지 않는다. 음성에는 음악과
마찬가지로 율동·선율·화성이 있다고 강조하고, 다음에서 보듯
이 우리말의 여러 음성을 악기 소리에 견주기도 하였다.

"모음은 管樂관악이 분명하고 자음은 絃樂현악일 시 뚜렷하다. ㅣ 모음은 피콜로, ㅜ 모음은 베이스 음의 악기, ㅔ는 클라리네트, ㅐ는 플루트, ㅏ는 코네트가 아니랴. ㅈ 자음은 바이올린, ㅅ는 첼로, ㅁ은 북 소리가 분명하다. 자·모음은 시간상 흐름에 있어 續斷的속단적이다. 곧 1차원적이라 하더라도 우리의 마음은 종합의 원리에 의하여 이 순차적인 음을 並進的병진적 多次性다차성으로 化化하는 신비한 위력이 있다." -「언어의 미감」, 1955.03.12.

그리고, 언어예술의 극치는 시詩이니, 그것은 율동 미감이 기본이 된다고 하였다. 또, 앞의 글에서는 "사람의 마음은 하늘 따의 마음이오. 마음 일어 말이 있고 말이 있어 문명 문화가 생긴 것이라오. 이 문명 문화 가운데 으뜸이 읊을글(시)이니라."(1971.01:201)라고 하였다. 시를 인류의 문명·문화 가운데 으뜸으로 평가했으며, 스스로 곡진한 마음을 시로 표현하기도 하였다.

3.2. 무돌의 한국어 순화론과 그 실천

3.2.1. 한국어 순화의 이유 및 방법
무돌은 68살, 숙련기에 행한 어느 강연(☞442쪽)에서 한민족과 한국어의 관계를 아래와 같이 말하였다.

"가라겨레(한민족)는 가라말(한국어)로 문화 가치를 창조, 보존, 전승, 전달한다. 가라겨레는 가라말로 말미암아 존재하고 또 존속되고 있다. 그리고 가라의 얼은 가라말 속에 깃들어 있다. 가라말의 발달, 발전은 곧 우리 겨레의 발전이요 번영인 것이다." -「나랏글은 한글만으로」 1975.05:2.

가라겨레는 가라말로 존재하며 존속되고 있으니, 가라말의 발달과 발전은 곧 가라겨레의 발전과 번영으로 이어진다는 것이었다. 그리고, "말은 생각하는 그릇이자 사람끼리 마음을 트는 수레"인데, 생각은 같더라도 그릇인 말은 겨레마다 다르다는 점, 곧 언어의 자의성恣意性을 강조했는데, 중국의 껍데기는 깨어서 던져버리고 가라말은 가라답게 나아가야 한다는 취지였다.

24살 청년기에 생애 최초로 발표한 「우리말 순화론」(1931.10)에서는, 우리 겨레가 일상 사용하는 말이 한문어투성이이고, 외래어를 함부로 들여오는 현실을 걱정하면서, 순수한 우리말 사용하기, 곧 '우리말 순화'에 관하여 논하였다. 주된 내용은 순화의 이유와 방법인데, 먼저 우리말 순화를 주장하는 이유를 아래와 같이 들고 풀이하였다.

  ○우리말 순화를 주장하는 이유
  ⑴ 생각과 감정을 나타내는 데에는 순수한 제나라 말이 가장 좋다.
  ⑵ 순수한 제나라 말이 알기가 가장 쉽다.
  ⑶ 말은 민족의 생명이다.
  ⑷ 불순수한 말은 그 나라의 사람들을 유식과 무식의 두 계급으로
    나눈다.   -「우리말 순화론」 1931.10.29.

⑶을 풀이하여, 원래 일정한 문화 조직체 밑에서 모여 사는 무리를 가리켜 민족이라 하는데 문화의 터는 말이니, 독특한 말이 없으면 한 민족으로 설 수가 없는 것이라고 하였다. ⑵에 관하여 풀이하면서는, 무분별한 '남의 말' 사용이 불러올 폐해를 다음과 같이 지적하였다.

"인류에게 진보가 있는 것은 개인의 경험과 지식이 쌓이고 쌓이는 데서 온 것이다. 그런데 이 쌓인 지식과 경험이 말을 통하여 전하여지는 것이니, 만일 말이 알아보기 어려우면 어려운 만큼 손해를 볼 것이다. 아! 우리는 쓸데없이 남의 말 배우기에 얼마나 군애를 쓰는가." -위의 글 1931.10.29.

당시 무돌은 한문어도 '남의 나라말'로 보았으며, 그것을 순화의 중심 대상으로 설정하였다. 그리고 우리말 순화의 방법을 크게 둘로 나누어 제안하였으니, 그 내용을 간추려 올리면 아래와 같다.

ㅇ우리말 순화의 방법
(1) 소극적 방법 : 남의 나라말을 쓰지 않음.
 ㅇ 한문어를 쓰지 않음.
 ㅇ 한자를 없애 한문어를 줄임.
(2) 적극적 방법 : 우리말을 살려 씀.   -위의 글 1931.10.30.

한편으로는 한문어(한자어)는 사용하지 말고 줄이며, 다른 한편으로는 우리말(토박이말)을 '살려', 곧 만들어 사용하자는 제안이었다. 모든 조선사람이 깨달아 제각기 될 수 있는 대로 그렇게 해야하겠는데, 여러 학술어는 당장 그렇게 할 수 없으니 각 분야의 전공자들이 우리말 용어를 만들어내야 한다고 덧붙였다.

69살의 한글날에 즈음해서는 아래와 같은 생각을 펼쳤다.

"말은 두레(사회)의 생각을 트는 수레일 뿐 아니라 생각하는 연모이기도 하다. 그러니 생각하는 연모인 말에 너무나 많은 남의 나라말이 들어와 섞여 있으면 말이 매우 흐려져 버리고 만다.

이런 흐린 말을 가지고 생각을 한다 함은, 마치 흐린 렌즈의 망원경이나 현미경을 봄과 같이, 일이나 몬(물건, thing)을 있는 그대로 보지 못하게 된다. 정밀한 봄(見)이 있는 뒤에 비로소 좋은 생각이 날 수가 있다. 그런데 지저분한 말로 생각을 하면 생각이 제대로 될 수가 없다. 그러니까 <u>생각의 바름과 빠름을 위하여서도 말을 맑힐 것</u>(순화)이 아쉽다." ―「국어 조어력을 기르자」 1976.10.09.

사람에게 매우 중요한 것이 생각인바, 그 생각을 '바르게', '빠르게' 하려면 생각의 연모인 언어를 맑혀야(純化순화해야) 한다는 것이었다. 남의 나라말을 함부로 쓰지 않아야 할 것이며, 특히 옛말을 본보기로 하여 조어력을 기를 것을 강조했는데, 여기 '조어造語'는 토박이말 만들기였다. 그보다 앞서 다른 글(1970.10ㄱ:29)에서는 "깊이 있는 생각을 하려면 제 말로 해야지, 서투른 남의 말로는 되지 않는다. 도이치 사람들이 독특한 생각을 가지게 된 것도, 위대한 철학자를 배출시키는 것도 순수한 도이치말로 생각하는 데에서 왔다고 생각한다."고 하였다.

3.2.2. **토박이말 짓기와 두루쓰기** 주장에 그친 것이 아니라, 무돌은 스승 외솔에 버금갈 만큼 많은 토박이말을 짓거나 살려 사용하였다. 452쪽에서 보았듯이 생애 최초의 논설에서 토박이말 만들어 쓰기를 주장하며 학술어는 전공자들이 만들 것을 제안했는데, 바로 그 글에서도 '철학(사뭇갈)'을 사용하였다. 한자말 '철학'과 토박이말 '사뭇갈'을 나란히 놓았으니,[30] '사뭇갈'이 그의 창작

---

30 '사뭇'과 '철哲'이 대응하고 '갈'과 '학學'이 대응한다. '갈'은 한힌샘 주시경이 사용하기 시작한 것으로, "研연의 뜻과 같은 말"(주시경 1910.04:27)이다. '사뭇'은 '꿰뚫-'를 뜻하는 옛말 '스뭇/스몿-'를 딴 것으로 짐작된다.

품이라 단정할 수는 없지만, 토박이말 용어 사용을 향한 적극성은 충분히 확인할 수 있다.[31]

무돌은 이처럼 학술용어나 전문용어를 토박이말로 나타내기를 주저하지 않았다. 스승들이 만들어 쓰던 용어를 적극 사용할 뿐 아니라, 스스로 새로운 갈말(용어)을 많이 창작하여 사용하였다. 무돌이 창작한 갈말은, 이 글에서 올린 따온글[32] 안에서만 찾아도 아래와 같다.

○ 무돌이 만들어 쓴 갈말들 ─ 이 글에 올린 따온글에서 ─

소리겨레〔음소, phoneme〕	소리낱〔음소, phoneme〕
소리쪽〔변이음, allophone〕	닿소리〔자음〕
열소리〔모음〕	굴름소리〔流音유음〕
얼굴〔형태, form〕	으뜸얼굴〔原形원형〕
얼굴낱〔형태소, morpheme〕	얼굴쪽〔변이형태, allomorph〕
뜻낱〔의미소, sememe〕	뜻조각/뜻쪽〔의미부〕
구실조각/구실쪽〔문법부〕	속말〔인너스프라흐, inner Sprache〕
소리씨글자〔음소문자, 단음문자〕	바로적기〔정자법, orthography〕
말소리 옮겨적기〔음성 전사, phonetic transcription〕	
가라겨레, 가라말, 가라글[33]	살찐체〔고딕체〕

435쪽에 올린 바와 같이, '소리겨레(phoneme)'는 1932년 7월 9일의

---

31 그로부터 45년이 흐른 후에 쓴, 위의 「국어 조어력을 기르자」에는 '따론생각 (철학)'으로 표기한 것이 있는데, 그 '따론생각'은 무돌의 창작품임이 분명해 보인다.

32 다만 '열소리'와 '소리씨글자'는 따온글이 아니고 「한글 강좌」(1946.04:5)에 서 바로 가져 왔다.

33 인쇄·간행된, 무돌의 글이나 그 제목에 '가랏말', '가랏글'로 표기한 것이 있으나, 무돌 스스로 그렇게 표기한 일이 없었다.

조선어학회 월례회에서 무돌이 처음 공개하였다. phoneme을 '소리겨레'로 옮긴 것은 한국어학사에서 처음이다. 다음해 발표한 논문(1933.08)에서도 그 용어를 사용했는데, 숙련기에 쓴 논문(1983.03ㄱ)에서는 '소리낱'으로 바꾸었다. phoneme의 번역을 놓고 고심을 거듭했음을 알 수 있다. 일상 어휘 중에도 눈길을 끄는 것이 적지 않으니, '군애'(쓸데없는 수고로움), '두레'(社會사회), '한뉘'(일생), '해달'(세월), '몬'[34](물건, thing) 들이 그 보기이다.

특히 일흔아홉, 숙련기에 육필로 편집한 『말씀』 제1호(1986.03) (☞494쪽)에서 사용한 학술어는 전부 토박이말이다. 몇몇 보기를 올리면 아래와 같다.

○무돌이 만들어 쓴 갈말들―『말씀』 제1호에서―

가웃누리 〔중세〕	옛적누리 〔고대〕
말깨침 〔언어학〕[35]	소리보람 〔음성기호〕
말물쪽 〔lexical elements〕	입겿쪽 〔grammatical elements〕
말낱 〔어휘, word〕	맺음말 〔지정사, copula〕
갓말 〔관형사, epithetics〕	덧말 〔부사, adverbs〕
놀람말 〔감탄어〕	일훔말낱 〔명사, noun〕
갈옴말낱 〔대명사, pronoun〕	뮈욤말낱 〔동사, verbs〕
미침입겿 〔목적격 조사〕	

그리고 자신의 성명 '김선기金善琪'를 갈음하여 '알띠 이돈 무돌'[36]

---

34 '몬'에 관하여 한힌샘 주시경은 "物물이라 하는 말이니, 『東言解동언해』에 있는 것"(주시경 1910.04:27)이라고 하였다.

35 「흰구름 조각처럼 떠오르는 분들」(1981.12)에서는 '말결깨침(어법학)'이란 용어를 사용하였다.

36 「(외솔) 스승님을 그리어」(1980.06)에는 '알리 무돈 무돌'로, 「검은 구름

이라 쓰기도 하였다.

3.3. 무돌의 한글 전용론

3.3.1. **무돌의 한글관** 무돌의 한글에 대한 생각은 아래 글을 통하여 넉넉히 짐작할 수 있다. 20대 청년 시기에 발표한 것이다.

"조선 민족의 모든 문화적 財寶재보 가운데 가장 존귀한 것이 무엇이 냐고 묻는다면 나는 늘 서슴지 않고 우리의 말과 글이라고 살오리라.

인류가 圓興원여에 살기 비롯한 지 아득하여 그 첫날을 헤아려 알 길이 없으나, 역사의 먼동이 튼 지도 유유히 반만년을 지났고 그 수효도 실로 이십억이나 퍼지게 되었다. 저들은 또 다시 文化문화 理想이상이 다른 여러 민족으로 갈려 지구를 아름답게 꾸미려 한다. 그리하여 민족마다 저의 독특한 문화를 자랑하고 있다.

우리도 만약 남 앞에 자랑할 것이 있다면 누구나 우리의 말과 글을 가장 자랑치 아니치 못하리라. 왜? 세계 민족은 그 수효 실로 幾百기백을 헤아리겠지만, 제가 獨創독창한 말과 글을 아울러 가진 민족은 그리 많지 못할 뿐 아니라 독특한 문자를 가진 민족은 겨우 十指십지를 몇 번 꼽을 것가. 그 가운데 또 글이 아름답고 묘하고 과학적으로 된 者자가 몇몇이요? 도이치 사람 에카르트 씨는 세계의 민족을 문자와 언어의 발달로 그 표준을 삼고 논하면 조선 민족이 가장 으뜸이리라고까지 극히 칭송을 하였다." -「한글의 今昔금석」 1933.10.29.

―――――

― 조선어학회 사건」(1982.03)에는 '알ᄃ 이돈 무돌'로 인쇄되어 있고, 『말씀』(1986.03.31)에는 '알ᄄ 무돌'로 써져 있다. 셋을 종합하면 갖춘 성명으로 지은 것은 '알ᄄ 이돈 무돌'이고, 줄여서는 '알ᄄ 무돌', 더 줄여서 '무돌'을 썼던 것이 분명하다. '알리 무돈'으로 인쇄되었던 것은 편집 관련자들의 실수로 보인다.

세계의 여러 민족 가운데 독특한 문자를 가진 민족은 겨우 열 손가락을 꼽을 정도인데, '그 가운데서 아름답고 묘하고 과학적인 문자가 몇몇이나 되는가?'라는 표현으로써 한글의 우수성을 강조하였다. 그리고 여러 선각들이 그랬던 것처럼, 억눌리고 절망적인 상황을 물리쳐 나갈 통로로서 한글을 생각했던 것이다.

그 후로도 기회가 있을 때마다 한글의 가치와 중요성을 강조했으니, 아래에서 보듯이 한글을 '가라말의 수호신', 나아가 '겨레얼의 수호신'이라고까지 표현하였다.

> "말과 글은 겨레의 얼을 지키는 수호신임을 알아야 한다. 가라겨레에 붙어 있는 사람은 누구나 가라말을 아끼고 가꾸어야 하며, 가라말은 한글로 말미암아 발달할지니, 한글은 곧 우리 겨레의 말, 곧 '가라말의 수호신'임을 깨달아야 한다. 아니 '겨레얼의 수호신'인 것이다." -「한글만 쓰는 데 할 일들」 1970.10ㄱ:29.

그런데, 무돌은 한글의 기원과 관련하여 여느 사람과는 좀 다른 학설을 세웠고, 그 내용을 여러 글에서 피력하였다. 한 부분은 올리면 아래와 같다.

> "한글은 한문글자가 일단 음절문자인 구결문자가 되었다가, 다시 비약적인 정리 발달을 입어 음소문자로 발전하였는데, 그 이론적 근거가 된 지식의 바탕은 인도의 음운학과 중국의 음운학에 근거를 두었고, 자형의 정리에 두고 있다. 예컨대, '병서'의 원리는 몽고문자, '격음자'의 제작은 데바나가리문자에서 암시를 얻어 되었다. 한글은 '단일 기원'이 아니라, 줄거리, 곧 역사적 연면성으로 보아서 이 땅에서 한문글자를 수천 년 써 왔으니까 그 영향이 제일 컸고, 그 다음에 몽고문자와 데바나가리문자라 할 것이다." -「한글 전용의 가치론」

1968.12 : 36.

요컨대, 한글은 한문글자에 뿌리를 두고 있다는 것이다. 단어문자
인 한자에서 비롯된 구결문자(음절문자)가 발전을 거듭하여 음소
문자로 정리된 것이 한글이며, 그렇게 정리하는 과정에서 이웃의
이론과 문자를 참고하였다고 본 것이다. 이러한 자신의 주장과
관련하여, 「문자 정책론」(1965.03 : 22)에서 "한글을 구결문자에서
왔다 하면, 재래 학도, 특히 완고한 국어학도들은 믿지 않을 뿐
아니라 듣지도 않으려 할 것이다. 그러나 진리는 해와 같아서 어둠
을 물리치지 않을 수 없다."고 장담하였다.

하지만 한글 '창제'를 부정한 것은 아니다. 바로 위에 올린 글
에서도 '비약적인 정리·발전'이라는 표현을 썼는데, 「한글의 새로
운 기원설」(1970.10ㄴ :78)에서도 "한글 글자가 부분적으로 다른 계
통, 곧 서역 문자와 상통한다 하더라도 전체적으로 보아 구결문자
에서 획기적인 개혁을 더하여 만들었기 때문에 '창제'라 하여도
무방하다."고 하였다.

3.3.2. 한글 전용의 필요성 역설 무돌은 한글 창제에 아래와
같은 의미를 부여하였다. 밖으로는 나라말의 독립을 온 누리에
선포하고, 안으로는 한민족에게 씌어진 이중적 언어생활의 굴레를
벗겨 주었다고 보았다.

"한글의 탄생은 모든 민족 문화의 기틀이 되는 나라말의 독립
을 만천하에 선포한 것인데, 이것을 최만리는 깨닫지 못하였다.
또, 한글은 '서기書記 언어'는 중국말로 하고 일상생활은 한국말로

하던 것을 서기 언어도 한글로 쓰게 하여 이중 언어생활의 굴레를 벗겨 주었다. 곧 정신 생활에 자유를 준 것이다." -「한글 전용의 가치론」1968.12:38.

1970년 한글날을 앞두고 쓴 글에서는, '한글 전용'은 '한글 창제'만큼이나 중대한 의의를 가진다며, 그것을 크게 세 가지로 들었다.

　○ 한글 전용의 의의
　⑴ 한글만으로 나라글을 삼는 것은 민족 독립 정신의 발현이다.
　⑵ 한글 전용은 민주 정신의 발현이다.
　⑶ 한글 전용은 과학 정신의 발현이다.
　　　　　　　-「한글만 쓰는 데에 할 일들」1970.10ㄱ:25~26.

한글 전용에는 우리 민족의 '독립 정신', '민주 정신', '과학 정신'의 발현이라는, 귀하고 중요한 의의가 있음을 논의하였다. 그리고 한글 전용은 우리의 국어 생활에 새로운 시대를 열고 우리 문화를 새롭게 창조하는 바탕이며 원동력이라고 하였다.

한편으로, 귀중한 한글을 가졌음에도 그 연모와 기회를 마음껏 사용하지 못하고, 여전히 오랫동안 한문 문화의 언저리를 맴돌며 지나왔음을 개탄하고, 우리 민족에게 독창적인 철학이 없는 것도 거기에 원인이 있다고 진단하였다.

"우리는 한문 문화에 도취하고, 사물 자체를 독립적으로 관찰하여 이치를 깨닫지 못하였기 때문에, 언제나 중국 철학의 테두리를 벗어나지 못하고 독창적인 민족 고유의 철학을 가지지 못하였다. 그래서 우리에게 칸트도 베르그송도 러셀도 없는 것이다." -「한글 전용의 가치론」1968.12:38.

그리고 다른 글 「문자 정책론」에서는, 한자는 오랫동안 사회를 갈라놓은 계급적인 문자임을 아래와 같이 지적하였다.

"한문글자는 역사적으로 보더라도 치자 계급이나 승려 계급의 문자였다. 중국에서 한문글자가 계급성이 없다고 결정지었다 한다. 그러나 엄연한 사실은 한문글자는 '틈'이 많은 '계급'의 글자요, 피와 땀으로 사는 무리에게는 '겨를'이 허락지 않는 글자다." -「문자 정책론」1965.03:27.

또한 31쪽에서는, 말과 글이 생각하는 속도에 맞아야 생각을 자유롭게 전개할 수 있을 터인데, 한문 생활은 속도가 느려 자유로운 생각을 가로막았으며, 그것은 마침내 독특한 철학의 발달을 보지 못하게 하였다고 평가하였다. 이어서 이와 같은 해로움을 끼쳐 온 한자로부터 우리 겨레가 해방하는 길이 한글 전용이니, 그것은 민족적 자각, 시대 정신의 자각, 민족 문화의 자각, 문예 부흥적 정신의 자각, 과학 정신의 자각에서 나온 것이라고 의미를 부여하였다.

「한글만 쓰는 데 할 일들」(1970.10ㄱ:25)에서는 한글은 우리 민족 문화의 정수요 민족 정신의 상징이니, 우리의 자주 독립을 지키기 위해서 한글 전용은 절대로 필요하다고 했으며, 1975년 5월의 강연에서는 국어의 발달을 위하여, 민주주의의 시대적 요구를 위하여, 언어의 과학적 진리를 위하여도 한글 전용이 필요하다(1975.05:2)고 설파하였다.

무돌은 위와 같은 주장을 펼치기 훨씬 전부터 이미 한글 전용을 실천하는 데에 앞장을 섰다. 예컨대 2.4에서 살핀 바와 같이, 1946년 1~4월 주간신문 『새한』[37]을 편집하고 발행할 때에 한글 전용을 단행했었다.

3.3.3. 한자 숭배자와 한자 절용론 비판

무돌은 한편으로 한자 숭배자의 원시적이고 비과학적인 문자관을 아래와 같이 비판하였다. 문자는 실용적 도구에 불과한 것인데, 한자 고수론자들은 한자에 대단한 마력이 있는 것으로 생각하며, 심지어 한자를 신앙의 대상으로까지 여긴다고 개탄하였다.

> "옛날에 박수들은 부적을 극도로 이용하였다. 부적은 축귀, 면액하는 신비한 힘을 가졌다. 그러니까 부적의 마력은 무서운 신앙의 대상이었다. 그런데 한자 고수론자들은 어딘지 모르게 문자를 실용적 가치가 있는 연장으로 보지 않고, 부적과 같이 마력이 있는 것으로 본다. 곧 객관적으로나 과학적으로 가치 평가를 하지 못하니까 한문글자의 숭배가 대단하다." -「문자 정책론」1965.03:28.

뿐만 아니라 아래에서 보듯이, 깊이 따져보지도 않고 한자를 통

---

37 당시 일간신문들의 보도에 의거하면 "우리 나라의 8할인 농민에게 국어 보급, 문맹 퇴치, 산업 기술 등의 향상을 목표로" 주보週報『새한』을 창간했으며, 창간일은 1946년 1월 17일이었고, 발행 주체는 '새한사'였다. 그리고 발행인 겸 편집인이 김선기였으며, 타블로이드판 8면에 한글 전용이었다. 창간호에는 김구(대한민국 임시정부 주석), 이승만, 이극로(조선어학회 간사장), 최현배(군정청 편수행정 총책임자), 원세훈(한국민주당 대변인), 안재홍(국민당 당수), 박헌영(조선공산당 당수), 이여성(인민당 영수)의 한글 보급과 한글 전용에 관한 정견을 게재하였다.
『공업신문』1946년 4월 7일치와『조선일보』1946년 4월 15일치 기사 내용으로 볼 때에『새한』은 제4호까지 발행되었다. 매호 2천 부를 발행하여 유료로 판매했으니, 이보다 앞서 미국 군정청에서 1945년 12월 22일 창간하여 매호 80만 부를 발행하여 전국에 무료로 배부하는『농민주보』(한글 전용)를 이겨내지 못하고 중단되었다.

틀어 표의문자로 보는 데에도 동의하지 않았다.

"한문글자가 표의문자이니까 뜻을 바로 나타낸다고 생각하거나,
또 한문글자는 전체로 표의적 성질을 가지고 있다고 생각함은 소박
한 생각이다. 한문글자의 절대다수가 '해성', 곧 형성문자이니 한자
는 역시 말소리를 적는 부호에 지나지 않는다."

"허신(쉬신)의 『설문』에 보면, 거기에 수록된 것이 모두 9천 자
남짓 되는데, 상형자 264자, 지사자 125자, 회의자 1,260자임에 비하
여, 형성자는 7,347자 이상이다. 곧 한자의 60%가 형성문자요, 한나
라 뒤에 된 글자는 십중팔구가 형성문자이다. 그러니까 중국 문자의
발달 경향을 보아도 또한 형상에서 형성 방향으로 왔음을 알 수가
있다. 그래서 한문글자는 표의문자이기 때문에 읽기 좋고 기억하기
좋다는 것은 미신이거나 착각이거나 억측에 지나지 않는다."
-「한글 전용의 가치론」 1968.12:35, 36.

지금도 '한자=뜻(표의)문자'라는 등식을 믿는 사람이 적지 않은
데, 무돌은 이미 50여 년 전에, 『설문』에 수록된 한자 총수의 60%
가 말소리 표기를 겨냥한 형성자形聲字임을 수치로 증명하며, 그들
의 믿음은 미신이거나 착각임을 통렬히 비판하였다.

그리고 무돌은 여러 지면을 통하여 '한자 절용론자'를 강도 높게
비판하였다. 그들은 한글 전용을 적극적으로 반대하는 사람들보다
더 얄미운 생각을 품고 있는 사람이라고 질책하였다. 한 부분을
올리면 아래와 같다.

"또 한글 전용을 반대하는 사람 가운데 점진적으로 절용하자는
사람들이 있는데, 이것은 자기모순에 빠진 줄 모르는 말이다. 이들의
이론에 좇으면 늘 많이 쓰는 말들, 가령 '학교', '가정', '부모', '상업'과

같은 것을 한자로 쓰자는 말인데, 이런 말일수록 일반 국민이 다 아는 말이라, 한글로 써서 충분히 잘 알아 아무 지장이 없다. 차라리 궁벽한 말들을 한문글자로 표시해야 비로소 뜻을 알 것인데, 이런 것을 쓰지 말자는 것이 절용론자들이다. 절용론은 얼핏 들으면 '온건 착실'한 것 같지만, 가장 알미운 생각을 속에 품고 있는 사람들이다. 이런 사람들은 완강히 한글 전용을 반대하는 사람들보다 더 고약한 책략가다." -「과학적 언어관」 1968.10 : 104.

한자·한문이 각종 지면을 휘덮은 시대를 살던, 24살 청년 무돌은 「우리말 순화론」(1931.10.30)에서, 한자를 없애기는 해야 하는데 "당장에 없애기는 어렵다. 그러니까 제한을 하여 차차 줄여 가자는 것이다."라며 여유를 두었었다. 하지만 유럽 유학을 마치고 돌아온 후로는 그런 의견을 말끔히 거두었다.

3.3.4. 한글 전용 시대의 청사진 제시   무돌은 한글 전용 시대를 매우 긍정적으로, 희망적으로 전망하였다. 한글 전용은 특권 계급을 없애고 모든 국민을 평등하게 할 것이며, 아래에서 보듯이 우리 겨레를 한데 뭉치는 원동력이 될 것으로 전망하였다.

"한글 전용은 한글 창제만 못지않은 커다란 뜻을 간직하고 있다. 치자와 피치자, 노년층과 소년층 사이를 가로막고 있는 문자 생활의 장벽을 완전히 헐어 버릴 것이다. 온 겨레를 한데 뭉치는 원동력이 될 것이다." -「한글 전용은 새 민족문화를 꽃 피게 한다」 1968.11.12.

그리고 우리 겨레의 창조하는 마음과 과학하는 마음이 진흥될 것을 특별히 강조하고, 또한 기대하였다. 먼저 창조에 관한 진술을 찾아 올리면 다음과 같다.

"한글 전용은 이 땅에 새 문화의 꽃을 피게 하고, 우리의 마음에 창조의 날개를 줄 것이다. 바야흐로 이 나라, 이 겨레의 새 시대를 창조하여 만대의 후손에게 좋은 유산을 전하려 하고 있다." -「과학적 언어관」 1968.10:106.

"글자는 말을 적고, 또 사람은 말로 생각하기 때문에, 마음이 활발한 창조 활동을 하는 데 지극히 큰 관계가 있다. 그래서 나는 한글 전용은 새로운 문화 창조 활동하는 마음에 자유의 날개를 줄 것을 믿어 의심하지 않는다." -「한글 전용의 가치론」 1968.12:40.

여기에서 보듯이 한글 전용은 우리 겨레의 마음에 '자유의 날개'와 '창조의 날개'를 달아 줄 것이라 하였다. 문자는 생각의 연모인 말을 적는 것이니, 우리 겨레가 우리말을 자유롭게 적을 수 있는 한글을 전용하는 것은 자유로운 정신 활동의 바탕을 갖추는 일이며, 그렇게 되면 우리 겨레의 창조적 정신 활동이 왕성해질 것이라고 하였다.

과학 정신의 진흥과 관련해서는 아래와 같이 언급하였다. 과학은 분석과 종합의 작업인데, 한글이 바로 그런 원리로 되어 있으니, 한글을 널리 쓰게 되면 저절로 과학하는 마음이 길러질 것으로 본 것이다.

"끝으로 덧붙이고 싶은 것은, 한글 전용은 과학하는 마음을 기르는 데 매우 도움이 되리라는 것이다. 과학은 분석과 종합의 훈련이 필요한데, 한글은 아주 분석적이고 또 종합적이다." -「한글 전용의 가치론」 1968.12:40.

"과학의 발달은 과학 정신에서 온다. 그런데 한글은 과학 정신의 결정체라고 보아야 한다. 동양 삼국 가운데 우리만이 음소문자를 창제 소유하고 있다. 이것은 우리 겨레가 과학을 잘 할 수 있는 바탕을 가지고 있음을 뜻한다. 한글은 말소리의 가장 밑에 있는 단위인 음소를 분석하여 만든 글자다. 일체의 과학에서는 모든 사상(事象)의 사실을 수집하여 그 현상을 이루는 가장 기본적인 단위 사실을 갈라내고, 이 단위가 어울려 높은 구조를 이루는 모든 현상을 조직적으로 기술함에 있다. 그러니까 가장 깊은 분석과 가장 높은 종합이 자유자재하여야 한다.

그런데 한글은 스물넉 자를 가지고 아무리 복잡한 생각도, 또 아무리 많은 생각도 자유자재하게 적어 나르게 되어 있다. 그러므로 한글의 오묘한 '힘'은 이루 헤아려 알 수 없을 만큼 크다. 이것이 바로 과학하는 마음이 창조한 것이요, 또 이 한글만을 쓰는 동안에는 모르는 가운데 과학하는 마음을 기르게 된다." -「한글만 쓰는 데 할 일들」 1970.10ㄱ:26.

요컨대, 무돌은 한글 전용은 모든 국민과 온 겨레를 한데 뭉치는 원동력이 될 것이며, 한글 전용을 실시하면 우리 겨레의 창조 정신과 과학 정신이 길러지고 활발해져서 우리 나라가 크게 발전할 것이라고 하였다. 또, 우리말이 가속도적으로 발달하고, 국민 사이의 의사소통이 신속해지고, 새 문학의 꽃이 피고, 과학을 비롯한 모든 문물과 문화가 급진전될 것(1968.12:39)이라고 하였다.

오늘날 대한민국의 상황은 그러한 전망이 틀리지 않았음을 증명하고 있다. 그리고 "한글과 가라말은 오직 가라겨레만이 쓰고 있지만, 우리의 문화와 국력이 높아지면 남도 차차 가라말을 배우게 될 날이 있을 것"(1970.10ㄱ:29)이라고 했는데, 그 날도 우리 앞에 이미 실현되어 있다.

3.3.5. 한글 활자 개량의 필요성 강조　무돌은 한글을 매우 사랑하

고 그 가치를 높게 평가했지만, 한편으로는 한글 활자 개량의 필요성을 꾸준히 제기하였다. 그러한 견해를 맨 처음 피력한 것은 그가 25살(1932년)에, 생애 2번째로 발표한 글 「철자법 원리」에서이다. 그 글의 후반부에서 주註를 달아 아래와 같이 지적하였다.

"우리 글은 재래에 죽 연달아 써 왔기 때문에 보기에 여간 거북하지 아니하였다. 그러나 단어마다 떼어 쓰게 되면 여간 보기에 나아지지 아니할 것이다. 〔줄임〕單語化단어화하여 될 수 있는 대로 여러 音節음절이 한 덩이로 보이게 하는 데에는 현재식 활자로는 아니 된다. 현재의 활자는 한자의 본을 뜬 것이니, 이것은 우리 글자에 맞지 아니한다. 그러니까 活字활자 革命혁명이 필요하다." -「철자법 원리」 1932.07ㄱ:119.

'활자 혁명'이란 표현에서 활자 개량에 대한, 무돌의 강한 신념을 읽어 낼 수 있다. 우리 활자를 한글의 특질에 맞게끔 바꾸어야 함을 지적한 것이다.

1년 후에 발표한 「경음의 본질」에서는 이른바 '쌍서'와 관련하여 아래와 같은 견해를 피력하였다. 한국어와 한글에 대한 오해의 폐해를 생각하면 이러한 지적이 더욱 절실히 다가온다.

"나는 ㅃ ㄸ ㄲ ㅉ ㅆ은 모두 한 글자로 만들어 ㅃ ㄸ ㄲ ㅉ ㅆ로 쓰자는 것이다. 이희승 씨도 이런 의견을 발표한 일이 있었던 것을 기억한다. 또 實際실제로 손으로 쓸 적에는 모두 한 자로 쓰고 있다. 그런데 아직 활자에는 실용되지 아니하여 유감이다." -「경음의 본질」 1933.08:354.

그로부터 서른 해가 훨씬 지난 후, 한글 전용론을 펼치는 자리에서도 활자 개량의 필요성을 역설하였다. 지난날의 견해를 거듭 피력하면서, 아래에서 보듯이 '납작글자', 그 아래(1970.10ㄱ)에서 보듯이 '명조체', '송조체', '꽃글자', '둥근 살찐체', '모진 살찐체' 등, 글자꼴의 다양화를 추가하였다.

"앞으로 한글 전용을 실시하는 데 시급히 연구할 문제가 있다면 활자 개량의 문제이다. 한글을 전용하게 되면 "The useful is the beautiful."의 원칙을 좇아 점점 활자도 개량하여 예쁜 모양이 될 것이다. 가령 ㅃ ㄸ ㄲ ㅉ ㅆ는 ㅃ ㄸ ㄲ ㅉ ㅆ가 될 가능성이 충분히 있다. 그리고 한글을 쓰는 것을 보면 자획이 점유하는 면적의 비율이 맞지 않아 보기 싫게 된 것이 많은데, 뒤에는 모두 고쳐질 것이다.
또 활자를 제호에 쓸 적에는 '납작글자'를 만들어, 세로 쓰든 가로 쓰든 만들어야 할 것이다." -「한글 전용의 가치론」 1968.12:39.

위의 ㅃ ㄸ ㄲ ㅉ ㅆ 들은 각진 글씨꼴을 가리킴이 아니다. ㅃ ㄸ ㅃ ㅉ ㅆ은 각각 두 낱으로 보이니, 그렇게 쓰지 말고 단일한 하나로 보이게끔 쓰자며 그 예로 제시한 것이다.[38] 그 바탕에는 말소리에 관한 의식이 깔려 있음이 분명하다. 예컨대 ㅃ이 지시하는 말소리는 '/ㅂ/의 2번'이 아니라 그와 별개의 단일한 말소리이니, 그것을 표기하는 낱자의 형태를 단일하게 보이게끔 차별화할 필요가 있다

---

38 그러한 제안은 일찍부터 있었으니, 이희승(1930.11.26)에서 이러한 언급을 접할 수 있다 : "나는 이 案안을 생각하야 가끔 배우는이들에게 그 使用사용할 것을 권고하는 동시에 문자 변천사 상의 원리에 의하야 반드시 그리 되리라는 것을 역설하여 왔다. 그 후로 금년 5~6월경에 이상춘 씨가 조선어연구회에 제출하신 한글橫書횡서 案안에서 이와 동일한 字體자체를 발견하고 나는 참으로 歡喜환희하여 마지아니하얏다." 여기서 '이 案'이란 무돌이 제시한 것과 똑같은 글씨꼴이었다.

고 본 것이다.

그런가 하면, 읽기의 효율성을 높이려면 뜻조각(의미부)과 구실조각(문법부)을 시각적으로 차별화할 필요가 있으며, 활자의 크기를 조절하면 그것이 가능하다고 주장하였는데, 아래에서 그 실례를 볼 수 있다.

"한글 활자체도 명조체, 송조체 들을 만들어 활자의 모양을 다양화하는 것이 좋다. 또 '꽃글자'도 만들어 인쇄된 책을 아름답고 보기 좋게 하여야 할 것이다. 물론 살찐체 ― 이른바 고딕체도 '둥근 것'과 '모진 것'을 만들어 눈에 글자가 잘 들어오도록 해야 할 것이다.

그뿐 아니라 활자의 크기를 조절하여 뜻조각은 좀 큰 활자로, 구실조각은 좀 작은 활자로 인쇄하면 뜻을 알아보기에 빠를 것이다. 가라말은 뜻쪽과 구실쪽을 분명히 가를 수가 있으니까 될 수 있는 것이다. 가령 다음과 같이 인쇄할 수가 있다.

　　가ㄴ 밤에 부던 바람 만정 도화 다 지것다 / 아희는 비를 들어
　　쓸으려 하는고나 / 락화ㄴ들 꽃이 아니랴 쓸어 무삼
　위와 같이 인쇄를 한다면 글 읽기가 아주 쉬울 줄 믿는다." ―「한글만 쓰는 데 할 일들」, 1970.10ㄱ:28.

그리고 무돌은 「한글마춤법 통일안(1933)」 제정 당시부터, 종래의 한글 낱자 24자 외에 새로운 낱자의 필요성을 인정했던 것으로 보인다. 하지만 한글의 풀어쓰기에 대해서는 소극적이었다. 다음의 474쪽에 올리는 (마)에서 그런 태도를 엿볼 수 있으니, 낱자를 써 나가는 방향이 일정하지 않고 가로·세로 방향이 뒤섞여 있는 것이 현행 한글 철자법의 난점이며 그 점을 해결하기 위하여 횡철(가로 풀어쓰기) 운동을 펼치기도 하지만, 현행의 모아쓰기 철자법에는 편리한 점도 있다고 하였다. 그것은 명사와 토, 어간과 어미

를 시각적으로 구별할 수 있는 점이며, (흔히 풀어쓰기에서는 음가
가 없다며 초성자 ㅇ을 쓰지 않는 것과는 달리) 그러한 구별에
초성자 ㅇ이 중요한 구실을 한다(1932.07ㄱ:120)고 평가하였다.

4. 무돌 김선기와 한국어 표기법

4.1. 무돌과 한국어 한글 표기법

4.1.1. 철자법에 대한 무돌의 기본 인식 무돌이 한국어의 표기법
에 관한 생각을 최초로 발표한 글은 「철자법 원리」이다. 이것은
조선어학회에서 '조선어의 한글 철자법' 통일 작업에 골몰하고 있
던 때에 그 기관지 『한글』 제1-3호(1932.07)에 발표한 논문이다.
그 무렵 『한글』은 표기법에 관한 이론이나 견해의 발표 광장이었
는데, 25살의 청년 무돌도 거기에 참여한 것이었다.

무돌은 '철자법이란 문자로 말을 적는 문제'를 다루는 것이라
규정하였다. 그러니 철자법은 당연히 문자의 특징에 따라 달라지
며, 철자의 역사적 과정과 음운 조직의 차이에 따라서도 달라진다
고 하였다. 그렇게 볼 때에 표음문자의 하나인 음소문자로 말을
적을 때에는 '1자 1음소'를 이상으로 해야지, 결코 '1자 1음'이어서
는 안 된다는 점을 강조하였다. 거기에 대하여 기술한 부분을 올리
면 아래와 같다.

"실상 어슷어슷한 소리는 그 언어상의 機能기능이 같아서 서로
바꾸어 놓아도 의미에 相違상위가 생기지 아니하므로, 그런 소리를

한 덩어리로 보는 것이니, 음성의 의미 방면을 고려하여 비슷한 소리들의 한 덩어리를 음운학상의 한 단위로 하여 phoneme(음소)이라고 부르게 된 것이다. 알파벳식 문자는 사실 이 '음소'를 대표하여 '1자 1음소'를 理想이상으로 하고 결코 '1자 1음'이서는 아니 될 것이 밝혀지게 되었다. 그래서 在來재래의 실용 문자에 대한 '1자 1음'의 생각은 깨어진 것이다. 이렇게 언어학의 발달을 기다려 비로소 文字문자의 참된 구실이 환하게 된 것이다." -「철자법 원리」 1932.07ㄱ:116.

현대 언어학 이론에 기대어 '음소'를 정의하고, 그에 기초하여 '음성 전사轉寫' 기호가 아닌 '실용 문자', 곧 철자법에서는 음소를 표기의 대상으로 해야 함을 강조하였다. 그래도 미진함을 느꼈던지, 1931년 국제언어학회에서 트루베츠코이(Trubetzkoy)가 "실용적 문자의 문자 조직(철자)은 실제상 발음된 소리를 전부 재현함이 목적이 아니요, 음성의 '음운학적 가치'가 있는 부분만을 재현할 것이 목적이다. 사람이 문자로 적는 것은 실제 발음한 대로가 아니요, 발음하려고 生각하고, 또는 발음하려고 意도하는 바이다."라고 한 말까지 옮겨 놓았다.

그리고 음소문자의 철자법은 '의미의 표현', 곧 표의화表意化를 기본 원칙으로 해야 한다고 주장하였다.[39] 여기서 표의화란 '표기형태의 고정화'를 뜻하는 것으로, 문자는 '언어'의 시각적 표현이므로 언어의 두 요소인 뜻과 소리를 다 볼 수 있게 표기해야 하는데, 음소문자로 그렇게 하려면 표의화밖에 없다면서 아래와 같이 '꽃'으로써 표의화를 구체적으로 설명하였다.

---

39 표의화 문제는 「철자법 원리」와 함께 『한글』 제1-3호(1932.07)에 실린 신명균의 「철자법의 합리화」에서도 제안되었고, 제1-6호(1932.12)에 실린 이갑의 「철자법의 이론과 실제」에서도 거듭 논의되었다.

"가령 '꽃'이라는 말을 글자로 적는다면, '꽃과'라 할 제는 실제 발음은 [꼳과]로 났다. 또 '꽃에'라 할 제는 [끝에][40]로 나고, '꽃을'이라 할 적에는 [꽃을] 하고 났다. 물론 실용 문자가 아니요 발음기호라면, 그 실제 발음 나는 경우대로 적으면 좋을 것이다. 그러나 文字문자는 의미 방면을 생각하기 때문에, 실제 발음은 이상 세 가지, 곧 [꼳], [끝], [꽃]으로 나지마는, 언제나 제 音價음가를 잘 드러내는 '꽃'이란 명사가 '이'나 '을' 토 위에서의 발음에 좇아 '꽃'으로 규정하여 버린다." -위의 글 1932.07ㄱ:117.

그러나 표의화와 '어원 표시'는 별개의 문제라며 선을 그었다. 여기서 '어원 표시'는 '원형 밝혀 적기'를 가리키는데, 예컨대 '올개미' 대신에 '옭앰이'로 표기하는 것은 어원 표시까지 한 것인데, 이런 방법은 일반인에게 어려움만 더하는 것이므로 일반화에는 찬성하지 않았다. 하지만 어원 표시를 전면적으로 반대한 것은 아니다(☞474쪽의 (라)).

표의화 외에, 철자의 기본 원칙으로 '언문일치'를 더 들었는데, 이에 대해서는 아무런 설명을 붙이지 않았다. 여기서 '언문일치'란 '그것+은', '기러기+아'의 준말을 각각 '그건', '기럭아'로 표기하는 것을 가리킨다. 또 활용형 '고치+어'는 표의화의 원칙을 따르면 어간과 토를 구별하여 '고치어'로 표기해야 하겠지만, 실제 음성언어가 [고쳐]이므로 그것에 맞추어 '고쳐'로 표기하는 따위이다.

그런데, '어원 표시'와 '언문일치'는 그 표현과 내용 사이에 다소 생경함이 있고, '표의화'와 '어원 표시'의 구분에 명료하지 않은 점도 있다. 그 결과로 '어원 표시'에 대한 찬반 견해도 다소 모호하다.

---

40 오늘날의 표준 발음은 [꼬체]인데, 그때 무돌은 이렇게 적었다.

4.1.2. 몇 가지 쟁점에 대한 무돌의 견해 「철자법의 원리」에서 위와 같은 이론을 전개한 다음에 '조선어의 한글 철자법'에서 처리해야 할 구체적인 문제를 나열하고 자신의 견해를 제시하였다. 그것을 차례대로 간추려 보이면 아래와 같다.

○ 조선어 한글 철자법에 대한, 무돌의 견해

(가) 문자 自體자체 문제 : 옛 문자를 다시 쓰자거나 새 문자를 만들자는 분[41]이 있는데, 그럴 필요가 있으면 늘릴 수도 있지만 여기에서는 문제 삼지 않는다.

(나) 표준어 문제 : 철자 규정은 표준어 문제와 관계가 깊은데, 표준어를 규정하는 문제도 그리 간단하지 않다. 대체로 우리 표준어는 현대의 正格的정격적 京城語경성어를 표준어로 잡는 것이 원칙적으로 옳을 것이다.

(다) 발음 원리와 철자법 : 語音어음은 連發연발 관계상 소리가 바뀌기도 하고, 버릇으로 소리를 바꾸는 수도 있는데, 이때에는 음소 문자의 본질적 요구인 表意化표의화의 원리에 의하여 제 소리를 찾아 쓰는 것이 원칙이다. ① 연음 관계[42]는 표기에 반영하지 않아야 한다. ② 습관음은 표기에 반영하지 않아야 한다. 예컨대 다음과 같은 경우는 표기에 반영하지 않아야 한다. '하고'를 '허고'로, '눈바라'를 '눈보라'로, '길삼'을 '질삼'으로 발음하는 것, 첫소리 ㄹ을 내지 않거나 ㄴ 소리로 내는 것, 첫소리 ㄴ을 내지 않는 것, ㅣ 위의 ㄷ ㅌ을

---

41 "이탁 씨 같은 분이 ㆆ, ㅿ, ◇자 등을 다시 쓰자는 분이요, 김두봉 씨 같은 분이 새 문자를 두자는 분이다."라고 하였다. 그러한 제안을 담은 이탁의 논문은 무돌의 이 글보다 2달 늦은 『한글』 제1-4호(1932.09)에 실리었다. 그 이전부터 무돌은 이탁의 견해를 알고 있었던 것으로 보인다. (새 낱자에 관해서는 ②의 4.3.3에서 상세히 다루었다.)

42 /ㄴ, ㄷ, ㅂ/의 콧소리 되기, /ㄴ/의 /ㄹ/ 되기, /ㄹ/의 /ㄴ/ 되기, 된소리 되기 등을 가리킨다.

입웅소리(ㅈ ㅊ)로 내는 것, 첫소리 ㅎ을 ㅅ으로 내는 따위. 다만, '아릭'를 '사릭'라 하고, ㅅ ㅈ ㅊ에 뒤따르는 ㅑ ㅕ ㅛ ㅠ를 각각 ㅏ ㅓ ㅗ ㅜ로 내는 것과 같이, 습관이 아주 굳은 것은 습관음대로 표기해야 한다.

(라) 문법과 철자법 : 우리말은 첨가어이므로 명사와 토, 形動詞형동사의 어간과 토는 각각 구별하여 적는 것, 곧 語源어원 표시를 하는 것이 그 본성에 들어맞는다.

(마) 우리글의 특질에서 오는 문제 : 縱橫綴종형철[43]은 우리 철자법의 난점이다. 이 난점을 해결하는 방법으로 橫綴횡철 운동을 펼치기도 한다. 그러나 한 단어 내에서 고정된 부분과 변동하는 부분을 구별할 수 있는 점은 현재의 철자법에서만 가질 수 있는 편리이다. 음가가 없는 글자라고 하여 푸대접하는 ㅇ자도 여기에서는 낯을 내는 것이다.　　　　　　－「철자법 원리」 1932.07ㄱ:118~120(간추림).

위의 내용 중에는 「한글마춤법 통일안(1933)」에 그대로 반영된 것도 있지만, 자세히 들여다보면 차이 나는 점도 적지 않은데 그것을 확인해 보기로 하자.

첫째, (다)의 ②에서 "첫소리 ㄹ을 내지 않거나 ㄴ 소리로 내는 것, 첫소리 ㄴ을 내지 않는 것"이란 부분이다. 이것은 이른바 '머리소리 규칙'과 관련된 것인데, 무돌은 그렇게 발음되는 일이 있더라도 그 발음대로 표기하는 것은 바람직하지 않다고 보았다. 예컨대 '락원樂園'이 [낙원], '리성理性'이 [이성]으로, '녀자女子'가 [여자]로 발음되는 것은 습관으로 그리 될 뿐이지, 발음하려고 생각하거나 의도한 바는 각각 '락원', '리성', '녀자'이니 이 형태대로 표기해야

---

43 '종횡철'이란 지금의 모아쓰기 방법을 가리킨다. 홀소리낱자는 옆에 쓰(횡철하)고, 받침 닿소리낱자는 밑에 쓰(종철하)므로 그렇게 일컬은 것이다. '횡철'이란 오늘날의 '풀어쓰기'를 의미한다.

한다고 주장한 것이다.

그 논문에서 그치지 않고 숙련기(70살)에 이르러서도 아래와 같이 그 문제를 거론하였다.

"또 하나 생각에 잘못되었다고 하는 것은 ㄴ과 ㄹ 소리가 첫머리에 올 적에 ㅇ으로 적은 것이다. 더욱이 중한어(이른바 한자어)의 경우 알기 어렵다고 그런 처리를 했으나, '님'을 '임'과 '님' 두 가지로 처리한 것도 잘못된 것으로 생각한다. 〔줄임〕 '합리'라고까지 쓰면 '리치'라고 하여 조금도 나쁠 것이 없는데, '이치', '합리'로 써서 한 얼굴낱(형태소)을 두 가지로 적게 된 것은 언젠가는 바로잡아야 될 것이다." -「국어 운동, 한글학회의 발자취」 1977.03:35.

「통일안」에서 예컨대 "남녀 : 여자", "쾌락 : 낙원", "합리 : 이치"와 같이 표기하기로 정한 것은 당시 일본에서 불어온 '표음적 표기법의 바람'(1973.12:38)과 '연구 부족'(1977.03:35) 때문이었다며 매우 아쉬워하였다(☞ 각주 44). 무돌은 철저한 형태주의 표기법을 지지했던 것이다.

풀이씨 활용형의 표기에도 당연히 형태주의 표기 원칙을 적용해야 한다고 보았다. 그러한 견해는 아래의 회고에서 생생히 확인할 수 있다.

불규칙 변화하는 씀말인 '잇다'(연속)가 '이어 나가다'에서는 '이'가 된다. 이렇게 '잇'과 '이'의 두 알로모르프(얼굴쪽)가 있는데, 그 으뜸얼굴은 '잇'으로 잡는다. 이 때에 '잇다, 잇어'와 같이 처리할 수도 있는 것이다. 또 '곱다, 고와, 고우니'의 경우도 '곱다, 곱아, 곱으니'로, '걷다, 걸어'도 '걸다, 걸어'로 처리하면 모두 규칙적인 처리가 될 것이었다. 그러나 자모에 ㅿ, ㅸ, 등 따위 글자가 인정되지 않은 결과로 모두 「통일안」에서처럼 결정이 되었다. 그러니까 마침내 현행 맞춤법대로 되어 이중의 원칙에 좇아 결정되고 만 것이다. -위의 글 1977.03:35(간추림).

지금처럼 같은 씀말(용언)을 "잇다 : 이어", "곱다 : 고와·고우니", "걷다(步) : 걸어·걸으면" 등과 같이 다르게 표기하는 것은 합리적인 처리가 아님을 지적하고 있다. "잇다 : 잇어", "곱다 : 곱아·곱으니", "걷다 : 걷어·걷으면"과 같이, 동일 어간은 어떤 환경에서건 표기 형태를 고정시키는 것이 바람직하다고 본 것이다.[44] 바꾸어 말하면 풀이씨의 활용형도 모두 일관되게 규칙적으로 표기하는 것이 옳았다고 평가한 것이다. 백연 김두봉의 생각과 아주 같은데(☞②의 2.3.4), 아래에서 좀더 적극적인 견해를 접할 수 있다.

"'한 뜻낱(sememe)은 한 얼굴(form)로'가 바로적기의 기본 원리가 되어 있다. 그러니까 '잇다'(連)와 '이어' 두 가지로 적기로 「한글맞춤법 통일안」엔 되어 있으나, [업다](無)를 '없다'로 적는 정신에 비추어 [잇다], [이어]도 △을 살려서 '잇다', '잇어'로 적었으면 바로적기의 원리에 잘 맞게 되었을 뻔하였다. '없다'의 '없'은 규칙적으로 쓴 말이라 하고, '잇다, 이어'는 두 얼굴로 적었다 하여 불규칙 용언에 넣어 처리한 것은 오로지 방편주의에 지나지 않는다. '잇다, 잇어'로 하지 못한 것은 한글 글자에서 △ 글자를 빼버린 데서 일어난 것이다." -「가라말을 로마글자로 적는 이론과 실제」 1983.03ㄱ:89~90.

앞(1977.03:35)에서는 '이중의 원칙'이란 표현을 썼는데, 여기서

---

44 그리고 같은 쪽에서 "잇브-, 깃브-, 갓브-"를 버리고 "이쁘-, 기쁘-, 가쁘-"로 적기로 결정한 것도, 연구 부족으로 그리 되었다고 통탄하였다.

는 '방편주의'라는 말로써 「통일안」에 표음 요소를 뒤섞은 점을 비판하였다. 이어서 91쪽에서는, "옵바, 압바"를 "오빠, 아빠"로 적기로 한 것은 '긴 닫소리(자음)' 적는 길을 틀어막아 놓은 잘못이라고 평가하였다. 바꾸어 말하면 '옵바'가 가리키는 소리와 '오빠'가 가리키는 소리는 동일하지 않다는 것이었다.

둘째, (가)에서 보듯이 그 논문에서는 새 낱자(자모)에 관한 견해 표명을 미루어 두었지만, 철자법 통일 위원회의 토의 과정에서는 새로운 낱자의 사용을 지지한 것으로 보인다. 그것은 위의 두 회고로써 넉넉히 짐작할 수 있다. 위에 올린 글(1983.03ㄱ)의 후반부에도 있듯이, 위에서 주장한 표기법을 시행하려면 필연적으로 새 낱자의 사용이 필요한 것이다.

위의 논문 「철자법 원리」(1932.07)에 이어 1년 후에는 『한글』에 「경음의 본질」(1933.08)을 발표하였다. 주제는 된소리의 본질인데, 그 끝에서 표기법과 관련하여 간단히 언급하였다. 모든 된소리는 쌍서, 곧 ㄲ, ㄸ, ㅃ, ㅉ, ㅆ으로 표기하는 것이 합리적이라는 내용이었다. 그러한 주장을 한 것은, 된소리의 표기를 그에 맞서는 예사소리 낱자에 ㅅ을 앞붙여 ㅺ, ㅼ, ㅽ, ㅾ과 같이 쓰는 옳다고 주장하는 사람이 있었기 때문인데, 무돌은 ㅅㄹ을 예로 들어 그 부당성을 아래와 같이 지적하였다.

> "박승빈 氏씨는 된소리를 적는 모든 글자를 평음에 된소리 부호로 된시옷 사용을 주장한다. 그런데 氏는 우리의 語音어음에 있는 [l] 소리를 ㅅㄹ로 표기한다. 氏는 아마 우리의 [l] 소리를 (종래에는 이 소리를 ㄹㄹ 또는 ㄹㄴ으로 갈라 적어서 표기하였으니, [hɨllə]를 '흘러' 또는 '흘너'로 적어 온 것이다.) [r]의 된소리로 보는 모양이다. 그러나

쯤人오인의 음성 지식으로는 도저히 이해할 도리가 없다.

〔줄임〕 또 氏는 이 경우의 ㅅ은 ㄹ 곧 [r]의 된소리가 아니라, [l] 소리를 적는 한 기호로 ㅺ 자를 만든 것이라 할 것이다. 원래 이런 口實구실도 자기의 본의가 아닐 것이어니와, 또 이런 이유 하에서 ㅺ 자를 만들었다고 치자. 나는 우리말에서는 [l] 소리를 적는 글자를 만들 필요가 없다고 생각한다. 조선 흡음에 있어서는 [r]과 [l]이 한 소리겨레(one phoneme)에 속한다. 그러므로 굳이야 만들 필요도 없다." -「경음의 본질」 1933.08:354.

전체적으로 보건대 무돌의 철자법에 관한 생각은 분석주의요 엄격한 형태주의 쪽이었다. 434쪽에 올린 따온글(1985.10)에서 확인했듯이, 무돌은 「한글맞춤법 통일안」을 우리 민족 문화의 결정체이며 왜정 35년 동안 우리 민족이 광복에 대비하여 해놓은 유일한 업적으로 평가했지만, 표음 중심의 내용을 적잖게 수용한 점을 매우

80대의 무돌.

아쉬워했다. 아래에서 보듯이 일흔 살, 숙련기에 이르러서도 '「통일안」은 일종의 타협안'이라고 평가하였다.

"열여덟 위원의 생각을 살펴보면, 크게 세 갈래가 있었다. 첫째는 모든 얼굴쪽(morpheme, 형태소)을 밝히어 적으려는 생각과, 둘째는 모든 낱말 안에서 얼굴쪽마다 갈라 적을 것이 없다는 생각이었다. 그리고 셋째는 이 두 생각의 사이에 놓인 생각이었다. 권덕규·김윤경 같은 분은 첫째 생각을 대표할 만한 분들이요, 둘째 생각을 대표하는 분들은 정열모·신명균·이윤재 씨이었고, 셋째 생각의 대표자는 최현배 선생이었다. 그래서 마침내 두 극단적인 생각보다 사이

생각에 가담하는 이들이 많아 「통일안」은 일종의 타협안이 된 것이다." - 「국어 운동, 한글학회의 발자취」 1977.03 : 35.

다른 글(1973.12 : 37~39)에서 자신은 한별 권덕규, 한결 김윤경, 열운 장지영의 견해에 가까웠다고 회고하였다. 엄격한 형태주의 표기를 향한 생각은 평생 변함이 없었으며, 자신의 글살이에서는 그런 표기를 적잖이 실행하였다. 때로는 간행물에서까지 자신의 그러한 표기를 양보하지 않았는데, 그가 기고寄稿한 간행물들(의 끄트머리나 첫머리)에 있는 "이 글은 필자의 원고대로 표기되어 있음."이나 "여기 쓴 마춤법은 필자의 생각대로 쓴 것이다."라는 밝힘이 그 증거이다.

4.2. 무돌과 한국어 외래어 한글 표기법[45]

앞의 2.3에서 잠시 살펴보았듯이, 무돌은 1935년 런던에서 열린 제2회 만국 음성학대회에 조선어학회 대표로 참석하였으며, 조선어학회의 「외래어표기법 통일안(1940)」[46] 제정에도 이바지하였다. 광복 이후에는, 1946년 4월 군정청 문교부 — 외솔이 편수국장이었음 — 에서 설치한 '학술용어 제정 위원회'의 언어과학 분과위원회[47] 위원으로서 외래어 표기법을 제정하는 데에 참여하였다. 「들

---

45 '한국어 외래어의 한글 표기법'은 한국어 속에 들여온 외래 낱말을 한글화(한글로 표기)하는 방법을 가리킨다. 대내적으로는 흔히 줄여서 '외래어 표기법'이라 한다.

46 이는 우리 겨레가 주체적으로, 여러 의견을 수렴하여 제정한 최초의 '한국어 외래어의 한글 표기법'(과 '한국어의 로마자 표기법')이라 할 수 있다.

47 위원은 정인승, 최승만, 이선근, 김선기, 김재원, 이양하, 현상윤, 김진하,

온말 적는 법(1948)」이 그 위원회의 생산물이니,[48] 중앙정부 차원
에서 제정한 것으로는 그 분야 최초의 표기법이다. 그런데 여기
「외래어 표기법 통일안」이나 「들온말 적는 법」의 제정 과정에서
무돌이 구체적으로 어떤 의견을 내었는지는 알 수 없다.

　광복하고 10여 년이 지난 1958년 10월, 대한민국 정부에서 「들
온말 적는 법(1948)」을 대체할 표기법으로 「로마자의 한글화 표기
법(1958)」을 공표하였다. 그 표기법은 문교부의 국어심의위원회
외래어 분과위원회[49]에서 1957년 9월 성안을 완료했는데, 무돌은
그 위원장을 맡아 성안은 물론이고 1958년 9월 30일 국어심의위원
회 전체회의를 통과할 때까지 중추적인 구실을 했으며, 의견 제시
도 적극적으로 하였다.[50] 그는 본격적인 토의에 들어갈 즈음인
1957년 6월 「외래어 표기의 기본 문제」(1957.06.03.)라는 글을 통
하여 자신의 의견을 구체적으로 밝혔다.

　그 글에서 외래어 한글화의 기본 방향으로 세 가지를 제안하였
다 : "① 원어(原語)의 음형(音形)을 표기해야 한다. ② 외국 음운

피천득, 백낙준, 안호삼, 신인식, 박술음, 장익봉, 안호상, 김영근, 최현배,
H.G. Underwood, B.B. Weams(major), C.N. Weams, Jr. Eugene, U. Prostav
들이었다.

48 그 분과위원회에서는 1948년 2월 외래어(들온말)의 한글화 표기법, 곧 「들온
말 적는 법」을 먼저 성안하고, 곧이어 로마자화 표기법 「한글을 로오마자로
적는 법」도 성안하였다(☞ 4.3).

49 위원은 김선기, 김법린, 허웅, 이희승, 오천석, 최현배, 이하윤, 모윤숙, 이헌구,
백낙준, 박술음, 고광만, 주요섭, 한갑수, 차상원의 15명이었으며, 그 분과위
원회에서 로마자 표기법까지 성안하였다(☞ 4.3).

50 무돌의 활약에 관하여 외솔은 "당시 김선기 님은 국어심의회 들온말분과
위원장으로서, 종래의 혼란 막심하던 들온말 적기의 확립을 위하여 가장
열심으로 소위원회·총회의 추진에 진력하였다."(최현배 1960.10:82)고 평
가하였다.

을 표기하기 위하여 따로 자모를 만들지 않는다. ③ 우리말 표기에 필요한 활자(글자) 이외의 활자는 쓰지 않는다." 셋 중에서 ①과 ②는 조선어학회의 「외래어표기법 통일안(1940)」 '총론'의 내용과 같으며 지금으로서는 일반적인 내용이라 할 수 있지만, ③은 다소 특이하다.

③은 예컨대 영어 낱말 cap을 '캪'으로, basketball을 '바스켙볼'로 적지 말자, 다시 말하면, 보통의 한국어 표기에 쓰이지 않는 '캪', '켙'과 같은 글자를 사용하지 말자는 주장이었다. 활자를 계속 늘려야 하는 부담과 국민의 표기 부담을 염려한 때문이었을 것이다. 대부분의 출판물을 납활자로 어렵게 조판하고 인쇄하던 당시의 실정을 고려하면 수긍할 만한 면이 있다. 그러나 글자살이가 전자화하여 각종 낱자의 조합이 자유로운 오늘날의 여건에서 보면 지나친 염려였다. 게다가 이미 경험하고 있듯이 '램', '벤', '웸', '윈', '퀠', '퀴' 등과 같은 갖가지 음절을 표기해야만 하는 것이 현실이고 보니 그 주장은 더욱 무력해진다.

②는 한국어 표기에 사용하지 않는, 다시 말하면 외래어 표기만을 위한 낱자나 글자는 만들지 말아야 한다는 주장이었다. 당시의 「들온말 적는 법(1948)」에서, [v]를 'ᄫ/ㅇㅂ'로, [f]를 'ㆄ/ㅇㅍ'로 표기하고, [l]을 ㄹㄹ(쌍리을)로 표기하고, [z]와 [ʒ] 등을 ㅿ로 적도록 규정한 것에 대한 비판이었다. 외국어의 발음 학습에는 그런 방법도 무방하지만, 외래 낱말은 한국어 사용자가 '주관적으로 번역하여' 듣는 것이므로 한국어의 음운 조직에 맞추어 표기해야 함을 강조하였다. 그런데 외국어 학습 열병 탓인지, 오늘날도 이러한 문제에 대하여 호기심을 끊지 못하는 사람이 적지 않다.

①의 주장은 두 가지 내용을 포함하고 있다. 첫째, 원어의 '철자'

나 어법적 형태가 아니라 '말소리'(음형)를 표기해야 하며, 둘째, 해당 외래 낱말의 계통을 따져 '원어'를 표기 대상으로 삼아야 한다는 내용이다. 무돌은 특히 둘째 내용을 강조했는데, 한두 부분을 올리면 아래와 같다.

"외래어 표기법 위원회 석상에서 보면 영어 이외의 외래어는 영국화한 音음을 기본으로 하자는, 얼핏 듣기에는 편의주의의 주장인 듯한 것을 주장하는 사람들이 상당히 있음을 보았으나, 필자는 언제나 이런 태도에는 不備불비가 있었다."
"'괴테'를 '구테', '뚜르게이네프'를 '테제네프'라고 할 수는 없을 것이다. '바스깔'을 '패스칼'이라고 할 수는 없다. 우리가 아주 문화적 독립성이 없고 완전히 미국 문화에 휩쓸려 쫓아만 간다면 모르거니와, 그렇지 않다면 언제나 문화 교류가 있는 나라 말에서 새말이 들어와 그것을 적을 필요가 있을 적에는 原音원음과 자국의 音譯음역을 가장 합리적 방법에 의해야 한다. 이것은 일체의 새 외래어 표기의 第一제일 原理원리다." ―「외래어 표기의 기본 문제」 1957.06.03.

지금도 우리 주변에는 외래어라면, 인도유럽어 계통의 외래어는 물론이요 다른 계통의 외래어까지도 으레 영어, 그것도 미국 영어의 발음대로 적어야 하는 것으로 알고 있거나 그렇게 주장하는 사람이 많은데, 무돌은 그러한 방법의 부당성을 '문화적 독립성'을 내세워 비판하였다.

전반적으로 볼 때에, 무돌의 견해는 조선어학회의 「외래어표기법 통일안(1940)」에서 규정한 내용과 크게 다르지 않은 것으로 평가할 수 있다. 다만, 우리말 표기에 쓰지 않는 활자(글자)는 외래어 표기에 사용하지 말아야 한다는, 다소 보수적인 견해를 내놓았다.

무돌이 제안한 위의 내용들은 토의를 거쳐 대부분 「로마자의 한글화 표기법(1958)」[51]에 반영되었으며, 이후에도 외래어 표기법의 큰줄기가 되었다.

4.3. 무돌과 한국어 로마자 표기법[52]

4.3.1. 무돌과 「한글을 로오마자로 적는 법(1948)」 1946년 4월 군정청 문교부에 설치한 '언어과학 분과위원회'에서는 외래어 표기법과 함께 한국어의 로마자 표기법도 제정하였다. 그 로마자 표기법은 1948년 2월 「한글을 로오마자로 적는 법」— 줄여서 「문교부(1948)」로 적기로 함— 으로 공포되었으니, 중앙정부 수준에서 제정한, 그 분야 최초의 표기법이다. 무돌은 그 표기법 제정에 위원으로 참여하였다.

그 「한글을 로오마자로 적는 법(1948)」은, '한글을'로 시작하는 규정의 이름에서 짐작되듯이, 기본적으로 전자법(transliteration)을 지향하였다.[53] 그리고 때마다 논란의 중심이 되는 낱자의 대응을 "ㄱ : ㅋ→k : kh, ㅈ : ㅊ→ch : chh", "ㅓ→ŏ, ㅡ→ŭ"와 같이 규정

---

51 장모음의 표기에 대한 규정도 아주 고쳤다. 「들온말 적는 법(1948)」에는 "홀소리에 긴소리표(장음부)가 붙은 것은 그 홀소리를 하나 더 달아 적는다." 는 조항이 있었고, 그에 따르니 "New York[nju:jɔːrk] → 뉴우 요옥", "Roma → 로오마" 등과 같이 되었다. 여기 「로마자의 한글화 표기법(1958)」에서 그 내용을 "장모음은 동일 모음을 거듭하여 표기함을 원칙으로 하되, 안 적을 수도 있다."고 고쳤다. 그로부터 그 '원칙'에 따른 표기는 거의 사라졌다.

52 '한국어의 로마자 표기법'은 한국어 낱말을 로마자로 표기(로마자화)하는 법을 가리킨다. 대내적으로는 흔히 줄여서 '로마자 표기법'이라 한다.

53 실제 표기에서는 전사법(transcription)스러운 면이 없지 않았다.

하였다. ㄱ, ㄷ, ㅂ, ㅈ을 각각 k, t, p, ch로 표기하고,[54] 홀소리를 표기하는 로마자에 반달표(˘)를 도입한 것이다. 형태론 측면의 규정으로는, 받침 ㅅ, ㅆ, ㅈ, ㅊ이 [ㄷ]로 발음될 때에는 t로 표기하고(옷도→ot to, 있다→itta, 낯과→nat kwa, 꽃만→ggot man), 일부 겹받침 닿소리도 발음되는 대로 표기하는(넋도→nŏk to, 값만→kap man) 등의 내용이 있었다.

4.3.2. **무돌과 「한글의 로마자 표기법(1959)」** 십년이 흘러 1956년이 되자 다시 국가 차원에서 외래어 표기법과 함께 한국어 낱말의 로마자화 표기법을 손보기에 이르렀고, 구체적인 작업은 문교부의 국어심의위원회 외래어 분과위원회(위원장 : 김선기)에 맡겨졌다. 그 분과에서는 7월 4일부터 8월 25일 사이에 여러 차례 회의를 열어 논의한 끝에 「한글의 로마자 표기법(안)」—「로마자 법안 (1957)」이라 일컫기로 함—의 성안을 완료하였다. 그 법안을 마련하기까지 위원 사이에 활발한 토론이 있었으며, 무돌은 자신의 의견을 적극적으로 펼쳤다. 그 법안을 완성한 직후에 무돌은 위원장으로서 그 표기법의 중요 내용과 쟁점을 써서 「한국어 로마자 표기론」(1957.09.09/16/23)이란 이름으로 발표하였다.

무돌은 그 글에서, 한국어를 로마자로 표기하는 방법으로 정자법正字法(orthography), 음사법音寫法(phonetic notation), 자역법字譯法 (transliteration)의 세 가지가 있음을 말하고,[55] "소리대로 적어서 음

---

54 하지만 세칙細則에서, 한 낱말 안에서 유성음으로 발음되는 ㄱ, ㄷ, ㅂ, ㅈ은 각각 g, d, b, j로 적기로 규정하였다.

55 무돌이 예시한 정자법과 음사법은 대체로 각각 오늘날 흔히들 사용하는 전자법轉字法(transliteration)과 전음법轉音法(transcription)에 해당한다.

소를 표시하는 것이 음사법이라면, 副次的부차적 형태소를 不顧불고
하고 主주 형태소만을 적는 것이 정자법"이라 하고, 「로마자 법안
(1957)」에서는 종래의 정자법을 원칙으로 하고, 부득이한 경우에
만 자역법[56]과 음사법의 원리를 약간 가미하였다고 밝혔다.

그리고, 로마자(라틴문자) 표기법은 Americanization, 바꿔 말하
면 '미국화'가 아님을 아래와 같이 강조하였다.

"로마자 표기법에서 맨 먼저 문제가 되는 것은 로마자 자체의 音
價음가 規定규정 문제가 된다. 물론 라틴문자의 음가를 표준으로 한
다는 대원칙이 섰으면 문제는 간단하여진다. 그러나 오늘날 라틴문
자는 정치적 세력이 강대한 美英미영 두 나라에서 쓰기 때문에 로마
자와 실지 연상작용이 심한 것은 로마자의 美英化미영화한 음가를
생각하게 된다. 그래서 McCune(매큔) Reischauer(라이샤워) 등도 모
음에서는 라틴문자의 음가를, 자음은 영미어의 음가를 각각 주어
처리하였다. j에 [ʤ] 음가를 주는 버릇에서 그런 實例실례를 볼 수가
있다. 물론 IPA에서는 j는 [j] 음가를 견지하고 있다. 또 한 예를
들자면 모음 /ㅓ/를 u로, /ㅜ/를 oo로 하자는 주장도 이와 같은 일종
의 Americanization을 의미한다. 그러나 이것은 부득이한 경우는 몰
라도 /u/가 ㅜ 음가를 가지고 있는데, 이와 같은 주장은 용인되기
어렵다."

"금번 로마자 표기법 작성에서도 이 구별에 혼선이 있을 적마다
필자는 지적하기에 겨를이 없었다. 위원 가운데 '실용성'이란 깃발
아래 미어화의 一方途일방도를 주장하였으나, 이것은 정자법의 원리
에 어긋나므로 끝까지 필자는 반대의 입장에 서게 되었다."

-「한국어 로마자 표기론」 1957.09.09.

---

56 예컨대 ㅐ는 'ㅏ+ㅣ'로 보아 ai로, ㅆ은 'ㅅ+ㅅ'로 보아 ss로 표기하는 등을
자역법이라 하였다.

예를 들면 한국어의 /ㅈ/를 j로, /ㅓ/를 u로, /ㅜ/를 oo로 쓰는 것은 '미국화 표기'(Americanization)이니, 기본적으로 그런 주장은 용인하기 어려우며, 부득이한 경우에만 고려해야 한다는 의견이었다.

구체적인 내용을 보면 한국어 음소와 로마자와의 대응에 관하여 여러 파격적인 제안과 결정을 하였다. 먼저 홀소리 표기를 보겠는데, 늘 문제가 되어 온 것은 ㅓ, ㅐ, ㅡ, ㅚ 들이므로 거기에 초점을 맞추기로 한다. 그 이전의 표기법, 예컨대 조선어학회의 「조선어음 라마자 표기법(1940)」— 줄여서 「조선어학회(1940)」으로 쓰기로 함— 과 「문교부(1948)」에서 "ㅓ→ŏ, ㅐ→ĕ/ai, ㅡ→ŭ, ㅚ→oe" 와 같이 대응시켰음에 비하여, 「로마자 법안(1957)」에서는 세 홀소리의 대응을 "ㅓ→eo, ㅐ→ae, ㅡ→eu"와 같이, 아주 다르게 담았다. 그 모두 무돌이 앞장서 제안하고 주장한 내용이었다.

종전처럼 식별표(diacritical mark)를 사용하자는 위원도 있었으나, 무돌은 실용상의 불편과 인쇄상의 곤란을 들어 표의 사용을 반대하고, 그 대안으로 2자씩 합자合字하기를 제안하고 주장하였다. 제안의 근거는 한결같이 IPA의 기준모음도였으니, 그에 관한 무돌의 기술을 간추리고 풀이하면 아래와 같다.[57]

ㅓ[ə]는 반높은모음 [e]~[o]의 선상에 있으므로 e와 o를 합자하여 eo로 표기함이 좋다.
ㅐ[ɛ]는 현대 한국어에서 단모음이다. 자역법에 의하여 ai로 하자는 위원이 다수였으나, 공시적 관점에서 [ɛ]는 전설모음 [a]~[e]의 선상에 있으니까 a와 e를 합자하기로 하였다.

---

57 기준모음도 안의 ㅚ, ㅐ, ㅓ, ㅡ는 원글에 없는데, 이해를 돕기 위하여 임의로 추가하였다.

ㅡ[ɯ]는 높은모음 [i]~[u]의 선상에 있지만 e와 u로 표기해도
대차가 없으며, 또 프랑스
사람들이 eu로 표기한 이래
게일(J.S. Gale)도 채택하여
써 온 까닭에 좋다고 보아
그렇게 결정하였다.
　ㅚ[ø]는 [e]~[o]와 같은
반높은모음이므로 oe로 적

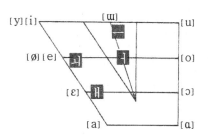

기로 하였다. 한국어의 ㅚ는 기준모음 [ø]보다 조금 낮으니까 무리
가 없을 뿐 아니라, 그 발음에서는 입술짓이 중요하니까 o를 앞에
놓아서 'ㅓ=eo'와 구별하는 것이 매우 합리하므로 그와 같이 결정하
였다.　　　　　　　　　　　　　-위의 글 1957.09.16.(간추리고 풀이함)

ㅓ[ə]의 로마자 표기는 일찍부터 난제였으니, 초창기부터 여러
가지로 적어 왔다. 그러는 중에 언더우드(H.G. Underwood, 1889/
1914)와 매큔·라이샤워(G.S. McCune & E.O. Reischauer, 1937/38)에서
ŏ로 표기하였으며(최현배 1940.05:751~754), 「조선어학회(1940)」과
「문교부(1948)」에서도 그렇게 했었다. 그에 반하여 「로마자 법안
(1957)」에서는 아주 새롭게 eo로 규정한 것인데, 그것은 무돌의
새로운 창안이었다(최현배 1961.10:265). 기준모음도에서 ㅓ[ə]는
반높은-중설모음이니, '반높은'이면서 그 앞뒤로 이웃한 전설모음
과 후설모음의 표기에 사용되는 e와 o를 합자한 것이라고 그 근거를
밝혔다.
　ㅐ[ɛ]도 여러 가지로 적어 왔다. 달레(Ch. Dallet, 1874)에서는
è로, 스코트(J. Scott, 1887/1893)에서는 ai로, 매큔·라이샤워(1938)에
서는 ae로 적었으며(최현배 1940.05:751~754), 「조선어학회(1940)」

에서는 ě로, 「문교부(1948)」에서는 ai로 규정했었다. 그런데 「로마자 법안(1957)」에서는 ae를 취하였다. ㅐ[ɛ]는 반낮은-전설모음이니, '전설'이면서 그 아래위로 이웃한 '낮은'과 '반높은' 모음의 표기에 사용되는 a와 e로 합자한다고 풀이하였다.

ㅡ[ɯ]는 일찍이 달레(1874)와 애스톤(W.G. Aston, 1878)을 비롯하여 여러 서양사람이 eu로 적었다. 그런데 에카르트(P.A. Eckardt, 1923)와 매큔·라이샤워(1938)에서는 ŭ로 표기했으며(최현배 1940. 05:751~754), 「조선어학회(1940)」과 「문교부(1948)」에서도 ŭ로 규정했었다. 그런데 「로마자 법안(1957)」에서는 e와 u를 합자한 eu를 취하였다. 기준모음도에서 보면 ㅡ[ɯ]가 높은-중설모음이니, '높은'이면서 그 앞뒤로 이웃한 소리를 표기하는 i와 u를 취하는 것이 더 합리적이겠으나, i보다 조금 낮은 e를 취해도 큰 차이가 없다고 해명하였다.

ㅚ[ø]는 「조선어학회(1940)」과 「문교부(1948)」에서 선택했던 대로 「로마자 법안(1957)」에서도 oe로 적기로 하고, 그 근거를 밝혔다. ㅚ는 '입술 둥근'(원순) 상태로 [e]를 발음하는 소리이니 '입술짓', 곧 입술모양이 중요하므로 '입술 둥근' 소리를 표기하는 o를 먼저 적는 것이 합리적이라고 풀이하였다.

다음으로, 「로마자 법안(1957)」의 닿소리 표기 규정에 대하여 살펴볼 차례이다. 닿소리 표기에서 늘 문제가 되는 것은 세겹 상관 묶음相關束을 이루는 터짐소리(파열음), 특히 /ㅂ:ㅍ, ㄷ:ㅌ, ㄱ:ㅋ/의 표기인데, 당시의 토의에서도 매우 격렬한 논쟁거리가 되었다. 많은 논란에도 불구하고 결국 "ㅂ:ㅍ→b:p, ㄱ:ㅋ→g:k"의 내용을 담았다. 「문교부(1948)」에서 "ㅂ:ㅍ→p:ph, ㄱ:ㅋ→k:kh"와 같이 대응시켰던 것을 버리고, 「조선어학회(1940)」으로 되돌린 셈이 되었다. 그렇게 되돌림에 대하여 외솔 최현배가 특히 강렬히 반대하였다.

무돌은 위의 글(1957.09.23)에서 외솔이 반대한 근거를 "첫째로, ㅂ은 유성음이 아니라는 것. 또 ㅂ은 영미 사람이 들으면 누구나 /p/로 듣는다는 것. 또 ㅂ을 b로 표기하면 ㅃ은 bb로 표기될 터이니, ㅃ까지도 유성음 b로 읽게 되어 국어의 음운 조직을 파괴할 염려가 있다는 것들이었다."고 정리하였다. 그리고 그 각각에 대하여 아래와 같이 해명하고 반론하였다. 스승과 제자 간에 격렬한 논쟁이 있었던 것이다.

"ㅂ은 앞에서 분석한 바에 따르면 [p], [p'], [β], [b] 등의 변이 음들이 있는데, 이들 가운데 [b]로 主주음운을 삼는 것이 옳다는 것이 필자의 주장이다. 그 이유는 우리의 음운 조직의 특색은 단위의 출현율을 보면 初位초위에 19개, 中位중위 모음 간에 22개, 末位말위나 중위 자음 간에서는 7개가 되니 극대 출현 위치의 것으로 主주音員음원을 잡아야 한다는 것이다. 〔줄임〕 그러니까 ㅂ음의 주 음원을 결정하는 방법은 어디까지나 극대 출현율이 드러나는 모음 간의 것으로 결정하여야 된다는 것이다. 그런데 β는 그리스문자로, 로마자가 아니니까 b로 정하자는 것이다."

"ㅂ을 영미 사람들이 /p/로 듣는다는 것은 사실이다. 그러나 그들은 유성·무성의 구별에는 예민하지만 氣音기음에 대하여는 매우 둔감하다. 그러니까 일반 인사들은 영어의 귀로 듣지 정당한 귀로 듣지 못하며, 또 로마자화에는 정밀한 음성 분석이 필요한데 일반 문외한이 ㅂ를 /p/로 듣는다고 그것을 맹종할 이유가 없다. 그것은 phoneme analysis를 할 언어학적 技術기술이 없는 사람이 로마자 표기안을 고안하면 언제나 빠질 수 있는 함정이라 할 것이다."

"ㅂ을 b로 표기하면 한국어의 음운 조직이 깨질 염려가 있다는 것은 기우다. 두 개의 언어가 접촉하였을 적에 가장 영향력이 미약한 것이 음운 조직이다. 뒤집어 말하면 외래어에 대하여 가장 완고한 저항을 하는 것이 음운 조직이라는 것은 일반언어학의 원리가 되어 있다." －「한국어 로마자 표기론」 1957.09.23.

외솔 외에도 여러 사람이 반대 의견을 발표했으며, 1957년 10월 2일 (「로마자의 한글화 표기법」 안과 함께) 「로마자 법안(1957)」을 국어심의위원회 전체회의에 처음 상정했을 때에도 그 내용이 큰 논란거리가 되었다. 그 회의 후에도 심의위원회 위원인 주요한의 반대 글이 10월 9~10일치 『동아일보』에 실렸으며, 그에 대하여 무돌은 10월 15~16일치 『경향신문』에 「/ㅂ/의 청탁 시비」로 반박하였다. 그와 같은 반대와 논란으로 「로마자 법안(1957)」은 해가 바뀌도록 국어심의위원회 전체회의를 통과하지 못하다가[58] 1959년 2월 4일에야 어렵게 통과하여, 그달 11일 「한글의 로마자 표기법」 － 줄여서 「문교부(1959)」로 쓰기로 함 － 으로 공표되었다.

무돌이 제안했으나 그 「문교부(1959)」에 담지 못한 내용도 있었다.[59] ㅅ ㅆ의 표기와 ㅃ ㄸ ㄲ ㅉ의 표기에 관한 것이었다. 무돌은 갈이소리(마찰음) /ㅅ : ㅆ/의 대립은 기氣의 유무라 보고, ㅅ는 기를 수반하므로 sh로 표기하고 ㅆ는 그렇지 않으므로 s로 표기하기를 제안했었다. 하지만 대다수 위원은 /ㅅ : ㅆ/는 /ㅂ : ㅃ : ㅍ, ㄷ : ㄸ : ㅌ, ㄱ : ㄲ : ㅋ/의 세겹 상관묶음과 연관이 있으니 그들과

---

58 「로마자의 한글화 표기법」만 먼저 1958년 9월 30일 국어심의위원회 전체회의를 통과했으며 그해 10월 20일 공표되었다.

59 「문교부(1959)」와 4.2에서 다룬 「로마자의 한글화 표기법(1958)」에 관하여, 무돌은 후일 "적지 않은 점에서 이론상 맞지 아니하"(1983.03ㄱ:92)다고 평가하였다.

동일하게 s와 ss로 표기하기를 주장하였다. 바꾸어 말하면 /ㅅ :
ㅆ/의 대립은 /ㅂ : ㅃ/와 같은 것이지 /ㅍ : ㅃ/의 관계가 아니라는
것이었다. 그리고, 무돌은 된소리 /ㅃ, ㄸ, ㄲ, ㅉ/를 각각 p, t,
k, c로 적기를 주장했으나, 이 역시 다른 위원들이 "이해하고 채택
함에 이르기가 어려웠다."(위의 글 1957.09.23)

4.3.3. 1983년 매큔·라이샤워 방식 비판   많은 논란과 어려운

과정을 거쳐 「로마자 법안(1957)」은 마침내 「한글의 로마자 표기
법(1959)」으로 공표되었으며, 그 후로 20여 년 대한민국의 공식
표기법 지위를 누려 왔다. 그런데 1980년대 초엽, 1986년의 아시아
경기대회와 1988년의 서울 올림픽 개최를 앞두고, 로마자 표기법
을 매큔·라이샤워 방식으로 고치려는 논의가 시작되었다. 그런
소식을 접하고 무돌은 1983년 3월 「가라말을 로마글자로 적는 이
론과 실제」를 발표하였다. 전체적으로 그러한 논의와 시도를 비판
하고 「문교부(1959)」를 옹호하는 내용이었다.
　무돌은 그 글을 아래와 같이 시작하였다.

　"가라말의 로마자 표기법(Romanization Korean)은 바로적기(ortho-
graphy)이다. 그러므로 바로적기 원리에 좇아 로마자로 적어야 한다.
따라서 맨 먼저 정립하여야 할 일은 가라말의 가장 밑바닥에 깔린
소리낱(phoneme)을 밝히 알아야 한다. 〔줄임〕 가라말에선 /ㅂ, ㅃ,
ㅍ/이 세 낱의 따로 세워야 하는 소리낱인데, 서구 학도들이 제 나라
말에 있는 소리낱을 세우는 버릇으로 /ㅂ/ 한 소리낱을 나는 자리에
따라 p로 적었다 b로 적었다 한다. 그런 까닭에 결과적으로 소리쪽
(allophone)을 적게 된 것이다. 소리쪽을 적음은 음성 전사(말소리
옮겨적기, phonetic transcription)는 될지언정 정자법은 아니다." -「가라

말을 로마글자로 적는 이론과 실제」 1983.03ㄱ:88.

요지인즉 가라말(한국어)의 로마자 표기법은 말소리 옮겨적기(음
성 전사)가 아니라 바로적기(정자법)이어야 하며, 따라서 한국어
소리낱(음소)대로 표기해야 한다는 것이다. 아울러 한국어의 소리
낱 체계를 잘 모르는 서양 학자들이 자기네 언어에 젖어 소리쪽(변
이음)을 표기 대상으로 삼는 점을 지적하고 비판하였다.

그리고 앞서의 「한국어 로마자 표기론」(1957.09.09)에서도 그랬듯
이, 로마자 표기(Romanization)는 미국 따라가기(Americanization)가
아님에 유의할 것을 지적하였다. 로마자(라틴문자)는 영국·미국에
서만 사용하는 것이 아니고 영어 표기에만 사용되는 것도 아닌데,
우리는 무턱대고 미국사람이나 영어 사용자의 로마자 표기를 추종하
려는 점을 강도 높여 비판하고, 한국어 표기에 사용할 로마자의
소리값을 따질 때에는 영어가 아니라 라틴말을 기준으로 해야 함을
강조하였다.

「문교부(1959)」의 제정 과정에서 격렬한 논쟁을 벌였던 /ㅂ, ㄷ,
ㄱ/의 표기에 관해서도 적지 않은 지면을 나누었다. 요지는 한국어
의 /ㅂ/ 따위를 p로 적어서는 안 된다는 것이었으니, 그와 관련된
내용을 간추려 올리면 아래와 같다.

로마자의 paradigmatic system(범례 조직)에서는 b와 p가 별개인
데, 매큔·라이샤워 안에서는 그러한 대립 관계에 있는 b를 버리고
"ㅂ : ㅃ : ㅍ→ p : pp : ph"로 대응시켰다. 그러한 방법은 세겹 엇다
름(삼중 호차)을 가진 가라말을 적는 데에 로마자의 배정을 가장 서
툴게 한 것이다. 그리고, 하나의 소리낱 /ㅂ/의 표기에 두 낱자를
쓰는 것(유성음으로 발음될 때에는 p가 아닌 b로 쓰는 것)은 바로적기가

아니다. -「가라말을 로마글자로 적는 이론과 실제」 1983.03ㄱ:93(간추림).

　문교부의 「로마자의 한글화 표기법(1958)」과 「한글의 로마자 표기법(1959)」 사이에는 일관성이 있다. 다시 말하면 외래어의 /p, t, k/는 각각 ㅍ, ㅌ, ㅋ로 표기하며, 한국어의 /ㅍ, ㅌ, ㅋ/는 각각 p, t, k로 표기하기로 규정되어 있다. 이에 반하여 매큔·라이샤워 표기법에 따르면 p, t, k는 각각 한국어 /ㅂ, ㄷ, ㄱ/를 적는 데에 쓰는데, 그것은 외래어 표기에 영향을 미쳐 pool을 '불'로 표기하고 tenis는 '데니스'가 되는 혼란을 유발할 수 있다. -위의 글 92(간추림).

이와 같이 지적하면서 「문교부(1959)」를 헌신짝처럼 버리고 매큔·라이샤워 방식을 채택하려는 것은 '길을 두고 뫼로 가려는' 짓이라고 결론하였다.

　무돌 이외에도 개인과 단체의 반대 의견이 많았지만, 문교부에서는 종래와 같은 절차를 밟아 1984년 1월 「국어의 로마자 표기법(1984)」을 공포하였다. 「문교부(1959)」와는 아주 다른 규정이었다. ① ㅂ, ㄷ, ㄱ, ㅈ의 표기를 각각 p, t, k, ch로 바꾼 것은 물론이요, ② 어깨점(')을 도입하여 ㅍ, ㅌ, ㅋ, ㅊ는 각각 p', t', k', ch'로 표기하도록 했으며, ③ 홀소리 표기에 다시 반달표(˘)를 도입하였다. 그리고 기본 원칙으로, 이전의 전자법과 정반대되는 전음법을 채택하였다. 하지만 16년 후, 다른 「국어의 로마자 표기법(2000)」을 공포하였다. 그로써 ①~③의 내용은 폐기되고, 전음법을 제외하고는 대체로 「문교부(1959)」로 되돌린 결과가 되었는데, 그런 내용은 오늘날까지 이어지고 있다. 이러한 발자취는 「문교부(1959)」를 성안하고 확정하는 과정에서 무돌이 보였던 제안과 주장의 합리성과 타당성을 입증해 준다.

4.3.4. 숙련기에 내놓은 '낱자의 대응'

무돌은 79살이던 1986년에, 생애 최후로 보인 글발에서 1957년 때와는 매우 다른, '낱자의 대응'을 내놓았다. 『말씀』 제1호(1986.03.31)[60]의 첫째 면에 별다른 풀이 없이 내용만 써 놓았는데, 정리하여 보기 쉽게 꾸며 올리면 아래와 같다. 특이한 부분은 굵게 표시한다.

ㅇ무돌이 제안한, 한국어 음소와 로마자의 대응

◦홀소리와 이중모음

ㅏ→ a	ㅓ→ e	ㅗ→ o	ㅜ→ u	ㅡ → **v**	ㅣ→ i
ㅐ→ **ai**	ㅔ→ **ei**	ㅚ→ **oi**	ㅟ→ **ui**	ㅢ → **vi**
ㅑ→ ya	ㅕ→ ye	ㅛ→ yo	ㅠ→ yu
ㅘ→ wa	ㅝ→ we
ㅙ→ **wai**	ㅞ→ **wei**

◦닿소리

ㅂ→ b	ㅃ→ **p**	ㅍ→ ph	ㄷ→ d	ㄸ→ t	ㅌ→ th
ㄱ→ g	ㄲ→ **k**	ㅋ→ kh	ㅈ→ j	ㅉ→ c	ㅊ→ ch
ㅅ→ **sh**	ㅆ→ **s**	ㅎ→ h
ㅁ→ m	ㄴ→ n	ㆁ→ **q**	ㄹ→ r

－『말씀』 제1호(1986.03.31) 첫면(재구성).

---

60 "말깨침(언어학)에 관련된 것들을 적어 볼 작정"으로, 무돌이 손수 써서 만든 38쪽짜리 소책자이다. 1인 잡지라 할 수 있는데, 춘하추동 철마다 낼 것임을 밝혔으나 '첫째 치'(제1호) 외에는 더 알려진 것이 없다. 그 내용의 목차를 정리하여 보이면 아래와 같다.
　◦일러두기－가라말의 로마자 표기법－(1쪽) ◦'말낱'(word)은 어떻게(2쪽) ◦'이-다'와 '이시-다'(3~20쪽) ◦가웃누리 가라말에서의 /ㄱ→ø/ 현상(21~27쪽) ◦〔감상문〕북소리와 눈물(28~38쪽)

위의 내용에는 언뜻 보아도 특이한 점이 적지 않다. 일찍이 강렬한 반대를 뚫고 자신이 주도하여 성안하고 어렵게 확정했던 「문교부(1959)」의 내용과 큰 차이가 있다. 홀소리 쪽에 그런 내용이 많은데, 가장 눈길을 끄는 것은 늘 고민거리가 되고 있는 ㅡ를 v에 대응(시키고 ㅢ를 vi에 대응)시킨 점이다. 흔히 닿소리 표기에 사용되는 v를 홀소리 표기에 사용한 것은 매우 큰 파격인데, ㅡ가 ㅜ[u]와 닮

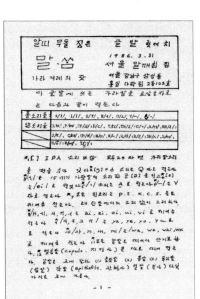

1986년 3월 31일, 79살 무돌이 손수 필기하여 발행한 『말씀』 제1호의 첫째 면.

은 점에 착안하여 시각적으로 u와 비슷한 v를 활용한 것으로 추정해 볼 수 있다.

그리고, ㅓ의 대응으로 e를 선택(하고 ㅕ와 ㅝ의 대응으로 각각 ye와 we를 선택)한 점도 눈길을 끈다. 「문교부(1959)」에 도입했던 oe를 버렸는데, 홑홀소리는 최대한 1개 낱자로 표기하려 한 결과로 이해할 여지가 있는데, 하지만 ㅐ, ㅔ, ㅚ의 대응자를 각각 ai, ei, oi의 2자씩 합자한 대목에 이르면 그러한 이해가 흔들린다. ai, ei, oi 들은 한글 낱자의 시각 형태(ㅏㅣ, ㅓㅣ, ㅗㅣ)에 착안한 결과, 다시 말하면 일찍이 무돌이 언급했던 자역법을 채택한 셈이기 때문이다. 한국어의 로마자 표기법은 한국어의 소리낱(phoneme)을 밝혀 적어야 한다는 것이 지난날 무돌의 지론이었고, 또 자역법을 멀리했었다.

앞의 표에 함께 올리지 않았지만, 그동안 여느 표기법에서 잘 다루지 않았던 ·(아래 ㅏ)는 a의 밑에다 짧은줄을 그어 대응시켰다.

닿소리 쪽을 보면, ㅅ와 ㅆ를 sh와 s에 대응시켰는데, 그것은 「로마자 법안(1957)」 제정 때부터 무돌이 주장한 바였다. ㅃ, ㄸ, ㄲ, ㅉ도 「로마자 법안(1957)」 제정 때에 제안했던 대로 p, t, k, c에 대응시켰으며, 그 결과로 ㅍ, ㅋ, ㅌ, ㅊ의 표기는 각각 ph, kh, th, ch가 되었다. 그런데 ㅇ[ŋ]의 대응자로 q를 끌어온 것은 매우 특이하다. 표기에 사용하지 않고 남은 낱자 f, l, q, x, z 중에서 q를 선택한 것으로 이해된다.

5. 마무리

지금까지 무돌 김선기의 말글 운동과 말글 정책론에 대하여 살펴보았다. 제2장에서는 조선어학회~한글학회의 활동을 중심으로 그의 말글 운동의 발자취와 업적을 일별하였다. 그리고 제3장에서는 언어관, 한국어 순화론, 한글 전용론의 셋으로 마디지어 그의 말글 정책론의 내용을 살펴보았다. 제4장에서는 그의 표기법 이론을 세 범주, 곧 한국어의 한글 표기법, 한국어 외래어의 한글 표기법, 한국어의 로마자 표기법으로 나누어 논의하였다.

우리는 이러한 작업을 통하여, 무돌은 말글 운동과 말글 정책 분야에서도 음성학과 고대어·어원 연구에서 거둔 학문적 성과에 못지않을 만큼 풍부하고 독특한 업적을 남겼음을 확인하였다. 그 내용을 간추리면 다음과 같다.

(가) 무돌은 우리 겨레가 왜정에 억눌려 살던 시대 상황에서 겨레말과 한글의 중요성을 온몸으로 깨닫고, 평생 그것을 연구하고 교육하며, 지키고 빛내는 일에 매진하였다. 23살이던 1931년 1월 우리 말글의 지킴터였던 조선어학회와 인연을 맺은 이래 여러 활동에 꾸준히 동참했는데, 특히 조선어철자 통일 위원회의 청년 위원으로서 「한글마춤법 통일안(1933)」 제정 과정을 헌신적으로 뒷바라지하였다. 1960년대 중반부터는 한글학회에서 힘써 펼친 한글 전용 운동과 우리 토박이낱말 애용에 앞장섰으며, 1965~1971년에는 한글학회의 연구부 이사직을 맡아 연구 활동의 진흥에 힘썼다. 숙련기에 이르러서는 우리 말글과 평생을 함께하신 스승과 동지들을 기리는, 한결같은 마음을 나타내었다.

(나) 무돌은 일찍부터 언어와 민족과의 관계성, 말글과 사고와의 상호 관련성을 중시하는 언어관을 정립하였다. 1931년, 24살 때에 생애 최초의 논문 「우리말 순화론」을 발표하여 우리말 순화의 필요성을 역설했으며, 일상어는 물론이요 학술어까지 토박이말로 지어 쓰는 것을 주저하지 않았다. 또한 우리 겨레의 창조적 사고의 터전을 확보하려면 한글 전용의 시행이 반드시 필요함을 끊임없이 주장하고 촉구하였으며, 글자살이에서 한글 전용을 앞장서 실행하였다. 한편으로, 일찍부터 한글의 활자와 글씨꼴 개량의 필요성을 역설하였다.

(다) 무돌은 각종 한국어 표기법 제정에 1930년대부터 거의 빠짐없이 참여하였다. '한국어의 한글 표기법'과 관련해서는, 일찍이 조선어학회의 조선어철자 통일 위원으로 참여하여 형태주의 표기 원칙을 찬성하고 지지하였다. 그럼에도 결과적으로 「통일안」, 곧 현행 맞춤법 규정에 표음주의 내용이 적잖이 수용된 점을 늘 아쉬

위하였다.

'한국어 외래어의 한글 표기법' 제정에도 음성학자로서 주도적인 구실을 하였다. 특히 정부에서 고시告示한 「로마자의 한글화 표기법(1958)」은 무돌이 위원장을 맡아 성안한 것으로, 그 뼈대는 무돌이 제안한 것이었는데 그 방향은 오늘날까지 유지되고 있다.

'한국어의 로마자 표기법'과 관련해서도, 정부에서 고시한 「한글의 로마자 표기법(1959)」을 제정하고 확정하는 과정에서 무돌이 중추적인 구실을 하였다. 무돌은 음소 중심의 표기 원칙을 주장하였으며, 영어 위주와 미국인 중심의 접근 방법을 특히 경계하였다. 중요한 내용을 보면, 홀소리 표기에서 반달표(ˇ)를 덧붙이지 않으며, 파열음의 표기에서 "ㅂ : ㅍ→p : ph"의 대응을 버리고 "ㅂ : ㅍ→b : p"로 규정하였는데, 모두 무돌이 제안한 내용이었다. 특히 파열음 표기에 관해서는 스승 외솔의 반대를 비롯하여 거센 반대 여론을 설득하고 돌파해야 했다. 그러한 내용을 담은 「한글의 로마자 표기법(1959)」이 스무 해 남짓 대한민국 공식 표기법의 지위를 유지해 오다가 1984년 매큔·라이샤워 방식을 중심으로 한 표기법의 등장으로 밀려났으나, 「국어의 로마자 표기법(2000)」의 고시로 그 내용이 회복되었다. 전날 무돌이 제안했던 대로 큰 방향을 되돌린 셈이다.

참고 문헌

1) 무돌 김선기의 해적이

「무돌 김선기 박사 연보」. 1977.02. 『명지 어문학』 제9호 1~15쪽. 명지대

국어국문학과.

「무돌 김선기 박사 연보」. 1977.04. 『언어학』 제2호 1~7쪽. 한국언어학회.

「무돌 김선기 선생 해적이」. 1986.12. 『한글』 제194호 7~14쪽. 한글학회.

「무돌 김선기 박사 연보」. 2007.03. 『무돌 김선기 선생 글모이Ⅰ』ix~vii
쪽. 도서출판 한울.

2) 무돌 김선기의 논저

김선기. 1931.10.29~30. 「우리말 純化論순화론」(2회 연재). 『조선일보』
제3893~3894호 제4면.

김선기. 1932.05/06. 「피히테의 言語觀언어관」(2회 연재). 『한글』 창간호
17~19쪽 / 제2호 64~66쪽. 조선어학회.

김선기. 1932.07. 「綴字法철자법 원리」. 『한글』 제1-3호 114~120쪽. 조선어
학회.

김선기. 1932.07. 「한글학의 先驅선구 주시경 선생」. 『동광』 제4-7호(통권
35) 50~53쪽. 동광사.

김선기. 1933.08. 「硬音경음의 본질」. 『한글』 제1-9호 349~354쪽. 조선어
학회.

김선기. 1933.10.29. 「한글의 今昔금석」. 『동아일보』 제4627호 조간 제3면.

김선기. 1933.12. 「「한글마춤법 통일안」의 문화사적 의의」. 『신동아』
제3-12호 61~63쪽. 동아일보사.

김선기. 1934.08.02.~11.09. 「遊歐途中記유구도중기」(25회 연재). 『동아일
보』 제4904~5003호 제3면.

김선기. 1935.08. 편지글 「파리 소식 ─ 감뫼 스승님께 아룁니다 ─」. 『한글』
제3-6호(통권 25) 8쪽. 조선어학회.

김선기. 1938.01. 「基準母音기준모음과 모음 도표」. 『한글』 제6-1호(통권
52) 4~8쪽. 조선어학회.

김선기. 1938.01.01/04/08. 「서구의 언어학계 ─ 국제 聲音學성음학 제2차 대회
를 보고 ─」(3회 연재). 『동아일보』 제5873호 제21면(신년호 5의
제1면) / 제5875호 제13면(신년호 3의 제1면) / 제5879호 조간 제4

면.

김선기. 1946.01/03/04. 「한글 강좌」(3회 연재). 『진학』 제1호 10~ 13쪽
/ 제2호 9~12쪽 / 제3호 4~7쪽. 학생사.

김선기. 1949.11.07. 「월요 時評시평 | 생각·말·행동」. 『동아일보』 제8079
호 제1면.

김선기. 1954.08.15. 「8·15와 나 ⑤ | 나의 귀를 의심」. 『동아일보』 제9669호
제3면.

김선기. 1955.03.12. 「언어의 美感미감」. 『조선일보』 제9989호 제4면.

김선기. 1957.06.03. 「외래어 표기의 기본 문제 – 그 혼란의 지양과 정리를
위하여 –」. 『고대신문』 제143호 제3면. 고대신문사.

김선기. 1957.08. 「침묵의 언어 가치」. 『사상계』 제5-8호 180~185쪽.
사상계사.

김선기. 1957.09.09/16/23. 「한국어 로마자 표기론」(3회 연재). 『대학신문』
제193/194/195호 제2면. 서울대 대학신문사.

김선기. 1957.10.15~16. 「/ㅂ/의 청탁 시비 – 한국어 로마자 표기에서 –」(2
회 연재). 『경향신문』 제3763~3764호 석간 제4면.

김선기. 1965.03. 「문자 정책론」. 『한글』 제134호 20~32쪽. 한글학회.

김선기. 1968.10. 「과학적 언어관 – 한글 전용의 뜻 –」. 『지방행정』 제
17-10호 104~106쪽. 대한지방행정공제회.

김선기. 1968.11.12. 「한글전용, 그 문제점 ⑤ | 한글 전용은 새 민족문화를
꽃 피게 한다」. 『동아일보』 제14489호 제5면.

김선기. 1968.12. 「한글 전용의 가치론 – 한글 전용은 역사적 산물이다 –」.
『새교육』 제20-12호 34~40쪽. 대한교육연합회.

김선기. 1969.01. 「哀悼애도 가람 리병기 박사」. 『현대문학』 제169호
270~271쪽. 현대문학사.

김선기. 1970.03.24. 「아, 겨레의 스승(외솔)이 가시다」. 『한국일보』 제
6579호 제5면.

김선기. 1970.10ㄱ. 「한글만 쓰는 데 할 일들」. 『국회보』 제106호 24~29쪽.
국회 사무처.

김선기. 1970.10ㄴ. 「한글의 새로운 기원설」. 『명대 논문집』 제3집 11~81

쪽. 명지대학.

김선기. 1970.12. 「말과 다스림」. 『행정논총』 제2집 27~33쪽. 명지대
행정학회.

김선기. 1971.01. 「가랏글의 아름다움」. 『월간 문학』 제4-1호 198~207쪽.
한국문인협회 월간문학사.

김선기. 1973.12. 「한뫼(이윤재) 선생의 한글 운동과 독립 활동」. 『나라사
랑』 제13집 30~51쪽. 외솔회.

김선기. 1974.03. 「외솔 스승을 추억함」. 『나라사랑』 제14집 284~289쪽.
외솔회.

김선기. 1975.05. 강연 요지 「나랏글은 한글만으로」. 『한글 새소식』 제33
호 2~3쪽. 한글학회.

김선기. 1976.03. 「외솔 최현배 스승의 여희신 지 여섯 돌을 맞으며」.
『한글 새소식』 제43호 2쪽. 한글학회.

김선기. 1976.03.17. 「열운 장지영 선생 넋 앞에서 웁니다」. 『동아일보』
제16755호 제6면.

김선기. 1976.10. 「한글과 겨레 해방」. 『한글 새소식』 제50호 3쪽. 한글학
회.

김선기. 1976.10.09. 「국어 조어력을 기르자」. 『조선일보』 제17080호
제4면.

김선기. 1976.12. 「(한글학회) 쉰다섯 돌을 맞으며」. 『한글 새소식』 제52
호 1쪽. 한글학회.

김선기. 1977.03. 「국어 운동, 한글학회의 발자취」. 『나라사랑』 제26집
33~43쪽. 외솔회.

김선기. 1977.04. 강연 요지 「장지영 ─ 겸허하고 애국적인 학자」. 『한글
새소식』 제56호 2쪽. 한글학회.

김선기. 1980.06. 시 「(외솔) 스승님을 그리어」. 『한글 새소식』 제94호
19쪽. 한글학회.

김선기. 1981.12. 「(한글학회 60돌에) 흰구름 조각처럼 떠오르는 분들」.
『한글 새소식』 제112호 18~19쪽. 한글학회.

김선기. 1982.03. 「검은 구름 ─ 조선어학회 사건」. 『나라사랑』 제42집

157~167쪽. 외솔회.

김선기. 1982.08. 「함흥감옥 제3 감방에서의 이런 일 저런 일」. 『한글 새소식』 제120호 6~7쪽. 한글학회.

김선기. 1982.10. 「'시월 초하루'를 생각하며」. 『한글 새소식』 제122호 14~15쪽. 한글학회.

김선기. 1982.11. 「耳公이공을 그리노라」. 『노산(이은상)의 문학과 인간』 365~370쪽. 햇불사.

김선기. 1983.03ㄱ. 「가라말을 로마글자로 적는 이론과 실제」. 『광장』 제115호 88~94쪽. 세계평화 교수협의.

김선기. 1983.03ㄴ. 「환산 이윤재 어른을 기리며」. 『한글』 제179호 163~165쪽. 한글학회.

김선기. 1986.03.31. 『말씀』 제1호(서른여덟 쪽). 『무돌 김선기 선생 글모이 Ⅴ』(2007.03) 109~146쪽. 도서출판 한울.

김선기. 1986.08. 「건재 정인승 영결식 조사」. 『한글 새소식』 제168호 7쪽. 한글학회.

김선기. 1987.03. 「한일 문화 비교 ⒀ㅣ문자의 변천」. 『광장』 제163호 8~9쪽. 세계평화 교수협의회.

김선기. 2007.03. 『무돌 김선기 선생 글모이 Ⅰ~Ⅴ』. 도서출판 한울.

3) 참고 논저 및 자료

경향신문. 1948.02.22. 「外來語외래어 국어화 ─ 문교부에서 방법 완성 ─」. 『경향신문』 제428호 제2면.

경향신문. 1957.08.18. 「로마자 표기안 결정」 『경향신문』 제3705호 석간 제3면.

공업신문. 1946.04.07. 「『새한』 신문 발간 順調순조」 『공업신문』 제95호 제2면.

국가기록원. 「한글이 걸어온 길」. 주제와 기록<기록정보콘텐츠<기록 정보서비스.

김주원. 2007.03. 「무돌 선생의 한국어 비교언어학 연구」. 『무돌 김선기 탄생 100주년 기념 학술대회』 27~40쪽. 한양대 한국학연구소.
동아일보. 1938.08.07. 「李鉀이갑 씨 별세」. 『동아일보』 제6090호 석간 제2면.
동아일보. 1946.04.12. 「학술용어를 제정－전체 위원회서 토의－」. 『동아일보』 重刊중간 제127호 제2면.
리의도. 1994.09. 「외솔의 말글 정책론에 대한 고찰」. 『나라사랑』 제89집 174~218쪽. 외솔회.
리의도. 2007.03. 「무돌 김선기 선생의 한글 운동과 말글 정책론에 대한 고찰」. 『무돌 김선기 탄생 100주년 기념 학술대회』 6~17쪽. 한양대 한국학연구소.
리의도. 미간행. 「무돌 김선기 논저 총목록」.
문교부. 1948.02. 「들온말 적는 법(외래어 표기법)」. 『들온말 적는 법(外來語 表記法) (시안)』(1952.10) 4~19쪽. 문교부(대한문교서적주식회사).
문교부. 1948.02. 「한글을 로오마자로 적는 법」. 『들온말 적는 법(外來語表記法) (시안)』(1952.10) 34~42쪽. 문교부(대한문교서적주식회사).
문교부. 1958.10. 「로마자의 한글화 표기법」. 『국어국문학』 제20호(1959.02) 207~214쪽. 국어국문학회.
문교부. 1959.02. 「한글의 로마자 표기법」. 『국어국문학』 제24호(1960.10) 79쪽. 국어국문학회.
민중일보. 1945.10.17. 「拓殖會社척식회사의 現狀현상」. 『민중일보』 제14호 제1면.
민중일보. 1945.12.14. 「東拓동척 총재 更迭경질」. 『민중일보』 제56호 제1면.
민중일보. 1945.12.21. 「軍政廳군정청서 농민 위하여 『농민주보』 발간」. 『민중일보』 제62호 제2면.
성백인. 2007.03. 「무돌 김선기 선생의 생애와 학문」. 『무돌 김선기 탄생 100주년 기념 학술대회』 6~17쪽. 한양대 한국학연구소.
신조선보. 1945.11.03. 「한글 강습회」. 『新朝鮮報』 제26호 제2면.

영남일보. 1945.10.20. 「東拓동척 조직 재편성 − 예터스 少佐소좌 담화 발표 −」. 『영남일보』 제9호 제2면.

월간마당. 1985.10. 「이렇게 우리말 우리글을 지켜 왔다」, 이희승·김선기 의 대담 녹취록(녹취 : 강철주 기자). 『마당』 제50호 58~63쪽. 월간 마당사.

이갑. 1932.12./1933.01. 「철자법의 이론과 실제」. 『한글』 제1-6호 225~ 231쪽 / 제1-7호 295~291쪽. 조선어학회.

이윤재. 1934.01. 「한글맞춤법 통일안 제정의 경과 기략」. 『한글』 제1-10 호 381~383쪽. 한글학회.

이현복. 2007.03. 「무돌 김선기 선생의 음성학 강의와 연구」. 『무돌 김선기 탄생 100주년 기념 학술대회』 18~26쪽. 한양대 한국학연구소.

이희승. 1930.11.26. 「新신철자법에 관하여 바라는 몇 가지 (5)」. 『동아일 보』 제3569호 제4면.

자유신문. 1945.11.04. 「한글 제2회 강습」. 『자유신문』 제31호 제2면.

자유신문. 1946.01.08. 「週報주보『새한』 창간」. 『자유신문』 제106호 제2 면.

자유신문. 1946.03.19. 「新刊신간 소개」. 『자유신문』 제165호 제2면.

조선어학회. 1932.05. '회원 명단'. 『한글』 창간호 36쪽. 조선어학회.

조선어학회. 1932.05.~1934.09. 소식란.[61] 『한글』 제1호~제2-6호(통권 16). 조선어학회.

조선어학회. 1933.10. 『한글마춤법 통일안』 첫판(원안). 조선어학회.

조선어학회. 1940.06 「외래어 표기법 통일안」. 『외래어 표기법 통일 안』(1941.01) 1~31쪽. 조선어학회.

조선어학회. 1940.06 「조선어음 羅馬字라마자 표기법」. 『외래어 표기법 통일안』(1941.01) 43~58쪽. 조선어학회.

조선어학회. 1946.04. 「한글 신문」. 『한글』 제11-1호(통권 94) 67~72쪽. 조선어학회.

---

61 소식란의 이름은 「본회 중요 日誌일지」로 시작하여 「본회 記事기사」와 「彙報휘 보」로, 다시 「한글 신문」으로 바뀌어 왔다.

조선어학회. 1947.10. 「한글 신문」. 『한글』 제12~4호(통권 102) 58~60쪽. 조선어학회.

조선일보. 1946.01.01. 「각 단체 속속 반대 決意결의 표명」. 『조선일보』 제6963호 제1면.

조선일보. 1946.04.05. 「언어과학 분과위원회 설치」. 『조선일보』 제7047호 제2면.

조선일보. 1946.04.15. 「新刊신간 소개」. 『조선일보』 제7057호 제2면.

조선일보. 1957.08.19. 「한글의 로마자 표기법」. 『조선일보』 제10878호 제4면.

조선일보. 1968.11.14. 「문자 사용에 관한 紙上지상 심포지움」. 『조선일보』. 제14641호 제4~5면.

조선중앙일보. 1933.12.19. 「人日인일 기념 강좌」. 『조선중앙일보』 제2069호 제2면.

주시경. 1910.04. 『국어 문법』. 박문서관.

주요한. 1957.10.09/10. 「로마자 표기법에 대하여」(2회 연재). 『동아일보』 제10780/10781호. 제4면.

중앙신문사. 1946.03.10. 「新韓公司令신한공사령 全文전문」. 『중앙신문』 제126호 제1면.

최영묵. 2004.02. 「미 군정기 신한공사 연구」. 박사학위 논문. 건국대학교 대학원.

최현배. 1940.05. 「견주는 한글갈」. 『한글갈(正音學)』 746~785쪽. 정음사.

최현배. 1960.10. 「문교부 제정의 한글을 로오마자삼기(Romanization)와 로오마자의 한글삼기(Koreanization)에 대한 비평」. 『국어국문학』 제24호 78~87쪽. 국어국문학회.

최현배. 1961.10. 「들온말 적기」. 『한글 바로적기 공부』 245~274쪽. 정음사.

한글학회. 1960.05.06. 「한글학회 이사회 회의록」. 필사본.

한글학회. 1960.10. 「학회 소식」. 『한글』 제127호 122쪽. 한글학회.

한글학회. 1962.09. '회원 명단'. 『한글』 제130호 4쪽. 한글학회.

한글학회. 1965.03. 「한글 신문」. 『한글』 제134호 148~151쪽. 한글학회.

한글학회. 1971.03. 「한글 신문」. 『한글』 제147호 153~155쪽. 한글학회.
한글학회. 1971.12. 『한글학회 50년사』. 한글학회.
한글학회. 1989.07. 『한글맞춤법 통일안 1933~1980』〔영인 합본〕. 한글학
　　　회.

이 글 [8]은 '무돌 김선기 탄생 100주년 기념' 학술대회(2007.03)에서 발표한 내용을 다듬어
『한국학 논집』 제42집(2007.11)에 실은 「무돌 김선기 선생의 한글 운동과 말글 정책론
연구」를 다듬고 보충한 것이다. 원글을 쓸 때에 미처 살피지 못했던, 무돌의 저작물을
더 살폈으며, 특히 무돌 생애 최초로 공간公刊된 저작인 「우리말 순화론」을 찾아내어 소중히
참고하였다. 그리고, 3.2(무돌의 한국어 순화론과 그 실천)은 새로 쓰다시피 다듬었으며,
4.3(무돌과 한국어의 로마자 표기법)을 대폭 보충하였다.

어문 규범 갖추기에 쏟은
조선어학회의 노력

"말은 사람의 특징이요, 겨레의 보람이요, 문화의 표상이다. 조선 말은 우리 겨레가 반만년 역사적 생활에서 문화 활동을 말미암던 길이요, 연장이요, 또 그 결과다. 그 낱낱의 말은 다 우리의 무수한 조상들이 잇고 이어 보태고 다듬어서 우 리에게 물려준 거룩한 보배다. 그러므로 우리 말은 곧 우리 겨레가 가진 정신적 및 물질적 재산의 총목록이 라 할 수 있으니, 우리는 이 말을 떠나서는 하루 한때라도 살 수 없는 것이다." (1947.10)

조선어학회

1. 머리말

1.1. 한글학회는 2013년 올해로 창립 105돌을 맞이하였다. 그 100여 년은 한겨레 현대사와 굴곡을 같이했으니, 모임의 이름부터 여러 번 바뀌었다. 1908년 8월 31일 '국어연구학회'로 첫발을 떼었는데, 경술년의 국권 상실로 '국어'라는 낱말을 쓰기가 마땅하지 않자, 1911년 9월 '배달말글몯음/조선언문회'로 이름을 바꾸고, 다음해 3월에는 다시 '한글모'로 바꾸어 1917년 3월까지 꾸준히 활동하였다. 그 후로 두 해 남짓 일제의 무단 정치에 눌려 대외적인 활동 없이 명맥을 유지하다가 삼일항쟁에 놀란 저들이 '문화정치'를 펴는 틈을 노려 1919년 가을 '조선어연구회'라는 이름으로 조직을 정비하여 활동을 재개하였으며(☞ 520쪽), 1931년 1월에 이르러 '조선어학회'로 바꾸었다. 남북 분단 직후에는 '조선'이라는 낱말이 오해의 빌미가 되자 1949년 10월 '한글학회'로 이름을 바꾸어야 했다(☞ 569쪽의 각주 84).

국어연구학회를 창립한 때는 경술국치(1910.08.29)를 당하기 꼭 2년 전이었다. 기울어 가는 조국, 대한제국大韓帝國을 보며 가슴 아파하던 33살 청년 주시경이 뜻을 같이하는 몇 사람과 제자 수십 명을 모아 창립하였다. 그 회원은 겨레 말글의 힘을 믿는, 30대 초반에서 20대 초반의 청년들이었다. 우선 나라말 연구에 정열을 쏟기로 하고 학회의 목적을 '국어 연구'로 정하였다. 그렇게 설정한 학회의 목적은 역사의 전개와 함께 내용과 표현을 바꾸는데, 그것을 차례대로 올리면 다음[1]과 같다.

---

1 '국어연구학회~배달말글몯음/조선언문회~한글모'의 관련 기록은 『한글모

○ 한글학회[2] '목적'의 변천

"국어 연구" - 국어연구학회 「회록(1908.08)」

"조선의 언문을 실행함" - 「조선언문회 규칙(1911.09)」

"조선어의 정확한 법리를 연구함" - 「조선어연구회 규칙(1921.12)」

"조선 어문의 연구와 통일" - 「조선어학회 규칙(1932.01)」

"국어 국문의 연구와 통일과 발전" - 「한글학회 회칙(1971.04)」

"우리 말과 글을 연구하고, 보급하고 발전시킴" - 「한글학회 회칙(2006. 03)」

위에서 드러나듯이, 105년 동안 학회의 한결같은 목적은 '연구'[3]였으며, 연구의 대상은 한겨레의 말과 글이었다. 국어연구학회와 조선어연구회 시기의 13년을 빼고는, 연구 대상으로 '어語/언글/말'과 함께 '문文/글'을 나란히 적시하였다. 그리고 '연구'에만 목적을 둔 것이 아니었다. 시기에 따라 '실행', '통일', '발전', '보급' 등을 선택하여 나란히 명시하였다. 특히 1911년 9월 3일의 총회에서 제정한 「조선언문회言文會 규칙」에서 '실행'만 명시한 것은, 국권을 완전히 상실한 시대 상황과 관련 지어 해석할 수 있으니, '연구'는 소극적인 태도라 판단하고 적극적인 방안으로 '실행'을 내세웠던 것으로 보인다.

그 회칙 이후로 '실행'은 상황에 따라 '통일', '발전', '보급' 등으로 구체화되었으니, 회칙에서 '어문語文의 통일'을 처음으로 명시한 것

죽보기』(☞ 63쪽의 각주 12)에 따른다.

2 통시적으로 지칭할 때에는, 당시의 이름과 상관없이 '한글학회' 또는 '학회'라 하기로 한다.

3 「조선언문회 규칙」에는 '연구'가 빠졌는데, 그 기간은 길지 않았다. 한글모 시기에도 같은 규칙을 사용했다 하더라도 7년을 넘지 않는다.

은 「조선어학회 규칙(1932.01)」이었다. 그것은 당시 회원들의 의지를 결집한 표현이었다. 실제로 1930~40년대 조선어학회는 모든 역량을 '조선 어문의 통일' 사업에 집중했으며, 한겨레 역사에 획을 긋는 성과도 내었다. 암흑과 탄압 속에서 이루어 낸 성과이기에 그 의의는 더욱 뚜렷하며 거룩하다.

하지만 이제까지 그 역사적 사업의 수행 과정을 총체적이며 입체적으로 기술하고 논의한 글이 많지 않으며, 그 사업의 민족사적 의의를 간과하기도 하였다. 이러한 반성에서, 학회 창립 105돌에 즈음하여, 조선어학회 시기의 조선 어문 사업의 진행 과정을 추적해 보고자 한다.

1.2. '어문 규범'이라 하면 표기법, 발음 규정, 어휘 규정 정도로 한정하는 경향이 있다. 그러나 사전辭典이야말로 그보다 더 실용적이며 중요한 어문 규범이라 할 수 있다. 각종 규범을 실제로 적용한 용례를 담고 있을 뿐만 아니라 언어에 관한 여러 정보와 내용을 집대성한 결과물이기 때문이다. 1930~40년대 조선어학회에서 추진한 조선 어문 통일 사업의 중핵도 조선어사전 편찬이었으며, 그 사업의 과정으로서 표준어를 사정하고, 통일 표기법을 제정한 것이었다. 그러하므로 이 글에서는 사전 편찬까지 포괄하여 '어문 규범'이라 하며, 논의도 조선어사전의 편찬과 간행을 중심으로 전개해 나가기로 하겠다.

그리고, 이름만을 기준으로 한다면 '조선어학회 시기'는 1931년 1월부터 1949년 9월까지, 곧 18년 9달이 되는데, 논의 내용에 따라서는 그 범위를 다소 벗어날 수도 있을 것이다.

2. 조선어사전 편찬을 향한 노력과 좌절

2.1. 겨레말 사전의 필요성 자각

오랜 기간 한겨레 공동체에는 온 구성원이 함께 누릴 겨레말 사전이 없었다. 한자·한문에 얽매여 오래도록 그렇게 살았다. 19세기가 저물어 갈 1897년 1월에야 우리말 '옥편'의 필요성에 대한 기록을 접할 수 있다. 리봉운李鳳雲이 지은 소책자『국문國文 정리正理』의 '셔문'이다.

"문명의 뎨일 요긴흔 거슨 국문인듸 반절 이치를 알 사롬이 젹기로, 리치를 궁구ᄒᆞ야 언문 옥편을 ᄆᆞᄃᆞᆯ 죠야에 발힝ᄒᆞ야, 이왕 국문을 안다 ᄒᆞᄂᆞᆫ 사롬도 리치와 ᄌᆞ음과 청탁과 고뎌를 분명히 알아 힝문케 ᄒᆞ고, 동몽도 교육ᄒᆞ면, 우리 나라 글이 ᄌᆞ연 붉을 거시오, 독립 권리와 ᄌᆞ쥬 ᄉᆞ무에 뎨일 요긴흔 거시니, 여러 군ᄌᆞᄂᆞᆫ 깁히 싱각ᄒᆞ시기를 바라옵." -리봉운 1897.01:1~2.

위에서 보듯이 리봉운은『국문 정리』의 머리말에서 '언문 옥편'을 만들어 발행할 필요가 있음을 지적하였다. 그런데 그가 지적한 '언문諺文옥편玉篇[4]'은 반절, 곧 '국문'의 이치와 자음字音·청탁淸濁·고저高低를 분명히 알려 줄 자료였으니, 오늘날의 사전辭典과는 거리가 있었다.

그로부터 일여덟 달 후, 20살 청년 쥬상호(주시경)도 비슷한 견

---

4 원래 '옥편'은 543년 양나라 사람이 편찬한 자전字典, 곧 한자사전의 이름이었는데, 그 책이 널리 퍼지면서 한자사전을 가리키는 보통명사로 쓰이기도 하였다. 여기 이것도 그런 사례이다.

해를 『독립신문』에 발표했으니, 그것은 아래와 같았다.

　"바라건디 지금 죠션 안에 학업의 직림을 맛흔 이는 다믄 한문 학교나 또 그외에 외국 문즈 글ㅇ치는 학교 몃들믄 ㄱ지고 이 급흔 셰월을 보뉘지 말고, 죠션 말노 문법 칙을 정밀 ㅎ게 믄드어셔, 남녀 간에 글을 볼 쌔에도 그 글의 쯧을 분명이 알아 보고, 글을 지을 쌔에도 법식에 맛고 남이 알아 보기에 쉽고 문리와 경계가 붉게 짓도록 글ㅇ쳐야 ㅎ겟고, 또는 불가불 국문으로 옥편을 믄드러라 홀지라. 옥편을 믄드쟈면 각식 말의 글즈들을 다 모으고, 글즈들 마다 쯧들도 다 즈셰히 낼연니와, 불가불 글즈들의 음을 분명 ㅎ게 표 ㅎ여야 홀터인디" -쥬상호 1897.09.25.

이것은 「국문론」의 한 구절인데, '학업의 직임職任을 맡은 이', 곧 교원들을 향하여, 한문과 외국 문자 가르치는 데에만 급한 세월을 보내지 말고, 조선말을 정밀하게 가르칠 것과 함께 '뜻들도 자세히' 드러내는 '옥편'을 만들 것을 제안하였다.

　9년쯤 후에, 간행한 『대한 국어문법』[5]에서는 한층 발전된 내용을 접할 수 있다. 그것은 1906년 6월에 등사謄寫한 강의 자료로, 문답식으로 서술되어 있는데, 스물두 번째 문답 내용이 아래와 같았다.

　"이십이문　말즈뎐이 업스면 엇더ㅎㄴ뇨
　답　말즈뎐이 업스면 그 분별ㅎ여 뎡흔 쯧을 증거홀 바이 업슴으로 쓰는 길이 여일치 못ㅎ고 일어브리는 말이 만으니이다"

---

5 책의 본문은 '대한국어문법'이란 이름으로 시작되는데, 겉표지의 제목 글씨가 '國文국문講義강의'로 되어 있다. 하지만 내용은 '音學음학'뿐이다. 김민수 등 (1985.04)에서는 "최초로 간행된, 주시경의 저서"라고 해설하였다.

여기서는 '말ㅈ던字典'이라 하였다. '말'을 분명히 드러내었으니, 그
것은 오늘날의 사전辭典을 가리킴이 분명하다. 사전이 없으면 말의
사용법이 일정하지 못하고 잃어버리는 말이 많을 것이라 경계하고,
말의 사용법을 일정하게 하고 말을 보전하려면 사전이 필요하다고
하였다.

한힌샘 주시경은 그러한 내용을 꾸준히 주변에 베풀고 가르쳤으
니, 『국어 문법』(1910.04)에서도 그런 사실을 확인할 수 있다. 먼저
'序서', 곧 머리말에서 아래와 같이 썼다.

> "有志유지 諸公제공은 我文아문을 深究탐구 精硏정연하여 字典자전
> 文典문전을 制제하며 後生후생을 장려하여 我아 民國민국의 萬幸만행
> 이 되게 하소서. 隆熙융희 3년[6] 7월 周時經주시경 書서" -주시경
> 1910.04:3.

'有志 諸公', 곧 지식인들을 향하여 '자전', 곧 사전 편찬을 적극적
으로 권면하였다. 머리말만이 아니라 책 끝에 붙인 '이 온글의 잡
이'에서도 "우리 나라 말의 字典자전을 만들고자 하시는 이들에게
감히 이 글을 들이노니"(106쪽)라고 적어 사전 편찬을 기정사실화
하였다.

그렇게 한힌샘은 지면과 강의를 통하여 조선어사전의 중요성과
필요성을 많은 제자와 지식인에게 전파하였다. 백연 김두봉과 이
상춘이 어휘 수집에 매진한 것과, 조선광문회에서 『말모이』 편찬에

---

6 '융희 3년'은 1909년이니, 책을 간행한 시기보다 9달 앞선다.

착수한 것은 그 결실이라 할 수 있다. 그즈음 다른 언어공동체의
상황을 접하면서 조선어사전의 필요성을 깨달은 지식인이 더 있었
겠지만, 그것을 열성적으로 호소하고 전파한 이는 한힌샘이었다.

2.2. 국어연구학회~조선언문회의 어휘 수집

조선어사전 편찬에 관한, 한글학회의 최초 기록은 『한글모 죽보
기』에 기록되어 있는, 국어연구학회의 1909년 10월 24일(일요)의
「회록」이다. 그 시기는 앞에서 확인한 『국어 문법』의 머리말을
쓴 때와 비슷한데, 그 내용을 올리면 아래와 같다.

> ㅇ 국어연구학회 「회록(1909.10.24)」
> "제   회 총회를 사립 청년학원 내에 開開개개하다. 古語고어 方言방언
> 蒐輯수집하기와 본회를 당국에 請認청인하자는 주시경 선생의 動議
> 동의가 되다."

위의 '총회'는 오늘날의 월례회인데, 1909년 10월 24일의 그 자리
에서 고어와 방언을 수집하기로 가결했다는 것이다. 흔히 사용하
는 '蒐集수집'의 사전적 의미는 '자료를 찾아 모음'임에 비하여, 위
의 '蒐輯수집'의 의미는 거기에 '책을 편집함'이 더해진 것이니, 위
의 내용은 고어와 방언 자료를 찾아 모아서 '책을 편집'하기로 가
결했다는 것이 된다. 물론 그것은 한힌샘이 동의動議, 곧 제안한
의제였다.

그 2년쯤 후인 1911년 9월 3일 제정한 「조선언문회 규칙」에는
다음과 같은 조항을 두었다. 제4조는 회의 사업, 제9조는 회원의

의무를 규정한 조항이다.

○「조선언문회 규칙(1911.09.03)」
"제4조 제2조의 목적을 達달하기 위하야 朝鮮조선言文언문에 필요한
　　　서적과 잡지를 간행하며 강습소를 설립함.
　제9조 회원의 의무는 右우와 如여함.
　　　1. 입회 후 1개 년 내에 1천 종 이상의 조선어를 蒐集수집하야
　　　　본회에 제출할 事사."

제4조의 '서적'이 반드시 조선어사전을 가리킨 것이라 할 수는 없다. 하지만 제9조에서 회원이 되면 1,000종 이상의 '조선어를 蒐集수집하여 제출해야 한다'고 규정한 것과 관련지어 풀어 보면, 그 '서적'이 조선어사전을 가리켰을 개연성을 아주 차단할 수는 없다. 앞에서 확인한, 국어연구학회의 회의록과 관련 지어 해석해 보자면, 회원은 어휘 모으기(蒐集)에 참여하고, 학회에서는 어휘 편집하기(蒐輯)에 힘쓰기로 했다는 해석이 가능하다. 어휘 수집에 관한 내용은 여러 사람의 관심을 불러일으켰다.

2.3. 조선광문회의 『말모이』 편찬

조선광문회光文會[7]에서 조선어사전 편찬 사업을 계획하였다. 한겨레의 조직체가 한겨레의 손으로 한겨레말 사전 편찬을 발심한 최초의 일이었다(조선어학회 1947.10ㄱ). 1911년 편찬에 착수했으

---

[7] 조선광문회는 1910년 12월 최남선이 주도하여 창립한 단체로, '언어 정리'를 3대 지표 가운데 하나로 삼았다.

며, 편찬원은 한힌샘 주시경과 직계 제자인 김두봉·권덕규·이규영이었다. 네 사람은 모두 국어연구학회를 이어 조선언문회/배달말글몯음의 중핵 회원이었으니, 조선광문회의 재정 뒷받침으로 조선언문회 차원의 조선어사전을 편찬하는 셈이었다. 앞에서 살펴본 회의록과 회칙의 내용, 그리고 편찬진으로 보건대 일찍이 학회 차원에서 여러 방법으로 수집한 어휘 자료가 그 편찬 과정에 흡수되었을 것으로 짐작된다.

그렇게 스승과 제자로 진용을 갖추어 편찬 작업을 진행했으며, 책 이름을 『말모이』라 하였다(☞ ②의 2.2.1). 그러는 가운데 1914년 7월 뜻밖에도 한힌샘이 이승을 떠났다. 너무도 큰 충격이고 손실이고 슬픔이었다. 그럼에도 흔들리지 않고 "4~5년 동안 어휘 수집에서 주해註解에까지 상당히[8] 진행하던 중에 여기에 전력專力하던 김두봉"(이윤재 1935.12.20)이 기미년 삼일항쟁 이후 상해로 망명하

『말모이』 원고 22~23쪽.

---

8 『매일신보』는 그 시점에 "거의 일단락을 지었다"(1927.06.09)고 보도하였다.

고, 다음해 이규영마저 세상을 떠나면서, 조선광문회의 조선어사전 사업은 아주 중단되고 말았다. 바꾸어 말하면, 한글학회 차원의 사전 편찬은 그로써 중단된 것이었다.

(그때까지 작성한 원고는 계명구락부로 넘어가고,[9] 계명구락부에서는 그것을 기초로 편찬 사업을 하기로 결의한다. 경비는 회원들의 출자로 조달하며, 편찬 업무를 담당할 기구로 최남선이 주재 主宰하는 '조선어사전 편집부'[10]를 꾸려 1927년 6월 5일 사업을 시작하였다. 하지만 두어 달 후부터 편집원이 그만두기 시작하며,[11] 1929년 10월 이후에는 림규만 남아 있다가 흐지부지되었다.[12] 그 미완의 원고는 한동안 묻혀 있다가 1937년에 박승빈 주도의 '조선어학연구회'[13]로 넘어가지만 끝내 빛을 보지 못한다.)

---

9 계명구락부의 핵심 회원은 최남선, 오세창, 박승빈, 이능화, 문일평 등이었다. 『말모이』 원고가 그곳으로 넘어가게 된 고리는 조선광문회의 중심 최남선이 었다.

10 시작 당시의 편집원은 일곱이었다. 전문 어휘는 최남선, 한문 어휘는 정인보, 용언 어휘는 림규, 외래어는 변영로, 신어는 양건식, 고어는 이윤재가 맡아 어휘를 수집하고, 주해는 한징과 이윤재가 맡았다(동아일보 1927.06.06).

11 시작한 그해, 곧 1927년 9~12월에 양건식·변영로·정인보가 차례로 사퇴하고, 1928년 3월에는 최남선도 물러난다. 그런 속에서도 림규·이윤재·한징 — 1928년 11월에 이용기 합류 — 이 매일 근무하며 업무를 계속하지만, 1929년 1월에 이르러 이윤재, 7월에 이용기, 9월에 한징이 그만두었다(계명구락부 1931.01:13).

12 그렇게 된 원인을, 이윤재(1935.12.20)에서는 '출자자의 자금 조달 중단'이라 했는데, 한글학회(1971.12:261)에서는 '철자법과 표준어 등 기초 작업의 불비'를 아울러 지적하였다.

13 『말모이』 원고가 '조선어연구회' 또는 '조선어학회', 곧 한글학회로 넘어가 『(조선말) 큰사전』으로 완성되었다고 기록하거나 방송하는 사례가 적지 않다. 물론 사실이 아니다. 단체의 이름이 아주 비슷한 데서 비롯된 부주의한 착오이다.

2.4. 조선어연구회의 염원과 계획

한힌샘이 세상을 떠나고, 『말모이』 편찬 사업이 수포가 된 후에도, 조선어연구회 회원들은 조선어사전을 향한 희망을 버리지 않았다. 예컨대, 이상춘 회원은 1920년 무렵부터 어휘 수집에 매진했으며(☞532쪽), 몇몇 중추 회원의 자발적 모임인 '한글 동인'도 조선어사전의 간행을 핵심 과제의 하나로 인식하였다. 그 동인은 조선어강습원(☞61쪽)에서 한힌샘 주시경의 가르침을 알뜰히 받은 권덕규·이병기·최현배·정렬모·신명균이었는데, 1927년 2월 동인지 『한글』을 창간하면서 아래와 같이 밝혔다.

> ○동인지 『한글』의 '첨내는말'
> "『한글』이 났다. 『한글』이 나왔다. 訓民正音훈민정음의 아들로 나았으며 2천 3백만 민중의 동무로 나왔다. 무엇 하러 나왔느냐. 조선 말이란 광야의 荒蕪황무를 개척하며, 조선글(한글)이란 寶器보기의 묵은 녹을 벗기며, 조선문학의 正路정로가 되며, 조선문화의 원동력이 되어, 조선이란 큰집의 터전을 닦으며 주춧돌을 놓기 위하여, 정묘년 벽두에 나았다."
> "갓난아이인 『한글』은 힘이 적으나 그 할 일인즉 크도다. 아득한 속에서 묵은 옛말을 찾으며, 어지러운 가운데에서 바른 學理학리 法則법칙을 찾으며, 밖으론 세계 어문을 참작하며, 안으로 우리 말과 글을 바로잡아 통일된 표준어의 査定사정을 꾀하며, 완전한 文法문법의 성립을 벼르며, 훌륭한 字典자전의 실현을 뜻하니, 그 할 일이 어찌 끔찍하지 아니한가."
> ―동인지 『한글』 1927.02 : 1, 2.

이 창간사에는 그 잡지의 목표와 실행 과제가 잘 드러나 있다.

쓰러진 조선을 일으켜 세울 터전을 닦고 주춧돌을 놓는 것이 목적이며, 그것을 이루어 내기 위하여 세 가지 실행 과제를 설정했는데, '훌륭한 조선어사전의 실현'도 그 가운데 하나였다. 그 동인은 한힌샘의 신실한 제자일 뿐만 아니라 국어연구학회 때부터 중추 회원이었으니, 위와 같은 인식이나 방향은 조선어연구회의 그것과 다를 바 없었다.

같은 해에 간행된 월간 『新民신민』 제23호에 실린, 아래의 기록은 앞의 '첨내는말'에서 밝힌 내용이 일시적 선언이거나 감성적인 표현이 아님을 입증한다.

"◎ 조선어연구회

위치 : 경성부 苑洞원동 휘문고등보통 內내

창립 : 大正대정 8년 秋추[14]

회원 수 : 30인

제도 : 幹事간사제

현재 간사 : 주임간사 이병기, 간사 신명균·정렬모

유지 방법 : 입회금 1원, 月捐金월연금 50전

연혁 : 주시경·김두봉·권덕규·윤창식·이규영 諸氏제씨의 주최로 합방 이전부터 '한글모듬'[15]이라 하고, 한글에 대한 연구와 선전을 하여 오다가 일시에 침체되엿더니 大正 8년에 다시 현재

---

14 오랜 기간 내외적으로 한글학회의 기원을 "1921년 12월 조선어연구회 창립"으로 알고 기록해 왔다. 그런데 이 기록에 따르면 '1921년 12월'은 '1919년(대정 8년) 가을'로 수정해야 하며, '창립'은 '부활'이나 '재조직'으로 고쳐야 한다. 리의도(2006.09:12), 한글학회(2009.08:45) 참조.

15 '한글모'를 가리킨 것이 분명하다. 공식 명칭과는 상관없이, 당시부터 '한글모듬'으로 불렸을 개연성이 높다. 일반인에게는 '한글모'라는 명칭이 덜 친숙했을 것이다.

의 명칭으로 復活부활되엿다.

신 계획안: 문법 整理上정리상 조선어에 대한 사전을 간행하려 蒐輯
수집에 努力中노력중."   ─『新民』1927.03:67.

위는 신민사 편집부에서 작성한 '在재京城경성 중요 단체 現狀현상
조사표'[16]라는 특집 기사 속에 있는 기록인데, 조선어연구회에서
는 '조선어사전 간행'을 목표로 낱말을 '蒐輯수집'하고 있다는 것이
다. 『한글』동인의 목표와 조선어연구회의 목표가 다르지 않았던
것을 학인할 수 있다.

이처럼 국어연구학회 시기로부터 조선어연구회 시기에 이르기
까지, 한글학회에서는 조선어사전 편찬을 중요한 사업으로 설정하
고, 그 사업을 달성하기 위하여 나름대로 열의를 쏟았다. 하지만
이렇다 할 성과를 내지 못하고 있었다.

3. 조선어사전 편찬의 첫걸음

3.1. 회원의 성장과 확대

1930년 무렵의 조선어연구회 회원은 25명이었는데 19명이 교원
이었다(조선어학회 1932.05:36). 그리고 10명 가량은 한힌샘 주시경
의 직접 제자가 아니었으니, 초창기에 비하여 회원이 비교적 다양

---

16 그 기사는 경성에 있는 "가장 우리의 눈에 익고 귀에 젖은, 말하면 중요한
   단체라 할 만한" 종교·사상·교육 분야 46개 단체의 주요 사항을 정리한
   것인데, 교육 단체의 첫자리에 조선어연구회를 놓았다.

해진 상황이었다. 그리고 대다수 회원의 나이가 30대 후반부터 40대 초반까지였다. 삶의 지혜도 어느 정도 체득하고, 조선어의 연구와 교육에서도 일정한 성과를 내고 있는 나이였다.

게다가 1930년을 전후하여 회원 몇몇은 해외 유학을 마치고 돌아왔으니 조선어연구회의 역량은 전반적으로 강화되었다. 그 무렵 해외 유학을 마치고 돌아온 회원의 이력(과 직장)을 보이면 아래와 같다.

○ 1930년대 해외 유학에서 돌아온 회원과 그 이력

이윤재(1888.12. 경상남도 출생) ○1921~1924년 북경대학 사학과 재학. ○1924년 9월 정주 오산학교 교사로 부임. ○1926년 4월 경성京城 협성학교 교사로 부임. ○1931년 연희전문학교 출강 시작.

정렬모(1895.11. 충청북도 출생) ○1921년 3월~1925년 3월 와세다대학 사범부 재학. ○1925년 4월~1931년 3월 중동학교 교사. ○1931년 4월~1943년 3월 경북 김천고등보통학교 교원.

최현배(1894.10. 경상남도 출생) ○1915~1919년 히로시마 고등사범학교 재학. ○1920~1921년 사립 동래고등보통학교 교사. ○1922~1925년 교토제국대학 철학과 재학. ○1926년 4월 연희전문학교 교수로 부임.

이극로(1893.10. 경상남도 출생) ○1916년~1920년 2월 상해 동제대학 예과豫科 재학. ○1922년 4월~1927년 5월 독일 프리드리히-빌헬름대학 재학. ○1929년 1월 경성으로 돌아옴.

김윤경(1894.06. 경기도 출생) ○1926~1929년 릭쿄대학 사학부 재학. ○1929년 4월 배화여자고등보통학교 교사로 복직.

정인섭(1905.03. 경상남도 출생) ○1929년 와세다대학 영문과 졸업. ○1929년 4월 연희전문학교 교수로 부임.

그 가운데서 이극로의 합류는 특별한 의미가 있었다. 여느 회원과 연배는 비슷하지만, 한힌샘의 가르침을 직접 받은 일이 없으며, 유럽 언어학을 현장에서 공부한 점에서 그러하다. 그러니 그가 어떤 경험을 하고 어떤 생각을 했는지를 알아볼 필요가 있다.

이극로는 1912년 4월, 18살에 조선반도를 떠나 서간도의 안동현을 향했는데, 도중에 아래와 같은 일을 경험하였다.

"아흐레 만에 渾江口혼강구에 내리어서 육로로 걸어서 사흘 만에 회인현 성내에 도착되어 조선사람의 여관에 주인을 정하니 음력 3월 20일 경이었다. 나로서는 그때 압록강 항로에서 얻은 느낌이 중대한 것을 이제 다시 인식하게 되는 것이 있다. 그것은 그 때에 느낌이 내가 조선어 연구에 관심하게 된 첫 출발점이오, 또 조선어 정리로 「한글 맞춤법 통일안」과 「외래어 표기법 통일안」과 표준어 査定사정과 조선어 대사전 편찬 등의 일에 전력을 바치게 된 동기이다.

이 항해 중에 하루는 일행이 평북 창성 땅인 압록강변 한 농촌에 들어가서 아침밥을 사서 먹는데, 조선사람의 밥상에 떠날 수 없는 고추장이 밥상에 없었다. 일행 중의 한 사람이 고추장을 청하였으나 '고추장'이란 말을 몰라서 그것을 가지고 오지 못한다. 그래서 우리는 여러 가지로 형용하였더니 마지막에 "옳소, 댕가지장 말씀이오?" 하더니 고추장을 가지고 나온다. 사투리로 말미암아 일상생활에 많이 쓰이는 '고추'라는 말을 서로 통하지 못하니 얼마나 답답한 일인가?" -이극로 1947.02:7.

'고추장' 경험을 통하여, 언어 통일의 필요성을 실감했으며, 아울러 언어 연구와 사전에 관심을 갖게 되었다는 것이다. 그리고 7년쯤 지난 후에는, 상해로 망명해 간 백연 김두봉을 만나, 조선어사전 편찬과 한글 활자 문제 등에 대하여 자세히 알게 되었다.[17]

1920년 2월 상해에서 동제대학 예과를 졸업하고, 1922년 4월 언어 민족주의 기풍이 강한 독일의 프리드리히-빌헬름대학(오늘날의 베를린 훔볼트대학) 철학부에 입학하였다. 거기서 수학하는 중에 언어학 지식도 체계화했으며,[18] 조선어 강좌를 개설하여 3년 동안 그 대학 학생들에게 조선어도 가르쳤다. 1927년 5월 25일 「중국의 생사生絲공업」이란 논문으로 박사학위를 받았으며, 그 후로 1년 남짓 잉글랜드·스코틀랜드와 아일랜드, 그리고 미국과 일본의 곳곳을 돌아보고 여러 사람을 만나 보았다.

1928년 6월 아일랜드를 방문했을 때에는 "그 나라 사람들이 모국어 대신 영어를 공용어로 사용하는 것, 간판과 도로 표식을 비롯하여 모든 것이 영어로 표기된 것을 보고, 조선 말과 글도 저런 신세가 되지 않겠는가, 조국에 돌아가면 모국어를 지키는 운동에 한생을 바치자고 결심"[19]하였으며, 8월에는 미국 샌프란시스코에서 동포들을 대상으로 강연하였다. 뉴욕과 로스앤젤레스에 이어

---

17 그것은 독일 유학 중의 회고에서 확인되는바, 그 내용 이러하다 : "내가 상해 있을 때에 김두봉 씨와 한글을 연구하게 되었는데, 그 때에 김씨의 창안인 한글 字母자모 분할체 활자를 만들려고 商務印書館상무인서관 인쇄소에서 여러 번 함께 다니면서 교섭한 일이 있다. 그래서 나는 혹 이야기를 하였더니 그 말을 들은 독일 언어학자들은 독일 국립 인쇄소에 그 활자를 준비시키자는 의논을 붙이어서 허락되었다. 나는 그 일을 도와서 곧 상해로 김두봉 씨에게 편지하여 그 활자를 한 벌 부쳐 왔다."(이극로 1947.02:33)

18 이극로는 후일 "나는 정치학과 경제학을 主科주과로 삼고 철학과 인류학을 副科부과로 삼고, 그밖에 또 취미와 필요에서 언어학을 副科로 더 공부하게 되었다."(1947.02:51)고 회고한 바 있다. 그는 애초부터 언어에 관심이 많았을 뿐더러, 한겨레의 현실로 볼 때에 언어 문제가 중요하다고 인식을 했으며, 그래서 적극적으로 언어학 공부를 한 것으로 보인다.

19 이는 김일성(1998.06:402)의 기록이다. 언젠가 자신이 '선생은 무슨 연고로 언어학자가 되었는가?'라고 물었는데, 리극로가 이렇게 말했다고 기록되어 있다.

세 번째 강연이었다. 주제는 '우리 말과 글'이었는데, 그 첫머리에서 아래와 같이 말하였다.

"우리난 우리 말이 잇스되 일정한 국어난 업습니다. 싸라서 우리는 국어 자뎐이 업습니다. 〔줄임〕 그러고 보니 불완전한 자뎐이나마 모다 외국 사람이 만든 것이오 우리 손으로 한 것은 하나도 업습니다. 참말 북그러운 일이올시다. 오날과 갓치 과학 시대에 잇는 우리로서 과학뎍 연구로 만들어 놓은 자뎐이 업시 질셔 업난 말 가지고 과학 싱활을 하기가 절대 불능이라고 합니다." -『신한민보』 1928. 08.30.[1]

우리 민족에게 '자전', 곧 사전이 없음을 지적하고 한탄하며, 그것 없이는 과학 생활을 할 수 없다고 하였다. 자신이 독일에서 조선 어를 가르칠 때에 "참고할 만한 사뎐이 업서서 미우 곤란"했다는 사례를 들면서 사전의 중요성을 말하고, 아래와 같이 역설하였다.

"어느 나라를 물론하고 모어가 그 민족성이 됩니다. 그런고로 모어를 일허버린 나라는 민족성을 일케 됩니다. 우리 민족이 종교로써 그 민족성을 유지하여 왔다고 하나 그리도 그 어머니의 말이 그 민족의 고유성을 보전하게 됩니다." -『신한민보』 1928.08.30.[1]

1929년 1월, 그는 대한해협을 건너 마침내 부산으로 들어왔는데, 후일 그 무렵의 심정과 각오를 아래와 같이 회고하였다.

"나는 10년 만에 그립던 고향 부산항에 도착하였다. 이해 4월에 조선어연구회에 입회하였다. 내가 처음 서울에 오자 조선어 교육의 현상을 조사하였다. 왜 그리 하였냐 하면 나는 이 언어 문제가 곧 민족 문제의 중심이 되는 까닭에 당시 일본 통치하의 조선민족은 이 언어의 멸망이 곧 따라올 것을 보았기 때문이다. 그리하여 어문 운동이 일어나지 아니하면 아니 되겠다는 것을 여러 동지들에게 말하였다. 이것으로써 민족의식을 넣어 주며 민족 혁명의 기초를 삼고자 함이다." -이극로 1947.02:63.

이와 같은 이극로의 각오와 생각은 앞에서 살펴본 한힌샘이나 국어연구학회~배달말글몯음/조선언문회~조선어연구회 회원들의 그것과 다르지 않았다. 그는 조선반도로 돌아오자마자 경성에서 생활을 시작했으며, 4월 조선어연구회에 입회하였다. 그로써 조선어연구회의 외연이 더욱 확대될 수 있는 계기가 되었으며, 조선어사전 편찬 사업은 강력한 추동력을 얻게 되었다.

3.2. 조선어사전편찬회 창립

지난 20여 년의 역사는 '권위 있는' 조선어사전의 편찬과 간행은 조선어연구회의 지력 知力만으로는 해내기 어려운 사업임을 증명하고 있었다. 이에 신입 회원 이극로는 중추 회원인 신명균, 최현배, 장지영, 이윤재, 김윤경 등에게 종래와는 다른 방안을 설명하고 제안하였다. "경제적 기초를 세우기 위하여 조선어사전편찬회를 조직하는"(이극로 1947.02:63) 방안이었다. 그들의 찬동 속에 사방으로 교섭하여 1929년 10월 경향의 저명한 교육자, 연구자, 출판인, 언론인, 종교인, 문학가, 대중적 명망가, 자본가 등, 각계 인사[20]가 참여하는 조선어사전편찬회 발기회를 조직하였다.

---

20 100명이 넘는 발기인 가운데 조선어연구회 회원은 15명 정도였으며, 1927년부

1929년 한글날 개최한 조선어사전편찬회 발기 총회의 한 모습.

애초에는 경제적 기초를 고려하여 그런 구상을 했던 것인데, 각계의 인사를 망라한 조직을 발기함으로써 매우 생산적인, 다른 효과도 얻게 되었다. 언론과 지식층은 물론이요 일반 대중의 관심을 증폭시키고, 앞으로 나올 조선어사전의 영향력, 곧 '민족적 권위'를 점증시키는 결과를 가져왔다.[21] 그렇게 조선어사전의 편찬과 간행은 조선어연구회를 넘어 조선민족 전체의 과업, 다시 말하면 조선민족이 총력을 기울여야 할 과업이 되어 갔다.

발기 총회는 1929년의 한글날(10월 31일) 축하회[22]에 이어서 열

터 조선어사전 편찬 작업을 시작한 계명구락부의 중요 인물인 박승빈·윤치호·림규도 이름을 올렸다.
21 그것은 신문 사설을 통하여 확인할 수 있다 : "우리 힘으로 朝鮮語辭典조선어사전을 편찬하려 한 努力노력이 종래 업든 바는 아니니 조선광문회 계명구락부 등은 각각 그 사업을 진행하얏다. 그러나 경비 其他기타의 원인으로 완성을 보지 못하고 말앗다. 그런대 이제 同會동회가 창립되어 그 斯界사계의 권위가 전부 一堂일당에 모이게 된다 하면 사업 능력에 잇어, 또 권위에 잇서 괄목할 바 잇슬 것이어서 가히 조선 표준사전이라 할 것이다." ─『동아일보』 1929.11.02.
22 그날 한글날 축하회는 조선교육협회 회관에서 저녁 7시에 개회하였다.

었다. "이 민족적 사업을 기어이 이루지 않고서는 아니 될 것을 깊이 각오하고 새로운 결의로써 조선어사전편찬회를 창립"(조선어학회 1947.10ㄱ)한 것이다. 그리고 발기인 108명의 이름으로 아래와 같은 취지서도 발표하였다.

○ 조선어사전편찬회 취지서

"인류의 행복은 문화의 향상을 따라 증진되는 것이요, 문화의 발전은 언어 및 문자의 합리적 정리와 통일을 말미암아 촉성되는 바이다. 그러므로 어문의 정리와 통일은 제반 문화의 기초를 이루며, 또 인류 행복의 원천이 되는 바이다.

〔한 단락 줄임〕

그러하므로 금일 언어를 소유하고 문화를 소유한 민족으로서는 사전을 가지지 않은 민족이 없다. 그러나 우리 조선민족은 언어를 소유하고, 또 문화를 소유하면서도 금일까지에 아직 사전 한 권을 가지지 못하였다. 그러므로 조선의 언어는 극단으로 문란을 일으키게 된 것이요, 또 조선민족의 문화적 생애는 금일과 같은 황폐를 이루게 된 것이다.

조선의 언어는 상술한 것처럼 어음, 어의, 어법의 각 방면으로 표준이 없고 통일이 없음으로 하여 동일한 사람으로 朝夕조석이 상이하고 동일한 사실로도 京鄕경향이 不一불일할 뿐 아니라, 또는 語義어의의 未詳미상한 바이 있어도 이를 질정質正할 만한 준거가 없기 때문에 의사와 감정은 원만히 소통되고 완전히 이해될 길이 바이없다. 이로 말미암아 문화의 향상과 보급은 막대한 손실을 면할 수 없게 된 것이다. 금일 세계적으로 낙오된 조선민족의 갱생할 첩로는 문화의 향상과 보급을 급무로 하지 않을 수 없는 것이요, 문화를 촉성하는 방편으로는 문화의 기초가 되는 언어의 정리와 통일을 급속히 꾀하지 않을 수 없는 것이다. 그를 실현할 최선의 방책은 사전을 편성함에 있는 것이다.

〔세 단락 줄임〕

　본디 사전의 직분이 중대하니만치 따라서 이의 편찬 사업도 그리
용이하지 못하다. 1일이나 1월의 짧은 시일로도 될 수 없는 사업이
요, 1인이나 2인의 단독한 능력으로도 도저히 성취될 바이 아니므로,
본회는 인물을 전민족적으로 망라하고, 과거 선배의 업적을 계승하
며, 혹은 동인同人의 사업을 인계도 하여, 엄정한 과학적 방법으로
언어와 문자를 통일하여서, 민족적으로 권위 있는 사전을 편성하기
로 自期자기하는 바인즉, 모름지기 강호의 동지들은 민족적 백년대
계에 협조함이 있기를 바라는 바이다.

　　　훈민정음 반포 제483회 기념일(己巳기사 9월 28일)에

　　　　　　　발기인 108인[23] 성명 略략"

　　　　　　　　　　　　　　　　　　-조선어학회 1936.02:7~8.

　취지서를 통하여 천명한 바는 분명하였다. 조선민족이 갱생할
지름길은 문화의 향상과 보급인데, 그처럼 중요한 문화를 촉성하
는 방편은 민족어의 정리와 통일이며, 그것을 실현할 최선의 방책
이 조선어사전 편찬이라는 것이었다. 우리 민족을 다시 살린다는
각오로 조선어사전 편찬 사업에 뜻을 모았던 것이다. 그리고 그들
은 '민족적으로 권위 있는' 사전의 탄생에는 오랜 시간과 여러 사람
의 능력이 필요함도 공감하였다.

　그 총회에서는 조선어사전편찬회 ― 줄여서는 '사전편찬회'라 하기
로 함 ― 의 규약을 확정하고, 위원 21명을 선출하여 모든 사무를
일임하였다. 선출된 위원들은 총회 폐회 후, 곧바로 9시 반에 위원

---

23 『조선말 큰사전』 제1권(1947.10) 들머리의 「편찬의 경과」에도 '108명'이라
　하였고, 당시의 일간신문들에서도 그렇게 보도하였다. 하지만 1929년 11월
　2일치 『동아일보』와 『중외일보』에 실은 명단은 108명이 아니라 '107명'이다
　(한글학회 2009.08:528).

회 회의를 열었다. 그 자리에서 신명균·이극로·이윤재·이중건·최현배(한글학회 1971.12:265)[24]로 상무위원회를 구성하고, 실무 전반을 집행하게 하였다.

그로부터 두 달 남짓 지난, 1930년 1월 6일 사전편찬회 상무위원은 조선어연구회 간사와 합동 회의를 열었다. 조선어연구회는 그 전날 정기 총회에서 간사장에 장지영, 간사에 이극로와 최현배를 선출하여, 3년 만에 임원을 개선하였으니, 회의 참석 대상은 양쪽 임원을 겸한 이극로·최현배, 편찬회 상무위원 이중건·신명균·이윤재, 연구회 간사장 장지영의 여섯이었다. 그 가운데 다섯은 조선어연구회의 중추 회원이었고, 이중건도 회원과 다를 바 없었다. 그 합동 회의에서 사전 편찬을 위한 업무를 분담하기로 합의하였다. 연구회는 조선어 철자법의 통일과 표준어의 조사·선정에 관한 일을 맡고, 편찬회는 어휘의 수집과 풀이 및 편집에 관한 일을 맡기로 하였다. 편찬회가 사전 편찬의 중심체가 되고, 연구회는 편찬의 기초가 되는 여러 기준을 마련하기로 한 것이다.

그렇게 진행하여 한 해가 지난, 1931년 1월 6일 사전편찬회의 위원회 회의를 열어 1년 동안의 경과를 공유하고, 장래의 재정 문제에 대하여 집중적으로 토의하였다. 그리고 위원 13명을 증원하며, '회장'을 신설하고, '상무위원'이란 명칭을 '간사'로 변경하는 등의 내용을 담은 규약 개정을 의결하였다. 새 규약에 따라 이우식 李祐植[25]을 포함하여 위원 13명을 추가로 선임하고[26] 회장으로 이

---

24 총회 개최 당시, 곧 1929년 11월 1~2일의 일간신문 들에서는 '정인보'까지 포함하여 6명으로 보도하였다. 그것이 오보였을 수도 있는데, 그보다는 총회에서는 6명을 선정했으나 실제로는 정인보가 동참하지 않았으므로 그를 제외하고 기록한 것으로 보인다. 동참하지 않은 이유는 불분명하다.

우식을 선출하였다. 또, 간사 5명을 대표하는 직으로 간사장을 두었으니, 그것은 이극로에게 맡겨졌다.

위원 32명 가운데 10여 명이 조선어연구회 회원이었다. 약 3분의 1에 해당하는데, 그 수치는 당시의 사전 편찬이 조선어연구회 중심으로 진행될 수밖에 없었던 사정을 보여 준다. 조선어연구회와는 별개 조직으로, 각계각층의 인사를 포괄하여 사전편찬회를 창립했지만, 편찬회를 실제로 운영한 핵심은 조선어연구회의 중추 회원[27]이었다. 내용으로 보면 하나의 조직체나 다름이 없었다.

3.3. 조선어사전편찬회의 활동

조선어사전편찬회는 조선어연구회가 세 들어 있는 조선교육협회 회관 안에 편찬실을 마련하였다. 이극로, 이윤재, 한징, 이용기, 김선기를 편찬원으로 하여 1931년 1월 6일 편찬 작업을 개시하였다. 그때 이극로는 30대 후반이었으며, 이윤재[28]와 한징韓澄[29]은 40대

---

25 이우식은 1891년 7월 경상남도 의령군의 부유한 가정에서 태어났다. 도쿄에 있는 쇼쿠正則영어英語학교를 거쳐 동양대학 철학과를 졸업하였다. 기미년 삼일항쟁 때에 고향에서 만세 운동을 주도하였다. 그 후로 동향인 안희제와 함께 동업하기도 하고, 그를 이어 1928년 말부터, 경영난에 처한 중외일보사 사장을 맡기도 하였다. 동향이며 동년배인 이극로와는 일찍부터 교유하며 물질적 후원도 하였다.

26 그리고 1929년의 발기 총회에서 선출한 위원 21명 중에서 "2명은 사정에 의하여 제명"(조선일보 1931.01.08)하였다. 그 2명은 박승빈과 정인보로 추정되는데, 그렇게 하고 13명을 증원했으니, 위원은 모두 32명이 되었다.

27 사전편찬회 창립 전후, 1930년 1월부터 1933년 4월까지의 조선어연구회 간사와 간사장은 장지영, 이극로, 최현배, 신명균, 김윤경 들이 돌아가며 맡았다.

28 이윤재는 1920년대 후반 조선연구회에 가입했는데, 편찬원이 되고부터는

중반으로, 계명구락부(☞ 518쪽)의 조선어사전 편집부에서 1927년 6월부터 1년 반 동안 함께 일한, 사전 편찬의 경력자였다. 이용기李用基는 60대 초반이었는데, 속담과 은어 수집의 일을 맡았다.[30] 김선기金善琪[31]는 전해 3월 연희전문학교 문과를 졸업한 20대 청년이었다.

편찬 작업을 개시할 즈음 9만여 낱말 자료가 들어왔다. 1929년 10월 31일 조선어사전편찬회가 창립되자, 10여 일 후에 개성의 송도고등보통학교 교사 이상춘李常春[32] 회원이 사전편찬회에 무료로 기증해 준 것이었다. "7~8년 동안 교수의 여가에 거의 침식을 잊어 가면서 모아 놓은" 것으로 전체 분량이 8,920페이지, 28권이

사전 편찬에 더하여 기관지 『한글』의 창간과 간행, 철자법 제정, 표준말 사정, 「통일안」 보급 등의 과정에서 중추적 구실을 하게 된다.

29 한징은 1886년 2월 한성에서 태어났는데, 누대에 걸쳐 한양에서 살았다. 시대일보사 편집부에서 일하다가 계명구락부로 옮겼으며, 1929년 9월 계명구락부를 떠나 중외일보사로 옮겼었는데, 이때에 조선어사전편찬회에 동참하였다. 2년 남짓 함께하다가 1933년 3월 무렵 『조선중앙일보』가 창간되자 그 편집부로 옮겨 간다(동아일보 1960.02.21).

30 각주 11(518쪽)에서 밝혔듯이 이용기는 1928년 11월~1929년 7월에 계명구락부의 조선어사전 편집부에서 일한 경력이 있다. 1870년 한성에서 태어났으며, 호가 '위관韋觀'이었다. 1933년 초엽에 세상을 떠난 것으로 알려져 있으니, 조선어사전편찬회의 업무에는 길어야 1년 남짓 참여했을 것이다. 한평생 조선의 문화와 먹거리를 사랑하고 즐기었다. 요리서 『조선무쌍朝鮮無雙 신식 요리 제법製法』을 일상어와 한글로 지어 1924년 12월 간행했으며, 수많은 조선 시가를 채록하여 모은 『樂府악부』를 남겼다.

31 김선기는 3년 남짓 함께하다가 1934년 6월 유럽으로 유학을 떠난다(☞ ⑧의 2.3).

32 이상춘은 1882년 개성에서 태어나 한영서원(→송도고보)을 졸업하고, 줄곧 모교에서 교원으로 복무하였다. 1921년 12월 조선어연구회에 가입했으며, 지방에 있으면서도 학회의 각종 모임에 자주 참석하였다. 회원 중에서 나이가 많은 편이었다. 일찍이 한힌샘의 가르침을 접한 듯한데, 구체적인 사항은 확인하지 못하였다.

었다(동아일보 1929.11.15). 편찬원들은 먼저 그것부터 검토하고 수정하였다(김선기 1977.03:34). 일반 낱말은 편찬원이 각 부분을 분담하여 집필하고, 전문어는 각 분야의 전문가— 주로 연희전문과 보성전문의 교수—에게 풀이를 위촉했으며, 지방어 수집에는 방학 중에 귀향하는 중등학교 학생들의 힘을 빌리고, 고어는 편찬원이 수백 책을 뒤지며 찾아내었다(이윤재 1935.12.21).

그런데 워낙 방대하고 종합적인 작업이라 진도가 잘 나가지 않았다. 뜻풀이만이 아니라 낱말의 형태와 표준말 정하기가 매우 어려운 문제였다(이극로 1936.01). 게다가 일손도 넉넉지 않았다. 이용기와 한징은 1~2년을 함께했을 뿐이고, 이극로와 이윤재는 조선어학회에서 진행하는 철자법 통일과 표준어 사정 작업에도 깊이 관여해야 했으며, 김선기도 철자법 통일 작업에 참여해야 했다. 그러한 여건과 상황들이 중첩되어 편찬 작업의 진도는 매우 느렸으니, 작업을 개시하여 네 해가 지나 1935년 후반이 되고,[33] 유지有志들이 찬조한 "다대多大한 금전[34]을 들였"(조선어학회 1936.04)음에도 성과는 목표에 한참 미달한 상태였다. 자금 조달이 사업의 성패를 좌우할 시급한 문제가 되었다.

---

33 1935년 7월 11일, 조선어학회와 조선어사전편찬회는 수표동 조선교육협회 회관의 셋방살이를 청산하고, 화동의 2층 목조 양옥으로 사무실을 옮겼다. 사업가 정세권이 기증해 준 것으로, 집터가 딸린, 시가 4,000원이 넘는 집이었다.

34 안재홍은 그 당시의 글에서 "조선어사전편찬위원회를 결성한 바 있어 以來이래 8년, 4~5천 원의 비용을 내이고 그 語詞어사 語彙어휘의 蒐集수집 編次편차함에 자못 볼만한 바 있었으나, 아직도 ~"(1936.03.26)라고 하였다. 그 말은 편찬회가 활동하는 동안(1931.01.06.~1936.03.20.)의 경비가 4~5천 원 들었으며, 그것은 편찬회 위원들이 조달했다는 것으로 이해할 수 있다.

4. 조선어 표기법 제정

4.1. 1920년대의 조선어 철자법

대한제국의 국권을 강탈한 후 일본의 조선총독부 학무국에서는 「보통학교용 諺文언문철자법」이란 것을 만들어,[35] 1912년 4월 새 학기 시작에 맞추어 공표하고 시행하였다. '보통학교용'이란 한정 어를 붙였듯이 그것은 초등학교 교육용으로 만들어 시행한 것이었 으나, 실제로는 생활 전반의 한글 쓰기에서 공식 철자법으로 인식 되고 통용되었다. 9년이 흐른 1921년 4월에는 그것을 개정한[36] 「보통학교용 언문철자법 大要대요」를 시행하였다.

일찍부터 조선어연구회 회원들은 조선어 표기에 적합한 한글 표기법은 한힌샘 주시경이 제창한 형태주의라고 굳게 믿었다. 개 인적으로 혹은 연구회 차원에서 그것을 실현하기 위한 연구와 교 육 활동도 꾸준히 펼쳐 왔다. 그런 눈으로 볼 때에 두 차례의 총독 부 철자법은 매우 모자라는 표기법이었다.

그런데 1928년이 되자 총독부 학무국에서는 다음해의 새 학기 교과서에 적용하기 위하여 1921년의 규정을 다시 개정하기 시작하 였다. 그 소식을 접한 조선어연구회에서는 이전과는 달리 적극적으 로 움직였다. 회원들의 진지한 토의를 거쳐 형태주의 표기를 지지하

---

35 제정 회의에 참여한 위원은 모두 일본인이었는데, 총독부 관리 5명과 경성고보 학감 다카하시 도루(高橋亨)였다(리의도 2013.09:145).

36 일본인 통역관 2명과 조선인 7명으로 위원회를 꾸려 개정 작업을 진행했는데, 조선어연구회 회원으로는 최두선(중앙학교 교장)과 권덕규(휘문고보 교사) 가 포함되었다(리의도 2013.09:147).

는 건의서를 작성하여(이병기 1975.05:326) 9월 관련 부서에 제출하
였다. 조선어연구회의 그러한 움직임은 종래의 표기법과 다른, 여러
의견의 분출을 촉발하였고, 그로써 총독부에서 추진하는 개정 작업
은 예상치 못한 돌풍에 휩싸였다.

총독부 학무국에서는 이런저런 기구를 만들어 회의를 거듭하게
하였다. 그러나 결론을 얻지 못하고, 당초에 계획한 1928년을 다
보내었다. 1929년 봄에는 조선어연구회 회원 7명[37]을 포함하는 위
원회를 구성하여 심의를 맡겼다. 그 위원회는 일곱 차례의 회의를
열었는데, 그 7명의 위원들은 거센 반대를 무릅쓰며 연구회의 주장
을 관철하려 노력했으며, 그 결과로 7월 22일 완성된 '개정안'에
어느 정도의 성과를 담을 수 있었다.[38] 하지만 학무국에서는 그
개정안을 확정하지 못하고, 총독부의 자문기관인 중추원 회의에
올렸다. 거기서도 논란을 거듭하다가 해를 넘기고, 새 학기 개시에
쫓겨 1930년 2월 12일 가까스로 개정안을 원안대로 가결하였다.
「언문철자법」이었다.[39]

---

37 그 위원회의 명칭은 '조선문철자법 개정조사 위원회'였으며 위원 정수는
14명이었다. 일본인 5명에, 조선인 9명이었는데, 그 9명 가운데 7명이 조선어
연구회 회원이었다. 심의린(경성사범 부속보통 교사), 이세정(진명여고보
교사), 권덕규(중앙고보 교사), 정렬모(중동학교 교사), 최현배(연희전문
교수), 장지영(조선일보 지방부장), 신명균(조선교육협회 이사).

38 개정안 완성에 때맞추어 조선어연구회에서는 7월 29일 '조선문 철자법 강연회'
를 열었다. 연사는 위원으로 참여한 회원들이었고, 연제는 이러했다. 정렬
모: '철자 문제 원칙에 대하여', 장지영: '표음과 철자 문제', 최현배: '된시옷
과 철자 문제', 권덕규: '어법과 철자 문제', 신명균: '철자법 개정과 교육적
영향'(조선일보 1929.07.28). 종로의 중앙기독교청회관에서 밤 9시부터 네
시간 동안 진행했는데, 수많은 인원으로 더위가 찌는 듯했지만 모두 조금도
피곤한 빛이 없었다(조선일보 1929.07.31).

39 조선총독부의 철자법 제정 및 개정에 관한, 더 상세한 내용은 리의도(2013.

그것은, 정인승(1956.12:14)에서 평가했듯이, 종전의 두 표기법에 비하면 조선어연구회의 주장을 '대폭적으로 실현'한 측면이 있었다. 하지만 만족할 만한 수준은 아니었다. 회원 7명이 개정 과정에서 참여는 했지만, 제한된 여건인지라 주의·주장을 충분히 관철하지 못하였다. 한겨레의 자유 의지로 작성한 것도, 한겨레의 지혜를 집약한 것도 아니었다. 무엇보다도 "이론과 실제에 모순됨이 크고 원칙과 便法_{편법}에 모호한 점이 많아서"(동아일보 1933.10.22) 사람들이 그것을 잘 따르지 않았으며, 각계에서 철자법 통일을 갈망하는 목소리가 점점 높아 갔다(리의도 2011.05:33). 조선어연구회에서는 한겨레의 그러한 요구에 부응해야 할 책무를 느끼고 있었다.

4.2. 「한글마춤법(조선어철자법) 통일안」 제정

철자법이 미흡한 상황에서 조선어사전 편찬 사업이 현실화하자 제대로 된 철자법 마련이 더욱 시급한 현안이 되었다. 조선어사전 편찬회와 업무를 분담하기로 한 이후, 조선어연구회에서는 가장 먼저 조선어의 한글 철자법 통일 작업에 착수하였다. 1930년 12월 13일[40] 임시 총회를 열어, '조선어철자 통일 위원회'를 구성하기로 결의하고 위원 12명을 선정하였다.

○ 조선어철자 통일 위원(1930년 12월 선임)

　09:145~159)로 미룬다.

40 업무 분담(1930.01) 후에 곧바로 착수하지 않은 것은, 학무국에서 1930년 4월부터 「언문철자법」을 새로 적용했으므로 그 추이를 살폈던 때문인 듯하다.

권덕규, 김윤경, 박현식, 신명균, 이극로, 이병기, 이윤재, 이희승, 장지영, 정렬모, 정인섭, 최현배.

위원회는 곧 바로 작업에 착수하여 여섯 달이 지난 1931년 7월 9일에 '61개 항'으로 된 '草稿초고'를 마련하였다. 다시 그 내용을 1년 반 가까이 고치고 깁고 더한 끝에 1932년 12월에 이르러 '91개 항'으로 마무리했으니, 그것을 흔히 '草案초안'[41]이라 한다.

'초안'이 마련됨에 따라 12월 22일 임시 총회를 열어, 겨울 방학 중에 통일 위원회 전체회의(독회)를 열어 그 내용을 토의하기로 결의하였다. 그리고 더 폭넓은 의견을 수렴하기 위하여 아래의 6명을 위원으로 추가 선임하였다.

○ 조선어철자 통일 위원(1932년 12월 추가 선임)
  김선기, 이갑李鉀, 이만규, 이상춘, 이세정, 이탁.

그로써 위원은 18명이 되었는데, 당시 조선반도의 능력 있는 조선어 연구가를 망라한 셈이었다. 그리하여 전체회의를 열고, 또 단계마다 위원회 및 소위원회를 두어 토의하고 집약하고 절충하는 과정을 거듭하고 또 하였으니, 그 전체 과정을 간추려 표로 보이면 다음[42]과 같다.

---

41 '原案원안'이라고도 하는데 올바른 일컬음이 아니다. 심의하기 위하여 기초起草한 것이니 '초안草案'이 이치에 맞으며, 그렇게 하면 1933년 확정하여 발표한 것을 '원안'이라 하는 것과 변별할 수도 있다.

42 이 표는 한글학회(2009.08:375~376)의 표를 재구성한 것이다. 그 표는 조선어학회(1933.03:296, 1933.05:344, 1933.08:377, 1934.01:418)의 「본회 기사」와 이윤재(1934.01:381~383)에 근거하여 작성한 리의도(2007.11:76~77)의 내용을 도표화한 것이었다.

조선어철자 통일 사업의 과정

때	번	시간	회의	한 일
1930.12.14.~ 07.09.	32	101	조선어철자 통일 위원회	초고 탈고(61개 항)
07.10.~ 1932.12.	37	110	조선어철자 통일 위원회	초안 작성(91개 항)
12.27.~ 1933.01.04.	17	59	조선어철자 통일 위원회 전체회의(제1 독회)	초안 내용 토의
02.16.~ 05.09.	6	22	수정 소위원회	제1 독회 결과를 반영하 여 초안을 고치고 정리함
03.01.~ 06.06.	12	45	수정위원회	정리한 내용을 다시 고쳐 수정안 작성(70개 항)
07.26.~ 08.03.	18	54	조선어철자 통일 위원회 전체회의(제2 독회)	수정안 내용 토의
08.23.~ 10.06.	8	33:40	정리위원회	제2 독회 결과 정리(본문 45개, 부록 10개 항)
10.07~ 10.11.	4	14:30	정리 소위원회	위의 내용을 다시 정리 (총론 3개, 각론 65개, 부 록 9개 항)
10.17.	1	3:30	정리위원회	위를 최종안으로 확정
모두	135	442:40		

제1 독회讀會는 1932년 한겨울, 12월 27일[43]부터 경기도 개성부의 고려청년회관에서 아흐레 동안 열었다. 그동안의 숙박비와 회의비, 그리고 왕복 차비 등, 일체의 경비를 개성의 유지 공탁孔濯(공항진)이 부담하였다.[44]

---

43 12월 26일부터 열흘 동안 열 계획이었는데, 당국의 인가가 늦어져 27일 개회하여 아흐레 동안 열었다.

44 조선어사전편찬회와 조선어학회의 재정은 독립적이었고, '조선어학회 후원회'라는 것은 없었다. 그러니 조선어학회에서 맡아 추진한 표기법 제정 사업과

91개 항으로 된 '초안'의 본문 1쪽과 표지(오른쪽).

　신명균과 이상춘이 교대로 의장을 맡아 회의를 진행하였다. 최현배·이희승·이극로가 제안 설명을 하고, 김선기와 이갑이 회의 내용을 기록하였다. 날마다 2번, 모두 7시간씩 회의를 열어 '초안' 91개 항 하나하나에 대하여 토의하였다. 끝으로 권덕규, 김선기, 김윤경, 신명균, 이극로, 이윤재, 이희승, 장지영, 정인섭, 최현배의 10명을 수정 위원으로 선정하여 토의 결과를 정리하게 하고, 1월 4일 오후 5시에 폐회하였다.

　1933년 1월 14일 조선어연구회 월례회에서는 수정위원회의 운영 방법을 정하였다. 신명균·김선기·이극로의 3명으로 수정 소위원회를 구성하고, 거기서 정리한 내용을 수정위원회에서 토의하기로 하였다. 그리하여 세 사람이 정리한 내용을 그때마다 수정위원회에 내어 처리해 나갔는데, 소위원회는 2월 16일부터 5월 9일까지 참참이 6번 회의를 열었으며, 수정위원회는 3월 1일부터 6월 6일까

　표준어 사정 사업에 필요한 경비는 일이 있을 때마다 독지가의 지원으로 해결하였다.

지 참참이 12번 열었다. 그렇게 수정과 정리의 반복 과정을 거쳐 91개 항의 초안은 70개 항의 '수정안'으로 다듬어졌다.

그 '수정안'을 토의할 제2 독회는 1933년 한여름, 7월 26일부터 경기도 고양군 수유리(오늘날의 서울 강북구 수유동)에 있는, 불교 사찰 화계사의 보화루에서 아흐레 동안 열었다. 여덟 밤의 숙소는 화계사 인근에 있는 태화원이었으며, 모든 경비는 김성수와 송진우, 그리고 이름을 밝히지 않은 한 사람이 부담해 주었다.

의장은 최현배와 신명균이 교대로 맡았으며, 김선기가 서기를 맡아 회의 내용을 기록하였다. 날마다 4시간씩 2번 회의를 열어 70개 항 하나하나에 대하여 토의해 나갔으며, 그 내용 정리는 정리 위원회에 일임하고 8월 3일 오후 2시에 폐회하였다. 정리 위원은 제1 독회에서 선정한 수정 위원과 같았다.[45]

정리위원회는 8월 23일부터 10월 6일까지 참참이 8번의 회의를 열어 제2 독회의 토의 결과를 "본문 45개, 부록 10개 항"으로 정리하였다. 그리고 최종 정리를 김윤경·최현배·김선기로 구성한 소위원회에 맡겼는데, 세 사람은 10월 7~11일에 4번의 회의를 열어 그 내용을 "총론 3개, 각론 65개, 부록 9개 항"으로 다시 정리하였다. 17일에는 정리위원회 회의를 열어, 소위원회에서 정리한 내용을 확인하고 토의하여 최종안을 확정하였다.[46]

이에 조선어학회는 1933년 10월 19일 저녁 7시에 임시 총회를

---

45 다만 장지영이 포함되지 않았는데, 개인 사정이 있었던 독회에 불참하였기 때문이다.

46 최종안을 확정할 때까지 토의용으로 제작한 자료가 등사본 여섯, 인쇄본 넷이었는데, 인쇄본은 모두 한성도서주식회사에서 희생적으로 제작하여 제공해 주었다.

소집하여, 조선어철자 통일 위원회에서 마련한 최종안을 회원 앞에 보고하였다. 총회에서는 한두 군데를 수정하고, 안案에 모순이 발견될 적에는 언제든지 고친다는 조건을 붙여 만장일치로 채택하였다. 「한글마춤법 통일안」 원안原案의 탄생이었다. 1930년 12월 중순, 철자법 초고를 기초한 때로부터 3년을 투자한 결실이었다. 당대 최고의 조선어 학자들이 135번 회의에 443시간[47]이 들어 격렬히 토론한 결과물이었다.

1933년 한글날 간행한 『한글마춤법 통일안』의 본문 1쪽.

총회에서 채택한 원안을, 한글날(10월 29일) 『한글마춤법[48](朝鮮語綴字法)[49] 통일안』이란 표제의, 66쪽짜리 소책자〔세로판〕[50]로 간행하고, 오후 5시 반부터 대

---

47 흔히 "125번 433시간"으로 알려져 있는데, 그것은 「한글마춤법 통일안(1933)」 머리말과 이윤재(1934.01:383) 등의 기록이다. 그런데 앞의 표에서 보듯이, 다시 정리하고 셈하여 보니, 10번과 약 10시간이 많은 "135번에 약 443시간"이 된다.

48 1933년 10월부터 1940년 5월까지는 '마춤법'으로 표기하였다(☞ 각주 50).

49 '한글마춤법(朝鮮語綴字法)'은 단순한 이름이 아니다. 흔히들 동일한 개념을 토박이말 '한글마춤법'과 한자어 '朝鮮語綴字法'의 두 가지로 나타낸 것으로 생각하는데, 사실은 그렇지 않다. '마춤법'과 '철자법'은 동일한 개념의 다른 표현으로 볼 수 있으나, '한글마춤법'과 '조선어철자법'은 차원이 전혀 다르다. '한글마춤법'은 표기의 '수단이 한글'임을 가리키는 이름이며, '조선어철자법'은 표기의 '대상이 조선어'임을 가리키는 이름이다. 바꾸어 말하면, '한글마춤법'이란 이름에는 표기의 대상이 생략되어 있으며, '조선어철자법'에는 수단이 생략되어 있는 셈이다. 개념을 온전히 담은 이름은 '조선어(의) 한글맞춤법'이다.

50 그것을 '첫판'이라 한다. 그 후로 규정의 내용에 관해서는 2번의 부분 수정이 있었고, 판 바꿈이 4번 있었으니, 그 내력은 다음과 같다.

형 음식점 명월관에서 한글날 기념 축하회를 겸하여 역사적인 발표식을 가졌다. 그로써 한겨레는 국권을 빼앗긴, 질곡 같은 시대 상황 속에서도 겨레말 표기에 적합한 한글 표기법을 갖게 되었다. 한겨레의 자유 의지와 자발적 노력으로 이룩해 낸 표기법이었다. 한겨레말의 특성을 제대로 반영하고, 한겨레의 지식을 최대한으로 수렴한 표기법이었다.

철자법 제정 작업에 임하는 위원들의 각오가 어떠했는지는 아래와 같은 보도 기사를 통하여 그 일단을 엿볼 수 있다.

"신명균의 개회사로 시작되엿스니, 「이 회합이 자손만대 조흔 선물이 되겠느냐 혹은 큰 죄악을 짓겠느냐 하는 조선문 운동의 획기적 사업이니만큼 가장 정중히 토의하기를 바란다」는 의미심장한 말이 잇슨 후, 리극로의 결과 보고가 잇고, 임시 집행위원을 선거하니 다음과 가트며, 매일 7시간씩 상세 토의하야 장차 한글운동의 구든 긔초가 될 것이라 한다." -『중앙일보』1932.12.29.

제1 독회를 개회하는 자리였다. 조선어학회 간사장 신명균은 개회사에서 자손만대를 생각하여 매우 신중히 토의해 줄 것을 당부하였다.

◦표준말 사정査定 사업을 마무리함에 따라, 1937년 3월 용어와 보기말(語例)을 정리하다. 5월에는 정리한 내용을 반영하여 『한글마춤법 통일안』 '고친판'(가로판)을 간행하다.
◦1940년 6월에 일부 조항을 개정하다. 그에 따라 10월에는 『한글맞춤법 통일안』 '새판'을 간행하다.
◦1946년 9월에 일부 조항을 다시 개정하다.
◦1948년 10월에 '한글판'을 간행하다.
◦1958년 2월에 '용어 수정판'을 간행하다.

독회 때마다 결석자가 거의 없었으니,[51] 그것으로도 위원들의 열의와 의지를 짐작할 수 있다. 사실 회의 때마다 열렬한 토론이 벌어졌으며, "피차의 정의情誼를 손상할 정도까지의 격론"(이윤재 1934.01)을 벌인 것도 한두 번이 아니었다. 위원의 막내로서 빠짐없이 토의 현장에 함께한 김선기는 40년이 지난 후에 "우리 겨레가 역사가 있는 뒤 나라말에 대하여 그렇듯 진지하고 열렬한 회를 한 적은 일찍이 없었다"(김선기 1973.12:40)고 회고하였다.

중추적 구실을 수행한 회원 가운데 한 사람인 이윤재는 「한글마춤법 통일안(1933)」 제정을 완료한 직후에 아래와 같은 기록을 남겼다.

"요컨대, 우리는 세종 임금의 창의적 정신과 한힌샘 스승의 희생적 노력을 체득하여, 가장 신중히 고려하며, 가장 엄밀히 처리한 것이 이 「통일안」의 정신이요, 결코 어느 일개인의 독단적 의사를 맹종하였거나 몇 개인의 우물우물하여 만든 것과는 달라서, 합리적 기초 위에서 다수인의 의견을 종합하여 이룬 것이다. 즉, 위원 18인 중에도 그 연구의 태도와 문법적 견해가 각기 다른 것만큼 의견의 불일치한 때가 많아서, 토의 중에는 심지어 피차의 정의를 손상할 정도까지의 격론도 없지 아니하였다. 이러한 것을 모두 조화하고 절충하여 가장 합리적으로 성안한 것이니, 이것은 전체를 통하여 어느 한편에만 치우친 일이 절대로 없는 것이다. 이 의미에서 「통일안」이란 이름이 더욱 적당하다 한다." -이윤재 1934.01:383.

세종 임금과 한힌샘 스승을 언급한 대목에서 그 작업에 임한 이들의 역사의식을 읽을 수 있다. 「통일안」에서 규정한 한글 운용 체계는

---

51 두 차례 독회의 결석자는 각각 3명이었는데, 병석에 눕거나 피치 못할 집안일을 당한 경우였다.

기본적으로 15세기에 세종 임금이 보이신 이상적 운용 체제를 계승한 것이며,[52] 한힌샘 주시경의 출현으로 480년 만에 거둔 결실이었다(한글학회 2009.08:341~343). 얼마나 신중하고 치열하게 토의했는지는 위에서 살펴본 바와 같으며, '통일안'이란 명칭에서는 당당한 자부심과 함께 겨레를 두루 배려하는 겸손을 엿볼 수 있다. '법'이 아니라, 그것을 '통일'하기 위한, 하나의 '안案'을 겨레 앞에 내놓은 것이었다.

조선어학회와 회원들은 「통일안」의 제정에서 멈추지 않고, 그것을 겨레의 말글살이에 온전히 정착시키기 위하여 여러 방면으로 노력과 활동을 펼쳐 나갔다(한글학회 2009.08:379~386). 많은 신문사와 잡지사도 적극적으로 참여하였다. 그 결과로 「통일안」은 '案안'이 아니라 한겨레 공동체의 보편적인 표기법으로 자리를 굳혀 나가게 되었으며, 조선어사전 편찬의 튼튼한 초석이 되었다.

4.3. 조선어 외래어 표기법 제정

조선어 외래어의 한글 표기법 제정은 1931년 정기 총회의 결의로 착수하였다. 1월 10일 열린 총회에서 '서양말의 자모음과 고유 명사를 조선 문자로 맞추어 정함'[53](동아일보 1931.01.12)을 그해에 추진할 다섯 가지[54] 사업 가운데 하나로 결정한 것이었다. 총회의

---

52 여기서 '이상적 운용 체제'란 『용비어천가』와 『월인천강지곡』에서 시도된 매우 엄격한 체제이며, '실용적 운용 체제'란 『석보상절』에서 비롯하여 20세기 초엽까지 널리 사용한 운용 체제이다.

53 같은 사실을 『조선일보』(1931.01.12)에서는 '외국음 대조 記法기법과 외국 고정 명사 표준 記法 결정'이라고 표현하였다.

위임을 받은 간사 3명(이극로·최현배·장지영)이 그 문제를 다룰 위원으로 우선 25명을 선정했으며,[55] 이후로 그 회의체를 흔히 '외국어음 표기 통일 위원회'로 일컬었다.

그 위원회는 첫 회의를 1월 24일 열었다.[56] 외국어음 한글 표기법의 통일 필요성에 대해서는 위원 모두가 인정했으며, 제정의 절차와 방법에 대하여 주로 토의하였다. 그 결과 작업 방법과 표기 원칙을 이렇게 결의하였다 : "① 먼저 만국어음과 조선어음 비교표를 작정한 다음에, 그것을 기초로 언어권별로 분과 회의를 통하여 연구함. ② 이미 조선어로 소화된 것은 본음과 아주 다를지라도 그대로 쓸 것이며, 소화가 덜된 것은 본음에 근사하도록 표기하되 한글을 변조하거나 새로운 부호를 붙이는 일은 하지 않음." 그리고 만국어음과 조선어음 비교표 작정은 조선어학회에 맡기기로 하였다(동아일보 1931.01.26).

---

54 그 다섯 가지는 '조선말 문법', '조선말 철자법', '늘 쓰이는 한문글자를 조사하여 제한함', '서양말의 자모음과 고유명사를 조선글자로 마추어 정함', '조선글 가로쓰는 법을 정함'이었다(동아일보 1931.01.12).

55 25명은 "영어부 : 주요한 외 6인, 독어부 : 이극로 외 2인, 불어부 : 이종엽 외 2인, 로어부 : 이선근 외 2인, 중어부 : 장자일 외 2인, 일어부 : 정렬모 외 2인, 국제어부 : 장석태 외 2인"이었고, 라틴어·희랍어·서반아어 부의 위원은 '미정'이었다(동아일보 1931.01.26). 이와는 별도로, 또 하나의 사업인 '한자 제한' 문제를 다룰 위원으로 장지영을 비롯하여 20인을 선정하였다.
  그런데 한글학회(1941.01), 한글학회(1971.12 : 218), 한글학회(2009.08 : 429) 등에 25명과 20명을 하나로 묶어 "45명으로 구성된 '외래어 표기법 및 부수 문제 협의회'를 개최"한 것으로 기술되어 있으니, 사실을 오해할 수 있다.

56 그날은 '한자 문제' 위원회와 연합 회의를 열었다(동아일보 1931.01.26). 먼저 '한자 제한 문제를 다루는 회의를 열었는데, '위원을 각 방면에서 증선增選해서 방안을 논의하기'로 하고 마쳤다. 이어서 '외국어음 통일 문제'를 다루는 회의를 열었다.

위탁을 받은 조선어학회에서는 정인섭(연희전문 교수), 이극로 (조선어학회 간사), 이희승(이화여전 교수)을 책임 위원으로 선정하여 그 일을 맡겼다. 그렇게 조선어 말소리와 국제음성기호(I.P.A.)의 대응 문제는 1931년 내내 조선어학회의 가장 뜨거운 의제가 되었다. 그것은 외래어 표기법 작성의 기초이면서도 가장 어려운 관문이었다. 한두 사람의 상식으로 해결할 수 있는 문제도 아니었다. 1931년에는 모두 9번의 월례회를 가졌는데, 5번을 그 문제에 대하여 발표하고 설명하고 토론하였다. 책임 위원의 일원인 이극로가 4월 월례회에서 '조선말 소리와 만국표음기호와의 대조 문제'라는 제목으로 발표를 하였으며, 6월과 10월의 월례회에서는, 책임 위원이 기초한 '조선어음과 만국표음기호와의 대조안'과 '조선어음과 로마자와의 대조안'을 회원들에게 공개하고 정인섭이 설명하였다. 그리고 11월과 12월 월례회에서는 그 두 안을 두고 회원들끼리 열띤 토론을 벌였다.

하지만 외래어 표기법은 단시간에 제정할 수 있는 것이 아니었다. 더 많은 이론과 의견, 그리고 여러 언어에 관한 자료를 수집해야 하는 방대한 작업이었다. 그러므로 1933년 제정한 「한글마춤법 통일안」에서는 '외래어의 표기'도 '조선어 한글 표기법'의 일부분으로 보고, 그때까지 수렴한 의견을 종합하여 아래와 같이 기본 원칙만 명시할 수밖에 없었다.

ㅇ「한글마춤법 통일안」의 외래어 표기 규정
"제60항 외래어를 표기할 적에는 다음의 조건을 원칙으로 한다.
 (1) 새 문자나 부호를 쓰지 아니한다.
 (2) 표음주의를 취한다."

그러니 외래어 표기법 제정은 이 원칙에 따라 세부 규정을 작성하는 일이었다. 그런데 작업을 진행하다 보니, 조선어 외래어의 한글 표기만이 아니라,[57] 일본어 소리의 한글 표기, 조선어 소리의 로마자 표기, 조선어 소리의 국제음성기호 표기로까지 범위가 확대되었으며, 현실적인 요구와 개인적인 의견 제시도 많았다. 그런 만큼 수집하고, 참고하고, 검증하고, 대조할 사항이 더 많아졌으며,[58] 조선반도 밖의 연구 단체와 전문가의 도움도 받아야 했다.[59] 구체적인 작업은 책임 위원 중심으로 진행하였는데, 그들은 기회가 되는 대로 내용을 공개하고 의견을 수렴하였다. 예컨대 1935년 6월 29일의 조선음성학회[60] 제1회 공개 강연회에서, 정인섭과 이극로는 각각 '만국음성학회에 대하여', '고유명사와 외래어 표기법에 대하여'라는 제목으로 강연하였다(동아일보 1935.06.29).

그렇게 연구와 협의를 거듭하여 마침내 1938년 가을에 이르러 「외래어표기법 통일안」을 비롯하여, 「일본어음 표기법」, 「조선어음 羅馬字라마자 표기법」, 「조선어음 만국음성기호 표기법」의 원안

---

57 이극로의 진술에 의하면, 출발 단계에서는 "일반 외래어와 외국 고유명사의 통일과 정리"(동아일보 1938.01.03) 작업으로 접근한 듯하다.

58 그 사이에 I.P.A.가 개정되고 1936년 6월에는 일본 문부성에서 「가나문자의 로마자 표기법」을 제정하였다.

59 가까이로는 조선음성학회, 일본음성학협회, 각종 기관의 음성과학 전문가들과, 멀리는 국제음성학협회(I.P.A.), 세계 언어학자 대회, 국제 실험음성과학 대회, 세계 음운학 대회 등, 권위 있는 음성학 연구 단체의 지혜를 빌렸다. 그리고 26개 나라의 48명 외국인에게 의견을 묻고 조언을 받았다. 그 중에는 존스, 매큔, 예스페르센, 칼그렌, 트루베츠코이 교수와 시인 예이츠도 있었다 (조선어학회 1941.01. 머리말).

60 조선음성학회는 1935년 4월 24일에 발족하였으며, 당시에는 조선어학회 회관(화동 129번지)에 사무실을 두었다(조선중앙일보 1935.04.26).

을 전체적으로 완성하였다. 한편으로 실용상의 완벽을 기하기 위하여, 조선어학회 편집부에 넘겨서 조선어학회의 간행물에 실제로 적용하여 보기도 하였다.[61] 2년 동안 시험해 본 결과 원안에 큰 문제가 없음을 확인하고, 1940년 봄에는 네 가지 표기법의 전문을 등사하여 언론계·교육계·문필계 등 각 방면의 명사 300여 명에게 보내어 기탄없는 비평과 정정을 구하였다. 그런 절차를 통하여 얻은 내용들을 참작하여 다시 연마하고 보완하였다.

뜻을 세운 지 10년 만인 1940년 6월 25일, 임시 총회에서 「외래어표기법 통일안」을 비롯한 네 가지 표기법을 확정하였다. 그해 9월 9일 총독부의 '출판 허가'를 얻어 인쇄에 부쳤으며, 다음해 1941년 1월 15일 『외래어표기법 통일안』이란 이름으로 간행하였다. 이름대로 그것은 「외래어표기법 통일안」이 중심이지만, 「일본어음 표기법」, 「조선어음 라마자 표기법」, 「조선어음 만국음성기호 표기법」도 후반부에 '부록'이란 이름으로 수록하였다.

그 표기법과 책이 세상에 나오기까지에는 많은 사람의 수고가 있었다. 3명의 책임 위원 외에도 정인승, 이중화, 최현배, 함병업 (보성전문 교수), 김선기 등은 처음부터 직접 관여해서 자료를 제공하고 심의에도 적극 참여하였다. 동아일보사 부사장 장덕수, 매일 신보사 학예부장 조용만, 조선일보사 출판부 주임 함대훈, 고베(神戶) 브라질 총영사관 서기 문창준 등의 적극적인 협조가 있었으며, 경기도 시학(오늘날의 장학관)으로 있던 이호성이 연구·심의 과정

---

61 일제가 그 무렵부터 조선어 말살 정책을 쓰기 시작하고 언론을 심히 탄압한 탓으로, 당시의 각 신문은 물론이요 심지어 기관지 『한글』에도 원안을 소개하지 못하였다.

에서 많은 편의를 제공해 주었다. 그리고 책의 간행에는 이하원이 특별한 후의를 베풀어 주었고, 대동인쇄소에서 쉽지 않은 인쇄 공정에 관하여 모든 편의를 도모하여 주었다.

『외래어표기법 통일안』에 수록된 4가지 표기법은 한겨레 공동체가 오랫동안 공들이고 공론의 과정을 거쳐 이루어 낸, 각 분야 최초의 표기법이었다. 「외래어표기법 통일안」과 「일본어음 표기법」이 제정됨으로써 조선어사전의 원고 작성이 마무리 단계로 접어들 수 있었다. 그 이후 대한민국 정부(문교부) 차원에서 '한국어 외래어의 한글 표기법'을 제정할 때에도 이 「외래어표기법 통일안」과 「일본어음 표기법」이 출발점이 되고 기초가 되었다. 현행 「국어의 로마자 표기법(2000)」도 「조선어음 라마자 표기법」으로부터 변천해 온 것이다.

5. 조선어 표준말 사정

「한글마춤법 통일안(1933)」의 제정으로 조선어철자 통일 사업을 매듭지은 조선어학회에서는 1년 남짓 그 보급에 힘썼다. 그리고 1935년부터 표준어 사정 사업을 본격화하였다. 당시의 '표준어 사정査定'이란 같은 또래의 낱말이 여럿인 경우에 그것들을 심사하여 표준 낱말을 정하는 것으로, 사전을 편찬하려면 꼭 필요한 과정인데, 몇 사람으로 해낼 수 있는 일이 아니었다. 한겨레말의 역사에서 일찍이 그런 작업은 없었다. 조선어학회에서 그때 처음 시도했으니, 시작에서부터 끝낸 때까지의 과정을 정리하면 다음과 같다.

○표준어 사정의 과정

1934년 12월 2일 임시 총회를 소집하여, 표준어 관련 어휘 4,000여
  개를 심사하기 위하여 '조선어 표준어 사정 위원회'를 구성하기
  로 결의하고, 위원 선정은 집행부에 위임하다. 며칠 후 집행부
  에서 위원 40명을 선정하여 위촉하다.

1935년 1월 2~6일(4박 5일), 위원회 전체회의(제1 독회)를 열어 '초안
  草案'을 심사하고, 수정 위원 16명을 선정하여 정리를 맡기다.

1935년 1월 7일 이후 수정위원회는 10여 차례의 회의를 거쳐 제1
  독회의 결과를 반영하여 '수정안'을 작성하다.

1935년 7월, 제2 독회를 앞두고 위원 30명을 추가 선정하다.

1935년 8월 5~9일(4박 5일), 위원회 전체회의(제2 독회)를 열어 '수정
  안'을 심사하고, 수정 위원 25명을 선정하여 그 이후의 일을
  맡기다.

1935년 8월 10일 이후 수정위원회는 수정안을 정리한 '임시 사정안'
  을 인쇄하여 439군데 보내어 비평과 의견을 구하고, 그 결과를
  반영하여 '사정안査定案'을 작성하다.

1936년 7월, 제3 독회를 앞두고 위원에 3명을 추가하다.

1936년 7월 30일~8월 1일(2박 3일), 위원회 전체회의(제3 독회)를
  열어 '사정안'을 심사하고, 수정 위원 11명을 선정하여 그 이후
  의 일을 일임하다.

1936년 8월 2일 이후 수정위원회는 사정안을 최종 정리하다.

1936년 한글날(10월 28일), 수정위원회에서 최종 정리한 내용을 『사
  정한 조선어 표준말 모음』으로 간행하다.

1934년 12월 2일 임시 총회를 소집하여, 수년 동안 수집하고
준비해 온 표준어 관련 어휘 4,000여 개를 공론화 과정을 거쳐
심사하기로 결의하였다. 심사할 기구로 '조선어 표준어 사정 위원
회'를 구성하며, 위원 선정의 기준으로 "① 조선어학회 회원으로

한정하지 않고 각계를 망라함. ② 도별道別로 안배하되 경성京城 및 경기 출신을 반수 이상으로 함."(조선어학회 1935.01:31)의 두 가지를 정하고, 위원 선정은 집행부에 위임하였다. ②의 기준을 둔 것은 표준어를 정하는 일이었기 때문이다.

조선어학회 집행부에서는 그러한 기준에 따라, 「한글마춤법 통일안(1933)」 제정 위원과 "철자 사전"[62] 편찬 위원을 기본으로 하고, 교육·종교·언론계 등 각계와 남녀 성별도 고려하여 40명으로 위원회를 구성하였다(조선어학회 1935.02:19). 경성 출신 10명에 경기도 출신이 9명이고, 그밖의 지역 출신이 21명이었다. 그밖의 21명은 함경도 2명, 평안도 3명, 황해도 2명, 강원도 3명, 충청도 3명, 경상도 6명, 전라도 2명이었다. 그 명단은 아래[63]와 같았으니, 직업별로는 교원이 절반을 넘었다.

○ 조선어 표준어 사정 위원(제1 독회 때)

권덕규(경기, 중동학교)	김극배(경북, 이화여고보)
김병제(경북, 배재고보)	김창제(충남, 이화여고보)
김윤경(경기, 배화여고보)	김형기(전북, 경신고보)
문세영(경성, 저술)	박현식(평남, 중동학교)
방신영(경성, 이화여전)	방종현(평북, 경성제대 대학원생)
백낙준(평북, 연희전문)	서항석(함남, 동아일보사)
신명균(경성, 중앙인서관)	신윤국(황해, 가사)
안재홍(경기, 저술)	윤복영(경성, 협성보통)

---

62 「통일안(1933)」을 발표한 뒤에 곧바로 조선어학회에서는 "철자 사전" 편찬 계획을 세웠다. 「통일안」에 따라 표기한, 5만 개 낱말을 보여 줄 복안이었던 듯한데, 실행하지 못하였다. 여러 사정이 있었을 것으로 짐작된다.

63 ( ) 속의 앞쪽은 출신 지역, 뒤쪽은 당시의 직장이나 직업이다.

이갑 (경기, 동아일보사)	이강래(충북, 개성 송도고보)
이극로(경남, 조선어사전편찬회)	이기윤(함남, 외국어학원)
이만규(강원, 배화여고보)	이명칠(경성, 저술)
이병기(전북, 휘문고보)	이세정(경성, 진명여고보)
이숙종(경성, 경성여상)	이운용(경성, 연희전문)
이윤재(경남, 한글사)	이탁 (경기, 정주 오산고보)
이태준(강원, 조선중앙일보사)	이호성(경기, 수송보통)
이희승(경기, 이화여전)	장지영(경성, 양정고보)
전필순(경기, 기독신보사)	정렬모(충북, 김천고보)
정인섭(경남, 연희전문)	차상찬(강원, 개벽사)
최현배(경남, 연희전문)	한징 (경성, 가사)
함대훈(황해, 조선일보사)	홍애스터(경기, 감리교회신학교)

제1 독회(전체회의)는 1935년 1월 2일, 한겨울에 충청남도 아산군 온양리(오늘날의 아산시 온양1동)에서 개회하였다. 위원 32명이 참석하여 온양관·삼성여관·제일여관에 나뉘어 묵었고, 회의 장소는 무료로 내어 준 영천의원과 온천예배당을 이용하였다. 모든 비용은 정세권이 부담해 주었다.

회의 진행은 김창제·안재홍·홍애스터·이희승이 번갈아 맡고, 초안 설명은 이윤재·김윤경·최현배·이극로가 맡았으며, 방종현·김병제·김형기·이갑이 기록을 맡았다. 회의 자료는 그동안 조선어사전편찬회와 조선어학회에서 정리하여 준비한 표준어(토박이낱말) 관련 낱말 4,000여 개였다(조선어학회 1935.02:19). 먼저 토의 방법을 이렇게 정하였다 : "① 토의는 공동으로 하되 표결권은 경성 및 경기 출신 위원만 갖는다. ② 결정한 것에 대하여 지방위원으로서 이의가 있을 때에는 그것을 재론하여 전수全數 가결로써 채용한다." 그러한 방법으로 4,000여 낱말을 심사하여 나갔다. 오전 9시부터 밤 10시까지, 오전·오후·밤의 세 마디로 나누어 회의를 진행하였다.

마지막 회의에서는 수정 위원 16명[64]을 뽑아 ① 사정한 부분에서 누락된 어휘가 있으면 보충하고, ② 사정한 결과에 모순되는 점이 있으면 지적하고, ③ 사정한 표준어의 체계를 세우는 등의 일을 맡겼다. 5일까지 열기로 한, 애초의 계획과 달리 하루를 넘겼음에도 4,000여 낱말을 모두 다루지 못했는데, 그 나머지 처리는 수정 위원에게 일임하고, 1월 6일[65] 오후 5시에 닷새 동안의 일정을 모두 마쳤다(조선어학회 1935.02:19~21).

제1 독회를 마친 후에 수정 위원들은 10여 차례 회의를 거듭하여 '초안'을 정리한 '수정안'을 마련하였다. 그 다음 단계로 수정안을 심사하기 위하여 제2 독회를 열어야 하는데, 회의 소집에 앞서 위원 30명을 추가로 선정하였다. 한겨레말의 공시태를 최대한 집약하려 한 조처였으니, 전체적으로 언어학계 밖의 인사를 보충하였다.

○조선어 표준어 사정 위원(제2 독회 때에 추가)

공탁　(경기, 고려시보사)　　　　구자옥(경성, 중앙기독교청년회)
김동환(함북, 삼천리사)　　　　　김두헌(전북, 불교전문)
김양수(전남, 가사)　　　　　　　김태원(충북, 야소교 서회)
김활란(경기, 이화여전)　　　　　김희상(경기, 개성 호수돈여숙)

---

64 김창제, 김형기, 김윤경, 방종현, 신윤국, 안재홍, 이극로, 이기윤, 이만규, 이숙종, 이윤재, 이호성, 이희승, 최현배, 한징, 홍애스터(愛施德).
65 『사정한 조선어 표준말 모음』의 머리말에는 '7일까지' 회의를 연 것으로 기록되어 있는데 사실과 다르다.

박윤진(경성, 불교전문)　　　　　　백상규(경성, 보성전문)

신인식(경성, 천주교당)　　　　　　안석주(경성, 조선일보사)

양주동(황해, 평양 숭실전문)　　　　염상섭(경성, 매일신보사)

옥선진(전남, 보성전문)　　　　　　유진오(경성, 보성전문)

유형기(평북, 감리회 교육국)　　　　윤일선(경성, 세브란스전문)

이관구(경성, 조선중앙일보사)　　　 이유웅(경성, 협성보통)

이원철(경성, 연희전문)　　　　　　이종린(경기, 천도교회)

이헌구(함남, 체신국)　　　　　　　장현식(전남, 가사)

정노식(전남, 가사)　　　　　　　　조기간(평북, 천도교 청년당)

조용만(경성, 세브란스전문)　　　　조용훈(경북, 평양 정진여고보)

조헌영(경북, 동양의약사)　　　　　최두선(경성, 보성전문)

　　그로써 전체 위원은 70명이 되었다. 경성 출신이 24명, 경기 출신
이 12명이었으며, 그밖의 지역 출신이 34명이었다. 그 34명은 함경
4명, 평안 5명, 황해 3명, 강원 3명, 충청 4명, 경상 8명, 전라 7명이었
으니, 대체로 인구수와 비례하는 수치였다(조선어학회 1935.09:8).

　　제2 독회는 경기도 고양군 숭인면 우이리(오늘날의 서울 강북구
우이동)에 있는 천도교 수도원修道院인 봉황각에서 1935년 8월 5일
부터 닷새 동안 열었다. 봉황각은 천도교에서 무료로 내주었으며,
그밖의 모든 비용은 한상억과 김도연이 부담해 주었다.

　　회의는 이종린·김창제·김희상·이희승이 번갈아 의장을 맡아
진행했으며, 방종현·이태준·김병제·김형기가 기록을 맡았다. 제
1 독회의 결과를 수정위원회에서 정리하여 내놓은 '수정안'을 제1
독회 때와 같은 방법으로 토의했으며, 9일의 마지막 회의에서는
수정 위원 25명[66]을 선정하여 회의 결과를 정리하게 하고, 11시

---

66 먼저의 16명에 김동환, 김양수, 김희상, 문세영, 윤복영, 이종린, 정노식,

30분에 폐회하였다.

제2 독회를 마친 이후, 수정 위원들은 약 1년 동안 작업하여 1936년 7월 '사정안査定案'을 완성하였다. 그것은 독회의 결과를 반영하여 우선 작성한 '임시 사정안'을 인쇄하여 사정 위원 전원과 교육·언론·종교계 인사, 문필가, 명사 등, 439명(몇 기관 포함)에게 보내어 비평과 의견을 구하여, 다시 수정하고 정리한 결과물이 었다(조선어학회 1936.10:1).

그 사정안을 제3 독회에 상정했는데, 그때에는 아래의 3명[67]을 위원으로 추가하였다.

○조선어 표준어 사정 위원(제3 독회 때에 추가)
이상춘(경기, 개성 송도고보)　　이중화(경성, 사전편찬원)
정인승(전북, 사전편찬원)

제3회 독회는 위원 32명이 참석한 가운데 1936년 7월 30일 경기도 인천부 우각리(오늘날의 인천시 동구 창영동)에 있는 제일공립보통학교 대강당에서 개회했는데, 1박 2일로 예정했던 회의가 2박 3일로 늘어났으며, 모든 비용은 정완규가 부담하여 주었다.

이만규·최현배·이유응李裕應·조용훈趙鏞薰이 주석단이 되고, 이윤재와 한징이 제안 설명을 맡았으며, 정인승·서항석·김윤경·문세영이 회의 내용을 기록하였다. 내용에 대한 토의를 마치고, 마지

조기간, 조헌영의 9명을 추가하였다.
67 3명의 선정 과정에 관한 기록은 없지만 『사정한 조선어 표준말 모음』 머리말에 이들을 포함하여 73명의 명단을 기록했으니, 이들이 위원이었음은 분명하다. 이중화와 정인승은 그때 조선어사전 편찬원으로서 편찬 실무를 한창 진행하고 있었으니 당연직으로 포함하였을 것이다.

표준어 사정 위원회 제3 독회에 참석한 위원들(1936년 8월 1일, 인천 제일공립보통학교).

1936년 10월 간행한 『사정한 조선어 표준말 모음』의 앞 표지.

막 회의에서는 사정 위원회를 해체한 후에 그 임무를 담당할 기구로서 '수정위원회'를 두기로 하고, 그 위원으로 11명[68]을 선정하였다. 그리고 수정위원회의 권한은 이렇게 정하였다 : "① 사정 위원회의 결의는 변경하지 못하되, 모순된 것이 있으면 수정할 것. ② 전문어는 각 전문가에게 조사하여 변경할 수 있음. ③ 미결 문제를 적당히 처리할 것. ④ 원안 중에서 새로운 제안이 있는 것을 처리할 것." 이와 같은 절차를 다 마치고 "조선어학회 만세!"를 삼창하고 폐회하니, 8월 1일 2시 25분이었다(조선어학회 1936.10:1~3).

그 후 3달 동안, 수정위원회에서는 모든 사항과 내용을 최종적으로 정리하고, 낱말들을 범주별로 분류하였다. 그리고 보니 사정한 어휘 수는 표준어 6,231개, 약어略語 134개, 비표준어 3,082개, 한자어 100개, 통틀어 9,547개[69]가 되었다.

---

68 문세영, 윤복영, 이강래, 이극로, 이만규, 이윤재, 이중화, 이희승, 장지영, 정인승, 최현배.

69 이것은 『사정한 조선어 표준말 모음』(1936.10)의 첫 장에 기록된 수치이다.

그렇게 정리한 어휘 목록을 1936년 한글날(10월 28일)에 『사정査
定한 조선어 표준말 모음』으로 간행하였다. 인쇄비는 김용기가 출
연出捐해 주었다. 조선어학회는 그 머리말에서 일반 사회를 향하여
아래와 같이 천명하고 요망하였다.

○『사정한 조선어 표준말 모음』의 머리말
"이 표준말의 査定사정은 토론에서 사정까지 가장 합리적 방법으
로 최선을 다하여 진력하였다. 아직 더 두고 조사 심의할 것이 없는
것도 아니나, 오늘날 세인의 이에 대한 요구가 切緊절긴한 것은 물론,
본회에서 현금 편찬 중에 있는 사전의 어휘 정리에 일시도 없어서는
안 될 것임을 살피어, 최후의 사정회가 끝난 뒤 석 달 동안 수정
위원은 주야 겸행으로 조금도 쉬지 않고 노력한 결과, 이것의 정리
修補수보와 전체에 亙긍한 체계를 세움에 이르렀다. 그리하여, 이제
한글 반포 제 사백 구십 회 기념일인 이 날로써 이를 發布발포하는
것이다. 이 수다한 낱말 중에는 하나의 흠절도 없이 잘 되었으리라고
는 단언하기 어려우리니, 이 표준말의 완벽은 우리 사회의 善意的선
의적 협동을 기다려서, 비로소 이루어질 것이라 생각한다. 만일 여기
에 조금이라도 흠절이 분명히 지적될 경우에는 적당한 기회에 바로
잡을 수 있을 것이다. 바라건대, 천하 인사는 이 표준말의 협동적
애용과 아울러, 일층 懇篤간독한 指教지교가 있기를 바란다." -조선어
학회 1936.10:머리말 3.

책의 간행에 맞추어 '사정한 표준말 발표식'을 가졌다. 식은 490
돌 한글날 오후 6시에 교육계, 종교계, 문예계, 언론계 등의 명사

그런데 이윤재(1936.12:6)에서는 "발표식(1936.10.28)에서 설명한 것"이라
면서도 표준어는 이보다 120개, 비표준어는 3개, 통틀어 123개가 적은 '9,424
개'로 기록하였다.

130여 명이 참석한 가운데 한글날 축하회와 겸하여 가졌다. 이극로가 '표준말 사정의 경과'를 보고하고, 이윤재가 '사정한 조선어 표준말'에 대한 내용을 설명하고, 안창호 등이 축사를 하였다(조선일보 1936.10.29). 사정한 표준말의 결과는 그렇게 세상에 공표되었다.

조선어학회의 표준어 사정에 대하여 언론기관에서도 여러 편의를 제공하는 한편, 깊은 관심을 가지고 보도하였다. 사건 보도만이 아니라 때마다 사설도 실었는데, 제3 독회에 즈음하여 게재한, 한 일간신문 사설의 한 대목을 올리면 아래와 같다.

> "동시에 이 사업이 오늘날 있게 된 것은 이 거족적 대사업에 先覺선각하고 다년 이 사업을 위하여 노력한 조선어학회와 및 조선어 연구에 진췌한 전문 연구가 제씨의 血汗혈한의 結晶결정으로 이루어진 것이니, 민족문화 사업을 위하여 바친 존귀한 노력과 그들이 조우한 선구자적 고난에 대하여 滿腔만강의 경의를 표하지 않을 수 없다."
> -『조선일보』1936.08.04.

위의 사설에서 '선구자적 고난'이라 한 바와 같이 그것은 한겨레 역사에서 처음 있는 일이기도 했지만, 현실적인 의의가 그에 못지 않았다. 「한글마춤법 통일안(1933)」 제정에 이어 낱말 사정까지 완료함으로써 조선어사전 편찬을 진행하는 데에 필요한, 커다란 두 바퀴를 모두 갖추게 된 것이었다. 그리고 특별히 기억해야 할 것은, 여러 면으로 자유롭지 못한 여건 속에서도 지역어의 실태를 최대한 반영하려 노력했고, 공론의 과정을 거치는 데에 소홀하지 않았다는 점이다.

6. 조선어 대사전의 편찬과 간행

6.1. 조선어학회로 업무 통합 : 편찬의 본격화

사전편찬회가 맡은 편찬 사업이 한계 상황(☞533쪽)에 놓이자, 조선어학회에서는 『말모이』의 전철을 밟지 않을까 염려하여, 사전 편찬회에 맡겼던 편찬 사업까지 온전히 떠안기로 하였다. 그런 사정은 당시에 펴낸 기관지 『한글』의 소식란에 잘 기록되어 있다.[70]

"조선어사전편찬회가 7년 전부터 창립되어 지금까지 꾸준히 편찬 을 계속하여 오던 터이다. 그런데 사전에 쓸 철자법과 표준어 등을 작정하는 것이 가장 필요로 알아, 조선어학회와 협동하여 수년 전부 터 이를 제정하기에 전력을 경주하여, 철자법 통일안은 이미 완성하 였고 표준어도 거의 끝나게 되므로, 지금은 하루바삐 편찬을 완성할 작정인데, 앞으로 약 삼사 년의 시일을 요하게 될 것이다. 그런데, 그 편찬회에서는 그 사이 유지의 찬조로 사업을 진행하여 벌써 다대 한 금전을 들였으며, 지금은 허다한 사정으로 말미암아 이 사업이 부득이 정체하게 되는 상태에 이르게 되었다.

조선어학회에서는 이 편찬 사업이 중지하게 될 것을 염려하여, 조선어사전편찬회로부터 인계를 받아 이것을 적극적으로 계속 진행

---

70 『조선말 큰사전』 제1권(1947.10)에 붙인 머리말에도 그러했던 사정을 이렇게 밝혀 놓았다 : "처음에는 조선어학회와 조선어사전편찬회가 두 날개가 되어, [줄임] 힘써 오다가 그 뒤에는 형편에 따라 조선어학회가 사전편찬회의 사업을 넘겨 맡게 되었으니, 이는 조선어학회가 특별한 재력과 계획이 있어서 가 아니라, 다만 까무러져 가는 사전편찬회의 최후를 그저 앉아 볼 수 없는 안타까운 심정과 뜨거운 정성이 있기 때문이었다."

하기로 하고 일찍 편찬회에 교섭이 있었던바, 편찬회에서는 무조건
으로 그 사업 전부를 조선어학회에 넘겨주자는 의견이 일치하였으
므로, 조선어학회에서 사월 일일부터 편찬에 착수하게 되었으며, 편
찬에 대한 경비는 유지 제씨로부터 부담하기로 하였다." -조선어학회
1936.04 : 5.

그렇게 편찬회는 발전적으로 해산하고 편찬 사업 일체를 조선어
학회가 넘겨받았다. 그날이 1936년 3월 20일이었다. 그리고 3년
동안에 편찬 작업을 완수할 것을 약속하고, 조선어사전편찬 후원
회로부터 경비 1만 원을 받기로 하였다(정인승 1956.12 : 16). 그 후
원회는 사전 편찬 사업을 재정적으로 뒷받침하기 위하여 1936년
3월 3일 경향 각지의 재력가들[71]로 비밀리에 조직한 것이었다.
　그렇게 새로운 계획으로 4월 1일부터 편찬 실무를 본격화하였
다. 그때부터 정인승이 편찬 주무主務를 맡았는데(☞④의 4.1), 이후
의 작업 내용이나 진행 상황은 그의 글 「사전 편찬에 관한 전반적
인 문제」를 통하여 짐작할 수 있다. 그것은 주무자로서 작업의
진행 상황을 회원과 사회에 보고한 내용이라 할 수 있는데, 요약하
여 올리면 다음과 같다.

---

71 대개는 '14명'으로 기록하였는데 『한글』 제36호(1936.08)의 알림 기사는
이러하다 : "이 편찬 사업을 위하야 특히 물질적으로 후원하여 주신 분들은
다음과 같다. 장현식, 이우식, 민영욱, 김양수, 김도연, 서민호, 신윤국, 림혁
규, 김종철, 이인". 거기에 기록된 사람은 14명이 아니라 10명이다. 최현배
(1957.10 : 8)에서도 이 10명만 거명했으며, 정인승(1957.10 : 23)에서도 10명
이라고 하였다. 실제로 금전을 원조한 분은 10명이었던 듯하다. (그런데,
그 14명 가운데 12명이 앞서 창립한 조선어사전편찬회에 관계하지 않은
사람들이었다. 다만, 이우식은 그 발기인과 위원과 회장을 맡았으며, 장현
식은 그 발기인이었다.)

◦사전 편찬에 관한 전반적인 문제

(가) 기초 공사의 네 가지 문제

1. 語材어재 수집에 관한 문제 : 조선어학회에서 편찬하는 사전은
   대체로 다음과 같은 범위를 목표로 한다.

   ㄱ. 일반 상용어 : 빠짐없이 망라할 것이다.

   ㄴ. 전문 용어 : 될 수 있는 대로 빼지 않고 수용할 것이다.

   ㄷ. 고어 : 사정이 허락하는 데까지 수록할 것이다.

   ㄹ. 지방어 : 상당한 가치가 있는 것은 모두 수록할 것이다.

   ㅁ. 외래어 : 들어온 시기를 불문하고 조사 검토하여 현대 생활에
      부득이 써야 할 것에 한하여 수용할 것이다.

2. 표준어 査定사정에 관한 문제 : "표준말은 대체로 현재 중류 사회
   에서 쓰는 서울말로 한다."는 원칙 아래 각개의 語辭어사를 일일
   이 조사 검토하여 그 발음, 意義의의, 용례 들의 비교, 대조, 관련,
   분합 등에 의하여 하나씩 하나씩 표준 비표준을 사정하여 나가
   는 중이다. 표준어 결정의 문제를 전체적으로 말하면 다음과
   같다.

   ㄱ. 서울을 중심으로 한 중류 사회에서 현재 常用상용하는 것을
      대체로 표준하며, 될 수 있는 대로 규범있게 쓰이는 것을
      취한다.

   ㄴ. 서울 중류 사회의 現用語현용어로서 불완전하거나 불비한 곳
      은 표준어를 어떻게 보충할 것이냐가 문제이다.

   ㄷ. 新事物신사물이 나날이 늘어 가므로 부득이 새 술어를 지어내
      거나 외래어를 사용할 필요가 생기는데, 이러한 때에 특히
      신중한 考究고구와 방법으로써 하지 않으면 안 된다.

3. 철자법 통일에 관한 문제 : 「한글마춤법 통일안」을 내놓게 됨으
   로써 일단의 해결을 보게 되었다.

4. 語辭어사의 분류에 관한 문제

   ㄱ. 품사 분류

   ㄴ. 복합어의 通則통칙 성립

ㄷ. 용언의 활용법 확정

ㄹ. 頭尾辭두미사 및 토의 類別유별 정돈

(나) 실무 공사의 세 가지 문제

1. 語意어의 註解주해에 관한 문제 : 사전의 모든 문제 중에 가장 중요한 실질적 사명이 주해에 있다. '嚴正엄정 精確정확'이 주해의 主旨주지가 되어야 하나니 그 요항을 대강 말하면 다음과 같다.

ㄱ. 어사의 형태를 的確적확히 명시할 것

ㄴ. 어의의 설명을 정확하게 할 것

ㄷ. 필요에 의하여는 삽화나 表式표식 같은 것을 제시할 것

2. 어사의 배열에 관한 문제 : 語源어원 중심, 字形자형 중심, 字音자음 본위의 배열법이 있는데, 자형 중심의 배열법이 장점이 많다.

3. 편찬의 체재에 관한 문제 : 실질적인 문제는 아니고 외형에 속하는 사항이지만, 사전의 실용상 가치를 많이 좌우하는 것이라 결코 경시할 문제가 아니니, 대개 다음과 같은 것들이다.

ㄱ. 기재 방식 : 橫횡·從종 讀式독식의 선택, 段단의 수효, 삽화나 표식 등의 양식

ㄴ. 字體자체와 부호

ㄷ. 목차와 범례

ㄹ. 인쇄 공사 : 판의 크기, 字樣자양의 선명, 교열의 정확, 제본의 완미

- 정인승 1936.08 : 1~7(간추림).

사전 편찬과 간행에 관한 사항을 일일이 열거하며, 각 사항에 따라 내용, 범위, 진행 상황, 목표점, 기준, 유의점 등을 밝히거나 보고하고 있다. 주무자로서 세세하면서도 균형 있게 전체를 조감하고 있는 정인승의 인식과 균형 감각을 엿볼 수 있다. 그는 끝까지 주무를 맡았으며, 이후의 작업은 그러한 전체그림 속에서 차근차근 진행하였다.

통합 직후의 전임專任 편찬원은 이윤재, 이극로, 이중화, 정인승, 그리고 한징[72]이었다. 뒤이어 권승욱,[73] 권덕규를 차례대로 증원하였으며, 그리고 1941년 4월 23일에는 정태진[74]이 합류하였다. 제각기 사전 작업에 참여한 기간은 아래—이윤재·이극로의 경우는 사전 편찬회 시기까지 소급—와 같다.

　○통합(1936.04) 이후의 전임 편찬원
　이윤재 1931.01.~1937.06.[75]　　이극로 1931.01.~1948.04.[76]
　이중화 1936.04.~1950.09.[77]　　정인승 1936.04.~1960.04.

---

72 당시 주무였던 정인승은 후일 "1936년 4월 1일. 5명의 새로운 편찬 진용을 갖추어"(1956.12:16)라고 하였다. 한징을 포함하여 5명이라 한 것이다. 그런데, 당시의 「조선어학회 소식」에서는 "한징 님. 본회 사전 편찬원으로 1937년 9월부터 근무하다."(조선어학회 1937.09:5)라고 알렸다. 조선중앙일보사(☞ 532쪽의 각주 29)를 그만두고 조선어학회로 옮겼다는 것이 되는데, 시점이 정인승의 기록과 다르다. 이상인이 쓴, 조선어학회 방문기(1937.02:27)로 볼 때에, 한징은 1936년 4월부터 조선중앙일보사와 조선어학회의 일을 겸임하다가 1937년 9월 조선어학회 전속으로 옮긴 것으로 추정된다.

73 권승욱은 고창고보 스승인 정인승의 뒤를 따른 것이었다(권승욱 1957. 10:26).

74 정태진은 연희전문학교 동기인 정인승의 권유로 합류하였다(☞ 342쪽의 각주 14).

75 이윤재는 1937년 6월 '수양동우회 사건'으로 구속되어, 서대문형무소에서 1년 반 동안 옥고를 치렀다. 1939년 10월 출옥했는데, 그 후로는 대동출판사와 기독신문사(주필)에서 일하였다.

76 이극로는 정당 대표의 일원으로, 1948년 4월 평양에서 열린 남북 협상 회의에 참석했다가 서울로 돌아오지 않았으며, 7월 11일자로 조선어학회 이사 사직서를 보내왔다.

77 이중화는 6·25 전쟁 초기에 납북되었다. 1881년 한성에서 태어났으며, 흥화학교 영어과에 제1회로 입학하여 우수한 성적으로 졸업하였다. 청년학원 교사로 1년 넘게 한힌샘 주시경과 함께 근무했으며, 배재고보에서 10여 년 교편을 잡았다.

한징   1936.04.~1942.09.   권승욱 1937.06.~1960.04.
권덕규 1938.07.~ ?.[78]   정태진 1941.04.~1952.11.[79]

이윤재와 한징은 8·15 이전, 조선어학회 수난으로 함흥형무소에서
숨졌으니(☞6.3), 이들 편찬원 가운데 끝까지 함께하여 『(조선말)
큰사전』의 완간을 본 사람은 정인승과 권승욱뿐이었다.

6.2. 후원회의 추가 후원 및 이우식의 단독 후원

인력을 보강하여 새로운 다짐으로 편찬 작업에 박차를 가하였다.
그러는 중에 시간은 쏜살같이 흘러 1939년 3월, 어느덧 후원회와
약속한 3년이 되고, 준비금 1만 원은 바닥이 났다. 그럼에도 낱말카
드 작성, 곧 개별 낱말에 대한 풀이는 절반에도 이르지 못한 지경이
었다. 그렇게 되니 고맙게도 재정 후원자들이 1년 동안의 자금으로
다시 3천 원을 마련해 줌으로써 사업을 계속할 수 있었다.

여름부터는 작업 방식을 바꾸었다. 풀이가 미완인 채로 낱말카
드 전체의 차례를 잡고, 첫 올림말(표제어) 'ㄱ'의 카드부터 차례대
로 그 내용을 원고용지에 옮겨 썼다. 그런 작업을 총급히 서둘러
12월에는 전반부의 원고(전체의 약 1/3)를 조선총독부 도서과에 제
출하였다. '출판 허가'를 신청한 것이다. 조선어 말살 정책의 험악

---

78 권덕규는 『말모이』 편찬의 일원이었다(☞517쪽). 조선어학회의 사전 편찬에
   는 1~2년쯤 참여한 것으로 추정된다. 중풍으로 거동이 불편해졌기 때문인데,
   그 질병으로 조선어학회 수난 때에는 구속을 면하였다. 1950년 3월 집을
   나간 후로 귀가하지 않았는데, 실종사한 것으로 짐작하였다.
79 정태진은 6·25 전쟁의 총성 속에서 교정 작업에 매달리다가 불의의 교통
   사고로 숨졌다(☞ 6의 2.3).

한 분위기 속에서, 여러 곳의 삭제와 고침을 조건으로 간신히 허가를 받아 내었다. 1940년 3월 13일의 일이었다(조선어학회 1947.10ㄴ, 정인승 1956.12:16).

하지만 갈 길은 아득했다. 전체의 2/3에 달하는 나머지 낱말을 풀이하고 원고를 작성하여 또 출판 허가를 받아야 했다. 허가를 받은 원고는 인쇄소에 넘겨 조판해야 하고, 조판한 것은 교정지를 뽑아 몇 번의 교정을 보아야 하고, 그런 후에 인쇄와 제책의 과정을 거쳐야 비로소 책이 되는 것이다. 그렇게 여러 단계가 남았는데, 연장한 1년은 금방 지나고 1940년 봄이 되었다. 하지만 다시 후원회를 통하여 재정을 마련하기는 어려운 상황이었다. 또 다시 사전 사업이 중단될 위기였다. 상황이 그렇게 되자, 학회 임원과 편찬원의 비장한 열의에 감명한 이우식이 혼자서 경비(매달 250원)를 부담하겠다고 약속해 주었다.

그 희생적인 약속에 보답하는 마음으로 편찬원들은 만사를 제쳐 두고 밤낮으로 어휘 풀이에 매달렸다. 한편으로 출판 단계에 돌입했으니, 출판 허가를 받은 원고는 3월에 대동인쇄소[80]로 넘겨 조판하게 하였다. 9월에는, 나머지 낱말의 초벌 풀이를 거의 다 끝냈으며, 인쇄소로부터 전반부 200여 쪽의 교정쇄를 받아 교정에 착수하였다. 모든 관련자들은 멀지 않아 탄생할 조선어사전을 고대하고 있었다(정인승 1956.12:17, 1957.10:24).

---

80 대동인쇄소의 주인은 노성석이었는데, 그는 서점을 겸한 출판사로 '박문서관'도 운영하였다. 그런 까닭에 '대동출판사'니 '박문출판사'니 하는 이름들이 혼용되었다.

6.3. 조선어학회 수난의 암흑

사전의 탄생을 고대하며 저마다 일에 몰두하고 있는데, 편찬원 정태진 앞으로 '증인 소환장'이 날아들었다. 함경남도 홍원경찰서에서 보낸 것이었다. 그에 응하여 정태진이 홍원경찰서로 출석한 것은 1942년 9월 5일이었다.

그런데 일은 거기서 그치지 않았다. 10월 1일부터 여러 차례에 걸쳐 조선어학회의 임원과 편찬원 전원, 사전편찬회·사전편찬후원회·학회의 여러 회원, 그리고 그 가족이나 친지들이 붙잡혀 가거나 불려 갔다. 그로써 사전 편찬을 비롯하여 학회의 모든 업무는 중단되었다. 많은 사람이 이루 말할 수 없는 고초와 수모를 겪었으며, 이윤재와 한징은 목숨까지 잃었다.[81] '조선어학회 수난'이었다(☞ ④4.3, ⑥2.1). 나중에 알았지만, 10여 년 피땀으로 작성한 사전 원고까지 없어지고 말았다.

6.4. 『(조선말) 큰사전』 발행

1945년 8월, 한겨레는 마침내 주권을 되찾았다. 고문과 감옥살이로[82] 허약해진 몸을 쉬일 새도 없이 조선어학회 사람들은 다시

---

81 이윤재와 한징은 각각 1943년 12월 8일과 1944년 2월 22일에 돌아갔는데, 나이도 한두 살 차이다. 일찍이 계명구락부의 조선어사전 편찬부에서도 함께 일했으니, 그 인연이 보통을 넘는다.

82 일본 경찰에 붙잡혀 갔던 사람 대다수는 이러저러한 사유로 차례대로 풀려났으나, 이극로·최현배·이희승·정인승은 8·15 광복이 되어서야 감옥을 나설 수 있었다.

모여 주변을 수습하였다. 그리고 잃어버렸던 조선어사전 원고를 서울역 화물 창고에서 발견하여, 전면적으로 검토하고 수정하였다. 이제 그 원고로 책을 만들어야 하는데, 물자는 귀하고 워낙 방대한 사업이라 선뜻 나서는 출판사가 없었다. 을유문화사를 물색하여 요청과 호소를 거듭한 끝에 1947년 5월 어렵게 출판 계약을 하게 되었다. 그리하여 을유문화사에 원고를 넘겼고, 마침내『조선말 큰사전』첫째 권(ㄱ~깊)을 1947년 한글날(10월 9일)에 발행하였다.

그『조선말 큰사전』의 머리말은 아래와 같이 시작한다.

ㅇ『조선말 큰사전』의 머리말

"말은 사람의 특징이요, 겨레의 보람이요, 문화의 표상이다. 조선 말은 우리 겨레가 반만년 역사적 생활에서 문화 활동을 말미암던 길이요, 연장이요, 또 그 결과다. 그 낱낱의 말은 다 우리의 무수한 조상들이 잇고 이어 보태고 다듬어서 우리에게 물려준 거룩한 보배다. 그러므로 우리 말은 곧 우리 겨레가 가진 정신적 및 물질적 재산의 총목록이라 할 수 있으니, 우리는 이 말을 떠나서는 하루 한때라도 살 수 없는 것이다."

곡절이 많은 사전이기에 담을 내용도 많아 여섯 단락을 더 쓰고, 다음과 같이 끝을 맺었다.

"돌아보건대, 스무 해 전에 사전 편찬을 시작한 것은 조상의 끼친 문화재를 모아 보존하여, 저 일본의 포학한 동화 정책에 소멸됨을 면하여 써 자손 만대에 전하고자 하던 일에 악운이 갈수록 짓궂어, 그 소극적 기도조차 위태한 지경에 빠지기 몇 번이었던가? 이제 그 아홉 죽음에서 한 삶을 얻고 보니, 때는 엄동 설한이 지나간 봄철이요, 침침칠야가 밝아진 아침이라, 광명이 사방에 가득하고 생명이 천지에 약동한다. 인제는 이 책이 다만 앞사람의 유산을 찾는 도움이 됨에 그치지 아니하고, 나아가 민족 문화를 창조하는 활동의 이로운 연장이 되며, 또 그 창조된 문화재를 거두어들여, 앞으로 자꾸 충실해 가는 보배로운 곳집이 되기를 바라 말지 아니한다.

끝으로, 이 사업 진행의 자세한 경과는 따로 밝히기로 하고, 여기에는 다만 이 사업을 찬조하며 후원하여 주신 여러 분에게 삼가 감사의 인사를 드리는 바이다.

기원 4280(서기 1947)년 한글날

조선어학회"

하지만 또 난관이 기다리고 있었다. 첫째 권에 이어, 조판을 끝낸 둘째 권을 인쇄해야 함에도 발행처인 을유문화사가 인쇄·출판에 필요한 물자를 구하지 못하는 것이었다. 당초의 계획대로 사전을 발행하려면 많은 양의 고급 물자가 필요한데, 8·15 직후의 한반도 안에서 그것을 조달할 수가 없었다. 그렇게 되자 학회가 직접 밖으로 눈을 돌려 조달 방안을 찾아 나섰고, 어려운 과정을 거쳐 1948년 7월 미국의 록펠러재단으로부터 '4만 5천 달러어치의 물자를 원조하겠다'는 약속을 얻어 내었다. 둘째 권부터 여섯째 권까지를 20,000책씩 발행하는 데에 필요한 각종 물자(종이, 잉크, 천, 금박끈, 실 따위)를 사서 보내겠다는 것이었다. 그 물자의 일부는 1948년 12월 부산항으로, 나머지는 모두 1949년 2월 인천항으로 들어왔다.[83] 그리하여 첫째 권 발행 이후 거의 2년이 지난 1949년 5월

---

83 이강로(1972.04:124)에 따르면, 인천항으로 온 물자를 인수하고 보니 종이가 기차 화물차 9칸, 인쇄용 잉크가 312개 드럼, 표지 제작용 천이 두 트럭, 금박끈이 거의 한 트럭이었다.

5일에야 둘째 권(ㄴ~ㅁ)을 발행할 수 있었다.

록펠러재단에 '1950년 안에 완간한다'는 약조를 했으므로 발행 작업에 더욱 박차를 가하였다. 1950년 6월 1일 셋째 권(ㅂ~숑)을 『큰사전』[84]이란 이름으로 발행하였고, 25일에는 넷째 권(수~잎)의 조판이 막 끝난 상황이었다. 그리고 다섯째 권(ㅈ~칭)은 인쇄소에서 조판을 기다리고 있었다. 여러 일이 순조롭게 진행되던 바로 그때에 뜻밖의 6·25 전쟁이 터졌으니, 학회 회관(을지로)은 불타고, 영등포 창고에 보관해 두었던 출판용 물자는 모두 없어지고 말았다. 학회는 1952년 봄 피란지 부산에서 록펠러재단에 피해 상황을 알리고 재원조를 요청하였더니, 12월 그 요청을 승낙하겠다고 회신해 주었다. 그리하여 전쟁 중이므로 물자를 안전하게 운송할 방법을 상의하고 있었다.

그런데, 1953년 4월 정부에서 느닷없이 '한글맞춤법 간소화'를 들고 나왔다. 한글맞춤법, 다시 말하면 「통일안」이 너무 어려우니까 간소화하겠다는 것으로, 이승만 대통령 개인의 생각과 지시에 따른 것이었다. 매우 퇴행적이고 비과학적인 내용이므로, 한글학회는 줄기차게 반대 운동을 펼쳤다. 그런 일로 정부에서는 한글학회를 밉게 보아 록펠러재단에 부정적인 견해를 전달했으니, 록펠러재단에서는 물자 보내기를 미루었다. 간소화 반대 운동은 2년

---

84 1949년 9월 25일 정기 총회에서 '조선어학회'라는 이름을 '한글학회'로 고쳤으니, 셋째 권부터는 사전 이름에서도 '조선말'을 지워야 했다. 조선어학회의 주역으로 장기간 활약한 이극로가 평양에 남아(☞각주 76) '조선민주주의인민공화국'의 장관이 되자 조선어학회를 오해하는 눈길이 생겨났으므로, 그 오해를 씻기 위하여 어쩔 수 없이 선택한 조처였다. 이미 『조선말 큰사전』이란 이름으로 발행한 첫째 권과 둘째 권도 6·25 전쟁 이후의 인쇄본은 모두 『큰사전』이란 이름으로 발행하였다.

『(조선말) 큰사전』은 간행하는 데에만 10년이 걸렸다. 1947년 한글날 제1권을 펴내고 1957년 한글날 제6권을 펴냈다. 그동안 수많은 한겨레가 목숨을 잃은 6·25 전쟁을 겪었으며, 학회의 이름도 바뀌고 책의 이름도 바뀌었다.

넘게 이어졌고, 그에 눌리어 대통령은 1955년 9월 19일 한글맞춤법 간소화를 추진하지 않겠다는 담화를 발표하였다.[85]

그렇게 한글맞춤법 간소화 논란이 정리되자, 1956년 4월 1일, 록펠러재단에서 보낸 '3만 6천 4백 달러어치의 물자를 보내겠다'는 통지문이 도착하였다. 이어서 물자는 9~11월 부산항으로 들어왔다. 그리하여 1957년 6월에 다섯째 권, 8월에 넷째 권을 발행하고, 한글날에 마지막 여섯째 권을 발행하였다.[86] 마침내 『큰사전』 3,558쪽('찾아보기' 114쪽 별도)을 완간한 것이었다. 오래도록 염원

---

85 그 일련의 과정을 '한글맞춤법 간소화 파동', 흔히는 줄여서 '한글 파동'이라 한다.
86 6·25로부터 『큰사전』 완간까지의 자세한 내용은 ④.4.4와 ⑥.2.3, 그리고 한글학회(2009.08:537~544)로 미룬다.

하던 '민족적 권위'를 가진, 그리고 우리 겨레의 머리와 손과 힘으로 이룩해 낸 겨레말 대사전을 겨레 앞에 바치었다.[87]

7. 맺음말

7.1. 조선어사전 편찬은 '국어연구학회' 시기로부터 '조선어연구회'에 이르기까지 조선어학회의 중요한 과업이었다. 그러나 초창기부터 나름대로 노력해 보았지만, 뚜렷한 성과를 내지 못하였다. 그것은 학회의 지력知力만으로는 달성하기 어려운 과업이었다.

마침내 1929년에 이르러 그 사업을 '민족의 총력'으로 추진하기로 하고, 한글날에 조선민족 각계의 명망가를 망라하여 조선어사전편찬회를 조직하였다. 그리하여 조선어학회와 조선어사전편찬회가 업무를 분담하여 새의 양 날개처럼 각각 일을 해 나갔다. 그러나 오래 가지 않아 자금 조달의 문제로 편찬회를 발전적으로 해산하고 사업 일체를 조선어학회로 일원화하여 새롭게 출발하였다. 그 때가 1936년 4월이었다.

그 후로도 여러 위기를 겪었다. 재정적인 어려움은 기본이요, 말로 다할 수 없는 '조선어학회 수난'까지 겪었고, 피 같은 원고를 잃어버린 순간도 있었으며, 민족 분단과 6·25 전쟁으로 큰 손실도

---

87 『큰사전』 완간 후에도 여러 사전을 편찬·발행하였다 : ∘1958년 6월 『중사전』 발행. ∘1960년 4월 『소사전』 발행. ∘1965년 4월 『중사전』을 수정한 『새한글사전』 발행. ∘1967년 1월 『큰사전』 보유補遺 사업 시작. ∘1992년 1월 보유 사업의 결과를 『우리말 큰사전』으로 발행.
상세한 내용은 한글학회(2009.08: 553~571)로 미룬다.

있었다. 하지만 절망하지 않고 편찬과 간행을 계속하였다. 그리하여 마침내 그토록 염원하던, '민족적 권위'를 가진 대사전을 간행하였다. 한겨레의 머리와 손과 힘으로 이루어 낸 한겨레말 대사전, 『(조선말) 큰사전』이었다. 그것은 한겨레 말글살이의 준거가 되었으며, 그 이후 모든 한국어사전의 본보기가 되고 출발점이 되었다.

조선어사전 편찬과 병행하여 「한글마춤법 통일안」, 「외래어표기법 통일안」, 「일본어음 표기법」 등도 제정하였다. 그 모두 한겨레의 자유 의지로 이루어 낸 '조선어의 한글 표기법'이며, 『(조선말) 큰사전』 탄생의 초석이 되었다. 특히 「한글맞춤법 통일안」은 한겨레말의 특성을 제대로 반영하고, 한겨레의 지혜를 결집한 표기법으로, 지금까지도 모든 교육의 기초가 되고 한국어 공동체의 공식 표기법이 되어 있다.

7.2. 어휘 수집과 표준어 사정査定, 각종 표기법의 제정, 대사전의 편찬과 간행, 그 하나하나가 방대한 사업이다. 그런데 조선어학회는 국권도 없는 상황에서, 한꺼번에 그런 일들을 성공적으로 해내었다. 제 한 몸 가누기도 어려운 질곡 속에서도 낱말을 모으고 가다듬고, 겨레말을 제대로 적는 표기법을 제정하여, 마침내 겨레말 큰사전을 완성하였다. 암흑 속에서도 겨레의 장래만 바라보며 반듯하고 원활한 말글살이의 기초를 묵묵히 신중하게 갖추어 나간 것이다. 그러한 혜안과 노력과 희생이 있었기에 8·15 광복과 동시에 한겨레는 시행착오 없이 겨레말 교육에 매진할 수 있었다.

또 하나 중요한 사실은 그 모든 일들을 광범위한 참여 속에서 진행했다는 점이다. 경향과 각계각층의 사람들을 여건과 능력에 따라 참여하게 했으며, 자유롭지 못한 여건 속에서도 공론公論의 과정을 거치는 데에 소홀하지 않았다. 그렇게 함으로써 온 겨레의 관심을 모으게 되고 신뢰와 공감을 얻게 되어, 마침내 어문 규범 갖추기를 성공적으로 해낼 수 있었던 것이다. 실로 조선어학회의 어문 규범 갖추기는 민족의 총력—지력知力, 금력金力, 심력心力이 조화롭게 융합된 결정체였다.

참고 문헌

1) 조선어학회~한글학회 생산 자료

조선어학회. 1932.05. 「회원 소식」. 『한글』제1호 36쪽. 조선어연구회.

조선어학회. 1933.03. 「本會본회 기사」. 『한글』제7호 296쪽. 조선어학회.

조선어학회. 1933.05. 「본회 기사」. 『한글』제8호 344쪽. 조선어학회.

조선어학회. 1933.08. 「본회 기사」. 『한글』제9호 377쪽. 조선어학회.

조선어학회. 1933.10. 『한글마춤법 통일안』. 조선어학회.

조선어학회. 1934.01. 「통일안」 발표 특집 자료. 『한글』제10호 381~412쪽. 조선어학회.

조선어학회. 1935.01. 「본회 기사」. 『한글』제3-1호(통권 20) 31쪽. 조선어학회.

조선어학회. 1935.02. 「표준어사정 위원회 회의 경과 略記약기」. 『한글』제3-2호(통권 21) 19~21쪽. 조선어학회.

조선어학회. 1935.09. 「표준어 사정 제2 독회」. 『한글』제3-7호(통권 26) 8~13쪽. 조선어학회.

조선어학회. 1936.02. 「조선어사전편찬회 취지서」. 『한글』제4-2호(통권 31) 7~8쪽. 조선어학회.

조선어학회. 1936.04. 「조선어학회의 신사업」. 『한글』제4-4호(통권 33) 5쪽. 조선어학회.

조선어학회. 1936.05. 「조선어학회 (소식)」. 『한글』제4-5호(통권 34)

22쪽. 조선어학회.

조선어학회. 1936.08. 「사전편찬회 소식」. 『한글』 제4-7호(통권 36) 31쪽. 조선어학회.

조선어학회. 1936.10. 「표준어 사정 최종 결의」. 『한글』 제4-9호(통권 38) 1~5쪽. 조선어학회.

조선어학회. 1936.10. 『사정한 조선어 표준말 모음』. 조선어학회.

조선어학회. 1937.09. 「조선어학회 소식」. 『한글』 제5-8호(통권 48) 5쪽. 조선어학회.

조선어학회. 1941.01. 「머리ㅅ말」. 『외래어 표기법 통일안』. 조선어학회.

조선어학회. 1941.01. 『외래어 표기법 통일안』. 조선어학회.

조선어학회. 1947.10ㄱ. 「머리말」. 『조선말 큰사전』 제1권. 조선어학회.

조선어학회. 1947.10ㄴ. 「편찬의 경과」. 『조선말 큰사전』 제1권. 조선어학회.

조선어학회. 1947.10ㄷ. 『조선말 큰 사전』 제1권. 조선어학회.

한글사. 1927.02. 「첨내는말」. 동인지 『한글』 제1호 1~2쪽. 한글사.

한글학회. 1971.12. 『한글학회 50년사』. 한글학회.

한글학회. 1989.07. 『한글맞춤법 통일안 1933~1980』〔영인 합본〕. 한글학회.

한글학회. 2009.08. 『한글학회 100년사』. 한글학회.

2) 신문·잡지 기사

계명구락부. 1931.01.12. 「朝鮮語辭典조선어사전 편찬 경과의 槪略개략」. 『계명』 제21호 제13면. 계명구락부.

동아일보. 1927.06.06. 「朝鮮語辭典조선어사전 編纂편찬, 시내 인사동 계명구락부에서」. 『동아일보』 제2428호 제2면.

동아일보. 1929.07.28. 「조선어연구회 철자법 강습회」. 『동아일보』 제3211호 제2면.

동아일보. 1929.11.02. 「사설 | 조선어사전편찬회의 창립 - 문화사 상의 一大事일대사 - 」. 『동아일보』 제3308호 제1면.

동아일보. 1929.11.02. 「사회 각계 유지 망라 조선어사전편찬회」. 『동아일보』 제3308호 제2면.

동아일보. 1929.11.15. 「개인의 단독 수집으로 완성된 9만여 어휘 – 松高송고 이상춘 씨의 心血심혈 結晶결정 –」. 『동아일보』 제3308호 제2면.

동아일보. 1930.02.14. 「改訂개정 綴字法철자법 통과 – 금일 중추원 회의에서 –」. 『동아일보』 제3412호 제2면.

동아일보. 1931.01.09. 「조선사전편찬회 위원회」. 『동아일보』 제3603호 제2면.

동아일보. 1931.01.12. 「조선어연구회 定摠정총, 금년 사업 등 결정」. 『동아일보』 제3606호 제2면.

동아일보. 1931.01.26. 「조선문 통일의 전제로 한자 외국어 등 정리」. 『동아일보』 제3620호 제2면.

동아일보. 1933.10.22. 「사설 | 한글 통일안의 완성을 듣고」. 『동아일보』 제4620호 석간 제1면.

동아일보. 1935.06.29. 「조선음성학회 제1회 공개 강좌」. 『동아일보』 제5235호 석간 제2면.

동아일보. 1935.07.13. 「조선어학회에 新회관 제공」. 『동아일보』 제5249호 석간 제3면.

동아일보. 1948.05.06. 「歸南귀남한 양 김씨」. 『동아일보』 제7583호 제1면.

동아일보. 1953.10.09. 「『우리말 사전』 發行발행 중단 – 總理총리 訓令훈령 여파로 –」. 『동아일보』 제9360호 제2면.

동아일보. 1960.02.21. 「우리말 위하다 희생된 한징 선생」. 『동아일보』 제11643호 조간 제4면.

매일신보. 1927.06.09. 「문화사상 획기적 사업 조선어사전을 편찬 – 계명구락부에서 계속 판찬할 터 –」. 『每日申報』 제7087호 제3면.

신민사 편집부. 1927.03. 「在재京城경성 중요 단체 現狀현상 조사표」. 『新民』 제23호 47~73쪽. 신민사.

신한민보. 1928.08.30. 「국어가 민족의 싱명」. 『新韓民報』 제1093호 제1~2면.

조선일보. 1925.04.14. 「임박한 記者기자 대회」. 『조선일보』 제1678호 석간 제2면.

조선일보. 1929.07.31. 「조선문 철자법 강연 성황」. 『조선일보』 제3073호
　　제2면.

조선일보. 1929.11.02. 「가갸날 기념 성대 – 조선어사전 편찬을 發起발기 –」.
　　『조선일보』 제3167호 제2면.

조선일보. 1931.01.08. 「사전편찬회 위원을 增選증선」. 『조선일보』 제3599
　　호 제2면.

조선일보. 1931.01.12. 「조선어학회 5대 사업」. 『조선일보』 제3603호
　　제3면.

조선일보. 1931.01.26. 「한자 제한과 외국어음 조사 – 조선어학회 연구
　　진행 –」. 『조선일보』 제3617호 석간 제3면.

조선일보. 1936.08.04. 「사설 | 한글운동의 획기적 수확」. 『조선일보』 제
　　5463호 조간 제1면.

조선일보. 1936.10.09. 「인사」. 『조선일보』 제5529호 석간 제1면.

조선일보. 1936.10.29. 「73명 위원이 3년간 수집 査定사정 – 조선어 표준어
　　발표 –」. 『조선일보』 제5548호 석간 제2면.

조선일보. 1940.06.08. 「외래어 표기법 등 4종 발표」. 『조선일보』 제6859
　　호 석간 제2면.

조선일보. 1963.11.05. 「국문학 연구에 새 자료 발견」. 『조선일보』 제13081
　　호 제5면.

조선중앙일보. 1935.04.26. 「조선음성학회 24일에 發會발회」. 『조선중앙
　　일보』 제2562호 제2면.

중앙일보. 1932.12.29. 「한글철자 문제 토의 위원회 개회」. 『중앙일보』
　　제1714호 제3면.

중외일보. 1929.11.02. 「정음 반포 400載재에 사전 편찬의 大計대계」.
　　『중외일보』 제1019호 제2면.

3) 개인 논저

강희근. 2011.02.21/28. 「경남 수필의 선구자 박민기 (8)/(9)」. 『경남일보』

제16845/16850호 제10면.

권덕규. 1935.11.21. 「저렁이를 보고 韋觀_{위관}을 생각하며」. 『매일신보』 제10125호 제1면.

권승욱. 1957.10. 「『큰사전』 편찬을 마치고」. 『한글』 제122호 26~28쪽. 한글학회.

김두봉. 1916.04. 『조선말본』. 경성 : 신문관.

김민수. 1985.04. 「대한국어문법 해설」. 『역대 한국 문법 대계』 제1부 제3책. 탑출판사.

김선기. 1973.12. 「한뫼 선생의 한글 운동과 독립 활동」. 『나라사랑』 제13집 30~51쪽. 외솔회.

김선기. 1977.03. 「국어 운동, 한글학회의 발자취」. 『나라사랑』 제26집 33~43쪽. 외솔회.

김윤경. 1938/1954. 『한국 문자 급 어학사』. 동국문화사.

김일성. 1998.06. 『김일성 동지 회고록 ∣ 세기와 더불어(계승본) 8』. 조선로동당출판사.

리봉운. 1897.01. 『국문國文정리正理』. 경성 묘동 국문국. *김민수·하동호·고영근 엮음의 『역대 한국 문법 대계』 제2부 제2책(1985.04).

리의도. 1997.09. 「건재 정인승 선생의 애국 운동」. 『나라사랑』 제95집 106~124쪽. 외솔회.

리의도. 2002.06. 「잡지 『한글』의 발전사」. 『한글』 제256호 243~291쪽. 한글학회.

리의도. 2006.09. 「한글날의 발전사」. 『한글』 제273호 7~48쪽. 한글학회.

리의도. 2007.11. 「무돌 김선기 선생의 한글운동과 말글정책론 연구」. 『한국학 논집』 제42집 69~123쪽. 한양대학교 한국학연구소.

리의도. 2011.05. 「한국어 한글 표기법의 역사적 흐름」. 『전국 국어학 학술대회 자료집』 25~64쪽. 한글학회,

리의도. 2011.08. 「한글 노래의 변천사」. 『국어교육 연구』 제49집 329~360쪽. 국어교육학회.

리의도. 2013.09. 「한국어 한글 표기법의 변천」. 『한글』 제301호 143~218쪽. 한글학회.

박지홍. 1960.12.09. 「환산 이윤재 선생 17周忌주기를 맞아」. 『동아일보』
　　제11935호 조간 제4면.

신경숙. 2010.10. 「위관 이용기의 저술 활동과 조선적인 것의 추구」.
　　『어문논집』 제62집 61~90쪽. 민족어문학회.

신유철. 1937.02. 「조선어학회 방문기」. 『한글』 제5-2호(통권 42) 28~29쪽.
　　조선어학회.

안재홍. 1936.03.26. 「조선어사전 완성론－篤志독지 有力者유력자에게 寄기하
　　는 書서－」. 『조선일보』 제5332호 석간 제1면.

유제한. 1955.04. 「6·25 사변 이후 한글학회의 걸어온 길 (1)」. 『한글』
　　제110호 43~49쪽. 한글학회.

유제한. 1958.08.04~05. 「문화 10년 小史소사ㅣ우리말 큰사전의 간행」(2회
　　연재). 『경향신문』 제4055~4056호 제4면.

이갑. 1932.10.29~30. 「한글운동의 현상과 전망」(2회 연재). 『동아일보』
　　제42652~4263호 제5면.

이규영 엮음. 1917(?). 『한글모 죽보기』. 필사본.

이강로. 1972.04. 「사전 편찬의 뒤안길 두어 가지」. 『한글』 제149호
　　123~126쪽. 한글학회.

이극로. 1936.02. 「사전 편찬이 웨 어려운가?」. 『한글』 제4-1호(통권 31)
　　1~2쪽. 조선어학회.

이극로. 1938.01.03. 「완성 途程도정의 조선어사전」. 『동아일보』 제5874호
　　제9면('신년호 2'의 제1면).

이극로. 1947.02. 『苦鬪고투 40년』. 을유문화사.

이병기. 1975.05. 『가람일기 Ⅰ』. 신구문화사.

이병기. 1976.04. 『가람일기 Ⅱ』. 신구문화사.

이상인. 1937.02. 「조선어 표준어 사정위원회의를 듣고」. 『한글』 제5-2호
　　(통권 42) 27쪽. 조선어학회.

이윤재. 1934.01. 「「한글마춤법 통일안」 제정의 경과 記略기략」. 『한글』
　　제10호 381~383쪽. 조선어학회.

이윤재. 1935.12.20~21. 「조선어사전 편찬은 어떻게 진행되는가」(2회
　　연재). 『동아일보』 제5409~5410호 석간 제3면.

이윤재. 1936.12. 「『조선어 표준말 모음』의 내용」. 『한글』 제4-11호(통권 40) 4~7쪽. 조선어학회.

一記者일기자. 1937.12. 「사전 편찬 문제 문답기」. 『한글』 제5-11호(통권 51) 11~14쪽. 조선어학회.

조준희 옮김. 2014.01. 이극로 지은『고투 40년』. 도서출판 아라.

정인승. 1936.08. 「사전 편찬에 관한 전반적인 문제」. 『한글』 제4-7호(통권 36) 1~7쪽. 조선어학회.

정인승. 1956.12. 「한글학회 35년 약사」. 『한글』 제120호 14~20쪽. 한글학회.

정인승. 1957.10. 「『큰사전』 편찬을 마치고」. 『한글』 제122호 22~25쪽. 한글학회.

정진숙. 1976.03.12~16. 「그때 그 일들 ⑥~⑨」. 『동아일보』 제16751~16754호 제5면.

주시경. 1906.06. 『대한 국어문법』. 등사본謄寫本. *김민수·하동호·고영근 엮음의 『역대 한국 문법 대계』 제1부 제3책(1985.04).

주시경. 1910.04. 『국어문법』. 박문서관.

쥬상호. 1897.09.25. 「국문론」. 『독립신문』 제114호 1~2면. 셔울 : 독립신문사.

최현배. 1942.05. 『한글갈』. 정음사.

최현배. 1956.12.20. 「올해 못 한 일」. 『조선일보』 제10637호 석간 제4면.

최현배. 1957.10. 「『큰사전』의 완성을 보고서」. 『한글』 제122호 7~8쪽. 한글학회.

〔붙임〕 조선어학회의 어문 규범 갖추기의 발자취

조선어연구회~조선어학회 사람들이 한겨레의 어문 규범을 갖추기 위하여 전진한 여정을, 사전의 편찬과 발행을 중심으로 간추려 올린다. 『큰사전』에 관한 사항은 한글학회 시기까지 이어지므로 함께 올린다.

○ **1929년** 한글날(10월 31일), 조선어연구회가 중심이 되어 각계각층의 108명으로 '조선어사전편찬회'를 창립하고, 상무위원(→간사)을 선임하다.
○ **1930년** 1월 6일, 조선어사전편찬회와 조선어연구회의 임원 합동 회의에서 업무를 분담하다. 편찬회는 어휘의 수집과 풀이와 편집을, 연구회는 조선어 철자법 제정과 표준어 사정査定을 맡음.
○ 1930년 12월 13일, 조선어연구회 임시 총회에서 '조선어철자 통일 위원회'를 구성하다.
○ **1931년** 1월 6일, 조선어사전편찬회가 편찬 작업을 개시하다.
○ 1931년 1월 10일, 조선어연구회 정기 총회에서 외래어 표기법 등을 제정하기로 결의하다. 그에 따라 수십 명의 권위자로 협의회를 구성하다.
○ 1931년 1월 24일, 협의회 회의에서 외래어 표기법 제정 등에 관한 일체의 일을 조선어학회에 위임하다. 그에 따라 학회에서는 책임 위원 3명을 선정하여 그 일을 맡기다.
○ **1933년** 10월 17일, 통일 위원회가 조선어 철자법 '최종안'을 마련하다. '최종안'은 1930년 12월 14일 이후 약 3년 동안 135번의 크고 작은 회의를 거듭하여 얻은 결과물.
○ 1933년 10월 19일 조선어학회 임시 총회에서 위의 최종안을 「한글마춤법(조선어철자법) 통일안」이란 이름으로 채택하고(원안), 그 내용을 한글날(10월 29일) 『한글마춤법(조선어철자법) 통일안』 '첫판'〔세로판〕으로 간행하여 발표하다.
○ **1934년** 12월 2일, 조선어학회 임시 총회에서 '조선어 표준어 사정査定

위원회'를 구성하기로 결의하고, 위원 선정은 집행부에 위임하다. 며칠 후 집행부에서 위원 40명을 선정하다. (1935년에 2명을 제명하고 30명을 추가하고, 1936년에 3명을 추가하다.)

∘ **1935년** 1월부터 1936년 10월까지, 사정 위원회는 6번의 회의를 열어 모두 9,547개의 어휘를 사정하다.

∘ **1936년** 3월 3일, 경향 각지의 재력가 10여 명이 조선어사전편찬 후원회를 조직하고, '편찬 기간 3년'에 '경비 1만 원'을 내놓기로 하다.

∘ 1936년 3월 20일, 조선어사전편찬회를 해산하고 사전 편찬에 관한 일체의 사업을 조선어학회로 통합하다.

∘ 1936년 4월 1일, 조선어학회는 편찬원을 보강하여 사전 편찬 작업을 본격화하다.

∘ 1936년 한글날(10월 28일), 조선어학회는 사정 위원회에서 심사를 마친 결과를 『사정査定한 조선어 표준말 모음』으로 간행하다.

∘ **1937년** 3월 1일 「한글마춤법(조선어철자법) 통일안」 원안의 용어와 보기말(語例)을 표준어 사정의 결과에 맞추어 정리하고, 5월에는 그 결과를 『한글마춤법(조선어철자법) 통일안』 '고친판'〔가로판〕으로 간행하다.

∘ **1939년** 3월, 후원회와 약속한 3년이 지나고 경비가 소진되자, 후원회에서 1년 연장하여 3천 원을 추가 후원을 약속하다.

∘ **1940년** 3월 13일, 조선어사전 원고 1/3(전반부)에 대하여 어렵게 조선총독부의 '출판 허가'를 받아 내다.

∘ 1940년 4월, 사업 기간을 다시 1년 연장하고 경비는 후원회 회장 이우식이 혼자서 달마다 250원씩 희사해 주기로 하다.

∘ 1940년 6월 15일 「한글마춤법(조선어철자법) 통일안」의 일부 조항을 개정하고, 10월 20일에는 개정한 결과를 『한글맞춤법 통일안』 '새판'으로 간행하다.

∘ 1940년 6월 25일 조선어학회 임시 총회에서, 1931년 1월부터 9년여에 걸쳐 작성한 「외래어표기법 통일안」, 「일어음 표기법」, 「조선어음 라마자 표기법」, 「조선어음 만국음성기호 표기법」을 확정하다.

- 1941년 1월 15일, 총회에서 확정한 4가지 표기법을 한 책으로 묶어 『외래어표기법 통일안』이란 이름으로 간행하다.
- 1942년 3월, 출판 허가를 받아 놓았던 조선어사전 전반부의 원고를 대동인쇄소에 넘겨 조판하게 하다.
- 1942년 9월, 대동인쇄소로부터 200여 쪽의 교정쇄를 받아 교정에 착수하다.
- 1942년 10월부터 1945년 8월 18일까지, '조선어학회 수난'으로 조선어학회의 모든 활동은 중단되고, 3년 동안 고난과 암흑의 시간을 보내다.
- 1945년 9월, 조선어학회 수난으로 전부 잃어버렸던 조선어사전 원고를 찾아 수정 작업을 시작하다.
- 1946년 9월 8일, 「한글맞춤법(조선어철자법) 통일안」의 일부 조항을 개정하다.
- 1947년 한글날(10월 9일), 을유문화사를 통하여 『조선말 큰사전』 제1권 (ㄱ~깊)을 발행하다.
- 1948년, 발행처인 을유문화사에서 출판용 물자를 조달하지 못하여 발행 작업이 중단되자, 학회에서 미국 록펠러재단과 교섭하여, 7월에 물자 원조를 약속 받다.
- 1948년 12월과 1949년 2월, 록펠러재단에서 부산항과 인천항으로 보내온 45,000달러어치의 출판용 물자(종이, 잉크, 천 따위)를 인수하다.
- 1949년 5월 5일, 『조선말 큰사전』 제2권(ㄴ~ㅁ)을 발행하다.
- 1950년 6월 1일, 『큰사전』 제3권(ㅂ~슝)을 발행하다.
- 1950년 6월 25일, 제4권(수~잎)의 조판이 끝나다.
- 1950년 한국전쟁으로 학회 회관(을지로)이 불타고, 록펠러재단으로부터 받아 창고에 보관하던 출판용 물자를 모두 잃다.
- 1952년 5월부터 1953년 5월까지, 전란 속에서도 제4권의 인쇄 교정을 끝내고, 제5~6권의 원고를 수정하다.
- 1953년 5월부터 1955년 9월까지, 정부의 '한글맞춤법 간소화' 시도에 대한 반대 운동을 펼쳐 한글맞춤법을 지키다.
- 1956년 9~11월, 록펠러재단에서 부산항으로 보내온 36,400달러어치의

출판용 원조 물자를 다시 받다.

◦ 1957년 6월 30일 『큰사전』 제5권(ㅈ~칭)을, 8월 30일 『큰사전』 제4권 (수~잎)을 발행하다.

◦ 1957년 한글날(10월 9일), 『큰사전』 제6권(ㅋ~ㅣ)을 발행하다. 그로써 『(조선말) 큰사전』 3,558쪽을 완간하다.

이 글 ⑨는 『국제어문』 제59집(2013.12)에 같은 제목으로 발표한 글을 깁고 가다듬은 것이다. 내용을 아주 바꾼 것은 없지만, 2.1(겨레말 사전의 필요성 자각)과 '붙임'을 비롯하여 곳곳에 새로운 내용을 더했으며, 원글의 됨됨이를 부분적으로 바꾸었다.

찾아보기